Montreal

2015
2016

Bienvenue à Montréal !

Riche du mélange des vagues d'immigrations qui en ont fait l'une des villes multiculturelles les plus courues, Montréal n'en finit plus d'étonner et de se réinventer. Entre ses parcs et ses clochers, ses gratte-ciel et son quartier historique, c'est une cité plébiscitée pour sa qualité de vie, son ouverture et son bilinguisme. Forte de cette diversité, la métropole ne cesse d'évoluer et de redéfinir son identité aux yeux du monde, s'imposant peu à peu comme une ville exceptionnelle à bien des égards. Il est vrai qu'elle dispose de nombreux attraits, et ce n'est pas une surprise si on y trouve tant à faire, des festivals aux parcours culturels, des pistes cyclables aux innombrables restaurants qui jalonnent ses rues. Montréal arbore aussi un côté jeune et dynamique avec ses nombreux collèges et universités, dont la réputée McGill University. Bref, une ville vivante, pleine d'histoire et qui saura assurément vous charmer !
C'est justement l'objet de cette nouvelle édition revampée du guide Montréal, entièrement mise à jour et enrichie, que de vous dévoiler le meilleur de la ville et ceci, dans tous les domaines. Notre équipe a sillonné l'île et ses environs dans le seul but de faire de vous d'incollables « Petits Futés ». Armés de cet indispensable répertoire, vous ne manquerez rien des richesses qui vous y sont proposées, à toute heure du jour... et de la nuit !
Il est temps à présent de vous remercier d'avoir fait l'acquisition de cet ouvrage qui, nous en sommes certains, saura vous accompagner dans vos périples montréalais, et nous vous souhaitons de bien belles découvertes.

L'équipe de rédaction

Remerciements. Merci à tous les Montréalais pour leur accueil chaleureux envers les visiteurs. À ceux et celles qui ont rendu ces kilomètres de découvertes aussi riches d'expériences et de beauté. À tous les collaborateurs qui ont apporté leur contribution à ce guide.

PEFC
10-31-1495
Certifié PEFC
Ce produit est issu de forêts gérées durablement, de sources recyclées et contrôlées.
pefc-france.org

EDITION
Directeurs de collection et auteurs : Dominique AUZIAS et Jean-Paul LABOURDETTE
Auteurs : Valérie FORTIER, Pauline GUEGUEN, Johann CHABERT, Anne MOY, Jonathan CHODJAI, Les Editions NEOPOL, Jean-Paul LABOURDETTE, Dominique AUZIAS et alter
Directeur Editorial : Stéphan SZEREMETA
Responsable Editorial Monde : Patrick MARINGE
Rédaction Monde : Caroline MICHELOT, Morgane VESLIN, Pierre-Yves SOUCHET et Leena BRISACQ
Rédaction France : François TOURNIE, Jeff BUCHE, Perrine GALAZKA et Talatah FAVREAU

FABRICATION
Responsable Studio : Sophie LECHERTIER assistée de Romain AUDREN
Maquette et Montage : Julie BORDES, Élodie CLAVIER, Sandrine MECKING, Delphine PAGANO et Laurie PILLOIS
Iconographie et Cartographie : Audrey LALOY

WEB ET NUMERIQUE
Directeur Web : Louis GENEAU de LAMARLIERE
Directeur technique : Lionel CAZAUMAYOU
Chef de projet et développeurs : Jean-Marc REYMUND, Cédric MAILLOUX, Florian FAZER et Anthony GUYOT
Community Manager : Cyprien de CANSON

DIRECTION COMMERCIALE
Responsable Régies locales : Michel GRANSEIGNE
Responsable recrutement Régies locales : Victor CORREIA
Relation Clientèle : Vimla MEETTOO

REGIE NATIONALE
Responsable Régie Nationale : Aurélien MILTENBERGER assisté de Sandra RUFFIEUX
Chefs de Publicité : Caroline AUBRY, Perrine DE CARNE MARCEIN, Caroline GENTELET, Florian MEYBERGER, Stéphanie MORRIS et Caroline PREAU

REGIE INTERNATIONALE
Directrice : Karine VIROT assistée de Elise CADIOU et Elisa MORLAND
Chefs de Publicité : Jean-Marc FARAGUET et Guillaume LABOUREUR
Régie QUÉBEC : Les Éditions NEOPOL - Anne MOY, Audrey LORANS-GARBAY, Julie MURACCIOLI et Jonathan CHODJAI.

DIFFUSION ET PROMOTION
Directrice des Ventes : Bénédicte MOULET assistée d'Aissatou DIOP et Alicia FILANKEMBO
Responsable des ventes : Jean-Pierre GHEZ assisté de Nathalie GONCALVES
Relations Presse-Partenariats : Jean-Mary MARCHAL

ADMINISTRATION
Président : Jean-Paul LABOURDETTE
Directeur Administratif et Financier : Gérard BRODIN
Directrice des Ressources Humaines : Dina BOURDEAU assistée de Sandra MORAIS et de Naommi CHOQUET
Responsable informatique : Pascal LE GOFF
Responsable Comptabilité : Valérie DECOTTIGNIES assistée de Jeannine DEMIRDJIAN, Oumy DIOUF et Christelle MANEBARD
Recouvrement : Fabien BONNAN assisté de Sandra BRIJLALL
Standard : Jehanne AOUMEUR

PETIT FUTE MONTREAL 2015 - 2016
Petit Futé a été fondé par Dominique AUZIAS.
Il est édité par Les Nouvelles Editions de l'Université
18, rue des Volontaires - 75015 Paris.
✆ 01 53 69 70 00 - Fax 01 42 73 15 24
Internet : www.petitfute.com
SAS au capital de 1 000 000 € -
RC PARIS B 309 769 966
Couverture : © Arpad Benedek
Impression : LEONCE DEPREZ - 62620 Ruitz
Dépôt légal : avril 2015
ISBN : 9782746987104

Pour nous contacter par email, indiquez le nom de famille en minuscule suivi de @petitfute.com
Pour le courrier des lecteurs : info@petitfute.com

Sommaire

Biosphère de Montréal.

ESCAPADES AUTOUR DE MONTRÉAL

Mise en garde

Le monde du tourisme est en perpétuelle évolution. Malgré notre vigilance, des établissements, des coordonnées et des prix peuvent faire l'objet de changements qui ne relèvent pas de notre responsabilité. Nous faisons appel à la compréhension des lecteurs et nous excusons auprès d'eux pour les erreurs qu'ils pourraient constater dans les rubriques pratiques de ce guide.

Boulevard René-Lévesque au centre-ville de Montréal.

PENSE FUTÉ

Vue sur le centre-ville depuis le mont Royal.

Échiquier géant sur la Place Émilie-Gamelin.

Cathédrale Marie-Reine-du-Monde.

Musée Pointe-à-Callière.

Les plus de Montréal

Un accueil incomparable

Partout dans le monde, et particulièrement auprès de leurs cousins français, les Québécois sont considérés comme l'un des peuples les plus accueillants de la planète. Cette réputation est loin d'être usurpée, et partout dans la province vous vous sentirez les bienvenus. Montréal, bien qu'étant une grande métropole vivante et agitée, n'échappe pas à la règle. Dans les restaurants, dans les hôtels et les magasins, ou même simplement dans la rue, vous ressentirez cette bienveillance propre à ces gens chaleureux.

Une culture si lointaine et si proche

Pas de mystère, les Québécois sont des Nord-Américains. Leur culture est empreinte des caractéristiques de ce continent, et vous remarquerez dès le premier contact cette bonhommie et cette facilité à engager la conversation qui nous fait parfois défaut en Europe. Mais cette culture est également marquée par une proximité émotionnelle avec la France, qui partage une partie de leurs origines. Ce mélange confère aux Montréalais une identité propre, facile à aborder tout en étant, à bien des égards, dépaysante.

Une ville vibrante

Montréal est la ville des festivals. L'été surtout, les occasions sont nombreuses d'expérimenter le dynamisme des Montréalais en termes d'organisation d'évènements culturels. Les festivals de musique de toutes sensibilités s'enchaînent, et le centre-ville est sans discontinuer une scène ouverte. Les expositions sont légion, et le Festival Juste pour Rire est l'un des plus importants évènements humoristiques au monde. Si le hasard vous amène ici en hiver, vous pourrez peut-être assister à l'Igloofest, un festival de musique électronique en plein air par -20 degrés. Un souvenir mémorable !

La nature à portée de main

Grande ville s'il en est, Montréal n'en est pas moins au cœur d'un pays aux grands espaces naturels incomparables. Dans la ville déjà, vous ressentirez cet attachement des Québécois envers la nature grâce à la largeur des rues bordées d'arbres, et aux nombreux parcs et espaces verts. Le parc du Mont-Royal, en été comme en hiver, est un terrain de jeux idéal pour les amateurs de plein air. Sortez de la ville, en une heure vous serez en pleine nature, seul au monde, dans un univers de lacs, de forêts et d'animaux sauvages. La nature à la ville, et la ville dans la nature.

Une destination confortable

L'offre de services pour les visiteurs est étoffée à Montréal. Les établissements hôteliers sont confortables et souvent très abordables par rapport à d'autres destinations dans le monde. Le réseau de transport est bien développé, et tous les services annexes s'envisagent dans les conditions que l'on peut attendre d'un grand pays comme le Canada.

Le Vieux-Montréal et le centre-ville de nuit.

Fiche technique

Le drapeau de Montréal

Arboré pour la première fois en mai 1939, le drapeau de Montréal reprend les principaux symboles héraldiques des armoiries : la croix héraldique de gueules sur fond blanc et aux quartiers, les quatre fleurs emblématiques représentant les peuples ayant façonné la métropole.

- **La fleur de lys** de la maison royale de Bourbon .
- **La rose** de la maison de Lancastre (Angleterre).
- **Le chardon** (Écosse).
- **Le trèfle d'Irlande** (Irlande).

Argent

Monnaie

La monnaie s'exprime en dollars canadiens (CAD, $ CA, CAN $), à ne pas confondre avec le dollar US (US $).
Pièces de 1 et 2 CAN $, et 5, 10 et 25 ¢ (cents) ; billets de 5, 10, 20, 50 et 100 CAN $.

Taux de change

En février 2015 : 1 CAN $ = 0.70 € ; 1 € = 1,43 CAN $.

Idées de budget

- **Petit budget :** 70 CAN $ par jour et par personne (hébergement en camping/auberge de jeunesse, repas sur le pouce ou épicerie, transport en commun ou auto-stop, activités gratuites ou à moins de 10 CAN $).
- **Budget moyen :** 200 CAN $ par jour et par personne (hébergement en chambre d'hôtes ou hôtel, bonnes tables, transport en commun ou voiture, activités payantes ou en forfait).
- **Gros budget :** à partir de 400 CAN $ par jour et par personne (hébergement en hôtel plus luxueux ou condo/chalet, bonnes tables, transport en voiture, activités en forfait/expéditions).

Montréal en bref

- **Pays :** Canada.
- **Province :** Québec.
- **Superficie de l'agglomération de Montréal :** 500 km².
- **Superficie de la région métropolitaine :** 4 260 km².
- **Maire :** Denis Coderre.
- **Langue officielle :** français.
- **Population de l'agglomération de Montréal :** 1 959 987 habitants (2013).
- **Population de la région métropolitaine :** 3 981 802 habitants (2013).
- **Densité de la population dans la région métropolitaine :** 935 hab./km² (2013).

Téléphone

Indicatifs téléphoniques

- **Code international :** 00.
- **Code Canada :** 1.

Montréal

Janvier	Février	Mars	Avril	Mai	Juin	Juillet	Août	Sept.	Octobre	Nov.	Déc.
-13°/-6°	-11°/-4°	-5°/2°	2°/11°	9°/18°	14°/23°	17°/26°	16°/25°	10°/20°	6°/14°	0°/5°	-9°/-3°

Les couleurs d'automne dans la région des Laurentides.

Codes régionaux (Montréal et ses environs)

- **Montréal :** 438 et 514.
- **Montérégie,** une partie des Cantons-de-l'Est, Laval, Basses-Laurentides, Lanaudière : 450 et 579.
- **Laurentides,** une partie des Cantons-de-l'Est : 819 et 873.

Comment téléphoner ?

- **De la France vers le Québec :** 00 + 1 + code régional + les 7 chiffres du numéro local.
- **Du Québec vers la France :** 011 + 33 + le numéro du correspondant sans le 0.
- **D'une région à l'autre au Québec ou depuis/vers le Canada et les États-Unis :** 1 + code régional + les 7 chiffres du numéro local.
- **En local au Québec :** les 10 chiffres du numéro local.
- **Les numéros de téléphone** débutant par 1 800, 1 844, 1 855, 1 866, 1 877 et 1 888 sont l'équivalent des numéros verts en France, donc gratuits.

Coût du téléphone

- **Gratuité des appels locaux :** les appels au sein d'une même ville sont gratuits. Certains hôtels les font payer. Depuis une cabine téléphonique, 50 ¢ permet une conversation locale d'une durée illimitée.
- **Carte téléphonique locale :** 60 minutes de communication au Québec pour 5 CAN $. Une minute de communication à l'international depuis une cabine téléphonique : 2 CAN $. Une heure de connexion Internet dans un cybercafé : 3 à 5 CAN $. Notez que si vous avez votre ordinateur portable, l'Internet sans fil est offert gratuitement dans de nombreux lieux publics.
- **Cartes prépayées (ex : Telus, Eureka...).** À acheter dans les dépanneurs. Pour 5, 10 ou 20 CAN $, elles donnent droit à plus de minutes pour les appels interurbains et internationaux que les autres cartes.

Numéro utiles

- **Urgences :** 911.
- **Police :** 310 4141 (pas de code régional).
- **Centre antipoison :** 1 800 463 5060.
- **Info-Santé :** 811.
- **Assistance-annuaire :** 411.
- **État des routes :** 511/1 888 355 0511.

Décalage horaire

Montréal – France, Belgique et Suisse : moins 6 heures en été et en hiver. Quand il est midi en France, Belgique ou Suisse, il est 6h du matin à Montréal.

Climat

La région de Montréal est dite de climat continental humide, se caractérisant par quatre saisons bien distinctes, des étés chauds et humides, et des hivers froids.

En comparaison avec le reste de la province, on peut dire que Montréal jouit d'un climat plus modéré. Elle n'a ni la douceur de Vancouver et de la côte Pacifique, ni le froid extrême des régions nordiques. Cependant, les températures peuvent varier énormément d'un jour à l'autre, en particulier pendant l'hiver. Les températures moyennes s'échelonnent de -10,1 °C en janvier à 21,2 °C en juillet.

Saisonnalité

- **Haute saison touristique :** mi-mai à mi-octobre, mi-décembre à janvier, et février.
- **Basse saison touristique :** mi-octobre à mi-décembre, janvier, mars et avril à mi-mai.

Idées de séjour

Montréal en trois jours

Sans être aussi grande que certaines de ses consœurs nord-américaines, telle New York, Montréal regorge de sites d'intérêt et de quartiers dynamiques, parfois excentriques ou ethniques, qui donnent un cachet unique à la ville. Trois jours, c'est peu mais suffisant pour découvrir l'essentiel !

Jour 1

Matinée : Question de découvrir la géographie de la ville et de remplir vos poumons d'air frais, montez jusqu'au belvédère du mont Royal (à pied, en bus ou en taxi, suivant votre forme et vos moyens). N'oubliez pas votre appareil photo ! Véritable havre de nature au cœur de la ville, vous en oublierez le brouhaha de la métropole. Selon la saison, arpentez les sentiers à pied, en raquette ou en ski de fond (location sur place).

Pause déjeuner et après-midi : Dirigez-vous vers le boulevard Saint-Laurent, surnommé *La Main*, et explorez le secteur compris entre l'avenue du Mont-Royal et la rue Sherbrooke. Un véritable concentré ethnique vous y attend ! Pour le repas du midi, vous aurez l'embarras du choix, mais nous vous conseillons d'aller savourer un *smoked meat* chez Schwartz's dont la réputation n'est plus à faire. De nombreuses boutiques en tous genres jalonnent également *La Main*, sans oublier les bars et discothèques qui en font un haut lieu de la nuit montréalaise.

Dîner et soirée : Tant qu'à découvrir les quartiers *in* de la métropole, rendez-vous au Quartier latin. Restaurants, bars et brasseries artisanales se succèdent sans interruption sur la rue Saint-Denis, entre de Maisonneuve et Sherbrooke, ainsi que sur Ontario. Vous pouvez choisir d'y passer la soirée, ou de migrer vers le Village gai, fort réputé pour sa vie nocturne et ses *after* ouverts à tous, ou encore, vers le Plateau Mont-Royal, destination par excellence des étudiants, des jeunes branchés et des *fashionistas*.

Jour 2

Matinée : Lieu historique d'importance, site de la fondation de la métropole et de la capitulation de la Nouvelle-France, le Vieux-Montréal mérite que vous lui consacriez une journée entière. En partant de la station de métro Champ-de-Mars, dirigez-vous vers la partie est de la vieille ville. S'y trouvent notamment le Musée Marguerite-Bourgeoys et la Chapelle Notre-Dame-de-Bon-Secours, avec en toile de fond, juste en face, sur la rue Bonsecours, les plus anciennes maisons de Montréal. À quelques pas de là, le Marché Bonsecours héberge des artistes et des artisans québécois. C'est un endroit parfait pour dénicher souvenirs et objets d'art.

Pause déjeuner et après-midi : Selon vos goûts et votre budget, vous trouverez une succession de restaurants sur la rue Saint-Paul, notamment près de la Place Jacques-Cartier. Reprenez Saint-Paul vers l'est en direction de Pointe-à-Callière, le musée d'histoire et d'archéologie de Montréal. Fascinant et fort ludique, il vous mènera sous terre au cœur des premières fondations de la ville. Remontez ensuite vers le nord où sise la Basilique Notre-Dame, chef-d'œuvre d'architecture néogothique. Le soir, à l'intérieur, s'y tient un spectacle multimédia grandiose. Pour clore l'après-midi en beauté, les bonnes adresses pour un *happy hour* ne manquent pas, dont le Jardin Nelson et les Terrasses Bonsecours en été.

Dîner et soirée : Peu importe le restaurant que vous choisirez, une règle à retenir : attention aux attrape-touristes, consultez d'abord les tarifs des menus. Pour une expérience qui sort de l'ordinaire, le Cabaret du Roy, situé sous le Marché Bonsecours, est l'endroit tout désigné pour faire ripaille avec un menu inspiré des traditions culinaires amérindiennes, françaises et québécoises. En soirée, explorez le Vieux-Port qui vous offre une panoplie d'activités et d'événements en toute saison.

Jour 3

Matinée : Après l'histoire, on fait place à la culture et aux gratte-ciel ! En partant du métro Berri-UQÀM, prenez la rue Sainte-Catherine vers l'ouest. Vous traverserez d'abord l'ancien quartier du *Red Light* de Montréal, qui s'étend des rues Berri à Saint-Laurent. Les traces de ce passé sulfureux ont presque toutes disparu et le quartier tend maintenant à se

revitaliser. Viennent ensuite la Place des Arts et la Place des Festivals. L'été, les lieux prennent des airs de fête au rythme des festivals qui s'enchaînent pendant deux mois. Premier arrêt : le Musée d'art contemporain qui regroupe une collection permanente de plus de 7 600 œuvres réalisées par plus de 1 500 artistes.

Pause déjeuner et après-midi : Quelques bons restos ont un pied-à-terre sur la Place des Festivals tels la Brasserie T ! , la Taverne F ou le Balmoral (ce dernier est situé au rez-de-chaussée de la Maison du Festival Rio Tinto Alcan). Après un bon repas, reprenez Sainte-Catherine vers l'ouest. Ici débute la partie commerçante de cette artère. Attention aux dépenses ! Grands magasins, enseignes, designers... C'est le haut lieu du shopping en ville ! Aux alentours des stations de métro McGill et Peel, plusieurs centres commerciaux sont reliés par la ville souterraine, le plus grand réseau piétonnier sous terre au monde. N'hésitez pas à vous y aventurer, c'est fort impressionnant ! Une fois ressorti de ce dédale de couloirs, reprenez Sainte-Catherine jusqu'à la rue Drummond. Remontez vers le nord jusqu'à la rue Sherbrooke. Le Quartier du Musée, aussi connu sous le nom du Mille Carré Doré, était le lieu de prédilection de la bourgeoisie anglophone au début du XXe siècle. En allant vers l'ouest, vous y verrez des belles demeures d'époque, des galeries d'art, des boutiques de designers ainsi que le Musée des Beaux-arts, un incontournable.

Dîner et soirée : Le choix des restaurants est vaste, allant des grandes tables comme l'Europea (rue de la Montagne) aux restaurants ethniques et à la restauration rapide. Pour terminer la soirée, vous ne vous tromperez pas en allant sur la fameuse rue Crescent, histoire de vivre Montréal de nuit une dernière fois !

Montréal, ville verte à vélo

Selon le magazine américain *Bicycling*, Montréal se classe comme la meilleure ville cyclable en Amérique du Nord. La métropole regorge de pistes cyclables qui la relient à la Route Verte (www.routeverte.com), et la plus populaire reste sans conteste celle du Canal de Lachine qui s'étend sur 11 km, du Vieux-Port au lac Saint-Louis à l'ouest. Nous vous proposons ici trois circuits d'une journée chacun. Procurez-vous votre plan des pistes dans une boutique de location ou auprès de Vélo Québec (www.velo.qc.ca). Pour tout savoir sur les vélos en libre-service Bixi ou la location de votre deux-roues, consultez la rubrique « Se déplacer – En ville – Vélo ».

Jour 1

Matinée : Rendez-vous au Vieux-Port pour débuter ce circuit. Longez la rue de la Commune vers le sud-ouest et suivez les indications pour la Cité du Havre et Habitat 67. Ces habitations, créées par l'architecte Moshe Safdie lors de l'Exposition universelle de 1967, sont un concept urbain et tridimensionnel intégrant la maison unifamiliale. Empruntez ensuite le pont de la Concorde vers l'île Sainte-Hélène. La piste cyclable ceinture l'île et vous pourrez en profiter pour visiter, selon vos intérêts, la Biosphère (musée de l'environnement) ou le Musée Stewart (musée d'histoire).

Pause déjeuner et après-midi : Installez-vous où bon vous semble pour faire un pique-nique. Toutefois, nous vous recommandons le côté ouest de l'île, ne serait-ce que pour la vue superbe qui s'ouvre sur le fleuve et la ville. Les jours de grande chaleur, profitez-en pour faire un saut à la piscine ou à la plage. Traversez ensuite vers l'île Notre-Dame où la piste cyclable est en fait le circuit de Formule 1. Une expérience fort plaisante, à moindre vitesse toutefois ! En parcourant le circuit, vous verrez quelques-uns des anciens pavillons de l'Expo 67, dont ceux de la France et du Québec qui font dorénavant office de casino. Au sud de la plage, un bras de terre s'étire : c'est la voie maritime. Suivez-la jusqu'à l'estacade du pont Champlain. Remontez jusqu'au Canal de Lachine avant de reprendre vers le nord-est jusqu'au Vieux-Port.

Dîner et soirée : Question de clore cette belle journée, installez-vous pour un repas sur l'une des nombreuses terrasses du Vieux-Montréal. Profitez de l'animation de la Place Jacques-Cartier et du Vieux-Port en soirée.

Jour 2

Matinée : Ce circuit vous mènera au cœur du berceau de l'industrialisation de Montréal. Depuis le Vieux-Port, vous longerez entièrement le Canal de Lachine jusqu'au lac Saint-Louis. En route, faites impérativement un arrêt au Marché Atwater afin de faire le plein de provisions gourmandes pour le pique-nique. En suivant le canal, devenu une zone de plaisance, vous verrez de nombreuses usines et manufactures transformées en habitations luxueuses.

Pause déjeuner et après-midi : Arrivé à l'écluse n° 5, rendez-vous au parc René-Lévesque pour une pause bien méritée et un pique-nique avec vue sur le lac. Le retour peut s'effectuer par le même trajet (si c'est le cas, faites une halte à la terrasse de la microbrasserie McAuslan), ou en empruntant la piste qui suit le boulevard LaSalle, au sud, en passant par les rapides de Lachine.

Dîner et soirée : Pour suivre une thématique « santé », un repas végétarien au Resto Végo, situé dans le Quartier latin, est de mise. Après le repas, à vous de voir quel est votre niveau de fatigue !

Jour 3

Matinée : Partez en direction du Parc olympique, soit en empruntant la piste cyclable de la rue Rachel soit celle de la rue Notre-Dame, en bordure du fleuve. Une fois sur place, visitez le magnifique Jardin botanique et l'Insectarium, deux muséums nature réputés.

Pause-déjeuner et après-midi : Vous pourrez pique-niquer dans le parc Maisonneuve, adjacent, ou à la Station In Vivo dans le Stade olympique, un café d'économie sociale. Aux environs du stade, l'Esplanade Financière Sun Life propose de nombreux événements à l'année. Ou pourquoi pas une découverte des cinq écosystèmes des Amériques au Biodôme, ou encore une aventure au cœur de l'astronomie au tout nouveau Planétarium. Reprenez ensuite la piste de la rue Rachel pour regagner le Plateau Mont-Royal.

Dîner et soirée : Repas du soir et digestif dans le quartier *hype* du Plateau.

Le boulevard Saint-Laurent, du sud au nord

Ce boulevard sert de « frontière » entre l'est et l'ouest, séparant les anglophones des francophones. L'arrivée massive de juifs russes, qui s'y installèrent à partir de 1881, fit du yiddish la langue d'usage dans cette zone. D'autres groupes ethniques s'installèrent graduellement sur ce boulevard : chinois, portugais, espagnols, juifs, italiens, etc. Elle reste l'artère la plus cosmopolite de Montréal, reflet de l'identité et de l'histoire de la jeune métropole.

Jour 1

Matinée : À l'angle de la rue Viger, tout au sud, débute le Quartier chinois, troisième en importance au pays après ceux de Vancouver et Toronto. Les premiers arrivants chinois vinrent s'établir à Montréal dans les années 1860, fuyant la dureté des conditions de travail dans les mines d'or de l'Ouest ou dans les chantiers de construction des chemins de fer. Ce quartier a été embelli par la réfection de la rue de la Gauchetière, partiellement réservée aux piétons. Remarquez les deux arches chinoises qui l'enjambent. Sur la rue Saint-Urbain, des sculptures murales illustrent des légendes chinoises, dont celle du Roi-Singe. D'autres attraits, dont le petit parc dédié à Sun Yat Sen et la maison Wing sur la rue Côté, la plus ancienne du quartier, sont également à voir.

Pause déjeuner et après-midi : Question de vivre pleinement l'expérience, rendez-vous dans l'un des nombreux restos servant le fameux Dim Sum, version cantonaise du brunch. Consacrez ensuite une partie de l'après-midi à visiter les différentes boutiques. Vous y ferez sûrement de très bonnes affaires. Cependant, attention à la qualité ! Dirigez-vous ensuite vers le Quartier latin, à la Grande Bibliothèque du Québec (angle de Maisonneuve). Nombreux ouvrages, traitant notamment de la diversité culturelle et du multiculturalisme, vous feront découvrir les grandes périodes d'immigration au pays.

Dîner et soirée : Découvrez les saveurs du resto Confusion Tapas du Monde, situé à quelques pas de la Grande Bibliothèque, et finissez la soirée dans le quartier.

Jour 2

Matinée : Depuis la station de métro Sherbrooke, traversez le Carré Saint-Louis, entouré de belles demeures d'époque, avec en son centre, une magnifique fontaine de fonte datant de 1849. Empruntez ensuite la rue piétonne Prince-Arthur, bondée de terrasses lors de la belle saison, avant d'aboutir sur Saint-Laurent, que vous suivrez jusqu'à la rue Rachel. Cette partie héberge les communautés espagnoles et portugaises mais une panoplie de commerces ethniques y a également élu domicile : charcuterie hongroise, épicerie européenne, marché de fruits exotiques antillais, etc.

Pause déjeuner et après-midi : Pour le repas, laissez-vous inspirer par les enseignes qui vous entourent. Poursuivez tranquillement votre chemin jusqu'à la rue Fairmount, dans le quartier juif. Ne repartez pas sans avoir fait le plein de *bagels* frais, une spécialité du quartier.

© STÉPHANE SAVIGNARD

Porte du Chinatown de Montréal.

▸ **Dîner et soirée :** Revenez sur vos pas, un peu au sud de la rue Saint-Joseph, et offrez-vous une savoureuse paella à la Sala Rossa. Les jeudis soirs, des spectacles de flamenco y sont présentés gratuitement. Vous pouvez aussi finir la soirée juste en face, à la Casa del Popolo.

Jour 3

▸ **Matinée :** Rendez-vous au Marché Jean-Talon (métro Jean-Talon) pour humer les parfums du monde, rencontrer les artisans du terroir et vous imprégner des différentes tendances culinaires. Prévoyez quelques achats pour un pique-nique.

▸ **Pause déjeuner et après-midi :** À quelques minutes à pied, vers le nord, se trouve le grand parc Jarry. Nous vous recommandons d'y passer quelques heures. Repartez vers le sud afin de découvrir La Petite Italie. Amateurs d'*espresso*, Café Italia est votre destination sur Saint-Laurent (le Café Conco d'Oro sur la rue Dante est également hautement recommandé).

▸ **Dîner et soirée :** Nul doute que vous dénicherez un bon resto italien, sur Saint-Laurent ou Dante. Question de clore la journée en beauté, le bistrot-bar Vices & Versa vous offre un menu composé entièrement de bières québécoises. Santé !

Escapades dans les environs

Laurentides (4 jours/3 nuits)

▸ **Jour 1. Montréal – Saint-Hippolyte.** Route vers les Laurentides. Arrêt à Saint-Hippolyte. Partir en motoneige avec un guide pour une balade guidée entre lacs et collines (en été, profiter du lac et des activités nautiques). Dîner et nuit sur place.

▸ **Jour 2. Saint-Hippolyte – Saint-Sauveur.** Départ pour Saint-Sauveur, petit village haut en couleur et toujours en fête. En été, le parc aquatique est un lieu idéal pour s'amuser en famille. En hiver, les pistes éclairées la nuit vous surprendront. Nous vous recommandons d'essayer un des spas des alentours (Saint-Sauveur, Morin-Heights ou Sainte-Adèle). Dîner et nuit à Saint-Sauveur.

▸ **Jour 3. Saint-Sauveur – Mont-Tremblant.** Départ pour Mont-Tremblant. Visite du vieux village et de la station (moderne, multicolore et bien équipée). Déjeuner sur place. Survol en hydravion du majestueux mont Tremblant. Dîner et nuit sur place.

▸ **Jour 4. Mont-Tremblant – Montréal.** Visite du parc national qui offre de nombreuses possibilités de découverte en toute saison. Retour à Montréal en soirée.

▸ **Autre possibilité : retour sur Montréal par la route de l'Outaouais.** Prendre la direction de Maniwaki et Gatineau. Une route un peu plus longue, pour les amoureux des beaux paysages et de la nature. Longer la rivière qui sépare le Québec de l'Ontario jusqu'à Montréal est une expérience très agréable. On peut même utiliser les services d'un traversier (bac, ferry-boat) pour passer de l'autre côté de la rivière et arriver en Ontario. Le retour sur Montréal se fait tout aussi facilement.

Vue aérienne des Laurentides.

Escapade automnale : Montérégie – Cantons de l'Est (5 jours/4 nuits)

Cette escapade est particulièrement conseillée si vous séjournez au Québec en automne car les couleurs changeantes des feuilles des arbres y sont spectaculaires. Si en plus vous y séjournez début septembre, vous aurez la chance d'assister à la Fête des vendanges à Magog-Orford.

Jour 1. Montréal – Chambly – Mont-Saint-Grégoire – Dunham. Route en direction de Chambly dans la vallée du Richelieu surnommée «la Vallée Jardin». Déjeuner au restaurant Fourquet Fourchette. Dans une ambiance d'antan, découverte des bières artisanales de dégustation et de la gastronomie régionale à base de bière. Visite du Fort-Chambly où vous est donnée l'occasion de revivre une page d'histoire de la Nouvelle-France. Départ pour Mont-Saint-Grégoire pour la visite d'une cidrerie avec dégustation de cidres du Québec. Départ pour la Route des vins de Brome-Missisquoi et dîner champêtre dans un vignoble avec dégustation de vins. Nuit à Dunham.

Jour 2. Dunham – Lac-Brome (Knowlton). Petit déjeuner et première journée dans les Cantons-de-l'Est, conjugaison harmonieuse du charme anglo-saxon et de la joie de vivre québécoise. Visite d'Union Libre Cidre & Vin à Dunham. Il produit notammenet le cidre de feu, un véritable délice. Déjeuner champêtre au Vignoble de l'Orpailleur. Ce vignoble reconnu est une halte quasi obligatoire pour les amoureux de la boisson de Bacchus. Visite et dégustation de vins. Route en direction de Lac-Brome. Dîner et nuit dans une auberge à Lac-Brome.

Jour 3. Lac-Brome – Magog. Petit déjeuner et départ pour Saint-Benoît-du-Lac. Visite de l'abbaye bénédictine de Saint-Benoît-du-Lac, œuvre néogothique et monastère de vie contemplative où vivent quelques dizaines de moines. C'est ici que sont fabriqués de fameux fromages et cidres réputés au Québec. Déjeuner à Magog, en bordure du lac Memphrémagog. Temps libre pour profiter de la Fête des vendanges si vous y êtes le premier ou deuxième week-end de septembre. Sinon, vous pouvez faire une randonnée dans le parc national d'Orford ou une croisière sur le lac. Ambiance champêtre aux abords du majestueux lac Memphrémagog. Dîner et nuit à Magog.

Jour 4. Magog – North Hatley. Petit déjeuner. Visite du Vignoble Le Cep d'Argent à Magog. Ses vins sont issus de cinq cépages qui se sont adaptés au climat québécois et ses productions vont de l'apéritif au mousseux, en passant par le digestif et le vin. Dégustation de vins et déjeuner. Départ pour North Hatley, où passer la nuit. En journée, vous pouvez faire un petit détour par Georgeville, petit village paisible en bordure du lac, ou plus au sud à Stanstead pour découvrir Bleu Lavande.

Jour 5. North Hatley – Notre-Dame-des-Bois – Montréal. En route pour le mont Mégantic, vous pouvez marquer un arrêt à Lennoxville pour visiter la magnifique chapelle de l'Université Bishop. Au parc national du Mont-Mégantic, randonnée en forêt et visite de l'ASTROLab, le Centre de découverte en astronomie dédié au grand public. Retour à Montréal.

Comment partir ?

PARTIR EN VOYAGE ORGANISÉ

Voyagistes

Spécialistes

Vous trouverez ici les tour-opérateurs spécialisés dans votre destination. Ils produisent eux-mêmes leurs voyages et sont généralement de très bon conseil car ils connaissent la région sur le bout des doigts. À noter que leurs tarifs se révèlent souvent un peu plus élevés que ceux des généralistes.

66° NORD

36-37, Quai Arloing (9e)
Lyon
✆ 04 78 92 30 80
www.66nord.com
66nord@66nord.com

Ouvert du lundi au vendredi de 9h à 13h et de 14h à 18h.

Ce spécialiste propose un circuit de 9 jours au Québec, L'Appel du Grand Nord. Vous passerez les deux premiers jours à Québec, avant de partir à la découverte des lacs, forêts et rivières des environs en traîneau à chiens. Egalement, si vous êtes amateur de randonnées panoramiques, optez pour L'Escapade québecoise : 11 jours de marche sur des routes champêtres et montagneuses entre Montréal et Québec. Nombreux autres circuits offerts dans la Belle Province.

AMERIKASIA

48, rue Franklin (2e)
Lyon
✆ 04 78 42 98 82
www.amerikasia-franklin.fr
contact@amerikasia.fr

Amerikasia possède une large gamme de séjours au Québec. Week-end à Montréal, circuit liberté grâce à la location d'une voiture, séjour neige, etc. De Toronto à Québec, des chutes du Niagara à Montréal, les formules disponibles sont très nombreuses : nuits en tipi, en pourvoirie, en « couette et café ». Brochure sur demande par téléphone ou sur le Web. Pour le Québec, Amerikasia propose notamment un séjour 3 étoiles dans un des meilleurs Spa de la région. Bains scandinaves, sauna mais aussi activités comme la motoneige, les chiens de traîneau et autres soirées thématiques pendant 8 jours.

AMERIK AVENTURE

23, rue la Condamine (17e)
Paris
✆ 09 75 17 11 30
www.amerikaventure.com
info@amerikaventure.com

Depuis 1996, Amerik Aventure vous propose à travers les Amériques, des circuits d'écotourisme et de découvertes culturelles accompagnés de guides naturalistes (francophones) parmi les meilleurs au pays. Ils offrent des départs réguliers (au moins deux départs par mois) en petits groupes (maximum 14 voyageurs avec guide et chauffeur), tout au long de l'année. Tous les départs sont garantis (nonobstant le nombre d'inscrits, chaque voyage à lieu). Ils proposent également des voyages autotours et des circuits guidés privatifs développés sur mesure, selon les critères des voyageurs. Plusieurs circuits gravitant autour de Montréal et Québec sont possibles dans l'Est canadien.

ARTS ET VIE

39, rue des Favorites (15e)
Paris
✆ 01 44 19 02 02
www.artsetvie.com – info@artsetvie.com

Pour « voyager sur les routes du savoir et des réalités du monde », l'association culturelle de voyages et de loisirs Arts et Vie, administrée par les grandes organisations du monde enseignant, compose chaque année un éventail de circuits intelligents. « Sur les rives du Saint-Laurent » est un circuit de 18 jours qui vous emmènera des chutes du Niagara au lac Saint-Jean, en passant par Toronto, Montréal, Ottawa et Québec.

Autre adresse : agences à Lyon, Grenoble, Marseille et Nice.

Retrouvez le sommaire en début de guide

AVENTURIA

42, rue de l'Université (7e)
Lyon ✆ 08 05 16 01 95
www.aventuria.com
Ouvert lundi et samedi de 10h à 18h et du mardi au vendredi de 9h30 à 18h30.
Spécialiste du Québec et du Canada depuis une vingtaine d'années, ce tour-opérateur crée et propose tout une gamme de programmes originaux pour votre séjour au Québec. En hiver : raids en motoneige dans le vrai Grand Nord du plus facile au plus sportif, réveillon de Noël et du jour de l'an au Québec, séjours multi-activités dans des pourvoiries de charme (motoneige, traîneau, raquettes, pêche sous la glace...), raids en traîneau à chiens... En été, vous construirez votre itinéraire idéal avec des conseillers en voyage expérimentés et vous personnaliserez totalement votre séjour à l'aide d'une sélection d'étapes de charme et de modules d'escapade. Découverte individuelle à votre rythme, hébergements authentiques ou luxueux, découverte de la faune avec des guides naturalistes, ethno tourisme chez les Amérindiens : tout est à la carte ! Brochure sur demande par téléphone ou sur le Web.

Autres adresses : à Bordeaux, Lille, Marseille, Nantes, Paris, Strasbourg • Espace Afrique d'Aventuria, 9 rue Gentil, 69002 Lyon • Espace Amériques d'Aventuria, 9 quai des Célestins 69002 Lyon.

BACK ROADS

14, place Denfert-Rochereau (14e)
Paris ✆ 01 43 22 65 65
www.backroads.fr – contact@backroads.fr
Vols à prix réduits, location de voitures, de camping-cars, hôtels et hébergements toutes catégories, autotours, circuits en camping ou en autocar, trekking, rencontre des Amérindiens, randonnées équestres, rafting et canoë-kayak, observation de la nature, motoneige et traîneau à chiens, raquettes, ski alpin et ski de fond. Back Roads, c'est une large gamme de prestations pour composer son séjour au Canada et plus particulièrement au Québec.

DESTINATION POUDREUSE

161, bis avenue de Suffren (15e)
Paris ✆ 01 45 51 30 42
www.destination-poudreuse.com
info@destination-poudreuse.com
Les offres de ce spécialiste du ski sont destinées aux sportifs. Des séjours multi-activités permettent de découvrir Montréal, la Mauricie, Québec, etc., et offrent la possibilité de s'essayer à l'héliski, à la motoneige, à la randonnée en raquettes, aux chiens de traîneau... Au choix : autotours, circuits, hôtels, séjours..

LA MAISON DES ÉTATS-UNIS

3, rue Cassette (6e)
Paris ✆ 01 53 63 13 43
www.maisondesetatsunis.com
La Maison des Etats-Unis, une marque du Groupe Monde des Amériques, affiche un panel de vols secs, de circuits accompagnés (« Grands sites » pour les regroupements sur place avec départ garanti mais sans maximum de participants et « Maison » pour 16 participants autour d'itinéraires inédits), d'autotours, de voyages à la carte et une sélection de voyages individuels, à deux, en famille ou entre amis, aux dates de départ de votre choix. Deux autotours sont proposés : l'un s'arrête au légendaire hôtel Sacacomie, et pour ce qui est de l'autre (8 jours), vous serez à la tête d'un attelage de cinq chiens pour un parcours initiatique.

MELTOUR

103, avenue du Bac
La Varenne-Saint-Hilaire
✆ 01 73 43 43 43
www.meltour.com – meltour@meltour.com
Depuis une vingtaine d'années, Meltour est avant tout un producteur spécialiste du voyage sur mesure, en particulier vers l'Australie, l'Afrique australe/centrale et le Canada. En hiver, une petite dizaine de séjours au rythme de la motoneige, du ski ou encore des chiens de traîneau pour les activités sportives (circuits, raids et voyages sur mesure) ; en été, c'est trois circuits en liberté pour découvrir les villes et paysages grandioses du Québec.

NORD ESPACES

35, rue de la Tombe Issoire (14e)
Paris ✆ 01 45 65 00 00
www.nord-espaces.com
info@nord-espaces.com
Nord Espaces est spécialiste des destinations nordiques et programme des séjours au Québec été comme hiver. Montréal est bien sûr l'étape incontournable des séjours proposés. En été, la Gaspésie est à l'honneur dans un circuit accompagné de deux semaines « des chutes du Niagara à la Péninsule gaspésienne », ou dans le combiné croisière et auto-tour de 15 jours « splendeurs du fleuve Saint-Laurent ». En hiver, un séjour de 8 jours sur la banquise des îles de la Madeleine permet d'aller observer les bébés phoques. Sinon, on ira pratiquer la motoneige, le traîneau à chiens et les raquettes du côté du fjord du Saguenay.
Plusieurs circuits individuels avec voiture de location sont également possibles au Québec.

MONTREAL

NOMADE AVENTURE

40, rue de la Montagne-Sainte-Geneviève (5e)
Paris
✆ 08 25 70 17 02
www.nomade-aventure.com
infos@nomade-aventure.com

Nomade Aventure, spécialiste des randonnées, propose un « Cocktail multivitaminé à Charlevoix », un voyage « tranquille » de 8 jours : découverte de la région de Charlevoix à travers de nombreuses activités ludiques (traîneau à chiens, sorties en raquettes, ski de fond...) et la visite de Montréal et Québec font partie du programme. Hébergements typiques en plein cœur de la nature avec vue sur les bords du fleuve Saint-Laurent (shapatuan, tipi, chalet...). Egalement un séjour « Sensations et glisse » au nord du lac Saint-Jean. L'originalité de Nomade Aventure réside dans le fait que quasiment tous les voyages sont accompagnés d'un guide local francophone, à même de faire partager à un groupe de voyageurs la culture et les valeurs du pays visité.

Autres adresses : 10, quai de Tilsitt 69002 Lyon • 12, rue de Breteuil 13001 Marseille • 43, rue Peyrolières 31000 Toulouse.

TERRE CANADA

2, rue de Boissy
Saint-Leu-la-Forêt
✆ 01 34 18 18 18
www.terrecanada.com
info@terrecanada.com
Samedi sur rendez-vous.

Le spécialiste des voyage au Canada à la carte propose de nombreuses formules en autotours et circuits accompagnés. Ces voyages se déclinent en chasse, pêche ou découverte. En été, les forfaits quad remplacent les forfaits motoneige de l'hiver. Pas moins de 9 séjours sont proposés pour le Québec ; parmi eux, « Carnaval de Québec » ou « Aventures natures au Québec » pendant 7 jours, au bord de l'immense réservoir du lac Taureau et logé dans une auberge forestière.

TERRES LOINTAINES

2, rue Maurice Hartmann
Issy-les-Moulineaux
✆ 01 84 19 44 45
✆ 09 72 45 35 86
www.terres-lointaines.com
contact@terres-lointaines.com
M° Porte de Versailles (M12 et T3) ou Corentin Celton (M12).
Possibilité de venir à l'agence sur rendez-vous uniquement.

Véritable créateur de voyages sur mesure, Terres Lointaines est un spécialiste reconnu du long-courrier sur plus de 30 destinations en Amérique, en Afrique, en Asie et en Australie-Nouvelle-Zélande. Vous serez séduits par ses prix compétitifs et son discours de transparence. Grâce à une sélection rigoureuse de partenaires sur place et un large choix d'hébergements de petite capacité et de charme, Terres Lointaines offre des voyages de qualité et hors des sentiers battus. Les circuits itinérants sont déclinables à l'infini pour coller parfaitement à toutes les envies et tous les budgets. En plus d'un contact privilégié avec un expert du pays, le site terres-lointaines.com, illustré par de nombreuses photos, cartes interactives et informations pratiques, commencera à vous faire voyager. Montréal et l'Est canadien sont bien couverts par l'agence.

VACANCES CANADA

4, rue Gomboust (1er)
Paris
✆ 01 40 15 15 05
www.vacancescanada.com
contact@vacancescanada.com

Spécialiste du Canada depuis une vingtaine d'années, Vacances Canada propose toutes sortes de prestations pour le Québec : voyages à la carte, location de voitures, billets d'avion, location de chalets et réservation d'hôtels, circuits accompagnés, forfaits week-end (« vol + hôtel »)... Promotions régulières sur le site.

VACANCES TRANSAT

✆ 0 825 12 12 12
www.vacancestransat.fr

Né au Canada, Vacances Transat est le leader sur l'Amérique du Nord (Canada & USA). De nombreux séjours et circuits sont organisés pour découvrir le Québec en toute saison.

Généralistes

Vous trouverez ici les tour-opérateurs dits « généralistes ». Ils produisent des offres et revendent le plus souvent des produits packagés par d'autres sur un large panel de destinations. S'ils délivrent des conseils moins pointus que les spécialistes, ils proposent des tarifs généralement plus attractifs.

MONTREAL

GO VOYAGES

✆ 0 899 651 951

www.govoyages.com

Go Voyages propose le plus grand choix de vols secs, charters et réguliers, au meilleur prix, au départ et à destination des plus grandes villes. Possibilité également d'acheter des packages sur mesure « vol + hôtel » et des coffrets cadeaux. Grand choix de promotions sur tous les produits sans oublier la location de voitures. La réservation est simple et rapide, le choix multiple et les prix très compétitifs.

NOUVELLES FRONTIÈRES

✆ 0 825 000 747

www.nouvelles-frontieres.fr

Nouvelles Frontières, un savoir-faire incomparable depuis plus de 50 ans. Des propositions de circuits, d'itinéraires à la carte, des séjours balnéaires et d'escapades imaginés et construits par des spécialistes de chaque destination.

PROMOVACANCES

✆ 0 899 860 879

www.promovacances.com

Promovacances propose de nombreux séjours touristiques, des week-ends, ainsi qu'un très large choix de billets d'avion à tarifs négociés sur vols charters et réguliers, des locations, des hôtels à prix réduits. Également, des promotions de dernière minute, les bons plans du jour. Informations pratiques pour préparer son voyage : pays, santé, formalités, aéroports, voyagistes, compagnies aériennes.

Réceptifs

AUTHENTIK CANADA

352, rue Emery

Montréal

✆ +1 514 769 0101 / +1 877 769 0101

www.authentikcanada.com

info@authentikcanada.com

Une agence spécialiste du Canada et qui connaît sacrément bien son territoire ! Authentik propose des séjours et circuits qui plairont à tous les publics : individuels, familles, couples et groupes. Parmi les forfaits disponibles, notons les itinéraires en voiture, les séjours de motoneige ou de ski et les voyages romantiques pour les couples. Authentik peut s'occuper de vous louer un camping-car qui est disponible depuis plusieurs points de chute au Canada. On apprécie les divers séjours en pourvoirie et l'originalité des activités proposées comme les rencontres avec un trappeur, la pêche sur glace, les bains nordiques, etc. Les séjours s'adaptent aux goûts et aux besoins de chacun. Authentik a remporté plusieurs prix prestigieux en raison de la qualité de ses services.

Autres adresses : N° Vert en Belgique : 0 800 262 32 • N° Vert en France : 0 805 080 113 • N° Vert en Suisse : 0 800 898 601

GLOBE-TROTTER AVENTURE CANADA

1142, rue Notre-Dame

Secteur Lachine

Montréal

✆ +1 514 312 2990 / +1 888 598 7688

www.aventurecanada.com

Cette agence s'est donné pour mandat le projet ambitieux de réaliser les rêves des globe-trotters désirant découvrir le Québec ou le Canada. Avec une multitude de forfaits et de circuits pour tous les goûts, sans compter les nombreux autres services (sur mesure, location de voiture et de camping-car, vols secs...), la grande qualité des produits offerts leur a permis de se tailler une place de choix sur le marché. En toute saison, des forfaits de rêve vous transporteront au cœur des magnifiques régions du pays. Vous voulez « goûter » à toutes les activités pratiquées en hiver ou en été ? Les séjours multi-activités sont la solution parfaite avec, au menu, ski de fond, raquette, motoneige, traîneau à chiens, pêche blanche, canot, camping, randonnée, équitation, etc. Vous trouverez assurément votre bonheur parmi les forfaits proposés !

Autres adresses : N° Vert en Belgique : 0 800 775 46 • N° Vert en France : 0 800 916 672 • N° Vert en Suisse : 0 800 836 078

LE MONDE EST MON VILLAGE

✆ +33 9 70 44 08 14

www.lemondeestmonvillage.com

lemondeestmonvillage@gmail.com

Un nouveau concept parmi les professionnels du voyage. Le Monde est mon Village est une agence de coaching en organisation de voyages. Johann, le créateur, est un globe-trotter infatigable. Il vous aide à préparer votre voyage aux quatre coins du monde, que vous soyez un voyageur indépendant ou que vous ayez l'habitude de réserver dans une agence, qu'il saura dénicher pour vous dans son carnet d'adresses. N'hésitez pas à l'interroger pour votre prochain voyage, il saura vous dégotter des coins et des prestations hors des sentiers battus.

Sites comparateurs et enchères

Plusieurs sites permettent de comparer les offres de voyages (packages, vols secs, etc.) et d'avoir ainsi un panel des possibilités et donc des prix. Ils renvoient ensuite l'internaute directement sur le site où est proposée l'offre sélectionnée.

■ **ILLICOTRAVEL**
www.illicotravel.com
commercial@illicotravel.com
Illicotravel permet de trouver le meilleur prix pour organiser vos voyages autour du monde. Vous y comparerez les billets d'avion, hôtels, locations de voitures et séjours. Ce site très simple offre des fonctionnalités très utiles comme le baromètre des prix pour connaître les meilleurs prix sur les vols à plus ou moins 8 jours. Le site propose également des filtres permettant de trouver facilement le produit qui répond à tous vos souhaits (escales, aéroport de départ, circuit, voyagiste…).

■ **JETCOST**
www.jetcost.com
Jetcost compare les prix des billets d'avion et trouve le vol le moins cher parmi les offres et les promotions des compagnies aériennes régulières et low cost. Le site est également un comparateur d'hébergements, de loueurs d'automobiles et de séjours, circuits et croisières.

■ **LILIGO**
✆ 01 45 153 170
www.liligo.com – feedback@liligo.com
Liligo interroge agences de voyage, compagnies aériennes (régulières et low cost), trains (TGV, Eurostar…), loueurs de voiture mais aussi 250 000 hôtels à travers le monde pour vous proposer les offres les plus intéressantes du moment. Les prix sont donnés TTC et incluent donc les frais de dossier, d'agence… Le site comprend aussi deux thématiques : « week-end » et « ski ».

PARTIR SEUL

En avion

Pour un vol de Paris à Montréal, compter :

- **Haute saison** (été et temps des Fêtes) : à partir de 700 €.
- **Basse saison** (le reste de l'année) : à partir de 400 €.

À noter que la variation de prix dépend de la compagnie empruntée mais, surtout, du délai de réservation. Pour obtenir des tarifs intéressants, il est indispensable de vous y prendre très en avance. Pensez à acheter vos billets six mois avant le départ !
Toutefois, les billets d'avion pour Montréal au départ de la France font l'objet de nombreuses promotions tout au long de l'année, même pendant la période estivale, notamment avec des départs moins de 30 jours à l'avance.

Principales compagnies desservant la destination

AIR CANADA
✆ 0 825 880 881
www.aircanada.com
Air Canada dessert Montréal en vol direct et quotidien au départ de Paris, de Bruxelles et de Genève. Air Canada propose également des départs de province via Francfort, Munich ou Bruxelles.
Depuis mai 2013, Air Canada rouge, la compagnie loisirs d'Air Canada dessert Montréal en vol direct saisonnier au départ de Nice, 3 fois par semaine.
Dépaysement assuré dès le décollage. Mettez-vous dans l'ambiance du Québec pendant les 7 heures et demie de vol depuis Paris (6 heures et demie lors du vol retour). Les appareils sont équipés de sièges spacieux en classe économique et proposent des appuie-têtes réglables ainsi que des écrans tactiles individuels avec un vaste choix de programmes cinéma et musicaux à la demande.Air Canada permet également de rallier la ville de Québec depuis Montréal grâce à de nombreuses correspondances.
Air Canada a obtenu pour la 4e année consécutive le prestigieux prix de la « meilleure compagnie aérienne internationale en Amérique du Nord » décerné par Skytrax. Ce même organisme a également décerné 4 étoiles à Air Canada qui est aujourd'hui le seul transporteur nord-américain a s'être vu décerner cette récompense.
Tout au long de l'année, Air Canada vous propose régulièrement de nombreuses promotions sur son site Internet ou par téléphone, et aussi auprès de votre agence de voyage habituelle.

AIR FRANCE
Invalides
2, Rue Robert Esnault-Pelterie (7e)
Paris
✆ 0892 70 26 54 / 3654
www.airfrance.fr
Air France dessert quotidiennement Montréal en vol direct. Des vols avec correspondance sont également disponibles. Réservations et informations en ligne.

AIR TRANSAT
✆ 0 825 120 248
www.airtransat.fr
Au moins un vol quotidien et direct au départ de Paris Charles de Gaulle à destination de Montréal. En saison, des départs sont aussi offerts depuis Bordeaux, Lyon, Marseille, Nantes, Nice et Toulouse. Notez qu'Air Transat a été élue meilleure compagnie aérienne spécialisée en voyages vacances au monde lors des *World Airline Awards* en 2012.

CORSAIR
✆ 39 17
www.corsair.fr
Corsair assure des vols directs de Paris en direction de Montréal. Possibilité de départ en province avec connexion à Paris avec TGV Air. Notez que le Québec est une destination saisonnière pour la compagnie.

Sites comparateurs

Certains sites vous aideront à trouver des billets d'avion au meilleur prix. Certains d'entre eux comparent les prix des compagnies régulières et *low cost*. Vous trouverez des vols secs (transport aérien vendu seul, sans autres prestations) au meilleur prix.

EASY VOLS
www.easyvols.fr
contact@easyvoyage.fr

MOMONDO
www.momondo.fr
Comparez les vols les moins chers et les hôtels momondo.fr. Momondo est un comparateur de vols et d'hôtels danois qui interroge plusieurs centaines de compagnies aériennes afin de proposer les meilleurs billets d'avion possible aux voyageurs. Principal concurrent de Skyscanner, Momondo n'est pas une agence de voyage, mais un moteur de recherche de billets d'avion qui ne cesse de grandir : c'est un service gratuit et aucun billet n'est vendu sur le site.

Location de voitures

ALAMO – RENT A CAR
✆ 08 05 54 25 10
www.alamo.fr
Avec plus de 40 ans d'expérience, Alamo possède actuellement plus d'1 million de véhicules au service de 15 millions de voyageurs chaque année, répartis dans 1 248 agences implantées dans 43 pays. Des tarifs spécifiques sont proposés, comme Alamo Gold aux États-Unis et au Canada, le forfait de location de voiture tout compris incluant le GPS, les assurances, les taxes, les frais d'aéroport, un plein d'essence et les conducteurs supplémentaires. Alamo met tout en œuvre pour une location de voiture sans souci.

AUTO EUROPE

✆ 0 800 940 557

www.autoeurope.fr

reservations@autoeurope.fr

Auto Europe négocie toute l'année des tarifs privilégiés auprès des loueurs internationaux et locaux afin de proposer à ses clients des prix compétitifs. Les conditions Auto Europe : le kilométrage illimité, les assurances et taxes incluses dans de tout petits prix et des surclassements gratuits pour certaines destinations. Vous pouvez récupérer ou laisser votre véhicule à l'aéroport ou en ville.

BSP AUTO

✆ 01 43 46 20 74

www.bsp-auto.com

Ouvert du lundi au vendredi de 9h à 21h30 ; le week-end de 9h à 20h. Location de voitures sur votre mobile.

La plus importante sélection de grands loueurs dans les gares, aéroports et centres-villes. Les prix proposés sont les plus compétitifs du marché. Les tarifs comprennent toujours le kilométrage illimité et les assurances. Les bonus BSP : réservez dès maintenant et payez seulement 5 jours avant la prise de votre véhicule, pas de frais de dossier ni d'annulation, la moins chère des options zéro franchise. Réduction spéciale aux lecteurs de ce guide avec le code «petit futé».

LOCATIONDEVOITURE.FR

✆ 0 800 73 33 33 / 01 73 79 33 33

www.locationdevoiture.fr

Appel gratuit. Ce site Internet vous permet de comparer les offres de plusieurs courtiers et de louer une voiture quelle que soit votre destination. Un large choix de voitures citadines, monospaces, cabriolets, 4x4... L'évaluation de l'assurance et les avis clients sont affichés pour chacune des offres. Annulation gratuite jusqu'à 24h à l'avance.

TRAVELERCAR

✆ 01 73 79 27 21

www.travelercar.com

contact@travelercar.com

Service disponible aux aéroports de Roissy-CDG, Orly et Beauvais.

TravelerCar est une plateforme d'économie du partage appliquée à la voiture. L'idée qui préside à ce service innovant est finalement assez simple : voyager futé, faire des économies et agir éco-responsablement en mutualisant l'usage de votre voiture durant vos vacances. Vous contactez TravelerCar en amont afin de rendre votre véhicule disponible à la location pendant la durée de votre voyage. TravelerCar s'occupe de tout (prise en charge de la voiture sur un parking de l'aéroport de départ, mise en ligne de votre voiture sur l'interface de location, gestion de la location et des paiements, assurance tous risques, remise de la voiture à l'aéroport le jour de votre retour, etc.). Quand bien même votre voiture ne serait pas louée, ce service vous permet non seulement de vous rendre à l'aéroport et d'en repartir sans passer par la case transports en commun ou taxi mais aussi de ne pas payer de parking à l'aéroport pour la période de votre voyage ! Vous pourrez également louer une voiture sur l'interface TravelerCar.com, à des tarifs souvent très avantageux par rapport aux loueurs habituels.

SÉJOURNER

Se loger

Au Québec, les formules d'hébergement sont nombreuses, allant de l'hôtel classique au ranch ou au chalet, en passant par les motels, les grandes chaînes internationales, les auberges de jeunesse, les gîtes et les campings. Les bureaux du tourisme du pays distribuent gratuitement des listes d'établissements avec leurs tarifs, adresses, numéros de téléphone et services proposés. Il est conseillé de réserver, surtout en été.

COUCHSURFING

www.couchsurfing.org

Grâce au CouchSurfing, vous voyagez dans le monde entier en logeant gratuitement chez l'habitant. Il suffit de s'inscrire sur des sites Internet spécialisés pour accéder aux offres des membres prêts à mettre à disposition un couchage pour quelques nuits. Échange de bons procédés oblige, vous devez accepter en contrepartie (en principe) d'accueillir chez vous celle ou celui qui vous reçoit. Soyez rassuré, des systèmes de contrôle existent sur les sites : notation des membres, numéro de passeport exigé à l'inscription, etc. CouchSurfing est le service d'hébergement en ligne regroupant le plus d'adhérents. Les participants ont accès à des hébergements volontaires dans plus de 200 pays.

Quartier du Plateau Mont-Royal.

EASYROOMMATE

✆ 01 78 40 14 40

www.easyroommate.com

Un site de colocation plutôt sympathique pour trouver une coloc' d'une durée plus ou moins longue (par semaine ou par mois) triée par pays. La bonne alternative pour ne pas rentrer dans une chambre d'hôtel morne, et vivre dans une maison ou un appartement avec des personnes qui rendront le séjour plus agréable.

HOSTELBOOKERS

fr.hostelbookers.com

Depuis 2005, cette centrale de réservation en ligne permet de planifier son séjour à prix corrects dans le monde entier. Afrique, Asie, Europe, Amérique... Hostelbookers est spécialisé dans les logements peu onéreux (auberges de jeunesse ou *hostels*...) mais proposant des services et un cadre plutôt soignés. Pour chaque grande ville, le site propose une sélection pointue d'enseignes partenaires et vous n'aurez plus qu'à choisir l'adresse la plus pratique, la mieux située, ou tout simplement la moins chère. Une plateforme bien pratique pour les baroudeurs.

HOTELS INSOLITES

www.hotels-insolites.com

Sur ce site, des endroits jamais imaginés, comme un phare, un train décoré dans le style année folles, dans un campement de mineurs, une forteresse militaire, un aquarium, un ballon dirigeable, un tonneau (si si !), et la liste est longue. Les prix sont très différents : d'une vingtaine à des centaines d'euros. Le site délivre toutes les infos nécessaires pour les lieux qui sont dispersés à travers le monde, avec numéros de téléphones, adresses...

TROC MAISON

✆ 05 59 02 02 02 / 09 70 40 64 99

www.trocmaison.com

Le slogan du site : « Échangez... ça change tout ». Un site pour échanger son logement (studio, appartement, villa...). Numéro 1 du troc de maison, le prix est de 7,95 € par mois pour l'accès aux offres. Une aubaine quand

on pense que 50% du budget vacances des Français passe dans le logement. Propriétaire d'un appartement, trouvez l'échange idéal qui conviendrait au propriétaire de la maison désirée. Le choix est large : 40 000 offres dans 148 pays.

Hôtels

- **Grandes chaînes.** Dans les grandes villes et lieux de séjour : Best Western, Delta, Gouverneur, Holiday Inn, Radisson, etc. Comptez entre 99 CAN $ (standard) et 170 CAN $, voire plus (luxe).
- **Hôtels et motels.** Le long des grandes routes et sur les voies d'accès aux villes : Comfort Inn, Quality Hotel et Suites, Days Inn, etc. Comptez 90 CAN $ pour une chambre standard. N'oubliez pas qu'à partir de trois personnes, le prix d'un motel (environ 75 CAN $) est avantageux et qu'à quatre, les motels peuvent être moins chers que les auberges de jeunesse. On les trouve dans chaque village de campagne.

Chambres d'hôtes

Plutôt que d'aller à l'hôtel, souvent impersonnel, il est plus sympathique de se loger chez l'habitant dans les Bed & Breakfast, appelés « couette et café » au Québec, où le petit déjeuner vous sera servi dans une ambiance plus conviviale. Les Gîtes du Passant ne sont pas une appellation générale, mais une enseigne pour des chambres d'hôtes, situées à la ville comme à la campagne et offrant tout une gamme de confort (à partir de 65 CAN $ la chambre double avec petit déjeuner). Le réseau de ces gîtes est régulièrement contrôlé par l'Association de l'agrotourisme et du tourisme gourmand qui attribue cette enseigne (www.terroiretsaveurs.com).

Auberges de jeunesse

HI-CANADA – RÉGION DU QUÉBEC ET DE L'ONTARIO
3514, avenue Lacombe – Montréal
✆ +1 514 731 1015 / +1 866 754 1015
www.hihostels.ca – info.asl@hihostels.ca
Auberges gérées par cette association en Ontario : Toronto, Niagara Falls, Ottawa et Maynooth. Une douzaine d'auberges membres au Québec.
Cette association à but non lucratif propose aux voyageurs de tout âge un réseau d'étapes bon marché (environ 30 CAN $ la nuit pour une personne en chambre partagée ; chambres privées et familiales aussi disponibles), situées à proximité des sites touristiques, en ville comme en région. Vous retrouverez la majorité des auberges québécoises membres du réseau dans ce guide. Réduction pour les adhérants sur l'hébergement et auprès des partenaires locaux (renseignez-vous à l'auberge lors de votre arrivée).

Campings

Le Québec compte près d'un millier de terrains de camping, des plus rustiques aux plus luxueux. La majorité des terrains de camping du Québec sont équipés des « trois services », soit les raccords pour l'eau, l'électricité et l'égout. Les terrains de camping n'offrant aucun raccord sont vraiment plus rustiques et, en ce sens, ils s'adressent principalement aux campeurs sous la tente. Tous les emplacements des terrains de camping québécois sont équipés d'une table à pique-nique et, sauf exception, d'un endroit pour faire un feu de camp. D'habitude, les terrains de camping comptent une épicerie de dépannage, un casse-croûte, un terrain de jeux et un lieu de baignade. Certains établissements mettent à la disposition des campeurs des abris « cuisine » et des salles de jeux ou de lecture. De plus en plus de terrains de camping proposent à leur clientèle l'accès à Internet, d'une façon ou d'une autre. Un produit en émergence sur les terrains de camping : le prêt-à-camper. Cette formule permet de louer un emplacement sur lequel est déjà installée une tente, une tente-caravane, une caravane ou un chalet.Tous les terrains de camping du Québec sont classifiés en faisant référence tant à la qualité des infrastructures de l'établissement qu'aux activités et services offerts. Les terrains de camping sont classifiés sur une échelle de 0 à 5-étoiles et évalués tous les deux ans. La classification des terrains de camping comprend deux volets distincts. Le premier porte sur la qualité des infrastructures, le deuxième sur la nature de celles-ci et l'offre de services complémentaires. Pour en connaître davantage sur la classification ou pour trouver un terrain de camping classifié du Québec, consultez le site : www.campingquebec.comIl est possible de louer de l'équipement de camping au Québec.

Retrouvez le sommaire en début de guide

Ainsi, nul n'a besoin de s'encombrer d'un matériel qui pourrait devenir rapidement superflu. Beaucoup de boutiques spécialisées en plein air offrent du matériel en location : tente, sac de couchage, réchaud, etc. Il est également possible de louer un camping-car pour découvrir le Québec. Au Québec, le plus important regroupement de campeurs, la Fédération québécoise de camping et de caravaning (FQCC), offre la possibilité de louer ce genre de véhicule via son agence de voyages. On y propose une gamme de VR (camping-car) allant de 5,7 m à 9,3 m. Pour information : www.fqcc.ca (onglet « Voyages FQCC »). Il n'est pas nécessaire de détenir un permis de conduire spécial pour prendre le volant d'un VR (camping-car) au Québec. Toutefois, ces derniers sont bien évidemment soumis au code de la route, ce qui vaut aussi pour les passagers qui doivent demeurer attachés sur leur siège. Le nombre de ceintures de sécurité détermine le nombre de passagers réglementaires à bord du VR.Le climat du Québec est caractérisé par ses quatre saisons très marquées qui peuvent parfois se succéder au cours d'une même semaine. Juillet est le mois le plus ensoleillé suivi de près par juin et août. Toutefois, les nuits peuvent être fraîches tout au long de la belle saison. La majorité des terrains de camping du Québec sont ouverts de la mi-juin à la mi-septembre. Toutefois, de plus en plus de campings devancent et prolongent la saison en mai et en octobre. Les campeurs sous la tente qui sont équipés chaudement et les caravaniers au volant de leur VR (camping-car) auront grand plaisir à découvrir le Québec à ces périodes. En effet, le printemps et l'automne offrent un achalandage moindre et une nature différente.

Sur le territoire du Québec se trouvent deux parcs nationaux du Canada où il est possible de camper : le parc national du Canada Mauricie et le parc national du Canada Forillon. Pour en connaître davantage sur les possibilités de camping dans ces deux endroits : www.pc.gc.ca. D'autre part, le Québec possède plus d'une vingtaine de parcs nationaux où il est également possible de faire du camping. Une quinzaine de parcs nationaux offrent des possibilités de camping en formules « prêt-à-camper », ainsi que des réserves fauniques et les campings des centres touristiques. Vous trouverez l'offre totale de l'hébergement en camping sur : www.sepaq.com.

Au cours des quinze dernières années, la pratique du camping au Québec est devenue de plus en plus populaire. Il est donc fortement recommandé de réserver à l'avance son emplacement de camping afin de ne pas être déçu.

■ CAMPING QUÉBEC
2001, rue de la Métropole
Bureau 700
LONGUEUIL
✆ +1 450 651 7396 / +1 800 363 0457
www.campingquebec.com
L'Association des terrains de camping du Québec est une association privée sans but lucratif qui représente les exploitants de terrains de camping du Québec. Elle est la plus importante association de ce genre au pays avec près de 650 membres provenant des secteurs privé et public.

■ FÉDÉRATION QUÉBÉCOISE DE CAMPING ET DE CARAVANING
1560, rue Eiffel
Bureau 100
BOUCHERVILLE
✆ +1 450 650 3722 / +1 877 650 3722
www.fqcc.ca – info@fqcc.ca
La Fédération québécoise de camping et de caravaning (FQCC) est le plus grand regroupement de campeurs et de caravaniers au Québec et au Canada. Que ce soit pour obtenir de l'information, pour économiser, pour mieux planifier ses vacances en camping, pour réserver un voyage auprès de l'agence ou pour voyager en sécurité, la FQCC est une référence de choix.

Bons plans

▶ **Universités et Cégep.** Pendant les vacances d'été, certains établissements louent des chambres privées ou dortoirs pour une somme modique. Nous en recommandons plusieurs dans nos pages.

Se déplacer

Avion

Plusieurs régions du Québec sont desservies par vol intérieur mais les tarifs ne sont pas du tout bon marché. Au contraire ! Il en coûte très souvent moins cher pour un vol Paris-Montréal que Montréal-Îles de la Madeleine... Si toutefois vous désirez prendre un vol vers Toronto ou une autre grande ville canadienne, les tarifs sont beaucoup plus abordables mais sachez qu'au pays, il n'y a pas de vol « low cost » comme en Europe.

■ **AIR CANADA**
✆ +1 888 247 2262
www.aircanada.com
Destinations desservies au Québec : Rouyn-Noranda, Val-d'Or, Montréal, Québec, Bagotville, Mont-Joli, Gaspé, îles de la Madeleine, Baie-Comeau, Sept-Îles, Fermont – Wabush.

■ **AIR CREEBEC**
✆ +1 819 825 8375 / +1 800 567 6567
www.aircreebec.ca
reservation@aircreebec.ca
Dessert Montréal, Val d'Or, Chibougamau, Waskaganish, Nemaska, Eastmain, Wemindji, Chisasibi et Whapmagoostui.

■ **AIR INUIT**
✆ +1 800 361 2965
www.airinuit.com
airinuit.info@airinuit.com
De Montréal, Rouyn-Noranda, Québec et Sept-Îles aux municipalités du Nunavik. Liaison également à La Grande (Baie-James), et Fermont – Wabush et Schefferville (Côte-Nord, en bordure du Labrador).

■ **AIR LIAISON**
✆ +1 888 589 8972
www.airliaison.ca
info@airliaison.ca
Dessert Baie-Comeau, Bonaventure, Havre-Saint-Pierre, La Romaine, Mont-Joli, Montréal, Natashquan, Port-Menier, Québec, Rouyn-Noranda, Saint-Augustin, Sept-Îles et Fermont – Wabush.

■ **FIRST AIR**
✆ +1 800 267 1247
www.firstair.ca
reservations@firstair.ca
Dessert une trentaine de communautés des Territoires du Nord-Ouest, du Nunavut et du Nunavik au départ d'Edmonton, Winnipeg, Ottawa et Montréal.

■ **PASCAN AVIATION**
✆ +1 888 885 8777
www.pascan.com
reservation@pascan.com
Dessert Val-d'Or, Rouyn-Noranda, Fermont/Wabush, Gatineau/Ottawa, Montréal/Saint-Hubert et Québec, Bagotville/Saguenay, Baie-Comeau, Sept-Îles, Havre-Saint-Pierre, Mont-Joli, Bonaventure et les îles de la Madeleine, ainsi que le Nouveau-Brunswick, Terre-Neuve et Labrador.

■ **PROVINCIAL AIRLINES**
✆ +1 866 962 0380
www.provincialairlines.com
reservations@provair.com
Dessert Montréal, Québec, Fermont – Wabush, Sept-Îles et Blanc-Sablon, ainsi que le Nouveau-Brunswick, la Nouvelle-Écosse, Terre-Neuve et Labrador.

Bateau

■ **SOCIÉTÉ DES TRAVERSIERS DU QUÉBEC**
✆ +1 877 787 7483
www.traversiers.com
stq@traversiers.com
Découvrez la province grâce à 13 services maritimes reliant des municipalités pittoresques en bordure du fleuve Saint-Laurent et du fjord du Saguenay. Que vous soyez piéton, cycliste ou automobiliste, les traversiers faciliteront vos déplacements à la découverte de régions touristiques très différentes. Pensez à sortir votre appareil-photo !

Bus

Le réseau qui dessert les régions du Québec est bien organisé. Possibilité d'acheter un RoutPass de 7, 14 ou 18 jours donnant droit à des trajets illimités, valable au Québec et en Ontario (mais pas pour se rendre à l'aéroport Montréal-Trudeau). Le forfait de 18 jours comprend le Québec, l'Ontario et New York (412 CAN $). Info : www.routpass.com ou ✆ +1 800 661 8747.

▶ **À Montréal,** tous les bus à destination du Québec, de l'Ontario et des États-Unis partent de la Gare d'autocars de Montréal (1717 rue Berri, angle des rues Berri et Ontario), située au métro Berri-UQÀM. Toutefois, depuis peu, quelques départs s'effectuent également de la Gare centrale VIA Rail située au métro Bonaventure. Bien vous renseigner sur le lieu d'embarquement.

▶ **Au Québec,** la principale compagnie de transport interurbain est Orléans Express.

■ **LIMOCAR**
✆ +1 866 692 8899
www.limocar.ca
Limocar assure la liaison entre Montréal et Sherbrooke (Cantons-de-l'Est). Plus d'une vingtaine d'arrêts en Montérégie et dans les Cantons. Ligne express aussi disponible.

EspaceBus.com

Depuis quelques années, le voyage en groupe s'est réinventé. Avec de nouvelles formules souples, offrant liberté et évasion totale, sans les tracas de la conduite et de l'organisation du séjour, EspaceBus vous propose des escapades hors du commun et surtout, adaptées à tous les goûts. Plusieurs thématiques sont offertes : expérience urbaine, aventure douce, sports et événements, etc.
Mais EspaceBus c'est également le planificateur de vos déplacements le plus complet. Il centralise toute l'information concernant les transporteurs et les gares routières ce qui vous permet en quelques clics d'obtenir votre itinéraire, sa durée et son coût. Une section du site comprend également de l'information touristique sur chacune des régions de la province. Vous sauverez donc beaucoup de temps en utilisant cet outil web tout simplement génial.

www.espacebus.com

ORLÉANS EXPRESS
✆ +1 888 999 3977
www.orleansexpress.com
billetterieenligne@keolis.ca
Orléans Express dessert la grande région de Montréal, le Centre-du-Québec, la Mauricie, la grande région de Québec, le Bas-Saint-Laurent et la Gaspésie.Les liaisons régionales sont effectuées par d'autres compagnies dont Intercar et Limocar.

Train

AMTRAK – GARE DE MONTRÉAL
Gare centrale de Montréal
895, rue de la Gauchetière Ouest
✆ +1 800 872 7245
www.amtrak.com
M° Bonaventure. Billetterie ouverte du lundi au dimanche de 7h à 17h.
Compagnie ferroviaire américaine assurant notamment les liaisons entre les États-Unis et le Canada. Il faut réserver à l'avance. Un départ par jour pour New York.

VIA RAIL – GARE DE MONTRÉAL
Gare centrale de Montréal
895, rue de la Gauchetière Ouest
✆ +1 514 989 2626 / +1 888 842 7245
www.viarail.ca
relations_clientele@viarail.ca
M° Bonaventure. Heures d'ouverture de la gare : lundi-dimanche : 4h30-0h30. Heures d'ouverture de la billetterie : lundi-vendredi, 5h30-19h15 ; samedi, 6h-18h30 ; dimanche, 7h-19h.
Le temps d'attente au guichet peut être assez long. Prévoir d'arriver bien à l'avance. Néanmoins, certains départs sont possibles de la gare de Dorval pour les destinations de l'Ouest, comme Toronto et Ottawa. Le train dessert notamment l'Abitibi, la Mauricie, le Saguenay-Lac-Saint-Jean, la rive sud du Saint-Laurent jusqu'en Gaspésie, Québec, Ottawa, Toronto et Halifax. Se déplacer en train permet de voir de beaux paysages, mais les trajets sont souvent assez lents et peuvent être plus onéreux que le bus (qui lui coûte plus cher que la voiture).

Voiture

Pour une longue durée, l'achat d'une voiture est tout indiqué. Il est possible de trouver des véhicules fiables à très bas prix (la moitié des prix français). Mais ceux qui prévoient de revendre en Californie ou dans l'Ouest canadien une voiture achetée au Québec doivent s'attendre à quelques difficultés. Le sel et les mauvaises conditions climatiques qui endommagent les carrosseries donnent à ces véhicules une mauvaise réputation.

Conseils futés. Une adhésion à l'Automobile Club (Association française des automobilistes) n'est pas dénuée d'intérêt. On se portera à votre secours en cas d'ennui mécanique ou même de simple panne d'essence et on vous fournira en toute occasion cartes, atlas routiers et conseils.

Formalités. Si vous avez l'âge requis (21 ans, parfois 25 ans) et le permis de conduire français rose à trois volets depuis au moins un an, vous pouvez louer une voiture (carte de crédit uniquement) pour un séjour touristique inférieur à 90 jours (pour les séjours de plus de trois mois, le permis de conduire international est exigé). L'assurance automobile est obligatoire. Ne circulez jamais sans votre permis, les papiers de la voiture et le contrat de location.

Essence. L'essence (sans plomb) se vend au litre et son prix varie selon les compagnies (Ultramar, Pétro-Canada, Esso...) et d'une région à l'autre. Les stations-service sont nombreuses, sauf dans les régions isolées.

Autoroutes et routes. L'autoroute transcanadienne, symbolisée par une feuille d'érable, traverse tout le Canada. La chaussée des autoroutes est généralement bien entretenue au Québec, mais dans le nord, les routes ne sont pas toujours revêtues. En hiver, les autoroutes sont en général déblayées, mais la conduite demande des réflexes particuliers et les pneus neige sont dorénavant obligatoires du 15 décembre au 15 mars. L'autoroute est gratuite. La limitation de vitesse est de 100 km/h sur les autoroutes, de 90 km/h sur les routes régionales et de 50 km/h (parfois moins) en ville. Le port de la ceinture de sécurité est obligatoire pour tous les passagers et le siège-auto pour les plus jeunes. Le taux maximal d'alcoolémie toléré est de 0,08 g/l, la conduite avec des facultés amoindries mène à l'amende, voire plus (contrôles fréquents). Les permis de conduire français, belge et suisse sont valables trois mois. Pour plus de renseignements : www.saaq.gouv.qc.ca

Code de la route et signalisation. Il est sensiblement le même qu'en Europe. La conduite se fait à droite. Le sens unique est indiqué par une flèche pointant vers la direction autorisée. Les feux de circulation sont placés de l'autre côté de l'intersection des rues et l'arrêt doit être complet. De la même manière, les panneaux « arrêt » aux quatre coins des carrefours doivent être respectés. Il n'y a pas de priorité à droite au Québec : la priorité échoit au premier arrivé. Il est permis de tourner à droite au feu rouge partout sauf à Montréal ou dans le cas où un panneau indique que c'est interdit. L'arrêt total est également obligatoire lorsqu'on suit ou qu'on croise un bus scolaire (toujours jaune) arrêté dont les clignotants rouges fonctionnent. Au feu de circulation, priorité au sens de la flèche lumineuse verte qui indique dans quelle direction on peut rouler (parfois bon pour les virages à droite). On ne peut garer son véhicule que dans le sens de la circulation. Sur les routes étroites, il faut utiliser les aires sur le bord de la route pour laisser passer les véhicules plus rapides. Les limitations de vitesse draconiennes sont tout à fait justifiées sur les routes côtières. Attention aux énormes camions qui roulent toujours à la vitesse maximale...

Stationnement. Au Québec, on dit stationnement et non parking. En ville, notamment à Montréal et à Québec, se garer est souvent difficile et, avant d'arrêter son véhicule, il faut lire parfois trois ou quatre panneaux pour savoir si l'on est sur le bon trottoir, dans la bonne tranche horaire et ainsi éviter la contravention (assez chère) ou pire, la mise en fourrière ! Les parcomètres sont voraces de pièces de 25 cents ou de 1 CAN $. Heureusement, les parcomètres sont peu à peu remplacés par des bornes qui acceptent les cartes de crédit. En région, pas de problème. Attention : il est formellement interdit de stationner devant une borne d'incendie ! En cas d'erreur, soyez assuré que vous aurez, dans les 5 minutes suivantes, votre contravention. Les villes sont quadrillées et surveillées en permanence. Les petites voitures municipales tournent sans cesse et celles de la police stationnent au coin des rues, munies de radars. Attention, la vitesse en ville est limitée à 50 km/h : si vous dépassez cette limitation, gare à l'addition.

Camping-car. Pour partir en famille ou à plusieurs, le camping-car (ou motorhome) peut être une bonne solution. Il est fortement conseillé de le réserver plusieurs semaines avant le départ auprès d'une agence de voyages, de Camping Québec ou de la FQCC. Nombreuses formules : circuit en boucle, trajet simple, kilométrage illimité ou non. Permis international exigé le plus souvent.

Nos amis les bêtes

La faune québécoise est riche en animaux sauvages : ratons laveurs, mouffettes, écureuils, renards, lièvres, ours, loups, coyotes, porcs-épics, cerfs, chevreuils, caribous, marmottes... Les panneaux routiers indiquant le passage éventuel d'animaux (pictogrammes) ne sont donc pas là pour vous distraire. Attention au gros et au petit gibier qui décident de sortir de leur tanière pour prendre l'air devant votre voiture ! Tout l'été, on aperçoit malheureusement des cadavres de petits animaux.

CAA QUÉBEC – SERVICE ROUTIER D'URGENCE

✆ +1 514 861 1313 / +1 800 222 4357

Services pour les membres des clubs automobiles seulement (CAA) : remorquage, déverrouillage des portes, survoltage... Si vous possédez un téléphone mobile canadien (sauf forfaits prépayés), composez directement *222.

REMORQUAGE D'URGENCE

✆ 310 4141

Pour signaler une situation qui nécessiterait l'aide d'une dépanneuse sur le territoire couvert par le service de remorquage exclusif (toujours indiqué par un panneau), vous pouvez composer en tout temps le 310-4141 ou le *4141 si vous disposez d'un téléphone cellulaire.

TRANSPORTS QUÉBEC

État des routes et travaux

✆ 511 / +1 888 355 0511

www.quebec511.info

Ce service, qui dépend du ministère des Transports, opère toute l'année et concerne les grands axes routiers et les routes aux frontières du Québec. Le répondeur est mis à jour dès qu'il y a modification de l'état de la chaussée (idem pour le site Internet). Il est possible d'avoir un préposé en ligne (jour et nuit) qui répondra à des questions directes après les messages enregistrés. Aussi, pour tout renseignement d'ordre général concernant la route, ou pour poser toute question relative au ministère des Transports : www.mtq.gouv.qc.ca

Taxi

Dans les grandes villes, on peut héler les taxis dans la rue. Cependant, l'usage est de les demander par téléphone. Le compteur commence à tourner quand le véhicule démarre avec vous à bord, pas avant. Dans les aéroports, les gares ferroviaires et routières, ils sont disponibles immédiatement. Prix de la course en fonction de la distance et n'oubliez pas le pourboire (15 %).

Deux-roues

Malgré les distances, les cyclistes sont de plus en plus nombreux à sillonner les routes. Parfois, et pas seulement dans les villes, une voie spéciale leur est réservée. La Route verte offre plus de 5 000 km de pistes cyclables reliant pratiquement toutes les régions du Québec, d'ouest en est et du nord au sud, du Témiscamingue jusqu'à la Gaspésie et de l'Abitibi aux Cantons-de-l'Est. Une magnifique façon de découvrir le Québec ! Pour les infos propres à la ville de Montréal, référez-vous à la rubrique « Se déplacer » – « En ville » – « Vélo ».

www.routeverte.com

Auto-stop

Au Québec, le stop (on dit « faire du pouce ») est efficace et le plus souvent agréable. Formellement interdit sur les autoroutes, c'est un bon moyen pour rencontrer des gens du cru, mais, en raison des grandes distances, votre tâche sera ardue.Les panneaux d'affichage des universités et des auberges de jeunesse regorgent de propositions de voyages. C'est une des façons les plus économiques de se déplacer. Des systèmes centralisés de covoiturage existent aussi dans les villes. Moyennant un modeste abonnement (parfois gratuit), on vous met en relation avec des personnes désireuses de prendre des passagers pour une destination et à un moment donné, en échange d'une contribution aux coûts du transport.

ALLO STOP

www.allostop.com

Inscription gratuite (automobiliste et passager). Réservation d'une place : 4 CAN $. Tarifs variables selon la destination. Inscription et réservation en ligne seulement.

Pionnier dans le covoiturage au Québec, Allo Stop met en relation les automobilistes et les passagers désirant voyager de façon économique, sécuritaire et écologique. Les frais de transport sont pré-établis par l'organisme selon le parcours. Cela revient moitié moins cher que l'autobus. Nombreuses destinations proposées au Québec (quelques destinations hors Québec également).

AMIGO EXPRESS

✆ +1 514 721 8290 / +1 877 264 4697

www.amigoexpress.com

Réservation par téléphone : lundi-dimanche, 9h-21h. Par Internet : 24h/24. Réservation d'une place : 5 CAN $. Tarifs variables selon la destination. Une trentaine de points de service au Québec, quatre en Ontario, et un à Halifax (Nouvelle-Écosse).

Une compagnie de covoiturage desservant le Québec mais également le reste du pays et les États-Unis. En réservant via le site Internet, vous avez accès à une foule d'informations sur les conditions du trajet (fumeur ou non, animaux bienvenus ou non, etc.) ainsi qu'à l'évaluation des passagers ayant voyagé avec ce conducteur.

Autre service : Amigo Express Local, un service de covoiturage domicile-travail.

DÉCOUVERTE

La Place d'Armes dans le Vieux-Montréal.

© RENAUD MOY

Montréal en 20 mots-clés

Accent

Attention, sujet hautement sensible ! Les Québécois considèrent que ce sont les Français qui ont un accent. Pour découvrir la gentillesse locale, la règle est simple : on laisse ses préjugés sur le parler québécois quand on récupère sa valise à l'aéroport !

Autochtones

Onze nations occupent le territoire du Québec dont une vivant dans les environs de la métropole : les Mohawks ou *Kanienkehaka* signifiant « le peuple de la pierre ». On les retrouve à Akwesasne et Kahnawake (Montérégie) et Kanesatake (Laurentides). Membres de la Confédération des Cinq Nations iroquoises, les Mohawks formaient une nation puissante dont la force s'appuyait sur une organisation sociale très structurée et une tradition sédentaire empreinte de spiritualité. Malgré la proximité et l'influence des villes avoisinantes, les Mohawks ont su garder leurs valeurs traditionnelles bien ardentes, tout en assumant la gestion de leur éducation, de leur santé et de leurs services. Ils ont été tristement rendus célèbres en 1990, lors de la Crise d'Oka, une période sombre de l'histoire de la province.

© STÉPHANE SAVIGNARD

Vieux-Montréal, boutique d'artisanat amérindien et inuit.

Boîte à chansons

Typiquement québécoises, les boîtes à chansons sont des petites salles de spectacles aux allures de cafés où se produisent des chanteurs.
Félix Leclerc, Gilles Vigneault et Robert Charlebois y ont fait leurs premiers pas. À Montréal, les plus connues sont Le 2 Pierrots dans le Vieux-Montréal et La Boîte à Marius dans le quartier Rosemont.

Dépanneurs

Ces petits commerces québécois ouvrent très tard le soir et tous les jours de la semaine. Certains fonctionnent jour et nuit. On y achète le journal, les cigarettes, la bière (vente d'alcool interdite aux moins de 18 ans et après 23h), du lait, des conserves, quelques produits frais, de la confiserie et parfois des fleurs. Les tarifs y sont plus élevés qu'au supermarché mais, comme leur nom l'indique, cela dépanne.

Été indien

Il survient après les premiers gels qui suivent la période estivale, généralement vers la mi-octobre, et résulte des bouffées de chaleur qui remontent du golfe du Mexique en direction du Québec. Cette expression provient du fait que cette période de réchauffement était mise à profit par les Amérindiens pour parfaire les réserves avant l'hiver.

Étudiants

Montréal est sans contredit une ville étudiante dynamique. Quatre universités s'y trouvent dont la réputée McGill University, classée dans le top 20 mondial. Fondée en 1821, elle est l'une des plus anciennes institutions d'enseignement supérieur au pays. Elle est également l'une des deux universités anglophones de la métropole, l'autre étant Concordia University. Pour l'enseignement en français, Montréal compte dans ses rangs l'Université de Montréal qui forme avec ses écoles affiliées, HEC Montréal et l'École Polytechnique, le premier pôle d'enseignement et de recherche du Québec. Vient ensuite l'UQÀM, située

en plein cœur du Quartier latin, qui compte plusieurs facultés et l'École des sciences de la gestion. Nombreux cégeps (établissement post-secondaire avant l'université) et écoles professionnelles viennent compléter l'offre en éducation.

Cirque

Capitale canadienne du cirque, et même au-delà, la réputation de Montréal dans ce domaine n'est plus à faire. On y retrouve un festival entièrement dédié aux arts du cirque (Montréal Complètement Cirque en juillet), une école professionnelle (École nationale de cirque), une école d'introduction pour petits et grands (École de cirque de Verdun), le siège social du Cirque du Soleil, le Regroupement national des arts du cirque (En Piste), un centre de diffusion des arts du cirque (TOHU), des troupes professionnelles (Cirque Éloize, Les 7 Doigts de la Main)...

© STÉPHANE SAVIGNARD

Affiche de spectacle du Cirque du Soleil.

Festivals

Métropole culturelle de renom, ville festive de surcroît, Montréal vibre au rythme des festivals et événements qui se relayent sans temps mort, dont près de la moitié ont une portée internationale. Certains événements de masse peuvent rassembler jusqu'à 200 000 personnes, en même temps et dans un même lieu, sans problèmes majeurs de sécurité. Artistes émergents ou de haut calibre dans des domaines aussi variés que la danse, le théâtre, la musique, les arts visuels, le cirque, les produits gourmands, le sport et le plein air, pour ne nommer que ceux-ci, vous en mettront plein la vue. Pour connaître la liste des festivals et événements à Montréal, consultez la rubrique « Festivités » un peu plus loin dans cette section.

Happy Hour

Aussi appelé « 5 à 7 », l'*Happy Hour* est un rendez-vous que se donnent les collègues de travail dans un bar ou un café, à la fin de l'après-midi, vers 17h. C'est également le moment de faire de belles économies car les bars et cafés offrent presque toujours des tarifs réduits pendant ces heures, tant sur l'alcool que sur la nourriture. Attention, si des étudiants vous invitent à un « 4 à 7 », il n'est pas assuré qu'il se termine à 19h...

Faire – Ne pas faire

- **Penser** à laisser un espace entre vous et la personne qui vous précède dans une file d'attente.
- **L'accent** et les expressions diffèrent entre la France et le Québec, et c'est tant mieux ! N'oubliez pas que chacun trouve que c'est l'autre qui a un accent.
- **N'oubliez pas** le service au restaurant, dans les bars ou les taxis. Si on l'appelle « tip », le pourboire fait ici partie intégrante du salaire. Un service correct mérite environ 15 % de pourboire, soit à peine plus que le montant des deux taxes cumulées qui est de 14,5 %.
- **Comme partout,** certains sujets déchaînent les passions. Prenez donc garde aux discussions concernant la langue anglaise, le séparatisme, les Amérindiens et surtout, le catalogue de ce qui est mieux en France ou au Québec... À moins bien sûr d'être disposé à en débattre.

DÉCOUVERTE

Hiver

« *Mon pays, ce n'est pas un pays, c'est l'hiver* », chantait Gilles Vigneault. D'une durée d'environ 120 jours par an, l'hiver est rigoureux dans l'est du pays. Plusieurs tempêtes majeures jalonnent ces mois blancs qui voient s'accumuler quelques mètres de neige. Par contre, le Québec, notamment dans le sud-ouest de la province où se trouve Montréal, vit un véritable réchauffement climatique depuis quelques années et la pluie fait dorénavant aussi partie de l'hiver...

Hockey

Le hockey est le sport national par excellence. Si vous êtes de ceux qui aimeraient voir jouer l'équipe des Canadiens de Montréal, armez-vous de patience pour trouver des billets. Ils sont pratiquement tous vendus avant même le début de la saison.

Ceci dit, certains établissements hôteliers offrent des forfaits incluant des billets pour un match. Les revendeurs sont également nombreux aux alentours du Centre Bell (domicile des Canadiens) les soirs de match. Vous pouvez également opter pour un match de la ligue de hockey junior majeur du Québec. Vous y verrez sûrement des futures recrues de la ligue nationale !

Joual

Le joual est un sociolecte du français québécois issu de la culture populaire urbaine de la région de Montréal. Son nom illustre la prononciation particulière qui le caractérise, « cheval » se prononçant « joual ». Dans les années 1970, alors qu'on redécouvrait et valorisait une certaine culture populaire, le joual devint pour certains un mode d'affirmation par rapport au français de France. Une quarantaine d'années plus tard, le joual, même encore parlé, a perdu presque toute sa charge symbolique.

Marchés

La ville de Montréal possède quatre grands marchés publics (Atwater, Lachine, Jean-Talon, Maisonneuve) sans oublier celui du Village gai (Marché Saint-Jacques) et ceux installant leurs quartiers généraux en bordure des stations de métro en été. Mais notre coup de cœur va au Marché Jean-Talon, fier représentant des produits régionaux mais regorgeant également d'épiceries ethniques à l'image des communautés composant la population de la ville.

Melting pot

La métropole accueille chaque an des milliers de nouveaux arrivants qui composent un melting-pot des plus intéressants. On n'a qu'à se balader le long du boulevard Saint-Laurent pour découvrir une partie des quartiers ethniques de la ville (voir rubrique « Idées de séjour » dans la partie « Invitation au voyage » en début de guide). Les communautés les plus importantes à Montréal proviennent des pays suivants : Algérie, Chine, France, Grèce, Haïti, Inde, Italie, Liban, Maroc, Philippines, Roumanie et Vietnam.

Le Marché Jean-Talon présente les meilleurs produits de l'agriculture locale.

Sirop d'érable, souvenir indispensable d'un voyage au Québec.

Ontario

Il existe une vieille rivalité entre les provinces voisines de l'Ontario et du Québec. Toronto est la capitale économique du Canada anglophone, Montréal celle du Canada francophone. Montréal a longtemps été le centre économique du pays avant de se faire dépasser par la Ville Reine. Les conversations peuvent vite devenir animées (bien que toujours cordiales) lorsque l'on aborde les rapports entre ces deux frères ennemis.

Spécialités gourmandes

Lors de votre séjour, deux spécialités sont à mettre au carnet des trouvailles gourmandes : les fameux bagels du quartier juif dans le Mile-End (rouleau en forme d'anneau, à la texture très ferme, fait d'une pâte au levain naturel, cuit brièvement dans l'eau avant d'être passé au four), et le smoked meat (viande de bœuf fumée sur pain de seigle). Bon appétit !

Tutoiement

Il fait partie des mœurs du Québec. Il s'établit en fonction de l'âge : les personnes de moins de 30 ans sont généralement tutoyées. Les gens de même génération se tutoient. Il n'est pas rare qu'un employé de service public tutoie son interlocuteur de même qu'un employé à l'égard de son employeur.

Tempérament

Latin d'Amérique, c'est-à-dire bouillant sous un calme apparent, le Québécois a aussi le cœur sur la main. Son humeur change avec les saisons qui sont très marquées. À la fin de l'hiver, le Québécois boude, rage et prie pour que le printemps arrive enfin et il grognera jusqu'aux premiers rayons chauds du soleil. En été, il est bon enfant, surtout s'il est près de l'eau. Le Québécois sait rester calme et discipliné : dans les embouteillages, klaxonner est très mal vu. Enfin, le Québécois ne s'obstine jamais, contrairement à d'autres...

Vente de garage

Lors des beaux jours, le week-end généralement, les ventes de débarras (braderie ou vide-grenier) fleurissent sur les trottoirs. Une occasion pour dénicher une bonne affaire (bibelots, objets démodés... disposés à même le sol), rencontrer le voisinage ou jeter un coup d'œil instructif qui donnera l'occasion au voyageur d'observer les goûts des Montréalais et les modes passées.

Vice national

Les clubs de danseuses nues sont implantés aux quatre coins de la ville. Ces établissements licenciés offrent des spectacles de filles qui se déshabillent, en quelques chansons. Le client peut choisir de voir la fille danser de sa table, sur un tabouret, près de lui, pour un peu moins de 10 CAN $ la chanson ou encore dans une cabine, où il peut la toucher, pour 10 à 20 CAN $ la chanson. Les femmes ne sont pas en reste : sur le même principe, les gogo boys se déshabillent pour elles !

Survol de Montréal

Capitale économique de la province de Québec, plus grande métropole par sa population et sa superficie, Montréal est une ville non seulement chère au cœur des Québécois comme des Français, mais jouit également d'un rayonnement international. Vibrant centre culturel, elle rivalise d'audace avec la ville de Québec, capitale administrative, et sa presque voisine Toronto, grand concurrent économique et culturel devant l'éternel. Ville de la diversité, ses communautés francophones et anglophones s'y côtoient, au milieu d'une mosaïque ethnique d'horizons variés.

GÉOGRAPHIE

Une montagne dans une ville sur une île dans un fleuve. Montréal occupe une superficie de 500 km^2. Sa population est majoritairement francophone, mais aux importantes communautés anglo-saxonne, chinoise, italienne, irlandaise et juive sont venus s'ajouter des immigrants grecs et portugais ; plus récemment, les communautés haïtienne, vietnamienne et cambodgienne ont enrichi cette mosaïque qui forme le caractère multiethnique du Montréal d'aujourd'hui. On compte en effet pas moins de 80 ethnies.La ville de Montréal regroupe 19 arrondissements et des villes autonomes où vivent, en tout, près de 2 millions d'habitants. Toutefois, Montréal rayonne hors de l'île : sa sphère d'influence s'étend sur un rayon d'environ 100 km, pour former la région métropolitaine de Montréal qui couvre 4 260 km^2 et compte près de 4 millions d'habitants, soit environ la moitié de la population québécoise.Montréal est desservie par un aéroport qui accueille le trafic aérien, tant national qu'international : l'aéroport Pierre Elliott Trudeau situé à quelques kilomètres du centre-ville.Situé à 1 600 km de la côte atlantique, le port de Montréal, toujours très actif, s'étend sur 6 353 686 m^2. Le trafic maritime y est assuré toute l'année, même en hiver. Parmi les 2 200 navires qui y passent chaque année, un bon nombre fait la navette entre Montréal et les ports des Grands Lacs.Faisant partie d'un archipel, l'île de Montréal est la plus grande, suivie de l'île Jésus, sur laquelle est bâtie la deuxième plus grande ville du Québec, Laval, née de la fusion de tous les villages égrainés autour de cette île. Ces deux îles divisent le fleuve Saint-Laurent en trois embranchements qui vont du nord au sud : la rivière des Mille-Iles (entre l'île Jésus et la rive nord) ; la rivière des Prairies (entre les îles de Montréal et Jésus) ; le fleuve Saint-Laurent, qui coule impétueusement sur une partie de son parcours entre l'île de Montréal et la rive sud.Des ponts enjambant ces fleuves et rivières constituent les grandes voies d'accès où se bousculent les banlieusards, matin et soir. Le développement urbain à l'extérieur de l'île a d'ailleurs suivi la construction des différents ponts.

CLIMAT

La ville de Montréal se situe au milieu d'une zone de climat continental humide, dont la principale particularité est une très forte amplitude thermique entre l'été et l'hiver. C'est pourquoi, bien qu'étant située à la même latitude que la ville de Bordeaux en France, les températures y sont beaucoup plus rudes l'hiver.

Les première chutes de neiges durables sont attendues chaque année aux environs de la mi-décembre, bien que quelques neiges provisoires puissent faire leur apparition dès la fin du mois d'octobre. Les mois de janvier et février sont les mois les plus froids, avec des températures moyennes d'environ -10,1 degrés et quelques pointes qui peuvent descendre jusqu'à -30 quelques jours dans l'année. Tout l'hiver, Montréal est recouvert d'une épaisse couche de neige dont les dernières traces disparaissent en général vers le début ou la mi-avril. Suit alors un été chaud et humide, dont les températures au mois de juillet et août peuvent dépasser

© ALPHTRAN

Vue du centre-ville de Montréal.

les 30 degrés, et quelques jours de canicule viennent poncturer chaque été. Il n'est pas rare de pouvoir se baigner dans les lacs et les rivières sur lesquels on pratique la motoneige ou le hockey sur glace l'hiver. Ces deux saisons sont des périodes de visite agréables, bien qu'évidemment les activités pratiquées soient très différentes. En revanche, les mois de novembre et avril sont assez maussades.

ENVIRONNEMENT – ÉCOLOGIE

Comme tous les pays industrialisés, le Canada est aujourd'hui confronté à la difficile conciliation du développement économique et des exigences écologiques. Le pays a sauvegardé de nombreux espaces naturels par la création de parcs nationaux et provinciaux, ainsi que de réserves de conservation. Cette protection est efficace, mais implique toutefois le choix de zones à protéger et l'abandon d'autres qui ne le seront pas. Le Canada a aussi prouvé qu'il pouvait résoudre certains problèmes écologiques par des mesures peu coûteuses en comparaison du gain à long terme. Quand une espèce est atteinte par la chasse, il n'est pas difficile de la sauver en cessant de chasser : des espèces comme le castor ont été mises ainsi hors de danger.

De nos jours, compte tenu de la multiplication et de l'internationalisation des atteintes, les effets des pollutions sont durables, la reconstitution des milieux et des équilibres naturels est difficile, et les bonnes volontés doivent affronter les pouvoirs politico-économiques. Le gouvernement actuel au pouvoir, le parti conservateur, se détache d'ailleurs des objectifs de Kyoto et ne semble plus avoir fait de ses priorités la protection de l'environnement. A Copenhague, en décembre 2009, son inaction lui a d'ailleurs valu le « Prix fossile de l'année », mention décernée par un regroupement d'organisations non gouvernementales réunies à l'occasion de cette conférence internationale. Loin d'être en passe de réduire ses émissions de gaz à effet de serre d'ici à 2020, le Canada les a plutôt augmentées d'au moins 25 % entre 1990 et 2006, et la tendance ne s'est pas inversée depuis lors. Le Canada s'est d'ailleurs retiré du protocole de Kyoto, une annonce faite en décembre 2011 lors de la conférence de Durban sur le climat et qui est loin de faire l'unanimité au pays. Le gouvernement fédéral, dorénavant majoritaire à la chambre, a fait d'autres annonces tout aussi critiques lors de la sortie de son budget au printemps 2012 et son projet de loi fédérale omnibus C-45 qui touche drastiquement à l'environnement. Par exemple, jusqu'ici, la loi sur la protection des eaux navigables protégeait environ 40 000 lacs et 2,5 millions de rivières au pays. Suite aux réformes proposées dans le projet de loi C-45, ce ne sont plus que 97 lacs et 62 rivières qui seront protégés...

© RENAUD MOY

Vieux-Port de Montréal en automne.

Si le Québec s'en tire un peu mieux, il reste que certains projets font réagir fortement les environnementalistes ainsi que le peuple et certains élus : l'exploitation du gaz et du pétrole de schiste dans la vallée du Saint-Laurent et dans le golfe ; le Plan Nord du gouvernement libéral qui touche le secteur minier et les énergies renouvelables (hydro-électricité, éoliennes, etc.). En revanche, avec l'arrivée au pouvoir du gouvernement minoritaire péquiste à l'automne 2012, la donne a quelque peu changée. Dès les premiers jours de son mandat, le parti a notamment annoncé la fermeture définitive de la seule centrale nucléaire de la province. Il a également milité pour l'adoption d'un moratoire maximal de cinq ans sur l'exploration et l'exploitation des gaz de schiste, projet de loi qui ne s'est pas concrétisé en raison de la position des partis d'opposition. Mais depuis avril 2014, le Parti libéral est de retour au pouvoir et a remis en branle la machine de l'exploitation des énergies fossiles. Et c'est sans compter le projet d'Oléoduc Énergie Est – TransCanada qui traversera la vallée du Saint-Laurent pour acheminer le pétrole des sables bitumineux de l'Alberta vers le Nouveau-Brunswick ; ou encore le projet de la cimenterie de Port-Daniel en Gaspésie, cet espèce d'incinérateur format géant qui dégagera 1,8 million de tonnes de gaz à effet de serre par an...

PARCS NATIONAUX

Montréal se trouve à proximité de plusieurs parcs provinciaux situés dans les régions avoisinantes de l'Outaouais, des Laurentides, de Lanaudière, de la Montérégie et des Cantons-de-l'Est. Bien évidemment, si vous êtes prêt à faire un peu plus de route pour une escapade, vous en trouverez de nombreux autres ainsi que des réserves fauniques et des parcs nationaux du Canada.

Parcs nationaux et réserves fauniques du Québec

Les parcs du Québec ont pour mission la protection permanente et la mise en valeur de milieux naturels représentatifs de l'une ou l'autre des 43 régions naturelles du Québec, ou de lieux qui possèdent des caractéristiques naturelles exceptionnelles. Les parcs nationaux du Québec sont établis et gérés en vertu des mêmes standards que les parcs nationaux implantés partout dans le monde. Ils doivent ainsi répondre à deux grands objectifs : la protection permanente de milieux naturels et l'accessibilité du public à des fins éducatives et de pratique d'activités de plein air.

Les 24 parcs nationaux du Québec (plus le parc Opémican qui ouvrira en 2017, et le parc marin du Saguenay-Saint-Laurent géré conjointement avec Parcs Canada) sont gérés par la Société des établissements de plein air du Québec (Sépaq). Ils offrent également une multitude d'activités de découverte de la nature déclinées le long des quatre saisons : baignade, canot, chaloupe, kayak, pêche, randonnée pédestre, vélo, plongée sous-marine, ski de fond, randonnée pédestre sur neige, raquettes, etc. Notez que depuis 2011, l'accès à ces parcs est gratuit le 2e dimanche de juin, et ce chaque année. Une programmation spéciale est également offerte.

Les réserves fauniques du Québec, quant à elles, forment un territoire de plus de 66 000 km² de nature sauvage où la pêche et la chasse sont à l'honneur. Au nombre de 16 (incluant la pourvoirie de l'île d'Anticosti), ces réserves gouvernementales sont également gérées par la Sépaq. Elles offrent, outre les nombreuses activités de plein air proposées, la possibilité de pêcher et de chasser, au petit gibier ou au gros gibier (ours, orignal).

La Sépaq gère aussi une dizaine de centres touristiques à travers la province et tous les établissements hôteliers du réseau sont certifiés Réservert, un outil de planification et de gestion pour le développement durable. Côté hébergement, le réseau de la Sépaq propose un vaste choix : auberges, stations touristiques, chalets (dont les nouveaux EXP, des habitations vitrées en harmonie avec la nature, un gros coup de coeur), camps rustiques, refuges, prêt-à-camper, yourtes, camping, igloos... Pensez toutefois à réserver à l'avance. Pour tous renseignements sur les parcs provinciaux, les réserves fauniques et les centres touristiques, adressez-vous à la Sépaq ou visitez son site Internet.

SÉPAQ
Place de la Cité, Tour Cominar
2640, boulevard Laurier
Bureau 1300, 13e étage – QUÉBEC
✆ +1 418 890 6527 / +1 800 665 6527
www.sepaq.com – inforeservation@sepaq.com

Autre adresse : N° vert depuis la France : 0 800 912 975

Parcs nationaux du Canada

Les quatre parcs nationaux (Mauricie, parc marin du Saguenay-Saint-Laurent – géré conjointement par Parcs Canada et Parcs Québec -, Forillon et Archipel-de-Mingan) sont gérés par Parcs Canada (gouvernement du Canada). Ils ont été créés pour préserver des sites naturels exceptionnels tout en les rendant accessibles au public. Randonnées, diaporamas, vidéos, expositions, conférences permettent de découvrir leur environnement naturel. Chaque parc possède un bureau d'information. Ils sont en général équipés de terrains de camping et proposent des activités selon la saison : baignade, canot, kayak, pêche, randonnée pédestre, vélo, équitation, exploration sous-marine, escalade, ski de fond, raquette, etc.

PARCS CANADA – BUREAU NATIONAL
25-7-N, rue Eddy
GATINEAU
✆ +1 613 860 1251 / +1 888 773 8888
www.pc.gc.ca – information@pc.gc.ca

FAUNE ET FLORE

À l'image des conditions climatiques, la faune et la flore de l'île de Montréal font partie de l'écosystème de la forêt mixte. On y retrouve plusieurs essences de feuillus : érable à sucre, hêtre à grandes feuilles, tilleul, bouleau jaune, noyer cendré, chêne blanc et conifères (comme la pruche du Canada), thuya occidental, pin blanc et pin rouge. Parmi les espèces animales les plus communes dans la métropole, notons la mouffette rayée, la marmotte commune, le lapin à queue blanche, l'engoulevent bois-pourri, le geai bleu, le pic à tête rouge et l'oriole du Nord. Il ne faudrait pas oublier l'importante faune commensale. En effet, en plus des chats, des chiens et autres animaux domestiques, les pigeons, écureuils gris et noirs, goélands, ratons laveurs et rats vivent en milieu urbain.

Écureuil au mont Royal.

Histoire

Hochelaga, Ville-Marie, Mont-Royal

Avant l'arrivée des Français au Canada, la plupart des sites qui allaient devenir des lieux de colonisation étaient occupés par les Amérindiens, longtemps nommés Indiens puisque les découvreurs du Nouveau Monde s'étaient fixés comme objectif la découverte d'un passage vers les Indes. Premiers habitants de l'île de Montréal, établis dans le village d'Hochelaga, au pied du mont Royal, les Mohawks, appartenant à la nation iroquoise, étaient les alliés des colons français, quand ils ne choisissaient pas le camp des Anglais. Exemple de ces revirements d'alliances, l'incident qui eut lieu à Lachine et qui fut le plus sanglant qui ait marqué l'histoire du Québec : dans la nuit du 4 au 5 août 1689, les Iroquois détruisirent le village, brûlant la plupart de ses maisons et tuant, semble-t-il, 200 habitants. À l'arrivée des Blancs se trouvait sur l'île une bourgade indienne, Hochelaga. Jacques Cartier, découvreur de la Nouvelle-France, visita l'endroit en 1535. Par ailleurs, un campement indien aurait été établi sur l'actuel campus de l'université McGill. C'est à Jacques Cartier que le mont Royal doit son nom. L'ayant gravi, il se serait exclamé, émerveillé par le panorama : « C'est un mont réal ! », alors que le baptême de l'île Sainte-Hélène, située juste en face de l'actuel centre-ville de Montréal, revient à Samuel de Champlain, fondateur de la ville de Québec. Le mont Royal, seule éminence visible à des kilomètres à la ronde, était déjà, et demeure le pôle d'attraction, l'élément qui caractérise le mieux Montréal. Une première croix y fut plantée par Maisonneuve en 1643, en remerciement pour le sauvetage de la colonie menacée d'inondation. C'est à titre de mandataire de la Société de Notre-Dame que Paul de Chomedey, sieur de Maisonneuve, établit le 17 mai 1642 une première poignée de Français sur l'île de Montréal. Ce premier établissement, nommé Ville-Marie, était créé dans le but avoué de convertir les Indiens ou « sauvages », comme on avait alors l'habitude de les appeler. Ce qui allait devenir bien plus tard la métropole du Canada comptait, à ses débuts, une quarantaine de colons, parmi lesquels se trouvaient Marguerite Bourgeoys et Jeanne Mance. Cette dernière allait, la même année, créer un premier hôpital, l'Hôtel-Dieu. L'institution a perduré mais changé de site. Marguerite Bourgeoys, devenue il y a plusieurs années la première sainte québécoise, ouvrit une école de jeunes filles en 1658. C'est ainsi que les femmes imprimeront très tôt leur marque dans l'histoire de Montréal. En 1731, Marguerite d'Youville fonda la congrégation des Sœurs de la Charité. Mieux connues sous le nom de Sœurs grises, celles-ci prirent en charge l'hôpital des frères Charron et bien d'autres œuvres. Mais les femmes furent surtout les génitrices responsables du peuplement du pays, car le taux de natalité était très élevé au Canada. Ainsi, en 1660, Montréal comptait 400 habitants ; vingt ans plus tard, on en dénombrait 1 300, majoritairement canadiens. Vers 1700, la population atteignait 3 000 personnes. En 1860, Montréal, communauté de 90 000 habitants, se concentrait autour de la Place d'Armes et ne débordait pas de la rue Sherbrooke. Un siècle plus tard, le Square Dominion (Dorchester) devenait le cœur de l'activité urbaine. La Société de Notre-Dame, à l'origine de la fondation de Montréal, allait vite se ruiner dans cette entreprise mystique de conversion des Indiens : elle devra vendre la seigneurie de l'île de Montréal au séminaire de Saint-Sulpice, à Paris. Ce changement de propriétaire s'accompagnera

Statue de Maisonneuve sur la Place d'Armes.

Personnalités marquantes

▸ **Jacques Cartier.** Le découvreur du Québec est immortalisé par un buste trônant fièrement à l'entrée de l'île Sainte-Hélène, sur le pont qui porte son nom. Une statue de Jacques Cartier avait aussi été érigée, en 1896, dans le Square Saint-Henri. Ce parc, caractéristique du début du siècle, se distingue des autres en ce qu'il fut conçu dans une ville aujourd'hui disparue. Dans le parc de l'université McGill, au 805 Sherbrooke Ouest, une plaque commémorative rappelle que Jacques Cartier se rendit à cet endroit pour visiter le village indien d'Hochelaga, abandonné en 1600.

▸ **Maisonneuve.** Le fondateur de Montréal, debout, brandissant la bannière de la France, se dresse sur la Place d'Armes, face à l'église Notre-Dame, rendez-vous des touristes. Au pied de ce monument, chef-d'œuvre de Louis-Philippe Hébert, un guerrier iroquois, Jeanne Mance, Le Moyne et Lambert Closse, personnages historiques de Montréal, lui tiennent compagnie.

▸ **Marguerite d'Youville.** La fondatrice des Sœurs grises a donné son nom à la Place d'Youville où s'élève un obélisque portant les noms de tous ceux qui vinrent s'établir dès les débuts de la fondation de Montréal.

▸ **Reine Victoria.** Sa statue se dresse dans le Square Victoria, près de la tour de la Bourse. À noter, l'une des bouches de la station de métro Square-Victoria est typiquement parisienne : c'est un don de la Ville de Paris. La reine Victoria a aussi donné son nom au plus vieux pont reliant Montréal à la rive sud.

▸ **Nelson.** Sa colonne, sur la Place Jacques-Cartier, fut en 1890 l'un des premiers monuments de Montréal. Sa statue, qui surmontait naguère la colonne, a été enlevée.

d'un changement de statut instauré par le nouveau roi de France, Louis XIV. Montréal deviendra ainsi un comptoir commercial. Des conflits avec Québec, le chef-lieu, ayant éclaté, Maisonneuve, gouverneur de Montréal, devra rentrer en France où il finira ses jours.

La foi et la France

Les premières rues de Montréal sont tracées en 1672 par le supérieur du séminaire, Dollier de Casson, un fort gaillard de près de 1,92 mètre qui avait été d'abord soldat. Si le clergé et les communautés religieuses jouaient un rôle important dans le développement de la ville, créant des établissements hospitaliers et scolaires, la foi aidait à préserver la langue et la culture françaises face aux différentes vagues d'immigration et tentatives d'assimilation du Canada anglais. Les guerres, menées à la fois contre les Indiens (en 1644, Maisonneuve avait dû tuer d'un coup de pistolet un Iroquois lors d'une confrontation à Pointe-à-Callière) et contre les Anglais, contraindront les autorités à fortifier la ville et ce, malgré la signature en 1701 par les Sulpiciens, seigneurs de l'île, d'un traité de paix avec les Iroquois. Les vestiges d'un mur de pierre ont été mis au jour, derrière l'hôtel de ville, pour les célébrations du 350e anniversaire de la fondation de Montréal, en 1992. La ruelle des Fortifications témoigne encore de l'emplacement des murs du côté nord. Ces mesures de protection ne freineront cependant les convoitises ni des Anglais (signature de la capitulation de la Nouvelle-France à Montréal, en 1760), ni des Américains qui s'installeront à Montréal pour une brève période en 1775 et 1776. En fait, ces murs ne protégeaient pas vraiment dans la mesure où les maisons, construites sur un terrain en dos d'âne, les surplombaient. C'est un Français, ami des Américains, Fleury Mesplet, qui créera, en 1778, le tout premier journal du Québec, la Gazette du commerce et littéraire pour la ville et le district de Montréal. Imprimé au Château Ramezay, ancienne résidence du gouverneur de Montréal et aujourd'hui musée historique, cet hebdomadaire bilingue est devenu The Gazette. Ainsi, le plus vieux journal de Montréal est aujourd'hui le seul quotidien anglophone de la ville. Située à l'extrémité navigable du fleuve Saint-Laurent et au confluent des voies fluviales donnant accès à l'intérieur du continent et menant jusqu'à la Louisiane et au Pacifique, Montréal fut longtemps le centre économique, militaire et administratif du nouveau pays. Les premières institutions parlementaires y ont vu le jour. La première activité commerciale florissante fut celle de la fourrure.

Chronologie

1535 > Jacques Cartier explore le Saint-Laurent jusqu'à l'île de l'actuelle Montréal. Il débarque sur l'île et se rend au village iroquoiens fortifié d'Hochelaga qui compte environ 1 500 habitants. Il nomme la colline située à proximité « Mons realis » (mont Royal en latin).

1603 > Samuel de Champlain explore le fleuve, soit près de 70 ans après Cartier. À ce moment, Hochelaga, le village décrit par Cartier, a disparu.

1611 > Champlain établit un poste de traite saisonnier sur l'île, dans un lieu qu'il nomme «Place Royale» (aujourd'hui le site de Pointe-à-Callière). Il doit se résoudre à l'abandonner puisqu'il ne peut la défendre contre les guerriers Mohawks.

17 mai 1642 > Ville-Marie, la future Montréal, est fondée par Paul de Chomedey. Une petite colonie s'établit sur les berges du Saint-Laurent.

1653 et 1659 > Maisonneuve est contraint de retourner en France pour recruter d'autres colons. Parmi les quelque 200 colons qui débarquent à Ville-Marie se trouve sœur Marguerite Bourgeoys, la fondatrice de la Congrégation de Notre-Dame de Montréal en 1659. Ces nouveaux arrivants permettent le développement de l'agriculture afin d'assurer la survie et le développement de Ville-Marie.

1663 > La Nouvelle-France devient une province royale.

1665 > La seigneurie de Montréal est cédée au Séminaire Saint-Sulpice de Paris. Les Sulpiciens influenceront de manière significative le développement de Montréal. La même année, la traite des fourrures devient, grâce à des interventions militaires françaises, une part principale de l'économie montréalaise.

1687 > La ville est fortifiée.

1689 > Malgré quelques périodes de tranquillité, les hostilités franco-iroquoises font de plus en plus de ravages dans la colonie à la fin du XVIIe siècle. On compte parmi les événements sanglants à survenir à proximité de Montréal le massacre de Lachine survenu le 5 août.

1701 > Le traité de la Grande Paix de Montréal est signé entre le gouverneur de Nouvelle-France, Hector de Callières, et les représentants de 39 nations amérindiennes, et met ainsi fin aux hostilités.

1760 > Les troupes britanniques s'emparent de la colonie. La Nouvelle-France passe sous contrôle anglais avec le Traité de Paris en 1763. Bien que le français fut la langue presque universellement parlée, la plupart des journaux, les affiches, et jusqu'aux enseignes des marchands français étaient en anglais.

1775 > Le vent de la révolution passe par Montréal, les insurgés américains gagnent l'adhésion des colons.

1804 à 1812 > La vieille ville déborde de ses remparts que l'on doit démolir.

1821 > Fondation de la prestigieuse McGill University.

1824 > La croissance rapide de la ville est accélérée par la construction du canal de Lachine permettant aux navires de franchir les fameuses rapides, ce qui facilitera les communications entre l'Atlantique et les Grands Lacs.
Début de la construction de la Basilique Notre-Dame de Montréal. Elle sera achevée en 1829, année de l'inauguration officielle.

1831 > Montréal obtient sa première loi d'incorporation municipale. Dès lors, elle est reconnue comme entité politique. Dorénavant, Montréal est découpée en huit quartiers, lesquels doivent élire respectivement deux représentants. Ainsi sera formé le Conseil municipal. Le maire est choisi lors de la réunion des conseillers qui suit les élections.

1833 > Date officielle de l'entrée en vigueur de la charte. Montréal ouvre le premier scrutin de son histoire. Seuls les hommes âgés de 21 ans et plus, propriétaires de biens immobiliers et résidant dans la ville depuis au moins douze mois, peuvent élire les nouveaux représentants. Le 5 juin 1833, le nouveau Conseil nomme Jacques Viger premier maire de Montréal.

1843 à 1849 > Le Parlement du Canada-Uni est à Montréal avant son incendie par des émeutiers anglais, appelés aux armes par un article haineux du quotidien *The Gazette*. Le feu se propagea également jusqu'à la bibliothèque nationale détruisant d'innombrables archives de la Nouvelle-France. Les incidents incitent les députés du Canada-Uni à transférer la capitale en alternance à Toronto et à Québec.

1876 > Création du parc du Mont-Royal, dessiné par Frederick Law Olmsted.

1880 > Montréal devient le noeud ferroviaire du pays avec l'installation du siège social du Canadien Pacifique en son sein. Le tout survient après la création de plusieurs chemins de fer, notamment celui du Grand Tronc la reliant à Toronto et aux provinces maritimes dans les années 1850, et celui du pont Victoria dix ans plus tard.

1909 > Fondation du Canadien de Montréal, la plus vieille équipe de la Ligue nationale de hockey.

Première moitié du XXe siècle > Montréal devient le centre financier canadien. La ville se modernise et développe une réputation de «ville ouverte». Ce statut sera en déclin relatif dès la fin de la Deuxième Guerre mondiale alors que les industries de fabrication de biens durables se déplacent vers le Midwest et le sud de l'Ontario. Le tout combiné à des changements technologiques, comme l'essor du camionnage et la mise en service de la voie maritime du Saint-Laurent, réduisent l'importance de Montréal comme centre de transbordement des marchandises.

Au cours des années 1920 > Travail, prospérité, fêtes, alcool, blues, jazz et relâchement des mœurs résument bien l'esprit de la métropole. Le *redlight* de Montréal est grandement visité et achalandé, non seulement par les touristes, mais aussi par les nombreux ouvriers et hommes d'affaires. Entrepôts, usines, hôtels, auberges, débarcadères, autobus, tramways et quelques clubs roulent tous à plein régime. Le Québec n'ayant pas maintenu bien longtemps sa loi sur la prohibition de l'alcool, il deivent le seul territoire du continent où l'on peut consommer de la boisson en toute légalité. Ce sera donc cette période qui multipliera les voitures, bâtiments, édifices à étages, hôtels, prostituées, services publics et jeunes bourgeois.

1930 > Camillien Houde est réélu en tant que maire alors que Montréal se débat en pleine crise économique. En quête d'un emploi, les chômeurs défilent par centaines à l'hôtel de ville. Inauguration du pont Jacques-Cartier reliant l'île à la rive sud.

Au cours des années 1940 > Les femmes entrent sur la scène politique locale à titre de candidates. Au total, six femmes auront été conseillères municipales entre 1940 et 1960. Il faudra attendre près de 15 ans avant que d'autres Montréalaises s'illustrent sur la scène locale.

Les finances municipales sont dans un état critique. Les déficits budgétaires s'accumulent, et les banques refusent d'accorder de nouveaux prêts. Le gouvernement provincial revient à la charge en mettant Montréal sous sa tutelle. Pour la deuxième fois en un peu plus de 20 ans, la municipalité perd son autonomie.

Émergence de la communauté francophone de Montréal dans le domaine des arts, des sciences et du commerce.

Fin des années 1940 > À l'aube des années 1950, l'administration municipale est sur la sellette. Dans une série de reportages publiés par le quotidien Le Devoir de novembre 1949 à février 1950, puis réunis dans une brochure intitulée «*Montréal sous le règne de la pègre*», l'avocat Pacifique « Pax » Plante attaque l'intégrité du service de police. Preuves à l'appui, Pax Plante accuse les policiers de corruption et de complicité d'une série d'activités illégales. La Commission d'enquête ouvre ses audiences en septembre 1950 pour un rapport en octobre 1954 : près de 5 000 chefs d'accusation, lesquels impliquent principalement une soixantaine d'officiers du corps policier.

1955 > Inauguration de l'Oratoire Saint-Joseph du Mont-Royal, lieu culte d'importance.

1959 > Mise en service de la voie maritime du Saint-Laurent.

1960 > Début de la Révolution tranquille : le gouvernement du Québec prend d'importantes mesures économiques et sociales.

Jean Drapeau est réélu comme maire (mandat précédant de 1954 à 1957). Il se distingue nettement de ses prédécesseurs. Son style de leadership vise l'efficacité et un exercice plus réfléchi de l'activité politique. Il tire profit de sa forte personnalité : pendant 25 ans, il est réélu.

Au cours des années 1960 > Drapeau souhaite donner de l'envergure à Montréal et étendre son rayonnement à travers le monde. Il encourage d'abord la croissance du centre-ville, puis en 1966, le métro est inauguré. L'année suivante, l'Exposition universelle de Montréal accueille des visiteurs de tous les continents.

1967 > Visite du général de Gaulle, qui lance «Vive le Québec libre ! «. Les états généraux du Canada français, tenus à Montréal, décident d'une orientation vers l'indépendance du Québec et le rejet catégorique du fédéralisme canadien. Exposition universelle de Montréal.

1970 > Le Front de libération du Québec (FLQ), mouvement révolutionnaire prônant l'indépendance de la province, devient de plus en plus actif. Depuis 1963, il commet plusieurs actions armées à motivation politique dans la ville et ailleurs. En octobre survient la «Crise d'octobre» avec plusieurs événements d'importance historique et politique à Montréal. À la demande du Gouvernement du Québec et de l'administration municipale de Montréal, *La Loi sur les mesures de guerre* est déclarée le 16 octobre, à 4 heures du matin. La crise prend fin à l'aube de l'été 1971.

1976 > Jeux Olympiques d'été (XXIe olympiade). Cependant, le Canada fera une bien piètre performance en se classant au 27e rang (sur 37 !) avec un total de 11 médailles : 5 d'argent et 6 de bronze.

1986 > Jean Doré devient le 39e maire de Montréal, succédant ainsi à Jean Drapeau.

1992 > 350e anniversaire de la fondation de Montréal. Pour souligner le tout, on inaugure le Musée Pointe-à-Callière (musée d'archéologie et d'histoire de Montréal), le Biodôme et le nouveau Champ-de-Mars. Réaménagement majeur du Vieux-Port de Montréal.

1994 > Pierre Bourque et son parti Vision Montréal remportent une éclatante victoire et il devient le 40e maire de la ville. Bien connu du milieu municipal, il a été responsable ou impliqué dans la réalisation de nombreux projets d'importance dont l'aménagement paysager d'Expo 67, les Floralies internationales, le Jardin botanique, et le Biodôme. Il sera réélu en 1998. Son plus grand rêve et projet : de voir un jour se concrétiser une ville de Montréal qui s'étend à l'ensemble du territoire de l'île. «Une île, une ville ! «. Lentement, le projet de fusions municipales prend forme au sein du gouvernement québécois, un projet qui rencontrera beaucoup d'opposants.

1998 > La tempête de verglas va partiellement paralyser la ville pendant quelques semaines au début janvier.

2001 > Gérald Tremblay, chef de l'Union des citoyens et des citoyennes de l'île de Montréal, est élu à la tête de la nouvelle Ville de Montréal et devient le 41e maire.

2002 > Au 1er janvier 2002 naît officiellement cette nouvelle entité composée de 27 arrondissements et comptant dorénavant 1,8 million d'habitants, soit le double de la population de l'ancienne ville de Montréal. Chaque arrondissement est doté d'un conseil et d'un président d'arrondissement.

2004 > Le nouveau ministre québécois des Affaires municipales, Jean-Marc Fournier, dépose dès juin le projet de loi concernant la consultation des citoyens sur la réorganisation territoriale de certaines municipalités. Les citoyens de 22 anciennes villes du territoire montréalais optent pour la tenue d'un référendum. Résultat : quinze anciennes villes sont reconstituées et la Ville de Montréal compte dorénavant quelque 1 580 000 habitants.

2005 > Gérald Tremblay est réélu comme maire de Montréal.
La ville est l'hôte des Championnats du monde de natation FINA. Pour ce faire, de nouvelles installations sont construites au Parc Jean-Drapeau. Malheureusement, l'organisation est un véritable fiasco avec un déficit de 4,8 millions de $.

2006 > La Ville de Montréal est dorénavant constituée de 19 arrondissements et dirigée par 105 élus (le maire, 19 maires d'arrondissement, 45 conseillers de la ville et 40 conseillers d'arrondissement).
Montréal accueille les 1ers Outgames mondiaux (événement sportif et culturel d'envergure internationale ciblant la communauté gay et lesbienne et organisé par l'Association internationale sportive pour gais et lesbiennes).

2009 > Réélection du maire Gérald Tremblay pour un 3e mandat. La campagne électorale a surtout porté sur l'éthique et la gouvernance dans la foulée du scandale des compteurs d'eau, et de collusion dans l'octroi de contrat en infrastructure.

2012 > Lors de la Commission Charbonneau (commission d'enquête sur l'octroi et la gestion des contrats publics dans l'industrie de la construction), le maire et son parti sont éclaboussés par de nombreux scandales. Le 5 novembre, il annonce sa démission et son retrait de la vie politique. Michael Applebaum est alors nommé maire par intérim jusqu'aux prochaines élections de novembre 2013.

Juin 2013 > Le maire par intérim est arrêté par l'Unité permanente anticorruption (UPAC), le 17 juin. Il fait entre autres face à 14 chefs d'accusation de fraude envers le gouvernement, de complot et d'actes de corruption. Il démissionne le lendemain. Laurent Blanchard le remplace jusqu'aux prochaines élections municipales.

3 novembre 2013 > La province vote pour élire les nouveaux maires des villes et municipalités du Québec. Avec tous les déboires de la dernière année dans la métropole, les Montréalais espèrent un changement. C'est Denis Coderre, ancien député libéral fédéral, qui remporte les élections avec 32 % des voix. Le nouveau maire aura tout un défi à relever.

Le deuxième port des Amériques

La situation insulaire de Montréal sur ce grand fleuve s'ouvrant sur une riche portion de l'Amérique industrielle contribuera au développement économique de la ville. L'année 1824 sera, à cet égard, une date importante : l'ouverture du canal de Lachine permettant en effet de contourner les tumultueuses rapides du même nom. Des industries s'implantent aux abords de cette voie de navigation, qui lance l'ère de l'industrialisation. Sur le site aujourd'hui abandonné, on a aménagé des sentiers pédestres et une piste cyclable. Le développement immobilier actuel s'affaire également à convertir en condos luxueux les nombreux entrepôts en bordure du canal. Ce dernier est devenu un lieu de plaisance alors que depuis 1959, c'est par la voie maritime du Saint-Laurent que les bateaux transocéaniques peuvent remonter le fleuve jusqu'aux Grands Lacs. Au fil du temps et avec la croissance économique, le port va accaparer toutes les berges du fleuve. Le Vieux-Montréal est progressivement délaissé, ses bâtiments historiques sont convertis en entrepôts, tandis que la ville se répand de tout côté. Seule la montagne pourra résister aux assauts des spéculateurs et des constructeurs. Source majeure du développement de la ville en 1880, le port de Montréal ne cède qu'à New York le titre de plus grand port d'Amérique. Montréal est alors le terminus canadien du vaste réseau ferroviaire nord-américain. L'essor industriel a amené d'abord les Irlandais, puis les Italiens et les Juifs qui vont composer les importantes minorités culturelles de cette jeune métropole, redevenue francophone de plein droit beaucoup plus tard. Une décision administrative prise en 1792 aura un impact important sur la ville, qui sera alors divisée en deux parties, Est et Ouest, à partir du boulevard Saint-Laurent. Traversant l'île du sud au nord depuis le début de son histoire, ce boulevard constitue aujourd'hui la démarcation entre l'ouest et l'est de la ville, et sert un peu de frontière entre francophones et anglophones, alors que les communautés ethniques se sont établies le long de cet axe, au fil de leurs migrations. Montréal sera administrée par des gouverneurs qui se succéderont jusqu'à ce que le roi William IV donne son accord au projet d'incorporation de la ville. En 1833, un premier maire, Jacques Viger (1787-1858), est élu par le premier conseil de ville. En 1844, Montréal devient, pour quelques années, la capitale du Canada-Uni. En 1849, l'édifice du Parlement est la proie d'un incendie criminel. L'année 1824, qui a vu l'ouverture du canal de Lachine, est également marquée par le début des travaux de construction de l'église Notre-Dame qui, après avoir longtemps dominé le paysage urbain, est aujourd'hui un indispensable rendez-vous pour les visiteurs. On y apprécie les qualités des artisans québécois tout en retrouvant sur les vitraux l'histoire de la ville. En face, sur la place d'Armes, un monument représente le fondateur de Montréal, Maisonneuve.

Cent clochers et quelques ponts

Montréal a été marquée par la construction de tant d'églises qu'on l'a surnommée « la ville aux cent clochers ». Mgr Bourget qui « régna » durant cet âge d'or de la foi (et de la croissance de la cité) voulut même que sa cathédrale, Marie-Reine-du-Monde, fût érigée en plein fief anglophone, à l'ouest de la ville, et qu'elle fût une réplique, à plus petite échelle, de Saint-Pierre de Rome. Autre lieu culte d'importance, l'Oratoire Saint-Joseph, construit dans les années 1930, sur le flanc nord-ouest du mont Royal, résulte de l'ardente vision d'un thaumaturge, le frère André, béatifié depuis et finalement canonisé en 2010. Haut lieu de pèlerinage, l'Oratoire reçoit des visiteurs du monde entier, et son dôme est le troisième plus grand au monde. Du parvis, vous découvrirez une vue grandiose sur une partie de la métropole. Le premier pont à traverser le fleuve Saint-Laurent fut construit entre 1854 et 1859. Le pont Victoria était alors considéré comme l'une des sept merveilles du monde. Bien des immigrants irlandais sont morts au cours des travaux. Ce pont est encore parcouru par les trains et les automobiles, et les Irlandais forment toujours une communauté locale importante. Récemment restaurée, la cathédrale Saint-Patrick témoigne bien de leur participation à l'évolution de Montréal. En 1876, le mont Royal est aménagé en parc. Pour ce faire, la ville se porte acquéreur de terrains au coût d'un million de dollars, ce qui était une somme énorme pour l'époque. De l'aspect original de ce haut lieu montréalais, on n'a conservé que le sommet de Westmount, situé dans la ville du même nom, tout juste derrière l'Oratoire Saint-Joseph. L'année suivante, on inaugure l'hôtel de ville. Vers la fin du XIXe siècle, le développement de Montréal est marqué par l'annexion de plusieurs villes et villages voisins, qui n'en conservent pas moins leurs caractéristiques.

Toutefois, les vieux quartiers ouvriers ont été transformés depuis par le réaménagement urbain (construction de logements sociaux et de tours d'habitation) et par le retour d'une partie des citadins dans le centre-ville, tandis que les banlieues hors de l'île continuent d'attirer les industries et les jeunes ménages. C'est avec l'inauguration, en 1887, de la première ligne de chemin de fer transcontinentale que s'amorce le début d'un âge d'or pour Montréal. Les résidences-palais qui surgissent témoignent de la richesse d'une ville qui concentrait alors plus de 70 % des fortunes du pays. Durant la prohibition américaine, Montréal est très courue par les Américains. C'est le début des grands cabarets de nuit qui vont lui faire une joyeuse réputation. Montréal accueille des artistes venus de partout, et quelques Français choisissent de s'y établir lors de la Seconde Guerre mondiale. Plus tard, le développement d'un authentique show business québécois amènera la consécration de vedettes telles que Félix Leclerc, indéniablement le père de la chanson québécoise (un monument lui est dédié dans le Parc Lafontaine), et, plus récemment, Roch Voisine, Céline Dion, Isabelle Boulay et Garou, pour ne nommer que ceux-ci. En 1967, Montréal accueille l'exposition internationale Terre des Hommes, ce qui lui permet de marquer à nouveau sa vocation internationale, alors qu'elle est en passe de perdre son titre de métropole du Canada. À la faveur d'un renouveau nationaliste, les francophones occupent plus de place dans les administrations ; on se bat (les débats se poursuivent encore) pour le fait français. On ira jusqu'à légiférer sur la langue d'affichage des commerces. La montée du nationalisme est marquée par des attentats terroristes, culminant avec l'enlèvement d'un diplomate britannique et l'assassinat d'un ministre québécois lors de ce qu'il est convenu d'appeler la Crise d'octobre. Cela se passe en 1970, au lendemain de la commission d'enquête sur le biculturalisme et le bilinguisme, commission qui a constaté la situation d'infériorité économique des francophones, et au début de la réforme de l'enseignement collégial. Résultat : le Québec va changer d'allure avec la venue au pouvoir à Québec du Parti Québécois. Aux réformes sociales qui aboutissent à la nationalisation de l'électricité et de l'assurance-santé s'ajoute une loi sur la langue qui fait encore parler. Le visage de Montréal devient de plus en plus français ; les francophones accèdent à des postes de direction dans les grandes entreprises et les anglophones sont de plus en plus nombreux à quitter la ville pour l'ouest du Canada. Tel est le résultat de la Révolution tranquille amorcée dans les années 1960. Mais les enfants de l'après-guerre n'ont pas suivi les traces de leurs parents en matière de naissances et, depuis les années 1970, ce sont les immigrants qui font croître la population. Les statistiques concluent à une baisse de la population anglophone et à une augmentation des allophones (du grec allos = autres), principalement à Montréal. Deuxième ville francophone au monde, Montréal a longtemps été la deuxième plus grande ville anglophone du Canada. Elle était administrée par des anglophones qui tenaient les commerces et les industries, et c'est en anglais qu'on affichait partout en ville. Autour du mont Royal, on avait vu s'implanter, d'un côté, l'université McGill (anglophone) et de l'autre, l'université de Montréal (francophone). Parallèlement, les riches résidences des anglophones se concentraient à Westmount et celles des riches francophones à Outremont. Les choses ont bien changé depuis. Aujourd'hui, des francophones habitent dans le bastion anglophone de Westmount, tout comme dans les villes de l'ouest de l'île, longtemps désigné comme le West Island.

Centre d'histoire de Montréal, place d'Youville.

Politique et économie

POLITIQUE

Structure étatique

Une démocratie parlementaire et fédérale

Le système politique du Canada est très proche du modèle britannique. Cependant, deux points majeurs les différencient : le Canada dispose d'une Constitution écrite et son organisation est fédérale. La reine d'Angleterre est reine du Canada.

L'État fédéral

Membre du Commonwealth, le Canada est un État confédéral de régime parlementaire, composé de dix provinces et de trois territoires. Le système politique de la province du Québec s'inscrit dans le cadre de la Constitution de 1982 qui répartit les compétences législatives entre le gouvernement provincial et le gouvernement fédéral.

Le pouvoir législatif

Les lois s'appliquant au Québec sont votées par le Parlement provincial ou le Parlement fédéral, en fonction du sujet (provincial ou fédéral). En ce qui concerne le Québec, le Parlement est constitué de l'Assemblée nationale et du lieutenant-gouverneur. Les 125 députés de l'Assemblée nationale sont élus pour cinq ans maximum. Le lieutenant-gouverneur, nommé par le gouverneur général (qui sanctionne les lois) constitue, avec l'Assemblée nationale, le Parlement.

Le Parlement fédéral est constitué d'une Chambre des communes et d'un Sénat. Les Canadiens élisent des représentants à la Chambre des communes d'Ottawa (308 députés élus au suffrage universel pour cinq ans maximum). Ils sont également représentés au Sénat (105 sénateurs nommés par le gouvernement fédéral sur recommandation du Premier ministre).

Le gouvernement

Chaque province possède son propre gouvernement qui dispose de compétences complémentaires à celles de l'État fédéral. Les gouvernements provinciaux et le gouvernement fédéral sont formés de façon identique : à chaque élection parlementaire, le chef de la majorité devient Premier ministre et forme son Conseil des ministres parmi les députés élus.

- **Système électoral :** suffrage universel pour les citoyens, à partir de 18 ans. Le scrutin est uninominal et majoritaire à un tour, fondé sur le concept de la représentation territoriale. Chacun des 125 députés du Québec représente la population d'un comté. Le Québec est divisé en 17 régions administratives.

Le pouvoir judiciaire

Il comprend deux cours : la Cour du Québec, dont les juges sont nommés par le gouvernement du Québec, traite des affaires civiles, criminelles et pénales, tandis que la Cour supérieure a compétence en toute matière. La Cour d'appel est le tribunal général pour toute la province, tandis que la Cour suprême (9 juges nommés par le gouvernement fédéral) est le plus haut tribunal du Canada. Elle constitue l'ultime recours juridique pour toutes les décisions judiciaires en matière civile, criminelle ou administrative.

Relations internationales et francophonie

Selon la Constitution, seul le gouvernement fédéral a compétence en la matière. Toutefois, afin de mieux assumer ses responsabilités en matière d'immigration, d'emprunts financiers internationaux, d'environnement mais surtout de culture, le Québec s'est doté d'un ministère des Affaires internationales et d'un ministère des Affaires culturelles qui ont permis la création de délégations (dont celle de Paris) et de bureaux à l'étranger. Le Québec joue un rôle de plus en plus actif au sein de la francophonie. Depuis 1988, la province participe à TV5, la télévision internationale de langue française. La ville de Québec a accueilli, à deux reprises, le Sommet de la Francophonie, soit en 1987 et en 2008.

Partis

La vie politique québécoise est rythmée par le bipartisme dans la mesure où seuls deux partis sont, en général, en mesure d'obtenir suffisamment de voix pour constituer un gouvernement : le Parti libéral du Québec (PLQ, parti de centre-droite) et le Parti québécois (PQ, parti de centre gauche). Ce dernier ayant été créé à la fin des années 1960, le Parti conservateur puis l'Union nationale constituaient les autres grands partis auparavant.Suite aux élections générales de 2014, les autres partis ayant des sièges à l'Assemblée nationale sont la Coalition Avenir Québec (CAQ), parti de centre-droite, formé en 2012 avec d'anciens députés du Parti québécois et des députés du défunt parti Action démocratique du Québec (ADQ) ; et Québec solidaire (parti de gauche), créé en 2006 suite à la fusion de l'Union des forces progressistes et d'Option citoyenne.Suite aux élections générales du 7 avril 2014, le Parti libéral du Québec a pris le pouvoir avec 70 sièges, suivi du Parti québécois avec 30 sièges, 22 pour la Coalition Avenir Québec et 3 pour Québec solidaire.Depuis la Confédération canadienne de 1867, le Québec s'est retrouvé seulement trois fois avec un gouvernement minoritaire au pouvoir : en 1878, en 2007 (déconfiture du PLQ et du PQ, montée fulgurante de l'ADQ) et, plus récemment, en 2012, alors que le PQ n'a pas obtenu la majorité escomptée.

▶ **Au niveau municipal,** le Conseil municipal de Montréal est le corps dirigeant de la ville. Il vise à assurer la cohérence des activités municipales : les finances, le plan stratégique et les grandes orientations en matière d'aménagement, de culture, de loisirs et de développement économique et communautaire. Le conseil est composé de 65 représentants, soit le maire de Montréal, les 18 maires d'arrondissement et 46 conseillers de ville. Contrairement à la plupart des autres grandes villes canadiennes, Montréal a des partis politiques dont voici les plus importants : Union Montréal (parti au pouvoir jusqu'en novembre 2012), Vision Montréal et Projet Montréal. Suite à la commission d'enquête qui a éclaboussé le maire et son parti à l'automne 2012, ce dernier s'est vu contraint de démissionner et Michael Applebaum l'a remplacé par intérim. Par contre, ce dernier a été arrêté en juin 2013 par l'Unité permanente anticorruption et a également démissionné. C'est donc Laurent Blanchard qui a assuré l'intérim jusqu'aux prochaines élections municipales, soit en novembre 2013. Suite à ces dernières, les Montréalais ont élu Denis Coderre, ancien député libéral fédéral. Son parti, Équipe Denis Coderre pour Montréal, se retrouve toutefois minoritaire avec seulement 32 % des voix aux élections.

Enjeux actuels

Après un printemps 2012 agité, alimenté par le mouvement étudiant contre la hausse des frais de scolarité et la crise sociale qui s'en est suivie, des élections générales ont été déclenchées le 1er août 2012. Suite aux résultats de l'élection du 4 septembre, le Parti libéral du Québec a perdu son pouvoir majoritaire au profit du Parti québécois. Jean Charest, chef du Parti libéral et ancien Premier ministre, a été défait dans sa propre circonscription et a annoncé son retrait de la vie politique dès le lendemain. Le parti de Pauline Marois (Parti québécois) est néanmoins minoritaire, ce qui veut dire qu'il se retrouve pieds et poings liés sur certains sujets. En revanche, le parti a tenu à remplir plusieurs de ses promesses dès les premiers

© AUTHOR'S IMAGE

Hôtel de ville de Montréal.

jours de son mandat : remplacement de la hausse drastique des frais de scolarité par une indexation au coût de la vie, annonce de la fermeture définitive de la centrale nucléaire Gentilly, abrogation en majeure partie de la fameuse loi 12 jugée répressive (obligation de dispenser l'enseignement et interdiction de l'entraver, encadrement stricte du droit de manifester, amendes, etc.), etc. Par contre, la durée du mandat du parti pourrait bien être écourtée si les députés libéraux et caquistes (parti Coalition Avenir Québec) s'associent pour faire tomber le nouveau gouvernement, notamment suite au projet de loi sur la Charte des valeurs québécoises déposé au Parlement le 7 novembre 2013. Cette charte affirme les valeurs de laïcité et de neutralité religieuse de l'État ainsi que l'égalité entre les femmes et les hommes, sans oublier l'encadrement des demandes d'accommodements raisonnables (expression qui désigne la tentative des sociétés modernes de s'accommoder des exigences des différentes minorités au sein de la société civile). Un projet décrié de part et d'autre, divisant le peuple sur la question de la religion au Québec. Il ne sera finalement pas adopté et des élections générales sont déclenchées pour un scrutin le 7 avril 2014. Le Parti québécois perd la moitié de ses sièges, dont celui de la chef du parti, portant ainsi les Libéraux de Philippe Couillard au pouvoir.

Au niveau municipal, le nouveau maire Denis Coderre a tout un défi à relever suite aux élections du 3 novembre 2013. L'administration montréalaise, entachée de corruption, doit regagner la confiance de la population. Les infrastructures désuètes de la ville sont également au programme. Et le nouveau parti étant minoritaire, il y a fort à parier qu'il n'aura pas le choix de travailler en coalition avec les autres partis représentés à la mairie.

ÉCONOMIE

Seconde plus grande ville du Canada, Montréal rivalise avec la capitale de la province d'Ontario, Toronto, en termes de dynamisme économique. Comme elle, elle base son activité sur une grande diversité de secteurs. Mais ce qui fait sa particularité et sa force est l'importance de son port, actuellement le second du pays après celui de Vancouver. Il lui permet d'être l'un des centres d'échanges les plus importants de la planète, et la place à un rang élevé dans les transbordements de produits pétroliers, de céréales, de machines et de produits manufacturés. Son positionnement sur l'axe de chemin de fer qui traverse le pays fluidifie en outre les échanges avec l'intérieur des terres.

Principales ressources

La région de Montréal possède l'économie la plus diversifiée du Canada. Elle appuie son développement sur des industries aussi variées que l'aéronautique, les hautes technologies et les télécommunications, les jeux vidéo, l'électronique, le textile et la mode, le tabac, l'imprimerie, et l'industrie pharmaceutique.

L'un des axes les plus développés au cours des dernières décennies est celui des médias numériques interactifs, incluant particulièrement les jeux vidéo, secteur qui emploie plus de 5 000 personnes dans la métropole. Ubisoft, Gameloft, THQ, Electronic Arts et Eidos sont des acteurs majeurs de cette industrie en plein essor.

Montréal est également un centre financier important, et sa bourse est un lieu d'échange actif, à l'initiative notamment de la création d'un marché de produits environnementaux, le Marché Climatique de Montréal, en partenariat avec le Chicago Climate Exchange.

Le commerce avec les autres provinces du Canada et les pays extérieurs est également une des principales sources de revenu de la ville. Son port est le second en importance du Canada toutes catégories d'échanges confondues, mais aussi le premier en termes de trafic de conteneurs.

Parmi les entreprises les plus actives implantées dans la région montréalaise, on compte notamment Air Canada, Air Transat, Bombardier, Hydro-Québec, la Banque nationale du Canada, Quebecor, Rio Tinto Alcan et Saputo.

Place du tourisme

Deuxième destination touristique du Canada, Montréal est un point de passage quasi obligé pour les visiteurs de la province de Québec. Son offre touristique est complète et sans cesse en évolution, avec plus de 350 établissements hôteliers sur la seule île de Montréal, qui accueillent chaque année plus de 8 millions de touristes. Les retombées économiques du secteur sont estimées à quelques 2,5 milliards de dollars.

Population et langues

Pour l'année 2012-13 (du 1er juillet au 30 juin), l'agglomération de Montréal a accueilli 37 500 immigrants contre 3 415 émigrants, pour un solde migratoire international de 34 085 personnes. Ces immigrants récents proviennent majoritairement des pays suivants : Italie, Haïti, Algérie, Maroc, France, Chine, Liban, Viet Nam, Philippines et Roumanie. Dans les autres villes de la région métropolitaine de recensement, hors des limites de l'agglomération de Montréal, Laval est celle qui présente le plus important volume d'immigrants.

À Montréal, 60 % de la population est née au Québec, 4 % dans le reste du Canada, 33 % sont nés à l'étranger alors que 3 % sont résidents permanents (chiffres du recensement de 2011)). Pour la ville de Montréal seulement, la population est composée de plus de 30 % d'immigrants. Près de 90 % de la population totale d'immigrants de l'agglomération vit dans les arrondissements de la ville de Montréal, notamment Côte-des-Neiges-Notre-Dame-de-Grâce, Villeray-Saint-Michel-Parc-Extension, Ahuntsic-Cartierville, et Saint-Laurent.

Lors du recensement canadien de 2011, l'agglomération de Montréal comptait 63,3 % d'habitants dont la langue maternelle est le français, 11,6 % pour l'anglais, et 22 % pour une langue non-officielle.

Les minorités visibles

Selon la définition officielle au Canada, une « minorité visible » s'applique aux personnes ni blanches, ni caucasiennes, ni aborigènes. À Montréal, selon le recensement de 2011, 30 % se considèrent comme faisant partie d'une de ces minorités, soit une population de 559 075 personnes. Les plus représentées statistiquement sont les Noirs (155 810), les Arabes (109 605), les Latino-Américains (70 500), les Sud-Asiatiques (62 700), et les Chinois (53 770). On trouve également une importante communauté d'habitants originaires du sud-est asiatique et des Philippines.

Les peuples autochtones

L'identité aborigène au Canada inclut les personnes identifiées comme Amérindien, Métis ou Inuit. Le comptage de ces populations est cependant légèrement biaisé car il ne prend en compte que les personnes logeant dans des habitations privées, et exclut donc de fait les sans-abris ou personnes en logements collectifs.À l'échelle du Canada, 3,8 % de la population est aborigène, totalisant 1 172 785 individus. La communauté aborigène de Montréal est estimée à environ 18 000 résidents, dont 57 % d'Amérindiens, soit à peine 0,5 % de la population de la métropole.

Au Québec

1 % de la population québécoise est d'origine autochtone, soit 98 731 (2012) personnes d'ascendance amérindienne ou inuite enregistrées auprès du gouvernenement (résidents et non-résidents). Les Autochtones sont composés des peuples des Premières nations (Amérindiens), des Métis et des Inuits. Une journée leur est d'ailleurs dédiée d'un océan à l'autre : le 21 juin, Journée nationale des Autochtones.

Les Autochtones du Québec comptent onze nations divisées en trois grandes familles linguistiques : les Algonquiens de la forêt boréale, les Iroquois de la plaine du Saint-Laurent et les Inuits du Nunavik. Les Algonquiens, les plus nombreux, regroupent les Algonquins, les Cris, les Micmacs, les Malécites, les Innus (ou Montagnais – à ne pas confondre avec Inuits), les Naskapis, les Abénakis et les Atikamekw. Les Iroquois sont représentés par les Hurons-Wendats et les Mohawks. Ces 11 nations autochtones se répartissent dans une soixantaine de communautés dispersées sur l'ensemble du territoire du Québec, certaines d'entre elles comptant moins de 200 habitants, d'autres plus de 5 000, situées près des grands centres urbains ou bien en milieu éloigné, une quinzaine de villages inuits se trouvant au nord du 55e parallèle.Les Inuits habitent la toundra arctique des espaces nordiques. Ils ont fait récemment reconnaître l'autonomie de leur territoire, le Nunavut, et ont leur propre langue, l'inuktitut. Les Inuits du Québec peuplent la péninsule d'Ungava, le Nunavik.

Les Amérindiens

On réduit trop souvent l'histoire de ce qu'on appelle le Nouveau Monde à celle de sa colonisation par l'Ancien Monde, épisode récent au regard à la longue présence de l'homme sur le continent. Les premiers occupants de l'Amérique furent les Amérindiens qui, venus d'Asie en franchissant le détroit de Béring par vagues successives, ont fait preuve d'une certaine ingéniosité pour subsister dans un environnement souvent hostile. Aujourd'hui, le Canada compte un peu plus d'un million d'Amérindiens et d'Inuits divisés en différentes nations dispersées sur l'immensité du territoire. De part et d'autre du Saint-Laurent et des lacs Ontario et Érié, les fameux Iroquois deviennent l'ethnie la plus puissante en formant, au XVIe siècle, la Confédération des Cinq Nations qui s'allie aux Anglais pour combattre les Algonquins et un groupe iroquois dissident, les Hurons (nom donné par les Français aux Wendats, en raison de leur coiffure en forme de hure), tous alliés des Français. Les Hurons-Wendats, qui constituent alors un groupe important, seront décimés par les maladies apportées par les Européens. Sédentaires, les Iroquois (Mohawks) cultivent le maïs ainsi que la fève et la courge. Ils vivent dans de longues maisons communes en écorce et sont organisés en une société matriarcale et démocratique. Plus à l'est, le nord-est des Etats-Unis, les Provinces atlantiques (Nouveau-Brunswick, Nouvelle-Écosse), le Bas-Saint-Laurent et la Gaspésie sont occupées par une autre confédération comprenant notamment les Abénaquis, les Malécites et les Micmacs, remarquables navigateurs qui, à bord de leurs frêles canoës d'écorce, ont traversé le golfe du Saint-Laurent pour gagner les îles de la Madeleine, Anticosti, la Côte-Nord et Terre-Neuve. A Terre-Neuve vivaient les Béothuks, disparus dès 1829, exterminés par les colons (quoiqu'il semblerait que certains aient fuit vers les autres provinces maritimes grâce aux alliés Micmacs). Plus au nord, plusieurs groupes nomades de langue algonquine mènent dans la forêt de conifères une existence nomade assez semblable : les Innus-Naskapis et les Atikamekw de la Côte-Nord et du Labrador, les Algonquins au nord des Grands Lacs, et les Cris de la baie d'Hudson, tirent leur subsistance de la chasse, notamment au caribou, de la pêche et de la cueillette. Comme les Iroquois, ils se déplacent au moyen du canoë l'été, de raquettes et du traîneau l'hiver.

Autres temps, autres termes. A la recherche d'un passage vers les Indes, les premiers explorateurs européens croient fouler le sol du continent asiatique. C'est la raison pour laquelle, à tort, ils appelleront « Indiens » les habitants du Nouveau Monde. Cela durera jusqu'au XXe siècle où l'on préférera le terme d'Amérindien à celui d'Indien. Le terme Amérindiens désigne tous les Indiens des Amériques (venus d'Asie par le détroit de Béring, à la fin de l'époque glaciaire), dont l'habitat et le mode de vie se seraient étendus à l'ensemble du continent, exception faite des régions arctiques. Le mot « indien » portant à confusion n'est plus guère utilisé au Québec. Il en va de même des appellations : tribu, indigène ou sauvage. On parle désormais de Premières nations ou de peuples autochtones. La loi constitutionnelle de 1982 reconnaît les Amérindiens et les Inuits comme étant des autochtones, c'est-à-dire, des personnes vivant sur un territoire habité par leurs ancêtres depuis des temps immémoriaux. Les Inuits se distinguent nettement des Amérindiens par leur culture, leur langue, leur mode de vie et la date de leur arrivée sur le continent. Le terme « Inuit » est, lui aussi, récent – on disait autrefois Esquimau – et désigne l'ensemble des peuples vivant dans les régions polaires. En effet, inuit signifie « être humain » en langue inuite, tandis qu'esquimau signifie « mangeur de viande crue » en algonquien. On comprend donc l'origine de la connotation péjorative du terme esquimau.

Les Amérindiens aujourd'hui. Le lien des Amérindiens avec la nature est très étroit. Il ne se borne pas à l'exploitation pure et simple de cette dernière. Il s'agit au contraire de l'utilisation intelligente d'un potentiel limité de ressources écologiques. Que reste-t-il de ce mode de vie après l'arrivée des Européens ? C'est lentement que l'influence européenne a eu des répercussions, si bien que certaines nations comme les Cris et les Innus ont pu préserver jusqu'à maintenant une partie de leur culture. Le christianisme a cherché à en éliminer tout ce qui lui faisait concurrence, à commencer par la religion et la mythologie. Les missionnaires, qui ont toujours un certain pouvoir auprès des autochtones, ne sont pas étrangers à leur sédentarisation, datant parfois d'il y a moins de cinquante ans. La création des réserves et des pensionnats, sans oublier les adoptions forcées, est une page sombre de l'histoire du Québec et du pays tout entier. Un génocide culturel, un déracinement sans précédent. Une importante page d'histoire est omise dans le système d'éducation canadien...

Toutefois, certaines nations, notamment les Innus, continuent de faire de longs séjours dans la nature et d'y mener des activités de chasse, de pêche et de cueillette qui restent essentielles. De nombreux Amérindiens ont surtout su garder une réelle connaissance d'un milieu difficile auquel ils se sont adaptés de manière spécifique, tout en le transmettant à la jeune génération.

Une adaptation à l'arrivée de l'homme blanc. Etant donné le peu de ressources dispersé sur de grands espaces et l'alternance particulière des saisons, cette adaptation repose principalement sur le nomadisme, aujourd'hui éteint, mais dont la vie dans les bois conserve de nombreux traits, à commencer par des moyens de déplacement parfaitement adaptés au terrain. Compte tenu du nombre infini de rivières et de lacs, le canoë est le moyen de déplacement idéal dans la forêt, et ce type de bateau se retrouve fréquemment utilisé par de nombreuses nations. C'est une embarcation non pontée, longue et mince, qui passe dans les endroits les plus étroits et les moins profonds. Grâce à sa légèreté, elle peut être portée sur le dos d'un seul homme : les Amérindiens utilisent ainsi de nombreux sentiers de portage pour relier les lacs et contourner les chutes. En effet, le canoë est fait d'un matériau très léger : la charpente est en bois de bouleau savamment courbé et longuement travaillée. Elle était autrefois recouverte d'écorce de bouleau qui, gorgée d'eau, devenait étanche, mais l'écorce est aujourd'hui remplacée par de la toile imperméable. Le bateau, très maniable, est propulsé par un ou deux hommes au moyen de pagaies simples, la pagaie arrière faisant en même temps office de gouvernail. On peut aussi ajouter une voile carrée.

Chasse et pêche. Les Amérindiens chassent toutes sortes d'animaux, des plus grands aux plus petits. Parmi les mammifères les plus appréciés : le caribou, l'orignal, le castor, le porc-épic. Sur les côtes, les mammifères marins sont aussi chassés, notamment les phoques. Beaucoup d'oiseaux sont consommés : oies et canards, plongeons, gallinacés mais aussi, oiseaux de mer, limicoles, rapaces. Les armes traditionnelles, comme l'arc ou le lance-pierres, ne sont plus utilisées que par les enfants. Depuis longtemps, l'arme principale est le fusil. Les

Amérindiens posent en outre des collets pour les lièvres et les gallinacés, et des pièges pour le gibier à fourrure comme la martre et le vison. Ils possèdent aussi des chiens de chasse capables de se glisser partout dans la forêt touffue et dont ils se servent pour débusquer le gibier. Les Amérindiens pêchent une part importante de leur nourriture. Ils posent de petits filets, principalement pour la truite, et ont conservé le harpon pour le saumon. Enfin, ils complètent ce régime majoritairement carnivore par une importante cueillette. Ils consomment de nombreuses sortes de baies : bleuet, framboise, groseille, chicoutai, anisette, graine rouge, camarine noire. Signalons que ce sont eux qui ont appris aux Européens à exploiter la sève d'érable pour la fabrication du sirop. Les Européens ont introduit la farine de blé : les Amérindiens confectionnent du pain qu'ils font cuire sur le poêle ou dans du sable chaud, ainsi que des pâtisseries comme des beignets et des crêpes. Le pain, ou bannique, est consommé à tous les repas en grande quantité et accompagne les produits de la chasse et de la pêche. La viande et le poisson se mangent le plus souvent bouillis, et l'on ne perd alors rien de la soupe nourrissante dans laquelle on les a fait cuire. Le poisson est très souvent fumé, ce qui permet sa conservation, et on le mange ensuite réchauffé sur le poêle. Le lien entre les populations autochtones et le milieu naturel, perturbé par l'arrivée de l'homme blanc, s'est pourtant partiellement maintenu. Il est certain que la chasse actuelle, notamment en raison de l'usage du fusil, a plus d'impact sur l'environnement que le mode de vie d'antan.

Un statut à part. Le clivage perdure entre les Amérindiens et les Blancs, accentué par une méconnaissance réciproque. Les Amérindiens ont un statut fiscal privilégié et bénéficient de certains avantages particuliers, notamment un statut dérogatoire pour la chasse et la pêche. Mais lorsqu'on prend le temps de lire la Loi sur les Indiens, on découvre que la vie sous un statut d'amérindien est loin d'être rose. Une vie au crochet de l'Etat où le décrochage scolaire, l'alcoolisme et la violence font tristement partie de la routine quotidienne. Une vie où pendant des siècles, on a tenté de faire disparaître toute trace de culture, langue et coutumes chez les peuples autochtones.

Certaines réserves ont toutefois connu un sort plus enviable en développant de meilleurs services sociaux et une offre culturelle et touristique de qualité. C'est le cas notamment de Oujé-Bougoumou, Manawan, Odanak, Wendake, Mashteuiatsh, Essipit, Uashat et Gespeg.

La question amérindienne au Canada. Le Canada actuel s'efforce, plus que par le passé, de se préoccuper de ses minorités, mais la communication reste difficile. Les questions autochtones sont confiées à la fois au gouvernement fédéral et aux gouvernements provinciaux, entre lesquels les pouvoirs ne sont pas toujours bien répartis. Mais depuis que les Amérindiens commencent à s'unir, leurs revendications politiques sont de plus en plus écoutées. Au Québec, la question amérindienne reste épineuse, son poids étant sans commune mesure avec le petit nombre que représentent les autochtones. Descendants des Iroquois, les Mohawks des réserves de Kanesatake, de Kahnawake et d'Akwesasne (près de Montréal) sont aujourd'hui l'un des groupes les plus actifs dans les revendications autonomistes, comme l'a démontré la crise d'Oka de 1990. Ils font aussi de la contrebande de cigarettes et d'armes avec les États-Unis, juste en face, trafic que le gouvernement provincial du Québec n'ose réprimer, de peur de mettre le feu aux poudres. Par ailleurs, les Cris de la Baie-James, qui ont contribué à leur propre essor économique en signant, en 1975, la Convention de la Baie-James et du Nord québécois, négocient avec brio avec Hydro-Québec qui se trouve sur leurs terres, en exigeant de cette compagnie des sommes rondelettes. Quant aux Micmacs de Restigouche, jadis fidèles alliés des Français, ils ont adopté la langue anglaise et se sont mis à l'heure des Provinces atlantiques, alors que leur réserve se situe en terre québécoise. Les Amérindiens du Québec ont le sentiment d'être les laissés-pour-compte du développement économique de la province, mais cela change peu à peu avec la mise en chantier du nouveau Plan Nord du gouvernement québécois. Toutefois, les peuples autochtones reprochent au gouvernement le fait qu'ils ne soient pas impliqués dans les décisions qui touchent le développement minier, gazier ou autre sur leurs territoires ancestraux. Des manifestations pacifiques ont lieu, et pas qu'au Québec, alors que les Autochtones sont prêts à refuser des retombées économiques et des emplois en faveur de la sauvegarde l'environnement et de la Terre Mère.

Tourisme autochtone. À la fin des années 1980, certaines nations ont commencé à accueillir des touristes sur leurs territoires, dans le but de leur faire connaître leur environnement, leur habitat et leur culture. Elles organisent aussi des expéditions en motoneige et des randonnées pédestres. Les Hurons-Wendats ont recréé un village traditionnel à Wendake, près de Québec, et vivent en partie du tourisme. Quant aux Innus, ils ont su développer le tourisme d'aventure qui correspondait le mieux à leur mode de vie traditionnel en utilisant leurs territoires de chasse ancestraux. Les Micmacs, quant à eux, ont élaboré un plan important de développement touristique en aménageant des centres d'interprétation de l'environnement, en créant un musée de la culture micmac et en reconstituant des villages. Les Naskapis du Grand Nord, à la frontière du Labrador, organisent, depuis 1988, des expéditions nordiques en motoneige. Pour plus d'info sur le tourisme autochtone au Québec : www.tourismeautochtone.com

Toponymie amérindienne. Beaucoup de noms de lieux d'origine autochtone sont descriptifs : ils permettaient aux Amérindiens de se repérer lors de leurs migrations.

Les Inuits

L'Arctique canadien est habité par les Inuits qui peuplent aussi le Groenland, l'Alaska et l'extrémité orientale de la presqu'île des Tchouktches en Sibérie. Cette population d'une densité extrêmement faible ne compte, au total, qu'une centaine de milliers d'individus. Au Canada, ils vivent essentiellement sur les côtes et les îles des Territoires du Nord-Ouest, et sur la Terre de Baffin. Au Québec, ils vivent dans une quinzaine de villages situés sur les littoraux de la baie d'Hudson, du détroit d'Hudson, et de la péninsule d'Ungava, devenue le Nunavik, qui signifie, dans la langue des Inuits, « la terre où nous vivons ». Inuk (pluriel d'Inuit), signifie « être humain ». Le mot Eskimo provient de la langue algonquienne, où il signifie « mangeur de viande crue », expression à connotation péjorative par laquelle les Amérindiens désignaient ce peuple ennemi. Les missionnaires français l'orthographièrent Esquimau, féminin Esquimaude, pluriel Esquimaux. Il devint Eskimo en anglais.

Venus comme les Amérindiens d'Asie par le détroit de Béring, mais plus tardivement, les Inuits présentent des caractéristiques nettement mongoloïdes. Toujours installés près des côtes, ils vivent principalement de la chasse aux mammifères marins (essentiellement le phoque mais aussi le morse, le narval et les baleines) et aux mammifères terrestres (caribou, ours polaire, bœuf musqué, renard polaire, lièvre arctique), ainsi qu'à certains oiseaux (canards, lagopèdes, harfangs des neiges). Les techniques de chasse restent très diverses mais, le fusil s'est substitué aux armes traditionnelles, le harpon demeurant toutefois un complément efficace. Les Inuits pratiquent aussi la pêche, principalement aux poissons de mer (requin, morue, flétan, truite saumonée, saumon, omble arctique, capelan) et, pour certaines ethnies localisées, aux poissons d'eau douce. La pêche se pratique généralement sur – ou plutôt sous – la banquise (couche de glace formée par la congélation de l'eau de mer), au moyen d'un éventail d'outils variant selon les ethnies et les poissons recherchés : hameçons, filets, nasses, harpons à poissons. Les Inuits pratiquent en outre la cueillette pendant le bref été arctique mais, leur régime alimentaire reste essentiellement carnivore. Ils dépendent, selon leur milieu de vie, du phoque et/ou du caribou. C'est aussi la fourrure et la peau de ces animaux qui leur procurent des vêtements pour supporter le froid. Pour ce qui est de l'habitat, le stéréotype veut qu'ils habitent dans une maison de briques de neige disposées en forme de coupole : l'igloo. Cependant le mot igloo ne désigne pas seulement cette maison de neige mais toute forme d'habitat, lequel varie selon les saisons : l'été, les Inuits vivent dans des tentes de peaux, l'hiver dans la maison de neige ou dans une maison de pierres et de mottes d'herbe. Le nomadisme est également à l'origine de moyens de déplacement aussi aboutis que le traîneau à chiens, qui existe également chez les Amérindiens, et le kayak. Contrairement au canoë, ce dernier est une embarcation généralement monoplace, propulsée par une pagaie double qui, avec l'étroitesse de sa coque, lui assure une grande maniabilité, tant dans les glaces qu'en haute mer, les plus performants sont ceux de la baie d'Ungava. Cependant, chez les Inuits comme chez les Amérindiens, suite à la disparition du nomadisme, la réserve s'est substituée au campement et la motoneige au traîneau, de nos jours. Ce véhicule utilitaire est devenu indispensable aux autochtones dans toutes leurs activités quotidiennes, remplaçant les traîneaux qui jusque-là assuraient leur survie. Les chiens de traîneau sont les seuls animaux qu'ils aient domestiqués. On croit même que ceux-ci les accompagnaient déjà, il y a des milliers d'années, lorsqu'ils franchirent le détroit de Béring, indispensables à la fois pour

chasser et se protéger des prédateurs. Depuis peu, les traîneaux à chiens font une réapparition dans les communautés inuites du Nunavik. Cela tient au fait que ces attelages font partie de leur patrimoine et qu'un chien retrouvera toujours le chemin de la maison, tandis qu'une motoneige peut tomber en panne...

Population et francophonie

À la fin du XVIIIe siècle, les francophones, sentant leur identité en danger devant l'afflux d'immigrants britanniques, déclenchèrent la Revanche des berceaux. Durant deux cents ans, la population va croître à un rythme accéléré : jusqu'à 15 enfants par famille. Les six millions de Québécois des années 1950 descendent des 65 000 Canadiens français de 1760. Le début de la Révolution tranquille des années 1960 marque un coup d'arrêt brutal à cette politique nataliste. Aujourd'hui, le Québec a un taux de fécondité parmi les plus bas du monde.

Une mosaïque ethnique. Le Québec est, après l'Ontario, la province canadienne la plus peuplée avec près de 8 millions d'habitants, soit le quart de la population du Canada. Quatre Québécois sur cinq résident en zone urbaine dans le sud de la province. L'agglomération de Montréal regroupe à elle seule 45 % de la population. La communauté anglophone qui s'était installée à Montréal, à Québec et dans les Cantons-de-l'Est après 1815 s'est fortement réduite au lendemain de la Seconde Guerre mondiale, remplacée par un afflux d'immigrants venus du Bassin méditerranéen (Italiens, Grecs, Portugais) et d'Europe centrale suivi dans les années 1970 d'un important groupe d'Asie du Sud-est (Vietnamiens, Cambodgiens) et, dans les années 1980, de Latino-Américains, notamment Chiliens et Haïtiens, de Libanais et, plus récemment, de ressortissants de l'ex-Yougoslavie. Ces nouveaux immigrants contribuent à donner au Québec un caractère cosmopolite, multiethnique. En cinquante ans, le Québec a accueilli 500 000 personnes de 80 nations différentes. Depuis quelques années, environ 45 000 personnes immigrent annuellement au Québec, dont plusieurs milliers de Français. Ces nouveaux Québécois contribuent à freiner le vieillissement de la population et à réduire le coût social engendré.

La question linguistique. La grande majorité des habitants du Québec se déclarant de langue maternelle française, la question linguistique est apparue dans les années 1960, avec la prise de conscience par les francophones de la fragilité de leur langue et de leur culture au sein d'un Canada anglophone. En effet, deux facteurs nouveaux étaient apparus : une forte poussée d'immigration internationale tendant à rejoindre la communauté anglophone, et la baisse du taux de natalité chez les francophones. La question linguistique se posait surtout en matière d'enseignement, à propos du rôle de l'école dans la transmission de la culture. C'est ainsi que le Parti québécois, élu en 1976, fit passer la fameuse loi 101, véritable charte définissant le statut de la langue française et son utilisation dans les domaines de la législation, de la justice, de l'administration, du commerce et de l'enseignement. Depuis les années 1980, l'application de la loi 101 et les accords conclus avec le gouvernement fédéral, permettant au Québec de sélectionner la moitié de ses immigrants, ont infléchi la tendance en faveur de la francophonie. Les anglophones, au nombre de près de 600 000, ne représentent plus aujourd'hui que 8 % de la population du Québec. Reste le problème d'intégration des nouveaux Québécois.

Le français québécois

On l'appelle « français québécois », mais aussi « français du Québec », « québécois », et même « français canadien ». Toutes ces dénominations représentent la variété de la langue française parlée par la majorité des francophones du Canada, principalement par les Québécois. Elle est toutefois à différencier de celle de l'Acadie et de Terre-Neuve.
Si son origine puise dans la langue parisienne du XVIIIe siècle, le français québécois a sans contredit conservé des éléments issus des langues d'oïl régionales comme le normand, le saintongeais ou encore le gallo.Ce qui frappe en arrivant au Québec, c'est bien sûr l'accent, mais également la prononciation, les expressions particulières et la syntaxe parfois étonnante. Et comme partout ailleurs dans la Francophonie, ces éléments varient d'une région à l'autre. Mais sachez que tous apprennent le même français à l'école, peu importe le pays, ce qui s'applique également au Québec. Mais disons que ça ajoute à la couleur locale.

Mode de vie

VIE SOCIALE

Le mode de vie au Québec présente de nombreuses similitudes avec celui des autres pays occidentaux. Il en va de même pour la vie sociale (éducation, travail/retraite, famille, habitat, hobbies) qui s'apparente à celle que l'on retrouve en Europe de l'Ouest, à quelques exceptions près (notamment les couvertures sociales !). Nous avons donc décidé de ne pas trop nous attarder sur le sujet. Voici toutefois quelques faits intéressants :

Démographie

Selon l'Institut de la statistique du Québec, on ne note pas de hausse du taux de natalité en 2012 (seulement 82 naissances de plus qu'en 2011), taux parmi les plus bas au monde. L'espérance de vie se situe à 79,6 ans pour les hommes et 83,6 ans pour les femmes. L'accroissement naturel (naissance moins décès) est d'environ 1 %, taux semblable à celui des Etats-Unis mais inférieur aux autres provinces canadiennes.

Education

Excepté pour les écoles privées, fréquentées par une minorité de Québécois, l'instruction est gratuite pour l'école primaire et secondaire, de façon générale, jusqu'à l'âge de 17 ans. Ensuite, les élèves ou leurs parents doivent subvenir aux frais qui varient selon le programme d'études et le type d'établissement scolaire. C'est le CÉGEP au Québec qui fait le pont entre l'école secondaire et l'université. Cette période dure normalement 2 ou 3 ans ; mais parce que les étudiants sont libres de faire leurs horaires, elle peut se prolonger sur plusieurs années. Le phénomène de décrochage ou d'abandon scolaire n'est pas indépendant du fait que plusieurs étudiants doivent payer eux-mêmes leurs études postsecondaires. Chez certains étudiants qui doivent travailler tout en poursuivant leurs études, l'argent gagné facilement au travail peut leur paraître plus gratifiant qu'un diplôme universitaire. Le coût des études universitaires varie selon les provinces : au Québec, un étudiant paye en moyenne un peu plus de 2 000 CAN $ de frais de scolarité par an (deux trimestres pour un total de 30 crédits). C'est peu comparativement aux Etats-Unis, mais trop selon les associations étudiantes de la province qui se battent continuellement contre les institutions gouvernementales pour le gel des frais de scolarité. Au printemps 2012, de très grandes manifestations (on a même parlé de « Printemps érable ») se sont déroulées contre une hausse prévue de 82 % des frais de scolarité sur 5 ans (notez que le tout s'est conclu par une indexation au coût de la vie plutôt qu'une hausse drastique).

Emploi

Selon les données de l'Enquête sur la population active de l'Institut de la statistique du Québec en date de juin 2014, la population active au Québec se composait de 4 374 900 personnes. C'est ainsi que 64,9 % de la population en âge de travailler au Québec étaient soit employés soit à la recherche d'un emploi de façon active. Ce pourcentage est également connu sous le nom de taux d'activité. Toujours en juin 2014, 4 018 500 personnes exerçaient un emploi au Québec, pour un taux d'emploi de 59,6 %. Au cours des 12 derniers mois, l'emploi a subi un recul de 0,3 % dans la province pour un taux de chômage de 8,1 %.

Santé

Au Québec, c'est la Régie de l'assurance maladie du Québec (RAMQ) qui vise à maintenir et à améliorer la santé de la population en assurant à tous la possibilité d'être soignés gratuitement (au moyen de différentes taxes et impôts) en facilitant l'accès à tous aux soins de santé. La «carte soleil» (l'équivalent de la «carte vitale») permet d'avoir accès à ces soins. Toutefois, tout n'est pas couvert (dentiste, optométriste, prothésiste, frais d'ambulance, etc.) et une assurance médicale privée ou collective (pour les travailleurs) s'avère fort utile. Il existe également un régime public d'assurance médicaments auquel cotisent les citoyens afin d'obtenir un remboursement partiel sur les prescriptions

(non-applicable à ceux ayant une assurance privée). Le Québec est donc beaucoup plus près du système français que de celui de son voisin américain.

Retraite

Au Canada, si on veut une retraite la plus confortable possible, mieux vaut ne pas se fier à la pension de retraite du gouvernement. Même si les Canadiens y cotisent toute leur vie active, les prestations versées dès l'âge de 65 ans sont minimes. Il faut donc cotiser à des fonds de pension privés, à des fonds communs de placement, ou encore au Régime enregistré d'épargne-retraite (REER) qui est un outil financier visant à faire croître un actif financier à l'abri de l'impôt, et ce jusqu'au moment de la retraite.

MŒURS ET FAITS DE SOCIÉTÉ

Tout comme pour la vie sociale, les mœurs et faits de société au Québec sont très semblables à ceux d'Europe de l'Ouest (sexualité, relations hommes/femmes, place de la femme, droits de l'homme, etc.). Quelques faits à noter :

Mariage

Le gouvernement canadien a redéfini la notion de famille pendant le dernier mandat du Premier ministre Jean Chrétien. En 2000, se basant sur la Charte des droits et des libertés canadiennes, le Parlement étendait les obligations des couples et les avantages dont ils peuvent bénéficier à tous les couples, y compris ceux de même sexe. Cette ouverture d'esprit s'est confirmée en juin 2003 lorsque le gouvernement fédéral a légiféré sur le mariage des couples de même sexe. Ce geste a provoqué de vives réactions venant de Rome, entre autres, par la voix d'un communiqué émis par le pape lui-même, sans toutefois trouver d'écho dans l'administration canadienne. En résumé, les concubins, de même sexe ou non, ont les mêmes droits que les époux mariés. Une grande majorité d'entre eux vivent donc en union libre (union de fait). Mis à part chez les gays, qui viennent même des Etats-Unis pour se marier, l'institution du mariage est en baisse.

Homosexualité

Le Canada est l'un des rares pays au monde à permettre le mariage entre conjoints de même sexe. Le Village gay de Montréal, situé à l'est de la rue Saint-Denis, fait partie des quartiers gays les plus importants en Amérique du Nord. Ses activités nocturnes et ses festivals en ont fait le quartier de prédilection des homosexuels. Montréal a d'ailleurs été l'hôte des Jeux gays en 2006. On trouve également plusieurs établissements en région pour la communauté gay.

RELIGION

Avant l'arrivée des premiers colons français au XVIe siècle, différentes communautés amérindiennes qui peuplaient déjà le territoire pratiquent leur propre spiritualité. Puis le catholicisme s'installe, pendant de longues années, comme le protestantisme avec l'immigration britannique vers la fin du XVIIIe siècle. Si la religion s'immisçait constamment dans la vie sociale, politique et économique, il en fut tout autrement à partir des années 1960, période connue sous le nom de « Révolution tranquille ».

Cette période de l'histoire contemporaine du Québec se caractérisée par une réorientation de l'État québécois qui adopte les principes de l'État-providence, la mise en place d'une véritable séparation de l'Église catholique et de l'État, et la construction d'une nouvelle identité nationale québécoise, qui s'écarte du nationalisme traditionnel canadien-français. C'est aussi à ce moment qu'on parle d'ouverture et de pluralisme.

L'immigration contribue à diversifier le paysage religieux : l'islam, l'hindouisme, le bouddhisme, le judaïsme, le sikhisme. La confession catholique demeure toutefois largement dominante avec environ 80 % de la population (mais seulement 10 % de pratiquants !). On favorise le spirituel, on dénigre le rituel. L'Eglise catholique ne fait pas bonne figure depuis les années 1970. Les scandales de ces dernières années, impliquant des prêtres et des enfants, n'incitent pas à la ferveur. Les églises sont vides...

Arts et culture

ARCHITECTURE

Elle a considérablement évolué du XVIIe siècle à nos jours, que ce soit l'architecture religieuse, domestique ou urbaine.

Architecture autochtone

Les peuples des Premières nations produisent une architecture unique, tant temporaire que permanente. Dans la première catégorie, on retrouve des constructions éphémères telles que les igloos, les wigwams et les tipis. Ensuite figurent les maisons semi-souterraines et les maisons longues en bois. Ces bâtiments sont non seulement ingénieux et originaux sur le plan technique, mais ils révèlent des systèmes de croyances culturelles profondément enracinées qui en font les dépositaires d'un sens religieux et spirituel riche. Bien entendu, l'architecture autochtone créée avant les premiers contacts avec les Européens changera à la suite de ces contacts. Toutefois, l'architecture indigène contemporaine se pratique toujours, et elle englobe les formes et les matériaux traditionnels et contemporains. Un bel exemple est l'Hôtel-Musée Premières Nations de Wendake.

Quartier de Westmount.

Le modèle français

Il ne subsiste au Québec aucun vestige antérieur aux premiers établissements du XVIIe siècle. Construits par des artisans venus de France, les édifices simples de cette époque sont inspirés des styles régionaux, en particulier bretons et normands. Des fortifications protégeaient les bourgs stratégiques de Montréal, Québec et Trois-Rivières. La Citadelle de Québec constitue à cet égard le meilleur exemple d'architecture militaire française de la province. La Maison Jacquet, rue Saint-Louis à Québec, en pierre et à un étage surmonté d'une haute toiture rouge percée de lucarnes, demeure un des rares témoignages du XVIIe siècle. À la fin de ce siècle, l'architecte Claude Baillif élève des bâtiments monumentaux, d'abord administratifs puis religieux, à la suite de l'installation au Québec de plusieurs ordres : ceux des Ursulines, des Augustines et des Jésuites. L'architecture s'inspire alors du classicisme français : Monastères des Ursulines de Québec et de Trois-Rivières, Vieux Séminaires de Québec et de Saint-Sulpice à Montréal. Une série d'incendies ayant ravagé la Basse-Ville de Québec, de nouvelles réglementations incitent désormais à la construction d'édifices mieux adaptés au climat nord-américain : c'est la naissance d'une architecture québécoise, caractérisée par un toit d'ardoise à deux pentes sans chien-assis, des murs en pierre sans décor de bois susceptible de s'enflammer, de hautes cheminées toujours installées sur les larges pignons des côtés afin d'éviter les incendies. Le meilleur exemple en est la maison de Pierre Calvet (1725) à Montréal.

L'influence anglaise

Après la conquête anglaise, l'influence de l'Angleterre se fait prépondérante et va progressivement modifier le paysage architectural du Québec. Le modèle est désormais la maison anglo-saxonne, à cheminées massives et toit à quatre pentes peu inclinées. Les rives du Saint-Laurent deviennent les lieux de villégiature d'une bourgeoisie aisée. Le Château Ramezay, à Montréal, est à ce titre

représentatif d'une demeure du début du XVIIIe siècle. Très prisé des Anglais, le style palladien, emprunté à Palladio, architecte italien du XVIe siècle, domine l'architecture québécoise pendant le premier quart du XIXe siècle. Inspiré du modèle antique, il affectionne frontons, pilastres, colonnes doriques ou ioniques et corniches moulurées. Les meilleurs exemples en sont la cathédrale anglicane de la Sainte-Trinité à Québec et le Marché Bonsecours à Montréal.

L'éclectisme

Dans la première moitié du XIXe siècle apparaît la maison québécoise, synthèse heureuse du modèle français et du cottage anglais. À l'époque de Viollet-le-Duc, le style néogothique s'impose, lui aussi, au Québec dans l'architecture des églises, qu'elles soient catholiques ou protestantes (Christ Church, à Montréal). Victor Bourgeau réalise l'intérieur de Notre-Dame de Montréal, de style néogothique, afin de répondre à la tradition de l'Église catholique du Québec qui affectionne les sculptures, les boiseries et les dorures. Il adopte aussi un style néobaroque qui trouve sa meilleure expression dans la basilique-cathédrale Marie-Reine-du-Monde, à Montréal, caractérisée par des proportions massives et un énorme dôme. La bourgeoisie aisée adopte le style néo-Renaissance, inspiré des villas italiennes (Hôtel Ritz-Carlton, à Montréal). L'architecte Eugène-Étienne Taché élève, dans le style Second Empire, d'imposants édifices gouvernementaux reconnaissables à leur toit mansardé, leurs fenêtres à linteaux cintrés et leurs crêtes faîtières en fer forgé, dont les meilleurs spécimens sont l'Hôtel du Parlement de Québec et la Maison Shaughnessy à Montréal. À la même époque, on aime également le style château du Moyen Âge, agrémenté de tours, tourelles, mâchicoulis et toits coniques : la représentation la plus célèbre en est le Château Frontenac (1892) à Québec, construit par l'Américain Bruce Price. Le style néo-roman se retrouve aussi dans les églises ou les gares comme la Gare Windsor, à Montréal, elle aussi due à ce même architecte. En vogue en Amérique du Nord, le monumental style Beaux-Arts, caractérisé par le mélange hétéroclite des styles (gothique, Renaissance, élisabéthain, Louis XV, Louis XVI) trouve sa meilleure illustration dans le Château Dufresne, à Montréal, qui symbolise la réussite de la nouvelle bourgeoisie canadienne française.

© STÉPHANE SAVIGNARD

Centre-ville de Montréal.

Courants modernes et post-modernisme

L'architecture métallique qui triomphe aux États-Unis avec l'école de Chicago conquiert à son tour le Québec, annonçant l'ère des gratte-ciel. Lui succède le style Art déco (Bruce Price) dans les années 1920. Après la Seconde Guerre mondiale, on revient à des volumes simples et géométriques inspirés de Le Corbusier et de Gropius. Les tours de verre et de métal noir font leur apparition à Montréal. La Place Ville-Marie, due à l'architecte Pei, illustre le renouveau du centre-ville de Montréal dans les années 1960 et 1970. De superbes complexes lui succèdent dans les années 1980 : Place des Arts, Desjardins, Guy-Favreau, Palais des congrès, Place Montréal-Trust...

À Montréal, à la fin des années 1980, le post-modernisme tente de rompre la monotonie de l'architecture par l'emploi d'arcs en ogive et de verre cuivré (Place de la Cathédrale), d'aluminium (Maison Alcan) ou de verre bleuté réfléchissant (tour de BNP Paribas). Le Centre canadien d'architecture, de Peter Rose, à Montréal, est une autre remarquable réalisation contemporaine, de même que le Musée canadien des Civilisations, à Gatineau. L'architecture vise désormais à intégrer d'anciens bâtiments du XIXe siècle dans une structure ultramoderne.

ARTISANAT

Les traditions québécoises sont celles d'un peuple rural longtemps soumis à la domination de l'Église catholique et confronté à un climat rude aux hivers interminables. Aujourd'hui, le paysage québécois a conservé l'empreinte d'innombrables églises, chapelles et chemins de croix. Par ailleurs, l'artisanat est demeuré très vivace. C'est celui d'une société rurale qui privilégie le travail du bois et la ferronnerie pour créer des objets utilitaires : ustensiles de cuisine, moules de bois pour le sucre d'érable (feuilles ou cœurs), girouettes, meubles. Dès les débuts de la colonisation, la nécessité de se protéger des grands froids de l'hiver a contribué au développement du tissage et de la broderie, pour la confection de couvre-lits en patchwork (assemblage de bouts de tissu de diverses couleurs), de châles, d'écharpes de laine, de mitaines (gants), de tuques (bonnets) et de chaussons. De nos jours, la création de bijoux modernes a pris le relais de cet artisanat traditionnel.

L'art amérindien

Art traditionnel. Les peuples nomades de langue algonquienne (Algonquins, Micmacs, Montagnais, Cris), qui vivent dans la forêt boréale, s'étaient spécialisés dans le travail des perles d'os, de pierre, de coquillages ou de graines, ainsi que dans la broderie au poil d'orignal et de caribou ou aux piquants de porcs-épics. Autrefois, ils s'échangeaient des ceintures de wam-pum, ornées de perles de coquillages, pour conclure des traités ou lors des cérémonies de paix. Ils continuent à décorer leurs vestes et leurs mocassins, en peau de caribou ou d'orignal, de motifs perlés et à fabriquer des objets usuels en écorce de bouleau, décorés de motifs géométriques incisés et peints où domine la couleur rouge. Les femmes huronnes, sédentarisées depuis toujours, consacrent beaucoup de temps à la confection des broderies en poil d'orignal dont on peut admirer de superbes exemplaires, tandis que les hommes sculptent des masques en bois, confectionnent des raquettes à neige, des canots et de la corde. Les Mohawks créent des bijoux en argent ornés de perles et des sculptures traditionnelles en pierre. Les Abénaquis sont passés maîtres dans l'art de la vannerie de frêne. Ils fabriquent aussi des masques en cosses de maïs, des bijoux perlés et des totems. Dans le Grand Nord, entre toundra et taïga, les Naskapis, proches voisins des Inuits, ont développé un artisanat particulier fondé exclusivement sur le caribou, transformant les peaux, les bois, la corne et les os en vêtements, outils, bijoux et sculptures.

Art contemporain. Les artistes amérindiens ont su renouveler l'art traditionnel en employant d'autres matériaux et de nouveaux procédés artistiques, tout en continuant à puiser leur inspiration dans leur patrimoine culturel, inventant un nouveau langage dans la tradition des chamans. On assiste aujourd'hui à l'émergence d'un art amérindien d'avant-garde.

EXPRESSIONS MODERNES

Le « nouveau cirque québécois ». Si certains spectacles de cirque semblent parfois désuets, les représentations du Cirque du Soleil ont démontré qu'une réconciliation immédiate avec le genre est possible. Modernes, d'une créativité étonnante, d'un raffinement certain, les numéros s'enchaînent avec une grâce incroyable et surprennent par leur hardiesse. Les formes des objets, la beauté des costumes, le décor, la chorégraphie, tout vous incite à revenir au prochain spectacle. A voir absolument, même pour les plus réticents au genre ! Fondé en 1984 au Québec par Guy Laliberté, le Cirque du Soleil a complètement bouleversé l'approche traditionnelle du cirque et propose des spectacles à travers le monde, à Las Vegas notamment où plusieurs de leurs shows grandiloquents sont à l'affiche des plus grands casinos. Ses nombreux spectacles, connus de tous, ont bourlingué de par les mers et océans, mais ils ont tendance à déposer leurs valises au Québec quelques semaines chaque année. Pensez à réserver vos billets à l'avance ! D'autres compagnies québécoises, comme le Cirque Eloize ou Les 7 Doigts de la Main, très originales et multidisciplinaires elles-aussi, sont reconnues dans le monde entier.

La place de l'humour au Québec. Les Québécois sont de bons vivants et apprécient particulièrement l'humour. A tel point qu'une

Ecole nationale de l'humour fut fondée à Montréal en 1988. L'école a depuis diplômé plus de 400 auteurs et humoristes dont plusieurs grands noms contemporains de l'humour québécois comme Jean-Marc Parent, Lise Dion, Laurent Paquin, Martin Matte ou Philippe Laprise. Certains d'entre eux sont même montés sur les planches de diverses salles en France et ailleurs dans le monde. Chaque année, le Gala Les Olivier (baptisé ainsi en l'honneur de l'humoriste Olivier Guimond) met en valeur le travail des artistes du secteur de l'humour en les récompensant pour leurs œuvres. Il a également pour but de faire la promotion de l'industrie humoristique, en plus de faire connaître au public les humoristes émergents, mais également les auteurs et les metteurs en scène.
Montréal est aussi le lieu de naissance du plus grand festival dédié à l'humour au monde, le célèbre Festival Juste pour Rire, se tenant annuellement en juillet. Ce dernier a fait des petits avec des éditions à Toronto (Canada), Chicago (Etats-Unis) et Sydney (Australie).

CINÉMA

C'est à la fin des années 1950, lors de la Révolution tranquille, que le cinéma québécois commence à se détacher du cinéma canadien anglophone, à la recherche de son identité propre. Aidé par les financements publics, il a acquis une reconnaissance locale, mais aussi un rayonnement international grâce à la qualité de ses productions. Le film *Les Raquetteurs* (1958), de Michel Brault et Gilles Groulx, est considéré comme la première œuvre majeure de la filmographie québécoise.

On compte parmi les films importants de la cinémathèque québécoise :

- ***Pour la suite du monde*** (1963, film documentaire s'appuyant sur les témoignages de deux ancêtres de l'île aux Coudres sur la vie des insulaires) et *Un pays sans bon sens* (1970, film traitant de la question nationale en l'abordant de manière large et en la situant comme une question planétaire) de Pierre Perrault. Dans les années 1960, il représente le cinéma vérité.

Deux grands réalisateurs actuels

Denys Arcand

Il conquiert le public européen et américain avec, entre autres, *Le Crime d'Ovide Plouffe* (1984), *Le Déclin de l'Empire américain* (1986), comédie couverte de récompenses, *Jésus de Montréal* (1989), nominé à Cannes et à Hollywood, et enfin *Les Invasions Barbares* (2003), qui a obtenu une panoplie de récompenses internationales : le prix de la meilleure actrice pour Marie-José Croze et du meilleur scénario au festival de Cannes 2003 ; trois césars pour meilleur film, meilleur scénario et meilleur réalisateur ; et l'oscar du meilleur film en langue étrangère 2004. *L'Age des Ténèbres* (2007), dernier de la trilogie, fut bien moins apprécié que les précédents. Son tout dernier long-métrage, *Le règne de la beauté*, a pris l'affiche au Québec en 2014.

Xavier Dolan

J'ai tué ma mère (2009) est le premier long métrage de ce jeune réalisateur. En plus d'avoir été sélectionné et d'avoir remporté des prix à la Quinzaine des Réalisateurs de Cannes, ce film s'est vu attribuer d'autres distinctions, notamment à Rotterdam et au Québec. Il a également réalisé *Les Amours Imaginaires* qui a pris l'affiche à l'été 2010 et a été vivement salué par la critique, tout comme *Laurence Anyways* (2012), qui raconte l'histoire d'un impossible amour entre un homme et une femme après que l'homme a décidé de changer de sexe. Ce film a reçu le prix de meilleur film canadien au Festival international du film de Toronto et le grand prix au Festival du film de Cabourg. Son quatrième film, *Tom à la ferme* (2013), est basé sur la pièce de théâtre de Michel Marc Bouchard. Il a remporté le prix FIPRESCI lors de la Mostra de Venise la même année. Son tout dernier film, *Mommy* (2014), a quant à lui reçu le prix du jury à Cannes.

▸ ***Les Ordres*** (1974, film sur l'emprisonnement et le mauvais traitement de citoyens innocents durant la Crise d'octobre 1970 au Québec) et *Mon amie Max* (1994, la quête d'une mère pour son fils, d'une amie d'enfance pour son enfance et son amie) de Michel Brault. Il a réalisé plusieurs films avec Pierre Perrault.

▸ ***Les Mâles*** (1970), *La Vraie Nature de Bernadette* (1972), *La Mort d'un bûcheron* et *Maria Chapdelaine* (1983) de Gilles Carle. Dans les années 1970, où la tendance est aux films documentaires mettant en scène les milieux ouvriers et les gens ordinaires, il réalise des films populaires.

▸ ***Mon oncle Antoine*** (1971, l'atmosphère d'une petite ville minière du Québec des années 1940, la veille de Noël)) et *Kamouraska* (1973, histoire basée sur un triangle amoureux du Québec rural du 19e siècle), tiré du roman d'Anne Hébert, de Claude Jutra. Ce réalisateur a acquis une renommée internationale grâce à ces deux films.

▸ ***J.-A. Martin, photographe*** (1976, l'histoire d'un photographe qui part seul chaque été sillonner le Québec du début du 20e siècle pour prendre et vendre des photos) de Jean Beaudin. Son film a été primé au festival de Cannes.

▸ ***Un zoo la nuit*** (1987) et *Léolo* (1992) de Jean-Claude Lauzon. Il aborde les thèmes de la ville, la nuit, la violence.

▸ ***Trente-deux films brefs sur Glenn Gould*** (1993, film alignant une trentaine de séquences autonomes – de la fiction à l'entrevue – qui retracent la vie de Glenn Gould) et *Le Violon rouge* (1998, l'histoire d'un « Violon rouge » qui traversera les siècles, provoquant l'adoration, la folie ou la mort des personnes en sa possession) de François Girard. Cinéma d'auteur. Reconnaissance internationale pour ces deux films.

▸ ***Un 32 août sur Terre*** (1998, film racontant l'histoire de Simone, une jeune femme qui décide de changer de vie après un accident de voiture), *Maelström* (2000, film racontant les déboires soudains d'une enfant gâtée), *Polytechnique* (2008, film choc est basé sur les témoignages des survivants de la tuerie de l'Ecole polytechnique de Montréal en 1989 – il récolta 5 prix Jutra lors du gala de 2010), *Incendies* (2010, à la suite du décès de leur mère Nawal Marwan, les jumeaux Jeanne et Simon commencent alors une longue quête vers leurs origines), et *Prisoners* (2013, film policier américain dans lequel un charpentier d'une petite ville de Géorgie décide de faire justice lui-même après l'enlèvement de sa fille) de Denis Villeneuve. Nombreuses distinctions reçues pour ce réalisateur depuis 1991.

▸ ***Un crabe dans la tête*** (2001, portrait inusité d'un homme caméléon qui fuit tous les engagements) d'André Turpin. Il a reçu trois prix Jutra et deux prix Génie pour ce film.

▸ ***Atanarjuat, la légende de l'homme rapide*** (2001) de Zacharias Kunuk. Une histoire typiquement inuk, racontée et interprétée par les Inuits (vie traditionnelle d'autrefois dans le Grand Nord). Caméra d'or, Festival de Cannes.

▸ ***La Grande Séduction*** (2003) de Jean-François Pouliot, comédie romantique se déroulant dans un village isolé de la Basse-Côte-Nord et grand succès populaire. Sélectionné à la Quinzaine des Réalisateurs à Cannes en 2003.

▸ ***C.R.A.Z.Y.*** (2005) de Jean-Marc Vallée. Ce film retraçant la vie d'une famille québécoise confrontée à l'homosexualité d'un des fils dépeint à merveille le quotidien du pays dans les années 1960 et 1970. En 2011, *Café de Flore*, 4e long métrage de Jean-Marc Vallée, a également connu un immense succès. Ce film met en parallèle deux histoires d'amour séparées de plusieurs décennies. Puis en 2013, il a réalisé le film américain *Dallas Buyers Club* mettant entre autres en vedette Matthew McConaughey dans le rôle d'un cowboy violent, macho et homophobe, adepte du rodéo, de l'alcool, de la cocaïne et du sexe, qui se retrouve diagnostiqué séropositif. Jean-Marc Vallée vient aussi de réaliser un autre film américain, *Wild*, sorti en 2014.

▸ ***Bon Cop, Bad Cop*** (2006) d'Érik Canuel. Comédie policière où les relations franco-ontariennes sont mises à l'épreuve lors d'une enquête commune. Les préjugés et la dualité nationale canadienne sont soulignés ici avec brio et humour. Il a réalisé de nombreux autres films comme *La loi du cochon* (2001, premier film québécois à s'inscrire dans le courant du film de gangsters nouveau genre lancé par Tarantino et Ritchie), *Le Survenant* (2005, version moderne recréant le mode de vie austère et exigeant dépeint par Mme Guèvremont dans son roman paru en 1945) et plus récemment, *Cadavres* (2009, film racontant, sous la forme d'une comédie cynique, l'éternelle histoire du pêché originel).

▸ ***Babine*** (2008) de Luc Picard. Premier film nous transportant dans l'univers des contes de Fred Pellerin. Inspiré entre autres du conte

« Il faut prendre le taureau par les contes ! ». Un 2e film basé sur les contes de Fred Pellerin est sorti à l'automne 2012 : *Ésimésac*.

- ***De père en flic*** (2009) d'Émile Gaudreault. Une comédie policière mettant en vedette un couple dysfonctionnel père-fils, tous deux policiers. Il vient aussi de réaliser la comédie *Le sens de l'humour* (2011).
- ***Gerry*** (2011) de Alain DesRochers. Un des films les plus attendus de l'année 2011 retracant la vie de Gerry Boulet, pionnier du rock'n'roll québécois.
- ***Monsieur Lazhar*** (2011) de Philippe Falardeau. Ce long-métrage raconte l'histoire d'un réfugié politique, nouvellement engagé comme professeur dans une école dévastée par le suicide d'une enseignante. Un pur bijou ! Ce film a notamment remporté deux prix à Locarno, le prix du meilleur film canadien au TIFF 2011 et a été choisi par Téléfilm Canada pour représenter le Canada dans la course à l'Oscar du meilleur film en langue étrangère.
- ***Starbuck*** (2011) de Ken Scott. Une comédie mettant en vedette David Wozniak, un éternel ado qui découvre, ayant été donneur de sperme, qu'il est le géniteur de 533 enfants. À noter que le titre du film fait référence au taureau canadien de race Holstein qui a produit des centaines de milliers de veaux par insémination artificielle dans les années 1980 et 1990.
- ***La Maison du Pêcheur*** (2013), d'Alain Chartrand. Basé sur une histoire vraie, ce film relate l'été 1969 à Percé alors qu'un groupe de militants indépendantistes y ouvrent la Maison du Pêcheur (doéranavant un restaurant réputé) dans le but d'y faire de l'animation sociale. La situation dégénère, la violence éclate, les incitant à renoncer au discours pacifique pour adhérer au Front de Libération du Québec (FLQ). Un prélude à la crise d'octobre en 1970.
- ***Louis Cyr : L'homme le plus fort du monde*** (2013), de Daniel Roby. Film biographique portant sur la vie de Cyprien-Noé Cyr, mieux connu sous le pseudonyme de Louis Cyr. Ce long-métrage met non seulement en vedette les nombreux exploits incontestés et incontestables de l'homme fort, mais parle aussi de plusieurs malheurs qui sont survenus tout au long de sa vie.
- ***Le Démantèlement*** (2013), de Sébastien Pilote. L'histoire de Gaby, un homme solitaire et indépendant, habitant sur une ferme familiale qu'il songe à démanteler pour aider financièrement sa fille aînée. Ce film a notamment remporté le Prix SACD (sélection « Semaine de la critique ») lors du Festival de Cannes 2013, en plus d'être en lice aux Prix Lumières à Paris en 2014.

LITTÉRATURE

A l'époque coloniale (1534-1763), les colonies de la Nouvelle-France sont très peu peuplées et la majorité des Français qui viennent en Amérique sont des visiteurs qui repartent sans s'y établir. Toutefois, ces derniers ont souvent écrit sur la Nouvelle-France par la suite, tels Jacques Cartier, Samuel de Champlain, ou encore Marie de l'Incarnation. Au XIXe siècle apparaissent les premières véritables œuvres littéraires réalisées par des Québécois, marquées par leur caractère patriotique. On peut penser à Louis-Joseph Papineau, Octave Crémazie ou Edmond de Nevers. Au XXe siècle se succèdent l'influence parisienne, la littérature du terroir, de la grande noirceur (le manifeste artistique *Refus Global* en est issu – remise en question des valeurs traditionnelles et rejet de l'immobilisme de la société québécoise de l'époque), de la revendication de l'autonomie, d'avant-garde... jusqu'au décentrement littéraire qui dure depuis les années 1980. Signalons les œuvres d'Amérindiens, tant dans leur langue qu'en français, et celles d'auteurs québécois qui ont publié en anglais, en yiddish, en hébreu ou encore en inuit. En résumé, le Québec a subi d'importantes étapes dans son histoire et les livres, la littérature, sont le reflet de cette réalité.

Voici quelques grands noms de la littérature québécoise moderne, dont plusieurs Montréalais :

- **Émile Nelligan.** Poète québécois, disciple du symbolisme, il a été profondément influencé par Octave Crémazie, Louis Fréchette, Charles Baudelaire, Paul Verlaine, Arthur Rimbaud, Georges Rodenbach, Maurice Rollinat et Edgar Allan Poe. Parmi les thèmes récurrents de ses poèmes, on note l'enfance, la folie, la musique, l'amour et la mort. La poésie de Nelligan a inspiré de nombreux compositeurs qui ont mis plusieurs de ses poèmes en musique. De plus, il n'est pas rare que ses vers soient repris dans certaines chansons.

Michel Tremblay. Cet enfant du Plateau, homosexuel notoire, aimé de tous les Québécois, est un écrivain prolifique qui défend l'âme et le patois de sa région. Le premier, il ose porter à la scène cette langue populaire qu'est le joual dans *Les Belles-Sœurs*. Ses pièces nourries de culture populaire québécoise sont devenues de véritables classiques, traduites dans toutes les langues : *Albertine en cinq temps* (1984), *Le Vrai Monde* (1987), et toutes racontent la détresse et la rage de son univers.

Bibliographie sélective

Aquin (Hubert), *Prochain épisode*, Léméac Éditeur, 1965. Au cœur de la Révolution tranquille qui a secoué le Québec durant les années 1960, la parution de ce premier roman a été un événement marquant, un écho en quelque sorte au Refus global publié sous la signature de Paul-Émile Borduas en 1948. Ce roman annonce l'engagement d'un écrivain dans une action révolutionnaire que le politique ne viendra pas compléter et qui aboutira, après une série de textes subversifs et d'une grande modernité – *L'Antiphonaire* (1969), *Point de fuite* (1971), *Neige noire* (1974) -, au suicide de l'auteur.

Bombardier (Denise), *Une enfance à l'eau bénite*, Éditions du Seuil, 1985. Une autobiographie racontant l'enfance de l'auteur entre 1940 et 1960.

Grignon (Claude-Henri), *Un homme et son péché*, Les Editions du Totem, 1933. La vie de Séraphin Poudrier, paysan avare qui mène une double activité d'agriculteur et d'usurier dans les Laurentides. Adaptation récente au cinéma, immense succès.

Hébert (Anne), *Les Fous de Bassan*, Éditions du Seuil, 1984. L'émigration au Québec de loyalistes restés fidèles au gouvernement anglais, pendant la guerre d'Indépendance américaine.

Hémon (Louis), *Maria Chapdelaine*, Presses Pocket, 1914. Roman phare de la littérature sur le Canada qui décrit la dureté de la vie des paysans, soumis aux terribles conditions climatiques.

Laberge (Marie), la trilogie *Le Goût du Bonheur : Gabrielle* (2000), *Adélaide* (2001), *Florent* (2001). Dramaturge, romancière, comédienne, scénariste et metteur en scène, Marie Laberge fut récompensée à de multiples reprises, tant pour ses œuvres littéraires que ses pièces de théâtre. En 1995, elle a rédigé le préambule de la Déclaration d'indépendance du Québec en collaboration avec Gilles Vigneault, Fernand Dumont et Jean-François Lisée, entre autres.

Richler (Mordecai), *L'apprentissage de Duddy Kravitz*, Bibliothèque québécoise, 1959. Remarquable portrait d'un entrepreneur juif de Montréal, ce roman se caractérise par la très forte ambivalence de l'auteur, le contraste entre le comique et le pathétique, la richesse des scènes dramatiques, ainsi que par le rythme du récit et la description détaillée du héros en tant qu'individu, montréalais et juif.

Roy (Gabrielle), *Bohneur d'occasion*, Éditions du Boréal, 1945. L'histoire se déroule dans le quartier pauvre de Saint-Henri, à Montréal, durant la Seconde Guerre mondiale. C'est le premier exemple de réalisme urbain dans la littérature canadienne-française. Les habitants voient dans la guerre leur salut, ils pensent qu'elle les délivrera du chômage. Cette œuvre a reçu le prix Femina et fut choisie « livre du mois » par le *Literary Guild of America* en 1947.

MÉDIAS

Presse

Le Devoir. Ce quotidien se veut un organe de réflexion. Très attaché à la liberté d'expression, *Le Devoir* a gagné le respect des élites (www.ledevoir.com).

Le Journal de Montréal. Quotidien dans lequel les nouvelles locales, les scandales et les sports tiennent la vedette. L'actualité internationale, les nouvelles économiques et la culture se glissent dans les interstices de la publicité. On lui reproche souvent ses accents sensationnalistes et son style relâché (www.journaldemontreal.com).

La Presse. *La Presse* jouit d'une grande crédibilité. Les idées exprimées dans ses pages ont une grande influence sur la vie politique et sociale du pays. Sa pluralité fait sa force (www.lapresse.ca).

The Gazette. Le quotidien des anglophones de Montréal (www.montrealgazette.com).

Le journal *Voir*. Hebdomadaire culturel indispensable. Prenez-en un sur les présentoirs, c'est gratuit (www.voir.ca) !

***L'Actualité*.** Le plus grand mensuel francophone d'information générale hors de France. *L'Actualité* semble faire le bonheur de ses lecteurs qui y trouvent un complément indispensable à l'analyse des événements locaux et internationaux (www.lactualite.com).

Radio

Ici Radio-Canada Première (FM 95.1), Montréal. Intéressant, un monument incontournable des ondes canadiennes.

CIBL (FM 101.5), Montréal. Radio communautaire qui se tisse de diverses tendances. Chacun y trouvera son style. Une écoute toujours intéressante.

NRJ (FM 94.3), Montréal. Musique commerciale, animation et humour. Diffuse dans plusieurs régions du Québec. Devenue NRJ (mêmes propriétaires qu'en France) en août 2009.

CKOI (FM 96.9), Montréal. Musique commerciale, animation et humour.

Rouge fm (FM 107.3), Montréal. « Toute la musique, une couleur ». Anciennement connue sous le nom de Rock Détente.

CHOM (FM 97.7), Montréal. LA station rock anglophone dans la grande région de Montréal. Les nostalgiques du rock des années 1970 et 1980 se donnent rendez-vous tous les midis en semaine pour l'incontournable Electric Lunch Hour.

Radios universitaires à programmation variée : CISM (FM 89.3 - Université de Montréal) et CKUT (FM 90.3 - McGill University).

Télévision

Le câble permet de visualiser des centaines de chaînes différentes, de jouer à des jeux à l'écran, de commander son menu de la soirée (émissions, films) ou de bénéficier de la télévision dite interactive. On y retrouve les chaînes anglophone et francophone de Ici Radio-Canada/CBC, des stations privées/publiques provenant du Canada et des États-Unis. Les chaînes de service présentent la météo, l'état des routes et les petites annonces. La chaîne TV5 retransmet une partie des émissions françaises, belges et suisses. Les journaux de France 2 y sont retransmis.

MUSIQUE

Les Québécois adorent la musique tout autant que la danse, le théâtre et les fêtes.
Les chansonniers du Québec et de France sont restés très populaires. Parmi eux, Gilles Vigneault, Robert Charlebois et Félix Leclerc sont des monuments de la musique québécoise.
Nombreux sont les artistes de langue française nés à Montréal : Bernard Adamus, Robert Charlebois, Claude Dubois, Diane Dufresne, Mylène Farmer (pour ceux qui ne le savait pas !), Jean-Pierre Ferland, Plume Latraverse, Claude Léveillée, Béatrice Martin alias Coeur de Pirate, Ginette Reno et Michel Rivard, pour ne nommer que ceux-ci.
Au niveau de la musique anglophone, Montréal est aussi très dynamique en matière de musique indépendante, avec quelques grands groupes comme Godspeed You ! Black Emperor, Arcade Fire, We are wolves, Socalled, etc. Sans oublier deux grandes stars du jazz : Oliver Jones et Oscar Peterson.
Parmi les artistes/groupes québécois (au niveau provincial) à découvrir, citons Beau Dommage, Harmonium, Plume Latraverse, Richard Desjardins, Les Colocs, Cœur de Pirate, Louis-Jean Cormier (anciennement du groupe Karkwa), Bernard Adamus, Karim Ouellet, Klô Pelgag, Les Soeurs Boulay, La Bottine Souriante, Les Cowboys Fringants, Mes Aïeux, Les Trois Accords, Pépé et sa guitare, Loco Locass, Samian, Anodajay, Omnikrom, Simple Plan, The Lost Fingers...
Les lieux de rencontre et les occasions de divertissement ne manquent pas.
Montréal possède un grand orchestre symphonique : l'Orchestre symphonique de Montréal. L'université McGill dispose d'un orchestre de chambre réputé et propose des concerts de musique classique, de musique de chambre et de jazz. Le Centre Bell présente toute l'année des concerts de rock et pop. Enfin, le Festival international de Jazz de Montréal (fin juin – début juillet), les FrancoFolies de Montréal (juin), et Osheaga (fin juillet – début août) sont des événements musicaux majeurs.

PEINTURE ET ARTS GRAPHIQUES

Aux XVIIe et XVIIIe siècles, la religion étant le fondement de la société québécoise, l'art est essentiellement religieux. Chaque village possède son église qui fait l'objet de grands efforts de décoration (sculptures, dorures, autels, retables, baldaquins, orfèvrerie) dans le style baroque. C'est ainsi que la famille Baillairgé a acquis sa renommée en embellissant bon nombre d'églises québécoises au XVIIIe siècle. Il faut attendre le XIXe siècle, époque où l'économie de la province est devenue florissante, pour que se dégage un art profane. Les artistes, pour la plupart formés en Europe, exécutent des portraits et des paysages que leur commande la nouvelle bourgeoisie canadienne française. Le plus connu est sans conteste Antoine Plamondon (1804-1895), suivi de Théophile Hamel (1817-1870) et de Joseph Légaré (1795-1855), le premier à se lancer dans la peinture événementielle. Durant tout le XIXe siècle, l'influence européenne reste dominante du fait de l'arrivée au Québec d'artistes d'outre-Atlantique comme l'Irlandais Paul Kane (1810-1871), célèbre pour l'intérêt ethnologique de ses tableaux d'Amérindiens, ou Cornélius Krieghoff (1815-1872), d'origine hollandaise, peintre de la vie quotidienne des nouveaux habitants du continent. Au XXe siècle, l'influence de l'École de Paris continue de se faire sentir chez les peintres québécois d'inspiration impressionniste comme Suzor-Côté (1869-1937), auteur de belles natures mortes, chez le fauve James Wilson Morrice (1865-1924) et chez le pointilliste Ozias Leduc (1864-1955), originaire de Mont-Saint-Hilaire.

Après la Seconde Guerre mondiale, la peintureAprès la Seconde Guerre mondiale, la peinture est dominée par le groupe des Automatistes, un mouvement d'artistes dissidents du Québec, actifs entre 1945 et 1954, composé notamment des peintres Marcel Barbeau, Jean-Paul Riopelle, Pierre Gauvreau, Fernand Leduc, Jean-Paul Mousseau et Marcelle Ferron. Puis dans les années 1950-60, c'est au tour des Plasticiens, un mouvement qui a réagi au courant créé par les Automatistes et la gestuelle spontanée mise de l'avant à la fin des années 1940, en prônant l'abstraction géométrique. Quatre grands plasticiens qui se sont fait connaître à Montréal puis sur la scène internationale : Guido Molinari, Claude Tousignant, Yves Gaucher et Charles Gagnon. Pour ceux qui s'intéressent aux plus grands peintres du Québec (dont certains en art contemporain), nous vous conseillons de vous renseigner sur Suzor-Côté, Clarence Gagnon, Marc-Aurèle Fortin, Alfred Pellan, Henri Masson, Jean-Paul Lemieux et André Biéler.En art contemporain, le Québec a été marqué par quatre artistes d'importance : Claude Toussignant (œuvres abstraites axées sur les formes et la géométrie), Françoise Sullivan (peintre, danseuse, chorégraphe, sculptrice, artiste conceptuelle – a signé le manifeste artistique *Refus Global*), Marcelle Ferron (peintures abstraites au rendu non-léché ainsi que des vitraux dont celui de la station de métro Champ-de-Mars – a aussi signé le *Refus Global*), et Fernand Leduc (tableaux lumineux jouant avec les formes et surtout l'abstraction – a fondé l'*Association des artistes non figuratifs de Montréal* avec les artistes Jean-François Riopelle, Pierre Gauvreau et Françoise Sullivan). Actuellement, l'art contemporain québécois jouit encore d'une belle notoriété et plusieurs artistes se démarquent tant au Québec que sur la scène internationale. C'est le cas notamment de Rafael Lozano-Hemmer qui s'illustre dans le multimédia, qualifié même « d'architecte de la lumière ». C'est lui qui est derrière l'œuvre *Intersection articulée* qui a illuminé la Place des Festivals en 2011. Pour découvrir les grands noms de l'art contemporain, actuels ou passés, de nombreuses galeries d'art et musées sont dédiés à la cause au Québec, sans oublier l'incontournable Biennale de Montréal.

SCULPTURE

Au XIXe siècle, la sculpture perd son caractère exclusivement religieux. Louis-Philippe Hébert (1850-1917) a exécuté, à Montréal, maintes statues historiques de caractère commémoratif : Maisonneuve, Jeanne Mance, Mgr Ignace Bourget. Autre sculpteur célèbre, Alfred Laliberté (1878-1953), qui sera inspiré par l'Art nouveau.

Plus récemment, le sculpteur David Altmejd, né à Montréal en 1974 et vivant maintenant à New York, a atteint une grande notoriété dans le domaine. Le musée Guggenheim possède d'ailleurs, dans sa collection permanente, l'une de ses installations (*The University 2*). Il y a aussi Valérie Bass, une étoile montante de l'art contemporain québécois. Exposée tant à Montréal qu'à Berlin ou encore Istanbul, elle séduit le public par l'originalité et la qualité de ses sculptures. Son œuvre emblématique est *She Was a Big Success*.

L'art inuit

Les témoignages les plus anciens sont des pétroglyphes gravés sur le roc des collines de stéatite trouvés à Kangiqsujuaq, dans le détroit d'Hudson. Déjà, le peuple de Thulé, ancêtre des Inuits, venu du Groenland, fabriquait des peignes et des statuettes, supports de ses croyances et pratiques religieuses. Au début du XIXe siècle, les Inuits sculptaient de nombreux objets miniaturisés en stéatite mais aussi, en ivoire de morse et en os de baleine, en échange de produits de base, comme le sel et les armes que leur fournissaient les Européens. Ayant perdu leur signification religieuse ou magique, ces objets sont devenus sources de revenus. Aujourd'hui, l'art inuit contemporain est essentiellement représenté par les sculptures en stéatite ou pierre à savon, roche tendre, facile à travailler et très abondante dans les régions septentrionales du Canada.

Mais d'autres roches, plus dures, sont également à l'honneur, comme la serpentine verte, la dolomite ou le quartz. Les sculptures modernes, qui peuvent atteindre des tailles impressionnantes, représentent presque toujours la faune et les hommes du Grand Nord. Les Inuits pratiquent aussi la sculpture sur bois de caribou, la gravure sur pierre et la broderie. Afin de protéger les artistes inuits des revendeurs, des coopératives locales se sont créées dans les années 1960, regroupées depuis 1967 en Fédération des coopératives du Nouveau-Québec. Les centres artistiques les plus réputés sont les villages de Povungnituk et Inukjuak sur la baie d'Hudson. Les galeries d'art inuit Images Boréales et Elca London, toutes deux situées dans le Vieux-Montréal, jouent un rôle important dans la qualité de la commercialisation de l'art inuit au Québec.

TRADITIONS

Les diverses communautés autochtones se sont efforcées de mettre en valeur leur patrimoine culturel. Celui-ci est avant tout un patrimoine vivant détenu par les anciens, un héritage spirituel reposant sur le respect des coutumes ancestrales ainsi que des lieux sacrés ou profanes. Ces communautés ont créé des musées, des boutiques d'artisanat, des galeries d'art, des centres d'interprétation, des reconstitutions de villages traditionnels. Elles organisent aussi, en juillet et en août, une grande fête culturelle (ouverte au public) appelée « pow wow », consistant en mets traditionnels, folklore, chants au tambour, danses, musiques, contes et légendes, rites et cérémonies, et diverses activités comme le montage d'une tente, l'allumage d'un feu, la préparation de la bannique, etc. L'art de cuisiner sur un feu de bois fait partie des traditions amérindiennes. Les autochtones font la distinction entre la nourriture de bois qui est à la base de leur régime alimentaire traditionnel et celle des Blancs, achetée au supermarché. La nourriture de bois se compose essentiellement de produits frais tirés de leur environnement. Selon la saison ou le lieu, il s'agit de saumon, phoque, caribou, orignal, porc-épic, ours, et de baies (framboises, bleuets, atocas...). Ces mets sont servis rôtis, bouillis ou cuits, accompagnés de thé et de la fameuse bannique amérindienne, sorte de pain ayant la consistance d'un gâteau. Traditionnellement, la nourriture, qui était considérée comme un cadeau offert par l'esprit des animaux, revêtait un caractère sacré. Aussi les repas étaient-ils accompagnés de rituels, de chants et de battements de tambour. Ils se terminaient par une danse d'action de grâces appelée « makoucham ». Aujourd'hui, il est possible au visiteur de déguster la nourriture de bois assis, dans une tente, sur un matelas de sapinage. Par ailleurs, de plus en plus de restaurants proposent, à leur menu, des mets autochtones. Au Québec, c'est surtout dans les domaines de la musique, du spectacle, du théâtre, de la sculpture et de la peinture que l'expression artistique des Amérindiens et des Inuits connaît aujourd'hui une véritable explosion.

Festivités

Impossible de lister tous les événements et festivals de Montréal et de ses environs, tant la mairie et les diverses communautés sont dynamiques dans ce secteur. Vous trouverez ci-dessous les plus notables, mais nous vous invitons à vous renseigner à votre arrivée. Bien entendu, les événements sont plus nombreux en été, mais l'hiver apporte aussi son lot de festivités. Quelques bons sites web de référence :

- **www.quebecfest.com**
- **www.bonjourquebec.com**
- **www.lotoquebec.com/rendezvous/nav/fr/accueil**

Janvier

FÊTE DES NEIGES DE MONTRÉAL

Parc Jean-Drapeau, Île Sainte-Hélène
✆ +1 514 872 6120
www.parcjeandrapeau.com
clientele@parcjeandrapeau.com
Les week-ends de mi-janvier à début février. Accès gratuit au site, certaines activités payantes.
Une foule d'activités attendent les amoureux de l'hiver et du plein air : glissade sur tube, sentier des patineurs, tour de traîneaux à chiens, tyrolienne, labyrinthe dans la forêt, animation pour petits et grands, spectacles musicaux, compétition de bûcherons, etc. Un événement familial incontournable !

IGLOOFEST

Vieux-Port de Montréal
Quai Jacques-Cartier
✆ +1 514 496 7678
www.igloofest.ca
info@piknicelectronik.com
Mi-janvier à début février, de 19h à minuit. 18 ans et plus. Billet à la soirée, Iglooweekend (les 3 soirs d'un week-end), Igloopasse (tout l'événement). Plusieurs points de vente et billetterie en ligne.
Sortez vos *moonboots* et votre habit de neige « une pièce » et venez vivre les soirées les plus électrisantes de l'hiver ! Douze soirs durant, sur quatre week-ends, les meilleurs artistes de la scène électronique se rassemblent sur un site extérieur époustouflant, devant des milliers de festivaliers le sourire aux lèvres : c'est ça Igloofest. De quoi vous faire oublier les rigueurs de l'hiver ! Et notez que ça se passe désormais du vendredi au dimanche. Édition d'été : *Piknic Électronik* au Parc Jean-Drapeau.

THE WILDSIDE FESTIVAL

Centaur Theatre Company
453, rue Saint-François-Xavier
✆ +1 514 288 3161
www.centaurtheatre.com
ticketinfo@centaurtheatre.com
Début à mi-janvier. Billet : 15 CAN $, 4 représentations pour 50 CAN $. Réductions pour les étudiants, les moins de 30 ans et les aînés.
D'excellentes performances théâtrales, souvent étonnantes, présentées par des créateurs *indie* d'ici et d'ailleurs. Représentations en anglais uniquement.

Février

BARBEGAZI

Esplanade du Parc olympique
4141, avenue Pierre-De Coubertin
www.barbegazifest.ca
Vers la mi-février.
Personnage mythique des montagnes suisses, Barbegazi prête ici son nom à un festival hivernal de sports d'action accueillant bûcherons, athlètes de snowskate, fat bike et de freestyle motoneige. Le tout en plein air avec DJ, animation et cuisine de rue. Et ça ne vous coûte pas un rond pour accéder au site.

GRAND PRIX SKI-DOO DE VALCOURT

Circuit Yvon-Duhamel
917, route 222
VALCOURT
✆ +1 450 532 3443 / +1 866 532 7543
www.grandprixvalcourt.com
info@grandprixvalcourt.com
En février. Billets journaliers et forfaits week-end disponibles.
Février venu, la « capitale de la motoneige » se met sur son trente-et-un pour accueillir le plus important événement du genre au monde. Seule compétition à présenter six types de courses de motoneige différentes, elle attire la crème des pilotes de partout en Amérique du Nord, et parfois même aussi loin que l'Europe.

MONTRÉAL EN LUMIÈRE

✆ +1 514 288 9955 / +1 855 864 3737
www.montrealenlumiere.com
montrealenlumiere@equipespectra.ca
Mi-février à début mars.

Trois festivals en un qui réunissent les meilleurs talents d'ici et d'ailleurs dans des domaines aussi variés que la danse, le théâtre, la musique et les arts de la table. Site extérieur gratuit à la Place des Festivals et Nuit Blanche le dernier samedi du festival.

■ PAPILLONS EN LIBERTÉ

Jardin Botanique
4101, rue Sherbrooke Est
✆ +1 514 872 1400
www.espacepourlavie.ca
Mi-février à fin avril. Droits d'entrée.
Des centaines de papillons volent librement autour de nous dans une grande serre au climat tropical, remplie de végétation dense et parfumée par les fleurs exotiques.

■ LA POUTINE WEEK

www.lapoutineweek.com
team@lapoutineweek.com
Début février.
Plat emblématique de la Belle Province, la poutine a droit à une semaine entière de célébration lors de la Poutine Week qui si tient dans plus d'une trentaine de restaurants de la métropole. Organisé sous forme de concours, cet événement vous permettra de découvrir ce plat typique et de déguster différentes variantes conçues spécifiquement pour l'occasion. Bon appétit !

■ LES RENDEZ-VOUS DU CINÉMA QUÉBÉCOIS

Divers endroits dans le Quartier latin
✆ +1 514 526 9635
www.rvcq.com – info@quebeccinema.ca
Mi à fin février. Billets à l'unité, ciné-cartes 6 séances et passeports cinéphiles disponibles.
Ce rendez-vous a pour objectif de promouvoir le cinéma québécois au Canada et à l'étranger, par le biais de rencontres entre public et artisans du cinéma, d'évènements divers et de plus de 300 projections.

Mars

■ DÉFILÉ DE LA SAINT-PATRICK

Rue Sainte-Catherine
(entre les rues Du Fort et Phillips Square)
www.montrealirishparade.com
Un dimanche, aux environs du 17 mars. Gratuit.
Célébration colorée en l'honneur de saint Patrick, le saint patron des Irlandais (à savoir que 4 millions de Canadiens ont des ancêtres irlandais). Plus de 4 000 participants, 40 chars allégoriques, et 45 fanfares !

■ NUIT BLANCHE

✆ +1 514 288 9955 / +1 855 864 3737
www.montrealenlumiere.com
Nuitblanche_mel@equipespectra.ca
Le dernier samedi du festival (fin février ou début mars). La plupart des activités sont gratuites.
Dans le cadre du Festival Montréal en Lumière, toute une nuit durant, les noctambules peu frileux pourront profiter des nombreuses activités artistiques et culturelles offertes dans divers quartiers de la ville. Un service de navette gratuit relie les différents sites pendant la nuit et le métro reste ouvert pour l'occasion.

© ANNE MOY

L'événement Nuit blanche à la Place des Festivals.

FESTIVAL INTERNATIONAL DU FILM SUR L'ART

Divers endroits au centre-ville
✆ +1 514 855 4750
www.artfifa.com – info@artfifa.com
Mi à fin mars. Différents types de billets, carnets et passeports disponibles. Certaines séances de projections sont gratuites.
Un incontournable du milieu des films sur l'art et des arts médiatiques, ce festival est le lieu d'échange et le rendez-vous par excellence tant des néophytes que des initiés et professionnels de l'industrie. Son rayonnement s'étend à toute forme d'art émergeant des quatre coins de la planète.

SYMPHONIES PORTUAIRES DE POINTE-À-CALLIÈRE

Promenade entre les quais Alexandra et King-Edward
✆ +1 514 496 7678 / +1 800 971 7678
www.vieuxportdemontreal.com
informations@vieuxportdemontreal.com
Dernier dimanche de février et deuxième dimanche de mars, à 13h30. Gratuit.
Véritable tradition montréalaise depuis plus de vingt ans, cette symphonie en plein air fait retentir sirènes de bateaux, sifflets de train et autres instruments urbains pour créer une pièce originale des plus inhabituelles.

Avril

BAL EN BLANC

Palais des Congrès
1001, Place Jean-Paul-Riopelle
✆ +1 888 418 7763
www.balenblanc.com
info@balenblanc.com
Du jeudi au lundi de Pâques.
Durant quelques jours, musique, mode, danse et design sont à l'honneur de cet événement relié à la culture urbaine, la diversité et l'ouverture. Le point culminant : le Bal en Blanc, où plus de 15 000 personnes, toutes de blanc vêtues, dansent au rythme des morceaux joués par les DJ invités.

FESTIVAL DE CINÉMA VUES D'AFRIQUE

Quartier général au Baobar
1564, rue Saint-Denis
✆ +1 514 284 3322
www.vuesdafrique.org
Fin avril à début mai. Billets à l'unité, ciné-cartes (4 ou 10 représentations) et ciné-cartes illimités disponibles.
Plus d'une centaine d'œuvres récentes en provenance de pays africains et créoles. Projections de courts et longs métrages, fictions et documentaires, suivis de débats avec les auteurs.

FESTIVAL LITTÉRAIRE INTERNATIONAL DE MONTRÉAL METROPOLIS BLEU

Hôtel 10
10, rue Sherbrooke Ouest
✆ +1 514 932 1112
www.metropolisbleu.org
info@metropolisbleu.org
Fin avril à début mai. Billets à l'unité et passes festival disponibles. Le festival se déroule principalement à l'Hôtel 10 mais aussi dans d'autres lieux à Montréal.
Metropolis Bleu réunit plus de 200 auteurs, musiciens, journalistes et éditeurs venus du monde entier pour une semaine d'activités littéraires en plusieurs langues. Un volet jeunesse se déploie en parallèle dans les bibliothèques et maisons de la culture du Grand Montréal.

RIDE SHAKEDOWN

Mont Avila
500, chemon Avila
Secteur Piedmont
SAINT-SAUVEUR
✆ +1 438 393 4837
canada.shakedown.ca/index.html
info@rideshakedown.com
Début avril. Admission générale : 10 CAN $ (5 CAN $ en prévente). Place en estrade (samedi seulement) : 15 CAN $ en prévente, 20 CAN $ sur place s'il reste des billets.
L'événement à ne pas manquer pour tous les amateurs de snowboard avec au programme le Big Air et le Rail. Son format de compétition, soit un happening décontracté et festif, où les contraintes imposées aux athlètes sont minimales, plonge les spectateurs au cœur même de l'action. Un spectacle de la mi-temps, un village des partenaires avec animation, une séance d'autographes avec les athlètes professionnels, un *afterparty* et autres font également partie de la programmation le samedi.

Retrouvez le sommaire en début de guide

Mai

ELEKTRA, FESTIVAL INTERNATIONAL D'ARTS NUMÉRIQUES
✆ +1 514 524 0208
www.elektramontreal.ca
info@elektramontreal.ca
En mai. Billets à l'unité et passeports festival disponibles.
Manifestation culturelle de haut calibre, alliant musique électronique de pointe, performances audiovisuelles multi-écrans et d'installations (sonores, interactives, robotiques), conférences, lancements et vernissages.

FESTIVAL GO VÉLO MONTRÉAL
✆ +1 514 521 8356 / +1 800 567 8356
www.velo.qc.ca
Fin mai.
Une semaine d'événements cyclistes grand public avec notamment le Tour de l'Ile, le Tour la Nuit et le Défi Métropolitain.

FESTIVAL TRANSAMÉRIQUES
✆ +1 514 844 3822 / +1 866 984 3822
www.fta.qc.ca – info@fta.qc.ca
Fin mai à début juin. Billets à l'unité et forfaits disponibles.
Événement d'envergure internationale, avec des troupes d'ici et d'ailleurs, dans une programmation novatrice en arts de la scène, présentant ainsi la création contemporaine dans toute sa diversité.

LA JOURNÉE DES MUSÉES MONTRÉALAIS
✆ +1 514 845 6873
www.museesmontreal.org
info@museesmontreal.org
Généralement le dernier dimanche de mai. Entrée libre aux musées participants et des circuits de navettes gratuites.
Cette journée portes ouvertes est l'occasion pour le public de découvrir la diversité et la richesse des musées montréalais et de développer le goût de les visiter tout au long de l'année.

MUTEK MONTRÉAL
✆ +1 514 871 8646
www.mutek.org – info@mutek.org
Fin mai à début juin.
Pour les adeptes de musique électronique et de création sonore issues des nouvelles technologies, le tout agrémenté de conférences et d'ateliers. A noter que le festival se tient également à Barcelone en mars, à Mexico à la fin septembre, et à Bogota en octobre.

PIKNIC ELECTRONIK
Parc Jean-Drapeau
Place de l'Homme de l'Île Sainte-Hélène
✆ +1 514 904 1247
www.piknicelectronik.com
info@piknicelectronik.com
Mi-mai à fin septembre. Accès au site : 15 CAN $, tarif réduit avant 15h. Passes de saison aussi disponibles (étudiant et régulier). Se tient aussi à Barcelone de juin à mi-septembre.
Rendez-vous dominical en plein air pour les adeptes de musique électronique. Ambiance bon enfant l'après-midi et beaucoup plus festive en soirée. Un incontournable de la scène musicale à Montréal et, franchement, une journée mémorable ! Édition d'hiver : *Igloofest* au Quai Jacques-Cartier du Vieux-Port.

► **Autre adresse :** site alternatif : Jardin des Floralies, Île Notre-Dame.

Juin

FESTIVAL FOLK SUR LE CANAL
Site extérieur gratuit
Îlot Charlevoix
www.montrealfolkfest.com
Vers la mi-juin. Spectacles extérieurs gratuits, payants en salle.
Cet événement, qui en est à sa 7e édition en 2015, a su se tailler une belle place dans le cœur des Montréalais de tous âges. Véritable vitrine tant pour les artistes locaux et émergents que ceux de renommée mondiale, il se voue entièrement à la musique traditionnelle, folk et bluegrass. Pour les petits creux, des camions de cuisine de rue s'installent sur le site de l'Îlot Charlevoix, et pour se faire plaisir, plusieurs artisans y vendent leurs jolies créations.

FESTIVAL INTERNATIONAL DE JAZZ DE MONTRÉAL
Quartier des Spectacles
✆ +1 514 871 1881 / +1 855 299 3378
www.montrealjazzfest.com
commentaires_jazz@equipespectra.ca
Fin juin à début juillet. Programmation annuelle en salle (voir site Internet).
Festival de renommée mondiale regroupant les grands noms du Jazz. Au programme : 3 000 musiciens et amuseurs publics, 1000 concerts et activités dont les 2/3 présentés gratuitement, plus d'une vingtaine de scènes intérieures et extérieures... Bref, la plus grande célébration musicale de l'été !

FESTIVAL INTERNATIONAL MONTRÉAL EN ARTS (FIMA)

Village gai
✆ +1 514 370 2269
www.festivaldesarts.org
info@festivaldesarts.org
Vers la mi-juin.
Expositions d'art visuel et de métiers d'art sur plus d'un km de la rue Sainte-Catherine, ce qui en fait la plus grande galerie à ciel ouvert de l'est du pays. Egalement au programme : projections de courts métrages artistiques, performances multimédias de sons et d'images, installations immersives, performances multidisciplinaires, activités intérieures en parallèle, etc.

FESTIVAL ST-AMBROISE FRINGE DE MONTRÉAL

Divers endroits dans le Plateau Mont-Royal
✆ +1 514 849 3378
www.montrealfringe.ca
boxoffice@montrealfringe.ca
Début à fin juin. Billets à l'unité, pour 3, 6 et 10 spectacles, et passeports festival disponibles.
Festival international de l'expression libre qui mêle théâtre, danse et musique. Plusieurs spectacles, en anglais et en français, proposés par une centaine de troupes du monde entier. Site extérieur gratuit au parc des Amériques.

FÊTE NATIONALE DU QUÉBEC À MONTRÉAL

www.fetenationale-montreal.qc.ca
Les 23 et 24 juin. Gratuit.
Festivités organisées pour la célébration de la Saint-Jean dans de nombreux quartiers de la ville, ainsi qu'un défilé de jour, le Grand Spectacle au parc Maisonneuve, et le feu de joie sur l'Esplanade du Parc olympique.

LES FRANCOFOLIES DE MONTRÉAL

Quartier des Spectacles
✆ +1 514 876 8989 / +1 855 372 6267
www.francofolies.com
info-francos@equipespectra.ca
En juin. Spectacles en salle payants, gratuits à l'extérieur.
La grande fête musicale de la francophonie avec des artistes provenant d'Europe, d'Afrique, des Amériques, des Antilles... Dix jours bien remplis avec plus de 250 spectacles, dont 180 à l'extérieur et gratuits. Belle place réservée aux artistes de la relève !

GRAND PRIX DU CANADA

Parc Jean-Drapeau
Circuit Gilles-Villeneuve
✆ +1 514 350 0000 / +1 855 790 1245
www.circuitgillesvilleneuve.ca
En juin. Billets à l'unité et forfaits avec hébergement disponibles.
Les meilleurs pilotes du monde se disputent une des étapes du championnat du monde de Formule 1. Surveillez les différents événements entourant le week-end, dont la journée « portes ouvertes » au circuit.

L'INTERNATIONAL DES FEUX LOTO-QUÉBEC

Parc Jean-Drapeau
La Ronde
✆ +1 514 790 1245 / +1 855 790 1245
www.internationaldesfeuxloto-quebec.com
Fin juin à début août.
Compétition d'envergure internationale d'art pyromusical où chaque semaine sont présentés des feux d'une durée de 30 minutes. Depuis 2010, un grand spectacle est ajouté chaque année afin de souligner les œuvres des plus brillants artistes. Assistez à l'événement depuis le site de La Ronde où les feux lancés sont littéralement au-dessus de vous (places payantes, sections VIP aussi disponibles), ou depuis le pont Jacques-Cartier ou une des rives du Fleuve Saint-Laurent (places de choix et gratuites). Un événement légendaire à Montréal !

MONDIAL DE LA BIÈRE

Palais des congrès
201, rue Viger Ouest
✆ +1 514 722 9640
www.festivalmondialbiere.qc.ca
Vers la mi-juin. Terrasse extérieure sur l'esplanade du Palais des congrès. À noter que le Mondial de la bière se tient également à Mulhouse (France) en septembre, et à Rio de Janeiro (Brésil) en novembre.
Des brasseries québécoises, mais également de plus d'une dizaine de pays, se partagent les pompes des kiosques, petits pubs et pavillons de cette grande fête de la bière. Pour ceux qui ont soif de connaissances, ateliers, conférences, et cours de l'École de biérologie MBière sont à mettre au carnet. Également à surveiller : la soirée gastronomique Flaveurs Bières et Caprices, le concours professionnel MBière Greg Noonan, le concours grand public s'adressant aux brasseurs exposants où les visiteurs votent pour leur bière préférée, ainsi que les mythiques soirées « Off Mondial « se tenant dans divers broue-pubs de la ville.

LA COMPÉTITION INTERNATIONALE PYROTECHNIQUE
Nº 1 AU MONDE DEPUIS PLUS DE 30 ANS
L'INTERNATIONAL
DES FEUX
LOTO-QUÉBEC
EXTRÊMEment
magique
À LA RONDE
ACHETEZ EN LIGNE laronde.com
CHAQUE BILLET INCLUT L'ACCÈS AUX MANÈGES
LOTO QUÉBEC
HÔTEL OMNI
mont-royal | montréal
TOURISME
Montréal
Tourisme
Québec
LaRonde
Un parc Six Flags

MONDIAL LOTO-QUÉBEC DE LAVAL
LAVAL
✆ +1 514 935 9229 / +1 888 935 9229
www.mlql.ca – info@mlql.ca
Mi à fin juin/début juillet. Certaines spectacles gratuits, d'autres payants.
Parmi les plus grands festivals de musique de la province, le Mondial Loto-Québec est également le plus important carrefour pour les chœurs et les ensembles vocaux du continent nord-américain. Des spectacles pour tous les goûts figurent à la programmation, dont des grandes pointures locales et internationales.

MONTRÉAL COUNTRY
Esplanade du Parc olympique
4141, avenue Pierre-De Coubertin
✆ +1 514 790 1245 / +1 855 790 1245
www.montrealcountry.com
Fin juin. Billets 1 jour et 3 jours disponibles.
Amateurs de musique country, cet événement est pour vous ! Sortez vos bottes et chapeau de cowboy et venez faire la fête au son des meilleurs chanteurs et groupes country. Plusieurs exposants et artisans sont également présents sur place, et des chapiteaux sont dédiés à la danse country et folk pour ceux désirant parfaire leur technique.

SALON DE L'IMMIGRATION ET DE L'INTÉGRATION AU QUÉBEC
Palais des Congrès
201, rue Viger Ouest
www.salonimmigration.com
Début juin. Entrée libre.
Présenté par le Mouvement Desjardins et organisé par Immigrant Québec, le SIIQ convie la clientèle immigrante (résident permanent, résident temporaire, étudiant) à découvrir la gamme de services mis à sa disposition et couvrant tous les aspects de la vie quotidienne : l'emploi et la formation, l'entrepreneuriat, les services d'accompagnement, les services professionnels sur mesure, et les régions. Plusieurs activités et animations sont également au programme : réseautage, spectacles, conférences, ateliers, etc. A ne pas manquer !

Juillet

1001 POTS
2435, rue de l'Église
VAL-DAVID
✆ +1 819 322 6868
www.1001pots.com – expo@1001pots.com
Mi-juillet à mi-août : lundi-dimanche, 10h-18h. Droits d'entrée : 2 CAN $.
Il s'agit de la plus grande exposition d'objets en céramique en Amérique du Nord. Le site, en plein air, regroupe les œuvres de plus d'une centaine d'artisans québécois, accomplis ou de la relève. Au détour de l'exposition, vous admirerez des objets décoratifs, des vases et des pots, de la vaisselle, des bijoux, et bien d'autres. Des démonstrations, concours et ateliers s'y tiennent les week-ends. A découvrir absolument !

FESTIVAL DE LANAUDIÈRE
Amphithéâtre Fernand-Lindsay
1655, boulevard Base-de-Roc
JOLIETTE
✆ +1 450 759 4343 / +1 800 561 4343
www.lanaudiere.org
festival@lanaudiere.org
Début juillet à début août. Forfaits disponibles.
Un des événements les plus prestigieux d'Amérique du Nord dans le domaine de la musique classique. Ce festival vous assure la participation de solistes de grand renom de la scène nationale et internationale. Les concerts et récitals ont lieu à l'amphithéâtre ainsi que dans plusieurs églises de la région.

FESTIVAL DES ARTS DE SAINT-SAUVEUR
Parc Georges-Filion (site extérieur) et en salle
SAINT-SAUVEUR
✆ +1 450 227 0427
www.fass.ca – info@fass.ca
Fin juillet à début août.
Ce festival international présente les meilleurs artistes de danse et de musique dans un cadre champêtre. A noter : le camp de danse (initiation pour les jeunes de 12 à 18 ans) et des spectacles gratuits. Un grand événement à ne pas rater !

FESTIVAL INTERNATIONAL DE PERCUSSIONS
Quai Jacques-Cartier et Marché Bonsecours
✆ +1 450 463 2692 / +1 888 463 2692
www.percussions.ca
info@percussions.ca
Début à mi-juillet. Certaines activités gratuites, d'autres payantes.
Un voyage fascinant dans l'univers des percussions où toutes les formes de performances sont représentées. Avec une thématique qui change chaque année (France en 2015), cet événement se renouvelle constamment. Spectacles, défilé, ateliers et classes de maîtres, expositions et place des artisans sont notamment au programme des festivités.

FESTIVAL FANTASIA

Différentes salles au centre-ville
www.festivalfantasia.com
info@fantasiafestival.com
Mi-juillet à début août. Billets à l'unité et lisières de 10 billets disponibles.
Petit festival devenu grand, ce rassemblement international festif et unique est une superbe vitrine pour le cinéma de genre des quatre coins du globe. Original et un brin excentrique, il se distingue nettement des autres rendez-vous cinéphiles mondains.

FESTIVAL INTERNATIONAL NUITS D'AFRIQUE DE MONTRÉAL

Parterre du Quartier des Spectacles
et différentes salles en ville
✆ +1 514 499 9239
www.festivalnuitsdafrique.com
info@festivalnuitsdafrique.com
En juillet. Spectacles en salle payants, gratuits en extérieur. Programmation annuelle en salle (voir site Internet).
Un festival d'été unique en Amérique du Nord, regroupant les meilleures formations de la scène africaine, antillaise et sud-américaine. Parmi les artistes ayant participé au festival depuis ses débuts, notons Youssou N'Dour (Sénégal), Alpha Blondy (Côte d'Ivoire), Les Ballets Africains (Guinée), Fémi Kuti (Nigéria), Habib Koité (Mali), Cheb Mami (Algérie), Funk'N'Lata (Brésil), Amadou et Mariam (Mali), Orquesta Sensacion (Cuba), Tiken Jah Fakoly (Côte d'Ivoire), Sierra Leone's Refugee All Stars (Sierra Leone)...

FESTIVAL JUSTE POUR RIRE

Quartier des Spectacles
✆ +1 514 845 2322 / +1 888 244 3155
www.hahaha.com – info@hahaha.com
En juillet. Spectacles en salle payants, gratuits à l'extérieur. Programmation annuelle en salle (voir site Internet). Autres festivals JPR dans le monde : Toronto (Canada), Chicago (Etats-Unis) et Sydney (Australie).
Un des festivals les plus populaires de Montréal qui fait vibrer le Quartier des Spectacles avec humoristes, amuseurs publics, troupes de théâtre de rue du monde entier... Rires garantis !

FÊTE DU CANADA

Vieux-Port de Montréal
www.feteducanadamontreal.org
Le 1er juillet. Gratuit.
La fête nationale est l'occasion de nombreuses activités familiales et gratuites dont des jeux et de l'animation pour les enfants, de la danse et de la musique, une cérémonie protocolaire et une fanfare, des spectacles et un feux d'artifice sur les quais du Vieux-Port.

JACKALOPE

Esplanade du Parc olympique
4141, avenue Pierre-De Coubertin
www.jackalopefest.ca
Vers la mi-juillet. Accès gratuit au site.
Le Jackalope, c'est l'édition estivale du Barbegazi, un événement de sports d'action. Vous pourrez y voir les prouesses des athlètes en skateboard, wakeskate, slackline, parkour et freestyle motocross. Le tout en plein air avec DJ, animation et cuisine de rue. Ça promet !

PRÉSENCE AUTOCHTONE

Quartier des Spectacles
✆ +1 514 570 4774
www.presenceautochtone.ca
tev@nativelynx.qc.ca

© TENNIS CANADA

Coupe Rogers.

Fin juillet à début août. Activités gratuites sur le site extérieur de la Place des Festivals.
Ce festival présente la culture, les coutumes et les enjeux autochtones sous toutes leurs formes, par le biais de films et vidéos, de concerts, d'arts visuels et médiatiques, et de gastronomie. La programmation du site extérieur comprend de nombreuses activités gratuites et ludiques.

■ MONTRÉAL COMPLÈTEMENT CIRQUE

✆ +1 514 285 9175 / +1 855 770 3434
www.montrealcompletementcirque.com
info@montrealcompletementcirque.com
Début à mi-juillet. Spectacles payants en salle (billets à l'unité et passeports festival disponibles), gratuits à l'extérieur.
Né de l'initiative de la TOHU, maître d'œuvre du projet, avec le soutien du Cirque Éloize, des 7 doigts de la main, du Cirque du Soleil, de l'École nationale de Cirque et d'En Piste, cet événement annuel « participe à la diffusion de la diversité de formes et d'expressions des arts du cirque, contribuant par le fait au positionnement de Montréal comme métropole culturelle et capitale des arts du cirque ». En 2014, près de 300 artistes ont offert près d'une quinzaine de spectacles en salle, totalisant plus d'une soixantaine de représentations, et quelque 100 manifestations extérieures. C'est définitivement un événement à ne pas manquer et pendant l'année, question de patienter jusqu'à la prochaine édition, rendez-vous à la TOHU pour des spectacles incroyables.

Août

■ COUPE ROGERS

Stade Uniprix du Parc Jarry
285, rue Gary-Carter ✆ +1 855 836 6470
www.rogerscup.com
billet@tenniscanada.com
Début à mi-août.
Tournoi de tennis qui réunit les meilleurs joueurs au monde sur le circuit professionnel Masters 1000 de l'ATP World Tour. Les championnats masculin et féminin sont présentés en alternance avec Toronto.

■ FESTIBLUES INTERNATIONAL DE MONTRÉAL

Quartier Ahuntsic ✆ +1 514 337 8425
www.festiblues.com – info@festiblues.com
Début août. Billets à la journée et passeports 4 jours disponibles. Gratuit pour les 12 ans et moins.
Rencontre des meilleurs artistes de blues en provenance du Québec, du Canada et de la France, sur un site extérieur au parc Ahuntsic et dans certains restos/bars du quartier.

■ FESTIVAL DES FILMS DU MONDE

Différentes salles au centre-ville
✆ +1 514 848 3883
www.ffm-montreal.org
info@ffm-montreal.org
Fin août à début septembre.
Tous les pays et les genres se rassemblent pour cette grande compétition cinématographique. Certains films sont présentés gratuitement en plein air, sur l'esplanade de la Place des Arts, et d'autres sont payants et diffusés en salle.

■ FESTIVAL INTERNATIONAL DE LA CHANSON DE GRANBY

Palace de Granby
135, rue Principale – GRANBY
✆ +1 450 375 2262 / +1 800 387 2262
www.ficg.qc.ca
Mi à fin août. Voir le site Internet pour connaître les autres lieux de spectacles. Site extérieur gratuit au parc Daniel-Johnson. Billets à l'unité et forfaits disponibles.
Un des plus prestigieux concours du genre au Canada, il s'adresse aux amateurs et a servi de tremplin à bon nombre d'artistes québécois et canadiens aujourd'hui fort réputés.

FESTIVAL INTERNATIONAL DE REGGAE

Vieux-Port de Montréal
Quai Jacques-Cartier
✆ +1 514 482 7921
www.montrealinternationalreggaefestival.com
info@montrealreggaefest.com
Vers la mi-août. Billets 1 jour, passeports week-end et passeports VIP disponibles.
Festival principalement dédié à la musique reggae mais qui comprend également d'autres styles musicaux de la scène caribéenne et antillaise. Des after partys sont également au programme dans des clubs du centre-ville.

LES FÊTES GOURMANDES INTERNATIONALES DE LAVAL

Cosmodôme de Laval
2150, autoroute des Laurentides
LAVAL
✆ +1 450 666 2727
www.fgil.ca – info@fgil.ca
vers la mi-août.
Ce bel événement gourmand et festif a pour objectif « de faire découvrir les produits agricoles, avicoles, brassicoles et vinicoles des quatre coins du globe, de l'Australie au Brésil, de l'Europe à l'Afrique, du Mexique à l'Alaska, sans oublier les incontournables produits du terroir québécois ». Des spectacles musicaux sont également au programme en soirée, question de vous déhancher un brin et de brûler les calories accumulées dans la journée.

FIERTÉ MONTRÉAL

✆ +1 514 903 6193
www.fiertemontrealpride.com
info@fiertemontrealpride.com
Vers la mi-août. Certaines activités gratuites, d'autres payantes.
De belles célébrations pour souligner la fierté LGBT : spectacles musicaux en plein air, journée communautaire, expositions artistiques, théâtre, humour, défilé de la fierté et plus encore.

HEAVY MONTRÉAL

Parc Jean-Drapeau
Île Sainte-Hélène
✆ +1 855 310 2525
www.heavymontreal.com
Vers la mi-août. Billets 1 jour, passes week-end et forfaits disponibles.
Première destination nord-américaine pour la musique heavy métal et rock, HEAVY MONTRÉAL accueille chaque année des grosses pointures. Alice Cooper, Anthrax, Deftones, Iron Maiden, Megadeth, Metallica, Slayer et Voivod, pour ne nommer que ceux-là, ont foulé les planches du festival. Un événement qui buche solide !

INTERNATIONAL DE MONTGOLFIÈRES DE SAINT-JEAN-SUR-RICHELIEU

5, chemin de l'Aéroport
SAINT-JEAN-SUR-RICHELIEU
✆ +1 450 347 9555
www.montgolfieres.com
festival@montgolfieres.com
Début à mi-août. Ouverture du site à 13h30 en semaine et midi le week-end. Adulte : 20 à 30 CAN $ par jour, 59 CAN $ pour le passeport 9 jours. Tarifs enfants et forfait famille aussi disponibles. Tarifs réduits en prévente. Stationnement : 7 CAN $ par jour. Envolée : 170 à 210 CAN $ par personne (offert aussi à l'année). Restauration, bars, promenade des artisans, manèges, jeux gonflables, etc.
Le plus grand événement du genre du pays avec plus d'une centaine de montgolfières, dont plusieurs aux formes étonnantes. Petits et grands ne pourront qu'être émerveillés lors des envolées qui ont lieu matin (à 6h dans les parcs de la ville) et soir (à 18h sur le site du festival). Et que dire du spectacle nocturne où les montgolfières s'illuminent dans un ballet de couleurs époustoufflant ! Spectacles d'envergure tous les soirs, activités d'animation pour tous.

NUIT BLANCHE SUR TABLEAU NOIR

Avenue du Mont-Royal
✆ +1 514 522 3797
www.tableaunoir.com
Fin août. Certaines activités gratuites, d'autres payantes.
Des festivités et manifestations artistiques, dans la rue, les parcs et autres endroits publics. A ne pas manquer : l'événement de « street painting » La Grande Fresque de Nuit qui se déroule de 21h à 1h.

OSHEAGA FESTIVAL MUSIQUE ET ARTS

Parc Jean-Drapeau
Ile Sainte-Hélène
✆ +1 855 310 2525
www.osheaga.com
info@osheaga.com
Début août. Billets à la journée et passes week-end disponibles.
Osheaga regroupe les grands noms de la musique, en plein air, au cœur du Parc Jean-Drapeau. Probablement l'événement musical le plus cool au pays, un peu l'équivalent du Coachella aux Etats-Unis.

Septembre

BIÈRES ET SAVEURS

Lieu historique national du Fort-Chambly
CHAMBLY
✆ +1 450 447 2096
www.bieresetsaveurs.com
Fin août ou début septembre selon les années. Admission adulte : 13 CAN $, 10 CAN $ en prévente. Passeport 4 jours : 30 CAN $, 20 CAN $ en prévente. Billet Privilège (quantité limitée) : 75 CAN $, 65 CAN $ en prévente.
Cet événement convie chaque année les biérophiles, du simple amateur au plus aguerri, à une grande fête en plein air dans un cadre des plus champêtres. Pendant quatre jours, les amateurs de saveurs sont invités à déguster des produits brassicoles québécois et importés, en plus de pouvoir découvrir de nouveaux menus associés à la bière. Une centaine de kiosques de produits de dégustation, de l'animation, des conférences, le concours La Grande Brasse, des spectacles, de grandes terrasses pour se relaxer entre amis, tout y est pour une expérience mémorable dans le cadre enchanteur du bassin de Chambly.

JARDINS DE LUMIÈRE

Jardin Botanique
4101, rue Sherbrooke Est
✆ +1 514 872 1400
www.espacepourlavie.ca
Début septembre à début novembre. Tarification spéciale pour l'événement.
Un événement magique tout en lumière, où des lanternes de soie, fabriquées à la main et représentant la mythologie chinoise, sont exposées dans le magnifique Jardin de Chine. Dans le Jardin japonais, plusieurs éléments sont illuminés pour l'occasion : végétaux, pavillons, pierres, lanternes, ponts, sentiers et clôtures, cloche de la paix, étang avec ses îles et ses cascades. Le Jardin botanique ouvre exceptionnellement jusqu'à 21h pour l'occasion.

LES JOURNÉES DE LA CULTURE

✆ +1 514 873 2641 / +1 866 734 4441
www.journeesdelaculture.qc.ca
Dernier week-end de septembre. Gratuit.
Une manifestation pan-québécoise qui vise à sensibiliser la population à l'importance d'un plus grand accès pour tous aux arts et à la culture. Depuis 1997, des centaines d'institutions et d'ateliers d'artistes ouvrent leurs portes aux personnes curieuses de découvrir ou de mieux connaître le milieu culturel de leur ville.

MARATHON ET DEMI-MARATHON DE MONTRÉAL

✆ +1 450 679 4928
runrocknroll.competitor.com/fr/montreal
rnrmontreal@competitorgroup.com
Vers la fin septembre. Consultez le site Internet pour connaître les tarifs et modalités d'inscription.
Un évènement populaire englobant plusieurs disciplines portant sur l'importance de l'activité physique et de ses bénéfices pour la santé. S'y tient également l'étape montréalaise du circuit international de marathon (42 km).

POP MONTRÉAL

✆ +1 514 842 1919
www.popmontreal.com
En septembre. Consultez le site Internet pour connaître les autres événements organisés par Pop Montréal (Puces Pop, Film Pop, Art Pop, etc.).
La scène internationale musicale indépendante se donne rendez-vous à POP Montréal, un festival pour les amoureux de la musique au sens le plus pur.

Coureurs lors du marathon de Montréal.

Octobre

BLACK & BLUE
✆ +1 514 875 7026
www.bbcm.org
information@bbcm.org
En octobre. Différents types de billets et passes disponibles.
Le Black & Blue regroupe une multitude d'activités variées s'adressant à la communauté gaie et à ses amis. Le point culminant se tient la nuit du dimanche lors d'un méga party avec DJs de renom : un des plus grands événements gais au monde !

FESTIVAL DU MONDE ARABE DE MONTRÉAL
✆ +1 514 747 0000
www.festivalarabe.com
Fin octobre à début/mi-novembre. Certains spectacles/activités gratuits, d'autres payants.
Ce festival multidisciplinaire comprend des créations originales en danse, musique, théâtre, arts multidisciplinaires, arts visuels et médiatiques, favorisant l'exploration, la découverte et la compréhension de la culture arabe.

FESTIVAL DU NOUVEAU CINÉMA DE MONTRÉAL
✆ +1 514 790 1111 / +1 866 908 9090
www.nouveaucinema.ca
info@nouveaucinema.ca
En octobre. Billets individuels, carnets de six billets et différents types de passes festival disponibles.
Ce festival, qui en sera à sa 44e édition en 2015, est dédié à la diffusion et au développement des nouvelles tendances dans le domaine du cinéma d'auteur, de la vidéo indépendante et des nouveaux médias. Véritable tremplin pour les œuvres originales et inédites, vous aurez droit à une programmation diversifiée et ouverte à tous, créant un lieu privilégié d'échanges et de découvertes entre le public et les créateurs.

FESTIVAL MUSICAL INDÉPENDANT DIAPASON
LAVAL
✆ +1 450 978 6828
www.festivaldiapason.com
info@festivaldiapason.com
Mi à fin octobre. Billetterie officielle : La Vitrine. Certains spectacles sont gratuits.
Festival de musique parmi les plus originaux, Diapason fait place à la relève et aux artistes de renom dans des lieux de diffusion non traditionnels, créant ainsi une ambiance intimiste et insolite. Quatre volets y sont présentés, dont un concours pour la relève et des formations. Côté spectacles, la programmation est ficelée de main de maître et des événements inusités complètent le tout. Par exemple, en 2013, un spectacle fut offert à la belle étoile où les festivaliers étaient conviés à apporter leur sac de couchage ou couverture pour profiter de l'événement, bien calés dans des chaises Adirondack fournies sur place. On aime !

SALON INTERNATIONAL TOURISME VOYAGES
Place Bonaventure
800, rue de la Gauchetière Ouest
✆ +1 514 527 9221
www.salontourismevoyages.com
info@salontourismevoyages.com
Fin octobre. Droits d'entrée.
Plus d'une centaine de pays viennent présenter leurs attraits touristiques majeurs via leurs offices de tourisme, des tours opérateurs ou des agences de voyage. Des exposants de services connexes sont également sur place. Pratique pour acheter son prochain voyage ou pour faire le tour du monde en une journée.

Novembre

COUP DE CŒUR FRANCOPHONE
✆ +1 514 285 4545
www.coupdecoeur.ca
coupdecoeur@coupdecoeur.ca
Début à mi-novembre. Billets disponibles en ligne ou auprès de La Vitrine.
Événement pancanadien dédié à la chanson francophone dans une programmation principalement axée sur l'émergence, l'audace et la création. Consultez le site Internet pour connaître la programmation et les villes participantes.

IMAGE+NATION
www.image-nation.org
info@image-nation.org
Fin novembre. Billets à l'unité et cartes cinéphiles disponibles.
Festival de renommée internationale sur le circuit du cinéma indépendant LGBT, regroupant les meilleurs films des quatre coins du monde.

M POUR MONTRÉAL
✆ +1 514 925 0050
www.mpourmontreal.com
info@mpourmontreal.com
Vers la mi-novembre.

Un festival dédié aux musiques émergentes et indépendantes. Créé en 2006, en premier lieu à l'intention des professionnels de la musique pour promouvoir les talents locaux et nationaux, ce festival a su trouver son public.

MTL À TABLE

Divers endroits à Montréal
✆ +1 514 873 2015
www.tourisme-montreal.org/mtlatable
Info@tourisme-montreal.org
Début novembre.
S'inspirant du mouvement lancé par les grandes capitales gourmandes du globe, la belle montréalaise propose onze jours de menus savoureux à prix fixes, agrémentés de tours culinaires en compagnie de guides *Foodies* et d'événements spéciaux. Une merveilleuse manière de goûter la métropole !

RENCONTRES INTERNATIONALES DU DOCUMENTAIRE DE MONTRÉAL

Divers endroits au centre-ville
✆ +1 514 499 3676
www.ridm.qc.ca
info@ridm.qc.ca
En novembre. Billets à l'unité, pour 5 séances et passeports festival disponibles.
Une tribune unique en Amérique du Nord pour le cinéma documentaire de création, ouvrant une réflexion sur les réalités du monde actuel. Rencontres avec les cinéastes et artisans, tables rondes, projections-débats et soirées lounge animeront également le site du festival, en plus du volet entièrement dédié aux différents acteurs de l'industrie, le Doc Circuit Montréal, lieu de réseautage et de perfectionnement.

SALON DU LIVRE DE MONTRÉAL

Place Bonaventure
800, rue de la Gauchetière Ouest
✆ +1 514 845 2365
www.salondulivredemontreal.com
slm.info@videotron.ca
Vers la fin novembre. Droits d'entrée.
En plus de promouvoir la littérature québécoise, canadienne et internationale, ce salon vous emmènera au-delà de la lecture grâce à ses multiples activités : lancements, tables rondes, rencontres avec des auteurs, etc.

Décembre

MONTRÉAL EN FÊTES

Vieux-Montréal et Vieux-Port
www.montrealenfetes.com
Mi-décembre à début janvier. Certaines activités gratuites, d'autres payantes.
L'événement du temps des Fêtes à ne pas manquer ! Une foule d'activités est organisée pendant trois semaines, dont l'incontournable Party du Nouvel An sur la Place Jacques-Cartier et dans le Vieux-Port. Spectacles musicaux, grand décompte de minuit et feux d'artifice sont au programme de cette soirée féerique et gratuite.

NOËL DANS LE PARC

✆ +1 514 281 8942
www.noeldansleparc.com
info@noeldansleparc.com
En décembre. Programmation d'activités dans les quartiers du Plateau Mont-Royal (Parc des Compagnons de Saint-Laurent, Parc Lahaie, Noël sur l'Avenue) et de Hochelaga-Maisonneuve (Esplanade du Parc olympique).
Ce bel événement du temps des Fêtes présente une programmation variée en plein air, riche en musique (nombreux artistes de la relève), en théâtre et en poésie. Des activités en tous genres sont également offertes en partenariat avec l'événement Noël sur l'Avenue. De quoi se mettre dans l'esprit des Fêtes, que l'on soit petit ou grand !

NOËL SUR L'AVENUE

Avenue du Mont-Royal
✆ +1 514 281 8942
www.noeldansleparc.com
info@noeldansleparc.com
En décembre. La plupart des activités sont gratuites. Informez-vous sur les laissez-passer.
L'avenue du Mont-Royal célèbre le temps des Fêtes avec une foule d'activités pour petits et grands, dont la Marche aux Flambeaux, des spectacles, des contes, des tours de carrioles, etc. Noël sur l'Avenue s'associe à Noël dans le parc pour les événements tenus au Parc des Compagnons-de-Saint-Laurent.

SALON DES MÉTIERS D'ART DU QUÉBEC

Place Bonaventure
800, rue de la Gauchetière Ouest
✆ +1 514 861 2787 / +1 514 397 4807 / +1 855 515 2787
www.metiers-d-art.qc.ca/smaq/
En décembre. Entrée libre.
Exposition-vente d'objets d'art de toutes sortes avec plus de 400 exposants présentant leurs créations. Une foule d'idées originales pour les cadeaux de Noël.

Cuisine locale

PRODUITS CARACTÉRISTIQUES

Mets populaires

- **La poutine,** frites garnies de fromage en grains, le tout nappé d'une sauce *gravy* (poutine régulière) ou de sauce tomate à la viande (poutine italienne). Au cours des dernières années, la poutine est revisitée avec des déclinaisons parfois surprenantes : au foie gras, à la dinde et pois, au jambon et ananas... À Montréal, les restaurants La Banquise et Poutineville sont une référence en la matière !
- **Le pâté chinois** est constitué de bœuf haché cuit à la poêle, sur lequel on étend une couche de maïs en grains ou en crème couronnée, à son tour, d'une couche de pommes de terre écrasées. On met ensuite la préparation au four jusqu'à l'obtention d'une croûte dorée : c'est le plat énergétique par excellence, celui que l'on donnait aux ouvriers asiatiques lors de la construction de la célèbre ligne de chemin de fer Transcanadienne.
- **Le *smoked meat*** est une viande de bœuf fumée sur du pain de seigle (ou en sandwich), accompagnée de cornichons à l'aneth. On peut la demander maigre, mi-maigre ou grasse. La viande fumée du Québec est très renommée dans toute l'Amérique du Nord. Ne manquez pas de faire un arrêt chez Schwartz's à Montréal, l'endroit parfait pour un *smoked meat* au Québec !
- **Les sous-marins** sont des gros sandwichs bien garnis.

Plats traditionnels

Ils remontent à l'époque des premiers colons et font désormais partie du folklore. On les consomme essentiellement sur les tables familiales lors des réunions de famille et dans certains restaurants spécialisés dans la cuisine traditionnelle. Ce sont toujours des plats caloriques : soupe de gourganes (grosses fèves), crêtons (terrine de porc haché ressemblant aux rillettes), fèves au lard, canard au sirop d'érable, gibelotte de lapin au cidre, cipaille (sipaille, cipâte), pâté de viande aux pommes de terre, et diverses tourtières, à l'origine à base de gibiers, aujourd'hui confectionnées avec des viandes de porc et de veau mélangées, dont les recettes varient d'une région à l'autre (la plus connue : la tourtière du Lac-Saint-Jean).

Poissons et crustacés

Sur la Côte-Nord on dégustera le saumon frais ou fumé, en Gaspésie la morue fraîche ou séchée, aux îles de la Madeleine le homard chaud accompagné d'un beurre d'ail fondu ou même en morceaux sur des pizzas nappées de fromage. Quant au Surf & Turf, ce sont des plats mixtes de fruits de mer et de viande. Les

Pour se sucrer le bec !

Qui dit printemps dit temps des sucres ! Moment privilégié en famille ou entre amis, une sortie à la cabane à sucre fait partie des traditions gourmandes et festives du Québec. On déguste alors toutes sortes de mets cuits dans le sirop d'érable, on en arrose les crêpes et on verse du sirop très épaissi, encore bouillant, sur la neige, qui se transforme en une sorte de caramel que l'on enroule sur un bâtonnet : c'est la tire d'érable. On profite de l'occasion pour faire un repas de jambon, d'omelette, de fèves au lard (haricots cuits au four avec des lardons et de la mélasse) et d'oreilles de crisse (grillades de lard très salées), mets que l'on arrose généreusement de sirop d'érable. Il y a un nombre impressionnant de cabanes à sucre au Québec mais les régions phares sont les Laurentides, Lanaudière, la Montérégie, le Centre-du-Québec et Chaudière-Appalaches.

- **www.cabaneasucre.org** (répertoire des cabanes à sucre par région)
- **www.siropderable.ca** (Fédération des producteurs acéricoles du Québec)
- **www.creatifsdelerable.ca** (Route de l'érable)
- **www.jaimelerable.ca** (le seigneur des sirops sous toutes ses facettes)

Gastronomie typique à Montréal, la poutine.

huîtres se dégustent crues ou cuites, entre amis, lors de parties d'huîtres accompagnées de bière. Les pétoncles se mangent souvent panés et frits. Une chose est certaine : la fraîcheur des produits est garantie ! Notez que plusieurs commerces de Montréal offrent ces produits de la mer, notamment au Marché Jean-Talon ou encore, pour ceux qui aimeraient avoir un petit goût des îles de la Madeleine, la boutique Fou des îles dans le quartier Petite-Patrie.

Spécialités à base d'érable

A goûter absolument ! Ce sont tous les produits dérivés de l'érable sucrier, une des très nombreuses variétés d'érable : sirop, sucre, beurre, tire, tarte au sucre... C'est au printemps, le temps des sucres, que les érables sucriers sortent de la torpeur de l'hiver pour produire une eau d'érable abondante, à haute teneur en sucre comestible, que l'on recueille dans des seaux suspendus aux becs verseurs fichés dans les troncs. On fait ensuite bouillir l'eau d'érable (sève naturelle) pour obtenir le fameux sirop d'érable (sève bouillie débarrassée de son eau). Aujourd'hui, les seaux ont été, pour la plupart, remplacés par des tuyaux en plastique reliés à un évaporateur central. A noter que ce que l'on appelle péjorativement « sirop de poteau » est un sirop d'érable de piètre qualité, quelquefois même un succédané aromatisé à l'érable.

Baies et maïs

▸ **Bleuets.** Dans la région du Lac-Saint-Jean poussent les bleuets, qu'il convient de distinguer de la myrtille commune, dont les baies de couleur bleutée sont plus fermes et de grosseur pouvant varier de la taille du petit pois (bleuets sauvages) à celle de la framboise (bleuets cultivés). Ils entrent dans la composition de nombreux desserts. La récolte a lieu en août (festival du Bleuet). Ils servent aussi à la fabrication du vin de bleuet qui rappelle le porto.

▸ **Canneberge.** Un autre fruit de la même famille, l'atoca ou canneberge (*cranberry* en anglais), airelle des marais d'Amérique, sert à la préparation d'une gelée rouge, légèrement acidulée, qui accompagne bien la dinde et le gibier. Petite baie cousine du bleuet, elle croît dans les tourbières des régions froides. Sa culture commerciale reste très délicate car elle nécessite d'énormes quantités d'eau pour protéger les bourgeons contre le gel au printemps et à l'automne, ainsi que les plants pendant l'hiver. Historiquement, les cannebergières étaient implantées dans les marais et tourbières, mais dorénavant les canneberges sont cultivées dans des bassins sablonneux peu profonds construits sur les terres hautes.

▸ **Maïs.** Au mois d'août, lors de la cueillette du blé d'Inde (maïs doux pour l'homme, par opposition au maïs que l'on donne aux animaux), a lieu « l'épluchette de blé d'Inde », réunion de famille typiquement québécoise pendant laquelle on épluche des épis de maïs. Les convives dégustent le maïs directement sur l'épi, bouilli ou grillé, simplement tartiné de beurre et de sel, accompagné d'une bonne bière fraîche.

Fromages

Pâtes persillées, molles, demi-fermes, du lait cru de vache, de brebis ou de chèvre... On retrouve près d'une centaine de fromageries au Québec. Plusieurs d'entre elles vous offrent d'autres produits faits à partir du lait de leur troupeau, comme de la crème, du beurre, du yogourt, des savons et des mets préparés avec du fromage.

Nous vous conseillons de vous renseigner sur la Route des fromages fins du Québec (www.routedesfromages.com), un circuit mettant en vedette ces producteurs qui transmettent dans leurs fromages les terroirs multiples et singuliers du Québec.

Desserts

On goûtera la tarte au sucre avec des noix, le pudding chômeur au sirop d'érable, les muffins aux carottes parfumés au chocolat ou fourrés aux bleuets et autres fruits (à consommer au petit déjeuner ou au goûter), sans oublier les incontournables crèmes glacées, dures ou molles (à l'italienne), fourrées au sucre d'érable, etc.

Boissons

- **Bières.** La bière est la boisson par excellence qui accompagne tous les plats. Le Québec en est un gros producteur. En plus des grandes compagnies dominant le marché (Molson-Coors, InBev-Labatt...), les microbrasseries et brasseries artisanales se multiplient au Québec, produisant de nombreuses et excellentes bières. Seulement à Montréal, on compte une vingtaine de petites brasseries dont Dieu du Ciel ! , Broue Pub Brouhaha, L'amère à boire, Le Saint-Bock, Benelux (2 adresses), La Succursale, Le Cheval Blanc, etc.

Pour en savoir plus sur les bières au Québec, procurez-vous le guide *Bières et produits gourmands du Québec*, des Editions Néopol (filiale canadienne du Petit Futé), en vente partout au Québec : lexique, classification, sites web et événements gourmands, bonnes adresses pour savourer les bières et produits gourmands de la Belle Province, etc.

- **Vins.** Le Canada produit aussi du vin. Au Québec, la principale région vinicole se trouve dans Brome-Missisquoi dans les Cantons-de-l'Est, mais on retrouve également des vignobles dans les régions de la Montérégie, de Chaudière-Appalaches, de Québec, de l'Outaouais ou encore des Laurentides, par exemple. Les vins californiens, tout comme les vins sud-américains (chiliens et argentins), ou même australiens, sont beaucoup moins chers que les vins français. Une bonne adresse en ville : Le Marché des Saveurs au Marché Jean-Talon. Spécialité à découvrir : le vin de glace, un pur délice ! Les raisins sont vendangés gelés, ce qui leur fait conserver une forte teneur en sucre.

- **Autres alcools.** La Belle Province se spécialise aussi dans la fabrication de cidres, dont le cidre de feu ou de glace, les liqueurs d'érable, le caribou (un mélange détonant d'alcool fort, de vin rouge et sirop d'érable) et autres alcools issus du riche terroir québécois.

HABITUDES ALIMENTAIRES

On déjeune le matin. On dîne à midi. On soupe le soir, vers 17h ou 18h, surtout en région. Le déjeuner (petit déjeuner) est composé de rôties (toasts) ou de pains dorés à la française (pain perdu) arrosés de sirop d'érable, d'œufs miroir, brouillés ou retournés, accompagnés de bacon ou de saucisses, sans oublier les incontournables patates sautées et la café allongé. Certains restaurants en font d'ailleurs leur spécialité, comme la chaîne pancanadienne Chez Cora. Le midi et le soir, ce sont des plats plus consistants, qui varient selon les saisons : l'hiver on opte pour des plats chauds et caloriques alors que l'été, on se laisse tenter par les saveurs du monde, les salades-repas, les poissons et fruits de mer, sans oublier les BBQ. Midi et soir, la table d'hôte (souvent appelée « menu du jour » le midi) désigne le menu accompagné généralement d'une entrée et parfois d'un dessert et du café. Il faut compter au minimum de 6 à 10 CAN $ pour un snack, de 8 à 15 CAN $ en moyenne pour une assiette chaude garnie accompagnée d'une salade. Les menus vont de 10 à 25 CAN $ et les tables d'hôtes de 10 à 40 CAN $. Attention, pour les repas, il faut ajouter les taxes (14,5 %) et le service de 15 %. Pour savoir ce que vous devez payer, il faut donc majorer les prix de près de 30 % !

Déjeuner typique à Montréal.

Jeux, loisirs et sports

DISCIPLINES NATIONALES

Course automobile

Gilles Villeneuve et son fils, Jacques, tous deux ont été pilotes de Formule 1. Jacques a remporté le titre de champion du monde en 1997 avec l'écurie Williams-Renault. Son père, coureur pour Ferrari à la fin des années 1970 et début des années 1980, n'a jamais remporté de titres et est décédé lors des qualifications du Grand Prix de Belgique en 1982. Notez que même si Jacques a arrêté la Formule 1 en 2006, il participe à d'autres types de courses depuis : 24h du Mans, 1 000 km de Spa, NASCAR... Circuit de Formule 1 à Montréal : www.circuitgillesvilleneuve.ca

Football canadien

Ce sport est très proche du football américain, à quelques règles près, et partage plusieurs affinités avec le rugby. Membre de la Ligue canadienne de football (LCF), l'équipe des Alouettes de Montréal fut fondée en 1946. Après avoir changé de nom en 1983 (Concordes) et avoir cessé ses activités en 1987, l'équipe revient à Montréal en 1996. Son domicile, le Stade Percival-Molson, est toujours plein à craquer et une ambiance du tonnerre y règne à chaque match. La saison régulière s'étend de début juillet à début novembre, suivie des demi-finales et finales pour le championnat. Les Alouettes ont d'ailleurs remporté sept Coupes Grey, dont celles de 2009 et de 2010. www.montrealalouettes.com

Une équipe de football universitaire représente également la métropole : les Carabins de l'Université de Montréal. Ils viennent d'ailleurs de remporter le premier championnat de leur histoire en battant les Marauders de l'Université McMaster (Ontario) 20 à 19 lors de la Coupe Vanier en novembre 2014. www.carabins.umontreal.ca

Hockey sur glace

Véritable phénomène de société, le hockey sur glace est demeuré longtemps le seul sport pratiqué par les francophones du Québec. Aujourd'hui les choses ont bien changé, mais le hockey reste la grande passion des Québécois qui deviennent virulents lorsqu'il s'agit de défendre leur équipe préférée. Le hockey a, bien sûr, ses stars auxquelles s'identifient les enfants qui chaussent des patins à glace dès l'âge de 3 ans. Ces héros s'appelaient Maurice Richard, Jean Béliveau, Guy Lafleur... D'autres aujourd'hui ont pris la relève. La Ligue National de Hockey (LNH), fondée à Montréal, est la plus compétitive au monde. Le club montréalais, les Canadiens (www.canadiens.com), est le plus prestigieux avec 24 Coupes Stanley (championnats) remportées. La ville de Québec de son côté pourrait bien voir sous peu le retour d'une équipe locale (anciennement les Nordiques), au grand bonheur des amateurs. Et pour prouver une nouvelle fois au monde entier que le hockey sur glace est bel et bien un sport historiquement canadien, et que seul le pays sait le pratiquer avec autant de panache, l'équipe masculine a remporté la médaille d'or aux Jeux olympiques de 2010 à Vancouver, ainsi qu'en 2014 à Sotchi. L'équipe féminine a elle aussi remporté l'or à Vancouver et à Sotchi. Et puis les équipes féminine et masculine montent pratiquement chaque année sur le podium depuis la création des championnats mondiaux. L'équipe junior canadienne masculine U20 se démarque aussi et a obtenu en 2009 son cinquième titre consécutif en plus d'avoir remporté la médaille d'argent en 2010 et 2011, celle de bronze en 2012, et celle d'or en 2015.

Les équipes professionnelles de Montréal

- **Les Canadiens** (hockey sur glace). Membre de la Ligue nationale de hockey (NHL). Matchs à domicile au Centre Bell.
- **Les Alouettes** (football canadien). Membre de la Ligue canadienne de football (CFL). Matchs à domicile au Stade Percival-Molson.
- **L'Impact** (football européen – soccer). Membre de la Ligue majeure de soccer (MLS). Matchs à domicile au Stade Saputo.

© PIERRE-LUC BERNIER - ISTOCKPHOTO

Patinoire sur le vieux port de Montréal.

Patin à glace (vitesse/artistique)

Dès leur plus jeune âge, les Québécois patinent. On dit même qu'ils apprennent le patin à glace avant de savoir marcher ! Au fil des décennies, quelques patineurs se sont démarqués, notamment Gaétan Boucher qui remporta trois médailles en patinage de vitesse aux Olympiques de Sarajevo en 1984. Plus récemment, lors des Olympiques de Vancouver en 2010, les Québécois remportèrent un grand nombre de médailles en patin sur courte et longue pistes, ainsi qu'en patin artistique, une première depuis 1988. Les Jeux d'hiver de Sotchi n'ont pas autant souri aux athlètes Québécois et Canadiens, mais le pays a tout de même remporté cinq médailles en patinage de vitesse et trois en patinage artistique.

Plongeon

Annie Pelletier, Alexandre Despatie et Émilie Heymans ont remporté de nombreuses médailles dans les championnats de tous niveaux et les Jeux olympiques. Lors des Jeux de 2012 à Londres, les Québécoises Jennifer Abel et Émilie Heymans ont remporté le bronze au tremplin 3m synchronisé alors que Meaghan Benfeito et Roseline Filion ont accompli le même exploit mais au 10m.

Ski

Jean-Luc Brassard, grand champion de ski acrobatique, a remporté de nombreux titres dont la médaille d'or aux Jeux olympiques de Lillehammer en 1994. Mélanie Turgeon a été championne de ski alpin en descente à l'hiver 2002-2003.

Aux Jeux olympiques de Vancouver en 2010, Alexandre Bilodeau remporta l'or en ski acrobatique, la première médaille d'or du Canada lors de jeux tenus en son sol. Jennifer Heil, qui demeure à Montréal depuis plusieurs années, a remporté l'argent dans la même discipline à Vancouver. À l'hiver 2014 à Sotchi, Alexandre Bilodeau a conservé son titre olympique et les athlètes québécois et canadiens ont raflé plusieurs médailles dans cette discipline (9 en ski acrobatique, 1 en ski alpin et 2 en surf des neiges).

Soccer

L'équipe locale de soccer professionnel (football), l'Impact de Montréal, la seule au Québec, a remporté le titre de champion de la ligue USL-1 en octobre 2009.

Cet exploit avait également été accompli en 1994 et en 2004. En 2012, l'équipe a accédé à la Ligue Majeure de Soccer (MLS), le niveau le plus élevé en Amérique du Nord. Si vous désirez assister à un match, rendez-vous au Stade Saputo situé au Parc olympique dans l'est de la ville : www.montrealimpact.com. Notez que lors des Jeux olympiques de Londres en 2012, l'équipe féminine de soccer a remporté le bronze en battant l'équipe de France...

ACTIVITÉS À FAIRE SUR PLACE

Bien évidemment, à chaque saison son type d'activité. En été, les nombreux parcs de la ville comme les environs immédiats sont prétextes à de nombreux sports de plein

air. En hiver, les Montréalais sortent skis, patins et raquettes, toujours pour profiter de la nature, mais sous un autre angle. Cependant, les nombreuses infrastructures permettent de pratiquer des sports d'hiver en été, et même parfois inversement.

Pour de plus amples informations sur les sports et loisirs à Montréal, consultez les rubriques « À voir, à faire » et « Sports, détente, loisirs » plus loin dans ce guide, ou encore, visitez le site web de la ville : www.ville.montreal.qc.ca (rubrique « Activités et loisirs »).

Activités estivales

Montréal est la ville du vélo. Un réseau impressionnant de pistes cyclables est à la disposition des amateurs, en pleine ville, dans les parcs ou le long du fleuve. Ces pistes sont accessibles aux rollers et randonneurs également. De nombreux établissements proposent des locations de vélo ou de rollers. Les Montréalais sont également de grands amateurs de jogging, et vous croiserez des coureurs à toute heure de la journée dans les parcs. La baignade est également au rendez-vous et Montréal compte une plage au Parc Jean-Drapeau, sans oublier les piscines extérieures situées aux quatre coins de la ville. Les plus téméraires iront surfer à Expo 67 ou encore, faire du rafting dans les rapides de Lachine. Finalement, sachez que les parcs de la ville comptent plusieurs installations sportives où vous pourrez pratiquer le tennis, le soccer, le baseball, etc.

Activités hivernales

Les patinoires ne manquent pas à Montréal, que ce soit en intérieur ou en extérieur. Pour ces dernières, l'entrée est en général gratuite, mais vous devez payer la location de patins (moins de 10 CAN $). Les Montréalais possèdent tous (ou presque) leur propre paire de patins, bien entendu !

Les sports de glisse sont pratiqués par tous. Les stations des Cantons-de-l'Est ou des Laurentides ne se comparent pas à celles des Alpes, mais elles sont tout de même de bons terrains de jeu pour une sortie d'une journée ou d'un week-end. Le parc du Mont-Royal est, quant à lui, couvert de pistes de ski de fond et de raquettes, sans oublier ses glissades sur neige, en plein cœur de la ville.

Pêche sur glace au Vieux-Port de Montréal.

Enfants du pays

Voici quelques personnalités de la région montréalaise qui ont su s'illustrer dans divers domaine.

Arcade Fire

Originaire de Montréal, ce groupe de rock indépendant connaît un succès fulgurant depuis quelques années. Composé de Win Butler, Régine Chassagne, Richard Parry, Tim Kingsbury, William Butler, Sarah Neufeld et Jeremy Gara, il a été formé au début des années 2000. En 2011, à Los Angeles, Arcade Fire a remporté le Grammy Award de l'album de l'année, devançant alors d'importantes vedettes de la pop américaine. Son dernier album, *Reflektor*, est paru en 2013.

Marie-France Bazzo

Elle animait l'émission *Indicatif présent* à la radio de Radio-Canada, avant de rejoindre la télévision. Sur les ondes de Télé-Québec, elle anime désormais *Bazzo.TV*, une émission de débats fort intéressante. Au fil des ans, elle a collaboré à diverses publications tels Le Devoir et Elle Québec. Elle fut de retour sur les ondes de la radio au 98.5 pour l'émission quotidienne matinale de Paul Arcand depuis 2008, pour ensuite prendre la relève de René-Homier Roy à l'antenne de *C'est pas trop tôt* (anciennement *C'est bien meilleur le matin*) depuis l'automne 2013.

Beau Dommage

Ce groupe québécois composé de Michel Rivard, Pierre Bertrand, Marie-Michèle Desrosiers, Réal Desrosiers, Michel Hinton, Pierre Huet et Robert Léger, fut formé en 1974. Son plus grand succès, *La complainte du phoque en Alaska*, a été repris entre autres par Félix Leclerc et le groupe français Chanson Plus Bifluorée. Leurs dernières apparitions sur scène datent de 2005, lors des Francofolies de Montréal, et de 2009, au gala d'ouverture de l'émission de télé-réalité Star Académie.

Denise Bombardier

Née à Montréal en 1941, elle anime plusieurs émissions politiques et culturelles à la télévision canadienne et sur Radio-Canada. Elle est aussi l'auteur de nombreux livres à succès. Elle a publié chez Robert Laffont deux essais : *La Voix de la France* (1975) et *Le Mal de l'âme* (1989). Son roman le plus connu en France, *Une enfance à l'eau bénite*, a été publié au Seuil en 1985 : elle y évoque son enfance de petite Canadienne-française dans un milieu culturellement défavorisé et un monde dominé par les Anglais et la toute-puissance de l'Église catholique.

Cowboys Fringants

Ce groupe de musique folk aux accents rock et country fait fureur depuis plus d'une dizaine d'années. Les salles sont pleines à craquer, tout le monde danse et chante, bref, ils mettent une ambiance hors du commun partout où ils passent. S'ils donnent encore des spectacles, aucun nouvel album est paru depuis 2011.

Yvon Deschamps

Illustre monologuiste depuis les années 1960, avec un net penchant pour l'humour social, il est l'un des plus grands humoristes québécois et fait figure de pionnier, ayant ouvert la voie à plusieurs autres humoristes qui le considèrent comme «leur père spirituel». Un pilier incontournable de l'humour !

Jean Drapeau (1916-1999)

Avocat et homme politique canadien, il fut maire de Montréal de 1954 à 1957, puis de 1960 à 1986. Les réalisations les plus connues de son administration sont la construction du métro et de la Place des Arts, la création du club de baseball Les Expos, la tenue de l'exposition universelle en 1967 et des Jeux olympiques d'été en 1976 (à noter : la dette contractée lors de la construction du stade olympique sera remboursée 30 ans plus tard...).

Diane Dufresne

Artiste un peu délurée mais tellement attachante, interprète de Luc Plamondon (Starmania), porte-drapeau culturel du Québec depuis tant d'années, mais également comédienne et peintre... Récipiendaire de nombreuses distinctions, dont Chevalier de la Légion d'honneur de la République française en 2008, elle est considérée comme l'une des plus grandes chanteuses québécoises. Un vrai mythe !

Serge Grenier (1939-2012)

Humoriste de renom, scénariste, auteur, et membre co-fondateur du fameux quatuor humoristique *Les Cyniques* (1961-1972), Serge Grenier fait partie des pionniers de l'humour dans la Belle Province. Son style humoristique se qualifiait de très pince-sans-rire avec un

style extrêmement original. Il est décédé en avril 2012 d'une pneumonie à l'âge de 73 ans.

Marc-André Grondin

Il apparaît pour la première fois devant les caméras à l'âge de 3 ans. Après plusieurs apparitions dans des séries télévisées, il interprète le rôle principal de Zachary Beaulieu dans *C.R.A.Z.Y.*, personnage qui le révèle au grand public. En 2009, il obtient le « César du meilleur espoir masculin 2009 » pour son rôle dans le film français *Le Premier jour du reste de ta vie*.

René Homier-Roy

Ce journaliste et animateur québécois œuvre dans le domaine des communications depuis la fin des années 1960. De 1998 à 2013, il réveillait les Québécois sur la radio de Radio-Canada entre 5h30 et 9h avec son émission *C'est bien meilleur le matin*.

Oliver Jones

Ce musicien de jazz à la grande réputation internationale a fait ses débuts au piano dès l'âge de 5 ans. Formé à la base comme pianiste classique, il se taille une place dans le jazz et participe dès 1981 au Festival international de Jazz de Montréal. Depuis, il y revient pratiquement chaque année.

Anthony Kavanagh

Né en banlieue sud de Montréal, Anthony Kavanagh est un humoriste, chanteur, animateur et comédien québécois d'origine haïtienne. Bien connu du public depuis les années 1990, il fait dorénavant carrière en France, tant à la télévision que sur scène. Il est de retour au Québec à l'automne 2012 et l'hiver 2013 pour la tournée de son spectacle «Anthony Kavanagh joue à domicile».

John Gilbert « Jack » Layton (1950-2011)

Ce grand homme politique canadien, né à Montréal en 1950, a dirigé le Nouveau parti démocratique du Canada (NPD) de 2003 à sa mort en août 2011. Il fut probablement l'homme politique le plus apprécié au pays en raison de sa proximité avec les Canadiens et de ses valeurs humaines et sociales qui transcendent les opinions politiques. En mai 2011, lors des élections fédérales, la «vague orange» a envahi le Québec (déconfiture total du Bloc Québécois) et le parti s'est retrouvé à l'opposition officielle à Ottawa avec 103 sièges, un bonheur écourté alors que Jack n'aura même pas la chance de siéger en tant que Chef de l'opposition... Il a eu droit à des funérailles d'État, même s'il n'était pas le Premier ministre du pays, un moment très touchant et diffusé sur toutes les chaînes nationales.

Guy A. Lepage

Créateur de la série *Un gars, une fille*, reprise dans plusieurs pays, il est aujourd'hui l'animateur de la version québécoise de l'émission *Tout le monde en parle*, qui bat des records d'audience tous les dimanches soir. Mais la plupart des Québécois se souviennent de lui en tant que membre de la bande humoristique des années 1980 : Rock et Belles Oreilles.

Molson

Cette célèbre famille anglophone, dont le nom apparaît sur une bouteille de bière non moins célèbre, fait partie de l'histoire économique et culturelle de la ville de Montréal. Elle fut d'ailleurs propriétaire du Club de hockey canadien de 1957 à 2001. Après avoir vendu l'équipe, elle en redevint le propriétaire en 2009, au plus grand plaisir des amateurs qui voient alors dans ce geste un grand sentiment d'appartenance.

Pierre Péladeau & Pierre Karl Péladeau

Hommes d'affaires parmi les plus fortunés du pays, Pierre Péladeau a bâti son empire dans l'édition, avec notamment le Journal de Montréal. Québecor, c'est lui. Son fils, Pierre Karl, assura la relève à la tête de ce qui est dorénavant un empire des médias à travers le monde. Il quitta la direction de Québecor en 2013 et est, depuis avril 2014, député du Parti québécois à l'Assemblée nationale du Québec.

William Shatner

Difficile de passer outre cet icône du petit écran ! Il a interprété pendant de nombreuses années le personnage du capitaine James T. Kirk dans la très populaire série télévisée *Star Trek*. Mais sa carrière ne s'arrête pas là. Il a également oeuvré comme réalisateur, scénariste, acteur au cinéma, auteur et même chanteur.

Michel Tremblay

Écrivain reconnu et apprécié de tous les Québécois, Michel Tremblay a mené la dramaturgie québécoise à son apogée. Depuis *Les Belles-Sœurs* (1968), il a donné naissance à un théâtre totalement libre. Ses pièces de théâtre (plus de 20) sont devenues de véritables classiques : *Demain matin Montréal m'attend*, *Les Héros de mon enfance*, *La Maison suspendue*, etc.

MONTRÉAL

Montréal vue du mont Royal.

Montréal

Les immanquables de Montréal

- **Une promenade** dans les rues du Vieux-Montréal.
- **Une photo** depuis le sommet du mont Royal, une forêt en plein cœur de la ville.
- **La visite** du Musée des Beaux-arts et du Musée d'art contemporain.
- **Une sortie** dans les innombrables théâtres ou cinémas. Certains préféreront, toutefois, se rendre à un match de hockey ou de football américain.
- **La découverte** du quartier du Plateau Mont-Royal, très coloré, ou du Quartier latin, lieu par excellence pour flâner en terrasse.
- **Un déjeuner** au Marché Jean-Talon, dans « la Petite Italie ».

Deuxième ville du Canada après Toronto, place financière et commerciale particulièrement dynamique, centre portuaire de tout premier ordre sur la voie fluviale reliant les Grands Lacs à l'Atlantique, Montréal est la quatrième ville francophone du monde. Elle est la seule ville du Canada à avoir su concilier les influences du Vieux Continent et la modernité nord-américaine, à avoir pu réunir les communautés anglophone et francophone que l'histoire a longtemps opposées, et à avoir réussi à intégrer une mosaïque ethnique issue de l'immigration.

C'est aussi un agglomérat de villes et villages jadis distincts et une métropole culturelle d'une grande vitalité.

QUARTIERS

La ville est divisée en deux parties, est et ouest, par le boulevard Saint-Laurent (*La Main*), qui traverse l'île du sud au nord, frontière entre les anglophones et les francophones. Mais attention, l'est et l'ouest ne se définissent pas par rapport aux points cardinaux mais bien par rapport au boulevard Saint-Laurent. Ainsi, vous verrez le soleil se coucher au nord selon la définition montréalaise de l'est et de l'ouest ! Les numéros se correspondent exactement d'une rue à l'autre (le 1110 Sainte-Catherine Est équivaut au 1110 Sherbrooke Est). Difficile de se perdre

Quelques données

Caractéristiques géographiques

- **500 km²** - superficie
- **50 km** – longueur maximale de l'île de Montréal à vol d'oiseau
- **16 km** – largeur maximale de l'île de Montréal à vol d'oiseau
- **17 m** – altitude
- **12 m** au-dessus du niveau de la mer : la surface de l'île de Montréal, à son plus bas niveau

Coordonnées géographiques

- **45° 30** - latitude nord
- **73° 30** - longitude ouest

dans Montréal, la ville étant construite en damier, comme tous ses homologues nord-américains. En revanche, il faut faire attention aux coupures de certaines rues qui reprennent un pâté de maisons plus loin.Les quartiers de Montréal ne sont pas toujours clairement délimités. Les arrondissements, qui sont des subdivisions électorales, comprennent quelques quartiers (ou districts). Pour s'y retrouver, on doit se représenter la ville en damier, quadrillée de rues qui, pour les unes, vont dans la direction nord-sud, pour les autres dans la direction est-ouest. Font exception les rues qui serpentent autour et dans la montagne, notamment le chemin de la Côte-Sainte-Catherine et le chemin de la Côte-des-Neiges, qui contournent le mont Royal. Quant aux adresses, la numérotation des rues dans le sens est-ouest commence au boulevard Saint-Laurent. Pour les rues perpendiculaires dans la direction nord-sud, la numérotation débute à partir du fleuve.

Les rues

La rue Sainte-Catherine, d'est en ouest, est la principale artère commerçante où l'on trouve les grands magasins Les Ailes de la Mode, La Baie et Ogilvy. Les plus animées sont : à l'est, la rue Saint-Denis et la rue Duluth, au cœur du Quartier latin et du Plateau ; au centre, le boulevard Saint-Laurent, très branché ; et, à l'ouest, la rue Crescent, où se presse la jeunesse anglophone dès le soir venu.D'autres artères commerçantes ont fleuri dans les différents quartiers, tout particulièrement la Plaza Saint-Hubert, sur une section de la rue du même nom, située plus au nord de la ville. À cette allée marchande s'ajoutent la Promenade Ontario dans l'est (secteur Hochelaga-Maisonneuve) ; la Promenade Fleury, à l'est également, mais plus au nord ; la Promenade Masson, dans la rue du même nom ; la rue Laurier, depuis le boulevard Saint-Laurent jusqu'à Outremont, en allant vers l'ouest.

Les points de vue

- **Aucun des gratte-ciel** de Montréal n'offre d'accès à une plate-forme permettant d'apprécier un panorama de la ville (à noter qu'un observatoire verra le jour au sommet de la Place Ville-Marie d'ici 2016). Toutefois, certaines terrasses offrent une vue splendide. C'est le cas, par exemple, des Terrasses Bonsecours (Vieux-Port, vue sur la vieille ville, le fleuve et les îles) et la terrasse 701 de l'Hôtel Saint-Sulpice (Vieux-Montréal, 8e étage de l'hôtel).
- **On se rendra aussi, dans l'est, au Parc olympique** (514-252-4141, M° Viau ; en voiture, stationnement au 3200, rue Viau). Élément bien particulier du paysage montréalais, le funiculaire qui monte au sommet de l'audacieuse tour du Stade olympique, inclinée à 45°, vous permettra de contempler, à travers les vitres, un panorama imprenable, surtout par beau temps (165 mètres de hauteur. Adulte : 15 CAN $ pour les résidents et 22,50 CAN $ pour les visiteurs. Ouvert tous les jours – horaire variable selon la saison – fermé annuellement de début janvier à mi-février).
- **Une autre façon de découvrir la métropole d'en haut est de se rendre au mont Royal**. Le belvédère Camilien-Houde – directement accessible en voiture par l'avenue du même nom ou avec l'autobus 11, à partir de la station de métro Mont-Royal – constitue un excellent point de vue sur l'est de Montréal, dominé par la tour inclinée du Stade olympique, avec, dans le lointain, les collines montérégiennes, au sud, et les premières hauteurs des Laurentides, au nord. Un autre belvédère, le belvédère du Chalet – accessible à pied seulement à partir de l'aire de stationnement – est une terrasse d'où l'on a une vue directe exceptionnelle sur les gratte-ciel du centre-ville et la rive sud.
- **L'Oratoire Saint-Joseph**, qui donne sur l'autre versant du mont Royal, offre de sa terrasse une superbe vue sur la partie nord de la ville et le Grand Montréal.
- **Les quais du Vieux-Port** présentent, eux aussi, un beau point de vue sur la vieille ville et ses gratte-ciel en arrière-plan. Le bassin Bonsecours (en face du marché) offre la meilleure perspective. Belle vue également depuis la terrasse-observatoire de l'église Notre-Dame-de-Bon-Secours.
- **Du parc de l'île Sainte-Hélène**, même panorama que celui des quais du Vieux-Port, mais avec plus de recul.

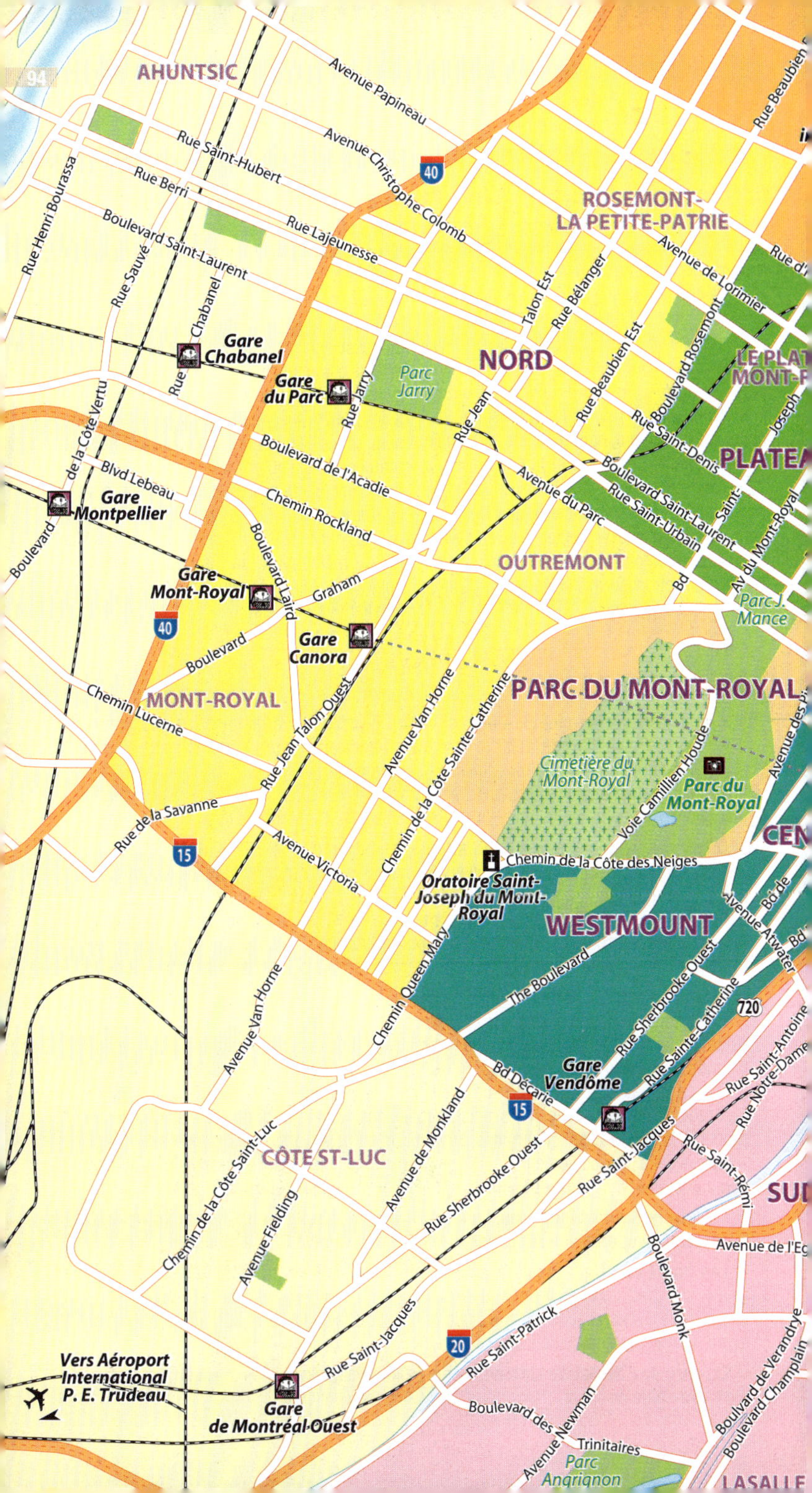
AHUNTSIC
Avenue Papineau
Rue Saint-Hubert
Avenue Christophe Colomb
Rue Berri
Rue Lajeunesse
Boulevard Saint-Laurent
Rue Henri Bourassa
Rue Sauvé
Rue Chabanel
40
ROSEMONT-
LA PETITE-PATRIE
Avenue de Lorimier
Rue Beaubien
Talon Est
Rue Bélanger
Rue Beaubien Est
Boulevard Rosemont
Gare Chabanel
Gare du Parc
Rue Jarry
Parc Jarry
NORD
Rue Jean
Rue Saint-Denis
LE PLAT
MONT-R
PLATEA
Boulevard de la Côte Vertu
Blvd Lebeau
Boulevard de l'Acadie
Avenue du Parc
Boulevard Saint-Laurent
Rue Saint-Urbain
Gare Montpellier
Chemin Rockland
Boulevard Laird
OUTREMONT
Av du Mont-Royal
Gare Mont-Royal
Graham
Gare Canora
Parc J. Mance
Boulevard
MONT-ROYAL
Chemin Lucerne
Rue Jean Talon Ouest
Avenue Van Horne
Chemin de la Côte Sainte-Catherine
PARC DU MONT-ROYAL
Cimetière du Mont-Royal
Voie Camillien Houde
Parc du Mont-Royal
Rue de la Savanne
15
Avenue Victoria
Chemin de la Côte des Neiges
Oratoire Saint-Joseph du Mont-Royal
WESTMOUNT
Avenue Atwater
Chemin Queen Mary
The Boulevard
Rue Sherbrooke Ouest
Rue Sainte-Catherine
720
Avenue Van Horne
Gare Vendôme
Bd Décarie
Rue Saint-Antoine
Rue Notre-Dame
Avenue de Monkland
CÔTE ST-LUC
Rue Saint-Jacques
Rue Saint-Rémi
Chemin de la Côte Saint-Luc
Rue Sherbrooke Ouest
Avenue Fielding
Avenue de l'Eg
Boulevard Monk
Rue Saint-Jacques
20
Rue Saint-Patrick
Vers Aéroport International P. E. Trudeau
Gare de Montréal-Ouest
Boulevard des Trinitaires
Avenue Newman
Boulvard de Verandrye
Boulevard Champlain
Parc Angrignon
LASALLE

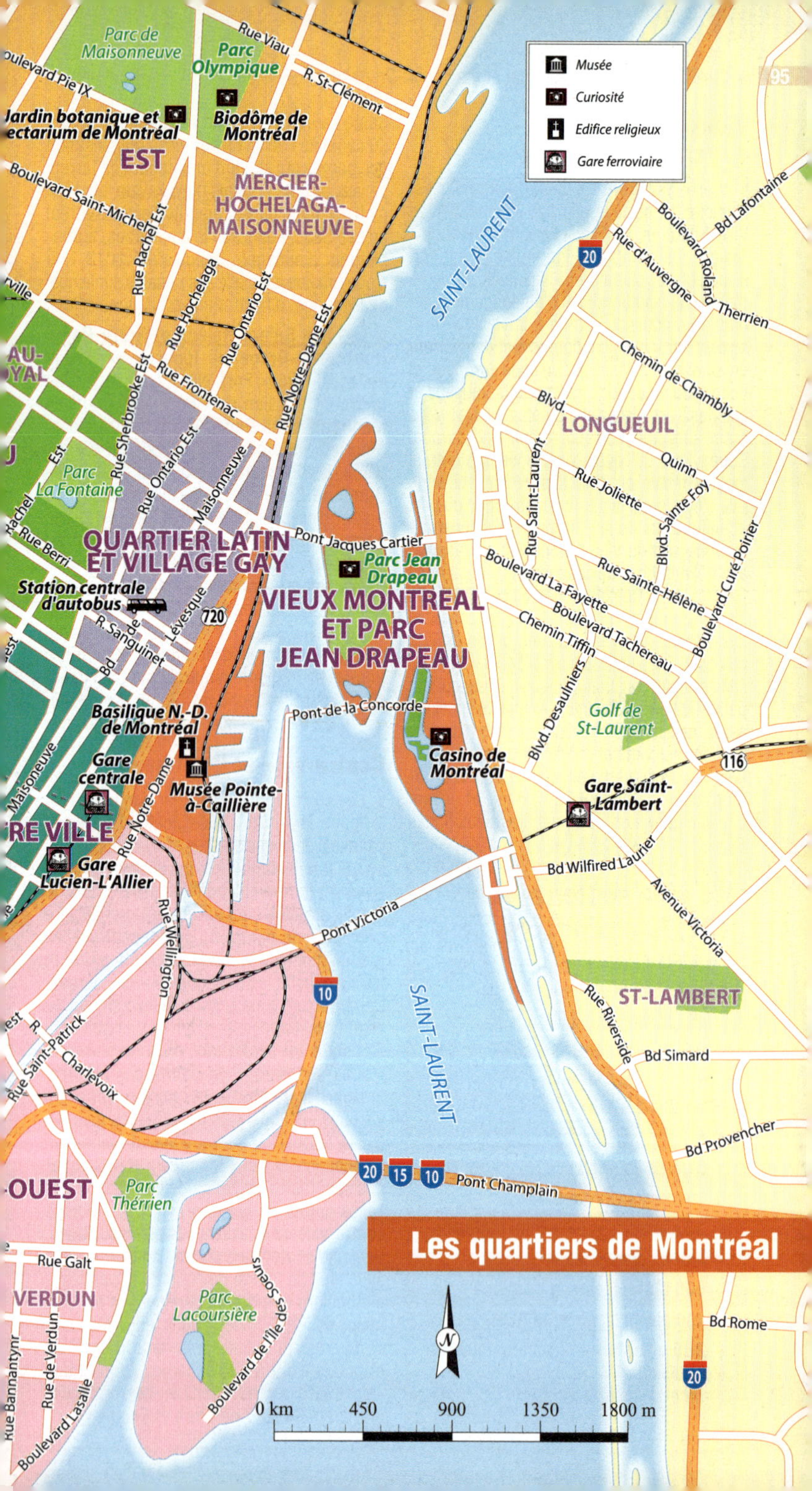

Les quartiers de Montréal

Vieux-Montréal et Parc Jean-Drapeau

Vieux-Montréal. Le Vieux-Montréal, c'est l'histoire même de la ville, lieu de fondation de Ville-Marie en 1642 par Paul de Chomedey. Malgré les nombreux incendies ayant fait disparaître les plus anciens bâtiments, plusieurs travaux de restauration et d'aménagement ont donné un nouveau souffle à la vieille ville et au port qui accueillent dorénavant des milliers de touristes charmés par ce style européen et historique. Boutiques, restaurants, musées et galeries d'art, places et promenades, bref, vous aurez amplement de quoi remplir une journée. Situé au sud du centre-ville, le Vieux-Montréal longe le fleuve, ou plutôt le port, car l'ancienne rive a été comblée par la construction du port actuel. La rue de la Commune, qui constitue la limite sud du Vieux-Montréal, correspond aux délimitations de l'enceinte des anciennes fortifications. Quelques rues, et parmi elles la plus ancienne, la rue Saint-Paul, ont conservé leur pavement ancien sur une partie de leur parcours. Ces fortifications n'ont guère servi, les édifices étant construits sur une hauteur qui leur permettait de les dominer. Les murs d'enceinte, assez fragiles, se sont avérés encombrants pour les commerçants et ont été détruits.
Le Vieux-Port a été converti en parc récréo-touristique s'étendant sur 2,5 km et offrant une vue imprenable sur le majestueux fleuve Saint-Laurent. Le projet de réaménagement du canal de Lachine a permis la revitalisation des berges qui servent maintenant de terrain de jeux aux Montréalais (kayak, vélo, etc.). La piste cyclable qui se rend du Vieux-Montréal au Lac Saint-Louis suit le canal et est agréablement aménagée. Depuis l'été 2012, une plage urbaine a installé ses pénates sur le quai de l'Horloge, à l'extrémité est du Vieux-Port.

Les Îles Sainte-Hélène et Notre-Dame (Parc Jean-Drapeau). Toutes deux situées en face du Vieux-Port, elles sont aujourd'hui un important lieu de villégiature pour les Montréalais. La Ronde (parc d'attractions, propriété du groupe Six Flags), les grands parcs, la Biosphère, la plage de l'île Notre-Dame, le Casino et le circuit de Formule 1 sont très populaires. L'île Sainte-Hélène porte le nom de la femme de Samuel de Champlain, qui se posa sur l'île en 1611. L'Exposition universelle de 1967 ainsi que les jeux Olympiques de 1976 ont eu de fortes répercussions sur les îles. De nombreuses structures actuelles comme la Biosphère (musée de l'Environnement) et le Casino ont été construites pendant l'Expo. Le bassin d'aviron a été édifié pour les Jeux olympiques.

La ville souterraine (RÉSO) en chiffres

Le RÉSO c'est :

- **63** immeubles interconnectés
- **43** stationnements intérieurs
- **9** grands hôtels accessibles
- **17** musées et lieux d'intérêt à proximité du RÉSO
- **8** stations de métro
- **5** gares et terminus
- **10** pavillons universitaires
- **32** kilomètres de couloirs protégés
- **2 000** commerces
- **500 000** visiteurs et usagers
- **190** points d'entrée au RÉSO
- **300** structures directionnelles de signalisation

Source : Ville de Montréal.

Centre-ville et Westmount

Le centre-ville. Enserré par la montagne et le fleuve, le centre-ville de Montréal est le lieu par excellence des affaires et du « shopping ». La rue Sainte-Catherine, qui le traverse d'est en ouest (portion piétionne entre les rues de Bleury et Saint-Laurent en été), est l'artère principale du centre où se concentrent les grands noms de la mode, les restaurants et bars ainsi que les boutiques en tous genres. L'architecture y est aussi bien diversifiée : les gratte-ciel imposants côtoient les bâtiments d'époque. Le centre-ville englobe plusieurs « sous-quartiers » : le Centre des affaires, le Quartier du Musée (au nord-ouest et on y trouve également de nombreuses galeries d'art), le Quartier International et Chinatown (qui côtoient le Vieux-Montréal), et le Quartier des spectacles (qui englobe de nombreuses salles autour de la Place des Arts). Mais le centre-ville ne se trouve pas qu'en surface... Une ville souterraine s'étend sous nos pieds avec plus de 30 km de couloirs et passages piétonniers empruntés chaque jour par pas moins de 500 000 personnes. Pour découvrir ce quartier et obtenir près de 800 services et points d'intérêt, téléchargez l'application «Montréal à la carte – Centre-ville», disponible gratuitement sur App Store et Google Play.

© STÉPHANE SAVIGNARD

Quartier du Vieux-Montréal.

© ISTOCKPHOTO.COM/ALADIN66

Maisons victoriennes colorées du Square Saint-Louis.

© AUTHOR'S IMAGE

Rue du Quartier latin.

© STÉPHANE SAVIGNARD

Quais du Vieux-Port et Marché Bonsecours.

Un quartier vibrant, en tout temps !

■ **QUARTIER DES SPECTACLES**
www.quartierdesspectacles.com
info@quartierdesspectacles.com
«Vivre, créer et divertir au centre-ville», voilà la vision des membres du partenariat du Quartier des spectacles ! Avec une cure de rajeunissement qui ne finit plus d'embellir et de bonifier cet immense quadrilatère, c'est définitivement l'endroit où se rendre pour vivre le «Montréal culturel».
S'étendant sur trois stations de métro, de la rue City Councillors à l'ouest à la rue Saint-Hubert à l'est, et du boulevard René-Lévesque au sud à la rue Sherbrooke au nord, le quartier regroupe bon nombres d'institutions culturelles : des salles et bars à spectacles, des musées et lieux d'exposition, des bibliothèques et médiathèques, des cinémas, et le guichet d'information culturelle La Vitrine. Mais c'est aussi près d'une dizaine de places publiques, dont la Place des Festivals et ses environs, hôte des grands événements et d'installations temporaires haut en couleur.
Pour découvrir les établissements membres et le calendrier des événements, consultez leur site Internet.

▸ **Westmount.** C'est sur l'un des trois sommets voisins qui forment le mont Royal, à l'ouest comme son nom l'indique bien, que s'est établie cette ville à majorité anglophone dont la population est la plus riche du pays. Aujourd'hui, entièrement entourée par la ville de Montréal, elle devient de plus en plus francophone. On y trouve, à flanc de montagne, de riches propriétés (l'ex-Premier ministre Brian Mulroney y a acheté une résidence de 2 millions de dollars pour prendre sa retraite politique). Au sommet, un bois a été conservé dans son état sauvage pour rappeler l'aspect du site originel. Pour visiter Westmount, il faut être bon marcheur, car plusieurs rues sont en pente raide : n'oublions pas, nous sommes à flanc de montagne.

Quartier latin et Village gai

▸ **Quartier latin.** Le Quartier latin, délimité par la rue Sherbrooke et le boulevard de Maisonneuve (nord-sud) et par les rues Berri et Sanguinet (est-ouest), est un concentré de lieux de culture et de savoir. Les étudiants de l'Université du Québec à Montréal (UQÀM) et du CÉGEP du Vieux-Montréal donnent au quartier un ton jeune et festif. D'importantes institutions culturelles comme le Théâtre Saint-Denis, la Grande Bibliothèque et la Cinémathèque québécoise attirent un public averti. Résultat : un quartier renommé pour sa vie culturelle, ses cafés, bistros, brasseries artisanales, et de belles terrasses.

▸ **Village gai.** Situé en plein cœur de la Terrasse Ontario, le Village gai se veut un lieu d'ouverture d'esprit et de joie de vivre dans la métropole. La station de métro Beaudry affiche fièrement les couleurs du quartier. Jouissant d'une excellente notoriété auprès de la communauté gay à travers le monde, il accueille chaque année de milliers de touristes. Et pour cause ! La rue Sainte-Catherine, principale artère du Village et transformée en rue piétonne l'été, réunit de nombreux cafés, bars, restaurants et boîtes de nuit. La communauté gay est aussi à la tête de la tenue de plusieurs événements festifs tels que le Black & Blue, Divers/Cité, Festival international Montréal en Arts et Fierté Montréal. Un quartier haut en couleur où la liberté d'être prime avant tout.

Plateau Mont-Royal

Composé de quatre villages autonomes (Saint-Jean-Baptiste, Saint-Louis du Mile End, Coteau-Saint-Louis et Côte-de-la-Visitation), ce quartier de Montréal – le *Plateau* comme on l'appelle familièrement – a connu un développement rapide au début du siècle. Il est aujourd'hui habité par une population assez jeune et très branchée. Beaucoup de ses vieilles résidences ont été rénovées ou sont en passe de l'être.
La rue Saint-Denis et l'avenue Mont-Royal qui la croise en sont les principales artères. Le quartier touche au Quartier latin au sud et au quartier Saint-Louis à l'ouest. Près du Carré Saint-Louis, on retrouve la rue Cherrier qui mène au parc Lafontaine et à la bibliothèque municipale.

Le mont Royal en chiffres

- **1876 :** année d'inauguration.
- **3 000 000** visiteurs par année.
- **40 km** de chemins et sentiers.
- **600** espèces de plantes.
- **182** espèces d'oiseaux.
- **30 mètres :** hauteur de la croix.

Source : Ville de Montréal.

La Main. Le boulevard Saint-Laurent, baptisé familièrement *La Main* (pour Main Street), est l'une des vieilles rues de Montréal. D'abord chemin, elle fut ouverte au XIXe siècle sous le régime français. L'arrivée massive de juifs russes, qui s'y installèrent à partir de 1881, fera du yiddish la langue d'usage dans cette zone. D'autres groupes ethniques s'installeront sur ce boulevard qui comporte une section portugaise, espagnole, juive, italienne, etc. Elle reste l'artère la plus cosmopolite de Montréal, avec ses boîtes de nuit, bars, restaurants et commerces ethniques, et la rue Prince-Arthur, transformée en zone piétonne, est bordée de restaurants et terrasses. Jour et nuit, ces deux rues sont envahies par une foule bigarrée.

Sud-Ouest et Ouest

Le Sud-Ouest, situé comme son nom l'indique au sud-ouest du centre-ville, englobe plusieurs quartiers regroupés autour du canal de Lachine et du fleuve Saint-Laurent : Griffintown, Petite Bourgogne, Saint-Henri, Pointe Saint-Charles, Verdun, LaSalle et Lachine.
La plupart de ces quartiers se sont développés avec l'essor industriel favorisé par l'ouverture du canal de Lachine mais ils sont par la suite tombés en désuétude : les industries ont abandonné les lieux et les résidents se sont appauvris de concert avec l'habitat. Des nos jours, ce sont des quartiers résidentiels florissants de plus en plus dynamiques, notamment Saint-Henri et Verdun, où beaucoup de jeunes vont s'installer. Quant à Griffintown, cet ancien quartier ouvrier fait partie d'un projet d'envergure d'urbanisme et de revitalisation. Plusieurs édifices à condos y sont construits, des bonnes tables y installent leurs pénates, différents commerces de services y ouvrent leur porte.

Quant à l'Ouest, appelé aussi *West Island*, ce sont des villes autonomes comme Dorval, Pointe-Claire, Pierrefonds, Beaconsfield, Baie d'Urfé, l'Île Bizard, etc., où l'on retrouve une grande majorité d'anglophones. La pointe ouest de l'île mène à la région du Suroît en Montérégie avant d'arriver en Ontario.

À la découverte du Grand Sud-Ouest

CORPORATION DU PÔLE DES RAPIDES
Bureau d'accueil touristique de l'Écluse de Lachine
500, chemin des Iroquois, Secteur Lachine
✆ +1 514 364 4490 / +1 888 364 4490
www.poledesrapides.com – info@poledesrapides.com
Ouvert à l'année.
Cet organisme à but non lucratif a pour mission principale la mise en valeur des attraits, des produits récréotouristiques et culturels des arrondissements de Lachine, LaSalle, Sud-Ouest et Verdun. Il promeut la région du même nom en invitant les visiteurs dans un cadre enchanteur où l'eau, les espaces verts et l'histoire sont mis en avant, et ce, à moins de 15 minutes du centre-ville de Montréal. Parmi les sites phares, notons les pistes cyclables du Grand Sud-Ouest : la piste polyvalente du canal de Lachine et la piste cyclable des berges du fleuve Saint-Laurent. Elles sont tout simplement magnifiques et jouissent d'une grande popularité auprès des visiteurs et des résidents de la métropole. L'eau est également un élément important de la région. Kayak de rivière et rafting peuvent être pratiqués dans les rapides de Lachine, sans oublier le surf près des constructions d'Habitat 67. Pour ceux qui ne veulent pas se mouiller, le parc des Rapides offre une superbe vue sur ces rapides, en plus d'être un endroit privilégié pour l'observation des oiseaux. À cela s'ajoutent des activités culturelles et patrimoniales, des plaisirs gourmands, des festivals et événements de toutes sortes, des activités familiales, des boutiques pour tous les goûts… Pour plus d'information et des idées de séjour, consultez le site Internet, complet et fort intéressant.

Canal de Lachine.

Est

L'est de la ville, qui s'étend jusqu'au bout de l'île, est principalement composé de quartiers résidentiels et industriels. Toutefois, le quartier Hochelaga-Maisonneuve, qui longe la ligne verte de métro entre les stations Préfontaine et Viau, est l'hôte de nombreux attraits d'importance.

Hochelaga-Maisonneuve. Autrefois quartier ouvrier et populaire, Hochelaga-Maisonneuve garde les traces de ce passé. D'ailleurs, de nombreuses visites guidées permettent de mettre en valeur ce patrimoine et cette page d'histoire fort importante dans l'essor industriel de Montréal.

Une des principales attractions du quartier est le Jardin botanique avec ses 22 000 espèces et cultivars de plantes, ses dix serres d'exposition, sa Maison de l'arbre Frédéric-Back et plus d'une vingtaine de jardins thématiques. Il est d'ailleurs classé parmi les plus importants et les plus beaux jardins au monde ! Autres attraits : l'Insectarium, le Biodôme, le Planétarium, le Musée Dufresne-Nincheri et le Parc Olympique qui a accueilli les Jeux d'été en 1976.

Nord

Il englobe plusieurs quartiers au nord du mont Royal et du Plateau, dont certains valent le détour :

Outremont. Située, comme son nom l'indique, sur l'autre versant (nord) de Montréal, Outremont se caractérise par ses imposantes résidences, tout particulièrement le long du chemin de la Côte-Sainte-Catherine qui longe le flanc de la montagne. Ville résidentielle, Outremont compte plusieurs beaux parcs et peu de commerces. Elle est délimitée par le chemin de la Côte-Sainte-Catherine, l'avenue du Parc et par une voie de chemin de fer.

Parmi les édifices dignes d'intérêt, on notera la façade Beaux-Arts de l'Académie Querbes (215, rue Bloomfield) ; l'église Saint-Viateur (rue Laurier) dont la façade sculptée est considérée comme insurpassable à Montréal ; et le pensionnat du Saint-Nom-de-Marie qui abrite l'école de musique Vincent-d'Indy. L'immeuble se caractérise par une colonnade surmontée d'un fronton et d'un dôme.

La Petite Italie. Bien nommée, la Petite Italie accueille de nombreux immigrants d'origine italienne. Les premières vagues d'immigration italienne du début du XIXe siècle ont été suivies d'autres à la fin du même siècle. Mais les arrivées les plus importantes se sont succédé après la Seconde Guerre mondiale. C'est alors que des milliers d'ouvriers et de paysans se sont établis à Montréal et notamment dans ce quartier.

De nos jours, la population tend à s'y mélanger : Maghrébins, Sud-Américains, Africains s'y installent. Au cours d'une promenade, on ne manquera pas de faire une halte au Marché Jean-Talon, le plus vaste marché d'alimentation de Montréal. Il est ouvert en été comme en hiver et on y trouve des spécialités québécoises, des produits bio et toutes sortes de fruits et légumes exotiques. Un arrêt s'impose également dans un des nombreux cafés, trattorias et commerces des rues Saint-Laurent et Dante.

SE DÉPLACER

L'arrivée

Avion

AÉROPORT PIERRE-ELLIOT-TRUDEAU
975, boulevard Roméo-Vachon Nord
✆ +1 514 394 7377 / +1 800 465 1213
www.admtl.com
Anciennement appelé «Dorval», l'aéroport a subi d'importants travaux d'agrandissement afin de doubler sa capacité d'accueil et de moderniser ses installations. Une trentaine de compagnies aériennes y opèrent des vols nationaux et internationaux.
Pour aller de l'aéroport au centre-ville :

- **Express Bus 747.** La Société de transport de Montréal (STM) exploite une ligne d'autobus express entre l'aéroport et le centre-ville. Ce service est en opération 24h/24, 7j/7. Le trajet entre Montréal-Trudeau et la gare d'autocars de Montréal (Berri-UQAM) prend de 45 à 60 minutes, selon les conditions de circulation. Des arrêts ont lieu à la station de métro Lionel-Groulx ainsi que sur le boulevard René-Lévesque à plusieurs intersections. Aucun frais additionnels aux détenteurs des cartes hebdomadaires, mensuelles ou 4 mois CAM, des cartes week-end illimité, des cartes mensuelles TRAM, ainsi que des cartes touristiques 1 jour et 3 jours. Le prix des billets individuels est de 10 CAN $ pour un aller simple, valide 24h sur tout le réseau de la STM. À l'aéroport, les titres sont en vente au niveau des arrivées internationales. Au centre-ville, les billets sont en vente dans les stations de métro, la gare d'autocars, l'Hôtel Hilton, et certaines bornes de stationnement. Pour info : www.stm.info
- **Taxis disponibles à l'aéroport, aucune réservation nécessaire.** Coût d'un taxi : 40 CAN $ vers le centre-ville (le prix est fixe). À partir de 55 CAN $ en limousine. Service additionnel de minibus offert vers certains hôtels (contactez votre hôtel pour savoir si ce service y est offert).

Train

AGENCE MÉTROPOLITAINE DE TRANSPORT (AMT)
Plusieurs gares à Montréal
✆ +1 514 287 8726 / +1 888 702 8726
www.amt.qc.ca
Renseignements sur les trains de banlieue. Six lignes reliant Montréal à Vaudreuil/Hudson, Deux-Montagnes, Saint-Jérôme, Mascouche, Mont-Saint-Hilaire, et Candiac.

AMTRAK – GARE DE MONTRÉAL
Gare centrale de Montréal
895, rue de la Gauchetière Ouest
✆ +1 800 872 7245
Voir page 28.

VIA RAIL – GARE DE MONTRÉAL
Gare centrale de Montréal
895, rue de la Gauchetière Ouest
✆ +1 514 989 2626
Voir page 28.

Bus

GARE D'AUTOCARS DE MONTRÉAL
1717, rue Berri ✆ +1 514 842 2281
www.gamtl.com – info@gamtl.com
M° Berri-UQÀM. Renseignements tarifs et horaires au numéro indiqué. Service téléphonique et gare routière : 7j/7, 24h/24.
Pour toutes les destinations d'Amérique du Nord situées à plus de 35 km de Montréal. Possibilité d'acheter un RoutPass (www.routpass.com), donnant droit à des trajets illimités, pendant une période de 7, 14 ou 18 jours. Il est valable au Québec et en Ontario (mais pas pour se rendre à l'aéroport Montréal-Trudeau). Le forfait de 18 jours comprend le Québec, l'Ontario et New York (412 CAN $).

Bateau

NAVETTES MARITIMES DU SAINT-LAURENT
Vieux-Port de Montréal, Quai Jacques-Cartier
✆ +1 514 281 8000 / +1 800 563 4648
www.navettesmaritimes.com
info@croisieresaml.com
En opération de mi-mai à mi-octobre (week-end seulement de mi-mai à fin juin et de septembre à mi-octobre). 7,50 CAN $ par personne, gratuit pour les 5 ans et moins. Départ toutes les heures de 9h30 à 18h30 depuis Montréal, et de 10h à 19h depuis Longueuil. Horaire prolongé du vendredi au dimanche de fin juin à début septembre.
Service de navette fluviale reliant le Vieux-Port de Montréal au Parc Jean-Drapeau (Île Sainte-Hélène) et à Longueuil (Montérégie).

Voiture

L'autoroute 40, aussi appelée autoroute métropolitaine, traverse la ville d'est en ouest (la partie la plus longue de l'île). L'autoroute 20,

prolongée par l'autoroute Ville-Marie, permet d'effectuer le même trajet en longeant le fleuve. Il est plus facile de franchir l'île du sud au nord via plusieurs boulevards (Saint-Laurent, Pie-IX), l'avenue Papineau et la rue Saint-Denis. Pour quitter l'île, empruntez les mêmes artères qui conduisent aux ponts reliant Laval au nord et la rive sud.

Location de voitures. Il faut compter au moins 50 CAN $ la journée pour la location d'un véhicule de catégorie sous-compacte (assurances en sus), tarif variable selon les promotions en vigueur, les saisons et la distance parcourue, le kilométrage étant souvent illimité. Nous indiquons ci-après les principales succursales des grandes chaînes, charge à vous de les contacter pour avoir l'adresse de l'agence la plus proche. Notez que certaines de ces compagnies ont des comptoirs de location à l'aéroport ainsi qu'à la gare ferroviaire.

AUTHENTIK CANADA
352, rue Émery
✆ +1 514 769 0101 / +1 877 769 0101
www.authentikcanada.com
Agence de voyages locale qui loue également des voitures.

Autres adresses : N° Vert en Belgique : 0 800 262 32 • N° Vert en France : 0 805 080 113 • N° Vert en Suisse : 0 800 898 601

AVIS
1225, rue Metcalfe
✆ +1 514 866 2847 / +1 800 879 2847
www.avis.ca
Agence de location de voitures.

BUDGET
895, rue de la Gauchetiere Ouest
✆ +1 514 866 7675 / +1 800 268 8970
www.budget.ca
Agence de location de voitures.

COMMUNAUTO
✆ +1 514 842 4545 / +1 877 942 4545
www.communauto.com
Etablie au Québec depuis 1994, cette société d'abonnement à la location de véhicules constitue un moyen astucieux pour l'usage ponctuel d'une voiture pour la durée et le nombre de kilomètres souhaités. Etant donné qu'il faut s'abonner pour une année, nous le conseillons aux résidents permanents ou PVTistes et non aux visiteurs de passage. Plus de 1 200 voitures et près de 400 points de service dans les régions de Montréal, Québec, Sherbrooke et Gatineau sont à la disposition des quelque 26 000 abonnés. Vous avez le choix entre trois forfaits annuels, adaptés à différentes utilisations. D'autres types de tarifs sont également offerts (longue distance, travail, Le Lièvre). L'adhésion implique une caution de 500 CAN $, rendue à l'adhérent après une période minimale d'un an si vous ne désirez pas renouveler l'expérience (sauf pour Le Lièvre). Il est aussi possible de prendre un abonnement familial ou encore le forfait Communauto + transport en commun. Une solution à la fois économique et écologique, qui contribue à la rationalisation de l'usage de l'automobile, sans les embarras de l'entretien.

A Montréal seulement : Auto-mobile, des véhicules disponibles sur rue 24h/24, sans aucune réservation. Vous pouvez utiliser une Auto-mobile et la laisser n'importe où, en fin de trajet, là où la signalisation le permet à l'intérieur de la zone de desserte. Plus d'info sur le site web.

DISCOUNT
607, boulevard de Maisonneuve Ouest
✆ +1 514 798 7235 / +1 800 263 2355
www.discountcar.com
Agence de location de voitures.

ENTERPRISE
1005, rue Guy
✆ +1 514 931 3722 / +1 800 562 2886
www.enterpriserentacar.ca
Agence de location de voitures.

GLOBE-TROTTER AVENTURE CANADA
1142, rue Notre-Dame, Secteur Lachine
✆ +1 514 312 2990 / +1 888 598 7688
www.aventurecanada.com
Agence de voyages locale qui loue également des voitures.

Autres adresses : N° Vert en Belgique : 0 800 775 46 • N° Vert en France : 0 800 916 672 • N° Vert en Suisse : 0 800 836 078

HERTZ
1073, rue Drummond
✆ +1 514 938 1717 / +1 800 263 0678
www.hertz.ca
Agence de location de voitures.

THRIFTY
1155, rue Guy
✆ +1 514 989 7100 / +1 800 847 4389
www.thrifty.com
Agence de location de voitures.

VIA ROUTE
5180, rue Papineau
✆ +1 514 521 5221 / +1 888 842 7688
www.viaroute.com
Agence de location de voitures.

En ville

La façon de se déplacer varie beaucoup en fonction des saisons. En été, il est très agréable de parcourir la ville à pied ou à vélo. En hiver, surtout par les jours de grand froid ou lors d'une tempête de neige, nous recommandons le taxi ou le métro. Le bus peut également être une option, mais il faut parfois l'attendre longtemps (15-20 minutes).

Métro

SOCIÉTÉ DE TRANSPORT DE MONTRÉAL (STM)
✆ +1 514 786 4636
www.stm.info
Le réseau de transport de la métropole (métro et autobus). Renseignements sur les trajets et tarifs, les bus, le métro, le transport adapté et le taxi collectif.
Montréal offre un bon service de transports en commun, dont quatre lignes de métro qui relient entre elles les grandes places publiques et commerçantes. Le métro part de la rive sud et se rend jusqu'à Laval, la banlieue nord de l'île. Le réseau est relié à la ville souterraine et ses nombreux commerces. Les autobus prennent la relève du réseau pour vous conduire aux quatre coins de Montréal. Pour utiliser le métro et le bus, il faut se procurer la carte à puce rechargeable Opus (6 CAN $) ou payer comptant (montant exact). Le coût : 26,50 CAN $ pour 10 billets ; 25,50 CAN $ pour une semaine (lundi au dimanche) ; 82 CAN $ pour le mois ; soirée illimitée de 18h à 5h pour 5 CAN $; week-end illimité du vendredi 18h au lundi 5h pour 13 CAN $. Le coût d'un passage à l'unité est fixé à 3,25 CAN $ (6 CAN $ pour 2 billets) et il est également possible de se procurer une carte touristique (1 jour/24h 10 CAN $, 3 jours consécutifs 18 CAN $). Notez que plusieurs titres ne sont pas acceptés aux stations de Laval et de Longueuil. Il existe un droit à la correspondance valable 120 minutes à compter de l'heure de votre passage initial. Des réductions pour les bénéficiaires sont aussi à prévoir.

▸ **Métro.** Ouvert dès 5h30 pour les quatre lignes. Le dernier départ s'effectue à chaque extrémité des lignes de métro. Lignes verte et orange : 0h30 en semaine et le dimanche, 1h le samedi. Ligne jaune : 1h en semaine et le dimanche, 1h30 le samedi. Ligne bleue : dernier départ à 0h15 tous les soirs. Il existe un droit à la correspondance métro ou bus, valable 120 minutes à compter de l'heure de votre passage initial.

Un site pour les gens pressés : www.stm.info

Le site de référence pour gagner beaucoup de temps quand on se déplace en transport en commun. Avec l'option « Itinéraires » de ce site Internet, vous tapez votre lieu de départ, votre lieu d'arrivée et l'horaire (arrivée ou départ). Vous obtiendrez alors la combinaison de bus et métro qui vous fera arriver à destination au plus vite. Très pratique !

Bus

Pour toute information sur le réseau d'autobus de la ville de Montréal, reportez-vous à la rubrique « Métro ».

▸ **Le service « Entre 2 arrêts » :** La STM a mis en place un service favorisant la sécurité des femmes le soir. Le principe est simple : en montant dans le bus, demandez au chauffeur s'il peut arrêter entre deux arrêts, si cela est plus près de chez vous. Ce service est disponible à partir de 19h30 de septembre à fin avril, 21h de mai à fin août.

Taxi

Il suffit de téléphoner pour qu'il en surgisse un, après un délai maximum de 5 à 10 min. Il existe de nombreux stands un peu partout, et vous pouvez les héler dans la rue. Le pourboire est conseillé (15 %). Certains taxis acceptent le paiement par carte, demandez avant de monter !

CHAMPLAIN
✆ +1 514 273 2435 / +1 514 271 1111
www.taxichamplain.qc.ca
directors@taxichamplain.qc.ca
Compagnie de taxis.

DIAMOND
✆ +1 514 273 6331
www.taxidiamond.com
Compagnie de taxis.
Application mobile pour commander un taxi disponible en téléchargement sur le AppStore et Google Play (application directement intégrée au système de répartition par GPS).

HOCHELAGA
✆ +1 514 322 2121
www.taxihochelaga.com
Compagnie de taxis.

TAXI COOP MONTRÉAL
✆ +1 514 725 9885
www.taxi-coop.com
info@taxi-coop.com
Compagnie de taxis.

Vélo

Selon le magazine américain *Bicycling*, Montréal est la meilleure ville cyclable en Amérique du Nord. La métropole regorge de pistes cyclables qui la relient à la Route Verte (www.routeverte.com), et la plus populaire reste sans conteste celle du Canal de Lachine qui s'étend sur environ 15 km, du Vieux-Port au lac Saint-Louis à l'ouest. Procurez-vous un plan des pistes dans une de ces boutiques ou auprès de Vélo Québec (www.velo.qc.ca).

MA BICYCLETTE
2985 C, rue Saint-Patrick
✆ +1 514 317 6306 / +1 877 815 0150
www.mybicyclette.com
info@mybicyclette.com
Angle Atwater. Ouvert tous les jours en saison. Tarifs vélos : 10-15 CAN $ pour une heure, 30-45 CAN $ la journée. Location 24h et à la semaine aussi offerte. Vélos tandem et pour enfants aussi disponibles. Casque, cadenas, sac à vélo et carte des pistes cyclables fournis avec le vélo. Service de réparation de vélo et boutique sur place.
L'entreprise Ma Bicyclette, fondée en 2008, sise sur les berges du canal de Lachine, aux abords de la piste cyclable. Cette dernière a d'ailleurs été nommée parmi les dix meilleures pistes cycables urbaines au monde par le magazine *Time* en 2009. En plus de faire la location de vélo de qualité (route, hybride, montagne, tandem), Ma Bicyclette propose des tours sur mesure (minimum deux personnes).

BIXI
✆ +1 514 789 2494 / +1 877 820 2453
www.bixi.com
info@bixi.com
Le service BIXI est offert d'avril à fin novembre et est accessible 24h/24. L'abonnement annuel est disponible au coût de 82,50 CAN $ (31,25 CAN $ pour 30 jours). Il est possible d'y avoir accès pendant 24h moyennant un paiement de 5 CAN $ (7 CAN $ pour les non-membres et 72h pour 15 CAN $) par cartes de crédit avec dépôt de sécurité de 250 CAN $ (non-membres seulement). Peu importe l'abonnement choisi, les 45 premières minutes sont toujours gratuites et un tarif s'applique alors à chaque tranche de 30 minutes subséquentes.
Le BIXI (contraction de BIcyclette et de taXI), un système libre-service, est proposé dans plusieurs zones de la ville. Il permet d'emprunter un vélo à l'une des quelque 400 stations installées pour la belle saison, pour quelques heures ou pour la journée. Il est extrêmement avantageux pour les personnes effectuant des petits trajets à chaque fois. Si vous désirez avoir un vélo pour vos loisirs, nous vous conseillons de faire affaire avec un loueur.

Station de vélos Bixi.

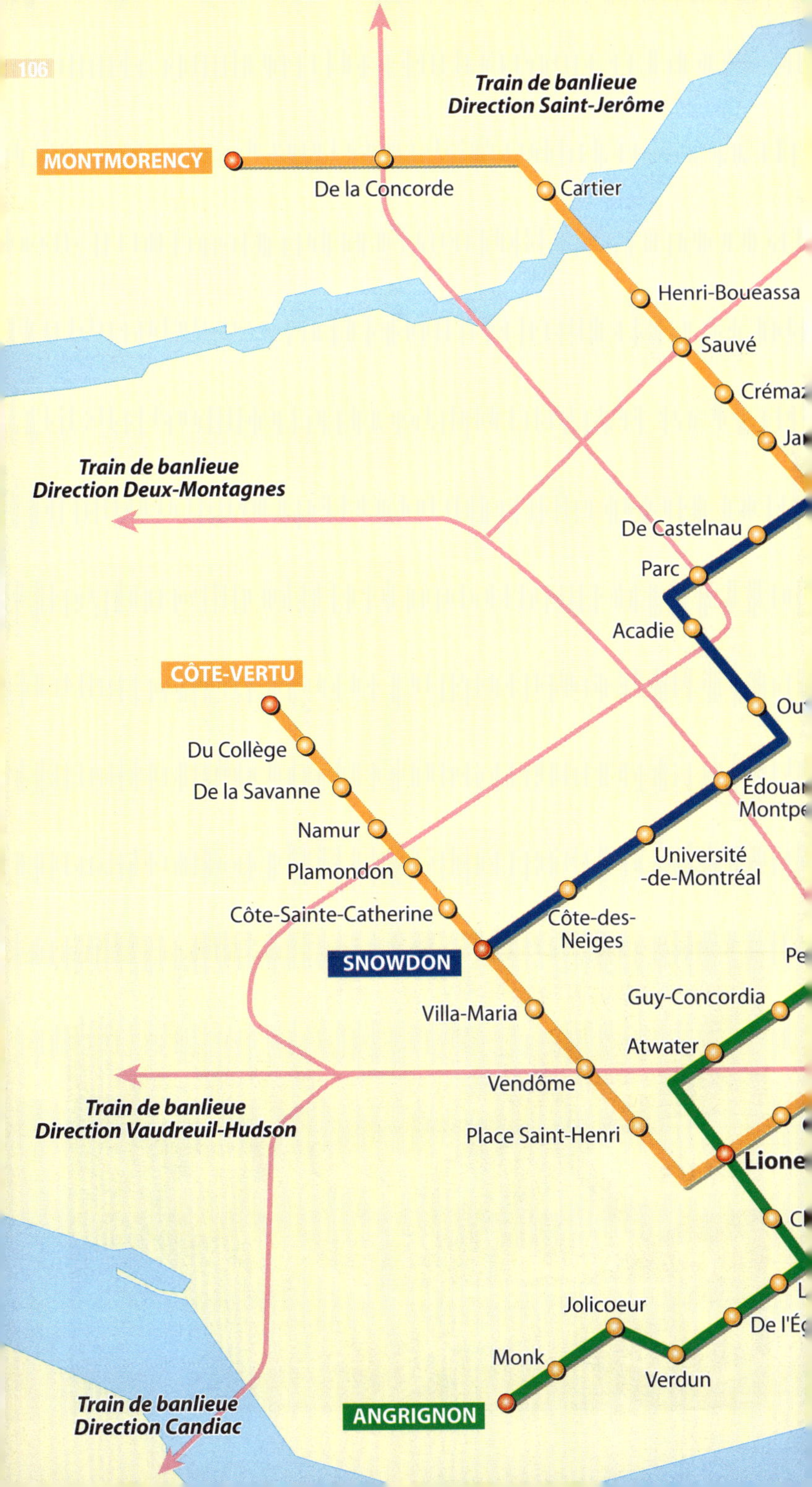
Train de banlieue
Direction Saint-Jerôme
MONTMORENCY
De la Concorde
Cartier
Henri-Boueassa
Sauvé
Train de banlieue
Direction Deux-Montagnes
De Castelnau
Parc
Acadie
CÔTE-VERTU
Du Collège
De la Savanne
Namur
Plamondon
Côte-Sainte-Catherine
SNOWDON
Université
-de-Montréal
Côte-des-
Neiges
Villa-Maria
Guy-Concordia
Atwater
Vendôme
Train de banlieue
Direction Vaudreuil-Hudson
Place Saint-Henri
Jolicoeur
Monk
Verdun
Train de banlieue
Direction Candiac
ANGRIGNON

Le métro de Montréal

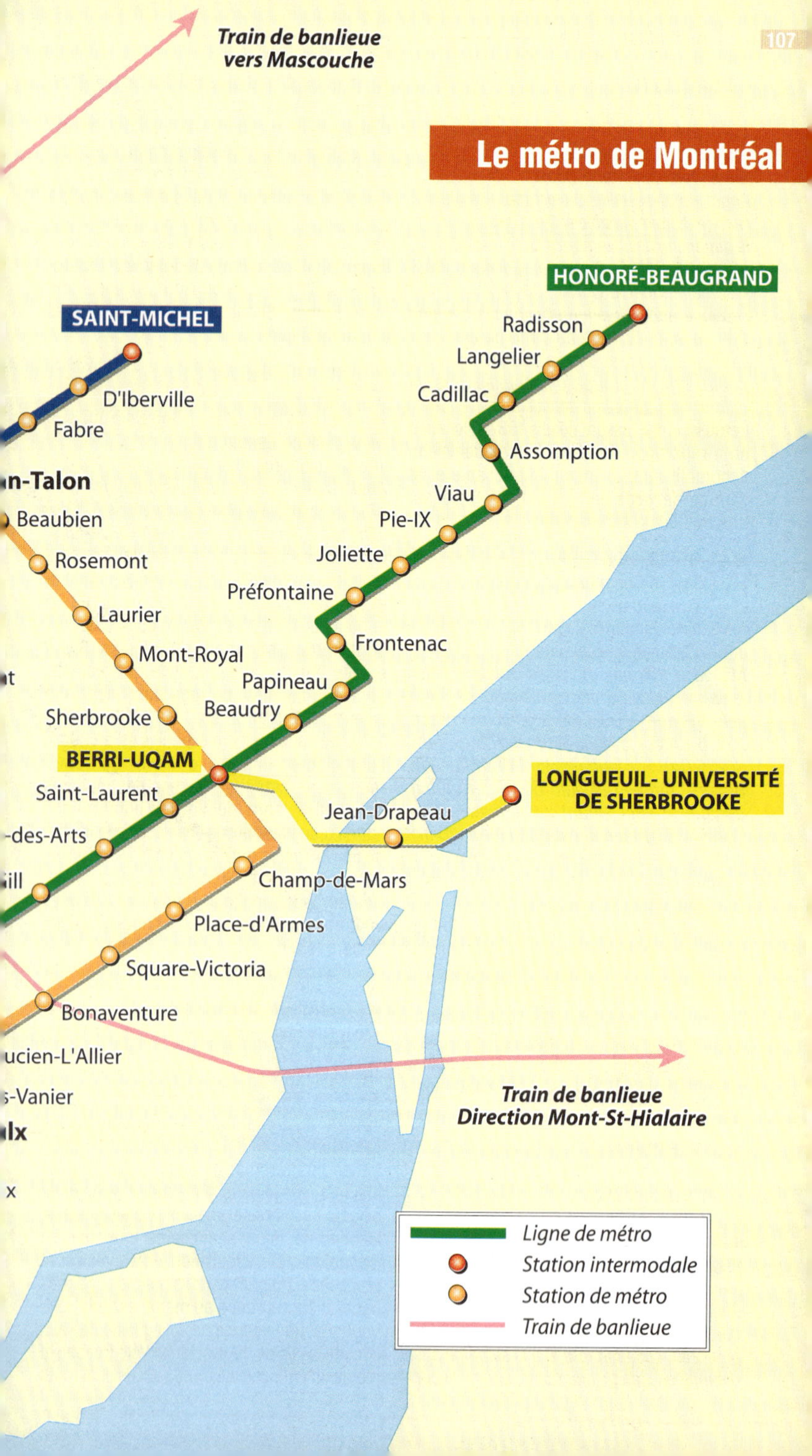

BICYCLETTERIE J.R.

201, rue Rachel Est
✆ +1 514 843 6989
www.labicycletteriejr.com
jaime@labicycletteriejr.com
Angle Hôtel-de-Ville. Ouvert tous les jours à l'année (horaire variable selon la saison – fermé le dimanche de novembre à fin février). Tarifs : 4h 15-35 CAN $, 1 journée 24-45 CAN $, 1 semaine 65-110 CAN $ (50-90 CAN $ par semaine add.). Casque et cadenas compris avec le vélo. Numéro de carte de crédit en caution et apporter une carte d'identité avec photo. Prix de groupe disponibles. Pas de rollers. Riverain à la piste cyclable.
L'établissement assure depuis 1987 la location et la réparation de vélos. Les mécaniciens accomplissent un travail impeccable et la gamme de vélos en location est copieuse. Une excellente adresse !

ÇA ROULE MONTRÉAL

27, rue de la Commune Est
✆ +1 514 866 0633 / +1 877 866 0633
www.caroulemontreal.com
info@caroulemontreal.com
M° Place-d'Armes. Horaires variables selon la saison et les conditions climatiques. Tarifs vélo hybride : 8-9 CAN $ pour une heure, 22-26 CAN $ la demi-journée (après 14h), 30-35 CAN $ la journée, 38 CAN $ pour 24h. Rollers, tandem et vélo de route/touring, bécane et vélo enfant aussi disponibles. Possibilité de louer à plus long terme. Dépôt ou pièce d'identité avec photo obligatoire. Casque, cadenas et carte du réseau cyclable fournis avec le vélo.
Personnel courtois qui prodigue les informations touristiques indispensables. Les commis aident avec sourire les candidats empêtrés avec leurs chaussures à roulettes et leur indiquent les meilleurs circuits. Si l'aventure s'avère impossible, les débutants peuvent suivre une leçon d'une heure. Tours guidés à vélo, service d'entretien et de vente aussi disponibles.

CYCLE POP

978, rue Rachel Est
✆ +1 514 526 2525
www.cyclepop.ca
info@cyclepop.ca
Angle de Mentana. Lundi-mercredi, 10h-18h ; jeudi-vendredi, 9h-20h ; samedi-dimanche, 9h-17h. Tarif vélos : 4h pour 17 CAN $, journée de 28-65 CAN $. Vélo tandem : 75 CAN $ pour 24h. Location 48h et à la semaine aussi disponible. Casque, cadenas, panier et porte bidon inclus. Livraison possible pour 10 CAN $. Caution prélevée sur carte de crédit.
Une équipe accueillante et serviable. L'atelier de réparation et mécanique remet votre vélo « sur ses deux roues ». Si votre chez-soi est trop petit pour le garder à la maison une fois l'hiver venu, Cycle Pop vous l'entrepose à peu de frais. Les randonnées à vélo « Pop Tours » vous convient à venir pédaler aux quatre coins de l'Amérique du Nord, et aussi loin qu'en France. Séances de spinning offertes d'octobre à avril.

CYCLO NORD-SUD

8717, 8e Avenue
✆ +1 514 843 0077 / +1 888 843 0077
www.cyclonordsud.org
info@cyclonordsud.org
Angle Denis Papin. Lundi-vendredi de 10h à 17h ; entrepôt ouvert lundi-vendredi de 10h30 à 17h (13h à 19h le jeudi de mi-avril à mi-juin).
Organisme sans but lucratif, Cyclo Nord-Sud récupère votre vélo, le répare si nécessaire et l'expédie dans un pays du Sud où il fera le bonheur d'un plus démuni que vous. Une contribution minimale de 15 CAN $ est exigée par donateur de vélo qui recevra, pour fins fiscales, un reçu équivalent à la valeur du vélo et du don. En 2014, ce sont 1 782 vélos qui ont été expédiés et, en 2005, l'organisme remporta le Phénix de l'Environnement, catégorie Gestion des matières résiduelles, sans oublier les nombreuses autres reconnaissances depuis. A ce jour, près de 50 000 vélos ont été réutilisés et envoyés dans une quinzaine de pays en développement. Une adresse à connaître pour les PVTistes et autres participants aux échanges lorsque viendra le temps de rentrer en Europe et de se débarrasser de son vélo.

LA MAISON DES CYCLISTES

1251, rue Rachel Est
✆ +1 514 521 8356 / +1 800 567 8356
www.velo.qc.ca
Angle de Brébeuf. Café-terrasse et boutique ouverts à l'année (horaires variables selon la saison).
Située au carrefour de deux axes cyclables majeurs, elle jouit de la présence verdoyante du parc La Fontaine adjacent. Visites guidées, location de vélos, séances de formation en mécanique, et restauration légère vous sont proposées. Un petit paradis pour les cyclistes car tout est regroupé au même endroit : une boutique, une agence de voyages dédiée aux circuits cyclistes, l'Association Vélo Québec et même un café convivial vous accueillent toute

l'année. Les lundis soir, des conférenciers passionnés de randonnées cyclistes sauront vous faire partager leurs aventures (10 CAN $ grand public, 8 CAN $ membres Vélo Québec).

Voiture

Se garer à Montréal peut rapidement devenir ardu, mais, avec ces petits conseils, vous y verrez plus clair. La métropole compte des milliers de places de stationnement que ce soit sur la rue ou dans des stationnements administrés par des sociétés de commandite ou des privés.

- **Sur la rue :** Vous ne trouverez généralement que des places payantes réparties dans quatre zones tarifaires. Si vous trouvez des places gratuites, vérifiez bien les panneaux sur la rue afin de ne pas vous retrouver avec une très mauvaise surprise à votre retour...
- **Dans les stationnements administrés par Stationnement de Montréal :** Cette société gère près d'une quarantaine de terrains de stationnement de courte durée, principalement regroupés au centre-ville, pour un total d'environ 3 330 places.
- **Dans les stationnements privés :** Leur tarif varie vraiment d'un endroit à l'autre mais ils ont l'avantage d'être disponibles à toute heure et pour plusieurs jours si nécessaire.

PRATIQUE

Tourisme – Culture

Les offices de tourisme sont signalés par un panneau figurant un « ? ».

BUREAU D'INFORMATION TOURISTIQUE DU VIEUX-MONTRÉAL
174, rue Notre-Dame Est
www.tourisme-montreal.org
info@tourisme-montreal.org
M° Champ-de-Mars, au coin de la Place Jacques-Cartier. Ouvert tous les jours de fin avril à fin octobre. Informations uniquement sur Montréal.
On peut s'y procurer une panoplie de supports d'information sur Montréal (guide touristique, dépliants, plans de ville, carte des pistes cyclables). Titre de transport 3 jours et Carte Musées Montréal en vente sur place.

CENTRE INFOTOURISTE DE MONTRÉAL
1255, rue Peel
✆ +1 514 873 2015
✆ +1 877 266 5687
www.bonjourquebec.com
M° Peel, angle Peel et Sainte-Catherine. Ouvert tous les jours à l'année (sauf le 25 décembre et le 1er janvier).
N'hésitez pas à y passer un moment pour planifier l'ensemble de votre séjour. L'accueil est très professionnel et le fonds documentaire impressionnant. On y trouve de nombreux intervenants touristiques sur place : Autoplateau Location (location de voitures), Gray Line/Coach Canada (tours de ville, excursions touristiques commentées), Sépaq (parcs nationaux et réserves fauniques), etc.

- **Autre adresse :** Numéro vert en France : 0 800 90 77 77 ; Numéro vert en Belgique : 0 800 78 532.

Représentations – Présence française

CONSULAT DE FRANCE À MONTRÉAL
1501, avenue McGill College
10e étage, bureau 1000
✆ +1 514 878 4385
www.consulfrance-montreal.org
info@consulfrance-montreal.org
Accueil du public : lundi-vendredi, 8h30-12h.

- **Autre adresse :** numéro d'urgence en dehors des heures d'ouverture : ✆ +1 514 296 3736.

CONSULAT GÉNÉRAL DE BELGIQUE À MONTRÉAL
999, boulevard de Maisonneuve Ouest
Suite 1600 ✆ +1 514 849 7394
diplomatie.belgium.be/canada/
montreal@diplobel.fed.be
Accueil du public du lundi au vendredi de 8h à 13h, jusqu'à 16h30 par téléphone.

- **Autre adresse :** numéro d'urgence en dehors des heures d'ouverture : ✆ +1 514 236 5402.

CONSULAT GÉNÉRAL DE SUISSE À MONTRÉAL
1572, avenue Docteur-Penfield
✆ +1 514 932 7181
www.eda.admin.ch/montreal
mon.vertretung@eda.admin.ch
Accueil du public du lundi au vendredi de 10h à 13h (jusqu'à midi le vendredi).

Argent

▸ **Banques.** Il y en a partout (ou presque !). Les agences disposent en général des distributeurs automatiques, qui acceptent Visa ou MasterCard (rarement les deux). Vérifiez les symboles avant d'effectuer un retrait.

▸ **Bureaux de change.** Vous trouverez des bureaux à l'aéroport, aux gares ferroviaire et routière, au centre-ville (notamment le long de la rue Saint-Catherine), dans les centres commerciaux comme les Ailes de la Mode et le Centre Eaton, au Centre Infotouriste, et dans le Vieux-Montréal. Les banques offrent également un service de bureau de change. Les taux de changent varient un peu d'un endroit à l'autre, et l'on vous donnera souvent un meilleur taux pour un montant à échanger élevé.

Moyens de communication

▸ **Poste.** Les bureaux de poste se trouvent en général dans les pharmacies (Jean Coutu, Pharmaprix...). Cherchez le logo (rouge) Postes Canada. On trouve des boîtes à lettres un peu partout dans les rues (les rouges et non les grises).

▸ **Téléphone.** Les cabines sont encore relativement nombreuses dans les rues. Pas besoin d'acheter de cartes : avec 50 cents, on peut passer des appels locaux d'une durée illimitée. Les appels vers d'autres provinces sont coûteux. Pour appeler à l'étranger, mieux vaut acheter une carte prépayée (avec un code à gratter), dans une pharmacie ou chez un « dépanneur ».

Santé – Urgences

▸ **Pour joindre la police**, les pompiers ou l'ambulance, composez le 911.

▸ **Pour obtenir des infos santé**, composez le 811.

■ **HÔPITAL HÔTEL-DIEU DU CHUM**
3840, rue Saint-Urbain
✆ +1 514 890 8000
www.chumontreal.qc.ca

■ **HÔPITAL SAINT-LUC DU CHUM**
1058, rue Saint-Denis
✆ +1 514 890 8000
www.chumontreal.qc.ca

■ **SERVICE DE POLICE DE LA VILLE DE MONTRÉAL**
Quartier général
1441, rue Saint-Urbain
✆ +1 514 280 2222
www.spvm.qc.ca
La ville compte 33 postes de quartier.

SE LOGER

Capitale économique de la province, ville cosmopolite, grand centre culturel... Avec toutes ces caractéristiques, Montréal a sans surprise développé un tissu hôtelier d'une grande variété. Que ce soit pour la clientèle d'affaires ou pour les touristes de passage, pour les amateurs d'étape confort ou les voyageurs sans le sou, on y trouve des solutions d'hébergement pour tous les goûts.
Une réservation en dernière minute n'est pas un soucis la majeure partie de l'année, mais attention, les nombreux festivals et les évènements culturels et sportifs de tous ordres attirent de nombreux visiteurs, et pourraient obliger les voyageurs les moins prévoyants à se porter sur un second choix...

Locations

Que vous décidiez de ne rester que quelques nuits en ville, ou que vous posiez vos valises pour quelques temps, la location d'un appartement ou d'une chambre équipée d'une cuisine peut se révéler une solution avantageuse.

■ **HÔTEL LES SUITES LABELLE**
1205, rue Labelle
✆ +1 514 840 1151 / +1 866 602 1151
www.hotellabelle.com
info@hotellabelle.com
M° Berri-UQÀM. Occupation double : à partir de 89 CAN $. Petit déjeuner buffet américain inclus. Promotions, forfaits et tarif long séjour disponibles.
Situés en plein cœur du centre-ville, ces beaux studios vous rapprochent de toutes les commodités de la vie urbaine. Les chambres, entièrement meublées, sont toutes équipées d'une petite cuisine et d'un accès Internet gratuit. Les suites possèdent en plus un bain à remous pour deux personnes. Les logements sont spacieux et très fonctionnels, sans compter un excellent rapport qualité-prix. Un pied-à-terre vraiment bien situé !

INN BETWEEN

1805, rue Ontario Est
✆ +1 514 931 9167 / +1 800 588 5280
www.innbetween.ca – info@innbetween.ca
Angle Papineau. La réception se situe au restaurant Chez Ma Grosse Truie chérie (1801, rue Ontario Est). Occupation double : à partir de 139 CAN $ en basse saison et 199 CAN $ en haute saison. 20 CAN $ par personne additionnelle. Informez-vous sur les tarifs pour long séjour et la location au mois. Quatre places extérieures de stationnement : 10 CAN $ par nuit. Buanderie sur place.
Des appartements de toute beauté, colorés, design, inspirants et tellement cozy ! Chaque unité peut accueillir de deux à quatre personnes et est entièrement équipée avec notamment un bar central, une cuisine complète, un bain à remous, l'Internet sans fil et un accès à la terrasse principale. On craque littéralement pour chacune des unités au point qu'il est impossible de faire un choix. Pour couronner le tout, vous êtes à quelques pas des quartiers les plus branchés de la ville, soit le Village, le Quartier latin, le Plateau et le Vieux-Montréal. Que demander de plus ?

LOFTS DU VIEUX-PORT

Réception à l'Auberge du Vieux-Port
97, rue de la Commune Est
✆ +1 514 876 9119 / +1 866 333 4340
www.loftsduvieuxport.com
info@loftsduvieuxport.com
M° Place-d'Armes. Tarifs sur demande (à la nuit, à la semaine ou au mois). Promotions offertes.
Véritable coup de cœur pour ces superbes lofts du Vieux-Montréal. Non seulement la localisation est extraordinaire, la vue en témoigne, mais chaque unité offre un cachet sans pareil avec une touche de modernité ne faisant pas défaut au style d'origine. Studios, lofts, appartements de deux chambres et lofts luxueux, à vous de choisir. Et bien entendu, ils sont tous entièrement équipés et offrent de nombreux services (buanderie, service voiturier, accès gratuit à un gymnase, restauration au loft, massothérapie, accès au bar à vin et à la terrasse de l'Auberge du Vieux-Port, etc.). À noter que le service de conciergerie est impeccable. Une adresse à retenir !

MY STUDIO MONTREAL

✆ +1 514 844 0744
www.mystudiomontreal.com
booking@mystudiomontreal.com
Tarif unique de 129 CAN $ par nuit. Tarif long séjour disponible. Réservation en ligne uniquement.
Cette entreprise propose des appartements, studios et chambres meublés à louer à la nuit, à la semaine ou plus. Ils sont situés dans différents quartiers de la ville (Université de Montréal, Concordia, McGill, Plateau, etc.). La gamme de produits en location meublée est très vaste, allant du studio à l'appartement avec deux chambres, tous avec un charme différent.

RESIDENCE INN BY MARRIOTT MONTREAL-WESTMOUNT

2170, avenue Lincoln
✆ +1 514 935 9224 / +1 800 678 6323
www.residencemontreal.com
info@residencemontreal.com
M° Atwater. Occupation double : à partir de 129 CAN $, petit déjeuner inclus. Stationnement : 20 CAN $ par jour. Piscine intérieure, sauna, salle d'exercices.
Les hôtels Marriott sont reconnus pour la qualité de leur hébergement et la variété de leurs services à la clientèle. Avec cette volonté de séduire et cette exigence pour l'hébergement, le Marriott Montréal Westmount vous offre un vrai environnement de travail « à domicile ». Car dans ces studios et suites spacieuses, avec cuisinette entièrement équipée, vous êtes chez vous. De la première seconde à la dernière, le personnel bilingue sera à votre service, pour tous vos besoins. Après y avoir goûté une fois, vous songerez même à y vivre à l'année. Alors que ce soit pour un court séjour ou pour un déplacement professionnel, voici le choix futé à faire !

STUDIO MEUBLÉ MONTRÉAL

✆ +1 514 831 8753 / +1 855 831 8753
www.studiomeublemontreal.com
À partir de 1 000 CAN $ par mois.
Cette compagnie propose des solutions d'hébergement, principalement sur une base mensuelle, en studios et appartements entièrement meublés et équipés. La plupart ont été complètement rénovés et offrent toutes les commodités : lit double, draps et couvertures, cuisinette avec électroménager, vaisselle et ustensiles, salle de bain avec baignoire (serviettes incluses), téléphone (gratuit pour les appels locaux), Internet gratuit et téléviseur avec câble. Bref, rien ne manque ! La disposition et la décoration varient, et la propreté est garantie. L'équipe est sérieuse et les studios idéalement situés, pour la plupart au cœur du Ghetto McGill. Une recommandation futée pour les nouveaux arrivants et les touristes de longue durée.

Autre adresse : N° vert depuis la France : 0 800 919 401

Vieux-Montréal et Parc Jean Drapeau

Loger au cœur du Vieux-Montréal est bien entendu la manière la plus confortable de limiter vos déplacements pour visiter les principaux attraits de la ville. Si les petits budgets auront ici du mal à trouver chaussure à leur pied, les amateurs d'adresses de charme et de petits hôtels-boutiques dans des bâtiments historiques et à l'architecture particulière seront comblés.
Agité la journée, le Vieux-Montréal offre en outre une atmosphère d'un calme olympien dès la nuit tombée.

Bien et pas cher

AUBERGE ALTERNATIVE DU VIEUX-MONTRÉAL
358, rue Saint-Pierre
✆ +1 514 282 8069
www.auberge-alternative.qc.ca
info@auberge-alternative.qc.ca
M° Place-d'Armes. À partir de 27 CAN $ la nuit en chambre partagée et de 75 CAN $ en chambre privée. Compter 5 CAN $ le petit déjeuner bio et copieux (compris dans le prix des chambres privées). Cuisine équipée à disposition, wifi et poste Internet, coin bibliothèque. Service de location de vélo.
Une auberge charmante, au cœur du quartier historique de Montréal, ça ne se refuse pas ! Le lieu est idéal pour se faire des compagnons de voyage. L'auberge adopte une philosophie alternative : pas de télévision ni de distributeur de sodas. Par contre, le café et le thé équitables sont offerts. Les employés de l'auberge et les voyageurs sont encouragés à s'exprimer sur des panneaux muraux et à échanger sur leurs expériences de vie. Résidence d'artistes, vernissages et autres activités culturelles sur place.

HÔTEL CHAMP-DE-MARS
756, rue Berri
✆ +1 514 844 0767 / +1 888 997 0767
www.hotelchampdemars.com
info@hotelchampdemars.com
M° Champ-de-Mars. Occupation double : à partir de 115 CAN $, petit déjeuner inclus. Promotions disponibles. Stationnement intérieur derrière l'hôtel : 15 CAN $ pour 24h. Service de location de voiture/limousine, vélos, rollers, billetterie pour des spectacles.
La localisation de ce charmant hôtel, au pied des fortifications et dans le Vieux-Montréal, en fait un bon choix si vous cherchez le calme, à distance de marche du centre-ville. Une suite et 26 chambres coquettes autant qu'originales tiennent compte du passé dans leur agencement. Le petit déjeuner américain, l'accès Internet et à la salle de gym Énergie-Cardio sont inclus. Restaurant sur place.

Confort ou charme

AUBERGE BONAPARTE
447, rue Saint-François-Xavier
✆ +1 514 844 1448
www.bonaparte.com
M° Place-d'Armes. Occupation double : à partir de 156 CAN $, petit déjeuner inclus.
Cette auberge 4 étoiles du Vieux-Montréal comprend une trentaine de chambres et une suite. Certaines des chambres ont une vue sur les magnifiques jardins de la Basilique Notre-Dame. Une terrasse sur le toit permet aux clients de prendre une bouffée d'air frais. Les petits déjeuners complets sont inclus et servis dans la salle du restaurant du même nom, un restaurant gastronomique hautement prisé qui permet de satisfaire la panse et les fines bouches. Situé dans un bâtiment historique, ce luxueux hôtel aux draperies riches et meublé selon le style

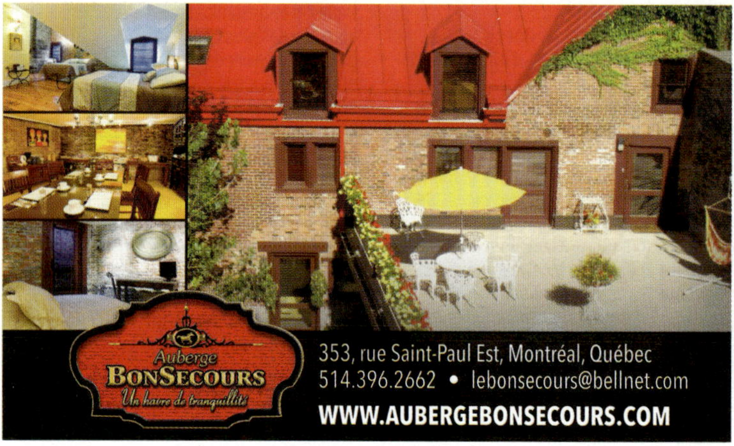

Louis-Philippe offre de nombreux services, dont un pressing et le service de conciergerie pour massothérapie, esthétique, service de garderie, réservations de théâtre (Le Centaur est à côté), etc.

■ AUBERGE BONSECOURS

353, rue Saint-Paul Est
✆ +1 514 396 2662
www.aubergebonsecours.com
lebonsecours@bellnet.ca
M° Champ-de-Mars. Occupation simple ou double : à partir de 165 CAN $ en basse saison et 185 CAN $ en haute saison. Petit déjeuner buffet inclus. 20 CAN $ de plus par personne (jusqu'à 4 personnes par chambre). Gratuit pour les enfants de moins de 12 ans. Promotions et forfaits disponibles. Fermeture annuelle en janvier et février.
Située dans le Vieux-Montréal, et à proximité de toutes les activités du centre-ville, l'Auberge Bonsecours est une ancienne écurie réaménagée en hôtel-boutique, qui vous propose six chambres alliant confort et tranquillité dans un cadre chaleureux : murs de briques apparentes et boiseries, ainsi qu'une cour intérieure pour se relaxer. Une jolie petite adresse !

■ HÔTEL ÉPIK MONTRÉAL

171, rue Saint-Paul Ouest
✆ +1 514 842 2634 / +1 877 841 2634
www.epikmontreal.com
info@epikmontreal.com
M° Place-d'Armes. Occupation double : à partir de 140 CAN $, petit déjeuner inclus. Promotions et forfaits disponibles. Resto-terrasse, café-bistro. Service de valet.
Un petit hôtel impeccable, avec dix chambres et suites d'une beauté incroyable. Le patrimoine architectural de l'édifice est fort bien conservé avec ses murs de pierres, ses poutres apparentes au plafond, ses larges fenêtres s'ouvrant sur la vieille ville... La déco, à la fois classique et contemporaine, s'harmonise parfaitement avec le tout. Si vos finances le permettent, réservez le magnifique penthouse sur trois niveaux. Il comprend notamment deux chambres, deux salles de bain, une cuisine entièrement équipée, un cellier à vin, un salon et salle à manger, ainsi que deux terrasses privées sur le toit. Pour casser la croûte, le bistro-terrasse propose des tapas créatifs d'inspiration européenne et à plusieurs, nous vous suggérons d'opter pour le plateau de viandes ou celui des poissons et fruits de mer. Un régal ! Une adresse qui a du chic et où vous serez traité aux petits oignons.

LHOTEL MONTRÉAL

262, rue Saint-Jacques Ouest
✆ +1 514 985 0019 / +1 877 553 0019
www.lhotelmontreal.com
info@lhotelmontreal.com
M° Place-d'Armes ou Square-Victoria. Occupation double : à partir de 159 CAN $, petit déjeuner inclus. Forfaits disponibles. Bar à vin Botero, salle d'exercices, service de massothérapie.
Le LHotel, qui fut au XIXe siècle le siège de la Banque d'Epargne de Montréal, est dorénavant la propriété de M. Marciano, fondateur de la célèbre marque Guess. En plus d'en faire sa résidence montréalaise, le propriétaire des lieux est un passionné d'art contemporain et de pop art et ses œuvres, toutes originales, trônent aux quatre coins de l'hôtel, jusqu'à l'extérieur : Robert Indiana, Andy Warhol, Javacheff Christo, Marc Chagall, Frank Stella... Ce n'est pas tous les jours que vous dormirez dans un « musée » ! De plus, le cachet de l'immeuble, renforcé par des antiquités singulières et un superbe mobilier classique, a bien été conservé. Une adresse hautement recommandée !

LE PETIT HÔTEL

168, rue Saint-Paul Ouest
✆ +1 514 940 0360 / +1 877 530 0360
www.petithotelmontreal.com
info@petithotelmontreal.com
M° Square-Victoria. Occupation double : à partir de 169 CAN $. Près d'une trentaine de chambres. Petit déjeuner et wifi inclus.
Charmant hôtel très tendance au cœur de la vieille ville. Les chambres sont réparties sur quatre étages de cet édifice historique et sont dotées de plusieurs commodités : lit plate-forme luxueux avec duvet d'oie, téléviseur LCD, station iPod avec haut-parleur, minibar, etc. Les unités plus spacieuses offrent un espace salon et peuvent accueillir en tout confort trois ou quatre personnes. Sur place, un café-lobby est ouvert tous les jours et sert des viennoiseries, des repas légers et des cafés de spécialité, avec un service de bar élaboré.

Luxe

HÔTEL GAULT

449, rue Sainte-Hélène
✆ +1 514 904 1616 / +1 866 904 1616
www.hotelgault.com – info@hotelgault.com
M° Square-Victoria. Occupation double : à partir de 209 CAN $. 30 suites, lofts et appartements. Forfaits disponibles. Restaurant-bar sur place (ouvert le matin et midi en semaine, pour le brunch le week-end).
Dans cet imposant bâtiment se cache un hôtel-boutique des plus charmants. De style contemporain, le mobilier des chambres et du restaurant en fait un endroit convivial et intime. L'hôtel propose plusieurs catégories de chambres, toutes aussi confortables et lumineuses les unes que les autres. Certaines disposent d'une terrasse privée et aménagée, et toutes d'une connexion Internet haute vitesse, d'un téléviseur à écran plat LED, d'un lecteur CD, d'un poste de travail pour les gens d'affaires et d'un lit Queen ou King. De plus, une salle d'exercices est à disposition de la clientèle. À proximité du centre-ville et de tous les attraits, l'Hôtel Gault est un choix de qualité et des plus agréables.

HÔTEL NELLIGAN

106, rue Saint-Paul Ouest
✆ +1 514 788 2040 / +1 877 788 2040
www.hotelnelligan.com
concierge@hotelnelligan.com
M° Place-d'Armes. Occupation double : à partir de 199 CAN $. Forfaits disponibles. Environ une centaine de chambres, suites et penthouses. Restaurants, bar, terrasse, service de valet et stationnement intérieur, salle de conditionnement physique, salle de massage.
Cet hôtel est à deux pas de la basilique Notre-Dame, du Palais de Justice et du Palais des Congrès. Il a vu le jour en juin 2002 et porte le nom du célèbre poète québécois Émile Nelligan. Dans les chambres règne une ambiance poétique, mêlant coin lecture, foyers et vers d'Émile. Les couleurs orangées, les murs de pierres et les plantes font du hall d'entrée l'endroit de détente idéal après une longue journée de travail. La soirée commencera par un cocktail offert par la maison dans son magnifique bar à ciel ouvert, la Terrasse Nelligan, et se terminera par un dîner dans l'un des deux restaurants, le fameux Verses ou le Méchant Bœuf bar-brasserie. Un séjour mémorable !

INTERCONTINENTAL MONTRÉAL

360, rue Saint-Antoine Ouest
✆ +1 514 847 8525 / +1 800 361 3600
www.montreal.intercontinental.com
yulhb-reservations@ihg.com
M° Place-d'Armes ou Square-Victoria. Occupation double : à partir de 175 CAN $, petit déjeuner inclus. Forfaits disponibles. Piscine intérieure à l'eau salée, sauna et bain vapeur, massothérapie, salle d'exercices, bar Sarah B. avec salons privés, restaurant Osco ! , terrasse, stationnement intérieur. Un passage souterrain relie l'hôtel au Palais des Congrès.
L'hôtel s'est refait une beauté en 2009 afin d'offrir davantage de confort et de luxe à ses

hôtes. Chambres rédécorées et remeublées, nouveau restaurant et bar à absinthe, aire d'accueil restylée… Une expérience rehaussée vous y attend. Idéalement situé dans le Vieux-Montréal, à 5 minutes de marche du centre-ville, l'InterContinental Montréal vous propose également une gamme complète de salles pour vos réunions et vos réceptions. Ce superbe édifice, avec accès sur l'attrayante ruelle des Fortifications, a été construit sur trois magnifiques voûtes en pierre de taille. Sa construction remonterait au milieu du XVIIIe siècle.

■ LE PLACE D'ARMES HÔTEL & SUITES

55, rue Saint-Jacques Ouest
✆ +1 514 842 1887 / +1 888 450 1887
www.hotelplacedarmes.com
info@hotelplacedarmes.com
Occupation double : à partir de 189 CAN $. Forfaits disponibles. Nombreux services sur place dont un centre de santé Rainspa, un restaurant, un bar-lounge japonais et un bar-restaurant sur le toit.

Derrière cette façade néoclassique se cache un hôtel-boutique des plus modernes et luxueux de la ville. Les poutres et les plafonds originaux ont été conservés, les éléments décoratifs sont d'un design contemporain qui respecte l'esprit initial de cette splendide demeure. Ainsi les boiseries, les textures, le marbre et les tapisseries rappellent ceux de l'époque et constituent la démarcation de cet établissement. Les chambres sont spacieuses, les couleurs sont chaudes et l'ambiance y est intime. Le lobby est d'une beauté et d'une intimité incontestables. Lors de la belle saison, les clients pourront profiter d'une magnifique terrasse qui domine le Vieux-Port. Un coucher du soleil inoubliable !

■ LE SAINT-SULPICE HÔTEL MONTRÉAL

414, rue Saint-Sulpice
✆ +1 514 288 1000 / +1 877 785 7423
www.lesaintsulpice.com
reservations@lesaintsulpice.com
M° Place-d'Armes. Occupation double : à partir de 189 CAN $. Promotions et forfaits disponibles. Stationnement avec service de valet, massothérapie à la chambre, bar-lounge et restaurant avec superbe terrasse.

Le Saint-Sulpice est une des merveilles du Vieux-Montréal. Ce magnifique hôtel-boutique offre tous les services d'un grand hôtel. Le lobby annonce déjà l'ambiance qui règne avec l'harmonie entre le beige et les poutres orangées. Une fois dans la chambre, on découvre une déco combinant chic et charme. Chaque suite est équipée d'un coin salon et d'une kitchenette. Certaines disposent d'un foyer de bois et d'une terrasse privée qui donne sur le quartier historique ou la cour intérieure. Le restaurant Sinclair offre une cuisine inventive avec un large choix de viandes mais aussi de fruits de mer, le tout servi dans une ambiance branchée.

■ WESTIN

270, rue Saint-Antoine Ouest
✆ +1 514 380 3333 / +1 866 837 4262
www.westinmontreal.com
reservations@westinmontreal.com
M° Place-d'Armes ou Square-Victoria. Occupation double : à partir de 179 CAN $. Promotions et forfaits disponibles. Restaurant Gazette (menu tapas aussi disponible), deux piscines intérieures dont une à fond de verre, salle d'exercices, service de voiturier.

Magnifique hôtel de luxe, le Westin Montréal a ouvert ses portes en 2009. Il s'est doté des plus récentes nouveautés en matière de technologie verte, sans compter l'aménagement des chambres et des salles de réunion : tout est à la fine pointe de la technologie. Les nombreux services clé en main raviront les gens d'affaires. Le restaurant Gazette est également un lieu idéal pour déguster une fine cuisine d'inspiration québécoise ayant adopté la philosophie du « slow food », le tout accompagné d'une bonne bouteille de vin provenant de leur cave. Une adresse qui a du chic !

■ W MONTRÉAL

901, Square Victoria
✆ +1 514 395 3100
www.wmontrealhotel.com/fr
wmontreal@whotels.com
M° Square-Victoria. Occupation double : à partir de 256 CAN $. Promotions et forfaits disponibles. Deux bars, un lounge, une terrasse et un restaurant italien. Centre de santé Spa Away.

Le W est un de ces hôtels qui charment, à la fois par sa classe et son côté contemporain. Lignes épurées et intérieur design, formes originales et couleurs bleu électrique, rouge vif. Téléviseur à écran plat, accès Internet haut débit et lecteur DVD, ne sont que quelques-unes des commodités offertes par l'hôtel. Il regorge de lieux agréables, voués à la détente et à la rencontre, comme le living-room avec ses lumières tamisées et ses chutes d'eau ou encore le Wunderbar avec fauteuils et banquettes relaxants, jeu de lumières et bar en verre poli. Le restaurant Otto propose une cuisine fusion à tendance italienne. Services de massage dans les chambres disponibles 24h/24.

Centre-ville et Westmount

Vous cherchez à vous rapprocher du quartier commerçant pour ne pas avoir à transporter vos achats dans toute la ville avant de rejoindre votre chambre le soir ? Le centre-ville est idéal ! Il fait également le bonheur des porte-monnaie à contenance limitée, car c'est ici que l'on trouve la majeure partie des auberges de jeunesse et autres *hostels*. Le choix de bars et clubs à proximité est également un atout pour les fêtards... moins pour les amateurs de tranquillité... Quant aux hôtels de luxe, indépendants et grandes chaînes, ils sont aussi présents dans ce quartier parmi les plus fournis en hôtellerie.

Bien et pas cher

AUBERGE DE JEUNESSE HI-MONTRÉAL
1030, rue Mackay
✆ +1 514 843 3317 / +1 866 843 3317
www.hostellingmontreal.com
info@hostellingmontreal.com
M° Lucien-L'Allier. Chambre partagée : à partir de 15 CAN $, chambre privée (simple ou double) : à partir de 90 CAN $, chambre privée (4 à 6 lits) : à partir de 150 CAN $. Petit déjeuner inclus. Promotions et forfaits disponibles. Café-bistro-bar avec table de billard, cuisine équipée, programme d'activités, billetterie pour spectacles, hockey et événements, etc. Membre du réseau Hostelling International.
Située à quelques mètres de l'Université Concordia et du Centre Bell (domicile de l'équipe de hockey Canadien), au cœur du centre-ville, cette grande auberge accueille des visiteurs du monde entier et de tous les âges. Toutes les chambres ont une salle de bain privée, ce qui n'est pas à négliger. Côté ambiance, on peut rester anonyme ou socialiser en participant aux diverses activités dont la réputée tournée des bars, un incontournable. Matin et soir, un café-bistro-bar prépare un excellent menu à des prix très raisonnables. Une cuisine est également à la disposition de ceux qui souhaitent concocter leurs propres repas. Une adresse des plus futées !

HÔTEL Y MONTRÉAL & AUBERGE YWCA
1355, boulevard René-Lévesque Ouest
✆ +1 514 866 9942
www.hotelymontreal.com
reservation@hotelymontreal.com
M° Lucien-L'Allier ou Guy-Concordia. Chambre à l'auberge (toilettes et douches communes) : à partir de 55 CAN $, chambre à l'hôtel (salle de bain privée) : à partir de 75 CAN $. 30 chambres à l'hôtel et 32 à l'auberge. Café Imagination et boutiques friperies de vêtements pour femmes sur place.
Cet établissement hôtelier jouit d'une situation idéale, en plein cœur du centre-ville et à proximité des restaurants, boutiques, attraits et activités. Des chambres confortables, agréables et accueillantes, ainsi que l'accès à divers services tels que l'Internet sans fil gratuit, une salle informatique, une cuisine commune et une buanderie, rendront votre séjour des plus agréables. Un excellent rapport qualité-prix.

Résidences universitaires

En saison estivale, les trois universités du centre-ville de Montréal proposent de l'hébergement touristique. C'est une excellente alternative aux hôtels. L'hébergement se fait généralement en studio ou chambre privée et les services sur place sont nombreux dont l'Internet, une buanderie, des aires communes (salon, cuisinette...), l'accès au centre sportif, etc. Voici les coordonnées des universités :

RÉSIDENCES DE L'UNIVERSITÉ CONCORDIA
1190, rue Guy ✆ +1 514 848 2424
www.concordia.ca/campus-life/summer-accommodations.html

RÉSIDENCES DE L'UNIVERSITÉ MCGILL
Différents pavillons au centre-ville ✆ +1 514 398 5200
www.mcgill.ca/accommodations/summer

RÉSIDENCES DE L'UQÀM
2100, rue Saint-Urbain ✆ +1 514 987 7747
www.residences-uqam.qc.ca/hotel
▶ **Autre adresse :** 303, boulevard René-Lévesque Est, ✆ +1 514 987 6669

Confort ou charme

■ ARMOR MANOIR SHERBROOKE

157, rue Sherbrooke Est
✆ +1 514 845 0915 / +1 514 285 0895 / +1 800 203 5485
www.armormanoir.com
M° Sherbrooke. Occupation simple ou double : à partir de 99 CAN $ en basse saison et 109 CAN $ en haute saison. 22 chambres et suites. Petit déjeuner continental inclus.
Dans une vieille demeure victorienne de la rue Sherbrooke, une vingtaine de chambres offrent un cachet unique. Les suites disposent d'un bain à remous. La convivialité du lieu est indéniable, avec son magnifique escalier en bois et le soin accordé aux détails de chaque pièce. Accueil courtois, recommandé par beaucoup de voyageurs.

■ GÎTE AU COEUR URBAIN

3766, chemin de la Côte-des-Neiges
✆ +1 514 439 4003 / +1 855 439 4003
www.giteaucoeururbain.ca
M° Guy-Concordia. Occupation double : à partir de 130 CAN $. Quatre chambres et une suite. Petit déjeuner gastronomique inclus. Salon commun avec foyer, gym, Internet haute vitesse sans fil.
Depuis peu, cette superbe maison ancestrale, située en plein cœur du centre-ville, au pied du mont Royal, fait office de gîte touristique. Et on est charmé dès le premier coup d'œil ! L'intérieur est tout aussi magnifique, avec une touche contemporaine et épurée. De coquettes chambres avec salle de bain privée attendent leurs hôtes pour un séjour des plus douillets, et le matin venu, un petit déjeuner gourmand fait maison est proposé avec un menu qui change quotidiennement. Avec une localisation aussi centrale, à deux pas des musées, des boutiques et des points d'intérêt, gageons que vous prolongerez votre séjour.

■ HÔTEL CHEZ SWANN

1444, rue Drummond
✆ +1 514 842 7070 / +1 877 568 7070
www.hotelchezswann.com
M° Peel. Occupation double : à partir de 170 CAN $, petit déjeuner continental inclus. Promotions sur Internet. Salle d'exercices sur place.
A mi-chemin entre les catégories charme/confort et luxe, l'Hôtel Chez Swann fait preuve d'une imagination débordante pour la décoration de ses chambres. Coloré, acidulé, design... Un bon goût certain, quoique ceux qui sont des adeptes des grands classiques de l'hôtellerie risquent de se trouver un peu déstabilisés. La direction de l'hôtel insiste : on est plus proche de l'art que du design. L'idée de cet hôtel de taille modeste (une vingtaine de chambres) est de vous faire vivre une expérience au cœur de la culture montréalaise, plutôt que de simplement passer une nuit dans un hôtel. On aime !

■ HÔTEL QUARTIER DES SPECTACLES

17, rue Sainte-Catherine Ouest
✆ +1 514 849 2922 / +1 866 302 2922
www.hotelquartierdesspectacles.com
abriduvoyageurreservations@gmail.com
M° Saint-Laurent. Occupation double : à partir de 115 CAN $, petit déjeuner inclus. Promotions et forfaits disponibles. Wifi gratuit.
Nous avons eu le coup de cœur pour cet hôtel-boutique ! L'édifice centenaire de quatre étages abrite de coquettes chambres et studios au charme indéniable. Murs de briques, planchers de bois, moulures et meubles en bois donnent un beau cachet à cet hôtel joliment rénové. Si vous prévoyez un long séjour dans la métropole, les studios sont le choix idéal avec leur cuisine toute équipée et leurs nombreuses commodités. Le tout, à des prix tout doux ! Autre établissement géré par les mêmes propriétaires : Abri du Voyageur, 9 rue Sainte-Catherine Ouest.

■ HÔTEL LE DAUPHIN MONTRÉAL CENTRE-VILLE

1025, rue de Bleury
✆ +1 514 788 3888 / +1 888 784 3888
www.hotelsdauphin.ca/montreal/
mtl_centre@hoteldauphin.ca
M° Place-d'Armes ou Square Victoria, angle de la Gauchetière. Occupation double : à partir de 155 CAN $, petit déjeuner continental inclus. Promotions et forfaits disponibles. Salle d'exercices sur place.
Cet établissement de la chaîne hôtelière Le Dauphin a ouvert ses portes en 2007, en plein cœur du Quartier des affaires. Situé à quelques pas du Palais des Congrès, de la gare ferroviaire et des attraits du centre-ville et du Vieux-Montréal, sa localisation centrale en fait une destination de choix. L'hôtel offre 72 chambres, dont 4 suites juniors, toutes munies d'un ordinateur iMac et d'une console Apple TV, ainsi qu'une salle de conférence et un salon VIP pour vos réunions d'affaires. Notez que même s'il n'y a pas de restaurant sur place, vous en trouverez une multitude à proximité.

■ LE NOUVEL HÔTEL & SPA

1740, boulevard René-Lévesque Ouest
✆ +1 514 931 8841 / +1 800 363 6063
www.lenouvelhotel.com
info@lenouvelhotel.com
M° Guy-Concordia. Occupation double : à partir de 89 CAN $. Hébergement en chambre standard, studio avec cuisinette et loft. Promotions et forfaits disponibles. Stationnement intérieur payant. Salle de conditionnement physique, centre de santé Spa, saunas et bains à remous, salon de coiffure, restaurant/bistro-bar, boutique souvenirs.
Situé à quelques pas du Centre Bell et de la rue Crescent, au cœur de la vie nocturne de Montréal, cet hôtel offre des chambres confortables et très bien équipées en plein centre-ville. Les nombreux services en font une destination de choix.

■ PETITE AUBERGE LES BONS MATINS

1401, avenue Argyle
✆ +1 514 931 9167 / +1 800 588 5280
www.bonsmatins.com
info@bonsmatins.com
M° Lucien-L'Allier. Occupation double : à partir de 129 CAN $, petit déjeuner copieux inclus. Forfaits disponibles. Stationnement (11 places) : 12 CAN $ par nuit.
Située dans une rue calme, à la sortie d'une bouche de métro et à deux pas du centre-ville, l'emplacement est idéal pour les touristes et les gens d'affaire. Les chambres, aux couleurs chaudes et décorées avec de beaux tissus et carrelages, sont très confortables et raffinées. Certaines possèdent même une cheminée en état de fonctionnement. Le personnel se met en quatre pour ses hôtes avec de petites attentions égayant le séjour. Le petit déjeuner, servi dans une salle très chaleureuse aux connotations orientales, est copieux et délicieux. Aux murs des chambres et des parties communes, admirez les toiles de Benoît A. Côté, frère du propriétaire.

■ LE SQUARE PHILLIPS HÔTEL & SUITES

1193, Place Phillips
✆ +1 514 393 1193 / +1 866 393 1193
www.squarephillips.com
info@squarephillips.com
M° McGill. Occupation double : à partir de 139 CAN $, petit déjeuner continental inclus. Hébergement en studios et suites de 1 ou 2 chambres. Tarifs à la semaine, au mois et forfaits disponibles.
En plein cœur du centre-ville, les appartements équipés de cet établissement 4 étoiles sont très bien conçus pour les visiteurs, les familles ou les gens d'affaires. Les unités sont très bien tenues, confortables et décorées avec sobriété. Elles offrent, entre autres, un coin cuisine avec réfrigérateur, micro-ondes, cuisinière, lave-vaisselle, ainsi que deux lignes téléphoniques et Internet haut débit. La piscine intérieure, le gym et la terrasse sur le toit constituent un superbe espace de détente.

■ ZERO 1 MONTRÉAL

1, boulevard René-Lévesque Est
✆ +1 514 871 9696 / +1 855 301 0001
www.zero1-mtl.com
info@zero1-mtl.com
M° Saint-Laurent ou Champ-de-Mars. Occupation double : à partir de 129 CAN $. Tarifs promotionnels pour les séjours prolongés. Service de valet (25 CAN $ par jour), restaurant, terrasse panoramique, salle d'exercices, service de spa Appia à la chambre sur réservation.
Un hôtel-boutique récent, à deux pas du Quartier des spectacles et du quartier commerçant du centre-ville. 120 chambres et 43 suites dans lesquels la décoration a su allier chic et simplicité, design et chaleur. Idéal si vous avez l'opportunité de visiter la ville lors de l'un des nombreux festivals de l'été. La vue depuis les chambres standard

est déjà belle, elle est incroyable depuis les suites les plus luxueuses. Si vous avez le budget, n'hésitez pas une seule seconde à monter en gamme !

Luxe

■ HÔTEL 10

10, rue Sherbrooke Ouest
✆ +1 514 843 6000 / +1 855 390 6787
www.hotel10montreal.com
reservations@hotel10montreal.com
M° Saint-Laurent. Occupation double : à partir de 169 CAN $, petit déjeuner et Wifi inclus. Promotions et forfaits disponibles. Salle d'exercices 24h, service de massothérapie à la chambre, stationnement intérieur avec service de valet, service de voiture de luxe avec chauffeur pour le centre-ville (sujet à disponibilité).

Anciennement connu sous le nom d'Hôtel Opus, et idéalement situé entre le Plateau et le Quartier des spectacles, cet hôtel saura séduire ses invités. Ses chambres et suites aux lignes épurées, toutes équipées des technologies dernier cri, vous raviront et que dire de la suite présidentielle de style *penthouse* sur deux étages… Le luxe à l'état pur et un hôtel définitivement très branché ! A noter qu'au moment de la rédaction, le restaurant de l'hôtel, le Jargo Chophouse et Mixologie, venait de fermer ses portes. L'établissement doit procéder à des rénovations et une nouvelle table occupera les locaux au courant du printemps 2015. Le service du petit déjeuner n'est toutefois pas affecté par ces changements.

■ HÔTEL LE CRYSTAL

1100, rue de la Montage
✆ +1 514 861 5550 / +1 877 861 5550
www.hotellecrystal.com
info@hotellecrystal.com
M° Lucien-L'Allier. Occupation double : à partir de 222 CAN $, incluant le petit déjeuner, l'accès à la piscine intérieure d'eau salée, au sauna, au bain à remous et à la salle d'exercices. Forfaits disponibles. Restaurant avec terrasses, bar, salons privés et terrasse VIP.

Un bel hôtel 5 étoiles au centre-ville de Montréal. Il porte bien son nom puisque la façade est faite entièrement de verre. Les chambres sont très bien conçues, avec un espace bureau légèrement séparé de la partie chambre. La salle de bain vous réserve plusieurs jolies surprises dont des produits pour le corps de haute qualité. Pour prolonger la détente, faites un tour à la piscine ou au centre de santé Amerispa. Au rez-de-chaussée, le restaurant la Coupole, brasserie haut de gamme, est reconnu pour sa qualité.

■ HÔTEL LE GERMAIN

2050, rue Mansfield
✆ +1 514 849 2050 / +1 877 333 2050
www.germainmontreal.com
reservations@germainmontreal.com
M° Peel. Occupation double : à partir de 229 CAN $, petit déjeuner continental de luxe inclus. Forfaits disponibles. Espace détente avec foyer et bar, bar à espresso/cappuccino gratuit, salle d'exercices, services de massothérapie et de Spa disponibles à la chambre, stationnement et service de voiturier, boutique et restaurant Laurie Raphaël.

L'originalité de cet hôtel est sa merveilleuse simplicité. Le concept : un hôtel design qui s'adapte aux nouvelles tendances, beau, zen, tout confort. Le luxe à l'état pur, mais pas clinquant. Les suites appartements sont de toute beauté, la classe et le confort deux en un, elles laissent rêveur. Pour ce qui est de la table, le réputé chef Daniel Vézina est aux commandes du restaurant Laurie Raphaël qui fait honneur aux produits québécois. Si vous ne savez quoi choisir, il est possible de prendre plusieurs spécialités en format « entrée » dans un même repas.

■ HÔTEL MOUNT STEPHEN

1440, rue Drummond
www.hotelmountstephen.com
Ouverture prévue en juin 2015.

Classée monument historique par le gouvernement du Québec et désignée site historique national par le gouvernement du Canada, l'ancienne demeure de l'homme d'affaires George Stephen est en pleine métamorphose afin de devenir un établissement hôtelier haut de gamme exceptionnel, dirigé par le Groupe Hôtelier et Immobilier Tidan. Qualifié d'innovant et de dynamique par le jury de la 45e édition du prestigieux Canadian Architect, ce projet a même remporté, en décembre 2012, un très convoité *Award of Merit*, rien de moins. Son ouverture devrait coïncider avec la présentation du championnat de Formule 1 et l'endroit comprendra quelque 90 chambres et sky-lofts, dont certains avec terrasse privée, trois salles de banquet et des salles de conférence, un restaurant et deux bars, une terrasse-jardin, un spa urbain, un gym, et plus encore. Une nouvelle adresse à surveiller de près !

RITZ-CARLTON
1228, rue Sherbrooke Ouest
✆ +1 514 985 0464 / +1 800 363 0366
www.ritzmontreal.com
reservations@ritzmontreal.com
M° Peel. Occupation double : à partir de 525 CAN $. Forfaits disponibles. Restaurant Maison Boulud sur place. Service du thé sur réservation. Boutiques de luxe, jardin, piscine intérieure et plus encore.
Le Ritz-Carlton, qui a célébré ses 100 ans en 2012, ne s'évertue pas à rivaliser d'originalité pour se démarquer de ses concurrents. Sûr de sa réputation, un brin prétentieux, le Ritz-Carlton s'affirme : il propose du luxe, rien que du luxe. Si vous recherchez une décoration personnalisée ou un accueil familial, passez votre chemin. En revanche, si vous recherchez un service absolument irréprochable, une attention de tous les instants, et des chambres spacieuses à l'ambiance classique mais ô combien soignée, c'est ici qu'il faut séjourner. Bien entendu, le prix va avec l'ambiance. Mais le luxe se paie, que voulez-vous...

SOFITEL MONTRÉAL GOLDEN MILE
1155, rue Sherbrooke Ouest
✆ +1 514 285 9000
www.sofitelmontreal.com
H3646@sofitel.com
M° Peel. Occupation double : à partir de 209 CAN $. Forfaits disponibles. Restaurant gastronomique avec terrasse, bar, salle d'exercices, sauna, boutique cadeaux, service de voiturier.
L'un des deux seuls hôtels 5 étoiles de la rue Sherbrooke, il réunit les normes de qualité d'une grande chaîne européenne et les petits plus qui définissent les grands hôtels modernes. Le lobby, éclairé par la verrière de deux étages, est orné d'un tapis d'Aubusson très coloré, en hommage à Fernand Léger. De même, toutes les chambres sont éclairées par d'immenses fenêtres et offrent une vue imprenable sur le centre-ville et le mont Royal. Elles sont vraiment d'une beauté irréprochable ; et que dire des suites Prestige et Opéra au confort spacieux, avec technologies de pointe et salles de bain en marbre. Le luxe à l'état pur !

Quartier latin et Village gai

Comme dans toutes les villes du monde, le quartier gay est l'un des plus vivants de Montréal. Loger à proximité vous garantit de ne jamais avoir à chercher très longtemps pour un lieu de sortie (gay ou non). Le Quartier latin, quant à lui, offre également une atmosphère festive, mais plus par la profusion de restaurants et bars qui le jalonnent, dont plusieurs destinés aux touristes.

Bien et pas cher

HOSTEL MONTRÉAL CENTRAL
1586, rue Saint-Hubert
✆ +1 514 843 5739 / +1 866 878 5739
www.hostelmontrealcentral.com
info@hostelmontrealcentral.com
M° Berri-UQÀM. Lit en chambre partagée : à partir de 24 CAN $, en chambre privée double : à partir de 70 CAN $, suite avec bain à remous : à partir de 95 CAN $. Petit déjeuner continental inclus. Bornes Internet et Wifi, cuisine équipée, salon commun/TV lounge, buanderie, casiers dans les chambres, bar, terrasse, programme d'activités.
Difficile de trouver mieux placé que cette auberge de jeunesse : à proximité de la gare routière et de la station de métro de Berri-UQAM. Une auberge simple, sans chichis, mais d'une propreté irréprochable. Bien entendu, toute la panoplie d'aide pour réserver vos transports à travers le Québec et d'éventuelles excursions vous est offerte. On apprécie les tables installées dans la petite cour pour siroter une bière ou déguster un sandwich.

M MONTREAL HOSTEL
1245, rue Saint-André
✆ +1 514 845 9803 / +1 800 465 2929
www.m-montreal.com
info@m-montreal.com
M° Berri-UQÀM. Chambre partagée : à partir de 20 CAN $, chambre privée : à partir dc 80 CAN $. Petit déjeuner inclus. Nombreuses promotions offertes. Deux bars (dont un avec programmation musicale et culturelle), cuisine équipée, wifi et poste Internet, stationnement sur place.
Une auberge de jeunesse festive, idéalement située dans le Village, à quelques pas des restos, des boutiques, des bars branchés et de la gare routière. Peu importe le type de chambre, chacune possède une salle de bain privée avec douche, un minifrigo, des casiers, la clim et autres petits plus pour rendre votre séjour des plus agréables. En soirée, le bar est un must, présentant gratuitement des spectacles d'artistes locaux, des soirées à thèmes et autres événements des plus cool. Une adresse impeccable, des employés aux petits soins et une atmosphère internationale !

MONTRÉAL ESPACE CONFORT
2050, rue Saint-Denis
✆ +1 514 849 0505
www.montrealespaceconfort.com
info@montrealespaceconfort.com

M° Berri-UQÀM ou Sherbrooke. Chambre en auberge : à partir de 56 CAN $ (salle de bain partagée), en hôtel : à partir de 67 CAN $ (salle de bain privée). Petit déjeuner inclus.
Situé en plein cœur du Quartier latin, ce bel établissement mise sur le confort, le cachet et la convivialité. Toutes les chambres de l'auberge sont très bien équipées et douillettes à souhait, et celles de la section hôtel ont en plus une cuisinette et une aire de travail. On s'y sent comme à la maison ! Autres services offerts sur place : salon de thé, salon de beauté et massothérapie, centre d'affaires, etc.

Confort ou charme

■ ALEXANDRE LOGAN

1631, rue Alexandre-de-Sève
✆ +1 514 598 0555 / +1 866 895 0555
www.alexandrelogan.com
info@alexandrelogan.com
M° Beaudry. Occupation double : à partir de 95 CAN $, petit déjeuner inclus. Cinq chambres. Un minimum de deux nuits est exigé.
Un peu à l'écart de la turbulente Sainte-Catherine, cette maison centenaire, entièrement rénovée dans le style de l'époque, offre aux visiteurs des chambres au charme indéniable. Beaux parquets, boiseries et moulures s'unissent pour un voyage dans le temps avec tout le confort moderne. La décoration, sans surcharge aucune, à la fois élégante et sobre, reste très chaleureuse. Les chambres, toutes climatisées, équipées de téléviseurs et d'un accès Internet gratuit, sont grandes, agrémentées de lourds meubles en bois et de teintes claires qui relèvent la chaleur des boiseries. Les salles de bains arborent le style épuré des années 1930. Et pour couronner le tout, les petits déjeuners, dont le menu varie tous les jours, sont concoctés par un chef français alternant les saveurs de son pays et celles du Québec. Un classique !

■ AUBERGE LE POMEROL

819, boulevard de Maisonneuve Est
✆ +1 514 526 5511 / +1 800 361 6896
www.aubergelepomerol.com
info@aubergelepomerol.com
M° Berri-UQÀM. Occupation double : à partir de 110 CAN $, petit déjeuner continental, collation et wifi inclus. Nombreux forfaits disponibles. Stationnement : 16 CAN $ par jour (de l'arrivée au lendemain à 12h). Bistro Bar à vin La Cuvée sur place.
C'est dans une maison centenaire, en plein cœur du centre-ville, qu'un personnel très souriant se fait un plaisir d'accueillir ses hôtes. Le livre d'or ne fait que renforcer notre impression sur la gentillesse et la disponibilité du personnel. Les chambres sont décorées avec beaucoup de soin et de goût, et son restaurant La Cuvée concocte une cuisine internationale inspirée de la gastronomie française. Petites attentions à souligner : le feu de foyer dans le salon en hiver et la collation offerte en après-midi, tout au long de l'année. Pas étonnant que cette auberge ait reçu de nombreux prix.

■ GÎTE ATMOSPHÈRE

1933, rue Panet
✆ +1 514 510 7976 / +1 877 376 7976
www.atmospherebb.com
info@atmospherebb.com
M° Beaudry. Tarif par nuit à partir de 85 CAN $. Trois chambres. Petit déjeuner gourmet 3 services inclus. Forfaits disponibles.
Ce gîte touristique urbain et écolo fait beaucoup jaser et avec raison ! Maintes fois récipiendaire aux Grands Prix du tourisme québécois, il a également été reconnu comme un des meilleurs gîtes au Canada à deux reprises par le site BedandBreakfast.com. Les lieux sont en effet charmants, dans une demeure datant de 1875, et tout le cachet a été restauré avec grands soins. L'aménagement est de type urbain et artistique, très soigné, invitant à la détente.

■ HÔTEL LE RELAIS LYONNAIS
1595, rue Saint-Denis
✆ +1 514 448 2999
www.lerelaislyonnais.com
M° Berri-UQÀM. Occupation double : à partir de 125 CAN $ en basse saison et de 165 CAN $ en haute saison. Petit déjeuner inclus. Internet sans fil, TV avec lecteur DVD, réfrigérateur dans toutes les chambres. Café bistro La Brioche Lyonnaise sur place (ouvert tous les jours dès 8h30 ou 9h).
Les chambres et suites de cet hôtel-boutique sont chaleureuses et élégantes. Les parquets en érable lustré, les fauteuils en cuir, et les murs en brique apparente de cette maison centenaire en font un lieu de séjour très agréable. D'autant plus que l'hôtel se situe au cœur même du Quartier latin, renommé pour ses nombreux restaurants et cafés. Les visiteurs logent donc dans un quartier animé, protégés des excès de la fête par une très bonne insonorisation.

■ LA LOGGIA ART & BREAKFAST
1637, rue Amherst
✆ +1 514 524 2493 / +1 866 520 2493
www.laloggia.ca – info@laloggia.ca
M° Beaudry. Occupation double : à partir de 105 CAN $, petit déjeuner inclus. Quatre chambres et un studio. Un minimum de deux nuits est requis de mai à octobre. Tours guidés à vélo sur demande.
Un petit gîte chaleureux et douillet fusionnant croissance personnelle, formation et diffusion artistique. Les lieux arborent fièrement des œuvres d'artistes canadiens. En été, le petit déjeuner, composé de produits locaux, est servi dans le magnifique jardin-terrasse fleuri du gîte. Une cuisine est également à votre disposition sur place. Une excellente adresse pour relaxer.

Luxe

■ LOFT HÔTEL
334, Terrasse Saint-Denis
✆ +1 514 868 1002 / +1 888 414 5638
www.lofthotel.ca – info@lofthotel.ca
M° Sherbrooke. Occupation double : à partir de 139 CAN $. Promotions offertes.
Le Loft Hôtel, c'est le grand luxe dans un des édifices Art déco les plus prisés en ville, création de l'architecte Ernest Cormier dans les années 1920. Suite à une restauration complète, ce nouvel hôtel marie à merveille design contemporain (signé Jaime Bouzaglo), histoire architecturale et approche durable. Une cinquantaine de suites de type loft sont offertes pour des séjours de courte ou longue durée et leur taille varie entre 100 et 185 m². Leurs configurations diffèrent et elles comprennent toutes de hauts plafonds et des fenêtres panoramiques. Mobilier griffé, literie de luxe, cuisine complète avec électroménager de pointe, et installations audio et vidéo ne sont que quelques-unes des commodités haut de gamme incluses. Pour vos événements d'affaires, l'espace événementiel vous séduira à coup sûr !

Plateau Mont-Royal

Selon le point de vue, on peut penser que le Plateau est un brin excentré ou, au contraire, apprécier de loger dans un quartier plus proche de la vie des Montréalais qui y résident, plutôt que de ceux qui ne font qu'y passer. Quoi qu'il en soit, l'offre en hébergement y est beaucoup moins large, mais on y trouve de petites adresses qui valent le détour. Le tout à quelques minutes de métro du centre.

Bien et pas cher

■ LE GÎTE B&B
3619, rue de Bullion
✆ +1 514 849 4567
www.legite.ca – legite@legite.ca
M° Sherbrooke. Occupation double : à partir de 77 CAN $. Location à la semaine et au mois disponible. Quatre chambres avec salle de bain partagée. Services inclus : poste Internet et Wifi, accès à la cuisine, buanderie, terrasse.
Diane Bouchard et Frédéric Laforge tiennent les rennes de ce merveilleux petit gîte. Les lieux, situés dans une belle maison d'époque, ont gardé tout leur cachet, avec une petite touche de modernité. La décoration des chambres est simple et réussie et vous apportera tout le confort désiré. Avec une localisation de choix, à quelques pas de la rue Prince-Arthur et du boulevard Saint-Laurent, vous séjournerez au cœur du quartier le plus *hype* de Montréal.

■ GÎTE DU PLATEAU MONT-ROYAL
185, rue Sherbrooke Est
✆ +1 514 284 1276 / +1 877 350 4483
www.hostelmontreal.com
info@hostelmontreal.com
M° Sherbrooke ou Saint-Laurent. Chambre partagée : à partir de 24 CAN $. Chambre privée en occupation simple ou double : à partir de 56 CAN $. Petit déjeuner continental inclus. Wifi et postes Internet, cuisine équipée, salon, information touristique, terrasse sur le toit, programme d'activités et de sorties en été. Réception ouverte 24h en haute saison.

Une auberge de jeunesse mythique qui attire bon nombre de voyageurs de tous âges depuis des années. Sa localisation est plus qu'idéale, à deux pas du Plateau, du Quartier latin et du Quartier des spectacles, et sa superbe et ô combien invitante terrasse sur le toit offre un panorama digne de la vie bouillonnante de ces quartiers. L'hébergement y est proposé en deux formules, l'une étant les chambres dortoirs (6 lits) et l'autre les chambres privées (1 à 4 personnes). Chacune offre une ambiance différente et certaines ont leur propre salle de bain ou alors une cuisinette. L'équipe est aux petits soins et saura vous faire découvrir la ville et ses petits bijoux. Sachez qu'ils tiennent également une autre auberge à deux pas du parc La Fontaine.

▸ **Autre adresse :** Gîte du parc Lafontaine, 1250 rue Sherbrooke Est, ✆ +1 514 522 3910 ou +1 877 350 4483 - ouvert de juin à fin août.

■ **GÎTE URBAIN LA LANTERNE**
1016, boulevard Saint-Joseph Est
✆ +1 514 219 2547
www.lalanterne.net
lalanterne@hotmail.ca
Entre Boyer et Christophe-Colomb. Réservé pour du long terme de novembre à avril. Occupation double : à partir de 80 CAN $. Quatre chambres dont une avec salle de bain privée. Petit-déjeuner inclus. Terrasse, cuisine et buanderie à disposition. Argent comptant seulement.

Aux limites nord du Plateau, au cœur d'une zone résidentielle où la vie coule paisiblement, se trouve ce charmant gîte. Chacune de ses chambres arbore une thématique différente et bien originale. Par exemple, la chambre «Nouvelle Vague» s'inspire du cinéma et on y retrouve des biographies, des scénarios et dialogues, une sélection de films québécois et canadiens, des courts-métrages, etc. Littérature, musique et image complètent les autres thèmes de la maison. Une adresse qui se démarque, sans chichis ni superflu, mais plutôt une belle imagination et un accueil fort chaleureux. A recommander sans hésiter !

■ **HÔTEL DE PARIS**
901, rue Sherbrooke Est
✆ +1 514 522 6861 / +1 800 567 7217
www.hotel-montreal.com
questions@hotel-montreal.com
M° Sherbrooke. Occupation double : à partir de 64 CAN $, petit déjeuner continental et Internet sans fil inclus. 42 chambres, suites et loft familial, toutes avec salle de bain privée, climatisation et télévision câblée. Restaurant sur place.

Ce manoir historique, transformé en hôtel en 1985, se situe à deux pas du parc La Fontaine et des attraits du centre-ville et du Plateau. Toutes les chambres ont été rénovées et redécorées cette année et le résultat est vraiment superbe. Face à l'édifice principal se trouve l'Annexe et ses magnifiques chambres exécutives de style hôtel-boutique. Le petit bistro dans lequel sont servis les repas (matin, midi et soir) est charmant, et il bénéficie d'un bon ensoleillement. En soirée, il devient le lieu par excellence pour un cocktail et un brin de détente. En été, la terrasse est très agréable. Une adresse au rapport qualité-prix des plus séduisants.

HOSTELO MONTRÉAL

901, rue Sherbrooke Est
✆ +1 514 522 6124
✆ +1 877 266 5514
www.hostelomontreal.com
questions@hotel-montreal.com

M° Sherbrooke. Chambre partagée avec salle de bain privée : à partir de 20 CAN $, avec salle de bain partagée : à partir de 18 CAN $. Chambre privée avec salle de bain : à partir de 64 CAN $. Nombreux services sur place.

Quoi de mieux pour découvrir une ville et son ambiance que de loger en auberge de jeunesse ! Les aires communes et les chambres partagées permettent de rencontrer d'autres voyageurs avec qui visiter la ville et partager ses bons plans. L'équipe du Hostelo, tous des voyageurs dans l'âme, organise aussi plusieurs activités et sorties originales pour vous faire découvrir le Montréal des Montréalais. Sur place, les chambres comptent de 4 à 14 lits et pour ceux qui désirent un peu plus d'intimité, des chambres privées sont également disponibles. Une foule de services est mise à votre disposition : Wifi et poste Internet gratuits, cuisines équipées, salons, casiers, terrasse, bistro, information touristique, programmation de sorties, etc. Ajoutons à cela une localisation centrale, à proximité du centre-ville et de la gare routière, parfait pour un séjour à prix minime dans la belle métropole.

Confort ou charme

ANNE MA SŒUR ANNE HÔTEL STUDIO

4119, rue Saint-Denis
✆ +1 514 281 3187
✆ +1 877 281 3187
www.annemasoeuranne.com
infos@annemasoeuranne.com

M° Mont-Royal, angle Rachel Est. Occupation double : à partir de 80 CAN $ en chambre-studio (capacité de 2 personnes), à partir de 155 CAN $ en suite avec terrasse privée (capacité de 4 personnes). Petit déjeuner continental inclus.

Situé au cœur du Plateau Mont-Royal, cet hôtel, dont l'édifice date de la fin du XIXe siècle, dispose de près d'une vingtaine de chambres-studios et suites modernes, avec cuisinette et salle de bain privée. Les chambres aux couleurs chaudes sont très agréables. Certaines d'entre elles ont une terrasse privée, pour les autres, vous pourrez profiter de la cour intérieure ombragée. L'hôtel a l'immense avantage de donner sur l'une des rues les plus animées de la ville, à proximité du centre-ville, tout en étant remarquablement insonorisé. Stationnement extérieur disponible.

AUBERGE DE LA FONTAINE

1301, rue Rachel Est
✆ +1 514 597 0166
✆ +1 800 597 0597
www.aubergedelafontaine.com

Angle Chambord. Occupation double : à partir de 122 CAN $ en basse saison et de 157 CAN $ en haute saison. 21 chambres et suites (une chambre est adaptée aux personnes à mobilité restreinte). Petit déjeuner buffet santé inclus. Forfaits disponibles. Service de bar, Internet sans fil et poste Internet, stationnement gratuit à l'arrière de l'auberge (quelques places), billetterie (musées, croisières, visites guidées).

Située en face du magnifique parc La Fontaine, cette auberge largement primée offre un décor et un service dignes des grands hôtels. L'aspect victorien de la maison, datant de 1908, contraste avec sa décoration moderne, différente d'une chambre à l'autre et dont les couleurs chaudes et les murs en briques créent une ambiance montréalaise. Qu'elles soient régulières, supérieures ou suites, toutes les chambres sont très bien équipées avec air climatisé. À votre disposition : une terrasse accessible à tous au troisième étage, un libre accès à la cuisine pour collation gratuite (fromages, fruits, pâtés) de midi à minuit, et une piste cyclable passant en face de l'auberge pour les sportifs. Sans aucun doute la plus futée des auberges en ville !

BOULANGER BASSIN B&B

4293, rue de Brébeuf
✆ +1 514 525 0854
www.bbassin.com

M° Mont-Royal. Entre Marie-Anne et Rachel. Occupation double : à partir de 85 CAN $ en basse saison et 109 CAN $ en haute saison. Trois chambres. Petit déjeuner inclus. Un minimum de deux nuits est requis. Les enfants de 6 ans et plus sont les bienvenus. Internet sans fil gratuit. Informez-vous sur la période de fermeture annuelle.

Venez découvrir la vie du Plateau Mont-Royal, le quartier résidentiel à la mode de Montréal. Ken Ilasz vous accueille dans sa charmante demeure. Le matin, il se met au fourneau pour vous confectionner un incroyable petit déjeuner. Même les succulentes viennoiseries et les gâteaux aux fruits sont faits maison :

n'oubliez pas de goûter à ses smoothies et à son yogourt avec des fruits des champs frais et sirop d'érable… Après ce petit déjeuner gourmet, vous aurez sûrement envie d'aller courir au parc La Fontaine, situé à deux pas du gîte.

■ CHÂTEAU DE L'ARGOAT

524, rue Sherbrooke Est
✆ +1 514 842 2046
www.hotel-chateau-argoat.qc.ca
chateauargoat@videotron.ca
M°Sherbrooke. Occupation double : à partir de 95 CAN $, petit déjeuner continental inclus et stationnement gratuit.
En plein cœur de Montréal, à la frontière du Quartier latin et du Plateau Mont-Royal, la façade victorienne de ce charmant hôtel accroche le regard. On y trouve un excellent accueil ainsi que 24 chambres et une suite double, toutes d'un grand confort. Outre leur jolie décoration, certaines chambres sont équipées d'un bain à remous et d'un lecteur DVD. Chacune a son cachet particulier. Un hôtel qui ressemble au quartier, coloré et convivial avec un décor un brin original. Un excellent rapport qualité-prix, et l'une des adresses préférées des petits futés !

■ HÔTEL DE L'INSTITUT

3535, rue Saint-Denis
✆ +1 514 282 5120 / +1 855 229 8189
www.ithq.qc.ca/hotel – hotel@ithq.qc.ca
M° Sherbrooke. Occupation double : à partir de 149 CAN $, petit déjeuner inclus. Promotions et forfaits disponibles. Stationnement intérieur (19 CAN $ pour 24 heures), wifi gratuit, restaurants sur place. Membre du réseau RéserVert et récipiendaire de trois Clés Vertes pour le développement durable.
Situé sur les lieux mêmes de l'Institut de tourisme et d'hôtellerie du Québec (ITHQ), cet hôtel 4 étoiles offre une quarantaine de chambres et suites entièrement rénovées. Arborant un design chic et urbain, elles sont toutes d'un grand confort et la plupart sont équipées d'un balcon, question de profiter de la belle vue sur le centre-ville ou le mont Royal. Les commodités sont nombreuses, allant de la cafetière Nespresso à la station d'accueil pour iPod et iPhone, en passant par le mini-réfrigérateur et l'espace bureau. Le service de conciergerie est impeccable et vous aidera à planifier votre séjour dans la métropole. Notez que l'hôtel de l'ITHQ un lieu d'apprentissage stimulant pour les étudiants, conforme à la réalité du marché du travail.

Maisons du Plateau Mont-Royal.

Sud-Ouest et Ouest

L'ouest de la métropole compte plusieurs grandes bannières hôtelières, principalement regroupées le long des autoroutes 20 et 40, ainsi que dans les environs de l'aéroport international. Quant au Sud-Ouest, ce sont majoritairement des quartiers résidentiels ou industriels. Cependant, un nouvel hôtel ALT a ouvert ses portes dans Griffintown, à deux pas du centre-ville.

■ HÔTEL ALT – MONTRÉAL GRIFFINTOWN

120, rue Peel
✆ +1 855 823 8120
montreal.althotels.ca
info.montreal@althotels.ca

Angle Wellington. Chambre à partir de 149 CAN $, Wifi inclus. Promotions disponibles. Hall principal avec bar et aires de détente, gym 24h, boutique de plats prêt-à-manger, terrasse.

Etablissement écoproactif, le tout nouveau Hôtel ALT du quartier Griffintown propose des chambres aux lignes stylées et contemporaines pour un prix très raisonnable. Ambiance zen, téléviseur à écran plat, couette en duvet d'oie, literie au confort exceptionnel, salle de douche moderne... Tout est là pour vous faire passer une nuit des plus agréables. Lors de la belle saison, allez profiter de la vue sur la terrasse du 7e étage.

Est

S'éloigner du centre-ville, c'est opter pour la tranquillité. Pas de grands hôtels dans ce quartier en périphérie du centre, mais de petits Bed & Breakfast agréables et familiaux.

■ À LA CARTE B&B

5477, 10e Avenue
✆ +1 514 593 4005 / +1 877 388 4005
www.alacartebnb.com

Entre Masson et Dandurand. Occupation double en chambre : à partir de 130 CAN $. Appartement (max. 6 personnes) : à partir de 185 CAN $ en occupation simple à triple (25 CAN $ par personne additionnelle). Petit déjeuner inclus pour les deux chambres et stationnement sur place (10 CAN $ par nuit, gratuit pour les séjours 3 nuits et plus).

Véritable coup de cœur pour ce merveilleux gîte ! La maison, aux couleurs chaudes accompagnées de belles boiseries, est décorée avec beaucoup de goût. Que vous soyez seul ou en couple, les deux chambres vous séduiront à coup sûr. Si vous prévoyez de passer quelques jours à Montréal, optez pour l'appartement, entièrement équipé. À la fois moderne, sans toutefois négliger un cachet rustique et champêtre ; vous vous sentirez comme à la maison. Un peu excentré du centre-ville, vous bénéficierez d'un quartier calme avec un accès rapide aux attraits de la ville. Notez bien cette adresse lors de votre prochain séjour dans la métropole !

SE RESTAURER

Les gastronomes seront comblés à Montréal, quelle que soit la taille de leur estomac et de leur portefeuille. Les Montréalais aiment bien manger, et chaque quartier, qu'il soit touristique, résidentiel, commercial, ou rien de tout cela, est équipé de son lot de restaurants.

Vous ne mourrez donc pas de faim où que vous vous trouviez. Selon ce que vous dictent vos envies du moment, vous pourrez choisir votre destination en fonction des styles de cuisines qui prédominent. La Petite Italie pour une pizza, le Plateau pour un restaurant gastronomique à influences françaises, les environs du Marché Jean-Talon pour un plat de nouilles asiatiques... Les restaurants les plus en vogue nécessitent une réservation préalable, et un brunch le dimanche matin peut vous amener à patienter quelques dizaines de minutes avant que l'on vous assigne une table. La rançon du succès, qui n'entame en rien la qualité !

Vieux-Montréal et Parc Jean-Drapeau

Le Vieux-Montréal ne manque pas de bonnes adresses. C'est ici que se trouvent la plupart des restaurants destinés aux touristes, ce qui n'est pas forcément un signe de qualité baclée. Vous rencontrerez d'ailleurs dans ces établissements un grand nombre de Québécois qui n'ont pas peur de fréquenter des touristes pour bien manger. Le quartier compte également quelques tables très haut de gamme. Sachez d'ailleurs qu'en hiver s'y tient le Happening Gourmand, une célébration de la restauration qui vous permettra de découvrir les meilleures tables du quartier pour une fraction du prix.

Un peu de vocabulaire québécois

Quelques notions de vocabulaire vous seront peut-être utiles pour vous retrouver dans les méandres culinaires de la ville !

- **Déjeuner-dîner-souper.** Tel est l'ordre des repas pour les Montréalais. Le petit déjeuner n'existe pas ici. Le matin on déjeune, le midi on dîne, et le soir on soupe.
- **Apportez votre vin.** De nombreux restaurants montréalais, dans toutes les gammes de prix, ont fait le choix de ne pas acquérir de licence d'alcool, et de proposer à leurs clients d'apporter leur propre bouteille. Pas de droit de bouchon à payer, mais il faut savoir que les prix des plats sont, en conséquence, légèrement plus élevés.
- **Table d'hôte.** C'est ainsi qu'est appelé un menu composé de plusieurs plats (entrée-plat-dessert la plupart du temps), appellation utilisée par tous types de restaurants. Le midi, toutefois, on l'appelle généralement « menu du jour ».

Sur le pouce

LE CARTET

106, rue McGill ✆ +1 514 871 8887
www.lecartet.com – info@lecartet.com
M° Square-Victoria. Épicerie : lundi-vendredi, 7h-19h ; samedi-dimanche, 9h-16h. Petit déjeuner : lundi-vendredi, 7h-11h15. Déjeuner : lundi-vendredi, 11h30-15h. Brunch le week-end de 9h à 15h30. Plats pour emporter, service traiteur.

On se croirait dans un loft : ambiance conviviale (petites tables pour deux personnes ou grandes tables en bois à partager), beaucoup d'espace (très hauts plafonds), couleurs claires. Confortablement installés, vous pourrez déguster l'un des brunchs proposés les week-ends, notamment les Cantons (œufs brouillés, jambon paysan, saucisse, bacon, pommes de terre rôties au gras de canard, fèves au lard et pain de campagne), l'Atlantique (plutôt poisson) ou le Cartet (œuf brouillé avec salade mesclun, croissant jambon et fromage de chèvre, galette de saumon aux patates douces, bûchette de cheddar et figue, et fruits frais). On vous offrira une mise en bouche pour débuter ce repas délicieux et copieux.

Dîner en Blanc

Tout comme Paris, New York ou Singapour, Montréal a son « dîner en blanc » et ce, depuis 2009. Le concept : une grande réunion est organisée dans un lieu public tenu secret jusqu'au dernier moment. On pourrait d'ailleurs la qualifier de « chic pique-nique » ! Le mot d'ordre : s'habiller tout en blanc et jouer le jeu de l'élégance, tant dans le comportement que l'habillement. Une excellente occasion pour prendre un savoureux repas et rencontrer des gens d'origines et de milieux différents. Et que dire de l'étonnement des passants qui assistent à une véritable convention toute blanche ? Inscription uniquement par parrainage, ce qui veut dire que pour assister à cet évènement, il vous faut être invité par un membre de l'organisation, ou par une personne déjà invitée. Il est toutefois possible de se mettre sur une liste d'attente sans invitation. So Chic.

▶ **Pour information :** montreal.dinerenblanc.info

MUVBOX

Vieux-Port de Montréal, Place du Génie
www.muvboxconcept.com
info@muvboxconcept.com
M° Square-Victoria. Ouvert de mai à septembre ou octobre, tous les jours de 11h30 à 21h. Moins de 20 CAN $ le plat.

Ce concept de restaurant semi-nomade fut un pionnier dans la métropole qui voit se développer la restauration de rue depuis quelques années. Homards des Iles, le petit nom d'un des restos Muvbox, est bien plus explicite que ce dernier : l'établissement propose des plats à emporter ou à consommer sur les quelques tables de bar sur place, autour du homard des îles de la Madeleine. Un peu plus loin, la Porchetta Box, du même propriétaire, propose le même concept mais autour de recettes de porc braisé italien.

OLIVE + GOURMANDO

351, rue Saint-Paul Ouest
✆ +1 514 350 1083
www.oliveetgourmando.com
info@oliveetgourmando.com
M° Square-Victoria. Mardi-vendredi, 8h-17h ; samedi, 8h-18h. Fermeture à 18h en semaine en été. Plats à la carte : moins de 20 CAN $. Beaucoup de monde le midi.

L'une des boulangeries les plus branchées de Montréal. Pour le cadre, la musique lounge, les murs colorés, les belles tables en bois et les menus écrits à la craie sur des ardoises attirent les jeunes professionnels du quartier. À l'entrée, un comptoir boulangerie vend un assortiment de pains, dont des grosses miches au levain et des pains ronds grillés. Au fond, le comptoir de sandwichs et de salades confectionne de délicieux repas santé à base de produits biologiques pour la plupart. Le choix des mets varie régulièrement : leur qualité et leur originalité ne déçoivent jamais. Un délicieux café ou un thé concluent admirablement un bon repas. Les fans repartiront avec de la confiture maison, des mélanges de noix, une bouteille d'huile d'olive ou une pâtisserie. Les prix sont raisonnables, vu la qualité supérieure des produits.

Pause gourmande

MAISON CHRISTIAN FAURE

355, Place Royale ✆ +1 514 508 6453
www.christianfaure.ca
admin@christianfaure.ca
M° Place-d'Armes. Ouvert tous les jours de 8h à 19h. Formule petit déjeuner à 9,50 CAN $, brunch sucré-salé le week-end. École de pâtisserie sur place.

Meilleur Ouvrier de France Glacier, et ayant œuvré chez les grands de ce monde, Christian Faure est un alchimiste de la pâtisserie. Comble de bonheur pour le Québec, il a ouvert son école de pâtisserie en plein cœur du Vieux-Montréal. La Maison Christian Faure est la première institution internationale d'enseignement spécialisé de pâtisserie française au Canada offrant également des ateliers pour amateurs. Alors si l'envie vous prend ! Mais sachez que les lieux abritent également une boutique gourmande où éclairs, macarons, babas, mille-feuilles, gâteaux et entremets classiques sont revisités pour le plus grand bonheur de nos papilles. Le tout est complété par une section épicerie sucrée, une autre salée, sans oublier le menu Snacking chic qui propose divers plats plus savoureux les uns que les autres. Le plus difficile sera de ne pas tout acheter !

Bien et pas cher

BORIS BISTRO

465, rue McGill ✆ +1 514 848 9575
www.borisbistro.com
boris@borisbistro.com
M° Square-Victoria. Mai à fin août : ouvert tous les jours midi et soir. Le reste de l'année : lundi-vendredi, 11h30-14h ; mardi-samedi, dès 17h. Terrasse. Plats principaux à la carte : moins de 30 CAN $. Mineurs et enfants ne sont pas admis sauf en terrasse.

On va chez Boris Bistro pour la terrasse, l'ambiance et les bons plats. Que choisir entre le tartare et tiradito de saumon, le risotto au canard avec sauce crémeuse, ou le lapin braisé au vin blanc et moutarde brune aux 8 poivres ? La carte des vins d'importation privée est étoffée, les bières servies bien fraîches et les cocktails variés. Ajoutez à cela un service aussi courtois qu'attentionné, et vous comprendrez pourquoi le Boris Bistro est l'une des adresses les plus futées du Vieux-Montréal.

GANDHI

230, rue Saint-Paul Ouest
✆ +1 514 845 5866
www.restaurantgandhi.com
M° Place-d'Armes ou Square-Victoria. Lundi-vendredi, 12h-14h & 17h30-22h30 ; samedi-dimanche, 17h30-22h30. Midi : 20 CAN $ et moins, soir : moins de 30 CAN $.

Discrètement situé dans le Vieux-Montréal, ce resto propose une cuisine fine et légère, variée et très parfumée. Les crevettes tandoori (crevettes marinées aux épices et rôties au four d'argile) et l'agneau tikka (tranches d'agneau tendre marinées aux épices et rôties au four tandoori) sont frais et allient un subtil mélange de saveurs. Le service est souriant et attentif.

Cuisine de rue

Après 66 ans d'interdiction, la cuisine de rue est de retour dans la métropole ! Depuis l'été 2013, les camions de restauration ambulante sillonnent les rues de la ville afin d'offrir d'excellentes spécialités sur le pouce : tacos, saucisses, burgers, *grilled cheese*, sandwichs au homard, gauffres... Si certains s'installent dans des lieux précis, comme sur l'Esplanade du Parc olympique, sur les quais du Vieux-Port ou encore sur les berges du canal de Lachine, d'autres changent de lieu fréquemment. Et question de rendre à la cuisine de rue ses lettres de noblesse, un festival entièrement dédié à la cause se tient dorénavant annuellement en septembre : le YUL-EAT.

Pour toute information sur les camions et leur localisation, sans oublier les comptoirs « take out » (à emporter) : montreal.streetfoodquest.com

JARDIN NELSON

407, Place Jacques-Cartier
✆ +1 514 861 5731
www.jardinnelson.com
info@jardinnelson.com
M° Champ-de-Mars. Ouvert de la mi-avril à fin octobre dès 11h30 en semaine et 10h le week-end. Horaire restreint en début et fin de saison. Carte : moins de 20 CAN $. Cour intérieure.

Le Jardin Nelson propose tous les jours une programmation musicale live. En été, l'immense cour intérieure donne une impression d'évasion totale. Musique pop jazz, grandes ombrelles à l'allure art déco, quelques arbres qui laissent glisser une brise chatouillante, que demander de plus ? On se berce en dégustant l'une de leurs sept sangrias. Pour débuter, pourquoi pas le feuilleté de chèvre et son coulis de tomate ? L'une des crêpes faite de farines biologiques, la salade de saumons frais de l'Atlantique, ou bien encore la pizza aux tomates confites et romarin ? Pour prolonger ce doux moment, on commande une de leurs crêpes dessert ou l'incroyable pouding chômeur maison.

L'ARRIVAGE

Musée Pointe-à-Callière
350, Place Royale
✆ +1 514 872 9128
www.pacmusee.qc.ca
info@pacmusee.qc.ca
M° Place-d'Armes. Lundi, 11h30-14h ; mardi-dimanche, 11h30-16h. Table d'hôte : à partir de 11,95 CAN $. Réservation conseillée. Terrasse.
L'un de ses secrets bien gardés du Vieux-Montréal ! Situé au deuxième étage du Musée Pointe-à-Callière, la salle à manger est baignée de lumière. En été, la terrasse offre une belle vue sur Montréal. Le chef propose tous les jours un nouveau choix de viande, de poisson ou de pâtes. Tout est cuisiné avec une grande finesse et des ingrédients de qualité. Les accompagnements relèvent le mets à merveille. Un vrai bonheur pour des prix plus que raisonnables.

MIRCHI

365, Place d'Youville
✆ +1 514 282 0123
www.restaurantmirchi.com
M° Square-Victoria. Lundi-vendredi, 11h-14h et dès 17h ; samedi-dimanche, dès 17h. Plats principaux à la carte : moins de 25 CAN $. Menu midi et table d'hôte du soir aussi offerts.
Le Mirchi propose une cuisine indienne parfumée, généreuse et variée, dans un cadre agréable, typique du Vieux-Montréal. Le style est épuré, mais décoré avec finesse et élégance. Les couleurs vieux rose et blanc crème soulignent les quelques objets or et les fines compositions florales aux couleurs de l'Inde. Et c'est sous l'œil protecteur d'une divinité hindoue et au son d'une musique mélodieuse que vous choisirez vos mets aux saveurs douces et/ou épicées, aidé si vous le souhaitez, par un des serveurs. Le soir, la magie des lieux, l'ambiance plus feutrée, et le choix des mets et des vins vous emmèneront un peu plus loin dans ce voyage au cœur de l'Inde.

Bonnes tables

LES 400 COUPS

400, rue Notre-Dame Est
✆ +1 514 985 0400
www.les400coups.ca
info@les400coups.ca
M° Champ-de-Mars. Le midi : jeudi-vendredi, 11h30-13h30. Le soir : mardi-samedi, 17h30-22h30. Fermé dimanche et lundi. Menu midi : 22 CAN $ pour 2 services et 28 CAN $ pour 3 services. Plats principaux le soir : moins de 35 CAN $, menu dégustation 5 services : 75 CAN $ (ajouter 45 CAN $ pour l'accord des vins).
Les 400 coups est l'une des adresses immanquables de Montréal. Non seulement le resto accueille les touristes de passage, mais surtout de nombreux Montréalais s'y pressent. Et on ne peut que leur donner raison ! Le restaurant est né de la rencontre de trois passionnés de cuisine et de bons vins. Et comme souvent, la réussite vient quand on a une passion à partager. Les ingrédients sont sélectionnés avec soin et mêlés avec art pour offrir un mélange de saveurs d'une rare finesse. Réservation absolument indispensable.

Chuck Hugues : un jeune chef montréalais à découvrir

Formé à l'école de l'expérience professionnelle, ce jeune chef de talent a fait ses classes sous la férule du chef Dave McMillan au Globe puis au Time Supper Club. Il ne fallait pas attendre longtemps avant qu'il se lance dans son premier projet : l'ouverture du restaurant Le Garde Manger dans le Vieux-Montréal.
Le Guide Restos Voir lui a même consacré sa couverture en 2008 en le classsant comme l'un des chefs les plus prometteurs de la métropole, rien de moins. Puis vint un 2e projet en 2011, le Bremner, une table spécialisée dans les fruits de mer, également située dans la vieille ville.
Avec sa personnalité, son affabilité et son aisance devant les caméras, il est devenu également animateur d'émissions gourmandes (*Chuck's Day Off*, *Chuck's Week Off* et *Chuck's Eat the Street)*, diffusées sur les ondes de Food Network et Cooking Channel, sans oublier ses performances au *Iron Chef USA* ainsi qu'à *The Next Iron Chef*. Comme si ce n'était pas assez, il a aussi deux livres à son actif : *Le Garde Manger* (2010) et *Chuck's Day Off* (2013).

▶ **Pour plus d'information** sur Chuck Hugues, et pour découvrir sa cuisine généreuse et festive : www.chuckhugues.ca

ACCORDS BAR À VIN I RESTO

212, rue Notre-Dame Ouest
✆ +1 514 282 2020
accords.ca/bar-vin-resto – rsvp@accords.ca
M° Place-d'Armes. Lundi-vendredi, 11h30-15h ; mardi-samedi, dès 17h30. Menu midi : 25 CAN $. Plats à la carte le soir : moins de 30 CAN $. Terrasse.

Une belle grande salle lumineuse, avec d'un côté, un mur de pierre qui nous rappelle que nous sommes dans la vieille ville, et de l'autre, des grands crus exposés en vitrine. L'endroit s'inspire des enotecas italiennes et propose un voyage gourmand et sensoriel dans le monde des accords mets et vins avec une sélection au verre qui plaira assurément aux amateurs. En ce qui a trait aux plats, l'équipe en cuisine s'approvisionne auprès de producteurs québécois, offrant ainsi un menu qui flirte avec les saisons et les arrivages. Le pain est fait maison, tout comme les desserts, et les intolérants au gluten pourront ici se régaler sans problème. A découvrir également : son petit frère, Accords I Le Bistro, situé en plein Quartier des spectacles.

Autre adresse : Accords I Le Bistro, 22 rue Sainte-Catherine Est, ✆ +1 514 508 2122

LE CABARET DU ROY

363, rue de la Commune Est
✆ +1 514 907 9000
www.oyez.ca – lecabaretduroy@oyez.ca
M° Champ-de-Mars. Mi-mai à fin juin et début septembre à mi-octobre : vendredi-dimanche, midi et soir. Fin juin à début septembre : mercredi-dimanche, midi et soir. Le reste de l'année : vendredi-dimanche, soir seulement. Réservation obligatoire pour les tablées et les festins. Ouvert en tout temps pour les groupes de 25 personnes et plus.

Avez-vous l'étoffe d'un pirate ? Si oui, c'est au Cabaret du Roy qu'il faut vous rendre. Au programme, maison de jeux clandestine, musiciens et animations théâtrales interprétées par des personnages historiques d'antan. En résumé, un véritable esprit de fête autour de l'histoire, de la gastronomie ancienne et de la comédie. Le Cabaret offre un menu à la carte et en table d'hôte, des tablées (3, 4, 5 et 7 services) et des festins pour occasions spéciales en saison (Noël, cabane à sucre, etc.). A l'ardoise : rôtisseries et confits, cuisine inspirée des Premières Nations, ou de fort bons ragoûts constitués de joues de bœuf braisées, épaule de porc « à la Jerk », pitance du capitaine ou côtes levées de porc des normands... Toutes ces sélections vous sont proposées avec un grand choix d'apéritifs typiques, de vins et de digestifs. Lors de la belle saison, une terrasse est installée avec vue sur la rue Saint-Paul, typique du quartier du Vieux-Montréal. Une bonne table pour ripailler, une ambiance festive et une décoration expressive.

COMMUNION

135, rue de la Commune Ouest
✆ +1 514 937 6555
www.restaurantcommunion.com
restaurantcommunion@gmail.com
M° Place-d'Armes. Mercredi-vendredi, 17h-22h ; samedi, 10h-14h30 & 17h30-22h30 ; dimanche, 10h-14h30. Brunch le week-end. L'horaire peut varier selon la saison. Brunch : moins de 25 CAN $. Menu du soir : à la carte ou en table d'hôte. Informez-vous sur les soirées de dégustation.

Le concept du Communion est tout à fait novateur et en rapport avec son nom. Pour améliorer la convivialité, tout est basé sur le partage. La plupart des plats, fins et savoureux, se déclinent en version simple, pour une dégustation solo ou pour une petite faim, et double, pour partager avec son compagnon de repas les saveurs du chef. Le tout arrosé d'un bon vin proposé par le sommelier. L'été, la terrasse est un endroit des plus agréables pour un déjeuner d'affaires ou une pause au milieu de votre visite du Vieux-Montréal. En outre, des chefs venus des quatre coins du Québec et du monde sont régulièrement invités à exercer leurs talents au Communion. Une adresse originale à découvrir !

CHEZ DELMO

275, rue Notre-Dame Ouest
✆ +1 514 288 4288
www.chezdelmo.com – info@chezdelmo.com
M° Square-Victoria. Lundi-vendredi, 11h30-14h45 & 17h30-22h ; samedi, 17h30-23h ; dimanche, fermé. Menu midi : 25,75 CAN $. Plats principaux à la carte le soir : 20-65 CAN $. Valet parking sur réservation, du jeudi au samedi dès 18h.

Une véritable institution dans la vieille ville, ce restaurant a su garder son cachet avec une touche plus actuelle, son équipe et même une bonne partie de son menu. A l'ardoise, sous la gouverne du chef Paul Achard, poissons et fruits de mer règnent en maîtres des lieux et le choix est vaste. Les carnivores ne sont pas en reste, avec une petite sélection comprenant le filet mignon, la bavette de bœuf ou encore le tartare de bœuf. Les entrées sont tout aussi alléchantes et se feront le parfait compagnon de vos 5 à 7 (*happy hours*). La carte des vins et des digestifs qui accompagne le tout en séduira plus d'un. Une adresse chouchou, savoureuse, abordable et tout en fraîcheur !

HAMBAR RESTAURANT BAR

355, rue McGill
✆ +1 514 879 1234
www.hambar.ca
info@hambar.ca

M° Square-Victoria. Ouvert tous les jours de 11h30 à 23h (11h le week-end). Menu réduit tous les jours de 14h30 à 17h30. Brunch et lunch : moins de 30 CAN $. Plats principaux le soir : 20-40 CAN $. Service traiteur.

Le restaurant de l'Hôtel Saint-Paul vous propose un cadre raffiné et pourtant sans prétention pour une cuisine classique mais d'une réalisation impeccable. Au cœur du Vieux-Montréal, le brunch du week-end est un immanquable, qui attire les lève-tard de toute la ville. Vous l'auriez deviné à son nom, le Hambar est avant tout fier de sa charcuterie de haut-niveau. Le soir, l'ambiance lounge et smart invite à déguster un cocktail ou un verre de vin, dont la carte est l'une des mieux fournies de la ville.

HELENA

438, rue McGill
✆ +1 514 878 1555
www.restauranthelena.com
info@restauranthelena.com

M° Square-Victoria. Lundi-vendredi, 11h30-14h30 & 17h30-23h ; samedi, 17h30-23h. Menu midi : 22 CAN $. Plats à la carte le soir : 25-45 CAN $, menu tapas : moins de 20 CAN $ le plat.

Bienvenue au temple la fine cuisine portuguaise ! La chef-propriétaire, Helena Loureiro, vous ouvre grand les portes de l'un de ses établissements, les autres étant le réputé Portus Calle situé sur le Plateau et la Cantinho de Lisboa dans le Vieux-Montréal. Ici le Portugal se trouve partout : la déco, l'assiette et même la carte des vins. Que choisir entre le ragoût de fruits de mer, l'effiloché de morue salée confite ou encore la casserole de poissons et coriandre fraîche ? Pour avoir une bonne idée de la cuisine typique, nous vous conseillons de partager quelques plats de tapas. Les desserts sont tout aussi délicieux. Une belle adresse à bon prix !

L'APPARTEMENT

600, rue William
✆ +1 514 866 6606
www.lappartement.ca
info@lappartement.ca

M° Square-Victoria. Lundi-vendredi, 11h45-14h ; mardi-samedi 17h30-22h45 ; dimanche, fermé. Menu midi : moins de 20 CAN $. Plats principaux le soir : 20-40 CAN $. Moules et frites à volonté le mardi. Soirée des dames le mercredi. DJ du mercredi au samedi dès 19h.

Ce restaurant porte bien son nom. L'ambiance décontractée, la décoration épurée et moderne, le mobilier simple et design pourraient être ceux que l'on trouve dans un loft. Sauf qu'ici, la cuisine allie de bons produits, un savoir-faire, et une créativité certaine. Vous apprécierez le risotto de champignons sauvages et son carpaccio de truffe noire ou bien encore les côtes levées avec sauce BBQ au rhum épicé et chipotle, accompagné, pourquoi pas, d'un bon verre de vin que vous aurez préalablement sélectionné dans le vaste choix qu'offre la carte. Enfin, pour les amoureux de chocolat fort en goût, le fondant au chocolat 70 % de Tanzanie à la fleur de sel, zeste d'orange confit et glace à la vanille Les Givrés vous ravira.

L'ASSOMMOIR

211, rue Notre-Dame Ouest
✆ +1 514 272 0777
www.assommoir.com
info@assommoir.com

M° Place-d'Armes. Samedi-mercredi, 16h-3h ; jeudi-vendredi, 14h-3h. Brunch le week-end de 10h à 15h à la succursale de la rue Bernard. Menu à la carte : moins de 35 CAN $. Service traiteur.

Un resto-bistro avec une personnalité. L'accueil chaleureux et convivial, l'ambiance tamisée, la présence du bois, le petit bouquet de fleurs posé sur chaque table reflètent bien l'âme de cet endroit où il fait bon être. Quand on nous présente la carte, un livre avec une couverture vêtue de bois, on pénètre dans l'univers de l'Assommoir : choix de cocktails impressionnant, tapas variées, plats à partager… Et si l'Assommoir du soir vous attire, sachez que vous y trouverez une toute autre ambiance. Celle d'un lieu animé, musical et branché, avec un cabaret, où ceviches, tartares, grillades et poissons frais accompagnent harmonieusement les libations des joyeux convives.

▶ **Autres adresses :** 112, avenue Bernard Ouest, même numéro de téléphone • 611, boulevard Saint Joseph, Sainte-Julie, même numéro de téléphone

LE LOCAL
740, rue William
✆ +1 514 397 7737
www.lelocal.ca – info@lelocal.ca
Angle Prince. Lundi-mercredi, 11h30-22h ; jeudi-vendredi, 11h30-23h ; samedi, 17h30-23h ; dimanche, 17h30-22h. Menu midi : à partir de 23 CAN $. Plats principaux midi et soir : 25-40 CAN $. Terrasses.
Le Local fait salle comble depuis son ouverture en 2008. Les lieux, à la déco plutôt tendance, occupent un espace au look industriel où le béton et l'acier se marient à merveille avec la brique et le verre. Aux commandes de la cuisine, le jeune chef réputé Olivier Belzile. Son menu se compose de plats bistro réinventés avec une touche internationale pleine de fraîcheur. La carte des vins qui accompagne le tout est méticuleusement choisie. Une caméra retransmet en direct l'activité en cuisine.

L'ORIGNAL
479, rue Saint-Alexis
✆ +1 514 303 0479
www.restaurantlorignal.com
M° Champ-de-Mars. Ouvert tous les soirs dès 18h (fermé le dimanche). Plats à la carte : à partir de 25 CAN $
Rustique, folklorique et chaleureux, tels sont les premiers mots qui nous viennent à l'esprit lorsque l'on découvre ce restaurant, situé dans un demi sous-sol d'une rue du Vieux-Montréal. Poisson fumé maison, plateau d'huîtres, cavatelli au lapin biologique, mais surtout, une belle variété de viandes sauvages. Ainsi, vous pourrez apprécier le tartare de bison ou encore des côtelettes ou saucisses de cerf. Et peut-être qu'à ce moment-là, vous vous sentirez l'âme d'un aventurier, le tout sous l'œil bienveillant d'un orignal.

STASH CAFÉ
200, rue Saint-Paul Ouest
✆ +1 514 845 6611
www.stashcafe.com
info@stashcafe.com
M° Place-d'Armes. Lundi-jeudi, 11h30-22h ; vendredi, 11h30-23h ; samedi, 12h-23h ; dimanche 12h-22h. Menu midi et plats à la carte : 20 CAN $ et moins. Table d'hôte le soir : 20-40 CAN $.
« Rien n'accompagne aussi bien un repas polonais qu'une bonne vodka ». Parfait, on s'exécute. La vodka est à la cuisine polonaise ce que le saké est au sushi japonais. Avec des Krokiet (crêpes farcies de viande) ou un Bigos

Enseigne «Apportez votre vin» d'un resto du Quartier latin.

(ragoût traditionnel), on la boirait presque comme du petit lait. La recette du rôti de sanglier vaut vraiment le détour. A la carte, une vingtaine de spécialités donnent l'occasion de revenir souvent, car c'est une cuisine aux saveurs inattendues et rares. Un menu débutant permet de découvrir la richesse de la cuisine polonaise. De plus l'accueil est excellent, et le décor splendide avec de belles reproductions d'œuvres d'artistes polonais.

VERSES
100, rue Saint-Paul Ouest
✆ +1 514 788 4000 / +1 877 788 2040
www.versesrestaurant.com
verses@hotelnelligan.com
M° Place-d'Armes. Lundi-vendredi, 6h30-10h30 & 12h-14h & dès 17h30 ; samedi-dimanche, 6h30-15h & dès 17h30. Menu d'après-midi servi à l'atrium de 15h jusqu'à la fin de la soirée. Brunch : moins de 30 CAN $. Menu midi : à partir de 20 CAN $. Plats principaux le soir : à partir de 25 CAN $. Terrasse. Service de valet disponible.
Verses est le restaurant de l'hôtel-boutique Le Nelligan. Ici on ne se perdra pas au milieu d'une carte longue, car le menu est court mais d'une grande qualité. Le chef prépare une cuisine contemporaine française, élaborée à partir de produits québécois. L'ambiance est chic et le service courtois. On passe une soirée à se faire chouchouter.

Luxe

AUBERGE SAINT-GABRIEL
426, rue Saint-Gabriel
✆ +1 514 878 3561
www.aubergesaint-gabriel.com
M° Place-d'Armes. Jeudi-vendredi, 11h30-14h30 ; mardi-samedi, dès 18h (menu bar disponible dès 17h). Menu midi : à partir de 20 CAN $. Plats principaux le soir : à partir de 30 CAN $. Menu du soir 7 services avec accord des vins disponible en tout temps jusqu'à 21h30 (pour toute la table uniquement). Club-lounge Velvet Speakeasy sur place. Service de traiteur L'Auberge Sur la Route. Superbes salles de réception.
Situé dans le Vieux-Montréal, c'est l'un des rares restaurants où l'on peut admirer une décoration si surprenante. A l'entrée, une colonne vertébrale de baleine flotte dans les airs. Au fond près du bar, des troncs d'arbres font office de tables, puis juste à côté, une lampe est décorée par deux orignaux empaillés, sans têtes et fusionnés par le cou. Et ce ne sont que quelques exemples ! La carte du Saint-Gabriel propose un parfait équilibre entre simplicité et raffinement. Côté entrées, vous serez séduit par la

Repas-croisières

Parce qu'il est si plaisant de jumeler bonne chère et croisière, voici nos deux adresses chouchou !

LE BATEAU MOUCHE
Quai Jacques-Cartier du Vieux-Port
Rue de la Commune Est
✆ +1 514 849 9952 / +1 800 361 9952
www.bateaumouche.ca
info@bateau-mouche.com
M° Champ-de-Mars. De mi-mai à mi-octobre. Soupers-croisières (départ 19h, embarquement 30 min avant). Durée : 3h. Les tarifs incluent la croisière, le repas, l'animation musicale et le pourboire. Le Panoramique : à partir de 98 CAN $. Autres croisières gourmandes offertes : Aux Premières Loges, Prestige, La Totale, Gourmet, Gourmet Sélect, Feux d'artifice et Jazz. Croisières gourmandes de jour : Brunch au Vieux-Port, Bistro sur l'eau et Formule 5 à 7. Réservation et tenue de ville requises.
Il y a des facettes de Montréal qui ne se découvrent qu'en bateau. Celui-ci est particulier et, grâce à son faible tirant d'eau, il emprunte un parcours inaccessible aux bateaux traditionnels. En soirée, les soupers-croisières sont très prisés, avec une cuisine recherchée (aux commandes, Julien Leblanc Traiteur) et un cadre original. De quoi se laisser aller pour un agréable moment au rythme du fleuve !

CROISIÈRES AML
Quai King-Edward du Vieux-Port
1, rue de la Commune
✆ +1 514 284 7792 / +1 866 856 6668
www.croisieresaml.com
info@croisieresaml.com
M° Place-d'Armes. Escapade gourmande 5 services (départ 19h, embarquement à 18h, durée de 4 heures). Adulte : 105-110 CAN $, étudiant et ainé : 102-107 CAN $, enfant : 90-94 CAN $. Autres croisières gourmandes offertes : brunch-croisière, escapade gourmande 3 services, souper-croisière « Un dimanche à Paris », forfait Tapis Rouge, etc.
Vous combinerez gastronomie et vues grandioses à bord du *AML Cavalier Maxim*. L'ambiance qui règne à l'intérieur des salles à manger et sur les terrasses est à la hauteur. Vous y dégusterez des mets raffinés en table d'hôte, et pour l'animation, DJ et piste de danse vous attendent. Si vous désirez vivre une expérience gastronomique distinctive, nous vous conseillons fortement le forfait Tapis Rouge. Il comprend une entrée prioritaire à bord du bateau, un apéritif, une table d'hôte 6 services, une demi-bouteille de vin par personne et le digestif. Vous succomberez au charme de la ville illuminée et de ses îles au soleil couchant.

ganache au foie gras avec gelée de raisin et porto, figues fraîches, raisins noirs et blancs, pickles d'oignons rouges et croustilles au sésame. Côté plats principaux, tout mais vraiment tout est confectionné avec soin. Pour finir, un incroyable dessert dont vous ne ferez qu'une bouchée : la génoise avec crème onctueuse au chocolat au lait, croustillant agrumes et cœur coulant à la mandarine.

LE CLUB CHASSE ET PÊCHE

423, rue Saint-Claude
✆ +1 514 861 1112
www.leclubchasseetpeche.com
M° Champ-de-Mars. Ouvert le soir dès 18h (jours d'ouverture variables selon la saison). Ouvert le midi à certaines périodes de l'année. Menu midi : à partir de 25 CAN $, plats principaux le soir : à partir de 35 CAN $. Autres restos du groupe : Le Filet et Le Serpent.
Cette pourvoirie urbaine offre un nouveau territoire pour pêcher de bonnes chairs. Presque une chasse gardée. Aucun signe extérieur, tout juste un sigle de ralliement pour les initiés gourmands. l'adresse se transmettant principalement de bouche à oreille. Un décor ultra léché fait de pierres, de poutres, de cuir, mélange cosy de sophistication et d'authenticité. Un concept avant-gardiste : dandysme et rusticité contemporaine. Dans ce design à couper le souffle, les cuistots élaborent une cuisine puissante, animale, esthétique, instinctive, alors que la brigade en salle veille à conserver en salle l'eurythmie unique qui caractérise si bien les créations de cette équipe gagnante.

CHEZ L'ÉPICIER

311, rue Saint-Paul Est
✆ +1 514 878 2232
www.chezlepicier.com
M° Champ-de-Mars. Lundi-dimanche, 17h30-22h. Plats principaux : moins de 40 CAN $. Menu dégustation 7 services : 85 CAN $ (ajoutez 60 CAN $ pour l'accord mets-vins). Salon privé, service traiteur.
Quel beau pari que celui du brillant chef et propriétaire de ces lieux, Laurent Godbout ! Une cuisine cosmopolite avec un menu élaboré à partir de produits du terroir. Un restaurant avec de la personnalité à revendre, sans toutefois sombrer dans le branché vide. Ici tout est chaleur et bon goût, discrétion jusque dans les assiettes savamment concoctées, comme autant de mines gustatives que seule une gorgée de vin saura désamorcer. De plus, une épicerie fine complète cette réussite, avec des plats cuisinés à emporter et des produits fins du Québec et du monde. Coup de cœur enflammé !

SINCLAIR RESTAURANT

414, rue Saint-Sulpice
✆ +1 514 284 3332
www.restaurant-sinclair.com
info@restaurant-sinclair.com
M° Place-d'Armes. Ouvert tous les jours de 12h à 23h. Menu midi et brunch urbain : 25 CAN $. Plats à la carte : 25-50 CAN $. Menu découverte : 40 CAN $, menu dégustation : 60 CAN $ (ajouter 50 CAN $ pour l'accord des vins). Salons privés, terrasse.
Une ambiance feutrée règne dans ce restaurant, qui sert une cuisine du marché à base de produits du terroir. Le chef offre des mélanges harmonieux qui changent au gré des saisons. Ainsi les accompagnements des plats principaux diffèrent, permettant au client de vivre une expérience différente. Mais ce qui est invariable, c'est le service impeccable et la gastronomie raffinée de ce grand restaurant. Pour vous mettre l'eau à la bouche : risotto arborio aux champignons sauvages sautés, magret de canard du lac Brome poêlé avec sauce aux baies de sureau, gâteaux de crabe du Pacifique en croûte de panko, pavé de thon Albacore cuit unilatéral, cœur de filet de bœuf rôti de l'Île-du-Prince-Édouard... Lors de la belle saison, la terrasse des jardins intérieurs est l'un des endroits les plus agréables en ville.

TOQUÉ !

900, Place Jean-Paul-Riopelle
✆ +1 514 499 2084
www.restaurant-toque.com
info@restaurant-toque.com
M° Square-Victoria. Mardi-vendredi, 11h30-13h45 ; mardi-samedi, dès 17h30. Menu midi : 25-50 CAN $. Plats principaux le soir : à partir de 40 CAN $. Menu dégustation aussi disponible.
Le nec plus ultra en matière de cuisine française. Normand Laprise, Grand Chef Relais & Châteaux, est au gouvernail et veille à ce que la réputation du Toqué ! soit irréprochable. Le menu est d'une rigueur incroyable, mettant en valeur une cuisine de marché fraîche et raffinée. Pas de faux-fuyants, les plats sont confectionnés tels des œuvres d'art, combinés à une carte des vins époustouflante. Tout est démesuré chez Toqué ! , le décor est raffiné et le service tout simplement parfait. Il est recommandé de réserver à l'avance.

Centre-ville et Westmount

Le centre-ville se concentre plutôt sur une clientèle d'affaires, de sorte que les adresses pour le déjeuner de midi en semaine sont assez nombreuses. Ce qui n'empêche pas que des tables de renom accueillent également les amateurs de gastronomie. Le quartier étant l'un des plus vivants de la ville, on y trouve donc de quoi satisfaire tous les types de gourmets et de gourmands.

Sur le pouce

CAFÉ HOLT
1300, rue Sherbrooke Ouest
✆ +1 514 282 3750
www.holtrenfrew.com
M° Peel. Lundi-mercredi, 10h-18h ; jeudi-vendredi, 10h-21h ; samedi, 9h30-18h30 ; dimanche, 11h-18h. Menu à la carte : moins de 25 CAN $. Huîtres : 9 à 32 CAN $.
Le Café Holt est un concentré de raffinement et de bon goût. Branché mais pas trop, le cadre en fait un lieu agréable pour boire un cocktail, un verre de vin ou un jus au cours d'une pause dans sa journée de magasinage. Pour une halte plus consistante, demandez la tartine poulet grillé, chèvre, poivrons rouges, roquette et miel de truffe. Sur un pain venu directement de Paris, s'assemblent avec délicatesse divers produits de luxe et de saison. La carte des desserts est elle aussi alléchante. Parfait pour une pause gourmande !

CAFÉ VASCO DE GAMA
1472, rue Peel
✆ +1 514 286 2688
www.vascodagama.ca
info@vascodagama.ca
M° Peel. Lundi-mercredi, 7h-20h ; jeudi-vendredi, 7h-21h ; samedi, 9h-19h ; dimanche, 9h-18h. Menu à la carte : moins de 20 CAN $. Coin épicerie fine. Autres restos du groupe : Taverne F et Ferreira Café, tous deux au centre-ville.
Une restauration rapide tout à fait adaptée à la clientèle d'affaires qui fréquente l'endroit matin et midi. Le menu consiste essentiellement en salades, burgers, paninis et sandwichs (panini au canard et figue confite, sandwich végétarien au fromage de chèvre ou encore burger de bœuf et foie gras). A partir de 16h, d'excellentes tapas sont servies (croquettes de morue, boudin noir poêlé et pommes caramélisées, tartare de saumon...). On y sert également de petits déjeuner.s copieux. Le cadre est agréable et le service, sympathique. Pour prolonger ces petits plaisirs lors de vos évènements, profitez de leur service traiteur, ou pour le déjeuner, de leurs délicieuses boites pique-nique.

▶ **Autre adresse :** aéroport de Montréal, zone publique des vols internationaux, ✆ 1 514 631 2688

LA PANTHÈRE VERTE
2153, rue Mackay
✆ +1 514 903 4744
www.lapanthereverte.com
M° Guy-Concordia. Lundi-vendredi, 11h-22h ; samedi, 11h-21h ; dimanche, 11h-19h. Service de livraison à vélo, service traiteur.
Resto végétalien bio en plein cœur du centre-ville, La Panthère Verte propose une panoplie de sandwichs et combos, des spéciaux du jour, de bons jus et smoothies, etc. De quoi faire le plein santé ! Le menu arbore aussi quelques mentions pour ceux voulant faire un choix sans noix, gluten ou soja.

▶ **Autres adresses :** 145, avenue Mont-Royal Est, ✆ +1 514 503 4800 • 160, rue Saint-Viateur Est, ✆ +1 514 508 5564

SUR BLEURY
1067, rue de Bleury
✆ +1 514 866 6161
www.surbleury.com – info@surbleury.com
M° Square-Victoria ou Place-d'Armes. Lundi-vendredi, 11h30-14h ; samedi-dimanche, fermé. Carte : moins de 20 CAN $. Terrasse.
Un restaurant à la décoration très réussie, avec une alliance d'un mur en brique, d'un plancher en béton et d'un mobilier en bois. Les plats, simples, sont retravaillés par le chef : mac & cheese selon l'humeur de la chef, ou encore croquette de « Crab Cake » avec relish de mangue et maïs sur salade croquante du marché, vinaigrette à la lime et gingembre. Bon choix de vins, servis au verre sur demande.

Pause gourmande

CHEZ FRED
5338, rue Sherbrooke Ouest
✆ +1 514 395 2716
www.chezfred.ca
M° Vendôme. Lundi, fermé ; mardi-samedi, 7h-19h30 ; dimanche, 8h-19h30.
Quand un passionné de la vie et des bonnes choses décide de tout plaquer en France pour démarrer de nouveaux projets au Québec, ça donne la boulangerie d'exception Chez Fred. Située dans le beau quartier de Westmount,

on y fabrique avec amour une multitude de pains pour tous les goûts, des viennoiseries aussi décadentes que succulentes, et des pâtisseries à tomber par terre, tous fabriqués suivants les meilleurs procédés artisanaux et des recettes ancestrales. Il serait également utile de mentionner que l'associé dans cette belle histoire, le frère de l'autre, est maître-chocolatier... Ça promet niveau gourmandise ! Et pour les papilles salées, quiches, sandwichs, pizzas et autres produits maison sont offerts, à emporter ou à savourer sur place. Vous allez raffoler de cette adresse !

Bien et pas cher

■ BRASSERIE T !

1425, rue Jeanne-Mance
✆ +1 514 282 0808
www.brasserie-t.com
info@brasserie-t.com
M° Place-des-Arts. Ouvert tous les jours dès 11h30. Plats à 25 CAN $ et moins.

La petite sœur du réputé restaurant Toqué ! du chef Normand Laprise a ouvert ses portes il y a quelques années en plein cœur du Quartier des spectacles. L'endroit connaît un franc succès et offre un menu typique des brasseries françaises avec une touche québécoise. L'architecture du restaurant vaut à elle seule le déplacement : un lieu au design résolument urbain qui ressemble à un long abri de bus moderne... Vous vous retrouvez donc en plein cœur de l'action du quartier, avec vue directe sur la Place des Festivals.

■ CAFÉ DU NOUVEAU MONDE

84, rue Sainte-Catherine Ouest
✆ +1 514 866 8669
www.tnm.qc.ca – info@tnm.qc.ca
M° Place-des-Arts. Lundi, 11h30-20h ; mardi-vendredi, 11h30-minuit ; samedi, 17h-minuit (ouverture à 13h lors des représentations de 15h au TNM) ; dimanche, fermé. Menu midi : 10-15 CAN $, plats principaux à la carte : moins de 25 CAN $.

Tout comme le théâtre du même nom, le Café du Nouveau Monde allie modernité et élégance. Le bar ainsi que le restaurant de la mezzanine, avec leurs belles tables en bois, les ardoises présentant le menu du jour, et l'agréable musique d'ambiance, ravissent les artistes et leurs amis. La variété et la qualité des mets proposés donnent à ce restaurant une allure de bistro français. La carte offre des encas originaux tels que le carpaccio de bœuf aux épices, le tartare de saumon et les crevettes poêlées, mais propose aussi des plats plus consistants comme burger d'effiloché de porc au cheddar fumé et salade de chou rouge, avec pommes de terre rôties et salade verte. Bref, le Café du Nouveau Monde devient une halte idéale après une journée de shopping mais surtout, avant ou après une soirée culturelle.

Dim Sum

Le brunch chinois, par son ambiance survoltée et son choix de saveurs, nous transporte bien loin de Montréal. Le fonctionnement est bien différent des autres brunchs : on est amené à choisir avec les yeux, parmi les délices de la cuisine cantonaise. Le classique est le plat de *Dim Sum*, ces raviolis vapeur ou frits, aux saveurs aussi différentes que le nombre de cuisiners en Chine ! Mais si le hasard vous amène dans le Quartier chinois le matin plus tôt ou en soirée, rassurez-vous, le *Dim Sum* se déguste toute la journée.

CRUDESSENCE

2157, rue Mackay ✆ +1 514 664 5188
www.crudessence.com
info@crudessence.com
M° Guy-Concordia. Dimanche-mercredi 11h-21h, jeudi-samedi 11h-22h. Carte : moins de 20 CAN $. Brunch le week-end jusqu'à 15h. Boutique sur place, service traiteur. Quelques comptoirs santé dans la grande région de Montréal, et une académie de cuisine dans le Mile-End.

Une entreprise éco-responsable qui propose à son resto-boutique une fine cuisine « vivante », des plats prêt-à-manger, des jus frais et des smoothies, ainsi qu'une foule de produits spéciaux. La cuisine végétalienne est sans cuisson afin de préserver le maximum de vitamines, de minéraux et d'enzymes, en plus d'être exempte de gluten, de produits animaux, d'additifs chimiques ou d'OGM. La succursale du centre-ville propose aussi des vins et du saké biologiques, ainsi que de la bière sans gluten.

Autres adresses : 105, rue Rachel Ouest, ✆ +1 514 510 9299 • 66, rue Saint-Viateur Ouest, ✆ +1 514 295 0113

KAZU

1862, rue Sainte-Catherine Ouest
✆ +1 514 937 2333
www.kazumontreal.com
M° Guy-Concordia. Ouvert tous les jours de 12h à 15h et dès 17h30. Fermé mardi toute la journée, et samedi midi. Menu midi et plats à la carte : moins de 20 CAN $.

Cherchez la file d'attente au coin des rues Sainte-Catherine et Saint-Marc et vous trouverez Kazu. Fréquenté par une clientèle d'assidus et d'étudiants du quartier, cette *isakaya* japonaise est un pur bonheur pour les papilles et le porte-monnaie. L'endroit ne paie pas de mine, l'intérieur est minuscule et sans prétention, mais niveau cuisine, on est gâté : de la VRAIE cuisine nippone, savoureuse et suprenante, en formule plat et soupe ou petite salade le midi, et de style tapas en soirée. LE bon plan dans le quartier !

Bonnes tables

CHEZ ALEXANDRE ET FILS

1454, rue Peel ✆ +1 514 288 5105
www.chezalexandre.com
resto@chezalexandre.com
M° Peel. Lundi-dimanche, 11h30-2h. Menu midi : moins de 35 CAN $, plats le soir : 15-45 CAN $, soir express : 34 CAN $. Très belle carte des vins, champagne bar (sabre disponible au bar). Pub et cigar lounge au 2e étage. Terrasse.

Cette magnifique brasserie parisienne nous transporte littéralement vers les beaux quartiers de la ville lumière : service stylé, banquettes en cuir, boiseries, tables en granit et chaises en rotin importées de France. Le distingué Alain Creton illumine de sa présence les deux salles luxueuses, où l'on apprécie moules au vin blanc, choucroute au champagne Moët & Chandon, boudin noir aux pommes, confit de canard, cassoulet toulousain, sans oublier la traditionnelle bavette à l'échalote avec ses frites maison, épluchées à la main pour plus de croquant. Suprême audace, la maison abrite au deuxième étage un authentique pub anglais, le John Sleeman Pub avec foyer et *cigar lounge*. Tout simplement le meilleur des deux mondes à la même adresse.

BÂTON ROUGE

180, rue Sainte-Catherine Ouest
✆ +1 514 282 7444
www.batonrouge.ca
infobaton@bellnet.ca
M° Place-des-Arts. Dimanche-jeudi 11h-23h, vendredi-samedi 11h-minuit. Menu midi : moins de 25 CAN $. Plats principaux à la carte : 15-40 CAN $. Terrasse. Nombreuses succursales dans la grande région de Montréal et ailleurs au Québec.

L'hôtesse jongle avec les files d'attente, assez volumineuses le week-end. Un resto tout en teintes rougeâtres et en bois sombre, idéal pour les tête-à-tête. Un menu de grillades classique au rapport qualité-prix admirable, surtout compte tenu des portions. Les côtes levées (LA spécialité de la maison, fondantes à souhait) s'accompagnent de pommes de terre au four ou frites, avec salade du chef. A moins d'opter pour le sandwich au poulet chipotle, avec fromage Monterey Jack et bacon, ou, pour les amateurs, la côte de bœuf au jus parfaitement assaisonnée. Si l'appétit est toujours au rendez-vous, un choix de gâteaux et de tartes complèteront le repas.

BEAVER HALL

1073, Côte du Beaver Hall
✆ +1 514 866 1331
www.beaverhall.ca – info@beaverhall.ca
M° Square-Victoria. Lundi, 11h30-15h ; mardi-mercredi, 11h30-22h ; jeudi-vendredi, 11h30-22h30 ; samedi, 17h-22h30 ; dimanche, fermé. Menu midi : moins de 35 CAN $. Plats

principaux le soir : 15-40 CAN $, formule du soir : 35,50 CAN $. Belle carte des vins.

Un bistro dans toute sa splendeur : de belles banquettes en cuir, des serveurs bien accoutrés, des boiseries distinguées. Question cuisine, on sent bien la touche de Jérôme Ferrer, chef de l'Europea et maître d'œuvre de l'endroit. Le tartare coupé au couteau est joliment présenté sur une planche en bois avec un petit bol de frites. La salade repas au chèvre chaud est généreusement garnie. Le foie de veau est cuit à la perfection, une prouesse à souligner. Autre originalité appréciable : la suggestion du verre de vin assorti au plat. Une adresse dont vous ne ressortirez pas déçu !

■ **BIIRU**

1433, City Councillors
✆ +1 514 903 1555
www.biiru.ca

M° McGill. Mardi-vendredi, 11h30-14h et dès 17h ; samedi, dès 17h. Réservation conseillée le soir. Terrasse.

Les *isakayas* japonaises ont le vent dans les voiles dans la métropole, et le Biiru ne fait pas exception. Situé en plein cœur du centre-ville, à quelques pas de l'église St. James, ce restaurant ne propose que des spécialités nippones ainsi que des versions revisitées. Le Ramen 2.0 (bouillon de poulet, échine de porc, nouilles Ramen et... fromage en grains) en est d'ailleurs un bon exemple. Plats crus ou frits, grillades et brochettes, et plats signature composent le court mais ô combien délicieux menu. Et on accompagne le tout d'un cocktail typique, d'une bière japonaise ou encore d'un bon saké, bien entendu.

■ **DEVILLE DINERBAR**

1425, rue Stanley
✆ +1 514 281 6556
www.devilledinerbar.com
info@devilledinerbar.com

M° Peel. Dimanche-jeudi, 11h-23h ; vendredi-samedi, 11h-minuit. Plats à la carte : moins de 40 CAN $. Terrasse.

Prenez un classique « diner » américain, l'un de ces restaurants aux confortables banquettes en faux cuir, ses juke-box et ses burgers. Remettez-le au goût du jour, en rehaussant les couleurs, en retravaillant le design, en modernisant l'ambiance... Vous obtiendrez le Deville Dinerbar, qui s'appuie sur le passé de l'Amérique pour le transformer en l'un des restaurants branchés de Montréal. Pour un burger ou un brunch géant, ou pour un cocktail à la lueur des néons violets, en tout cas une adresse qui vaut le déplacement.

■ **LEA**

4922, rue Sherbrooke Ouest
✆ +1 514 508 0545
www.learestaurant.ca
info@learestaurant.ca

M° Vendôme. Lundi-vendredi, 12h-15h et dès 17h ; samedi, dès 17h ; dimanche, fermé. Menu midi : 20-30 CAN $. Plats principaux le soir : 20-40 CAN $, petits plats : moins de 20 CAN $. Terrasse. Autres restos du groupe : Le Hachoir (Plateau Mont-Royal) et Le Grinder (Petite-Bourgogne).

Un nouveau resto de la griffe culinaire créative du chef Matt Doyle, situé en plein cœur du chic quartier Westmount. Son superbe design, signé Zebulon Perron, est riche en matière brut et offre un cadre à la fois moderne et chaleureux. Au menu, des plats d'inspiration espagnole et portugaise, dont de succulentes entrées surnommées « petits plats » qui se savourent entre amis comme des tapas. Pieuvre grillée, dorade entière et poulet rôti font entre autres partie des plats plus consistants, un beau clin d'œil à la péninsule Ibérique. Et pour clore ce délicieux repas, pourquoi pas quelques beignets façon *churros* ou encore une bonne crème catalane ?

LE LÉMAN
1175, rue University
✆ +1 514 507 5273
www.leleman.ca – info@leleman.ca
M° McGill. Lundi-mercredi, 11h45-14h ; jeudi-vendredi, 11h45-14h et 17h30-21h ; samedi, 17h30-21h ; dimanche, fermé. Plats principaux à la carte : 15-35 CAN $. Table d'hôte aussi offerte. Sélection de vins suisses.
Avec un nom pareil, on est fixé sur le type de cuisine offerte. Encore plus une fois à l'intérieur alors que des tableaux de lac Léman s'affichent fièrement, sans oublier un beau clin d'œil au drapeau suisse sur chaque banquette. Axé sur la bistronomie suisse, cette nouvelle adresse propose toute la panoplie de plats typiques tels, par exemple, la planchette valaisanne, le papet vaudois, les röstis, la raclette et la fondue au fromage. Comme le dit si bien l'établissement : « *Une cuisine fine mais sans chichis, fière d'elle-même et fière d'être au Québec et au milieu de ses excellents produits !* »

L'ENTRECÔTE SAINT-JEAN
2022, rue Peel
✆ +1 514 281 6492
www.lentrecotestjean.com
resto@lentrecotestjean.com
M° Peel. Lundi-mercredi, 11h30-22h ; jeudi-vendredi, 11h30-23h ; samedi-dimanche, 17h-23h. Table d'hôte : 29,95 CAN $. Spécial entrecôte : 23,25 CAN $. Les réservations sont acceptées seulement le midi et par téléphone.
Pour déguster une belle entrecôte dans un décor bistro, grandes glaces à l'appui, rendez-vous à l'Entrecôte Saint-Jean. Le menu est on ne peut plus simple, entrecôte et pommes allumettes à la française, avec salade aux noix et toujours cette sauce secrète qui fait le succès de la maison. Pour partir en pleine gloire, les profiteroles au chocolat donnent un dessert de choix. Pour tout dire, on en redemande !

© STÉPHANE SAVIGNARD
On peut manger de la poutine presque partout à Montréal.

LE MILSA
1445-A, rue Bishop
✆ +1 514 985 0777
www.lemilsa.com
lemilsarestaurant@gmail.com
M° Guy-Concordia. Ouvert tous les soirs de 17h30 à 23h. Carte : 20-40 CAN $. Menu végétarien : 15,95 CAN $. Terrasse. Plusieurs succursales dans la grande région de Montréal.
Ce restaurant est une rôtisserie brésilienne (churrascaria). C'est au retour d'un voyage en Amérique du Sud que son propriétaire a eu la bonne idée d'ouvrir cet établissement de spécialités brésiliennes. Ici on vous propose un vaste choix de dix viandes grillées sur charbon de bois (dinde, bœuf, poulet, porc, agneau, etc.) et des légumes comme accompagnement. Nous vous recommandons d'essayer Le Tourniquet, une ronde des viandes que vous pouvez déguster à volonté. Et pour couronner le festin, l'ananas rôti comblera les plus gourmands. Excellente ambiance avec spectacle brésilien.

NOTKINS – BAR À HUÎTRES
1101, rue de Bleury
✆ +1 514 866 1101
www.notkins.com – info@notkins.com
M° Place-d'Armes ou Square-Victoria. Lundi, fermé, mardi-vendredi, 11h30-14h30 et 17h30-3h ; samedi-dimanche, 17h30-3h. Horaire bonifié en saison estivale. Plats à la carte : moins de 35 CAN $.
Propriété de Daniel Notkin (créateur du populaire Oysterfest de Montréal) et de sa partenaire Emilie Rainville, c'est le nouveau *hot spot* en ville pour les amateurs de fruits de mer. Avant tout chose, nous nous devons de souligner la grande beauté des lieux, avec ses deux étages, ses grandes baies vitrées de 10 pieds de haut, son design alliant l'industriel au contemporain, sans oublier son long

bar avec une allée où serveurs et ouvreurs s'exécutent devant vos yeux. Dans l'assiette, on a l'embarras du choix en produits frais de la mer et bien entendu, les huîtres y occupent la place d'honneur. L'équipe met également l'emphase sur l'accord mets et vins avec une cave qui réserve de belles découvertes.

■ O.NOIR
1631, rue Sainte-Catherine Ouest
✆ +1 514 937 9727
www.onoir.com
info@onoir.com
M° Guy-Concordia. Lundi-dimanche, dès 17h30. Réservation nécessaire pour le 1er ou le 2e service. Table d'hôte 2 services : 34 CAN $, 3 services : 41 CAN $.
Ici les clients mangent dans la noirceur totale afin d'expérimenter ce que toute personne aveugle vit au quotidien. « Et si le serveur renversait une assiette bien saucée sur mon beau chandail neuf ? », vous dites-vous. Les accidents peuvent arriver, mais toutes les mesures sont prises pour les limiter, les serveurs étant eux-mêmes aveugles. Outre le concept qui se veut novateur et socialement responsable, la nourriture n'est pas à négliger. De bons petits plats auront un goût encore plus intense, puisque ne dit-on pas que la perte d'un sens exacerbe les autres ? Les plats, textures et odeurs s'associent dans des combinaisons intéressantes d'ingrédients. Ceux qui veulent pousser l'expérience plus loin peuvent choisir le dessert ou l'entrée surprise. Tous les dimanches, le groupe de musique *Les Ombres* charme l'ouïe. Malheureusement, l'effet de la perte d'un sens semble conduire les gens à hausser le ton, jusqu'à la cacophonie parfois.

■ LE TAJ
2077, rue Stanley
✆ +1 514 845 9015
www.restaurantletaj.com
info@restaurantletaj.com
M° Peel. Dimanche-vendredi, 11h30-14h30 et 17h-22h30 (23h le vendredi) ; samedi, 17h30-23h. Plats principaux : moins de 30 CAN $. Menu Festin Daavat : 40 CAN $. Buffet du midi : 15,95 CAN $. Plats à emporter (15 % de rabais), service traiteur.
Un des indiens les plus chics de la ville ! Dès votre entrée, vous pourrez constater que la décoration est soignée, avec entre autres choses une immense fresque murale en pierre, vestige de l'Expo 67. Pour ce qui est du menu, très varié, il est haut en couleur et en diversité, épicé mais peu pimenté, avec également un choix de plats végétariens. D'ailleurs, vous pourrez observer le chef préparer votre festin depuis son tandoor (four d'argile). Le buffet du midi permet de parfaire ses connaissances sur la gastronomie indienne et de faire de belles découvertes. Les currys sont excellents et le poulet tandoori parfait. Quant aux prix, ils sont plus que décents.

■ ZENYA
486, rue Sainte-Catherine Ouest
2e étage
✆ +1 514 904 1363
www.zenyarestaurant.com
zenya@live.ca
M° McGill. Lundi-vendredi, 11h30-14h30 & 17h30-22h30 ; samedi-dimanche, 17h30-22h30. Menu midi : moins de 30 CAN $. Plats à la carte le soir : 15-40 CAN $. Les réservations pour le Tatami doivent être faites au moins 24h à l'avance.
Une agréable surprise au 2e étage d'un bâtiment qui cache bien son jeu ! Un bar à sushis, où s'affairent les chefs, domine la salle aux lignes fluides et aérées. Avec des tables et chaises couleur bois d'ébène, des lumières tamisées et quelques bambous pour la décoration, vous y trouverez calme et intimité. Le menu vous propose une sélection d'entrées chaudes ou froides, de grillades, et des assiettes de sushis et sashimis. Pour les inconditionnels, vous pouvez faire votre propre sélection sur une belle liste de makis. Une cuisine japonaise soignée et un service discret.

Luxe

EUROPEA

1227, rue de la Montagne
✆ +1 514 398 9229
www.europea.ca
info@europea.ca
M° Peel. Mardi-vendredi, 12h-13h30 ; lundi-dimanche, dès 18h. Menu midi : à partir de 35 CAN $. Le soir : table d'hôte découverte 89,50 CAN $, menu dégustation signature 119,50 CAN $, plats à la carte entre 40 et 60 CAN $. Menu végétarien-végétalien aussi offert le soir.

La réputation du Grand Chef Relais & Châteaux Jérôme Ferrer n'est plus à faire, et la qualité de ses nombreuses autres tables (Beaver Hall, Andiamo, Café Grévin, Birks Café) non plus ! L'Europea, c'est la finesse de l'art culinaire avec une cuisine inventive et intuitive qui fait voyager tous nos sens. Dotée de 4 diamants (l'équivalent de nos étoiles Michelin), l'une des meilleures tables en ville offre une expérience gustative franchement à la hauteur. En soirée, laissez-vous tenter par le menu dégustation ou découverte, des incontournables et savoureux classiques de l'Europea. La carte des vins qui accompagne le tout est un hymne au bonheur. Pour pousser plus loin l'expérience, réservez la Table du Chef afin de vivre l'arrière-scène des cuisines et de voir le chef à l'œuvre !

FERREIRA CAFÉ

1446, rue Peel
✆ +1 514 848 0988
www.ferreiracafe.com
info@ferreiracafe.com
M° Peel. Ouvert le midi en semaine de 11h45 à 15h, et tous les soirs dès 17h30. Menu midi : 20-40 CAN $. Plats principaux : 20-60 CAN $, menu fin de soirée (lundi au samedi dès 22h : 24 CAN $. Terrasse. Boutique en ligne, service de traiteur. Autres restos du Groupe Ferreira : Café Vasco de Gama et Taverne F, tous deux au centre-ville.

Comme celle de son Portugal natal, cette cuisine est presque entièrement dédiée au poisson. Les arrivages constants assurent une fraîcheur à toute épreuve. Carlos Ferreira, le propriétaire, aura au fil des ans monté une cave à vins de plus de 20 000 bouteilles, dont plusieurs d'importation privée. Et non seulement des vins, mais aussi des portos aussi savoureux qu'exquis. Le tout dans un joli resto qui se démarque. Chapeau !

LAURIE RAPHAËL

2050, rue Mansfield
✆ +1 514 985 6072
www.laurieraphael.com
reservationmontreal@laurieraphael.com
M° Peel. Lundi-vendredi, 11h30-14h ; lundi-dimanche, 18h-22h30. Menu midi : 20-30 CAN $ ou le menu « chef chef » 3 services : 39 CAN $. Menu du soir « chef chef » : 65 CAN $, menu vision 8 à 10 services : 120 CAN $ (ajouter 80 CAN $ pour l'accord des vins), plats principaux à la carte : 15-35 CAN $.

Ouvert en 2007, pour faire suite à son succès mérité à Québec, ce restaurant a tout pour plaire. Délicate, parfumée et raffinée, la table du Laurie Raphaël marie savamment les produits du terroir avec une pincée d'exotisme et des sauces qui, loin de dénaturer les ingrédients, les subliment. Une grande table qui excelle par sa créativité sans cesse renouvelée selon l'inspiration du moment et les arrivages. Que demander de plus ?

MAISON BOULUD

Hôtel Ritz-Carlton
1288, rue Sherbrooke Ouest
✆ +1 514 842 4224
www.maisonboulud.com
maisonboulud@ritzmontreal.com
M° Peel. Lundi-dimanche, 7h-10h30, 12h-14h (jusqu'à 14h30 le week-end pour le brunch) et dès 18h. Cave à vin, salons privés.

Le Chef Daniel Boulud n'en est pas à son coup d'essai avec le restaurant du Ritz-Carlton, célébré parmi les meilleures tables de la ville. Son restaurant Daniel, à New-York, est triplement étoilé et mondialement connu. Avec la Maison Boulud, il a voulu profiter de la fusion de deux cuisines, nord-américaine et européenne. Une belle réussite. Le raffinement est dans les assiettes comme dans la salle, et le service est digne de grands restaurants étoilés. Une belle expérience de gastronome.

LA QUEUE DE CHEVAL

1181, rue de la Montagne
✆ +1 514 390 0091
www.queuedecheval.com
events@queuedecheval.com
M° Lucien-L'Allier ou Peel. Lundi-vendredi, 11h30-15h & dès 17h30 ; samedi-dimanche, dès 17h30. Resto-bar Homard Furieux : ouvert tous les jours dès 17h30. Menus midi, soir, fin de soirée, et bar à burgers aussi disponibles. Terrasse.

Caviar français Petrossian, homard Persan, mélange de luxe et de convivialité, avec pour décor des boiseries, du cuir et des grands chandeliers qui font tout le charme des lieux. Depuis le grill immense surmonté de sa hotte de cuivre et ouvert sur la salle, les cuisiniers préparent à merveille les fruits de mer, les poissons et surtout les viandes. Les pièces proposées sont toujours impeccables, et de qualité vraiment supérieure, comme ce bœuf en provenance du Midwest américain, catégorie USDA « Prime ». La Queue de Cheval est réputée pour servir les meilleures côtes de bœuf de la ville parfaitement vieillies. Au sous-sol se trouve le resto-bar Homard Furieux qui fait office de salon de fruits de mer haut de gamme, et juste derrière l'établissement, l'annexe QDC Burger vous propose les meilleurs burgers en ville, composés selon vos goûts. Un tel régal a évidemment un prix...

Quartier latin et Village gai

Le Village, l'été, interdit aux voitures, voit fleurir les terrasses de bars et de restaurants. Un large choix vous est proposé pour une pause rapide à midi ou une découverte culinaire d'un soir. Notez que vous trouverez également de bonnes adresses dans la rubrique « Gay et lesbien » de ce guide. Le Quartier latin, quant à lui, s'adresse plus aux touristes, mais propose également de belles tables.

Sur le pouce

■ RESTAURANT BE BAP
1429, rue Amherst
✆ +1 514 524 7878
www.restaurantbebap.com
admin@restaurantbebap.com
M° Beaudry. Ouvert le midi en semaine, et tous les soirs de 17h30 à 22h. Menu à la carte : moins de 20 CAN $.

Quelques restaurants coréens sortent du lot à Montréal, et le Be Bap est un de ceux-là. Ouvert début 2012, ce comptoir de restauration rapide offre des plats à emporter ou à déguster sur place, près du comptoir ouvert sur la cuisine. Une déco qui se veut résolument moderne, aux couleurs toniques bien que sobres, et un «je-ne-sais-quoi» de kitsch juste comme il faut pour rester design. Ce mélange de modernité et de tradition se traduit aussi dans les assiettes, avec des plats très coréens, mais au goût de la clientèle cosmopolite de Montréal.

Pause gourmande

■ JULIETTE & CHOCOLAT
1615, rue Saint-Denis
✆ +1 514 287 3555
www.julietteetchocolat.com
juliette@julietteetchocolat.com
M° Berri-UQÀM. Dimanche-jeudi, 11h-23h ; vendredi-samedi, 11h-minuit. Menu à la carte : moins de 20 CAN $.

Juliette et chocolat, c'est l'histoire d'un succès basé sur le chocolat. Né sur la rue Saint-Denis, le premier bar à chocolat-crêperie très Art déco avec ses boiseries, ses briques apparentes et ses chaises en rotin a eu un succès monstre. À tel point que Juliette a ouvert quatre autres adresses. C'est le choix du chocolat, sous toutes ses formes, qui fait la réputation de Juliette : chocolat chaud ou froid, chocolat à boire alcoolisé, chocolat dans les crêpes, dans les glaces ou en fondues. Le Petit Futé s'engage : Juliette et chocolat fabrique sans doute le meilleur milk-shake au chocolat du monde ! On vous propose en plus tout un choix d'appétissantes salades-repas et de galettes de sarrasin. En partant, achetez quelques chocolats faits maison, c'est une recommandation.

▸ **Autres adresses :** 1626, rue Sainte-Catherine Ouest, ✆ +1 514 508 4800 • 3600, boulevard Saint-Laurent, ✆ +1 514 380 1090 • 377, rue Laurier Ouest, ✆ +1 514 510 5651 • Quartier Dix30, 9190 boulevard Leduc, suite 105, Brossard, ✆ +1 450 678 5353

Bien et pas cher

■ CINKO
1641, rue Saint-Denis
✆ +1 514 903 1641
www.cinkomtl.com
info@cinkomtl.com
M° Berri-UQÀM. Dimanche-lundi, 11h-22h ; mardi-samedi, 11h-minuit. Menu à 5 CAN $ en tout temps. Terrasse.

Un design coloré qui n'est pas sans rappeler le style Pop Art d'Andy Warhol et un concept à prix unique ridiculement bas : c'est ça le Cinko ! Des salades, viandes et poissons, pâtes, burgers et hot-dogs, et autres petits plats, tous au prix de 5 CAN $ chacun. Bien entendu, les portions sont à la hauteur du prix, alors pour les plus gros appétits, mieux vaut commander plus d'un plat. L'idéal pour un repas sur le pouce ou pour les fringales de fin de soirée.

CHEZ GATSÉ RESTAURANT TIBÉTAIN

317, rue Ontario Est ✆ +1 514 985 2494
M° Berri-UQÀM. Lundi-vendredi, 11h-15h et 17h-22h ; samedi-dimanche, 17h-22h. Menu midi : moins de 10 CAN $, soir et Spécial Yeti : moins de 20 CAN $. Terrasse.

Ce resto de quartier propose une cuisine rassurante, délicieusement rustique, parfaitement conforme aux traditions tibétaines. L'ambiance est simple et authentique, on s'y sent tout à fait bien. La terrasse à l'arrière avec ses tables rondes est reposante à souhait. Les plats familiaux sont concoctés avec des viandes et des légumes finement coupés, à la mode tibétaine. Le plat typique est le *momo*, gros ravioli farci à la viande, au fromage ou aux légumes. Choisir absolument le menu du Yeti qui propose un assortiment copieux des spécialités de la maison. De quoi se requinquer avant de planifier, pourquoi pas, un raid dans l'Himalaya !

MA'TINE

1310, boulevard de Maisonneuve Est
✆ +1 514 439 9969
restomatine@gmail.com
M° Beaudry. Mercredi-vendredi, 7h-17h ; samedi-dimanche, 9h-15h. Menu à la carte et brunch : moins de 25 CAN $. Plats pour emporter également. Terrasse.

A quelques pas du métro Beaudry en plein cœur du Village, Jérémy et Maxime Daniel-Six, deux chefs d'origine française, et Sophie Duchastel, sommelière de profession, ont ouvert cette adresse gourmande en juillet 2014. On y vient en semaine pour le petit-déjeuner ou un plat bistro le midi, le week-end pour les brunchs aussi originaux que succulents, et à tout moment pour se la couler douce avec une part de gâteau et un bon café, ou encore un verre de vin que l'on sirote sur la belle terrasse sans se faire prier. L'endroit s'adapte à toutes les clientèles, allant des gens d'affaire du quartier aux familles venues partager un bon repas.

PHO VIET

1663, rue Amherst ✆ +1 514 522 4116
M° Beaudry. Ouvert le midi en semaine et le soir du lundi au samedi. Fermé dimanche. Menu à la carte : moins de 20 CAN $. Comptant seulement. Apportez votre vin.

Ce petit resto de quartier très sobre, à la propreté irréprochable, ne désemplit pas. Voilà une vingtaine d'années que la délicieuse Lan Nguyên accueille une clientèle d'habitués, venus chercher le réconfort d'une cuisine familiale de qualité (les recettes viennent de maman). La soupe tonkinoise, n'ayons pas peur des mots, est un must à Montréal. On choisira aussi les yeux fermés, mais les papilles grandes ouvertes, le poulet au cari, la fondue vietnamienne ou encore le plat de fruits de mer servi sur une plaque de fonte chaude. Ici la qualité l'emporte sur la quantité !

TABLA

1329, rue Sainte-Catherine Est
✆ +1 514 523 6464
www.tablarestaurant.com
restauranttabla@hotmail.com
M° Beaudry. Ouvert le midi du lundi au samedi de 11h30 à 14h30 et tous les soirs dès 17h. Menu midi : moins de 15 CAN $. Table d'hôte du soir : moins de 25 CAN $. Menu complet pour 2 : 30 à 40 CAN $, plats à la carte : moins de 25 CAN $. Plats pour emporter, service de livraison.

C'est la combinaison des épices qui produit les plats les plus merveilleux. En Inde, la préparation de la nourriture est un art qui s'est perfectionné au fil du temps autour de ce principe. Tabla s'inspire de cette richesse et offre une des meilleures tables indiennes à Montréal. Que vous soyez végétarien, amateur de viande ou de fruits de mer, vous y trouverez votre bonheur pour un délicieux voyage au pays des saveurs. Pour ne rien gâcher, le cadre est enchanteur, et l'ambiance propice pour apprécier ce repas en toute quiétude. A essayer !

YUAN VÉGÉTARIEN

2115, rue Saint-Denis ✆ +1 514 848 0513
www.yuanvegetarien.com
M° Sherbrooke. Mardi-vendredi, 11h-15h & 17h-22h ; samedi-dimanche, 12h-16h et 17h-22h. Menu midi : moins de 15 CAN $. Buffet à volonté le soir : moins de 20 CAN $. Pas de licence d'alcool.

Chez Yuan, on déguste une « cuisine végétarienne créative » d'excellente qualité. Le soir, l'entrée est composée d'algues, de tofu grillé et d'une petite salade de chou. Très original et raffiné. On retrouve le soin porté à la présentation dans tous les plats, souvent assortis de tofu ou de protéines de légumes texturés, accompagnés de légumes sautés et de riz. Le service est assuré par un personnel souriant, irréprochable. Demandez une place sur les *tatamis*, cachés au fond du restaurant.

Bonnes tables

CONFUSION TAPAS DU MONDE

1635, rue Saint-Denis ✆ +1 514 288 2225
www.restaurantconfusion.com
info@restaurantconfusion.com
M° Berri-UQÀM. Mardi-samedi, 17h-minuit. Tapas : 5 à 30 CAN $. Menu découverte pour deux : 99 CAN $. Menu spectacle (de 17h à

19h ou après 22h) : 35 CAN $ par personne (minimum 2 personnes). Menus cocktail dînatoire et pour groupes aussi disponibles. Carte des vins recherchée. Deux salles privées pour groupes. Terrasse.

Convivialité et partage sont ici à l'honneur. Un vaste choix de tapas à partager, d'inspiration française et du monde. On pioche dans «La Mer» avec les succulents pétoncles poêlés, la tendrissime pieuvre grillée et les huîtres selon arrivage ; «Les À Côté» avec les frites de patate douce à l'huile de truffe ; «Le Cru» avec les tartares et le carpaccio de bœuf. Les carnivores opteront pour le surprenant mini-burger d'agneau ou pour la cuisse de canard confit, et les végétariens, pour le saganaki flambé à l'ouzo. Les menus pour deux sont une aubaine et les solitaires pourront profiter du bar ou des tables... avec balançoires ! Très belle décoration, section lounge, service qualifié, courtois et efficace. Le meilleur restaurant du Quartier latin !

■ **CHEZ MA GROSSE TRUIE CHÉRIE**

1801, rue Ontario Est ✆ +1 514 522 8784

www.chezmagrossetruiecherie.com

M° Papineau. Mercredi-vendredi, 11h30-14h ; mardi-samedi, dès 17h. Menu midi : moins de 20 CAN $, plats principaux à la carte : 20-35 CAN $, table d'hôtes le soir : ajouter 5 CAN $ au prix du plat principal, plat à partager (minimum de 4 personnes) : 35 CAN $ par personne. Bières de microbrasseries québécoises, belle carte des vins avec sélection en importation privée. Trois salles avec ambiances distinctes, terrasses.

Difficile de manquer ce restaurant tout de rouge vêtu, avec sa cochonne (pardon, sa truie !) qui déborde du mur. Et pourtant, il serait dommage d'en rester là, tant vous serez bien reçu à l'intérieur. Service courtois et carte maîtrisée sur le bout des doigts par une équipe qui sait recevoir. Des produits du terroir, travaillés de façon moderne et rigoureuse, et qui sauront régaler tous les gourmets, dont le porc du Québec, les huîtres des Maritimes, ou encore le saumon canadien boucané à froid dans leur fumoir au bois de pommier. Le cochon reste toutefois la spécialité de la maison : le « Méga tout cochon » à partager vous permettra de vous régaler de côtes levées, de côtes de porc fumées et grillées, de jarrets braisés... Une découverte des plus savoureuses, surtout si vous l'agrémentez d'une option « encore plus cochonne » de foie gras poêlé. Vous l'aurez compris, on parle ici d'un paradis pour les gourmands, qui ne manqueront pas de revenir.

■ **O'THYM**
1112, boulevard Maisonneuve Est
✆ +1 514 525 3443 – www.othym.com
M° Beaudry. Ouvert le midi du mardi au vendredi de 11h30 à 14h30, et tous les soirs dès 18h. Menu midi : moins de 25 CAN $, plats principaux le soir : à partir de 25 CAN $. Réservation conseillée. Apportez votre vin.
Le restaurant O'Thym vous accueille dans une décoration simple et chaleureuse à la fois, avec ses murs de brique et ses tables disposées façon café. La cuisine s'inspire de la France mais également du terroir québécois avec le confit de canard à l'érable, les ribs de bison, le râble de lapin de Stanstead ou encore la brandade de flétan. Une petite table bien agréable !

■ **AU PETIT EXTRA**
1690, rue Ontario Est
✆ +1 514 527 5552
www.aupetitextra.com
info@aupetitextra.com
Angle Champlain. Ouvert le midi en semaine de 11h30 à 14h30 et tous les soirs dès 17h30. Menu midi : moins de 25 CAN $, menu express midi : moins de 15 CAN $. Plats principaux le soir : moins de 30 CAN $.
Une véritable ambiance de bistro français règne au Petit Extra, animée et chaleureuse, avec le magnifique bar inspiré du photographe René Jacques. La table d'hôte change tous les jours et suit le rythme des saisons. La carte des vins, avec plus de 180 références, est excellente. Il est aussi possible d'organiser des réceptions au Lion d'Or attenant au bistro (superbe salle de spectacles Art déco).

■ **LA PIAZZETTA**
1101, rue Sainte-Catherine Est
✆ +1 514 526 2244 – www.lapiazzetta.ca
piazstecatherine@lapiazzetta.ca
Ouvert tous les jours. Plats à la carte : environ 10-35 CAN $, table d'hôtes : ajouter 11,95 CAN $ au prix du plat. Menu à emporter aussi disponible. Belle carte des vins.
Oubliez ici les pizzas de type américain. La Piazzetta mise en effet sur une très large sélection de fines pizzas à croûte mince où la qualité et le raffinement des ingrédients riment avec saveurs et originalité. Comme vous pourriez prendre un certain temps à vous décider, vous pouvez opter pour une pizza « moitié-moitié », un choix décidément judicieux. Des focaccias, des roulés à l'italienne et des pâtes, des pâtes sautées et des escalopes de veau (certaines succursales seulement) figurent également au menu, sans oublier les desserts gourmands. Une adresse toujours aussi populaire d'où vous ne sortirez pas déçu !

▸ **Autres adresses :** 1105, avenue Bernard Ouest, ✆ +1 514 278 6465 • 215, boulevard Jean-Leman, Candiac, ✆ +1 450 444 9111 • 365, boulevard Sir Wilfrid-Laurier, Mont-Saint-Hilaire, ✆ +1 450 446 2096 • 4097, rue Saint-Denis, ✆ +1 514 847 0184 • 465, rue Notre-Dame, Repentigny, ✆ +1 450 932 6907 • 480, rue Saint-Charles

Les bagels de Montréal

Les meilleurs bagels sont ceux de Montréal. Difficile de croiser un Canadien qui vous dira le contraire. Mais comment trancher entre St-Viateur Bagel et Fairmount Bagel, deux institutions du Mile-End ? ! Dans les deux cas, leurs bagels sont parfaits : mie pas trop dense et croûte croquante à souhait.

■ **FAIRMOUNT BAGEL**
74, rue Fairmount Ouest ✆ +1 514 272 0667
www.fairmountbagel.com – info@fairmountbagel.com
Angle Clark.
Ouvert 24h/24h, 7j/7.

■ **ST-VIATEUR BAGEL**
263, rue Saint-Viateur Ouest ✆ +1 514 276 8044
www.stviateurbagel.com – info@stviateurbagel.com
Angle Jeanne Mance.
Ouvert 24h/24h, 7j/7. Service de traiteur. En saison estivale, surveillez leur camion de cuisine de rue.

▸ **Autres adresses :** 1127, avenue Mont-Royal Est, ✆ +1 514 528 6361 • 5629, avenue Monkland, ✆ +1 514 487 8051 • 821, rue Tecumseh, Dollard-des-Ormeaux, ✆ +1 514 542 3344

Ouest, Vieux-Longueuil, ✆ +1 450 332 2382 • 494, avenue Saint-Simon, Saint-Hyacinthe, ✆ +1 450 774 3375 • 6770, rue Sherbrooke Est, ✆ +1 514 254 2535 • 680, avenue Victoria, Saint-Lambert, ✆ +1 450 466 1155

Plateau Mont-Royal

Le Plateau est un quartier de gourmets noctambules et de bons vivants. Il abrite probablement la plus grande diversité de tables de la métropole, de toutes les tendances et de toutes les saveurs. Il est souvent nécessaire de réserver plusieurs jours à l'avance pour les adresses les plus prisées.

Sur le pouce

■ LA BANQUISE

994, rue Rachel Est ✆ +1 514 525 2415
www.restolabanquise.com
salut@restolabanquise.com
M° Mont-Royal, entre les rues Boyer et Christophe-Colomb. Ouvert 24h/24, 7j/7. Menu à la carte : moins de 20 CAN $. Terrasse.
La Banquise, qui a pignon sur rue depuis plus de 45 ans, n'a plus besoin de présentation. À toute heure du jour ou de la nuit (fort achalandage à la fermeture des bars), on y vient surtout pour déguster l'une des 30 sortes de poutine figurant au menu. Plus que des frites, du fromage et de la sauce gravy, ici la créativité donne des résultats parfois surprenants, comme la Savoyarde au bacon, oignons, fromage suisse et crème sure. On y trouve aussi une sélection de sandwichs, clubs sandwichs, burgers, omelettes et autres petits plats, à accompagner d'une bière de microbrasserie. Bon choix également de petits déjeuners copieux à prix dérisoires. Un passage obligé dans la métropole !

■ BROOKLYN CAFÉ

71, rue Saint-Viateur Est
✆ +1 514 564 6910
www.brooklyn-mtl.com
Entre Saint-Dominique et Casgrain. Lundi-vendredi, 8h-17h ; samedi-dimanche, fermé. Plats à la carte : moins de 15 CAN $.
Le Brooklyn Café est-il un café ou un magasin de meubles ? Eh bien les deux ! Et il faut bien avouer qu'on achèterait bien les meubles qui décorent ce café du cœur du Mile-End, qui sert un expresso bien meilleur que bien des cafés du coin. Les prix sont doux, l'ambiance est agréable, et quelques plats bien préparés satisferont les petites fringales et les grosses faims.

■ CHEZ JOSÉ

173, avenue Duluth Est
✆ +1 438 764 1381
chezjose173@gmail.com
Angle Hôtel-de-Ville. Lundi-vendredi, 9h-18h ; samedi-dimanche, 9h-19h. Menu à la carte : moins de 15 CAN $. Plats pour emporter. Comptant seulement.
Chez José, c'est le petit coin sans prétention qui vaut le détour. La salle est minuscule et la décoration change régulièrement. L'ambiance est à l'image de la déco, pimpante et conviviale. Mais ça travaille fort dans les cuisines, on est servi en deux temps, trois mouvements. Dans les assiettes, la soupe maison de fruits de mer est tout simplement géniale. Les viennoiseries et les *empanadas* créent une certaine dépendance, sans oublier le brunch. Un bistro de quartier que l'on apprécie et un classique de Montréal !

■ CAFÉ EL DORADO

921, avenue Mont-Royal Est
✆ +1 514 598 8282 – www.cafeeldorado.ca
M° Mont-Royal. Lundi-mercredi, 7h-22h30 ; jeudi, 7h-23h ; vendredi, 7h-minuit ; samedi, 8h-23h30 ; dimanche, 8h-22h. Menu midi et brunch : moins de 25 CAN $, le soir : moins de 35 CAN $. Table d'hôte du soir aussi offerte.
Un très beau café dont la décoration illustre le mariage parfait entre modernité et convivialité. On y déguste d'excellents brunchs tant en variété qu'en qualité (servis jusqu'à 15h le week-end). Quant aux cafés, de très bons crus sont proposés. Le midi, on goûte la formule bistro : hamburgers maison, salades-repas, paninis croustillants ou grillades. El Dorado est aussi parfait pour prendre un verre avant de sortir ou pour déguster un dessert gourmand, le tout en plein cœur de l'avenue Mont-Royal.

CAFÉ SANTROPOL

3990, rue Saint-Urbain
✆ +1 514 842 3110
www.santropol.com
Angle Duluth. Ouvert tous les jours de 11h à 22h. Menu à la carte : moins de 15 CAN $.
La réputation des sandwichs de ce superbe café végétarien n'est plus à faire. Eté comme hiver, vous pouvez y déguster votre sandwich sur la magnifique terrasse agrémentée d'un très beau jardin. Exemple de sandwich parmi tant d'autres : celui composé de fromage à la crème, chutney à la mangue maison et épices. Délicieux ! D'autres plats, comme le chili végétarien maison ou les copieuses salades sont également offerts. Les prix restent très abordables pour des portions aussi généreuses. Sans oublier que la maison vend aussi des cafés certifiés biologiques et équitables.

GREASY SPOON

160, avenue Laurier Ouest
✆ +1 514 495 7666
www.greasyspoonmtl.com
Angle de L'Esplanade. Mardi-samedi, 18h-minuit. Carte : moins de 30 CAN $. Grande terrasse chauffée.
Avant tout, une ambiance et un décor. Les hautes tables de bois issues d'une ancienne ferme, les tabourets de cuir vieilli reposant sur des poutres, une lumière que les larges baies vitrées laisse pénétrer et qui, au fil de la soirée, est remplacée par un éclairage doux… Les mets du jour sont inscrits sur des tableaux noirs ornés de bois, et la musique pop-rock des années 1970 se fait douce et enveloppante. Tout est conçu pour vous transporter le temps d'un repas au cœur d'un concept original. Chaque saison, la carte est renouvelée selon les produits du marché pour une cuisine simple aux résonances américaines. Ainsi, la surprise est toujours de mise !

L'AVENUE

922, avenue Mont-Royal Est
✆ +1 514 523 8780
M° Mont-Royal. Dimanche-mercredi, 8h-16h ; jeudi-samedi, 8h-23h. Brunch : 20 CAN $ et moins. À la carte : 15-35 CAN $. Plats pour emporter, service traiteur.
La déco excentrique (murs de brique peints de graffitis) va de paire avec le style des serveurs, le genre boîte de nuit en plein jour. L'endroit est couru dans tous les sens : on y fait le pied de grue en attente d'un siège, le personnel circule dans les allées de gauche à droite, un vrai rallye aux assiettes. Des portions généreuses avec, au menu, œufs Bénédicte (un vrai régal !), crêpes, gaufres, salades, sandwichs et fruits.

LA SALLE À MANGER

1302, avenue Mont-Royal Est
✆ +1 514 522 0777
www.lasalleamanger.ca
Angle Chambord. Ouvert tous les soirs de 17h à minuit. Brunch le week-end de 10h à 15h. Menu brunch : moins de 20 CAN $. Carte : 15-35 CAN $.
Si vous recherchez un cadre feutré et reposant, passez votre chemin. Ici entre une musique dynamique, une grande salle largement ouverte sur l'extérieur, des banquettes avec de longues tables pouvant accueillir une douzaine de personnes, le ton est donné. Il s'agit surtout d'un lieu où l'on se retrouve, essentiellement en soirée. D'ailleurs, plus tôt, vous pourriez avoir l'impression d'être seul dans ce vaste espace avec un personnel qui se prépare à une soirée bien animée. Mais la Salle à Manger, c'est aussi une cuisine fine, subtile, faite avec des produits de qualité. On n'y vient cependant pas pour se rassasier, mais pour déguster une cuisine créative et apprécier un bon vin, sélectionné dans une carte digne de ce nom.

SCHWARTZ'S

3895, boulevard Saint-Laurent
✆ +1 514 842 4813
www.schwartzsdeli.com
Angle Napoléon. Dimanche-jeudi, 8h-0h30 ; vendredi, 8h-1h30 ; samedi, 8h-2h30. Menu à la carte : moins de 20 CAN $. Comptant seulement. Ventes à emporter également. Service de traiteur.
Connu et reconnu pour le goût unique de leur *smoked meat*, un pastrami spécialement préparé de façon traditionnelle avec un mélange d'épices et d'herbes, Schwartz's fait profiter sa clientèle de l'ambiance de *La Main*, avec ses longues files d'attente. En le prenant avec un brin d'humour, on finit par s'y habituer et cela en vaut vraiment la peine. La viande fumée est servie en version maigre, mi-maigre ou pas maigre du tout ! Une telle institution à Montréal qu'une comédie musicale consacrée à son histoire a été créée et pour la petite anecdote, Céline Dion et son mari René Angélil font partie du conglomérat qui a racheté le restaurant en 2012.

Pause gourmande

■ LE COUTEAU

4627, rue Saint-Denis
✆ +1 514 940 0444
www.lecouteau.ca
info@lecouteau.ca
M° Laurier. Lundi-vendredi, 8h-17h ; samedi, 9h-18h ; dimanche, 11h-17h.
Joli espace épuré, épousé par le bois et la brique, qui se spécialise d'abord et avant tout dans cette savoureuse boisson qu'est le café. Et la chose est prise au sérieux, avec une petite équipe de perfectionnistes et un équipement à la fine pointe. Une des meilleures pauses café que vous aurez faites ! On y retrouve également les thés importés par Camellia Sinensis, ainsi que quelques grignotines, notamment de la boulangerie rustique Sweet Lee's.

■ ENGAUFREZ-VOUS

8, rue Rachel Est
✆ +1 514 845 7070
www.engaufrezvous.com
Angle Saint-Laurent. Lundi, fermé ; mardi-vendredi, 8h-16h ; samedi-dimanche, 9h30-17h. Brunch du mercredi au dimanche de 9h30 à 15h. Gaufres, formule midi et 5 à 7, et brunch : moins de 20 CAN $.
Royaume incontesté de la gaufre à la belge, sous les incontournables versions bruxelloises et liégoises, elles se délcinent également en versions farçies sucrées (chocolat noir, chocolat et fruits, etc.) ou salées (3 fromages, savoyarde, gaspésienne, etc.). Elles accompagnent les salades de fruits, les assortiments de délices sucrés et même les oeufs lors du brunch. Elles se présentent aussi en formule midi express, et jusqu'en demi-mètre lors du 5 à 7. Une adresse sélectionnée pour la pause gourmande, et avec raison !

■ LES GIVRÉS

3807, rue Saint-Denis
✆ +1 514 373 7558
www.lesgivres.ca – info@lesgivres.ca
M° Sherbrooke. Ouvert à l'année (horaire variable selon la saison).
Julien Lebuis, Martin Maheux-Picard et Alexandre Deslauriers tiennent les rênes de ce populaire bar laitier artisanal du Plateau. Glaces, sorbets, gâteaux glacés, pâtisseries et autres délices sont entièrement confectionnés sur place, exempts de colorants, d'arômes, et de bases ou préparations achetées à l'avance. A noter que plusieurs de leurs produits glacés

ainsi que leur pâte à biscuits sont disponibles dans certaines épiceries fines et restaurants de la grande région de Montréal.

■ KEM COBA

60, rue Fairmount Ouest
✆ +1 514 419 1699
www.kemcoba.com
Angle Clark. Ouvert en saison, du mardi au dimanche de midi à 21h (souvent plus).
Coup de cœur généralisé dans la communauté de *foodies*, ce petit local du Mile-End fait jaser sans cesse depuis son ouverture. À la barre du Kem CoBa, la pâtissière et chocolatière Ngoc et son conjoint Vincent, chef pâtissier et maître glacier français exilé au Québec. On fait joyeusement la file à toute heure du jour pour savourer une de leurs glaces maison ou encore un sorbet. Les glaces molles ont la cote et les saveurs varient d'une visite à l'autre (celle au *cheesecake* aux fraises est selon nous l'ultime gourmandise). La créativité de nos deux chefs-propriétaires s'étend également aux pâtisseries comme les sablés, brownies, tuiles aux amandes, gâteaux quatre-quarts, gâteaux-éponges... tous relevés d'une petite touche asiatique. Vous deviendrez vite accroc !

■ **MI & STU**
6001, avenue du Parc
✆ +1 514 488 5066
www.miandstu.com
miandstufoods@gmail.com
Entre Bernard Ouest et Van Horne. Mardi-samedi, 10h-17h. Fermé dimanche-lundi.
Comme souvent dans la création de concepts originaux, l'ouverture de Mi & Stu est l'aboutissement d'une histoire bien personnelle. Mimi (Mi), allergique au gluten, est par la force des choses devenue spécialiste dans la préparation de mets exempts de cet ingrédient. Avec son amie Stu (Stéphanie), elle a créé cette délicieuse boulangerie garantie sans gluten, produits laitiers et arachides. En plus des pains, biscuits, gâteaux et muffins, vous y trouverez aussi une belle sélection de mets préparés.

Bien et pas cher

■ **BYBLOS LE PETIT CAFÉ**
1499, avenue Laurier Est
✆ +1 514 523 9396
www.bybloslepetitcafe.ca
Angle Fabre. Mardi-dimanche, 9h-23h. Carte : moins de 25 CAN $.
Le Byblos est une excellente « place à brunch » pour qui aime se délecter de thé à la menthe et de douceurs orientales. La déco est une belle réussite : deux salles se partagent l'espace, une grande, sobre et aérée, ornée d'une collection de narguilés, et une petite, plus enclavée, plus intime. Sur la carte, un résumé historique de la culture gastronomique iranienne raconte au gourmet la philosophie gourmande de cette civilisation. Le menu se découpe en six chapitres et un épilogue, permettant de se faire une bonne idée de la variété des produits à goûter. C'est sans conteste le petit déjeuner traditionnel qui est le mieux réussi ici. Une suite de petits plats, tous plus succulents les uns que les autres. Tous les dimanches de 17h à 22h, le restaurant propose le ''dizzy'', le plat national iranien à base d'agneau, de légumes secs, de pomme de terre et de tomate.

■ **CASA DEL POPOLO & SALA ROSSA**
4873, boulevard Saint-Laurent
✆ +1 514 284 3804
www.casadelpopolo.com
Angle Saint-Joseph. Ouvert tous les jours de midi à 3h. Sandwichs (tous servis avec nachos et salsa), salades, et spécial soupe, salade et sandwich : moins de 15 CAN $.
La Casa Del Popolo (« la maison du peuple ») est en premier lieu un café végétarien. En plus d'être un café original, c'est aussi une galerie d'art et une salle de concerts qui présente des spectacles toutes les semaines, dont des soirées DJ. Le resto de Sala Rossa, quant à lui, est ouvert tous les soirs dès 17h (fermé le

Une institution à Montréal !

■ **LA BINERIE MONT-ROYAL**
367, avenue Mont-Royal Est
✆ +1 514 285 9078
www.labineriemontroyal.com
info@labineriemontroyal.com
M° Mont-Royal. Lundi-mercredi, 6h-20h ; jeudi-vendredi, 6h-minuit ; samedi, 7h30-15h et 20h-minuit ; dimanche, 7h30-15h. Ouvert jusqu'à 4h du matin du jeudi au samedi en été. Menu matin : moins de 10 CAN $, midi et soir : moins de 15 CAN $. Plats pour emporter également.
Une belle petite histoire que celle de La Binerie. Ouverte le 11 juin 1938 par Joachim Lussier, elle traversa les époques afin de devenir cette charmante institution culinaire du Plateau, désormais sous la gouverne de Jocelyne et Philippe Brunet. La foule s'y presse à toute heure du jour car ici, les petits déjeuners sont servis toute la journée. Des assiettes bien garnies, des omelettes et crêpes de toutes sortes, du bon pain doré, sans oublier la vedette des lieux, les fameuses bines (fèves au lard). Un menu de cuisine traditionnelle est aussi offert midi et soir. Nous vous recommandons d'ailleurs l'assiette québécoise composée de soupe aux pois, de ragoût de boulettes, de tourtière, de pommes de terre, de fèves au lard, et d'un pouding chômeur ou blanc mangé. À noter qu'un nouveau four innovateur permet de préparer poutines, burgers, fish & chips et steak frites sans friture. Une adresse incontournable !

lundi) et propose un menu de tapas, paellas et autres spécialités espagnoles. A noter que des spectacles de flamenco s'y tiennent gratuitement le jeudi soir.

▶ **Autre adresse :** Sala Rossa : 4848 boulevard Saint-Laurent, aucun numéro pour la salle de spectacles, ✆ +1 514 844 4227 pour le resto Sala Rosa.

■ CHUCHAI

4088, rue Saint-Denis
✆ +1 514 843 4194
www.chuchai.com
reservation@chuchai.com
Angle Duluth. Ouvert le midi en semaine et tous les soirs dès 17h. Fermé le lundi. Plats la carte : moins de 20 CAN $. Menu dégustation : 50 CAN $. Terrasse.
Un établissement qui remporte la victoire du végétarisme exotique. Les propriétaires du restaurant, Lily et Patrick, ont rapporté de leur séjour en Thaïlande leur savoir-faire culinaire. Ils ont élaboré des plats originaux qui séduiront les amateurs de fine cuisine végétarienne. Le Chuch, logé à la porte voisine, est le petit frère du ChuChai, en formule bistro, cool et décontractée. Comptoir de prêt-à-manger sur place.

■ AU COIN BERBÈRE

73, avenue Duluth Est
✆ +1 514 844 7405
www.aucoinberbere.com
adjemout@sympatico.ca
Angle Coloniale. Mardi-jeudi & dimanche, 16h30-22h ; vendredi-samedi, 16h30-23h. Plats à la carte, couscous et menu table d'hôte : moins de 30 CAN $. Apportez votre vin. Service de livraison.
Un fier représentant de l'Algérie à Montréal. « LA » spécialité des lieux, le couscous, a fait ses preuves depuis bien longtemps et se déguste avec toutes les viandes savoureuses et fondantes du Maghreb. L'agneau, le lapin, le poulet et les merguez sont autant d'invitations au voyage au pays où la nourriture est un art de vivre à elle seule. Si vous pensez à apporter un petit vin de ces cépages, la soirée filera doucement, comme sous les étoiles. Le service est chaleureux et les plats plus que copieux.

■ COMPTOIR CHARCUTERIES ET VINS

4807, boulevard Saint-Laurent
✆ +1 514 844 8467
www.comptoircharcuteriesetvins.ca
info@comptoircharcuteriesetvins.ca
Angle Villeneuve. Ouvert tous les soirs de 17h à minuit. Le midi : mercredi-vendredi, 12h-14h. Brunch le dimanche de 10h30 à 14h. Menu brunch, midi et plats à la carte le soir : moins de 25 CAN $.
On s'en serait douté en lisant son nom : ce restaurant est spécialisé dans la charcuterie et... le vin. La carte des vins est d'ailleurs assez impressionnante, proposant des saveurs du monde entier, en rouge, blanc, rosé, en bulles, en doux ou en magnum. Côté charcuterie, la qualité est au rendez-vous, et la quantité est elle-même très honorable. À noter que toutes les charcuteries du comptoir sont disponibles également à emporter à La Réserve du Comptoir. Mais la carte ne s'arrête pas à ces deux composantes, et les plats, entrées et desserts font défiler une farandole de goûts et de couleurs. Et pour ne rien gâcher, une ambiance bistro haut de gamme sans chichis mais où on s'occupe de vous à merveille. Une belle adresse qui a le bon goût d'être à la portée de toutes les bourses.

▶ **Autre adresse :** La Réserve du Comptoir (fabrique à charcuteries), 2000 rue Amherst, ✆ +1 514 521 8467, lareserveducomptoir.ca

HÀ

243, avenue Mont-Royal Ouest
✆ +1 514 848 0336
www.restaurantha.com
info@restaurantha.com
Angle Jeanne-Mance. Mardi-vendredi, 11h30-23h ; samedi-dimanche, 17h-23h. Plats à la carte : moins de 20 CAN $. Terrasse. Plats pour emporter, service traiteur.

Si vous avez déjà mangé au défunt Souvenirs d'Indochine, vous reconnaîtrez ici la touche du chef Monsieur Hà. Ouvert depuis l'automne 2014, directement en face du parc Jeanne-Mance, ce restaurant propose une cuisine vietnamienne des plus authentiques, inspirée des Bia Hoi (petits pubs de coins de rue à Hanoi). Aux commandes en cuisine, le chef Hà et ses recettes traditionnelles, et Ross Louangsignotha qui apporte une vision plus moderne et jeune de la cuisine du Sud-Est asiatique. La soupe tonkinoise est un pur délice, tout comme les rouleaux impériaux roulés à la main sur place, et le classique saumon lait de coco de Monsieur Hà vaut vraiment le détour. Pour accompagner le tout, optez pour un des vins choisis par la sommelière Jessica Harnois, ou alors pour leur bière exclusive, légère et maltée, brassée par Boréale. A découvrir !

KHYBER PASS

506, avenue Duluth Est
✆ +1 514 844 7131
Angle Berri. Ouvert tous les jours de 17h à 23h. Carte : moins de 25 CAN $.

Du nom de la célèbre passe montagneuse reliant les provinces de Jalalabad et Peshawar, le seul resto afghan en ville permet de découvrir les traditions culinaires de ce pays à la jonction de l'Asie et du Moyen-Orient. Le décor est charmant et typique, les tentures et la musique traditionnelle renforcent le dépaysement promis par une carte de spécialités légères et savamment épicées. Délicieux *ashaks* (pâtes bouillies farcies aux poireaux, avec sauce tomate, yogourt à l'ail et bœuf haché), classique *kabuli palaw* (riz basmati avec agneau ou poulet, raisins secs et julienne de carottes), *kofta chalaw* (boulettes de bœuf haché avec sauce tomate et épices afghanes) et excellents *kababs*. Les desserts sont à l'eau de rose, et le thé vert brûlant accompagne tous les plats.

LAÏKA

4040, boulevard Saint-Laurent
✆ +1 514 842 8088
www.laikamontreal.com
info@laikamontreal.com
Angle Duluth. Lundi-vendredi, 8h30-3h ; samedi-dimanche, 9h-3h. Brunch le week-end de 9h à 15h. Menu à la carte : moins de 20 CAN $.

Son originalité est entière, niveau déco, ambiance et menu. Le Laïka est un bar de quartier aux prix très raisonnables qui a aussi une vocation de café-resto. Une excellente cuisine créative et santé, à toute heure du jour ou de la soirée. La question est posée : pourquoi aller ailleurs ? Surtout quand les meilleurs DJ en ville viennent y faire leur tour pour mettre un peu d'ambiance et que ça ne nous coûte rien du tout. Le programme des soirées et événements spéciaux se trouve sur sa page Facebook.

MAAM BOLDUC

4351, avenue de Lorimier
✆ +1 514 527 3884
www.maammbolduc.com
info@maammbolduc.com
Angle Marie-Anne Est. Lundi-vendredi, 7h30-22h ; samedi, 8h-22h ; dimanche, 8h30-22h. Les heures de fermeture sont celles de la cuisine. Menu à la carte : moins de 20 CAN $. Terrasse. Possibilité d'hébergement sur place (couette & café).

Un petit resto de quartier qui n'a plus besoin de présentation auprès des Montréalais, et à découvrir si cela n'est pas déjà fait. Le propriétaire fait à lui seul le bonheur qui émane des lieux. Des petits déjeuners copieux, des burgers gourmands, des clubs sandwichs, des viandes et poissons grillées, des salades repas, etc., sans oublier sa belle sélection de poutines, parmis les meilleures en ville ! Lors de la belle saison, une charmante petite terrasse permet de se relaxer, à quelques pas seulement de la réputée avenue Mont-Royal. Bref, un cadre des plus sympathiques où conivialité allie tranquilité. Un gros coup de cœur !

PIZZERIA ROMEO

285, avenue Mont-Royal Est
✆ +1 514 987 6636
www.pizzeriaromeo.com
M° Mont-Royal. Samedi-mercredi, 17h-minuit ; jeudi-vendredi, 17h-2h. Plats et pizzas : moins de 20 CAN $.

Les clés de la réussite : un lieu branché, une carte bien pensée et des prix très sages. Chez Romeo, c'est la pizza qui fait venir du monde ! Ceci dit les petits plats sont eux aussi bien sympathiques : carpaccio de saumon ou de bœuf, tarte aux tomates, salades intéressantes et de bons desserts. La carte des cocktails est elle aussi très bien fournie sans oublier la belle sélection de vins en importation privée.

Notez qu'en saison estivale, le resto ouvre tout grand ses portes sur l'avenue Mont-Royal, donnant ainsi une impression de terrasse.

RESTAURANT MAÏS

5439, boulevard Saint-Laurent
✆ +1 514 507 7740
www.restaurantmais.com
Entre Maguire et Saint-Viateur. Lundi-mercredi, 17h-23h ; jeudi-samedi, 17h-minuit. Plats à la carte : moins de 35 CAN $.

Si les bonnes adresses fleurissent dans le Mile-End, certaines tables se démarquent. C'est le cas du Maïs et de son irrésistible cuisine mexicaine. *Exit* le tex-mex, on parle ici d'une cuisine authentique et moderne, jumelée à une bonne dose de créativité à rendre jaloux certains restaurants de ce coin de pays. La star des lieux au Maïs : les *tacos*, qui se déclinent en autant de variétés que l'imagination puisse créer. Sachez que la maison est aussi spécialisée dans l'élaboration de cocktails. Salud !

ROBIN DES BOIS

4653, boulevard Saint-Laurent
✆ +1 514 288 1010
www.robindesbois.ca
resto@robindesbois.ca
Angle Villeneuve. Lundi-vendredi, 11h-22h ; samedi, 17h-22h. Menu midi : 20 CAN $ et moins. Plats principaux le soir : moins de 25 CAN $.

Un restaurant pas tout à fait comme les autres puisqu'en fait, nous sommes dans un restaurant au concept noble : des bénévoles viennent s'unir au personnel pour que les profits de la vente des repas soient reversés à des œuvres caritatives. Mais qu'en est-il de la carte ? Là aussi, c'est une belle surprise. Concoctée à partir de produits de saison et si possible bio, c'est une cuisine de création, généreuse et parfumée que proposent les chefs Sébastien Courville et Mathieu Duchamp. À noter que les lieux sont dotés d'une salle de défoulement permettant aux petits comme aux grands de se lâcher et de casser une assiette ou une tasse !

SHAMBALA

3439, rue Saint-Denis ✆ +1 514 842 2242
www.shambalarestaurant.com
M° Sherbrooke. Samedi-mercredi, 17h-22h30 ; jeudi-vendredi, 12h-22h30. Carte : moins de 20 CAN $. Menu midi et table d'hôte du soir aussi disponibles.

Le Shambala propose une carte diversifiée puisque l'on retrouve des plats typiques de la cuisine tibétaine (*momos*, soupe *thenthuk*) à base de bœuf ou de poulet, ainsi qu'une belle sélection de plats végétariens. Préparez-vous donc pour un voyage culinaire exotique, dans un lieu simple et agréable, à des prix tout à fait abordables.

SOY

5258, boulevard St-Laurent
✆ +1 514 499 9399
www.restaurantsoy.com
Angle Fairmount. Lundi-mercredi, 11h30-22h ; jeudi-vendredi, 11h30-23h ; samedi, 17h-23h ; dimanche, 17h-22h. Menu midi : moins de 20 CAN $, soir : moins de 30 CAN $. Menu dégustation : 35 CAN $.

Soy vous accueille dans un décor de récréation avec des couleurs gaies qui ensoleillent jusqu'à la salade. Des plats originaux préparés par la chef, Suzanne Liu, comme le poisson croustillant et le poisson à la vapeur qui nous donnent envie de revenir. Les pains blancs très légers, qui remplacent le riz ordinaire ou riz gluant sur demande, sortent des sentiers battus pour accompagner les mets de Chine plus modernes et plus évolués. Il n'y a pas de terrasse ici, mais l'ouverture non-stop, du lundi au dimanche, et l'accueil chaleureux des patrons en font une adresse très sympathique.

T&T TACOS ET TORTAS

51, rue Rachel Ouest
✆ +1 514 398 0172
ttmontreal@hotmail.com
Angle Clark. Lundi, fermé ; mardi-samedi, dès 17h. Egalement ouvert le jeudi de midi à 14h. Menu à la carte : moins de 15 CAN $. Plats pour emporter également.

Deux gros « T » s'affichent dans la fenêtre de ce petit et ô combien chouette resto mexicain. En opération depuis l'été 2014, on doit cette nouvelle adresse gourmande à Alberto Rivera et Demetrio Vasquez. Ce dernier est également en charge du Brutapas, le resto de la brasserie artisanale Brutopia. Ici on a droit à une vraie cuisine mexicaine, pays d'origine des copropriétaires. On débute sans se faire prier par une savoureuse soupe de tortilla, et on enchaîne avec des tacos faits de tortillas maison ou des tortas (sandwichs de style mexicain). Les différentes déclinaisons nous mettent l'eau à la bouche comme les tacos bistec faits de steak mariné tranché finement, oignons sautés et cactus grillé. La carte des alcools se fait aussi fière représentante de ce coin de pays avec une grande sélection de mezcal, de la tequila, des cocktails comme la margarita ou le mojito, et des bières telles Tecate, Dos Equis ou Corona. Les dents sucrées se régaleront des churros en fin de repas.

AUX VIVRES
4631, boulevard Saint-Laurent
✆ +1 514 842 3479
www.auxvivres.com
info@auxvivres.com
Angle Villeneuve. Lundi-vendredi, 11h-23h ; samedi-dimanche, 10h-23h. Carte : moins de 20 CAN $. Brunch le week-end de 10h à 16h. Terrasse. Plats pour emporter, service de livraison.
Un temple végétalien qui s'attache à rendre ses plats originaux, goûteux et exotiques. Les bols, ces grands plats de légumes, bien assaisonnés, sont un régal. Les préparations servies sont très savoureuses tout en étant hautement nutritives et en grande majorité d'origine biologique. Les *chapati*, ces galettes indiennes qui tiennent lieu de pain, sont étonnants. Le « beurre » qui les accompagne est mystérieusement réussi. La décoration, sobre et élégante, est égayée par une exposition d'artiste qui change tous les mois. Pour étancher sa soif : beau choix de *smoothies*, de jus de fruits pressés sur place et de thés bio. Un paradis pour les gourmands, végétaliens ou non !

Bonnes tables

BARBOUNYA
234, avenue Laurier Ouest
✆ +1 514 439 8858
www.barbounya.com
info@barbounya.com
Entre de l'Esplanade et Jeanne-Mance. Mardi-vendredi, 17h-23h ; samedi, 10h-15h et 17h-23h ; dimanche, 10h-15h. Aussi ouvert le midi jeudi et vendredi de 11h30 à 14h30 (menu midi disponible). Brunch le week-end : prix unique de 14,50 CAN $. Mezzés : moins de 20 CAN $ le plat. Salle privée, terrasse.
Née à Izmir en Turquie, la chef Fisun Ercan voue une véritable passion à la cuisine depuis son tout jeune âge. C'est d'ailleurs elle qui est derrière le restaurant Su de l'arrondissement Verdun. Elle récidive au BarBounya, un restaurant spécialisé dans la cuisine d'inspiration turque et méditerranéenne, notamment les mezzés turcs, ces petites assiettes qui permettent de goûter à différent plats dans un même repas. A savoir que *barbounya* veut dire « rouget barbet », un poisson très commun dans le bassin méditerranéen et que l'on retrouve bien entendu à l'ardoise. Une très belle carte des vins accompagne le tout, dont des crus provenant de la Grèce et de la Turquie.

LE BLEU RAISIN
5237, rue Saint-Denis
✆ +1 514 271 2333
lebleuraisin@videotron.ca
M° Laurier. Lundi-dimanche, 17h30-22h30. Menu à la carte, table d'hôte et menu dégustation disponibles. Apportez votre vin. Terrasse. Réservation recommandée.
Un cadre sobre et élégant pour ce restaurant de cuisine française qui vous propose une ardoise axée sur les produits du terroir québécois, en tenant compte des saisons et du marché. Les plats sont généreux, bien présentés, et préparés avec talent par le chef-propriétaire, Frédéric Mey. On vous recommande les gibiers, et aussi les desserts, notamment la crème brûlée et le fondant truffé. L'ambiance est chaleureuse et souvent animée ; quant au service, il est tout à fait à la hauteur. Bref, une adresse intéressante sur le Plateau, qui accueille agréablement ses habitués et les nouveaux venus.

CAFÉ CHERRIER
3635, rue Saint-Denis
✆ +1 514 843 4308
www.cafecherrier.ca
cafecherrier@videotron.ca
M° Sherbrooke. Lundi-vendredi, 7h30-23h ; samedi-dimanche, 8h30-23h. Brunch le week-end de 8h30 à 14h30 : moins de 20 CAN $. Menu midi, plats à la carte et table d'hôte du soir : moins de 30 CAN $. Salon privé, terrasse.
Une belle brasserie, classique, et réputée depuis son ouverture en 1931. On raconte qu'aujourd'hui, les vedettes du monde des arts et des sports aiment s'y retrouver pour grignoter un morceau. Autour d'une table en marbre, sous les pales du ventilateur et dans le brouhaha caractéristique des bistros, il est agréable de regarder discuter les cadres en déjeuner d'affaires, les amis et les amoureux. En hiver, on vous conseille la soupe à l'oignon qui réchauffe bien comme il faut ! En été, la salade de foies de volaille, dégustée en terrasse, est fort appréciable. Les spécialités de la maison conviennent à toutes les saisons : tartare de bœuf, foie de veau, boudin aux pommes. Le service est très efficace.

CASA MINHOTA
3959, boulevard Saint-Laurent
✆ +1 514 842 2661
www.casaminhota.ca
info@restaurantcasaminhota.com

Angle Napoléon. Ouvert tous les jours de 11h30 à minuit. Menu midi : moins de 20 CAN $. Plats principaux et table d'hôte le soir : moins de 40 CAN $.

Pour retrouver les saveurs traditionnelles portugaises, inutile de réserver un billet d'avion pour Lisbonne. Un passage par cette institution montréalaise suffit car, depuis 1979, la maison ne sert que de bons petits plats typiques, généreux et à prix très sages. Sur un air de fado, le chef propose des spécialités qui changent au gré des saisons, mais dont la qualité demeure au long de l'année. L'évasion est totale lors des « dimanches portugais » (une semaine sur deux), où petit cochon de lait et autres surprises sont apprêtés avec soin.

CASA TAPAS

266, rue Rachel Est ✆ +1 514 848 1063
www.casatapas.com – info@casatapas.com
Angle Henri Julien. Mardi-samedi, 17h-fermeture (variable selon l'affluence). Fermé dimanche-lundi. Tapas : moins de 15 CAN $ le plat, paella : 20-30 CAN $.

Un antre intimiste entièrement dédié, vous l'aurez deviné, aux tapas, ces petites merveilles de la gastronomie espagnole. Un menu on ne peut plus simple où ces perles jettent tous leurs feux. Les portions sont plus que généreuses, les goûts assez dynamités pour éveiller la nostalgie de l'Ibérie... Avec une carte des vins où domine le xérès, on sirote son spleen délicieusement. Il vaut mieux songer à réserver, on ne sait jamais.

LE CHIEN FUMANT

4710, rue de Lanaudière
✆ +1 514 524 2444
www.lechienfumant.com
chienfumant@hotmail.com
Angle Gilford. Mardi-dimanche, 18h-2h. Brunch le dimanche de 10h à 15h. Plats principaux : 25-40 CAN $.

Ce bistro vous séduira par sa cuisine et son cadre. Si vous vous installez au bar, vous pourrez voir comment sont confectionnés vos plats grâce à la cuisine ouverte. La décoration est originale : bouteilles accrochées au plafond, serviettes blanches et rouges en tissus, assiettes ornées façon « grand-maman ». Les brunchs du dimanche sont agréables et copieux. Saucisse italienne maison, soufflé au parmesan, salade de rapinis, anchois, parmesan et roquette sauvage est à conseiller pour les ripailleurs, d'autant plus que plusieurs autres accompagnements sont inclus, y compris un mimosa. Une cuisine du marché et de très bons produits.

LES CONS SERVENT

5064, avenue Papineau
✆ +1 514 523 8999
www.lesconsservent.com
info@lesconsservent.com
Angle Laurier. Dimanche-mercredi, 17h30-22h ; jeudi-samedi, 17h30-23h. Plats principaux : à partir de 20 CAN $. Spéciaux tous les jours. Plats à emporter, service traiteur.

Et si on commençait par la fin... Par le souvenir mémorable que nous a laissé le financier avec bananes et crumble de chocolat blanc. Si léger... si fin. Le plaisir a pu durer car la portion était vraiment généreuse. Les desserts ne sont pourtant pas au cœur du concept de ce restaurant. Le vin joue ici une place importante. La carte, bien garnie, nous montre que le sommelier s'y connaît en la matière. Pour accompagner une bonne bouteille, on a le choix entre des plats de style bistro, remis au goût du jour. Citons, par exemple, papardelle de canard confit, brocoli et peau de canard croustillante. Niveau déco, c'est moderne et sympathique, surtout quand on compare avec d'autres adresses sur Papineau.

LA FABRIQUE BISTROT

3609, rue Saint-Denis
✆ +1 514 544 5038
www.bistrotlafabrique.com
M° Sherbrooke. Mardi-dimanche, dès 17h30. Ouvert certains midi en été. Brunch le week-end dès 10h30 (en été, la terrasse de l'Annexe est ouverte) : moins de 20 CAN $. Plats principaux à la carte : 20-35 CAN $.

C'est un lieu d'ambiance fait de bois clair, de pierre et de brique, dans lequel on se sent bien. L'accueil y est chaleureux et donne l'impression d'être attendu comme un hôte. La cuisine, située au centre du restaurant, est délimitée par des bocaux à conserves. Tout est montré, tout est vu, tout est révélé. Ainsi on voit les plats se constituer et nos papilles commencent à s'éveiller. Ce mélange de couleurs et d'odeurs, on l'appréciera dans notre assiette avec de multiples mélanges de saveurs autour de la viande comme des accompagnements. Quel plaisir ! Les desserts, comme le Jean Louis (fondant au chocolat) et le pain perdu recouvert de caramel de girofle, sont à tomber. Une adresse à laquelle on revient volontiers !

▶ **Autre adresse :** La Fabrique Annexe (pour les groupes et événements) : 3625, rue Saint-Denis

LE FILET

219, avenue Mont-Royal Ouest
✆ +1 514 360 6060
www.lefilet.ca
Angle Esplanade. Mardi-samedi, 18h-23h. Plats à la carte : moins de 30 CAN $. Autres restos du groupe : Le Club Chasse et Pêche, Le Serpent.

On trouve à Montréal de nombreux restaurants gastronomiques dont les prix sont un peu prohibitifs. Voici un établissement abordable et délicieux, qui joue la carte de la mer. Amarré au cœur du Plateau Mont-Royal, il séduit d'abord par son décor contemporain – blocs surdimensionnés et acier galvanisé, cuisine ouverte et aquarium encastré dans un mur. Le savoir-faire du chef fait le reste. Poissons et fruits de mer composent plusieurs petits plats façon tapas ainsi que des assiettes plus copieuses à déguster à deux. Des plats de viande, comme le cerf de Boileau et gnocchi au fromage bleu, côtoient les pâtes maison, telles que les cavatelli à la joue de veau et copeaux de foie gras. L'atmosphère est pétillante, la carte des vins, inspirée, et la nourriture, divine.

HÔTEL HERMAN

5171, boulevard Saint-Laurent
✆ +1 514 278 7000
www.hotelherman.com
hotelherman@gmail.com
Angle Fairmount. Ouvert tous les soirs de 17h à minuit (fermé le mardi). Plats à la carte : moins de 30 CAN $.

Finaliste parmi les meilleurs nouveaux restos canadiens selon le magazine enRoute d'Air Canada en 2013, l'Hôtel Herman est le rejeton d'anciens de La Salle à Manger et du Réservoir, dont le chef et copropriétaire Marc-Alexandre Mercier. A défaut de pouvoir y dormir, on s'installe au grand bar en U ou aux petites tables réparties de chaque côté, et on se commande en rafale plusieurs plats, pour soi ou à partager. Vous l'aurez compris : ici on opte pour des portions plus restreintes plutôt que le format entrée + plat principal. La variété est donc au rendez-vous, avec une belle place accordée aux produits du terroir québécois. L'endroit est fort couru, du *hipster* au fin gourmet, avec une ambiance peut-être bruyante mais ô combien sympathique.

LAWRENCE

5201, boulevard Saint-Laurent
✆ +1 514 503 1070
www.lawrencerestaurant.com
lawrence@lawrencerestaurant.com
Angle Fairmount. Lundi, fermé ; mardi-vendredi, 11h30-15h et 17h30-23h ; samedi, 10h-15h et 17h30-23h ; dimanche, 10h-15h. Brunch le week-end. Menu midi et brunch : moins de 20 CAN $. Plats principaux le soir : moins de 35 CAN $. Carte des vins recherchée et belle sélection au verre.

Une simple inscription dans la fenêtre nous indique être au bon endroit. Si elle ne paie pas de mine vue de l'extérieur, la belle déco et l'atmosphère qui règne à cette adresse gourmande nous séduisent dès les premiers instants. La carte, quant à elle, promet de belles découvertes : langue de bœuf avec palourdes et fenouil, un plat louangé par de nombreux critiques et blogueurs ; pieuvre avec céleri-rave et citron confit ; foie d'agneau avec radis, lentilles et bacon ; bar rôti avec moules, topinambours et sauce au beurre. A noter que les produits québécois occupent une place de choix dans la conception des menus. On vous recommande également le brunch avec son petit côté *british* (petit déjeuner anglais, rognons, scone...).

L'EXPRESS

3927, rue Saint-Denis
✆ +1 514 845 5333
www.restaurantlexpress.ca
M° Sherbrooke. Lundi-vendredi, 8h-2h ; samedi, 10h-2h ; dimanche, 10h-1h. Carte : moins de 30 CAN $.

On ne le présente plus. La cuisine est toujours impeccable : la mousse de foie blond aux pistaches, le saumon au cerfeuil, le pot-au-feu, l'os à moelle et gros sel, l'île flottante au caramel... Le souci de la qualité est le maître mot des propriétaires. La convivialité du lieu et le respect pour la clientèle font de ce bistro un endroit charmant et incontournable pour les amoureux de la bonne cuisine et du bon vin.

AUX LILAS

5570, avenue du Parc
✆ +1 514 271 1453
www.auxlilasresto.com
info@auxlilasresto.com
Angle Saint-Viateur. Mardi-samedi, 17h30-22h. Fermé dimanche et lundi. Menu Tazka et Mezzé (minimum 2 personnes) : 20-45 CAN $. Plats principaux à la carte : moins de 25 CAN $. Service traiteur.

La cuisine libanaise y révèle son originalité, ses influences diverses. Un mariage de parfums et de saveurs préparé par la patronne, Christine Farhood. Couscous, *tabbouleh* (salade de persil), *Hummus* (purée de pois-chiche),

Yabraq (feuilles de vigne farcies au bœuf et riz) et *baba ghannouge* (purée d'aubergines) ne sont que quelques uns des classiques, préparés selon la tradition et avec des produits frais de qualité. La carte des vins propose des bouteilles en provenance du Liban essentiellement, de quoi faire de belles découvertes ! Le décor est absolument charmant, petites tables, miroirs. L'ambiance y est orientale, toute en douceur. Et pour ceux qui veulent continuer le voyage, quelques recettes sont affichées sur le site Internet.

MAISON PUBLIQUE

4720, rue Marquette
✆ +1 514 507 0555
www.maisonpublique.com
info@maisonpublique.com
Angle Gilford. Mercredi-dimanche, dès 18h. Brunch le week-end de 10h30 à 14h. Plats à la carte : moins de 30 CAN $.

Derek Dammann, anciennement du restaurant DNA maintenant fermé, et son partenaire financier Jamie Oliver, chef et animateur télé britannique de réputation mondiale (*Naked Chef* pour les intimes), ont ouvert cet établissement à l'automne 2012. Le chef Dammann est reconnu pour sa fascination pour les abats et la cuisine anglo-saxonne. D'ailleurs, les lieux donnent tout à fait dans les airs de pub anglais (à savoir que Maison Publique est la traduction de *Public House*). Attendez-vous donc à retrouver des spécialités britanniques au menu avec la touche bien personnelle de Derek. Pour accompagner le tout, la maison propose notamment des bières de microbrasseries québécoises et des vins canadiens, un plus selon nous. A découvrir !

LE MARGAUX

5058, avenue du Parc
✆ +1 514 448 1598
www.lemargaux.com
Angle Laurier. Mardi-vendredi, 11h30-14h ; mercredi-samedi, 17h30-22h. Fermé dimanche-lundi. Menu midi : moins de 30 CAN $. Plats principaux à la carte le soir : à partir de 20 CAN $, table d'hôte : 45 CAN $. Plats pour emporter également. Terrasse. Apportez votre vin.

Un bistro au style épuré, qui propose des plats du Sud-Ouest de la France, avec une pointe d'imagination. La cuisine que nous propose le chef Jérôme Chatenet est une invitation à la découverte. Les textures et les saveurs s'y combinent malicieusement, pour le plus grand plaisir des gourmets. La sélection d'entrées et de plats est courte, mais suffisante en raison de la qualité du choix. On trouve des plats typiques du Périgord, les assiettes sont bien présentées et les accompagnements fort intéressants. L'ambiance est reposante, avec une musique feutrée et un service aussi doux qu'efficace. Ajoutons à tout cela un rapport qualité-prix très correct et des vins bien sélectionnés, et on obtient une adresse qui se distingue, pour notre plus grand plaisir.

MOCHICA

3863, rue Saint-Denis
✆ +1 514 284 4448
www.restaurantmochica.com
info@restaurantmochica.com
M° Sherbrooke. Lundi-mardi, fermé ; mercredi-jeudi et dimanche, 17h-22h ; vendredi-samedi, 17h-23h. Plats principaux à la carte : 15-30 CAN $. Table d'hôte et menu dégustation aussi offerts. Service traiteur.

Les Moches, avant l'invasion Inca, sont à l'origine d'une civilisation andine très créatrice à bien des niveaux. Leur cuisine était faite principalement à base de fruits de mer, de poissons et de produits agricoles. C'est donc dans cet esprit que la carte de ce restaurant de spécialités péruviennes se décline : bouillabaisse péruvienne aux fruits de mer, tartare de lama ou d'alpaga, pavé de bar péruvien avec brandade de manioc et morue, ou encore ragoût péruvien de tripes et panse de bœuf mijotées à la menthe poivrée. Les couleurs rouge et crème, les masques et les pans de bois sculptés sur les murs, font de ce restaurant un lieu convivial et authentique. Une cuisine qui vous surprendra agréablement, accompagnée de quelques alcools et vins du pays.

PÉGASE

1831, rue Gilford
✆ +1 514 522 0487
www.lepegase.ca – info@lepegase.ca
Angle Papineau. Mardi-jeudi & dimanche, dès 17h30 ; vendredi-samedi, services à 18h et 21h. Petite table d'hôte : 25-35 CAN $, table gourmande : 35-50 CAN $. Apportez votre vin.

Dans un décor de maison privée, encadré de superbes fresques murales, on retrouve l'atmosphère rassurante des foyers d'antan. De savants arômes émanent des chaudrons, les assiettes sont joliment présentées, et les desserts aussi beaux que bon. Une cuisine française de qualité où les gibiers et les viandes en sauce sont délicieux, avec une présentation soignée.

PINTXO

256, rue Roy Est
✆ +1 514 844 0222
www.pintxo.ca – info@pintxo.ca
M° Sherbrooke. Mercredi-vendredi, 12h-14h ; lundi-dimanche, 18h-23h (fermeture à 22h le dimanche). Pintxos : 4 à 14 CAN $ le plat. Plats principaux : 20 à 45 CAN $. Menu dégustation : à partir de 38 CAN $. Superbe carte des vins exclusivement espagnols dont une grande partie provient d'importation privée. Excellent service de sommellerie.

Pour ceux qui connaissent le pays basque, Pintxo leur rappellera ces mille et une petites bouchées qui tapissent les comptoirs des bistrots les week-ends. Pour les autres, appelez immédiatement des amis et courez prendre un verre de tinto autour de ces bijoux savoureux, plus sophistiqués que leurs cousines espagnoles. Le chef-propriétaire, Alonso Ortiz, élabore de véritables merveilles miniatures, trésors de créativité et de fraîcheur. En salle, l'équipe se fera un plaisir de vous conseiller. Une ambiance jeune, décontractée, chaleureuse, un rien branchée, dans un beau décor.

PLEIN SUD

222, avenue Mont-Royal Est
✆ +1 514 510 6234
www.pleinsud-restaurant.com
reservation@pleinsud-restaurant.com
M° Mont-Royal. Mardi-vendredi, 11h30-14h & 17h30-22h (21h le mardi) ; samedi, 17h30-22h. Menu midi : moins de 20 CAN $. Plats principaux le soir : 15-30 CAN $, table d'hôte : ajouter 5 CAN $ (2 services) ou 10 CAN $ (3 services) au prix du plat principal.

William et Dominique vous reçoivent dans leur restaurant, élégant, chaleureux et convivial. Ils vous proposent une cuisine du Sud qui s'adapte au gré des saisons, sans fioritures, mais tout en finesse. Venez vous délecter d'un magret de canard sauce aux clémentines, de sauté de veau à la corse et ses gnocchis, ou encore lotte lardée au prisuttu avec mousseline de céleri. Un voyage tout en couleurs au pays des saveurs !

LE QUARTIER GÉNÉRAL

1251, rue Gilford
✆ +1 514 658 1839
www.lequartiergeneral.ca
resto@leqg.ca
Angle de Brébeuf. Lundi-vendredi, 11h30-15h & 18h-23h ; samedi-dimanche, 18h-23h. Menu midi : 20 CAN $. Plats principaux le soir : à partir de 25 CAN $, table d'hôte : ajouter 12 CAN $ au prix du plat. Apportez votre vin.

Voici un restaurant qui a su allier l'ambiance bistrot avec ses menus sur tableau noir et une décoration lumineuse et zen. Les recettes sont originales, et les chefs marient les saveurs à la perfection. Les viandes sont d'origine noble (canard de Marieville, lapin de Stanstead ou cerf de Boileau), les poissons sont si frais qu'on pourrait sentir la mer, et les petits légumes rehaussent le tout, complétant le plaisir des papilles sans jamais en faire trop. Un bistrot gourmand et gourmet comme on les aime.

LA RACLETTE

1059, rue Gilford
✆ +1 514 524 8118
www.laraclette.ca – laraclette@hotmail.ca
M° Laurier. Mercredi-dimanche, dès 17h30. Brunch le dimanche de 10h à 14h30 : 15-25 CAN $. Petite table d'hôte du soir : 30-40 CAN $, grande : 45-50 CAN $. Apportez votre vin. Terrasse.

En Suisse, la raclette se déguste tranquillement, autour d'un bon feu de foyer. Ici c'est dans une ambiance chaleureuse et animée, prisée par les gourmands affamés. En été, c'est même sur une belle terrasse fleurie qu'on vous accueille. Les cuisines sont accessibles à l'œil et au nez. Au menu, la raclette évidemment, avec jambon et viande des Grisons, ou encore une fondue au fromage suisse. Pour les gastronomes allergiques au fromage, la maison suggère des plats en formule table d'hôte (volaille, poisson, abats et grillades). Le tout à déguster avec le vin que vous aurez apporté. Depuis près trente ans, La Raclette connaît un succès mérité, il est donc conseillé de réserver.

SEL GRAS

5245, boulevard Saint-Laurent
✆ +1 514 564 1090
www.selgras-montreal.com
info@selgras-montreal.com
Entre Fairmount et Maguire. Ouvert le midi du mercredi au vendredi de 11h à 14h30 et tous les soirs dès 18h. Brunch le week-end de 11h30 à 14h30. Brunch et plats le midi : moins de 20 CAN $. Plats principaux le soir : moins de 35 CAN $. Belle sélection de vins et spiritueux du bassin méditerranéen. Informez-vous sur les soirées de dégustation.

Restaurant du chef-propriétaire Marco Santos, le Sel Gras concocte une cuisine du terroir d'inspiration méditerranéenne. Situé en plein cœur du Mile-End, il attire tant les gens du quartier que les *foodies* du tout Montréal.

Tartare de cerf ou de thon rouge épicé, pieuvre grillée, morue noire marinée au miso et tamari, steak de bison grillé, côtes levées de porc braisées au bourbon et miel... de quoi ouvrir l'appétit ! Le brunch du week-end est aussi très couru et une réservation n'est certainement pas un luxe. Une adresse qui compte bon nombre d'habitués et que tous recommande chaudement.

■ THAÏLANDE

88, avenue Bernard Ouest
✆ +1 514 271 6733
www.restaurantthailande.ca
Angle Saint-Urbain. Dimanche-jeudi, 17h-22h30 ; vendredi-samedi, 17h-23h. Aussi ouvert le midi du mercredi au vendredi de 11h30 à 14h. Plats principaux à la carte : 30 CAN $ et moins. Table d'hôte : 30-45 CAN $. Service de livraison.

En apparence, ce petit resto semble très simple. Pourtant, les connaisseurs s'y pressent pour savourer une authentique cuisine thaïlandaise. Les plats sont excellents, l'ambiance ultra conviviale, les prix des menus vraiment raisonnables, et le personnel fait preuve d'une rare gentillesse. Les Thaïlandais de Montréal en ont fait leur QG et nous aussi, pour un voyage dépaysant à petit prix.

■ CHEZ VICTOIRE – BISTRO DE QUARTIER

1453, avenue Mont-Royal Est
✆ +1 514 521 6789
www.chezvictoire.com
info@chezvictoire.com
M° Mont-Royal. Ouvert tous les jours de 17h à minuit. Plats principaux : à partir de 15 CAN $. Plateau d'huîtres et planche de charcuteries maison et fromages aussi disponibles. Menu fin de soirée dès 22h : 25 CAN $. Terrasse.

Chez Victoire, c'est un incroyable spectacle des sens. Le personnel du restaurant est à vos petits soins et vous apporte de précieux conseils. À croire qu'ils arrivent à lire dans vos pensées pour vous aider à effectuer les meilleurs choix, notamment dans l'accord mets et vins. Les portions sont généreuses pour des prix raisonnables. Le jarret de cochcon braisé à la cubaine est magique, accordé avec courge butternut, piments shishito, choux de bruxelles, bacon et orange : un vrai festival des saveurs dans votre bouche. Le risotto de champignons sauvages, accompagné de jus de trompettes des Maures et parmesan, vous exalte jusqu'à la dernière bouchée. Le décor est chic. Une bistronomie de qualité !

■ WILFRID SUR LAURIER

222, avenue Laurier Ouest
✆ +1 514 495 4961
www.wilfridsurlaurier.com
info@wilfridsurlaurier.com
Entre Jeanne-Mance et de l'Esplanade. Ouvert le midi du mercredi au vendredi de 11h30 à 14h et le soir dès 17h30 du mardi samedi. Brunch le week-end de 10h30 à 14h. Brunch et menu midi : moins de 20 CAN $. Plats principaux le soir : moins de 30 CAN $.

Si ce local vous rappelle quelque chose, c'est qu'il fût l'hôte de La Petite Ardoise, une véritable institution qui eût pignon sur rue pendant plus d'une trentaine d'années avant de fermer ses portes à l'été 2014. Mais le 222 Laurier Ouest revit depuis novembre, sous l'égide du chef Michel Ross et de son associé Zach Suhl. On y propose une cuisine française moderne additionné d'une touche nord-américaine, avec un menu qui se renouvelle chaque saison, ainsi qu'un bar à huîtres et de savoureux brunchs. Une belle carte des vins avec sélection au verre se fera le parfait compagnon de votre onglet de bœuf, thon albacore ou ris de veau.

Luxe

■ À L'OS

5207, boulevard Saint-Laurent
✆ +1 514 270 7055
www.alos.ca
Angle Fairmount. Mardi-dimanche, dès 18h. Plats principaux : 30-55 CAN $. Menu dégustation aussi offert. Apportez votre vin.

Un petit restaurant de grande qualité. Le chef Sambas Herman et ses cuisiniers s'affairent en noir derrière le comptoir intégré à la salle. On a vraiment à cœur d'offrir un moment d'exception aux clients. Le plat emblématique de la maison, le filet mignon de black Angus et os à la moelle, légumes de saison, pommes de terre lorette et réduction au porto, surmonté ou non d'une escalope de foie gras poêlée, est un pur moment de bonheur. A déguster avec l'une des nombreuses sortes d'eaux minérales de la carte. Le tout accompagné d'un service aimable et efficace. Au dessert enfin, tout est fait pour combler les gourmands. Les prix pratiqués peuvent sembler prohibitifs, mais si l'on considère les mets servis, ils sont plutôt raisonnables, d'autant qu'on apporte son vin. Une belle découverte sur le boulevard, à visiter sans tarder !

LA CHRONIQUE

104, avenue Laurier ouest
✆ +1 514 271 3095
www.lachronique.qc.ca
info@lachronique.qc.ca
Angle Saint-Urbain. Ouvert le midi du mardi au vendredi dès 11h45, et tous les soirs dès 18h. Menu midi : à partir de 25 CAN $. Plats principaux le soir : à partir de 40 CAN $. Menu dégustation : 85-115 CAN $ (145-195 CAN $ avec l'accord des vins). Service de traiteur.
La carte, haute en couleur, tend à explorer les limites mêmes de la cuisine française. On la réinvente en une explosion de saveurs aux relents inédits. Bonne cuisine, peut-être, mais plus encore : une très grande cuisine, qui pousse les arômes et les saveurs à un degré tel que le palais en perd ses repères traditionnels. De la haute cuisine qui se libère des carcans typiques et qui s'évade ainsi de toute caractéristique nationale quelque peu contraignantes. Lorsque la cuisine devient un matériau si hautement artistique, on parle sans contestation possible de l'une des meilleures tables de Montréal.

LA COLOMBE

554, avenue Duluth Est
✆ +1 514 849 8844
www.lacolomberestaurant.com
Angle Saint-Hubert. Mardi-samedi, dès 17h30. Deux services : 18h et 21h. Table d'hôte : à partir de 45 CAN $. Réservation recommandée. Apportez votre vin.
Une atmosphère feutrée, tranquille, pas de musique, juste le léger brouhaha des conversations et des bons petits plats qui mijotent. La bourgeoisie gourmande vient ici s'adonner aux plaisirs de la chair avec simplicité. La carte est courte, mais quelle cuisine ! L'humilité, la gentillesse et la rigueur du chef propriétaire se retrouvent dans les assiettes, sans effets de styles superflus. La touche du chef : ces contrastes épicés, ces couleurs et ces parfums qui rappellent discrètement son Maroc natal. On a coutume de dire qu'il faut apporter son meilleur vin… C'est vrai !

L'ATELIER

5308, boulevard Saint-Laurent
✆ +1 514 273 7442
www.restaurantlatelier.ca
info@restaurantlatelier.ca
Angle Maguire. Lundi, fermé ; mardi-dimanche, 18h-22h. Aussi ouvert le midi jeudi et vendredi de 11h30 à 14h30. Menu midi : 20 CAN $. Plats principaux le soir : à partir de 25 CAN $, table d'hôte : 40-50 CAN $, menu dégustation : 55 CAN $. Apportez votre vin.
L'Atelier est un lieu où le naturel et la simplicité ont leur importance. Ici rien n'est superficiel ni superflu, tout se concentre dans la cuisine. Tout est dans la finesse, dans la qualité des produits, dans l'art de les marier et de les présenter. Parmi les plats, notons le ris de veau au foie gras, trompettes des morts, crumble de cèpes et rattes ; le bar rayé, croûte de pistache, orange sanguine et olive noire ; ou encore le jarret d'agneau du Québec, raisins au bourbon, courge fumée et crème aux herbes. Il ne reste ensuite qu'à couronner le tout d'un des savoureux desserts faits maison. Un moment de bonheur…

AU PIED DE COCHON

536, rue Duluth Est
✆ +1 514 281 1114
www.aupieddecochon.ca
aupieddecochon@qc.aira.com
Angle Saint-Hubert. Mercredi-dimanche, 17h-minuit. Plats principaux à la carte : 15-50 CAN $. Ventes à emporter également.
Ça c'est de la cuisine généreuse ! Martin Picard ne lésine pas sur les bons produits frais et les accompagnements qui nourrissent son homme. Ici on vient ripailler entre gastronomes à la bonne franquette, et dans la bonne humeur. Les plats mijotés et les « heureuses » cochonnailles vous feront renier toute envie de végétarisme, sans parler de la fameuse poutine au foie gras. On ne fera pas régime, mais quel délice ! Pour tenter une expérience gustative hors normes, nous vous conseillons leur cabane à sucre située à Mirabel dans la belle région des Laurentides.

RESTAURANT DE L'INSTITUT (ITHQ)

3535, rue Saint-Denis
✆ +1 514 282 5155 / +1 855 229 8189
www.ithq.qc.ca
restaurant@ithq.qc.ca
M° Sherbrooke. Matin : lundi-vendredi, 7h-9h30 ; samedi-dimanche, 7h30-10h30. Midi : lundi-vendredi, 12h-13h30. Soir : mardi-samedi, 18h-21h. Réservation recommandée. Menu midi express : 20 CAN $. Plats principaux le soir : à partir de 20 CAN $. Menu dégustation 5 services : 52 CAN $, 85 CAN $ incluant l'accord des vins.
L'Institut du Tourisme et de l'Hôtellerie du Québec se sert de cette table pour offrir à ses étudiants une expérience concrète de cuisine de haute voltige. Utilisant un maximum

de produits du terroir québécois, le menu est en fluctuation constante, tendant à un raffinement difficile à imaginer ailleurs, surtout à ce prix. Un effort de recherche constant en matière culinaire propulse cette adresse en recommandation incontournable, à défaut d'éclipser bien des poids lourds de même catégorie. Le service est impeccable ; quant aux plats, ils sont confectionnés comme de petites merveilles. Et les desserts s'avèrent tout simplement divins. Premier de classe, sans contredit. Pour une expérience aussi agréable mais moins cher, optez pour la Salle Paul-Émile-Lévesque, restaurant école ouvert pendant l'année scolaire (mardi-vendredi, midi et soir, moins de 20 CAN $ la table d'hôte, réservation obligatoire).

■ **TOROLI**
421, rue Marie-Anne Est
✆ +1 514 289 9292
www.toroli.com
info@toroli.com
M° Mont-Royal. Lundi-mardi fermé ; mercredi-dimanche, dès 18h. Ouvert le midi jeudi et vendredi de midi à 14h sur réservation faite 48h à l'avance uniquement. Plats principaux à la carte : 25-45 CAN $, table d'hôte 5 services : à partir de 45 CAN $, 6 services : 68 CAN $.
Si l'envie vous prend de vouloir voyager au Japon à Montréal, c'est au Toroli qu'il faut aller. Mais attention, au Toroli on retrouve une cuisine fusion japonaise de type gastronomique, pas des sushis. Ce sont les saveurs raffinées de la cuisine japonaise mélangées avec celles de la cuisine traditionnelle française. Les senteurs et les saveurs sont incroyables, du sashimi de bœuf au thon à queue jaune au Mirin, ou la morue grillée aromatisée au miso... Et que dire du gigot d'agneau cuit lentement dans une sauce soja maison au saké pendant 7 heures, servis sur un lit de risotto de blé avec une sauce de miso piquante, tellement c'est merveilleux ? Que d'étonnements et d'explosions. Le service est impeccable, tout sourire et discret. Une belle sélection de sakés et de thés.

■ **VERTIGE**
540, avenue Duluth Est
✆ +1 514 842 4443
www.restaurantvertige.com
info@restaurantvertige.com
Angle Saint-Hubert. Mardi-samedi, 17h30-22h. Deux services le samedi soir : 18h et 21h. Plats principaux à la carte : 15-40 CAN $, table d'hôte : ajouter 10 CAN $ au prix du plat, menu découverte (4 services) : 39-49 CAN $, menu dégustation (6 ou 7 services) : 59-69 CAN $. Menu tapas mardi et mercredi : 29 CAN $.
Une cuisine de qualité, d'inspiration française, mais pas traditionnelle pour autant. Aux commandes, le chef Thierry Baron, dont quelques-unes des spécialités sont le magret de canard rôti sauce Porto au miel et bleuets confits, les ris de veau poêlés ou les fromages travaillés. Côté déco, on choisit son ambiance : l'immense bar plutôt lounge d'où l'on peut observer les celliers bien fournis, les jolies tables nappées aux chaises originales, ou les banquettes confortables, plus intimistes. L'alliance de l'ancien et du design, les lumières chaudes et le foyer à trois faces créent une atmosphère élégante et décontractée. Belle carte des vins judicieusement pensée et abordable.

Sud-Ouest et Ouest

Plus on s'éloigne du centre-ville, plus les restaurants s'éparpillent, bien entendu. Mais l'ouest et le sud-ouest de l'île proposent tout de même de belles options de restauration, notamment dans les quartiers de la Petite-Bourgogne, de Saint-Henri et de Verdun.

Pause gourmande

■ **MAISON DE THÉ CHA NOIR**
4646, rue Wellington
✆ +1 514 769 1242
www.cha-noir.com
info@cha-noir.com
M° De l'Église. Lundi-vendredi, 12h-21h30 ; samedi-dimanche, 11h-21h30. Ateliers et dégustations sur demande. Boutique en ligne.
Vous pourrez déguster votre thé préféré, à choisir parmi une sélection d'une centaine de variétés de thés (noir, vert, blanc, rouge, parfumé, oolong...) et tisanes, autour d'une petite table en bois joliment peinte, assis sur une banquette recouverte de coussins. Sinon, laissez-vous tenter par un smoothie ou par un chocolat chaud fait avec du chocolat de St-Domingue à 70 % de cacao. Si vous hésitez, demandez la spécialité maison, le chocolathé Cha noir, une symbiose des deux ! Vous satisferez également vos envies salées ou sucrées avec des petites bouchées : *dim sum*, *gyoza* (raviolis japonais) et chocolats Chocobel. Une grande sélection de théières est également disponible (terre cuite, fine porcelaine japonaise, céramique, fonte, marocaine), ainsi qu'un choix étendu d'accessoires pour le thé.

Bien et pas cher

GRIFFINTOWN

1378, rue Notre-Dame Ouest
✆ +1 514 931 5299
www.griffintowncafe.com
restogriffintown@gmail.com

Entre Versailles et de l'Aqueduc. Lundi-mercredi, 8h-15h ; jeudi-vendredi, 8h-22h ; samedi, 10h-22h ; dimanche, 10h-15h. Petit déjeuner en semaine et brunch le week-end. Brunch et plats principaux midi et soir : moins de 20 CAN $. Carte d'une cinquantaine de cocktails. Happy hour du jeudi au samedi, spectacle de jazz d'un à trois soirs par semaine, diffusion d'événements sportifs. Terrasse.

Situé dans Griffintown, un quartier historique en pleine revitalisation, ce restaurant est fort réputé pour ses succulents brunchs le week-end. Au menu, des plats qui sortent de l'ordinaire comme le burger de bœuf, agneau et canard avec oeuf miroir et cheddar âgé, ou encore le parfait au yogourt et granola maison avec noix, fruits frais et sirop d'érable. Midi et soir, on a droit à des plats finement apprêtés, un heureux mélange entre la cuisine bistro et le *comfort food*, avec une bonne dose de produits régionaux. Un endroit vivant et festif comme on les aime, et une adresse à retenir !

GRUMMAN 78

630, rue de Courcelle
✆ +1 514 290 5125
www.grumman78.com
info@grumman78.com

Entre Saint-Jacques et Notre-Dame. Ouvert tous les soirs dès 18h (fermé le mardi). Communiquez avec eux ou visitez le site web pour les jours d'ouverture comme des événements privés y sont aussi organisés. Menu à la carte : 25 CAN $ et moins.

Fondé en 2010 par Marc-André Leclerc et Hilary McGown, cuisiniers d'expérience, Grumman 78 fut le premier camion à tacos de Montréal. Peut-être l'avez-vous d'ailleurs déjà croisé dans un festival ou au coin d'une rue d'un joli quartier de la ville. Ainsi, avec leur nouvelle collègue, Gaëlle Cerf, ils ont ouvert leur QG dans la partie industrielle du quartier Saint-Henri. Joie ! Au menu, du saumon cru «Spicy Dynamite», des *tacos* de toutes sortes, des *carnitas*, du tartare de cheval... On aime sans conditions !

LES ÎLES EN VILLE

5335, rue Wellington ✆ +1 514 544 0854
www.lesilesenville.com
lesilesenville@videotron.ca

Entre Melrose et Argyle. Lundi, fermé ; mardi, 11h-20h ; mercredi-vendredi, 11h-22h ; samedi-dimanche, 15h-22h. Le resto peut fermer plus tard vendredi et samedi, en fonction de l'achalandage. Plats principaux à la carte : moins de 35 CAN $.

Vous retrouvez ici l'esprit des Îles de la Madeleine. Ce coin de paradis est dirigé par la famille Painchaud : Ginette, Donald et Emilie. L'accueil est joyeux à la bonne franquette. Des photos de la famille décorent le restaurant, même dans les endroits les plus originaux comme sur la porte des toilettes, où l'on retrouve grand-père et grand-mère. L'été, la famille installe une terrasse à l'arrière qu'elle embellit avec un voilier, des casiers à homard, des filets de pêches, et le drapeau acadien. Le 16 août, on y célèbre la fête de la région jusqu'au petit matin. Un bon endroit à l'ancienne, comme on les aime, avec une cuisine ouverte où l'on prépare, selon la tradition, les plus délicieux homards du monde, cuits à la vapeur et au sel de mer. On raffole du pot-en-pot de fruits de mer, des galettes à la morue, du loup marin (très riche en fer) préparé en burger, en filet ou en saucisse. Pour les indécis, l'assiette de dégustation « tour des îles » regroupe toutes les spécialités en petite quantité. Une adresse chouchou !

LA LOUISIANE

5850, rue Sherbrooke Ouest
✆ +1 514 369 3073
www.lalouisiane.ca – info@lalouisiane.ca

Angle Regent. Dimanche-jeudi, 17h30-22h30 ; vendredi-samedi, 17h30-23h. Menu à la carte : moins de 35 CAN $. Terrasse.

Un menu cajun pur et dur, avec tout l'épice des bayous et des ragoûts qui défrisent. Pourquoi ne pas y aller à fond et s'immerger dans la *jambalaya* de crevettes ou poulet, divinement exquise ? Et le poisson grillé, qui enflamme les papilles et revigore la chaleur ambiante... Un sage tour d'horizon de la cuisine cajun avec les spéciaux du chef.

Bonnes tables

LE H4C

538, Place Saint-Henri
✆ +1 514 316 7234
www.leh4c.com
info@leh4c.com

M° Place-Saint-Henri. Cuisine ouverte : mardi-samedi, 18h-23h ; dimanche, 10h-15h (brunch). Plats principaux le soir : 20-50 CAN $; brunch : moins de 25 CAN $.

Bien installé dans une ancienne banque avec un superbe design intérieur signé Dimension 3 Architecture + Design, le H4C est définitivement l'une des adresses *in* du quartier Saint-Henri. Un menu court, soit, mais débordant d'une créativité sans faille mêlant jeune cuisine québécoise et saveurs du monde. Quant au brunch, il sort des sentiers battus pour offrir des plats comme le foie gras poêlé avec purée de courge, œuf poché, rabioles et carottes, ou encore le filet d'agneau avec œuf au plat, petits pois et mousse de pommes de terre. À découvrir, si ce n'est pas déjà fait !

■ HENRI SAINT-HENRI

3734, rue Notre-Dame Ouest
✆ +1 514 303 0777
henrisainthenri@gmail.com
M° Place-Saint-Henri ou Lionel-Groulx. Lundi-vendredi, 11h30-14h et dès 17h ; samedi, dès 17h ; dimanche, fermé. Plats principaux le soir : 15-35 CAN $. Spécial 5 huîtres pour 7 CAN $ tous les jours de 17h à 19h. Terrasse.

Ouvert depuis juin 2014, le Henri ne se désemplit pas. Son décor urbain rehaussé d'une belle thématique maritime (carte de la côte Est américaine, espadon géant accroché au mur...) annonce déjà la couleur des lieux. Comme le dit si bien Henri : « On cuisine Côte Est avec une attitude Sud-Ouest. » On ne sera donc pas surpris de découvrir une ardoise rendant honneur aux produits de la mer. On aime particulièrement le concept « Eat and drink » où l'on nous propose un mariage cocktail et bouchées tel le cocktail de cidre de glace avec parfait de foie gras. Parlant de cocktail, sachez que son maître mixologue, Romain Cavelier, a remporté le *MadeWithLove Montréal 2014*, la plus importante compétition de mixologie au pays. Pour prolonger le plaisir, une boutique gourmande située à deux pas propose les produits du resto ainsi que ceux des Canards du Lac Brome et Ils en fument du bon.

■ JOE BEEF

2491, rue Notre-Dame Ouest
✆ +1 514 935 6504
www.joebeef.ca
M° Lionel-Groulx. Mardi-samedi, 18h-fermeture. Plats principaux : 20-50 CAN $. Bar à huîtres. Belle terrasse. Service traiteur.

Au cœur de la Petite-Bourgogne, dans le quartier des antiquaires et à deux pas du Marché Atwater, ce restaurant qui compte parmi les classiques de Montréal doit son nom à Charles « Joe-Beef » McKiernan, un des héros de la classe ouvrière du XIXe siècle. Bistrot raffiné, le Joe Beef n'a cependant pas grand chose d'ouvrier ! Une table inventive qui mêle les saveurs autour du steak et des fruits de mer, un menu à la mode bistro sur un tableau noir, et un service attentif et amical. Les propriétaires possèdent deux autres établissements dans le quartier : Le Liverpool House et Le Vin Papillon, situés à deux pas.

▸ **Autres adresses :** Le Vin Papillon : 2519 rue Notre-Dame Ouest, www.vinpapillon.com • Liverpool House : 2501 rue Notre-Dame Ouest, ✆ +1 514 313 6049, www.liverpoolhouse.ca

■ RESTAURANT SU

5145, rue Wellington ✆ +1 514 362 1818
www.restaurantsu.com
reservation@restaurantsu.com
M° Verdun. Dimanche-lundi, fermé ; mardi-jeudi, 17h-22h30 ; vendredi-samedi, 17h-23h. Mézès : 5 à 15 CAN $ l'unité, planche 5 mézès à partager : 15 CAN $. Plats principaux à la carte : moins de 30 CAN $. Menu découverte : 48 CAN $.

On vous propose ici toutes les saveurs de la Turquie, un savant mélange d'Orient et d'Occident. Sa cuisine, à la fois historique et moderne, a su influencer bon nombre de nos recettes telles la salade de yaourt ou le poisson à l'huile d'olive. Chez Su, c'est l'authenticité et la simplicité qui priment. Vous serez invité à débuter votre repas par les *mézès*, spécialité incontournable, et s'il vous reste une petite place après le repas, optez pour un dessert maison accompagné d'un café turc ou d'un thé, symboles d'un peuple à l'accueil légendaire.

■ LE SMOKING VALLÉE

4370, rue Notre-Dame Ouest
✆ +1 514 932 0303
www.smoking-vallee.com
M° Place-Saint-Henri. Ouvert tous les soirs dès 18h. Plats principaux à la carte : 20-35 CAN $. Apportez votre vin.

Une autre table fort sympa de Saint-Henri, tout à fait dans l'esprit des bistros de quartier. Une cuisine qui privilégie l'achat local auprès des producteurs québécois, tout en s'inspirant du savoir-faire culinaire français. Une ardoise du jour qui complète la carte avec des suggestions alléchantes : tartare de thon aux œufs de poisson avec tempura d'herbes, magret de canard avec betteraves au Madère et foie gras, ou encore T-Bone d'agneau avec écrasé de pommes de terre ratte, courgettes à la menthe et sauce vierge. Vu sa popularité, pensez à réserver le week-end.

TRIPES & CAVIAR

3725, rue Wellington
✆ +1 514 819 1791
www.tripesandcaviar.com
family@tripesandcaviar.com
M° LaSalle ou De l'Église. Mardi-vendredi, 18h-2h ; samedi, 10h-14h30 et 18h-2h ; dimanche, 10h-14h30. Brunch le week-end : moins de 20 CAN $. Carte : 35 CAN $ et moins. Argent comptant et débit seulement. Service traiteur, cours de cuisine/bar.

Le nom ne laisse planer aucun doute. Ici la cuisine se concentre sur les abats, le tout bien exécuté et de manière originale. Prenons notamment la porchetta di testa – charcuterie de tête de porc en gelée, avec chimichurri et graines de moutarde marinées ; l'os à la moelle et boudin émulsionné au foie gras ; la langue de veau marinée avec cervelle popcorn, gribiche et œuf mollet ; ou encore la tête de saumon avec lait de coco, curry et chili. Pour les groupes d'au moins 10 personnes, nous vous suggérons le menu Le Festin qui vous en mettra plein la panse.

TUCK SHOP

4662, rue Notre-Dame Ouest
✆ +1 514 439 7432
tuckshop.ca
M° Place-Saint-Henri. Mardi-samedi, 18h-23h. Plats principaux à la carte : à partir de 25 CAN $. Réservation conseillée le week-end.

Belle petite place sans prétention, avec mur de brique, lampes recyclées et meubles rétro. Tout à fait dans l'esprit du quartier ! Selon certains, il a un petit je-ne-sais-quoi rappelant la Taverne Monkland du quartier Notre-Dame-de-Grâces dans ses premières belles années. Pas étonnant lorsqu'on apprend que des anciens de cette adresse œuvrent au Tuck Shop, tant en cuisine qu'en salle. L'ardoise affiche la pieuvre grillée, le magret de canard, les côtes de bœuf courtes braisées, la morue d'Islande, le saumon bio et autres petits plats s'adaptant aux arrivages. Un arrêt fort agréable si vous êtes de passage dans le quartier.

Est

L'est de la ville comprend plusieurs quartiers en plein essor, dont le Vieux-Rosemont, Centre-Sud et Hochelaga-Maisonneuve. S'ils ne proposent pas encore toute la diversité que vous pourriez trouver dans des lieux plus à la mode, c'est sans doute ici que vous pourrez tester de nouvelles adresses ambitieuses et originales.

Sur le pouce

STATION IN VIVO

Stade olympique
4545, avenue Pierre-De Coubertin
✆ +1 514 903 1005 – www.stationinvivo.coop
M° Pie-IX. Lundi-vendredi, 7h-19h ; samedi, 8h-17h ; dimanche, fermé (sauf les jours d'événements). Menu à la carte : moins de 15 CAN $. Plats pour emporter. Terrasse.

Fondé par la même coopérative de travail qui tenait les rênes du défunt Bistro In Vivo, ce chouette petit café permet de faire une pause gourmande lors d'une journée d'activités au Parc olympique. Situé à même le Stade, on y sert des petits déjeuners sur le pouce, des sandwichs grillés, des salades repas et autres coupe-faim, sans oublier son succulent café. A noter que la Station In Vivo est une coopérative d'économie sociale qui vise notamment à soutenir le commerce équitable et encourager les entreprises locales, tout en optant pour une consommation responsable et respectueuse de l'environnement.

Bien et pas cher

RESTAURANT CABOTINS

4821, rue Sainte-Catherine Est
✆ +1 514 251 8817
www.restaurantcabotins.wordpress.com
cabotins@hotmail.com
Angle Théodore. Mercredi-vendredi, 12h-14h30 ; mardi-dimanche, dès 17h30. Brunch le dimanche de 10h30 à 14h30. Plats principaux et brunch : moins de 25 CAN $. Informez-vous sur les spéciaux dont «l'audace paie !». Terrasse. Service de traiteur.

L'un des endroits les plus fous à Montréal ! Il suffit de voir les lampes à l'envers suspendues au plafond pour comprendre qu'ici, tout est possible, tant au niveau de la déco, que du service ou de l'assiette. Occupant une ancienne mercerie, les proprios ont décidé d'en garder les traces : ici on trouve de vieux mannequins, des murs décorés de boutons et des t-shirts d'enfants... sur la tête des serveurs ! Une grande majorité du personnel est liée au monde du théâtre, ce qui explique leur sens de l'humour et du jeu. Côté assiette, la créativité n'est pas en reste. Les subtiles alliances de sucré-salé, l'utilisation du foie gras, du canard, du gibier, raviront les gourmets. Notez que les lieux ont récemment fait peau neuve avec notamment une fenestration qui s'ouvre sur la rue, et de nouvelles acquisitions de sculptures provenant de l'école d'art située à côté.

■ SAVEUR SOLEIL

1886, rue Ontario Est
✆ +1 438 380 8081
www.saveursoleil.ca
ss.traiteur@gmail.com
M° Papineau. Lundi, fermé ; mardi-jeudi, 16h-21h ; vendredi-samedi, 12h-23h ; dimanche, 17h-21h. Carte : moins de 25 CAN $. Service de livraison, traiteur.

A la fois restaurant et traiteur, Saveur Soleil nous transporte dans l'univers gourmand et coloré des Antilles Françaises, avec une bonne dose d'exotisme. Parmi les spécialités, notons le colombo de poulet, le ragoût de cabri, le poisson frit, la fricassée de lambi et les assiettes créoles. Pour accompagner le repas, optez pour un des nombreux jus (passion, mangue, ananas coco, fleur d'hibiscus, etc.), ou encore pour un ti-punch (citron vert, sirop de canne, rhum blanc agricole 50 %) ou un bon rhum de Guadeloupe ou d'Haïti. Pour prolonger le plaisir, il est possible de faire le plein de plats congelés de leurs spécialités, à déguster ensuite chez soi.

Bonnes tables

■ LES AFFAMÉS

4137, rue Sainte-Catherine Est
✆ +1 514 508 8566
www.lesaffames.ca – info@lesaffames.ca
Angle Desjardins. Lundi, fermé ; mardi, 10h-15h ; mercredi-vendredi, 10h-15h et dès 17h30 ; samedi, 9h-15h et dès 17h30 ; dimanche, 9h-15h. Brunch du mardi au dimanche jusqu'à 15h. Brunch et plats le midi : moins de 20 CAN $, menu midi express : 10 CAN $. Plat principaux le soir : 20-30 CAN $. Terrasse. Service de traiteur, chef à domicile et boîtes à lunch.

« Les Affamés » est né d'un pari entre quatre étudiants du baccalauréat en administration des affaires à l'UQÀM : ouvrir leur propre resto avant de franchir le cap de la trentaine. Ce fut chose faite en 2012, dans un charmant petit local aménagé chaleureusement, situé un peu à l'est de la Place Simon Valois. Ici on cultive la bonne humeur et la bonne chère, et tout est fait sur place, ou presque. La cuisine varie de semaine en semaine selon l'humeur du chef et les arrivages, et tous y trouveront leur compte, que l'on soit amateur de viande ou de verdure. Un bistro de quartier comme on les aime !

■ LABARAKE

Shop Angus
3165, rue Rachel Est
✆ +1 514 521 0777
www.labarake.com – info@labarake.com
Angle Dézéry. Ouvert le midi en semaine de 11h30 à 14h30 et tous les soirs de 17h30 à 22h30. Brunch le dimanche de 10h à 14h : moins de 20 CAN $. Plats principaux le midi : 15-25 CAN $, le soir : moins de 30 CAN $. Terrasse.

On le surnomme « caserne à manger », un beau clin d'œil au passé du bâtiment qui servait autrefois de caserne de pompiers. D'ailleurs, tout le cachet a été conservé et mis en valeur par un décor de style industriel avec une touche contemporaine. Ouvert depuis un peu plus d'un an, LABARAKE apporte un vent de fraîcheur dans cette zone qui manquait cruellement de bons restaurants. Au programme, une cuisine s'inspirant des brasseries françaises, en version classique ou revisitée. Vous avez trop festoyé samedi soir et auriez besoin d'un bon plat pour vous remettre sur pied le dimanche ? Optez pour « Le lendemain de veille », une poutine déjeuner avec porc effiloché, fromage en grain, sauce hollandaise et bouchées de bacon. Une belle table gourmande !

LES CANAILLES

3854, rue Ontario Est ✆ +1 514 526 8186
www.lescanailles.ca – info@lescanailles.ca
M° Joliette. Ouvert tous les soirs de 18h à 23h. Plats principaux à la carte : 20-35 CAN $, table d'hôte : 40-50 CAN $. Apportez votre vin.
Situé dans le quartier en pleine expansion de HoMa (Hochelaga-Maisonneuve), Les Canailles est un bistro français à la cuisine fraîche et simple, et au menu composé autour des produits de la mer et des grillades. Le bistro se veut branché, à l'image de ce quartier qui monte et qui attire une clientèle plus aisée que par le passé, mais l'ambiance reste bon enfant et le service attentif et amical.

M SUR MASSON

2876, rue Masson ✆ +1 514 678 2999
www.msurmasson.com
contact@msurmasson.com
Angle 6e Avenue. Lundi-mercredi, 11h30-22h ; jeudi-vendredi, 11h30-23h ; samedi, 17h30-23h ; dimanche, 10h-15h (brunch) & 18h-21h30. Brunch : moins de 20 CAN $, menu midi : moins de 25 CAN $. Plats principaux le soir : 20-40 CAN $, table d'hôte : à partir de 30 CAN $. Spéciaux sur les huîtres. Terrasse.
Encensé par la critique, et pour cause ! Les mets comme le foie de veau rôti aux champignons boutons avec purée à l'ail confit et sauce lyonnaise aux oignons cippolini, ou encore les pétoncles poêlés avec purée de patate douce, ratatouille et citron confit, sont finement travaillés. Le service est courtois et personnalisé. Le menu complet est expliqué à chaque client. Malgré un agrandissement, la salle est presque toujours pleine. Les réservations sont donc fortement recommandées. S'il y a du bon à cet achalandage, c'est que les délicieux effluves de la cuisine imprègnent rapidement l'endroit. Etant donné la variété de vins, les amateurs seront comblés. Un service de traiteur est aussi offert. Un peu excentré, mais sans doute le meilleur choix dans l'est de la ville.

Nord

Outremont est un quartier résidentiel plutôt huppé, mais sa proximité avec le Plateau et de grandes entreprises ont mené à l'ouverture de petites adresses assez fréquentées et de très bonne qualité. Le nord, c'est aussi la Petite Italie, avec toute la gastronomie qu'on imagine, et d'autres quartiers moins connus des touristes comme Villeray, la Petite-Patrie ou encore Rosemont.

Sur le pouce

CAFÉ SOUVENIR

1261, avenue Bernard Ouest
✆ +1 514 948 5259
www.bistrocafesouvenir.com
contact@bistrocafesouvenir.com
M° Outremont. Ouvert tous les jours de 7h à 22h (23h du jeudi au samedi). Carte : moins de 20 CAN $. Terrasse.
Ici ça sent bon le café et l'insouciance. La musique rythmée accompagne les délicieux déjeuners à base d'œufs, de croissants, baguettes ou bagels. De beaux fruits frais et des jus de fruits maison originaux (betterave, gingembre, pomme et carotte...) accompagnent volontiers les crêpes au chocolat belge fondant. A toute heure, on y vient aussi pour déguster des spécialités inspirées de tous les styles culinaires, et le service, courtois et agréable, n'enlève rien au plaisir de ce café qui vous laissera un heureux souvenir.

DINETTE TRIPLE CROWN

6704, rue Clark
✆ +1 514 272 2617
www.dinettetriplecrown.com
Angle Saint-Zotique Ouest. Ouvert tous les jours de 11h à 21h (fermé le mercredi). Carte : moins de 25 CAN $. Plats pour emporter, service de livraison après 16h.
La Dinette Triple Crown se présente comme un restaurant du Sud américain avec, au menu, du porc effiloché, du poulet frit et de la poitrine de bœuf fumé, en sandwiche ou en assiette. Plusieurs choix de sauces pour agrémenter le tout comme la fameuse BBQ, la Memphis classique ou encore la Caroline du Sud à la moutarde. Pour les assiettes, vous avez en plus le choix de trois accompagnements tels le pain au babeurre, les légumes verts braisés ou les patates douces rissolées, par exemple. Beau, bon et pas cher, et parfait pour un repas sur le pouce !

Pause gourmande

CRÊPERIE DU MARCHÉ

Marché Jean-Talon
7070, avenue Henri-Julien
✆ +1 514 238 0998
www.creperiedumarche.com
M° Jean-Talon. Lundi-mercredi & samedi, 9h-18h ; jeudi-vendredi, 9h-19h ; dimanche, 9h-17h.

Le Marché Jean-Talon est l'antre des gourmands. Et la plus gourmande des escales de ce paradis est la Crêperie du Marché. Froment le matin avec un café, ou sarrasin le midi, les cultures québécoises et bretonnes sont à l'honneur. Sachez que les lieux offrent également des crêpes sans gluten, une première, avec du sarrasin unique sans gluten livré tous les matins. Laissez-vous tenter par une pause au milieu de votre découverte du marché ou de vos courses du matin.

■ LE GLACIER BILBOQUET

1311, avenue Bernard Ouest
✆ +1 514 276 0414
www.bilboquet.ca
info@bilboquet.ca
M° Outremont. Ouvert tous les jours dès 11h, de mars à fin décembre (fermeture entre 20h et minuit selon la saison). L'horaire peut varier en fonction de la température. Plusieurs succursales dans la grande région de Montréal (voir site Internet).
Lors d'une balade dans le quartier, une halte s'impose dans ce temple de la crème glacée maison. Il n'est pas surprenant de voir une file d'attente se former à la porte du fameux marchand de glaces. Les cornets sont généreux et bon marché. Les sorbets pamplemousse, mangue, poire et fraise sont exceptionnels. La fantaisie est aussi au menu avec les biscuits maison et les gâteaux à la crème glacée. Les plus raisonnables choisissent les yaourts glacés. Il faut essayer le mélange audacieux de sorbet et de yaourt ou encore l'original « sandwich crème glacée ». En saison, l'érable aussi se conjugue à la mode crème glacée et, à l'automne, quelques passants tentent encore la terrasse pour prendre le café, d'autres osent toujours se geler la langue. Des glaces envoûtantes et des parfums qui varient au fil des saisons. Rien que du bon !

■ MAMIE CLAFOUTIS

1291, avenue Van Horne
✆ +1 514 750 7245
www.mamieclafoutis.com
M° Outremont. Lundi-samedi, 6h30-20h ; dimanche, 7h30-19h30.
Quand on met les pieds chez Mamie Clafoutis, on aurait envie de dévaliser les comptoirs tellement tout à l'air bon. On y trouve des pains de toutes sortes faits de farine blanche locale certifiée biologique (parisien, aux noix, ficelle au bleu, pumpernickel, fougasse aux 2 olives...), de succulentes viennoiseries (petite brioche au sucre, roulé aux raisins, chocolatine...), et des pâtisseries décadentes (tartes, clafoutis, pavés amandes et pistaches, brownie...). Une belle sélection de sandwichs, quiches et salades est aussi offerte pour casser la croûte sur le pouce.

▸ **Autres adresses :** 105, chemin de la Pointe-Nord, Île-des-Soeurs, ✆ +1 508 8800 • 1602, rue Fleury Est, ✆ +1 438 385 1602 • 2660, rue Notre-Dame Ouest, ✆ + 1 514 303 1511 • 3660, rue Saint-Denis, ✆ +1 438 380 5624

■ LE PALTOQUET

1464, avenue Van Horne
✆ +1 514 271 4229
M° Outremont. Lundi-vendredi, 8h-18h ; samedi-dimanche, 9h-18h. Service traiteur. Terrasse.
Une petite trouvaille dans le quartier Outremont, mais il faut faire vite ! On ne fabrique qu'en petites quantités et c'est tellement bon que ça disparaît en un clin d'œil. Pour apaiser des envies subites, un salon de thé est disponible. D'abord reconnue pour ses pâtisseries, la maison propose une jolie petite carte pour des petits déjeuners français où pains au chocolat, croissants et brioches sont rois. Pour déjeuner, rien de mieux qu'une salade copieuse du Paltoquet ou encore les fameux sandwichs maison. Des repas santé à petit prix !

Bien et pas cher

CAFÉ PRAGUE

1317, avenue Van Horne
✆ +1 514 439 3778
www.cafeprague.ca – info@cafeprague.ca
M° Outremont. Lundi-vendredi, 7h-19h ; samedi, 9h-18h ; dimanche, fermé. Menu à la carte : 20 CAN $ et moins.

L'endroit idéal pour voyageur au cœur des saveurs de la République Tchèque et de la Slovaquie. Les lieux se spécialisent dans les petits déjeuners et brunch, offerts toute la journée, mais il ne faudrait pas rater l'occasion de découvrir les « merveilles », des tapas style tchèque, à mi-chemin entre les canapés et les tartines. Un pur délice ! Le *latte* crémeux et l'*espresso* ont aussi la cote, surtout qu'ils sont préparés avec une machine Brugnetti & C. datant de 1965, grande fièrté des propriétaires. A accompagner impérativement d'un péché mignon concocté par le chef pâtissier et chocolatier.

LE PETIT ITALIEN

1265, avenue Bernard Ouest
✆ +1 514 278 0888
www.lepetititalien.com
contact@lepetititalien.com
M° Outremont. Lundi-mercredi, 11h30-22h ; jeudi-vendredi, 11h30-23h ; samedi, 17h-23h ; dimanche, 17h-22h. Menu midi, plats principaux et table d'hôte du soir : moins de 30 CAN $. Menu fin de soirée : 20 CAN $. Superbe carte des vins dont une cuvée spéciale Le Petit Italien, belle sélection au verre. Terrasse.

Tout mis en œuvre ici pour nous offrir un moment agréable, dans un décor au design particulièrement soigné signé Zébulon Perron. Le chef veille à offrir une cuisine italienne moderne, qui allie saveurs, authenticité et fraîcheur, à prix compétitifs. Les classiques de la cuisine italienne tels que les pâtes, l'osso bucco, les risottos et le saumon au balsamique, sont préparés avec aisance. En dessert, le tiramisu maison vaut bien une infidélité à la balance. Pour un bon moment entre amis ou en couple.

PIZZERIA NAPOLETANA

189, rue Dante
✆ +1 514 276 8226
www.napoletana.com
info@napoletana.com
M° De Castelnau. Lundi-jeudi, 11h-22h30 ; vendredi-samedi, 11h-23h30 ; dimanche 12h-22h30. Pizza et pâtes : moins de 20 CAN $. Apportez votre vin.

Des pizzas fines, cuites à la perfection, depuis 1948 ! Ça en attire des familles et des groupes d'amis. Mais l'attente en vaut vraiment la peine, que ce soit pour manger une pizza aux ingrédients bien choisis, des pâtes (ravioli, cannelloni, gnocchi, spaghetti, farfalle, fettucine, etc.) ou une assiette d'*anti-*

Le Moyen Âge à table

Pour ceux et celles qui cherchent à vivre une expérience insolite tout en mangeant, voici une idée originale que cette auberge qui vous fait revivre l'atmosphère du Moyen Âge autour d'un banquet gargantuesque.

AUBERGE DU DRAGON ROUGE

8870, rue Lajeunesse ✆ +1 514 858 5711
www.oyez.ca – aubergedudragonrouge@oyez.ca
M° Crémazie. Lundi-vendredi, 11h30-14h et 17h-22h (23h le vendredi) ; samedi-dimanche, 9h-14h et 16h30-22h (23h le samedi). De janvier à mai, fermé le midi les lundis et mardis. Terrasse.

Oyez, oyez ! À l'auberge, on fait bombance et ripaille dans une ambiance médiévale des plus festives, avec bien sûr, une froide cervoise à la main ! La boustifaille, axée sur les produits du terroir, est un heureux mariage de cuisine médiévale et gourmande. Ici pour commander une chope, il faut taper sur la table en s'écriant « Aubergiste, à boire ! ». Sinon, on se laisse tenter par du cidre, de l'hydromel, du porto ou par un de leurs nombreux élixirs. Lors de soirées moins bondées, vous aurez peut-être la chance de mettre la main sur la marmite de bière tant convoitée. Pas de verres ni de chopes, on boit directement à la louche ! Préparez-vous à attendre un peu pour votre table les vendredis et samedis car à l'auberge, c'est premier arrivé, premier servi. Mais entre nous, l'attente en vaut vraiment le coup.

pasti. Le cadre est très simple et le niveau sonore assez élevé mais très sympathique. Et si vous avez aimé votre expérience, vous repartirez à la maison avec de la sauce à spaghetti faite sur place ou du café moulu ou en grains à emporter.

POUTINEVILLE

1348, rue Beaubien Est
✆ +1 514 544 8800
www.poutineville.com
info@poutineville.com
M° Beaubien. Dimanche-mercredi, 11h-23h ; jeudi, 11h-minuit ; vendredi-samedi, 11h-3h. Plats à la carte : moins de 20 CAN $.

Avec la Banquise, Poutineville est l'autre restaurant spécialisé dans la poutine à Montréal. Mais pas une poutine comme les autres, une poutine qui se veut gastronomique. Bœuf braisé, steak Philly, saucisses fumées, fromage bleu, fromage suisse gratiné, sauce au vin rouge, font entre autres partie des ingrédients proposés. Le menu comprend également une belle sélection de burgers et de sandwichs. Gourmand, juste ce qu'il faut !

Autres adresses : 1365, rue Ontario Est, ✆ +1 514 419 5444 • 99, Place Charles-Le Moyne, Longueuil, ✆ +1 450 332 9977

RÉGINE CAFÉ

1840, rue Beaubien Est
✆ +1 514 903 0676
www.reginecafe.ca
info@reginecafe.ca
Angle Cartier. Lundi-vendredi, 8h-15h ; samedi-dimanche, 9h-15h. Brunch et lunch : moins de 20 CAN $.

Oh my, oh my ! Par où commencer... Par le service tellement mignon et attentif ? Par la déco complètement éclatée avec ses meubles sortant tout droit d'une autre époque ? Par le menu qui nous laisse pantois à chaque fois que l'on y met les pieds ? C'est peut-être bien un peu de tout cela. En fait, et soyons honnêtes, on « capote » littéralement sur Régine ! Son grilled cheese avec cheddar Île-aux-Grues 2 ans, oignons caramélisés, pain aux noix et pistaches, chutney à la mangue et petit extra de canard confit est un must. Idem pour le Sweet Régine avec ses crumpets maison, ganache et crémeux au chocolat, crunch aux pistaches et oranges confites. Le week-end, attendez-vous à faire la file, d'autant plus que les réservations ne sont acceptées que la semaine. Et si cela vous arrive par temps froid, l'équipe fournit fourrures synthétiques et thé chaud pour vous aider à patienter.

Bonnes tables

LES ENFANTS TERRIBLES

1257, avenue Bernard Ouest
✆ +1 514 759 9918
www.jesuisunenfantterrible.com
M° Outremont. Lundi, 11h30-21h30 ; mardi-mercredi, 11h30-22h ; jeudi-vendredi, 11h30-minuit ; samedi, 9h30-minuit ; dimanche, 9h30-21h. Brunch le week-end de 9h30 à 15h : moins de 20 CAN $. Carte midi et soir : moins de 30 CAN $. Terrasse.

C'est une brasserie au charme fou aux murs recouverts de bois, tout en relief, où les tableaux noirs affichent les menus, et où le moderne se mêle au rustique. Les Enfants Terribles, c'est tout à la fois un lieu où il fait bon être et manger. Parce qu'ici la nourriture occupe une place de choix. C'est d'ailleurs en regardant la vie outremontaise défiler derrière les larges baies vitrées et teintées que l'on déguste un délicieux tartare de bœuf à l'huile de truffe accompagné d'un mesclun. Fin, frais et copieux, à l'image des autres plats de la carte. Quant à la mousse au chocolat, quelle douceur... Les habitués ne se trompent guère. Ils viennent à la brasserie pour la qualité des produits, pour l'ambiance des lieux et pour ce supplément d'âme que les propriétaires ont su créer. Une réussite !

Autre adresse : 209 rue de la Rotonde, L'Île-des-Sœurs, ✆ +1 514 508 6068

LEMÉAC

1045, avenue Laurier Ouest
✆ +1 514 270 0999
www.restaurantlemeac.com
info@restaurantlemeac.com
Angle Durocher. Lundi-vendredi, 12h-minuit ; samedi-dimanche, 10h-minuit. Brunch le week-end de 10h à 15h : moins de 20 CAN $. Plats principaux à la carte : 20-45 CAN $. Menu «fin de soirée» dès 22h : 25 CAN $. Terrasse.

Saveurs, élégance et bavardages joyeux sont au rendez-vous. La réputation de ce resto n'est plus à faire. Excellente cuisine, comme ces quelques bouchées de tartare de saumon et de bœuf. On en redemande, tellement c'est bon ! Délicieux carré d'agneau avec gratin savoyard et petits pois à la française, ou jolie côte de veau de lait poêlée avec sauce morilles et rattes au gras de canard. Une belle carte des vins et des desserts réussis montrent bien qu'ici on a le souci du détail. Message reçu par la clientèle bourgeoise et décontractée de Montréal, et on la comprend !

MANITOBA

271, rue Saint Zotique Ouest
✆ +1 514 270 8000
www.restaurantmanitoba.com
contact@restaurantmanitoba.com
Entre du Parc et Jeanne-Mance. Lundi, fermé ; mardi-vendredi, 11h-15h et 18h-minuit ; samedi, 18h-minuit ; dimanche, 10h-15h (brunch). Brunch et menu midi : moins de 20 CAN $. Plats principaux le soir : moins de 30 CAN $. Terrasse.

Discrètement installé dans le Mile-Ex, quartier situé entre le Mile-End et Parc-Extension, Manitoba fait partie des coups de cœur 2014 de nombreux blogueurs et journalistes gourmands. Et pour cause ! Il suffit de se fier à leur description pour avoir déjà l'eau à la bouche : « Bouffe de camping de luxe inspirée par la biodiversité du territoire nord-américain et des cultures autochtones. » Et l'équipe derrière le Manitoba suit bien cette nouvelle tendance de cuisine nordique en mettant en valeur les produits sauvages dans la conception de ses menus. La déco aussi adopte un petit côté sauvage mais sans en faire trop, et on adore la grande porte de garage au fond du restaurant qui s'ouvre sur un petit coin de verdure. A découvrir absolument !

MIKADO

399, avenue Laurier Ouest
✆ +1 514 279 4809
www.mikadomontreal.com
info@mikadomontreal.com
Angle Hutchison. Ouvert le midi en semaine de 11h30 à 14h30 et tous les soirs dès 17h30. Menu midi : moins de 25 CAN $. Plats principaux à la carte : moins de 35 CAN $. Autres menus : nigri/sashimi sushi, maki sushi, dégustation 6 services. Trois salons privés « Tatami ». Service de traiteur, commandes à emporter et livraison disponibles.

Un restaurant japonais des plus orthodoxes, combinant la qualité à un respect intégral du *nigiri* et du *sashimi* en tant qu'art de fraîcheur, véritable poème à la vie. L'atmosphère de ce restaurant semble inviter à la méditation et au recueillement. Le sushi prend ici toute sa raison d'être, devient un mode de vie plutôt qu'un symbole de consommation, une danse rituelle que rien ne saurait troubler. Un restaurant sophistiqué qui cultive l'art de la table d'une manière extrême-orientale.

▸ **Autres adresses :** 1731, rue Saint-Denis, ✆ +1 514 844 5705 • 5515, rue Monkland, ✆ +1 514 369 3659

NONYA

151, avenue Bernard Ouest
✆ +1 514 875 9998
www.nonya.ca – info@nonya.ca
M° Outremont. Mardi-samedi, dès 17h30. Plats à la carte : 15-30 CAN $, table d'hôte 3 services : 27 CAN $. Terrasse.

L'un des seuls vrais restaurants indonésiens du Grand Montréal ! Une cuisine typique de l'île de Java, servie dans un décor intime, avec ses lumières tamisées et ses statuettes indonésiennes. On se laisse séduire par le menu avec, entre autres merveilles, les brochettes d'agneau grillé *sate kambing*, le savoureux *rendang* (ragoût de bœuf traditionnel de Sumatra), et les *kerupuk* maison, fins craquelins de crevettes. En dessert, rien de mieux que le *bubur ketan hitam*, du riz collant noir au lait de coco.

PASTAGA

6389, boulevard Saint-Laurent
✆ +1 438 381 6389
www.pastaga.ca
restaurantpastaga@gmail.com
Angle Beaubien Est. Ouvert vendredi midi de 11h30 à 14h et tous les soirs dès 17h. Brunch le week-end de 10h à 14h. Carte brunch, midi et soir : moins de 25 CAN $. Menu Les Classiques du Pastaga : 48 CAN $ (ajouter 25 CAN $ pour l'accord des vins).

Chez Pastaga, on met le Québec dans votre assiette avec, notamment, les pétoncles des Îles de la Madeleine, les huîtres des Maritimes, la pintade de la Mauricie, le cerf de Boileau ou encore le canard de Marieville. Une belle sélection de fromages, dont la plupart sont québécois, vous permettra de composer votre assiette avec un prix fixe au gramme. Ici on est également dans l'esprit d'un bar à vin avec une carte 100 % nature. Cette « appellation » désigne ces petits domaines où le vigneron-paysan s'occupe de toutes les étapes de la production, de la vigne à l'embouteillage, en utilisant aucun traitement chimique de la vigne et des sols, et aucun intrant dans le processus de vinification. Vous l'aurez compris, ici on met l'accent sur la proximité et la qualité.

LE ST-URBAIN

96, rue Fleury Ouest
✆ +1 514 504 7700
www.lesturbain.com
info@lesturbain.com
Angle Saint-Urbain. Mardi-vendredi, 11h30-14h et 17h30-22h ; samedi, 17h30-22h. Menu midi : moins de 25 CAN $, dégustation

5 services : 42 CAN $. Plats principaux le soir : moins de 35 CAN $, dégustation 6 services : 70 CAN $. Superbe cave à vins dont une sélection en importation privée. Table recommandée « Ocean Wise » (garant d'une pêche responsable).
Un bistro de quartier à la conscience responsable, faisant la belle part aux produits du Québec, avec un net penchant pour le bio. Une carte qui s'inspire des saisons et des arrivages, avec des plats cuisinés tout en finesse, dont certains sortant tout droit du fumoir maison. Nous vous recommandons d'ailleurs de vivre l'expérience du menu dégustation avec l'accord des vins, bien entendu. Sans l'ombre d'un doute l'une des meilleures tables du quartier !

■ TAPEO

511, rue Villeray
✆ +1 514 495 1999
www.restotapeo.com
M° Jarry. Mardi-vendredi, 12h-15h & 17h30-23h ; samedi, 17h-23h ; dimanche, 17h-22h. Ouvert le lundi pour groupes privés. Menu midi : moins de 20 CAN $. Tapas : moins de 20 CAN $ le plat. Paella pour deux aussi offerte. Service traiteur.
Un restaurant chaleureux, au décor soigné, qui vous propose des dégustations diverses de tapas (chaudes ou froides) aussi généreuses que savoureuses. Une cuisine authentique et assez abordable si vous venez à plusieurs pour partager l'ambiance et les plats. Les vins proposés accompagnent agréablement le repas, qui verra se succéder selon vos envies d'excellents calmars frits, du chorizo, du magret de canard fumé, de la paella, choisis sur l'ardoise ou en suivant les conseils du serveur. Pour le dessert, les incontournables churros à tremper dans le chocolat sauront parfaire l'expérience. Est-il nécessaire d'en rajouter ?

Luxe

■ CHRISTOPHE

1187, avenue Van Horne
✆ +1 514 270 0850
www.restaurantchristophe.com
M° Outremont. Mardi-samedi, 18h-22h. Plat principaux à la carte : à partir de 30 CAN $. Menu découverte : 55 CAN $. Apportez votre vin.
La discrétion, la tranquillité et la constante de la qualité nous font revenir régulièrement chez Christophe. Le menu découverte est remarquable : le gravlax de saumon ave purée de petits pois verts et salade fraîcheur, suivi d'un superbe médaillon de foie gras poêlé au caramel de bleuets. En résistance, le magret de canard poêlé avec purée de chou-fleur à l'huile de noix, sauce à l'orange et anis étoilé. Un beau choix de fromages parfait notre expérience gastronomique des produits locaux.

■ CHEZ LÉVÊQUE

1030, avenue Laurier Ouest
✆ +1 514 279 7355
www.chezleveque.ca
restaurant@chezleveque.com
Angle Hutchison. Dimanche-mardi, 11h-23h ; mercredi-samedi, 11h-minuit. Brunch le week-end : moins de 30 CAN $. Menu midi (12h-15h) et soir dès 21h : 21 CAN $. Plats principaux le soir : 20-45 CAN $, table d'hôte : 35 CAN $. Plats pour emporter, service de traiteur. Terrasse.
Olivia Lévêque, qui a repris le flambeau de ses parents, nous accueille ici tout sourire, et nous propose une carte changeante et alléchante. La salle est éclairée par une belle verrière qui donne sur l'avenue Laurier. On y déguste de bons petits plats mijotés, comme la côte de veau de lait aux morilles, la grande assiette de poisson façon bouillabaisse ou encore le parmentier de canard confit. Le chef pâtissier, Guillaume, vous donne le choix parmi de succulents desserts : gâteau reine Elizabeth avec sorbet à la noix de coco, crème brûlée au parfum du moment, tentation au chocolat avec glace à l'estragon, etc. Sachez aussi que tous leurs pains sont faits maison.

© STÉPHANE SAVIGNARD

Plat de poutine dans le Vieux-Montréal.

MONTRÉAL

SORTIR

Les soirées montréalaises offrent une multitude de possibilités. Entre les grandes salles de concert, les festivals, les cafés-concerts et les brasseries artisanales, la liste est longue. En général, les concerts et pièces de théâtre commencent vers 20h. On peut facilement aller voir un petit concert dans un bar pour 5 ou 10 CAN $. Les spectacles de la Place des Arts, le plus grand complexe culturel de la ville, sont bien plus chers, surtout si vous allez voir un opéra ou l'Orchestre symphonique de Montréal. Du point de vue vestimentaire, les Montréalais sont très décontractés. Vous n'aurez donc pas besoin de vous mettre sur votre trente-et-un pour sortir.
Capitale nord-américaine des festivals et événements, Montréal accueille des grands événements de renom à longueur d'année. En hiver, ne ratez pas le festival Montréal en Lumières (février-mars) qui propose plusieurs volets (gastronomie, arts et spectacles, site extérieur gratuit) en plus de la Nuit Blanche. L'été, les événements se succèdent : Francofolies, Festival de Jazz, Festival Juste pour Rire, Nuits d'Afrique, Gay Pride, etc. Montréal est également réputée pour ses nombreux spectacles au cours d'année. Pour acheter vos billets, commencer par voir s'ils sont disponibles en prix réduits à La Vitrine. Sinon, passez par le Réseau Admission ou Ticketpro. Vous achèterez les billets en ligne ou par téléphone et pourrez les récupérer au guichet juste avant le spectacle. Notez que certaines salles ont leur propre billetterie.

▶ **Journaux.** *Montréal Scope*, une publication mensuelle détaillant toutes les sorties à Montréal, est disponible dans de nombreux commerces. Vous trouverez aussi *Le Devoir*, *Le Journal de Montréal* et *La Presse*, tous des quotidiens. Sans oublier l'hebdomadaire *Voir*, gratuit, axé sur la culture, musique et sorties montréalaises. Aussi, les mensuels gratuits *Fugues*, pour les sorties et les activités de la communauté gay, et *Nightlife*, pour les activités nocturnes.

■ NIGHTLIFE.CA

www.nightlife.ca
Le site du magazine *Nightlife*. Répertoire des sorties, restos, boutiques, etc.

■ TOURISME-MONTRÉAL

Le site de l'office du tourisme recense une grande partie des expositions et des spectacles.

■ VOIR

www.voir.ca
Le site du journal *Voir*. Bien fait et complet.

Cafés – Bars

Vieux-Montréal et Parc Jean-Drapeau

Si vous êtes du type bar branché et *clubbing*, ce n'est pas dans ce quartier que vous pourrez assouvir votre passion. Toutefois, il y a toujours de quoi faire dans la vieille ville, que ce soit un festival musical ou un spectacle de cirque, ou encore un happy hour sur une belle terrasse de la Place Jacques-Cartier. La nuit tombée, le Vieux-Montréal et les Quais s'illuminent avec une touche de romantisme, parfait pour une balade de fin de soirée.

■ BISTRO-BRASSERIE LES SŒURS GRISES

32, rue McGill ✆ +1 514 788 7635
www.bblsg.com – info@bblsg.com
Entre de la Commune et Marguerite d'Youville.
Lundi-mercredi, 11h-23h ; jeudi-vendredi, 11h-3h ; samedi, 14h-3h ; dimanche, 16h-23h. Menu midi express en semaine : 18 CAN $ (plat, accompagnement et verre de bière). Menu à la carte : moins de 20 CAN $. Terrasse.
Ce quartier général houblonné a ouvert ses portes à l'endroit même où se trouvait, à l'époque, Les Sœurs Grises, congrégation religieuse créée par Marguerite d'Youville. Sur place, on retrouve une constante de neuf bières maison aux pompes, dont trois dédiées aux éditions limitées en rotation. Egalement à l'ardoise : des bières d'importation privée longuement mûries en cellier, un service occasionnel de bières en cask, et une belle carte des vins en importation privée. Niveau boustifaille, un menu savoureux est offert, avec une spécialité de gibiers et de produits du terroir : filet de truite boucanée et marinée à la bière blanche, sandwich de porc effiloché, cuisses de faisan confites, braisé de gibiers (sanglier, cerf et bison) aux champignons sauvages, belles planches à partager en formule conviviale et festive tant pour les couples que les groupes, etc. Sachez d'ailleurs que les lieux possèdent deux fumoirs où les artisans de la cuisine concoctent d'excellents produits maison, tous faits avec différents types de bois afin d'aller chercher des saveurs bien distinctes.

LA CHAMPAGNERIE
343, rue Saint-Paul Est
✆ +1 514 903 9343
www.lachampagnerie.ca
info@lachampagnerie.ca
M° Champ-de-Mars. Mardi-dimanche, 17h-3h. DJ à partir de 18h (mercredi au samedi), stationnement avec valet à partir de 18h (15 CAN $), service de bouteille à partir de 23h30.
Comme son nom l'indique, les lieux se vouent corps et âmes aux bulles. Et le menu a de quoi laisser pantois ! Blanc, rosé, demi-sec, brut, vintage... tout y est, y compris une sélection de vins blancs et rouges ainsi que des cocktails. Pour accompagner le tout, de succulents tapas feront l'affaire, ou encore de savoureuses bouchées sucrées. Gare au porte-monnaie toutefois !

GRANGE VIN + BOUFFE
120, rue McGill
✆ +1 514 394 9463
www.grangeresto.ca
Angle Wellington. Lundi-mercredi, 16h30-23h ; jeudi-samedi, 16h30-1h ; fermé le dimanche. Ouvert également le midi hors saison en semaine (sauf lundi) de 11h30 à 14h.
Les murs blancs, faits de pierres et de briques parfois cassées, apportent à ce lieu un côté urbain, tandis que le bois, largement utilisé, et dont une partie vient d'une vieille grange, apporte le côté rustique. Le bar central, fait de planches épaisses et entouré de hauts tabourets, accentue cette tendance. Et la cave à vins, toute de verre vêtue, dévoile une réserve à découvrir. Le ton est donné. La Grange est un lieu convivial où bouffe rime avec vin. Parce que la cuisine n'est pas oubliée. Elle est originale et généreuse et c'est d'abord avec les yeux qu'on l'apprécie. Ensuite, les mélanges de textures et des saveurs suivront. L'éclairage tamisé et la disposition des lieux, séparée en trois petites salles ouvertes (dont une avec coin lounge), facilitent les rencontres. Un lieu que les gourmets apprécieront même si la musique est parfois un peu envahissante.

JOVERSE
52, rue Saint-Jacques
✆ +1 514 508 4075
www.joverse.com
info@joverse.com
M° Place-d'Armes. Dimanche-lundi, fermé ; mardi-samedi, 17h-3h.
Nouveau joueur sur la scène des bars gourmands de quartier, le Joverse fait partie de ces lieux tendance à découvrir. Son nom s'inspire de Joseph Versailles, un homme d'affaires né en 1881, visionnaire et ancien maire de Montréal-Est qui a vécu dans cette bâtisse. On y vient pour sa cuisine nocturne, ses plateaux à partager, ses cocktails raffinés et ses soirées endiablée, le tout dans un décor industriel chic. On aime !

PHILÉMON BAR
111, rue Saint-Paul Ouest
✆ +1 514 289 3777
www.philemonbar.com
reservations@philemonbar.com
M° Place-d'Armes. Lundi-mercredi, 17h-3h ; jeudi-samedi, 16h-3h ; dimanche, 18h-3h.
À la sortie des bureaux, pour le 5 à 7 (*happy hour*), ce bar du Vieux-Montréal au style épuré ne désemplit pas. On vient y boire une bière, y grignoter quelques charcuteries ou une assiette de gravlax fumé. On refait le monde après une rude journée de travail. Ou bien on revient le soir, entre amis, boire un cocktail ou un verre de vin accoudé au bar ou assis dans un canapé, et on refait à nouveau le monde. Une atmosphère conviviale et détendue, et un service enjoué. Une fois la soirée avancée, le DJ ne s'économise pas.

Acheter des billets pour un spectacle

■ **LA VITRINE CULTURELLE**
2, rue Sainte-Catherine Est
✆ +1 514 285 4545 / +1 866 924 5538
www.lavitrine.com
info@lavitrine.com
Dimanche-lundi, 11h-18h ; mardi-samedi, 11h-20h.
Plus qu'une simple billetterie, elle présente la diversité de l'offre culturelle de la grande région de Montréal. Son site Internet permet en quelques clics de connaître l'ensemble de l'offre, tant payante que gratuite, et d'acheter vos billets en ligne. Un moteur de recherche avancée vous permettra de filtrer les offres qui vous conviennent davantage. Sinon, vous pouvez également vous rendre sur place. Futé : profitez des tarifs avantageux sur les offres de dernière minute.

■ **RÉSEAU ADMISSION**
✆ +1 514 790 1245 / +1 855 790 1245
www.admission.com
client@admission.com
Incontournable, la façon la plus simple de réserver sa place pour plusieurs spectacles et événements en tous genres au Québec.

■ **TICKETPRO**
✆ +1 514 790 1111 / +1 866 908 9090
www.ticketpro.ca
info@ticketpro.ca
Ouvert tous les jours de 9h à 22h.
Quelques salles montréalaises se sont associées à ce système de réservation de spectacles, dont le Théâtre St-Denis, le Rialto et L'Arsenal. Les abonnés à l'infolettre pourront profiter de certains avantages comme des primeurs et des préventes exclusives.

■ **ROSEWOOD**
60, rue Saint-Jacques
✆ +1 514 843 8585
www.rosewoodmontreal.com
info@rosewoodmontreal.com
M° Place-d'Armes. Lundi, fermé ; mardi-mercredi, 16h-minuit ; jeudi-samedi, 16h-3h ; dimanche, 11h-minuit.
Situé à quelques pas du Joverse et offrant une ambiance similaire de resto-pub festif, le Rosewood est le rejeton du chanteur québécois Jonas et de ses cinq associés. Ouvert en grande pompe en juillet 2014, l'endroit est plein à craquer depuis, notamment à la sortie des bureaux et les soirs de week-end. On y vient pour son ambiance *trendy*, son menu gourmand à prix imbattable (les burgers sont fort originaux, et les sundaes, un pur délice !), mais surtout, pour ses cocktails ultra rafraîchissants faits à base de produits locaux et organiques et de sodas maison. Une chouette nouvelle adresse dans un quartier où la bonne bouffe et le *nightlife* font désormais partie du paysage.

■ **SARAH B.**
Hôtel InterContinental
360, rue Saint-Antoine Ouest
✆ +1 514 847 8729
sarahbmontreal@ihg.com
M° Place-d'Armes ou Square-Victoria. Ouvert tous les jours de 16h à minuit.
Ce bar à absinthe doit son nom à Sarah Bernhardt, reine de la tragédie française, qui donna sur ces lieux une représentation mémorable en 1880. 130 ans plus tard, elle est immortalisée en leurs murs. L'absinthe, aussi appelée « fée verte », règne ici en maîtresse des lieux. D'autres cocktails figurent au menu, à accompagner d'une sélection de bouchées provençales préparées finement sur place. Une adresse à découvrir lors de votre prochain 5 à 7.

Centre-ville et Westmount

Les salles de spectacles, les théâtres et les festivités extérieures se concentrent davantage à l'est du centre-ville. A l'ouest, les bars, les pubs et les boîtes de nuit sont regroupés en grande partie autour de la rue Crescent. La clientèle y est majoritairement anglophone, les francophones fréquentant davantage le Quartier latin et le Plateau.

BENELUX

245, rue Sherbrooke Ouest
✆ +1 514 543 9750
www.brasseriebenelux.com
info@brasseriebenelux.com
Samedi-mercredi, 14h-3h ; jeudi-vendredi, 11h-3h. Soirée « cask « le jeudi. Grande terrasse avant de plus de 100 places assises sur Sherbrooke, magnifique biergarten de 200 places sur Wellington.

Une brasserie artisanale dont la réputation dépasse largement les frontières de la province. Aux pompes, de succulentes bières d'inspiration américaine, dominées par le houblon, ainsi que quelques spécialités belges (à noter que la succursale de Verdun se spécialise dans les lagers allemandes et bières anglaises). Avec une adresse aussi stratégique, entre le campus de l'UQÀM et celui de l'Université McGill, à deux pas du Quartier des Spectacles, la succursale de la rue Sherbrooke est vite devenue le port d'attache des étudiants et professionnels du secteur. Et les amateurs des bières Benelux peuvent se réjouir car une deuxième adresse a ouvert dans l'ancienne Banque de Montréal sur la rue Wellington à Verdun, avec en prime, un superbe « biergarten ».

▶ **Autre adresse :** 4026 rue Wellington, ✆ +1 514 508 5592

BIER MARKT MONTRÉAL

1221, boulevard René-Lévesque Ouest
✆ +1 514 864 7575
lebiermarkt.com
M° Peel ou Lucien-L'Allier. Ouvert tous les jours dès 11h30. Plats principaux le midi et brunch : moins de 25 CAN $, le soir et menu fin de soirée : 10-50 CAN $. Plateau de charcuterie : à partir de 18 CAN $. Huîtres à 1 CAN $ du lundi au jeudi de 17h à 20h.

Le Bier Markt Montréal ne laisse aucun amateur de bières indifférent. Comme son nom l'indique, l'endroit se voue corps et âme à la bière et à la gastronomie à la bière. Plus de 150 sortes sont disponibles dont une cinquantaine en fût, provenant d'une trentaine de pays, et nous avons été ravis de constater à quel point les employés sont bien formés pour nous guider dans nos choix. Côté boustifaille, le menu s'harmonise parfaitement avec les délices houblonnés, dont une belle sélection de plats à la bière. Grillades, moules frites, huîtres, assiettes de fromage et charcuterie, flammekueches, schnitzels et autres succulents plats viendront combler les petits comme les grands appétits. De plus, le Bier Markt Montréal vous offre de la musique sur place gratuitement du vendredi au dimanche, alors que les mercredis et jeudis laissent place aux DJs avec des chansons *old school*.

BRUTOPIA

1219, rue Crescent
✆ +1 514 393 9277
www.brutopia.net
M° Lucien-L'Allier. Dimanche-jeudi, 14h-3h ; vendredi, 12h-3h. Programmation culturelle et musicale. Trois terrasses.

Brutopia est devenue une petite institution de la populaire rue Crescent. Vous viendrez dans ce bistrot-brasserie pour sa IPA, sa blonde aux framboises, son Stout au chocolat, mais surtout pour cette si agréable atmosphère, un endroit où il fait tout simplement bon déguster une bière maison entre amis. Pour les petits creux, jetez un coup d'œil au menu de Brutapas, de quoi faire gronder votre estomac ! Avons-nous besoin de mentionner les nombreux spectacles gratuits, les dimanches « open mic », les lundis « trivia night » (en anglais seulement), les fêtes et soirées bénéfices, et la terrasse chauffée à l'arrière ? Sachez qu'en plus, la petite entreprise encourage l'économie locale tout en valorisant le respect de l'environnement dans chacune de ses opérations.

LE CINQ

1234, rue de la Montagne
✆ +1 514 395 1111
www.lecinq.ca – info@lecinq.ca
M° Peel ou Lucien-L'Allier. Horaire variable selon la saison.

Si l'adresse vous évoque un souvenir de nuits endiablées, vous ne pourriez pas miser plus juste. C'est grande maison d'époque a accueilli pendant la dernière décennie la fameuse discothèque «Club 1234». Depuis 2013, l'endroit a gardé en partie sa vocation de club mais en y ajoutant un bistro-terrasse et un lounge. Que ce soit pour savourer un plat bistro le midi, pour prendre un verre au lounge avant une pièce de théâtre, ou alors pour se déhancher au son des meilleurs DJs, vous trouverez ici de quoi combler vos envies à toute heure du jour ou de la nuit.

■ FURCO

425, rue Mayor
✆ +1 514 764 3588
www.barfurco.com
info@barfurco.com
M° Place-des-Arts. Ouvert tous les jours de 16h à 3h. La cuisine est ouverte de 17h à minuit (22h dimanche et lundi). DJ certains soirs.
Dans une petite rue qui ne paie pas de mine, le Furco a installé ses pénates dans ce qui faisait autrefois office de magasin de fourrures. La devanture vitrée avec sa légère inscription «Bar Furco», laissant place à une foule en plein rituel du 5 à 7 (*happy hour*), nous indique que nous sommes au bon endroit. Un espace stylisé, à la fois brut et recherché, nous invite à s'attabler pour un verre, voire un savoureux plats. L'ambiance qui monte d'un cran en soirée nous oblige carrément à y rester. Un secret bien gardé, et louangé des habitués.

■ HURLEY'S IRISH PUB

1225, rue Crescent
✆ +1 514 861 4111
www.hurleysirishpub.com
info@hurleysirishpub.com
M° Lucien-L'Allier. Ouvert tous les jours de 11h à 3h. La cuisine est ouverte tous les jours jusqu'à 22h. Terrasse, spectacles musicaux.
Le Hurley's c'est d'abord et avant tout l'esprit de la musique celtique traditionnelle mais surtout, une ambiance chaleureuse et authentique d'un vrai pub irlandais. Il va sans dire qu'il propose une excellente carte de bières irlandaises en fût, sans oublier les brasseries anglaises, belges, françaises, hollandaises, danoises, canadiennes, etc. On ne pourrait passer sous silence la liste hallucinante de whiskies d'Irlande et de scotchs de Seysides, d'Islay, de Lowland et d'autres régions. Définitivement un lieu toujours aussi populaire !

■ LE VIEUX DUBLIN PUB & RESTAURANT

636, rue Cathcart
✆ +1 514 861 4448
www.dublinpub.ca
levieuxdublin@gmail.com

M° McGill. Lundi–samedi, 11h30-3h (cuisine : 11h30-21h15) ; dimanche, 16h-3h (cuisine : 16h30-20h). Concerts certains soirs.
On retrouve au Vieux Dublin une vingtaine de bières en fût et près d'une centaine de scotchs et whiskies, dont certains « single malt » âgés d'une trentaine d'années. Pendant la journée, l'endroit est surtout fréquenté par une clientèle de gens d'affaires, mais le soir venu, étudiants et jeunes professionnels s'emparent du pub pour discuter autour d'un verre et écouter les groupes de musique qui s'y produisent quasi tous les jours de la semaine à partir de 21h30. La cuisine offre entre autres une grande sélection d'appétissants hamburgers grillés sur charbon de bois. Bon appétit… et à la vôtre !

LE MAL NÉCESSAIRE

1106, boulevard Saint-Laurent
✆ +1 514 439 9199
www.lemalnecessaire.com
lemalnecessaire.mtl@gmail.com
M° Place-d'Armes. Lundi, fermé ; mardi-mercredi, 16h30-2h ; jeudi-vendredi, 16h30-3h ; samedi, 18h-3h ; dimanche, 18h-2h.
Bien installé au cœur du Quartier chinois, Le Mal Nécessaire est un bar à cocktails exotiques à connotation tiki. Plus d'une vingtaine de cocktails y sont servis tels le Chia Fresca (gin, concombre, eau de noix de coco, graines de chia, citron, basilic thaï), le Singapore Sling (bombay gin, lime, grenadine de chicha morada, bénédictine, angostura), ou encore le Ginseng Pisco Sour (pisco, jus de lime, blanc d'œuf, concentration de ginseng). Le restaurant situé à l'étage, le Fung Shing, prépare plusieurs spécialités cantonaises pour le bar, question d'accompagner votre cocktail préféré. A noter qu'à chaque deux mois s'y déroule le Drunken Master, un concours de vitesse et de propreté entre les meilleurs bartenders de Montréal (voir site Internet pour les dates).

PLACE DESCHAMPS

Place des Arts
175, rue Sainte-Catherine Ouest
✆ +1 514 564 3155
www.placedeschamps.com
M° Place-des-Arts. Lundi, 11h30-14h ; mardi-vendredi, 11h30-14h et 16h-23h30 ; samedi, 16h-23h30. Lundi et dimanche soir : selon les spectacles de la Place de Arts.
Situé à l'intérieur du Grand Foyer Culturel de la Place des Arts, ce bar à vins est dédié à l'humoriste québécois Yvon Deschamps. Le cadre est distingué, et la carte des vins fait honneur à toutes les régions vinicoles du monde. On y sert également de delicieux plats inspirés de spécialités bistro. C'est le lieu idéal pour boire un verre ou dîner avant un spectacle, mais aussi pour se détendre à tout moment de la journée.

Quartier latin et Village gai

Le Quartier latin attire une foule d'étudiants et de touristes. L'université du Québec à Montréal (UQÀM) et le Cégep du Vieux-Montréal (établissement pré-universitaire) y sont établis, et l'ambiance est festive dès la nuit tombée. Pour les bars du Village gai, référez-vous à la rubrique « Gay et lesbien ».

LES 3 BRASSEURS

1658, rue Saint-Denis ✆ +1 514 845 1660
www.les3brasseurs.ca
M° Berri-UQÀM. Dimanche-mercredi, 11h30-minuit ; jeudi, 11h30-1h ; vendredi-samedi, 11h30-2h. Horaire variable selon l'affluence et la saison. Terrasses.
Au menu des bières, choisissez parmi la blonde, l'ambrée, la brune, la blanche ou la IPA, sans oublier les éditions limitées, toutes brassées devant vos yeux ; et si vous hésitez, optez pour l'Etcetera : une palette de saveurs parmi lesquelles vous trouverez votre préférée ! En groupe, vous préférerez le spectaculaire «mètre de bières» vous offrant dix verres de bières variées, accompagnés d'une Flamme, spécialité culinaire des 3 Brasseurs. La diversité est au menu, avec des plats comme les moules et les hamburgers à la bière maison, la choucroute, des salades et grillades, mais surtout les flammekueches. On les apprécie en plat principal, nappées d'une variété de garnitures : lardons, poulet, légumes variés et fromages du Québec, ou en dessert, garnies de pommes, bananes et chocolat. Comme vous l'aurez compris, le concept fonctionne fort bien, et la grande région de Montréal compte maintenant huit établissements plus trois à Québec, trois dans la région de Toronto et deux à Ottawa.

▶ **Autres adresses :** 105 rue Saint-Paul Est, ✆ +1 514 788 6100 • 1356 rue Sainte-Catherine Ouest, ✆ +1 514 788 9788 • 46-A boulevard Brunswick, Pointe-Claire, ✆ +1 514 370 5590 • 7225 boulevard des Galeries d'Anjou, ✆ +1 514 351 5591 • 732 rue Sainte-Catherine Ouest, ✆ +1 514 788 6333 • Centropolis, 2900 avenue Pierre-Péladeau, Laval, ✆ +1 450 988 4848 • Quartier Dix30, 9316 boulevard Leduc, Brossard, ✆ +1 450 676 7215

L'AMÈRE À BOIRE

2049, rue Saint-Denis ✆ +1 514 282 7448
www.amereaboire.com
info@amereaboire.com
M° Sherbrooke. Pub : dimanche-mercredi, 14h-fermeture (selon l'affluence) ; jeudi-vendredi, 12h-3h ; samedi, 14h-3h. Cuisine : lundi-mercredi, 16h-22h ; jeudi-vendredi, 12h-23h ; samedi, 16h-23h ; dimanche, 16h-21h. Terrasses.
Ouverte depuis 1996, l'illustre brasserie artisanale de la rue Saint-Denis est une sorte de lieu culte pour les bièrophiles de passage dans

le Quartier latin. Toujours en quête d'excellence, les propriétaires se sont inspirés des styles allemands et tchèques pour développer leur menu de bières. L'amère à boire se spécialise dans le brassage de bières à fermentation basse (Lagers), avec plusieurs Ales également à l'ardoise. La brasserie a su bâtir un menu de repas de style bistro, adapté aux bières offertes : tapas, burgers gourmands ainsi que quelques plats comme l'assiette de saucisses à la coriandre et orange à la bière Hefe Weizen. Un incontournable pour les amateurs !

■ LE CHEVAL BLANC

809, rue Ontario Est
✆ +1 514 522 0211
www.lechevalblanc.ca
M° Berri-UQÀM. Lundi-dimanche, 15h-3h. Programmation culturelle et musicale. Terrasse.
Le Cheval Blanc, c'est avant tout un lieu où depuis 1924 les artistes, les gens d'affaire qui travaillent au centre-ville, les étudiants et les citoyens du quartier se retrouvent pour boire des bières de qualité et refaire le monde. C'est aussi un pionnier dans son domaine et la première brasserie à obtenir un permis de brasseur artisan, soit en 1987. En plus de brasser d'excellentes bières et de proposer une belle sélection en importation privée, le Cheval Blanc a toujours offert une place de choix aux artistes émergents. Spectacles, lancements de livres et de disques, et expositions d'œuvres d'artistes locaux font entre autres partie de la programmation. En plus d'être active au niveau culturel, la brasserie met l'emphase sur les produits régionaux dans la conception de son menu. Une véritable institution montréalaise, reconnue pour l'excellence et l'originalité de ses produits.

■ LA DISTILLERIE

300, rue Ontario Est ✆ +1 514 288 7915
www.pubdistillerie.com
M° Berri-UQÀM. Les trois adresses sont ouvertes tous les jours de 16h à 3h.
Les lieux n'ont plus besoin de présentation ! Véritable laboratoire à cocktails, chacun trouvera ici son bonheur. La liste est longue mais le personnel se fera un plaisir de vous guider dans votre choix, selon vos goûts et votre humeur. Pour notre part, nous avons adoré Le Hurricane, mélange de rhum Bacardi Supérieur et Captain Morgan brun, purée de fruit de la passion, jus de lime, sirop simple, grenadine et jus d'orange… Délicieux ! Pour les grandes soifs, demandez votre cocktail dans un pot Masson, question de doubler le plaisir. Un endroit convivial et bien apprécié de la clientèle !

▶ **Autres adresses :** 2047, avenue Mont-Royal Est, ✆ +1 514 523 8166 • 2656, rue Masson, ✆ +1 514 528 9846

■ PUB L'ÎLE NOIRE

1649, rue Saint-Denis
✆ +1 514 982 0866
www.ilenoire.com
ile.noire@qc.aira.com
M° Berri-UQÀM. Ouvert tous les jours de 15h à 3h. Programmation culturelle et musicale. Informez-vous sur les soirées de dégustation de scotchs. Terrasse.
L'Ile Noire est La Mecque des scotchs, des scotchs rares, pouvant atteindre les 500 CAN $ le verre ! Mais les amateurs d'un houblon plus doux ne sont pas en reste et n'ont qu'à choisir parmi la quinzaine de bières en fût. À noter que le pub développe aussi une large sélection de gin. L'ambiance est chaleureuse et vous invite à y retourner souvent. Se la couler douce par quelques beaux après-midi et profiter du décor branché avec en main, sa boisson alcoolisée préférée, l'Ile Noire est réellement une destination idéale. Pour les soirées, il faut soit arriver tôt et se cramponner à sa chaise, soit accepter de jouer du coude pour se tailler une place sur cet îlot de qualité suprême.

■ RANDOLPH PUB LUDIQUE

2041, rue Saint-Denis
✆ +1 514 419 5001
www.randolph.ca/pub/
info@randolph.ca
M° Sherbrooke. Lundi-jeudi, 16h-1h ; vendredi, 16h-2h ; samedi, 12h-2h ; dimanche, 12h-1h. Droit d'entrée : 5 CAN $. Programmation d'événements réguliers (soirée quiz, jeux de rôle, etc.). Terrasse. Boutique en ligne.
Un pub assez unique à Montréal, entièrement voué aux plaisirs ludiques, avec une collection de plus de 1 500 jeux de table. Le concept est assez simple : on paye un droit d'entrée minime, on s'installe, et l'équipe d'animation se charge de nous proposer des jeux selon nos connaissances et notre motivation. Et comble de bonheur, les règlements nous sont expliqués en détail ! Il est possible de casser la croûte sur place avec un menu qui comblera les petits comme les grands appétits, et on accompagne le tout d'une bonne bière de microbrasserie, d'une sangria ou encore d'un cocktail.

LE SAINT-BOCK

1749, rue Saint-Denis
✆ +1 514 680 8052
www.saintbock.com – info@lesaintbock.com
Ouvert tous les jours de 11h à 3h. Programmation des événements sur leur page Facebook. Terrasse.

Cette brasserie artisanale, qui vient tout juste de subir d'importants travaux de rénovation, a vu le jour en octobre 2006. Depuis, sa popularité grandissante ne se dément pas. En plus d'offrir d'excellentes bières brassées sur place, Le Saint-Bock se fait également fier représentant des microbrasseries québécoises avec près d'une cinquantaine de lignes de fûts, sans compter sa carte exhaustive de bières importées et d'importation privée. C'est en tout plus de 850 bières qui figurent au menu, ce qui le classe dans le « top 3 « nord-américain et « top 15 « mondial des bars à bières selon nos recherches, alors il se pourrait que vous mettiez un certain temps à vous décider... Pour les fringales, vous dénicherez sans aucun doute votre plaisir gourmand dans le savoureux menu et prenez note que la cuisine reste ouverte tous les soirs jusqu'à 2h du matin.

SAINT-CIBOIRE PUB & TERRASSE

1693, rue Saint-Denis
✆ +1 514 843 6360
www.saintciboire.ca
M° Berri-UQÀM. Lundi-dimanche, 14h-3h. Grande terrasse.

Le Saint-Ciboire Pub & Terrasse, c'est d'abord et avant tout un endroit convivial où on peut profiter de l'une des plus grandes terrasses à Montréal, au cœur du Quartier latin. Réputé pour sa programmation humoristique, le pub accueille tant la relève que les artistes confirmés en humour de la scène québécoise et ce, chaque semaine depuis plus de dix ans. La programmation comprend également une soirée hebdomadaire d'improvisation ainsi que des spectacles de la scène musicale émergente et autres.

SAINTE-ÉLISABETH

1412, rue Sainte-Élisabeth
✆ +1 514 286 4302
www.ste-elisabeth.com
reservation@ste-elisabeth.com
M° Berri-UQÀM. En été : lundi-dimanche 15h-3h. Le reste de l'année : lundi-vendredi, 16h-3h ; samedi, 17h-3h ; dimanche, 19h-3h.

Sa superbe terrasse emmurée, couverte de plantes grimpantes et parsemée d'arbres, fait la réputation de ce bar. Les bières de la microbrasserie Boréale sont en vedette, particulièrement les lundis et mardis où le prix de la pinte chute à 4 CAN $! Les lieux sont hyper chaleureux, répartis sur deux étages, dans une déco qui n'est pas sans rappeler les pubs londoniens. Un endroit toujours agréable, surtout en journée alors que le bar est moins bondé.

LE SAINT-SULPICE

1680, rue Saint-Denis
✆ +1 514 844 9458
www.lesaintsulpice.ca
cafebarlesaintsulpice@gmail.com
M° Berri-UQÀM. Ouvert tous les jours de 15h à 3h. Restaurant ouvert du mardi au samedi de 16h30 à la fermeture. Programmation culturelle et musicale. Spéciaux sur l'alcool tous les jours.

Avec ses huit bars répartis sur quatre étages, son restaurant, sa terrasse avant, son jardin-terrasse arrière et sa musique pour tous les goûts, le Saint-Sulpice est le plus grand bar en ville. L'endroit est pratiquement bondé tous les week-ends. Chaque jour, l'ambiance est à la fête, mais pour ceux qui se sentent l'âme plus philosophe, il y a toujours un petit coin pour discuter dans un des salons. Sans oublier l'attrait principal en été que constitue son jardin-terrasse (avec bars !), le plus grand à Montréal !

STATION HO.ST

1494, rue Ontario Est
✆ +1 514 564 4678
www.stationhost.ca – info@stationhost.ca
Angle Alexandre-de-Sève. Ouvert tous les jours de 15h à 1h. Restauration sur place. Terrasse.

On le souhaitait, et c'est arrivé. Le salon de dégustation de la microbrasserie Hopfenstark a fait le grand saut pour la métropole. Et avec un menu de bières maintes fois récompensées, sans oublier les nombreux palmarès sur l'incontournable site RateBeer.com, c'est tant mieux pour nous. Les lundis « produits rares », mardis « fût de chêne » et les jeudis « cask » font notamment découvrir de purs bijoux aux amateurs. Des bières invitées se taille également une place aux pompes, alors que le bar accueille une belle sélection de scotch, bourbon, rye et whisky. Un endroit convivial qui vaut vraiment le détour !

Plateau Mont-Royal

L'avenue du Mont-Royal, la rue Saint-Denis et *La Main* (c'est-à-dire le boulevard Saint-Laurent) regroupent un vaste choix de bars.

■ BARRACA

1134, avenue Mont-Royal Est
✆ +1 514 525 7741
www.barraca.ca
M° Mont-Royal. Ouvert tous les jours de 15h à 3h. Jolie petite terrasse arrière.
Le concept « rhum et tapas dans une ambiance électro-jazz » du Barraca attire la clientèle de jeunes branchés du Plateau Mont-Royal. Ses propriétaires ont développé à la fois une carte effarante de rhums (plus d'une soixantaine) et un menu digne des bars à tapas barcelonais. Pour accompagner votre Mojito ou Margarita, nous vous conseillons de goûter les assiettes combinées de tapas. Tous les soirs, des DJs s'occupent de l'ambiance musicale.

■ BAR WAVERLY

5550, boulevard Saint-Laurent
✆ +1 514 903 1121
www.barwaverly.com
info@barwaverly.com
Angle Saint-Viateur Ouest. Ouvert tous les jours de 16h à 3h.
Adresse réputée du Mile-End, à mi-chemin entre le bar de quartier et le club branché. Parmi la belle sélection de cocktails, les Cesars ont sans contredit la cote. Quelques grignotines viendront combler les fringales mais pour quelque chose de plus consistant, allez chercher pizzas ou autres plats et rapportez le tout au Waverly. En soirée, des DJs assurent aux platines avec de l'électro, des tracks vintage et tout autre style pour un son plutôt éclectique. Le mercredi est quant à lui dédié aux spectacles de type piano bar. Sympa !

■ BILY KUN

354, avenue Mont-Royal Est
✆ +1 514 845 5392
www.bilykun.com – info@bilykun.com
M° Mont-Royal. Ouvert tous les jours de 15h à 3h.
Bily Kun signifie « cheval blanc » en tchèque. L'idée vient de l'un des patrons du bistro qui, auparavant, œuvrait rue Ontario au Cheval Blanc. Seuls le nom et le style du bistro du Centre-Sud ont été importés, le reste ayant subi les modifications indispensables pour s'adapter au standing de l'avenue Mont-Royal, essentiellement, l'espace requis pour assouvir de grandes ambitions. Mission accomplie : presque tous les soirs, les gens sont debout. Un DJ est sur place du lundi au samedi dès 22h, et des musiciens de jazz et de classique s'exécutent cinq fois par semaine pour le 6 à 8. Côté boisson, laissez-vous tenter par les produits de la République Tchèque !

■ BLIZZARTS

3956A, boulevard Saint-Laurent
✆ +1 514 843 4860
www.blizzarts.ca – blizzarts@gmail.com
Angle Napoléon. Ouvert tous les jours de 22h à 3h.
On peut aisément passer devant l'endroit sans le remarquer. Pas d'enseigne lumineuse, peu d'éclairage, seulement le nom du bar qui apparaît discrètement sur les fenêtres extérieures. Les lieux sont de style *lounge* avec de grandes banquettes en demi-cercle et, au fond, la petite piste de danse et le podium du DJ de la soirée. De la dub au techno minimal, chaque soirée est ponctuée d'un style musical différent. L'adresse parfaite pour les adeptes de musique urbaine et électronique.

■ BUVETTE CHEZ SIMONE

4869, avenue du Parc
✆ +1 514 750 6577
www.buvettechezsimone.com
Angle Villeneuve. Ouvert tous les jours à partir de 16h, cuisine ouverte à partir de 17h.
Son nom fait penser à un petit troquet de quartier, mais qu'on ne s'y trompe pas, la Buvette Chez Simone est à la toute dernière mode. Ce petit nom désuet plait à une clientèle de jeunes professionnels qui aiment à s'y retrouver à la sortie des bureaux pour un 5 à 7 convivial, un bon verre de vin à la main, et quelques en-cas à grignotter sur la table. Le soir, l'ambiance est résolument bistro-resto, avec des assiettes pour tous les goûts, et une engageante agitation.

■ DIEU DU CIEL ! – BRASSERIE ARTISANALE

29, avenue Laurier Ouest
✆ +1 514 490 9555
www.dieuduciel.com – info@dieuduciel.com
Angle Clark. Lundi-jeudi, 15h-3h ; vendredi-dimanche, 13h-3h. Terrasse.

En mars 1993 naissait la bière Dieu du Ciel ! , produit mûri et brassé à la maison par Jean-François Gravel. Puis en septembre 1998, c'est l'ouverture de la brasserie artisanale portant le même nom, sur la rue Laurier à Montréal. Sur la centaine de recettes différentes élaborées depuis les débuts de la brasserie, il s'en ajoute de nouvelles chaque année et dix-huit bières sont toujours au menu dont une en *cask*. Notre recommandation : l'assiette de fromages québécois accompagnée d'une de leurs excellentes bières blanches. Un pur délice ! La réputation de Dieu du Ciel ! n'est plus à faire. C'est ce gage de qualité et de diversité qui attire les amateurs de bières, venant parfois même de très loin.

▸ **Autre adresse :** 259 rue de Villemure, Saint-Jérôme, ✆ +1 450 436 3438

■ L'ENTREPÔT MONT-ROYAL

1019, avenue Mont-Royal Est
✆ +1 514 507 3133
www.entrepot-montroyal.com
M° Mont-Royal. Ouvert tous les jours de 11h à 3h.

Nul besoin de se rendre en station pour vivre l'ambiance des bars après-ski. En plein cœur du Plateau, L'Entrepôt nous transporte dans cette atmosphère avec son intérieur tout en bois, ses skis et snowboards accrochés aux murs, ses écrans qui diffusent des films de glisse mais aussi de surf et de skateboard. Les prix sont en plus fort séduisants, surtout en ce qui a trait à la boustifaille car ici, tous les plats sont à 4,95 CAN $ en tout temps. Pour se la couler douce, nous vous recommandons de venir en après-midi ou en fin de journée, le cas échéant, attendez-vous à faire la file un bon moment avant de vous installer confortablement à table. Petit plus : c'est le genre d'endroit où l'on peut débarquer avec son attirail d'hiver et son équipement sans avoir l'air décalé, et faites-nous confiance, on l'a testé pour vous !

■ L'GROS LUXE

3807, rue Saint-André
✆ +1 514 447 2227
www.lgrosluxe.com – lgrosluxe@gmail.com
M° Sherbrooke. Lundi-mercredi, 11h-minuit ; jeudi-vendredi, 11h-1h ; samedi, 10h-1h ; dimanche, 10h-minuit. Brunch le week-end.

On aurait pu aisément classer L'Gros Luxe comme une adresse gourmande tellement son menu nous met l'eau à la bouche, sans oublier ses brunchs décadents du week-end. Mais l'endroit attire également les foules avec ses cocktails maison créés par l'équipe de mixologues, dont ses populaires Césars qui en font sa renommée. On aime vraiment tout de ce bar et resto de quartier, jusqu'à sa déco *vintage* et ses grandes baies vitrées qui donnent sur un petit square. Le gros luxe à petits prix !

▸ **Autre adresse :** 150, avenue Bernard Ouest, ✆ +1 514 507 8883

■ HELM MICROBRASSERIE SUR BERNARD

273, avenue Bernard Ouest
✆ +1 514 276 0473
www.helmmicrobrasserie.ca
Entre du Parc et Jeanne-Mance. Dimanche-mardi, 16h-1h ; mercredi-samedi, 15h-3h (horaire sujet à changements sans préavis ; la cuisine ferme à 22h du dimanche au mardi et à 23h du mercredi au samedi).

Voici une brasserie artisanale sans prétention qui reflète bien l'essor du quartier Mile-End, attirant de plus en plus d'étudiants et de jeunes professionnels. HELM, pour Houblon-Eau-Levure-Malt, occupe les locaux de l'ancien Fûtenbulle, une adresse fort bien connue, voire même mythique, des nombreux biérophiles de la métropole. Le HELM encourage l'économie locale en misant sur les produits du terroir québécois : des bières artisanales brassées presque exclusivement avec des céréales d'ici ; de bons petits plats comme le carpaccio de magret de canard fumé ou le cheeseburger de cerf. Son décor à la fois brut et recherché, son grand bar central, sa lumière, et ses DJs curieux et discrets font du HELM un endroit convivial, propice à la discussion et aux rencontres.

■ LE LAB COMPTOIR À COCKTAILS

1351, rue Rachel Est
✆ +1 514 544 1333
www.barlelab.com – info@barlelab.com
Angle de Lanaudière. Ouvert tous les jours dès 17h. Soirées thématiques.

Le LAB, c'est un terrain d'exploration et d'expérimentation de la mixologie. Les «Labtenders», comme on les appelle ici, sont de vrais pro dans le domaine et concotent des recettes de cocktails des plus savoureuses et originales. Jetez d'ailleurs un coup d'oeil à l'ardoise du mois, découvertes gustatives assurées. Un lieu définitivement dédié à l'art du service de bar et du cocktail !

LAÏKA

4040, boulevard Saint-Laurent
✆ +1 514 842 8088
Voir page 152.

LE MASSILLIA

4543, avenue du Parc
✆ +1 514 678 1862
Angle Mont-Royal. Ouvert tous les jours de 11h à 3h.

Une déco bleu et jaune aux arômes d'anis, un terrain de pétanque, un billard, une terrasse ensoleillée, une bonne ambiance, et surtout, l'accent du Sud de Hugues, l'heureux propriétaire des lieux et fier supporter de l'OM ; c'est tout cela qui nous rappelle une petite partie du Sud de la France. Et que dire de la programmation : présentation des matchs de foot et de rugby sur écran géant, soirées karaoké 100 % français, soirées chansons françaises, barbecue... Avons-nous mentionné qu'ici, le Ricard est roi ? Essayez-le en mètre !

PLAN B

327, avenue Mont-Royal Est
✆ +1 514 845 6060
www.barplanb.ca
info@barplanb.ca
M° Mont-Royal. Ouvert tous les jours de 15h à 3h. Terrasse.

La décoration, signée Zebulon Robert Perron de Materia Design, donne des airs de raffinement, de bon goût, dans un espace convivial et sans prétention. Son menu d'alcool est bien garni, notamment en cocktails signature, scotchs, vins et bulles. Des coupe-faim y sont aussi proposés comme les rillettes de canard, le gravlax de saumon, l'assiette de charcuterie (viandes biologiques de Charlevoix) ou encore de fromage (3 X 50 g). L'été arrivé, sa jolie terrasse verdoyante devient le lieu de prédilection.

PUB SIR JOSEPH

4902, boulevard Saint-Laurent
✆ +1 514 564 7477
www.pubsirjoseph.com
allo@pubsirjoseph.com
Angle Saint-Joseph. Dimanche-mercredi, 16h-minuit ; jeudi-samedi, 16h-1h. Ouvert le dimanche dès 10h pour le brunch à certaines périodes de l'année.

Installé dans les anciens locaux du feu resto Projet 67, le Sir Joseph se veut un gastropub inspiré de la «Mère Patrie». Déjà on aime la déco : ampoules Edison, grand bar en inox avec des chaises d'une autre époque, cellier à vins derrière le bar, grandes baies vitrées sur *La Main*, beaucoup de bois et des couleurs chaudes... On aime aussi la sélection de vins bio, les bières et alcools très *british*, et les cocktails maison. Côté bouffe, on reste dans la même thématique avec les *fish 'n chips*, les huîtres (1 CAN $ chacune dimanche et lundi) ou encore le *mac & cheese*. *Yes sir*, on aime !

PULLMAN

3424, avenue du Parc
✆ +1 514 288 7779
www.pullman-mtl.com
info@pullman-mtl.com
Entre Sherbrooke et Milton. Dimanche-mardi, 16h30-minuit ; mercredi-samedi, 16h30-1h.

Réparti sur trois niveaux, le Pullman peut accueillir jusqu'à 150 personnes dans une atmosphère élégante mais décontractée, et leur faire partager une passion commune : l'amour du vin et de tout ce qui s'y rapporte. Ce bar à vin propose plus de 450 références sur sa carte, dont 50 sont disponibles au verre. De quoi faire le bonheur des amateurs de tous les vins du monde. Vous y trouverez également, pour compléter votre dégustation, une belle sélection de fromages du Québec et d'amuse-bouches salés et sucrés.

RÉSERVOIR
9, avenue Duluth Est
✆ +1 514 849 7779
www.brasseriereservoir.ca
Angle Saint-Laurent. Ouvert tous les jours dès 15h.
Au niveau de l'affichage, l'enceinte du Réservoir ne paie pas de mine. Le petit logo est très discrètement apposé sur la façade de l'établissement mais, c'est l'odeur du malt et des céréales qui se charge d'éveiller les sens lorsqu'on arrive au coin des rues Saint-Laurent et Duluth. Question déco, le Réservoir joue la carte de la sobriété : quelques photographies égayent les murs de briques et les grandes cuves de fermentation se chargent de l'arrière plan. C'est simple et réussi ! Le soir, la luminosité provenant des lampadaires de la rue Duluth traverse l'immense fenêtre qui sert de façade avant et confère au pub une ambiance typique des pubs européens de quartier. Les propriétaires qui ont fondé cette brasserie artisanale en 2002 ont gagné leur pari : le Réservoir a une âme et on prend vite goût à y retourner fréquemment.

SUWU
3581, boulevard Saint-Laurent
✆ +1 514 564 5074
www.suwumontreal.com
Angle Prince-Arthur Est. Lundi-vendredi, 17h-3h ; samedi-dimanche, 11h-3h (brunch de 11h à 15h). Cuisine ouverte tous les soirs jusqu'à 2h. Consultez le site web ou leur page Facebook pour la programmation des soirées.
Aussi branché que le quartier qui l'abrite, le SuWu est un repaire de choix pour les *foodies* de la métropole. L'endroit est tout simplement superbe, avec une omniprésence de bois, de belles lampes suspendues dont certaines dans des pots Masson, des grandes tables pour les convives plus nombreux et une section lounge avec banquettes de cuir, de petits espaces salon près des grandes baies vitrées... Bref une ambiance hyper chaleureuse dans un endroit toujours très animé. Trois choses à essayer : une partie de machine à boule pour un retour à sa jeunesse, le brunch du week-end – un must ! , et leur Triad Cesar aussi relevé que succulent.

WHISKY CAFÉ
5800, boulevard Saint-Laurent
✆ +1 514 278 2646
www.whiskycafe.com
info@whiskycafe.com
Angle Bernard. Lundi-mercredi, 17h-1h ; jeudi-vendredi 17h-3h, samedi 18h-3h, dimanche 19h-1h.
Dans une atmosphère très tamisée, l'amateur fait son choix parmi une sélection de whiskys d'Écosse (plus d'une centaine), d'Irlande ou d'ailleurs, et autres délices alcoolisés (portos, grappas, etc.). Il peut aussi savourer un bon cigare dans la salle des fumeurs, où l'on en vend, ou déguster un café au mélange d'alcool. Pour prolonger le plaisir, la maison propose aussi des dégustations qui agencent les différents alcools entre eux ou avec des aliments fins comme le foie gras, le fromage, le chocolat ou le saumon fumé.

Sud-Ouest et Ouest

Le Sud-Ouest n'est en aucun cas une destination de *nightlife*, mais quelques bons bars y ont élu domicile.

BRASSEUR DE MONTREAL
1485, rue Ottawa
✆ +1 514 788 4505
www.brasseurdemontreal.ca
info@bdmtl.ca
Angle William. Lundi-vendredi, dès 11h30 ; samedi-dimanche, dès 15h (fermé le dimanche hors saison). Terrasse.
Ce brasseur artisanal propose une dizaine de bières régulières, ainsi que des saisonnières et des bières vieillies en fût de chêne. Un resto-bar annexé au lieu de brassage permet de découvrir sur place leurs délicieuses bières. Il n'y a pas que la bière qui est faite maison mais également tous les délicieux petits plats comme la bavette à l'échalote, la cuisse de canard grillée ou le fameux smoked meat de Montréal. Et que dire des frites maison qui valent à elles seules le déplacement ! Dans le convivial resto ou sur l'immense terrasse, BdM deviendra vite votre lieu de rencontre entre amis préféré. A noter que BdM a ouvert un deuxième resto-pub en plein cœur du Plateau Mont-Royal.

▶ **Autre adresse :** 4007, rue Saint-Denis, ✆ +1 514 903 4500

BURGUNDY LION
2496, rue Notre-Dame Ouest
✆ +1 514 934 0888
www.burgundylion.com
info@burgundylion.com
M° Lionel-Groulx. Lundi-vendredi, 11h30-3h ; samedi-dimanche, 9h-3h. Programmation d'événements et de soirées.

Situé dans le quartier Petite Bourgogne dans le sud du centre-ville, le Burgundy Lion n'est pas un pub traditionnel. Les propriétaires misent sur un produit supérieur, tant au niveau de la nourriture et des boissons que du service et de l'ambiance. La carte des whiskeys et des bières en surprendra plus d'un, sans oublier une belle carte des vins et cocktails. Côté restauration, c'est un véritable gastro-pub et nous vous recommandons particulièrement le *Welshman's Bride* (jarret d'agneau braisé à la Guinness servi avec purée et légumes). Bref, une adresse plus haut de gamme où on ne lésine pas sur la qualité et la diversité !

DRINKERIE STE-CUNÉGONDE

2661, rue Notre-Dame Ouest
✆ +1 514 439 2364
www.drinkerie.ca
info@drinkerie.ca
M° Lionel-Groulx. Ouvert tous les jours de 15h à 3h. Terrasse.

Une chouette taverne arborant un look rétro, devenue le camp de base des habitants du quartier Petite Bourgogne. Au programme, une formidable sélection de scotchs, vins et bières (dont la Ste-Q blonde ou rousse), ainsi que des casse-faim et plats plus consistants élaborés avec des produits locaux du Marché Atwater situé à quelques pas. L'ambiance est bon enfant et les amateurs de musique indie-rock alternatif et électro progressif seront ici comblés.

Est

L'est de la ville étant en pleine revitalisation, bars et insitutions culturelles y ont aménagé leurs pénates, notamment dans HoMa et le Vieux-Rosemont.

CHEZ BAPTISTE

3014, rue Masson
✆ +1 514 729 1398
www.chezbaptiste.com
info@chezbaptiste.com
Angle 7e Avenue. Lundi-dimanche, 14h-3h. Terrasse.

Le propriétaire du Baptiste ne s'attendait pas à connaître autant de succès lorsqu'il a décidé de « retaper » cette institution qui porte le même nom depuis les années 1930 (succursale du Plateau). Il a gagné son pari et a réussi à créer l'un des pubs les plus prisés par les 20-40 ans du Plateau et du Nouveau-Rosemont. Malgré sa popularité, l'endroit a su garder son côté « bar du peuple », mérite que le proprio décerne d'ailleurs à son personnel. La décoration est sobre, des toiles d'artistes du quartier égayent les murs de ce pub qui accueille des DJs chaque semaine (Mont-Royal) ainsi que des groupes musicaux (Masson). Chez Baptiste offre aux bièrophiles une quinzaine de sortes de bières en fût ainsi qu'une dizaine en bouteille, de microbrasserie vous le devinez, parmi lesquelles nous retrouvons aussi quelques importations. Avis aux amateurs : il semblerait que le niveau de jeu est assez élevé à la table de baby-foot.

Autre adresse : 1045 avenue Mont-Royal Est, ✆ +1 514 522 1384

BRASSERIE QUAI N°4

2800, rue Masson
✆ +1 514 507 0516
www.quaino4.ca
info@quaino4.ca
Angle 4e Avenue. Lundi-vendredi, 16h-1h ; samedi, 10h-3h ; dimanche, 10h-minuit. Brunch le week-end.

Un bistro à la décoration contemporaine qui joue la carte du contraste avec les établissements plus traditionnels du quartier. Un grand bar auquel il fait bon s'accouder pour refaire le monde, une carte de vins et de bières du monde plus qu'honorable, et un « je-ne-sais-quoi » dans l'ambiance qui donne envie d'y passer plus d'une soirée. Une adresse ouverte en 2012 et qui illustre l'essor de ce quartier.

L'ESPACE PUBLIC, BRASSEURS DE QUARTIER

3632, rue Ontario Est
✆ +1 514 419 9979
www.lespacepublic.ca
info@lespacepublic.ca
Angle de Chambly. Lundi-dimanche, 15h-3h. Programmation culturelle et musicale.

Que de nouveautés rafraîchissantes dans Hochelaga-Maisonneuve, un quartier en pleine effervescence qui compte dans ses rangs la toute première brasserie artisanale du sud-est de la métropole. Le 3 janvier 2012, ce fut l'ouverture officielle et tant attendue de ce nouveau « quartier général », tant pour les habitants du quartier que les bièrophiles assoiffés de nouveau produits houblonnés. En plus des bières maison, les lieux proposent une belle sélection de bières québécoises, en rotation selon les saisons et la disponibilité. Pour ajouter à l'atmosphère déjà fort conviviale et chaleureuse, des spectacles musicaux, des expositions d'art visuel et des événements artistiques composent la programmation des lieux.

LA SUCCURSALE

3188, rue Masson
✆ +1 514 508 1615
www.lasuccursale.com
info@lasuccursale.com
Angle 10e Avenue. Lundi-mardi, 15h-1h ; mercredi-jeudi, 15h-3h ; vendredi-samedi, 13h-3h ; dimanche, 13h-1h. L'horaire peut varier en fonction de l'achalandage. Petite terrasse à l'avant. Club des chopes : 72 CAN $ par an, incluant un verre identifié à votre nom et des invitations à des événements spéciaux.

La Succursale a un petit penchant pour les bières d'inspiration allemande. Sur la quinzaine de recettes développées à ce jour, on retrouve une constance de six à neuf produits aux pompes avec en prime, quelques bières invitées. De la Weizen à la IPA, en passant par la blonde de type Kölsch et le Porter, chacun trouvera son bonheur. L'ardoise affiche également une sélection de scotchs et quelques alcools québécois. Pour les petits creux, une belle sélection de coupe-faim vous est proposée, avec un accent sur les produits régionaux. Côté ambiance, on aime la déco au look industriel et son plafond de 12 pieds, sans oublier le mobilier construit par un ébéniste local et la superbe toile faite sur mesure par l'artiste Renaud Hébert. Plusieurs événements sont également organisés au fil des mois. Définitivement un endroit où l'on a envie de prendre racine !

LE TRÈFLE – TAVERNE IRLANDAISE

3971, rue Ontario Est
✆ +1 438 386 3737
www.letrefle.ca
Angle Charlemagne. Lundi-vendredi, 16h-3h ; samedi-dimanche, 10h-3h. Brunch le week-end de 10h à 14h. Terrasse. Aussi présent à Trois-Rivières.

Impossible de rater la belle devanture toute de bois vêtue. Un petit air *british* en plein cœur du quartier Hochelaga-Maisonneuve ! On y vient pour boire un verre entre amis en fin de journée, pour regarder un match sportif sur un des écrans HD, ou pour faire la fête en soirée jusqu'aux petites heures. L'amateur de houblon dans toutes ses déclinaisons sera ici ravi avec plus de 100 variétés de bières (superbe sélection québécoise et des petits bijoux de Brewdog, Mikkeller et Evil Twin Brewing) et plus de 70 whiskies et scotchs. Pour accompagner votre pinte, un menu de type bistro propose des plats variés dont l'assiette de fish & chips, le ragoût d'agneau irlandais, le tartare, les huîtres et autres délices, sans oublier les brunchs du week-end à saveurs irlandaises. *Céad míle fáilte* ! (Bienvenue cent mille fois !)

Nord

Avec les nombreux étudiants et jeunes familles s'installant dans le nord de la ville (cette zone reste en effet plus abordable), plusieurs bars et institutions culturelles y ont vu le jour au cours des dernières années.

132 BAR VINTAGE

132, rue Fleury Ouest
✆ +1 514 419 1404
www.le132.com
Entre Saint-Urbain et Waverly. Ouvert du lundi au samedi dès 16h. Terrasse.

Spot branché du quartier Ahuntsic, le 132 Bar Vintage est un haut lieu des cocktails maison dans la métropole. Son équipe de mixologues concocte de vrais petits bijoux avec un menu renouvelé chaque saison. Courts, longs, rafraîchissants, corsés ou réconfortants : chacun trouvera son compte parmi la liste de succulents cocktails. Quelques exemples du menu : le Verger Epicé (Calvados Boulard, Fernet Branca, Galliano, sirop de thé chaï maison, purée de pommes, jus de citron, bitter à la vanille et soda gingembre maison), le French 132 (Gin Citadelle, Galliano, Fernet Branca, jus de pamplemousse et citronnelle maison, sirop d'érable, bitter à la vanille, bitter au pamplemousse et vin mousseux Cava 132), ou encore le 3e Saison (Bourbon Elijah Craig 12 ans, porto Taylor Fladgate 10 ans, sirop d'érable et bitter à l'écorce de cerisier). A découvrir !

BAR ALEXANDRAPLATZ

6731, avenue de l'Esplanade
www.alexandraplatzbar.com
alexandraplatzbar@gmail.com
Angle Joseph Tison. Ouvert de mai à fin septembre ou début octobre. Possibilité de réserver les lieux pour votre groupe en dehors de cette période.

OK. Un sérieux coup de foudre. Tout à fait le genre de place qui nous rappelle les bars d'Europe, particulièrement de l'Allemagne (le nom du bar aura déjà vendu la mèche...). Les proprios ont retapé un ancien garage de brasserie, en plein secteur industriel du Mile-End, pour en faire un petit local sympa, à la déco minimaliste. Mais l'attrait principal est la terrasse, débordant sur la rue, avec ses longues tables de bois, son ambiance festive qui s'étire jusqu'au stationnement adjacent où s'installent les camions de bouffe de rue. Le genre d'adresse connue seulement des locaux !

Première coop brassicole du Québec

Projet mûri par Marc Bélanger du Broue Pub Brouhaha, MABRASSERIE verra le jour au courant de l'année 2015 dans le quartier Rosemont. Cette coopérative de travailleurs, qui inclut une facette écoresponsable, regroupera différentes microbrasseries telles le Brouhaha, Noire et Blanche, La Succursale et Isle de Garde, par exemple. En plus de leur servir de lieu de brassage et d'embouteillage, le complexe comprendra une école de brassage, une boutique et un salon de dégustation avec terrasse de 80 places. Bref, un véritable centre d'interprétation, de formation et de partage sur la bière et sa fabrication. On a hâte !

▸ **Plus d'info sur la coop**, les cartes privilèges et la boutique en ligne : www.mabrasserie.com

■ BROUE PUB BROUHAHA

5860, avenue de Lorimier
✆ +1 514 271 7571
www.brouepubbrouhaha.com
info@brouepubbrouhaha.com
Angle des Carrières. Ouvert tous les jours de 11h à 3h. Menu gourmand, boucanerie sur place. Programmation culturelle et musicale. Plusieurs services pour l'événementiel. Petite terrasse.
C'est LA brasserie artisanale de Rosemont et le point de rendez-vous par excellence des biérophiles du quartier. Ouvert « officiellement » depuis juin 2008, l'endroit ne désemplit pas et pour cause. Le menu propose d'excellentes bières maison d'inspiration belge, ainsi qu'une sélection des meilleures bières artisanales de la province et d'importation privée. A essayer pour papilles gourmandes : les bières servies au Randall chaque mardi (chambre à houblon qui se place entre le fût et le robinet de tirage pour un houblonnage à cru). En plus du houblon, le calendrier des événements est fort chargé : matchs sportifs sur écran géant, ateliers et conférences sur la bière, vernissages, spectacles musicaux, d'humour, impro, etc. A ne pas manquer : l'événement « Lundi Douteux » où est présenté chaque semaine un film curieux et questionnable. Tout simplement unique !

■ BRUTUS

1290, rue Beaubien Est
✆ +1 514 507 7030
www.barbrutus.com – info@barbrutus.com
Angle Chambord. Lundi-mardi, 17h-2h ; mercredi-vendredi, 17h-3h ; samedi-dimanche, 10h-3h. Brunch le week-end de 10h à 15h.
Les nord-américains vouent un véritable culte au bacon, ingrédient essentiel d'un petit déjeuner ou d'un burger réussi. Et depuis quelques temps, c'est le « bacon mania » alors que toutes sortes de produits et de recettes le mettant en vedette font leur apparition. Il ne manquait plus qu'un bar de quartier dédié à la cause et c'est maintenant chose faite avec le Brutus. Ici tout est bacon, des plats aux desserts, en passant par les cocktails maison. Bacon sushis, boulettes frites de mac & cheese et bacon, beignes au caramel et bacon, ou encore bâtonnets de bacon caramélisés au sirop d'érable, le menu a de quoi ravir les amateurs de cochon. A accompagner d'un Bloody Brutus (Vodka Russian Standard, Bakon vodka, épices maison, garni d'une rose en bacon) ou d'un Pork Soda (Bakon vodka, jus d'agrumes, sirop de bacon, soda).

■ ETOH BRASSERIE

8100, rue Saint-Denis
✆ +1 514 508 9894
www.etohbrasserie.com
info@etohbrasserie.com
M° Jarry. Dimanche-jeudi, 15h-1h ; vendredi-samedi, 15h-3h. Programmation culturelle et musicale.
Si Montréal comptait peu de brasserie artisanale il y a une dizaine d'années, cette époque est bel et bien révolue. Chaque quartier de la ville (ou presque !) compte dorénavant au moins une adresse houblonnée, et le quartier Villeray n'y fait pas exception. L'EtOH y a emménagé ses pénates en 2013 et depuis, la petite brasserie roule à plein régime. Pour la petite histoire, EtOH est une contraction utilisée dans le milieu médical et scientifique pour désigner l'éthanol, cette molécule aux propriétés enivrantes si recherchées et présentes dans toutes les boissons alcoolisées. Sur place, une vingtaine de lignes de fût servent les délicieux nectars maison ainsi que des bières d'autres microbrasseries québécoises. On y retrouve aussi une belle carte de cidres, hydromels, liquoreux et spiritueux du Québec et d'ailleurs. Pour les petits creux, sandwichs, salades, nachos et planches à partager figurent au menu.

GAINZBAR

6289, rue Saint-Hubert ✆ +1 514 272 3753
www.gainzbar.com
M° Beaubien ou Jean-Talon. Ouvert tous les jours de 15h à 3h (ouverture plus tôt en été). Soirée jazz du dimanche au jeudi, spectacles folk jeudi et samedi. Jeudi jazz et huîtres dès 17h. Soirée de conte le dimanche à 19h30. Terrasse.

Un bar à l'ambiance vraiment unique. Les murs rouges, la lumière tamisée et les boiseries créent une atmosphère intime qui nous plonge presque dans l'intrigue d'un film romantique. Pour rendre le tout encore plus agréable, on écoute une programmation sonore tout en douceur. Pour se fondre dans l'ambiance, on opte pour un porto ou un verre de vin.

LES INCORRUPTIBLES

1432, rue Fleury Est
✆ +1 514 381 8088
www.lesincorruptibles.ca
info@lesincorruptibles.ca
Entre Christophe-Colomb et Olympia. Dimanche-lundi, fermé ; mardi-mercredi, 17h30-22h ; jeudi-vendredi, 12h-14h et 17h-1h ; samedi, 17h-1h. La cuisine est ouverte de 17h à 22h. Terrasse.

Situé sur la Promenade Fleury, le resto-bar Les Incorruptibles affiche un look chic des années 1950-60. On croirait faire un véritable voyage dans le temps, avis aux amateurs de la série télé *Mad Men* ! L'endroit est réputé pour sa belle carte des vins sélectionnés judicieusement et ses délicieux cocktails signature, sans oublier son menu gourmand du marché qui fera le bonheur des fines bouches de ce monde : pieuvre grillée comme une Fattouche avec houmous au sumac, carpaccio de bison avec kale à la truffe et œuf frit, foie gras de canard avec chutney du moment et autres savoureux petits plats sont entre autres à l'ardoise. Une adresse dont on ne se lasse pas !

ISLE DE GARDE

1039, rue Beaubien Est
✆ +1 514 303 1661
www.isledegarde.com
M° Beaubien. Lundi-mercredi, 15h30-1h30 ; jeudi-vendredi, 11h30-3h ; samedi, 13h-3h ; dimanche, 13h-1h30. Soirée cask mercredi et vendredi.

Voilà une brasserie artisanale qui fait jaser depuis son ouverture, et avec raison ! Déjà on aime la déco faite de matériaux bruts, et lorsqu'on aperçoit la vingtaine de lignes de fût et le baril de bière en cask derrière le bar, on sait que l'on fera de superbes découvertes houblonnées. L'Isle de Garde se spécialise dans le brassage de bières d'inspiration anglaise (coup de foudre pour leur Bitter !) et américaine, en plus de proposer des produits d'autres microbrasseries du Québec, des spiritueux et alcools fins d'ici et d'ailleurs, et des vins en importation privée. Un menu oscillant entre la cuisine de type bistro et le *comfort food* se fera le parfait compagnon de votre pinte, midi ou soir. Une adresse chaudement recommandée !

MISS VILLERAY

220, rue Villeray ✆ +1 514 658 3969
www.missvilleray.com
lesalonmissvilleray@gmail.com
Angle Henri Julien. Ouvert tous les jours de 15h à 3h.

La grande enseigne à néon, toute droit sortie d'une autre époque, nous indique que nous sommes au bon endroit. Une fois à l'intérieur, difficile de croire que l'endroit abreuve ses clients depuis plus de 50 ans. La nouvelle déco donne un ton branché sans toutefois perdre le côté «bar du peuple». Au 5 à 7, on vient y casser la croûte et boire un verre dans une ambiance relaxe et sympa alors que le soir, les lieux s'emplissent et la musique monte d'un cran. Une adresse qui ne se démode pas !

LE POURVOYEUR

Marché Jean-Talon
184, rue Jean-Talon Est
✆ +1 514 277 5858
www.lepourvoyeur.com
pub@lepourvoyeur.com
M° Jean-Talon. Lundi-mercredi, 15h-3h ; jeudi-dimanche, 11h30-3h. Ouvert dès 10h le week-end en été. Brunch le week-end jusqu'à 15h. Terrasse.

La fine équipe derrière le projet du Pourvoyeur ne pouvait choisir meilleur emplacement pour son gastropub : au cœur de la Petite Italie et son marché public, quartier parmi les plus vivants et gourmands de la métropole. Il serait d'ailleurs dommage de ne pas savourer l'une des spécialités maison comme le smoked meat de porc, une création originale et exclusive du Pourvoyeur. Les plats à partager pour deux et les brunchs du week-end sont tout aussi succulents. En fin de journée s'y déroule le rituel du 5 à 7 où les prix chutent pour l'occasion. À découvrir également : la très grande sélection de gin de partout dans le monde. En soirée, l'ambiance monte d'un cran et fait place aux oiseaux de nuit venus

siroter quelques cocktails signatures au son des DJs. Un pub de quartier franchement génial, avec une belle ambiance festive de jour comme de soir.

■ **LE SAINT-ÉDOUARD**
808, boulevard Rosemont
✆ +1 514 278 0482
www.lesaintedouard.com
info@lesaintedouard.com
M° Rosemont. Lundi-vendredi, dès 16h ; samedi, dès 18h ; dimanche, fermé.
Remplaçant une vieille taverne de quartier (et il était temps !), Le Saint-Édouard est une nouveauté rafraîchissante dans Rosemont où les bras branchés ne sont pas légion. Une déco rustique, à la fois brut et chic, dans le même ton que plusieurs bars à la mode du Plateau et du centre-ville. En vedette notamment sur la carte, les scotchs, les spritueux, des cocktails «old fashion» revisités, et des plats sur le pouce comme le *grilled cheese*, le gravlax de saumon ou encore les assiettes de fromages et charcuteries.

■ **LE VESTIAIRE**
6634, rue Saint-Hubert ✆ +1 514 564 3823
www.barlevestiaire.com
barlevestiaire@hotmail.com
M° Beaubien. Dimanche-mardi, 16h-minuit ; mercredi, 16h-1h ; jeudi-samedi, 16h-3h. Cuisine ouverte mardi et mercredi de 17h à 21h, et du jeudi au samedi de 17h à 23h. Terrasse.
Vous aimez les ambiances décontractées, la bière de microbrasserie et le hockey ? Si vous avez répondu «oui» à au moins un de ces trois choix, vous trouverez chaussure à votre pied au Vestiaire. Bar à bières québécoises relativement récent sur la carte, il offre un choix frôlant la cinquantaine de sortes, dont une belle rotation sur les lignes de fût. D'autres types de nectars figurent au menu, ainsi qu'une section pour les petits creux, dont des pizzas et paninis composés selon vos goûts parmi une liste d'ingrédients variés. Pour savoir ce qui animera votre soirée (match de hockey, quiz, spectacle accoustique...), jetez un coup d'oeil à leur site web.

■ **VICES & VERSA**
6631, boulevard Saint-Laurent
✆ +1 514 272 2498
www.vicesetversa.com
vicesetversa2004@hotmail.com
Angle Saint-Zotique. Lundi-mercredi, 15h-3h ; jeudi-vendredi, 12h-3h ; samedi-dimanche, 12h30-3h. Programmation culturelle et musicale. Terrasse.
Un bistro québécois et fier de l'être ! L'endroit, qui a subi des travaux d'agrandissement, propose un vaste choix de produits de microbrasseries avec au menu une trentaine de bières différentes et toutes locales ainsi qu'une petite sélection en cask, à déguster au galopin, au verre ou à la pinte. Un véritable tour de la Route des bières du Québec au cœur même de Montréal ! L'équipe de Vices & Versa se fait également la vitrine d'artisans d'ici en mettant à l'honneur les produits du terroir pour un mariage admirable aux bières proposées. À l'ardoise, des sandwichs bavarois, des pizzas, des burgers gourmands, l'assiette de fromages et terrines ainsi qu'une sélection de grignotines. Ajoutez à cela une agréable terrasse à l'arrière et des spectacles et vernissages qui rendent l'endroit plus agréable encore, et vous comprendrez notre engouement pour cette adresse.

Clubs et discothèques

Pour ceux et celles qui veulent découvrir les clubs de Montréal, la ville regorge d'ambiances et de styles différents. De la *Main* jusqu'à Cresent, nul doute que vous trouverez de quoi passer des nuits endiablées. Un bon plan pour ceux qui veulent en profiter comme des habitués : se faire mettre sur la *guest list* du club. Ainsi, vous attendrez moins longtemps et n'aurez bien souvent pas à payer l'entrée. Contactez le club en question par téléphone ou visitez son site Internet afin de voir si une *guest list* est offerte.

Vieux-Montréal et Parc Jean-Drapeau

■ **FLYJIN**
417, rue Saint-Pierre
✆ +1 514 564 8881
www.flyjin.ca
rsvp@flyjin.ca
M° Square-Victoria. Mercredi-samedi, dès 19h. Ouvert également en dehors de ces horaires lors d'événements spéciaux.
Un endroit au concept fort intéressant. En début de soirées, les lieux font office de restaurant aux influences asiatiques avec un bar proposant une vaste sélection de whiskey japonais, de sakés, de vins et de bières japonaises exclusives. Mais dès 23h, c'est une toute autre histoire ! L'éclairage et l'ambiance sonore se métamorphosent, les meubles sont subtilement décomposés pour faire place à la piste de danse, et la foule s'y précipite, croyez-nous.

Centre-ville et Westmount

ELECTRIC AVENUE

1476, rue Crescent
✆ +1 514 285 8885
www.clubsmontreal.com
info@clubsmontreal.com
M° Guy-Concordia. Jeudi-samedi, 22h-3h.
La clientèle du club Electric Avenue se distingue de celle des autres clubs de la rue Crescent : elle est majoritairement francophone, pas trop snob, plutôt jeune. La foule s'y presse chacun des trois soirs d'ouverture. Le secret est probablement la musique des années 1980 qui a conservé ses fans. Une fois l'endroit bien rempli, on s'amuse franchement dans cette belle salle aux reflets bleu électrique.

SALSATHÈQUE

1220, rue Peel
✆ +1 514 875 0016
www.salsatheque.ca
M° Peel. Voir site Internet pour connaître l'horaire des soirées.
Véritable institution de la salsa à Montréal depuis plus de 30 ans. Qu'on en soit à ses premiers pas de danse latine ou professionnel en la matière, chacun use de ses charmes dans ce *cruising bar*. Inutile de préciser que vous n'avez pas besoin d'un partenaire : vous en trouverez plusieurs sur place. Nombreux miroirs, néons et plancher de danse illuminé : on se croirait presque dans le décor de Saturday Night Fever. DJs et orchestres livre animent les soirées. Une piste de danse bondée, une ambiance survoltée : parfait pour sortir entre amis et faire la fête !

Quartier latin et Village gai

CIRCUS

917, rue Sainte-Catherine Est
✆ +1 438 998 4017
www.circushd.com
info@circushd.com
M° Berri-UQAM. Jeudi et dimanche, 2h-8h ; vendredi, 2h-9h ; samedi, 2h-10h. Droit d'entrée : selon les soirées et les DJ invités.
Trois salles pour vous faire bouger jusqu'aux petites heures du matin au son de musiques house, trance, techno et autres styles électro. De nombreux DJ de renom y font escale (Tiësto, Gareth Emery, Benny Benassi, John Digweed, Chris Liebing, et la liste est encore longue...). Bref, on n'est jamais déçu par le son et l'ambiance, et côté espace, il y a de la place pour tous sur l'immense piste de danse.

FOUFOUNES ÉLECTRIQUES

87, rue Sainte-Catherine Est
✆ +1 514 844 5539
www.foufouneselectriques.com
M° Saint-Laurent. Ouvert tous les jours de 16h à 3h. Entrée au 2e étage : mardi : 4 CAN $, jeudi : 6 CAN $, samedi : 8 CAN $. Spectacles plusieurs fois par semaine (gratuits ou payants).
Bienvenue dans ce temple de la musique underground qui a su attirer avec le temps les plus marginaux des Montréalais. Les Foufounes demeurent l'un des endroits où l'originalité domine sur tous les plans. Soirées thématiques : les mardis à GoGo (rock'n'roll 1950, punk 1990), les jeudis (top 40 hits radio, house, électro & pop), les vendredis avec DJ Colt45 (punk, métal, hardcore) et les samedis Foufounes Éclectiques (punk, hardcore, métal, ska, alternatif, etc.). Les Foufounes sont également synonymes de spectacles. Les contacter, visiter le site Internet ou la page Facebook pour le calendrier.

STEREO

858, rue Sainte-Catherine Est
✆ +1 514 658 2646
www.stereonightclub.net
M° Berri-UQÀM. Ouvert vendredi et samedi soir et selon les événements. Droits d'entrée (possibilité d'acheter les billets en ligne).
Après l'incendie qui avait ravagé le club à l'été 2008, Stereo renaît de ses cendres. Il a célébré en grande pompe sa réouverture lors du week-end de la Fête du Travail en septembre 2009, avec nul autre que son fondateur Angel Moraes aux platines pour une soirée privée des plus éclatantes. Une scène et des places assises ont été ajoutées pour les spectacles. La piste de danse est plus grande que jamais, les équipements audio et vidéo surréalistes... Depuis maintenant six ans, le club a renoué avec les nuits endiablées qui ont fait la réputation du Stereo !

Plateau Mont-Royal

CAFÉ CAMPUS

57, rue Prince-Arthur Est
✆ +1 514 844 1010
www.cafecampus.com
info@cafecampus.com
M° Sherbrooke. Consultez le site Internet pour connaître les soirées d'ouverture et l'horaire des spectacles. Droits d'entrée pour les soirées (tarif réduit avant 23h) et spectacles/événements. Capacité de 500-600 places.

Fréquenté par de jeunes étudiants qui veulent s'amuser sans prétentions, le Café Campus est un des lieux ultra connus à Montréal ! On parle sans arrêt de son ambiance et de la qualité de sa programmation musicale. Le Café Campus se divise en deux parties : le Petit Campus, en bas, salle de concert de taille moyenne, et le Campus du haut, un grand espace équipé d'une scène et d'une mezzanine. On trouve d'ailleurs à cet étage un bar-discothèque à l'ambiance survoltée qui fait la joie d'une clientèle jeune et diverse. Certains soirs de la semaine ont un thème : mardi « Rétro » (musique des années 1950 à 1999), jeudi « Hit-moi ! » (que des hits !), vendredi et samedi « Week-ends X-Larges » (musique d'aujourd'hui). Si vous n'avez pas peur de bouger, essayez les mardis rétro et vous comprendrez l'ambiance du Café Campus !

■ CLUB BALATTOU

4372, boulevard Saint-Laurent
✆ +1 514 845 5447
www.balattou.com
Angle Marie-Anne. Mardi-dimanche, 21h-3h. Soirée dansante vendredi et samedi, spectacles les autres soirs. Droits d'entrée.
Lamine Touré a eu la bonne idée de conquérir une petite partie de *La Main* avec des rythmes tropicaux. Le Balattou est donc vite devenu le pionnier des musiques du monde et merci à tous ceux qui ont contribué au succès de cet endroit exotique qui compte maintenant plus de 25 ans d'existence. Le Balattou, c'est la diversité culturelle par la musique, l'enchantement des découvertes, l'abolition des frontières. « Le tour du monde en une soirée », en somme.

■ COMMISSION DES LIQUEURS

4521, boulevard Saint-Laurent
✆ +1 514 286 9986
www.commissiondesliqueurs.com
Angle Mont-Royal. Mercredi-samedi 21h-3h. Aussi présent à Sherbrooke et Québec.
Présente dans plusieurs villes du Québec, la Commission des liqueurs est une des discothèques incontournables de Montréal, au cœur du Plateau. Le dress-code est décontracté, même si le samedi on fera un effort pour être un peu plus *glamour*. Une salle immense, une programmation musicale qui suit les dernières tendances, et une foule variée et compacte tout au long de la soirée.

Autres adresses : 101, rue Joseph Carrier, Vaudreuil-Dorion, ✆ +1 450 424 6011 • 1010, rue Principale, Granby, ✆ +1 450 577 6677 • Faubourg Boisbriand, 3315 avenue des Grandes Tourelles, Boisbriand, ✆ +1 450 951 4515 • Quartier Dix30, 9330 boulevard Leduc, Brossard, ✆ +1 450 812 2838

■ IVY NIGHTCLUB

3556, boulevard Saint-Laurent
✆ +1 514 439 1222
www.clubivymontreal.com
Entre Prince-Arthur et Sherbrooke. Vendredi-samedi, 22h-3h. Entrée payante selon la soirée. Tenue de ville requise.
L'un des derniers-nés du milieu de la nuit montréalaise, et déjà une référence pour la jeunesse dorée de la métropole. Idéalement localisé, en plein cœur de *La Main* et à deux pas de l'Excentris, ce club a tout pour séduire la clientèle nocturne. Un bel établissement aux vastes proportions, parfait pour les jeunes branchés. D'excellents DJ, un cadre agréable, quatre bars et une belle clientèle, tout ce qu'il faut pour profiter de votre soirée !

■ LE ROUGE BAR

7, rue Prince Arthur Ouest
✆ +1 514 282 9944
www.lerougebar.com – info@lerougebar.com
Angle Saint-Laurent. Vendredi-samedi 22h-3h, plus soirées spéciales.
Nous ne vous ferons pas l'affront de vous faire deviner la couleur dominante des lieux... Une couleur qui ajoute à l'ambiance électrique une composante quelque peu... diabolique. Le mélange de cet atmosphère et d'une musique éclectique, quoiqu'assez largement portée vers le hip-hop, attire le chaland. Que se soit pour les week-ends ou les soirées spéciales, le lieu est toujours bondé. Une affluence qui invite au collé-serré !

Le Vieux-Montréal peut se parcourir en calèche.

■ **LE SALON DAOMÉ**
141, avenue Mont-Royal Est
✆ +1 514 982 7070
www.lesalondaome.com
Angle de Bullion. Consultez le site Internet pour connaître l'horaire et le coût des soirées.
Sans conteste l'une des meilleures discothèques de Montréal pour la musique électro. Des DJ d'envergure internationale s'y produisent parfois, mais les résidents connaissent également très bien leur affaire. Le tout dans une ambiance décontractée et une décoration assez étonnante, mélange de modernité et de kitsch.

■ **TOKYO BAR**
3709, boulevard Saint-Laurent
✆ +1 514 842 6838 – www.tokyobar.com
Angle des Pins. Ouvert du jeudi au dimanche de 22h à 3h. Droits d'entrée.
Le Tokyo est un lieu très branché, avec un lounge, une salle principale et des terrasses. Le week-end, le succès est tel, que les cartes d'identité sont obligatoires. Pas question non plus d'exhiber les baskets ni les espadrilles : on n'accepte que la « crème de la crème ». Cette clientèle « crémeuse » semble se réjouir de la diversité musicale du club car chaque soirée offre un genre différent (funk, soul, hip hop, R&B, house...).

■ **LA TULIPE**
4530, avenue Papineau
✆ +1 514 529 5000 – www.latulipe.ca
Angle Mont-Royal Est. Soirée discothèque vendredi et samedi. Entrée : 6 à 8 CAN $ selon la soirée. Voir site Internet pour la programmation complète.
La Tulipe, petite sœur de la salle Le National, accueille bon nombres d'événements et de spectacles plusieurs soirs par semaine. Ses soirées dansantes ravissent les nostalgiques des années 1980 le samedi, alors que le vendredi, on a droit aux meilleurs hits de 1990 à aujourd'hui. L'ambiance est à la fête et la foule, des plus sympas. Informez-vous sur les soirées «C'est extra» où les grands classiques de la musique franco sont à l'honneur. En plus, c'est gratuit !

Spectacles

Vieux-Montréal et Parc Jean-Drapeau

■ **LE 2 PIERROTS**
104, rue Saint-Paul Est ✆ +1 514 861 1270
www.2pierrots.com – info@2pierrots.com
M° Champ-de-Mars. Ouvert vendredi-samedi (et la veille de fêtes, histoire de bien débuter un long congé !), 20h30-3h.
Le 2 Pierrots est incontournable si vous voulez plonger dans une atmosphère enivrante et joyeuse, sur fond de standards québécois comme de tubes internationaux. Pour avoir une chance de vous asseoir, prévoyez de venir en avance tellement l'endroit grouille de monde : jeunes et moins jeunes, Québécois et touristes à la recherche de spectacles « pure souche ». Les serveurs font un travail impressionnant pour satisfaire tout le monde, du grand sport avec un sourire omniprésent. Une référence pour les éternels fêtards, et toujours d'actualité !

■ **CENTAUR THEATRE**
453, rue Saint-François-Xavier
✆ +1 514 288 3161
www.centaurtheatre.com
ticketinfo@centaurtheatre.com
M° Place-d'Armes. Billetterie téléphonique ouverte tous les jours de 12h à 17h. Vente en ligne également.
Situé dans le magnifique bâtiment de la Vieille Bourse, le Centaur présente des pièces de théâtre en langue anglaise depuis 1969. En plus de la programmation annuelle, il y a aussi le Wildside Festival, les séries pour enfants... Du classique au contemporain, avec une grande place pour les pièces d'ici et notre relève, le Centaur divertit par ses pièces innovatrices et actuelles.

Centre-ville et Westmount

CENTRE BELL

1909, avenue des Canadiens-de-Montréal
✆ +1 514 790 2525 / +1 877 668 8269
www.centrebell.ca
M° Bonaventure ou Lucien-L'Allier. Achat de billets sur place, par téléphone ou via www.evenko.ca (spectacles) et canadiens.nhl.com (hockey).

Le Centre Bell est le plus vaste complexe de la grande région montréalaise d'une capacité totale de 21 000 sièges pour le hockey et 15 000 pour les spectacles. Lieu de rassemblements de masse lors des matchs de hockey des Canadiens de Montréal, mais aussi des spectacles de grande envergure, des tournées des stars du rock, des divers cirques ou ballets sur glace. Pour les aventuriers, il est toujours possible de se procurer des billets de dernière minute à la porte auprès de revendeurs à la sauvette. Pour les puristes, le Temple de la Renommée présente, à travers une exposition permanente de plus de 1 000 m^2, l'histoire du club des Canadiens à travers des photos, objets ou écrans interactifs (ouvert mardi-samedi 10h-18h, dimanche 12h-17h, adulte 11 CAN $).

CLUB SODA

1225, boulevard Saint-Laurent
✆ +1 514 286 1010
www.clubsoda.ca
info@clubsoda.ca
M° Saint-Laurent. Billetterie ouverte : lundi-vendredi, 12h-18h ; samedi, 12h-17h. La billetterie est fermée les dimanches et les soirs après 18h, sauf si un événementest prévu au calendrier. Billetterie par téléphone aussi offerte.

Cette scène est incontournable dans la vie culturelle montréalaise. Des systèmes de son et d'éclairage sophistiqués lui permettent de s'adapter à l'ambiance du spectacle. Spectacles musicaux, soirées d'humour, matchs d'impro et événements spéciaux se partagent la vedette sur cette scène.

Orchestres symphoniques

La musique symphonique a sa place et surtout, ses grands amateurs, dans la région de Montréal. Petits et grands sauront apprécier la variété et la qualité des concerts. Surveillez les répétitions grand public, les concerts en plein air, les matinées jeunesse, etc.

I MUSICI – L'ORCHESTRE DE CHAMBRE DE MONTRÉAL

✆ + 514 982 6038
www.imusici.com
info@imusici.com
Les représentations ont lieu à divers endroits au centre-ville. Billetterie par téléphone : lundi-vendredi, 9h-17h. Billets aussi en vente via le Réseau Admission et à la Place des Arts.

ORCHESTRE MÉTROPOLITAIN

✆ +1 514 842 2112 / +1 866 842 2112
www.orchestremetropolitain.com
info@orchestremetropolitain.com
M° Place-des-Arts. La plupart des représentations ont lieu à la Maison Symphonique de la Place des Arts. Billetterie ouverte : lundi-samedi, 12h-18h ou une demi-heure après la levée du rideau du dernier spectacle ; dimanche et jours fériés, selon l'horaire des spectacles en salle. Billetterie par téléphone aussi offerte.

- **Autre adresse :** billetterie : 175, rue Sainte-Catherine Ouest.

ORCHESTRE SYMPHONIQUE DE MONTRÉAL

Maison Symphonique et billetterie
1600, rue Saint-Urbain
✆ +1 514 842 9951 / +1 888 842 9951
www.osm.ca
M° Place-des-Arts. Billetterie sur place : lundi-vendredi, 9h-17h. Billetterie par téléphone : lundi-vendredi, 9h-19h ; samedi, 10h-16h.v

GESÙ CENTRE DE CRÉATIVITÉ

1200, rue de Bleury ✆ +1 514 861 4036
www.legesu.com – billetterie@gesu.net
M° Place-des-Arts. Billetterie ouverte : mardi-samedi, 12h-18h (et jusqu'au début de la représentation les soirs de spectacle) ou sur Réseau Admission.

Le Gesù possède trois salles de spectacles, dont une dans une église reconnue « Immeuble Patrimonial Classé » depuis 2012, ainsi qu'un amphithéâtre de 425 places louangé pour son acoustique exceptionnel. Plusieurs espaces d'exposition ou des salles de rencontres sont également disponibles. Lieu de création et de diffusion, le Gésù offre une programmation dynamique et riche, des expositions d'art visuel et de nombreux concerts, spectacles de danse, d'humour et de pièces de théâtre.

LES GRANDS BALLETS CANADIENS

Représentations à la Place des Arts
260, boulevard de Maisonneuve Ouest
✆ +1 514 849 0269
www.grandsballets.com
M° Place-des-Arts. Les spectacles ont lieu à la Salle Wilfrid-Pelletier ou au Théâtre Maisonneuve de la Place des Arts. Billetterie sur place : lundi-samedi, 12h-18h ou une demi-heure après la levée du rideau du dernier spectacle ; dimanche et jours fériés, selon l'horaire des spectacles en salle. Billetterie par téléphone aussi offerte.

Fondés en 1957, Les Grands Ballets ne cessent de faire découvrir de nouveaux territoires aux amoureux de la danse d'ici et d'ailleurs. L'arrivée du directeur artistique Gradimir Pankov en 2000 a orienté davantage la compagnie vers la création et l'innovation. On peut assister à des représentations de grands classiques tel que *Casse-noisette*. Tout simplement superbe !

▶ **Autre adresse :** billetterie de la Place des Arts : 175 rue Sainte-Catherine Ouest, ✆ +1 514 842 2112 ou + 1 866 842 2112.

HOUSE OF JAZZ / MAISON DU JAZZ

2060, rue Aylmer ✆ +1 514 842 8656
www.houseofjazz.ca
M° McGill. Lundi, 16h-23h30 ; mardi-jeudi, 11h30-23h30 ; vendredi, 11h30-1h30 ; samedi, 18h-1h30 ; dimanche, 18h-23h30. Des frais de 10 CAN $ sont applicables les soirs de spectacles et le vestiaire (2 CAN $) est obligatoire le soir.

Fondée en 1968 par Georges Durst et connue sous d'autres noms à l'époque, la House of Jazz est depuis plus de 45 ans La Mecque du jazz dans la métropole. Et pour cause ! Des spectacles y sont présentés tous les soirs avec les grands du jazz mais également les artistes de la relève. Les Oliver Jones, Oscar Peterson, Billy Georgette, Bernard Primeau, Johnny Scott et Skip Bey ont foulé les planches de cette adresse mythique. Les lieux servent également de restaurant midi et soir, avec une belle carte des vins qui ravira les amateurs. On adore !

▶ **Autre adresse :** 1639, boulevard de l'Avenir, Laval, ✆ +1 450 669 3000

LIGUE NATIONALE D'IMPROVISATION

Représentations au Club Soda
1225, boulevard Saint-Laurent
✆ +1 514 286 1010
www.lni.ca – info@lni.ca
M° Saint-Laurent. Billetterie ouverte : lundi-vendredi, 10h-18h ; samedi, 12h-17h. La billetterie est fermée les dimanches et les soirs après 18h, sauf si un événementest prévu au calendrier. Billetterie par téléphone aussi offerte.

Depuis près de 40 ans, la Ligue Nationale d'Improvisation fait partie de l'univers théâtral québécois. Le jeu se déroule sur une patinoire de hockey miniature (et sans glace), et l'arbitre donne les thèmes et règlements. L'idée est venue de Robert Gravel et d'Yvon Leduc de faire de l'impro en reproduisant la forme et la structure d'un match de hockey. Le succès n'est pas démenti depuis tout ce temps et bon nombre de comédiens ont fait leur premiers pas avec la LNI.

Le Vivier

Née en 2007, cette corporation regroupe plus d'une trentaine d'ensembles et organismes musicaux et a pour mission de « *favoriser le développement de musiques nouvelles et d'offrir à tous une porte ouverte sur la culture* ». La première saison a eu lieu en 2009-10 sous le thème « Les Défricheurs » avec une quinzaine de concerts de musiques contemporaine, actuelle et électroacoustique. En plus de sa programmation musicale, Le Vivier propose également des activités de sensibilisation, des programmes d'accessibilité, et des projets de développement et de rayonnement. Le Vivier a dorénavant son « camp de base » permanent au Gésù, en plein cœur du Quartier des spectacles.

▶ **Pour toute information** sur les concerts et les billets : www.levivier.ca

MONUMENT-NATIONAL

1182, boulevard Saint-Laurent
✆ +1 514 871 2224
www.monumentnational.com
info@monumentnational.com
Mº Saint-Laurent. Billetterie ouverte : lundi-samedi, 12h-18h ; dimanche et jours fériés, 2h avant le spectacle s'il y a représentation. Les soirs de spectacle, les heures d'ouverture de la billetterie sont prolongées de 30 minutes suivant le début de la représentation.
Le Monument-National compte des salles de spectacles et de multiples espaces pour divers événements. Pièces de théâtre, spectacles musicaux et d'humour, soirées de conte, etc.

PLACE DES ARTS

260, boulevard de Maisonneuve Ouest
✆ +1 514 842 2112 / +1 866 842 2112
www.placedesarts.com
billets@placedesarts.com
Mº Place-des-Arts. Billetterie ouverte : lundi-samedi, 12h-18h ou une demi-heure après la levée du rideau du dernier spectacle ; dimanche et jours fériés, selon l'horaire des spectacles en salle. Billetterie par téléphone aussi offerte.
Le plus grand complexe culturel de la métropole. Plusieurs salles sont réunies à la Place des Arts : le Théâtre Maisonneuve (grand théâtre), la Salle Claude-Léveillée (petit théâtre), la salle Wilfrid-Pelletier (salle immense qui reçoit entre autres les grands noms de la musique), le Théâtre Jean-Duceppe (grand théâtre) et la Cinquième Salle (plus petite salle avec les spectacles de la relève). Musiciens, chanteurs, comédiens ou humoristes se retrouvent dans un formidable complexe culturel où les salles sont toutes reliées entre elles par un réseau souterrain. Des travaux ont eu lieu au cours des dernières années pour y aménager la salle de concert Maison symphonique, résidence de l'Orchestre symphonique de Montréal. Un nouvel espace de détente et de rencontre, le Salon Urbain, a été récemment créé au sein même de la Place des Arts.

Autre adresse : billetterie : 175, rue Sainte-Catherine Ouest.

THÉÂTRE DU NOUVEAU MONDE

84, rue Sainte-Catherine Ouest
✆ +1 514 866 8668
www.tnm.qc.ca – info@tnm.qc.ca
Mº Place-des-Arts. Billetterie ouverte : lundi, 10h-18h ; mardi-samedi, 12h-20h. En période de relâche : lundi-samedi, 12h-18h. Café du Nouveau Monde sur place.

Place des Arts.

Les classiques deviennent de superbes productions dans cette belle salle à l'italienne. Le plancher de la scène peut se démonter et s'ouvrir dans tous les sens, permettant ainsi les mises en scène les plus ambitieuses. Par leur envergure, les classiques comme *Tristan et Yseult*, *Un tramway nommé Désir* et *Homère* prennent des allures de *block-busters*. Les abonnés de la saison bénéficient même de rencontres avec les metteurs en scène et l'équipe de production après le spectacle.

UPSTAIRS JAZZ BAR & GRILL

1254, rue Mackay
✆ +1 514 931 6808
www.upstairsjazz.com
info@upstairsjazz.com
Mº Guy-Concordia. Lundi-jeudi, 11h30-1h ; vendredi, 11h30-2h ; samedi, 17h30-2h ; dimanche, 18h30-1h. Réservation fortement conseillée le week-end.
Une ambiance feutrée mais décontractée où le jazz vibre, explore de nouveaux territoires. Très fréquenté pendant le Festival de Jazz. Le Grill sert entre autres tapas, salades gourmandes, burgers et pâtes, et grillades (filet mignon New Orleans, New York New York, saumon Tennessee...). Carte des vins pour agrémenter votre plat de «cajun Mahi Mahi» et sélection de portos, cognacs, martinis et bières.

Quartier latin et Village gai

BISTRO À JOJO

1627, rue Saint-Denis
✆ +1 514 843 5015
www.bistroajojo.com – info@bistroajojo.com
M° Berri-UQÀM. Ouvert tous les jours de 12h à 3h.
Le temple du blues à Montréal, et non sans raison ! Depuis 1975, le Bistro à Jojo a accueilli des centaines de musiciens blues de tous genres. Ici c'est le blues pur, celui qui vient nous chercher dans les tripes. Amateurs : c'est l'adresse à retenir !

L'OLYMPIA

1004, rue Sainte-Catherine Est
✆ +1 514 845 3524
www.olympiamontreal.com
billetterie@olympiamontreal.com
M° Beaudry. Billetterie ouverte : lundi-vendredi, 12h-18h ; samedi, 12h-17h. Les soirs de spectacle, la billetterie est ouverte jusqu'à 30 minutes après le début du spectacle.
Au centre du Village, une superbe salle de concert installée dans un théâtre des années 1920, et qui a conservé toute son cachet. Cette salle polyvalente à l'accoustique chaude accueille des représentations de tous ordres, de l'humour à la musique, en passant par le cirque.

LA MAISON THÉÂTRE

245, rue Ontario Est ✆ +1 514 288 7211
www.maisontheatre.com
info@maisontheatre.com
M° Berri-UQÀM ou Saint-Laurent. Billetterie ouverte tous les jours de 11h30 à 16h30.
La Maison Théâtre est la seule salle à Montréal spécialisée dans les spectacles pour le jeune public. Les œuvres présentées sont classées par tranches d'âge, ce qui vous permet de repérer celui qui conviendra parfaitement à votre bout-de-chou.

MÉTROPOLIS

59, rue Sainte-Catherine Est
✆ +1 514 844 3500 / +1 855 790 1245
www.metropolismontreal.ca
info-salle@equipespectra.ca
M° Saint-Laurent. Billetterie ouverte : lundi-mercredi, 12h-18h ; jeudi-vendredi, 12h-21h ; samedi, 12h-17h. Billetterie ouverte jusqu'à 21h les soirs de spectacles. Achat possible avec Réseau Admission.
Situé en plein cœur de la ville, le Métropolis est une salle immense qui peut accueillir 2 300 personnes. Les travaux de rénovations ont inclus, entre autres, la reconstruction du balcon en gradins afin d'avoir une meilleure vue sur la scène, l'achat d'un nouveau système de son, la construction de nouveaux bars et points de services et la rénovation des loges. Les grands noms de la chanson tels que David Bowie, The Wailers, Ben Harper, Manu Chao, Les Rita Mitsouko, INXS, ou encore Björk s'y sont produits.

THÉÂTRE PROSPERO

1371, rue Ontario Est ✆ +1 514 526 6582
www.theatreprospero.com
billetterie@laveillee.qc.ca
M° Beaudry. Billetterie ouverte : mardi-samedi, 12h-17h. Jusqu'à 20h les soirs de représentation, 19h les mercredis et 16h les samedis de représentation. Billets aussi disponibles en ligne.
Voici une compagnie de théâtre qui a fait le choix de l'originalité, et présente des œuvres d'artistes suédois, russes, allemands, etc. Elle a notamment permis à de nombreux créateurs, jeunes et chevronnés, de défendre des parcours artistiques et des approches esthétiques diversifiées. Le tout prend place dans un ancien cinéma entièrement rénové, et réparti en deux salles pouvant accueillir respectivement 180 et 45 spectateurs.

THÉÂTRE ST-DENIS

1594, rue Saint-Denis ✆ +1 514 849 4211
www.theatrestdenis.com
information@theatrestdenis.com
M° Berri-UQÀM. Billetterie ouverte : lundi-samedi, 12h-18h. Pour les jours de spectacle, la billetterie est ouverte à partir de 12h jusqu'à 30 minutes après le début du spectacle. Achat possible avec Ticketpro.
Avec ses deux salles, le Saint-Denis est l'un des théâtres les plus beaux et les plus populaires de la ville. Il accueille bon nombre d'humoristes, d'artistes de la musique d'ici et d'ailleurs et de comédies musicales.

Plateau Mont-Royal

AGORA DE LA DANSE

840, rue Cherrier ✆ +1 514 525 1500
www.agoradanse.com
info@agoradanse.com
M° Sherbrooke. Billetterie ouverte : lundi-vendredi, 12h-17h, et lors des représentations. Billets également en vente via la Réseau Admission.
Haut lieu pour les créateurs et amateurs de danse contemporaine, l'Agora de la Danse est le seul endroit au Canada entièrement dévoué à ce type de danse. Le Studio du l'Agora peut accueillir près de 250 sièges

dans cette salle à géométrie variable. Plus d'une centaine de spectacles sont présentés chaque année. Le Fonds de création de l'Agora permet d'investir l'argent recueilli à la création d'œuvres chorégraphiques par les artisans et artistes de la danse d'ici.

CASA DEL POPOLO & SALA ROSSA

4873, boulevard Saint-Laurent
✆ +1 514 284 3804
www.casadelpopolo.com
Angle Saint-Joseph. Les heures d'ouverture varient d'un endroit à l'autre ainsi que les tarifs pour les spectacles.
Deux excellentes adresses de la scène musicale et culturelle à Montréal ! La programmation musicale de la Casa del Popolo et de la Sala Rossa marque la diversité car tous les genres ou presque viennent se mêler : pop, rock, jazz, rock alternatif, folk ou électro. La Casa del Popolo propose une cuisine végétarienne à des prix tout à fait abordables pour ceux qui souhaitent y manger, tandis que le resto Sala Rosa offre un menu tapas et paella (spectacle gratuit de flamenco les jeudis).

Autre adresse : Sala Rossa : 4848 boulevard Saint-Laurent, aucun numéro pour la salle de spectacles, ✆ +1 514 844 4227 pour le resto Sala Rosa.

CENTRE DU THÉÂTRE D'AUJOURD'HUI

3900, rue Saint-Denis ✆ +1 514 282 3900
www.theatredaujourdhui.qc.ca
billetterie@theatredaujourdhui.qc.ca
Entre Roy et Duluth. Billetterie ouverte : horaires variables, voir site Internet.
La vie sur scène, dans toute sa nudité, définie mais surtout redéfinie, à travers le regard d'auteurs d'aujourd'hui. Depuis 1968, les textes qui brûlent la scène de cet ancien cinéma du Carré Saint-Louis sont tirés exclusivement de la dramaturgie québécoise et canadienne d'expression française, que ce soit des créations ou des reprises du répertoire. Des travaux ont eu lieu en 2010 afin, notamment, d'ajouter une salle de répétition, de changer les sièges et le plancher de scène de la salle principale.

LE DIVAN ORANGE

4234, boulevard Saint Laurent
✆ +1 514 840 9090
www.divanorange.org
Angle Rachel. Lundi-dimanche, 17h-3h (peut ouvrir plus tôt selon la programmation). Comptant seulement. Coût des spectacles : gratuit ou moins de 20 CAN $.
Ce sympathique bar à concerts-expos-festivals-contes-etc. invite le monde à s'affaler dans l'un de ses divans au vécu bien entamé pour se détendre ou écouter de la musique. Chaque soir est différent, des musiciens tziganes, folk, jazz, rock, en passant par le reggae, se partagent ce chaleureux endroit. Cela fait plusieurs bonnes raisons pour s'y retrouver entre amis !

L'INSPECTEUR ÉPINGLE

4051, rue Saint-Hubert
✆ +1 514 598 7764
Angle Duluth. Ouvert tous les jours de 15h à 3h. Programmation culturelle et musicale. Table de billard.
L'Inspecteur Épingle a ouvert ses portes en 1987. Son nom provient de celui d'un personnage du roman « Contes-gouttes » de Plume Latraverse. Certains artistes de la chanson québécoise et francophone viennent régulièrement « faire leur tour », soit comme clients soit comme artistes invités. En effet, des spectacles ont lieu pratiquement tous les soirs et permettent de découvrir des artistes confirmés mais également d'autres de la relève. Un pur plaisir pour les oreilles ! Le décor est sobre, agrémenté d'expositions d'art visuel qui changent fréquemment. Un incontournable de la scène culturelle locale avec une ambiance sympathique et informelle qui contraste avec les bars branchés du Plateau, ce qui n'est pas pour nous déplaire.

MONTRÉAL, ARTS INTERCULTURELS (MAI)

3680, rue Jeanne-Mance
✆ +1 514 982 3386
www.m-a-i.qc.ca
Angle Léo-Pariseau. Expositions gratuites à la galerie, spectacles payants (réductions pour les étudiants, aînés). Billetterie ouverte : mardi-samedi, 15h-18h, et une heure avant chaque représentation. Galerie ouverte : mardi-samedi, 12h-18h.
Ouvert il y a plus d'une quinzaine d'années, le MAI se compose d'un théâtre, d'une galerie, d'un café et de deux salles de répétition. Son rôle : diffuseur d'arts contemporains, danse, musique, théâtre (en français et en anglais), peinture, sculpture, vidéo. Seul lieu à Montréal à proposer un tel programme et une telle diversité, le MAI s'est investi d'une mission permettant et provoquant des échanges interculturels. Il est également possible d'assister aux répétitions des spectacles, et de participer à des conversations avec les artistes.

O PATRO VÝŠ

356, avenue Mont-Royal Est
✆ +1 514 845 3855
www.opatrovys.com – info@opatrovys.com
M° Mont-Royal. Consulter le site Internet pour connaître toute la programmation.

Ne pas rater cette annexe culturelle du Bílý Kůň, le O Patro Výš, qui se trouve à l'étage supérieur. On y assiste à des expositions et vernissages, des performances diverses (danse, théâtre, etc.), des concerts, des projections de courts et longs métrages…

LE P'TIT BAR

3451, rue Saint-Denis
✆ +1 514 281 9124
www.leptitbar.ca
M° Sherbrooke. Ouvert tous les jours.

Cet endroit ne connaît pas vraiment l'angoisse de la salle vide, et on comprend pourquoi. Une vingtaine de places assises seulement, un espace minuscule en guise de scène, on se sent un peu comme dans son salon un soir de party. Il faut avouer que l'exiguïté du lieu permet de mieux apprécier les spectacles intimistes : pas de brouhaha du public, les chahuteurs seraient vite repérés. Ce sont les chansonniers francophones qui ont fait la légende de cet endroit indémodable. Ici se produisent des artistes nourris aux Brassens, Brel, Leclerc et autres grands, pour la première fois ou pour le plaisir.

QUAI DES BRUMES

4481, rue St-Denis ✆ +1 514 499 0467
www.quaidesbrumes.ca
info@quaidesbrumes.ca
M° Mont-Royal. Ouvert tous les jours de 15h à 3h. Spectacles tous les soirs.

Le Quai des Brumes est devenu, par son ambiance agréable, son cachet et sa situation géographique enviable, l'un des bars à spectacles incontournables du Montréal francophone. Ouvert sur le trottoir de la rue Saint-Denis, impossible de rater la faune urbaine qui s'y assoit sans interruption. On est certain de ne jamais être seul. Certain aussi d'assister à d'excellentes performances visuelles, théâtrales, littéraires, poétiques ou musicales.

THÉÂTRE DE L'ESQUISSE

1650, rue Marie-Anne Est
✆ +1 514 527 5797
www.theatredelesquisse.qc.ca
esquisse@theatredelesquisse.qc.ca
Angle Marquette.

Depuis plus de vingt ans, le Théâtre de l'Esquisse offre des spectacles pour petits et grands axés autour du conte et du théâtre. Ce lieu intimiste peut accueillir environ une centaine de spectateurs.

THÉÂTRE DE QUAT'SOUS

100, avenue des Pins Est
✆ +1 514 845 7277
www.quatsous.com
M° Sherbrooke. Billetterie ouverte : lundi-jeudi, 12h-19h30 ; vendredi, 12h-18h30 ; samedi, 12h-15h30 ; dimanche, 12h-14h30. A noter que la billetterie peut rester ouverte plus tard en fonction de l'horaire des représentations. Ouvert en semaine de 12h à 17h lorsqu'il n'y a pas de représentations. Café sur place.

Lentement, la petite salle se remplit, donnant au lieu une chaleur confortable, propice à la réflexion et aux cerveaux en ébullition. Sur scène, les acteurs prennent possession de textes originaux d'auteurs d'ici et d'ailleurs. Les spectateurs sont invités à discuter à chaud de leurs impressions avec les auteurs. Activités parallèles à la programmation régulière : l'heure du conte, les noctambules, etc.

THÉÂTRE DE VERDURE

Parc La Fontaine
✆ 311
accesculture@ville.montreal.qc.ca
M° Sherbrooke. Ouvert selon le programme des représentations.

En plein cœur du parc La Fontaine, le grand amphithéâtre de 2 500 places présente des spectacles de qualité tout l'été. Gérées par le service culturel de la ville de Montréal, toutes les activités du Théâtre de Verdure sont gratuites. Un programme à saveurs multiples où tout le monde trouvera son bonheur : des spectacles de danse (Grands ballets canadiens), de la musique classique (Orchestre de Montréal, Orchestre de chambre I Musici), du cinéma et des événements multiculturels (Vues d'Afrique, longs-métrages canadiens…). Certains spectacles sont si populaires qu'il faudra s'attendre à faire la queue. Prévoir chaise pliante et citronnelle en juillet.

THÉÂTRE DU RIDEAU VERT

4664, rue Saint-Denis
✆ +1 514 844 1793
www.rideauvert.qc.ca
info@rideauvert.qc.ca

Théâtre de Verdure.

M° Laurier. Billetterie ouverte : lundi, 11h-18h ; mardi-mercredi, 11h-19h30 ; jeudi-vendredi, 11h-20h ; samedi, 11h-20h30 ; dimanche, 12h-15h. En période de relâche : lundi-samedi, 11h-18h.

Confortablement installé dans son quartier depuis plus de 60 ans, ce théâtre a vécu de grands moments qui l'ont fait connaître jusqu'à l'étranger. Antonine Maillet, Michel Tremblay, Gratien Gélinas, Marie-Claire Blais et plusieurs autres grands noms ont fait leurs classes sur les planches de cette scène. Encore aujourd'hui, ce théâtre attire un grand auditoire avec son répertoire classique et sa filière contemporaine.

THÉÂTRE ESPACE GO

4890, boulevard Saint-Laurent
✆ +1 514 845 4890
www.espacego.com – guichet@espacego.com
Angle Saint-Joseph. Billetterie ouverte : mardi-samedi, 12h-18h, et jusqu'au moment de l'entrée en salle les soirs de représentations.

Ce théâtre invite le public à la découverte de nouvelles écritures, textuelles et scéniques. Il donne la parole aux auteurs contemporains d'ici et d'ailleurs, tout en permettant à quelques classiques d'être revisités. Sa scène amovible se transforme d'une pièce à l'autre, selon l'inspiration des metteurs en scène. Depuis sa fondation en 1979, sous le nom de Théâtre Expérimental des Femmes, la compagnie a à cœur la valorisation de la contribution des femmes à l'aventure du théâtre.

THÉÂTRE LA LICORNE

4559, avenue Papineau
✆ +1 514 523 2246
www.theatrelalicorne.com
guichet@theatrelalicorne.com
Angle Gilford. Billetterie ouverte : lundi-samedi, 12h-18h. Les soirs de représentation, la billetterie ferme 30 min après le début du spectacle.

Sous la direction artistique du Théâtre de la Manufacture, le Théâtre de la Licorne propose des pièces résolument ancrées dans le présent, empreintes de fraîcheur, inventives, d'auteurs québécois, canadiens ou internationaux.

Sud-Ouest et Ouest

NEW CITY GAS

950, rue Ottawa
✆ +1 514 879 1166
www.newcitygas.com
info@newcitygas.com
Angle Dalhousie. Voir site Internet pour les horaires et les tarifs en fonction des spectacles.

Une adresse relativement récente, dans le quartier de Griffintown, un quartier qui monte. Cette salle de spectacles est d'ores et déjà le chouchou de grands noms de la musique électronique internationale. L'équipement sonore est à la pointe de la technologie, et l'ambiance bat son plein dès l'ouverture des portes.

THÉÂTRE CORONA VIRGIN MOBILE
2490, rue Notre-Dame Ouest
✆ +1 514 931 2088 / +1 855 310 2525
www.theatrecoronavirginmobile.com
M° Lionel-Groulx. Billetterie ouverte uniquement les jours d'événements. Autre billetterie : Centre Bell (en personne ou par téléphone).
Ce théâtre mythique du quartier du Sud-Ouest de la ville, inauguré en 1912, accueille des musiciens-compositeurs-interprètes, des groupes musicaux en tous genres, des spectacles multidisciplinaires et des artistes d'ici et de l'étranger en résidence. Des événements spéciaux et privés y sont également organisés.

Est

ESPACE LIBRE
1945, rue Fullum ✆ +1 514 521 4191
www.espacelibre.qc.ca
theatre@espacelibre.qc.ca
M° Frontenac. Billetterie ouverte (entrée sur la rue Coupal) : mardi-samedi, 12h30-18h. Les soirs de spectacles, la billetterie ferme une heure avant le début de la représentation.
D'abord caserne de pompier, puis fief de la troupe de danse Carbone 14, l'Espace Libre est maintenant occupé par la compagnie Omnibus et le Nouveau Théâtre Expérimental. L'originalité du lieu est de remodeler l'espace pour chaque nouvelle production. Une salle pour les shows d'envergure et des petites salles, utilisées pour les soirées plus intimistes de lecture publique, poésie, petites productions théâtrales ou ateliers.

THÉÂTRE DENISE-PELLETIER
4353, rue Sainte-Catherine Est
✆ +1 514 253 8974
www.denise-pelletier.qc.ca
admin@denise-pelletier.qc.ca
Angle Morgan. Billetterie ouverte : lundi, 12h-17h ; mardi-samedi, 12h-19h30 ; dimanche, fermé. La billetterie ferme à 17h les soirs où il n'y a pas de représentations. Billets aussi en vente via le Réseau Admission.
Le spectacle est déjà dans la salle avant la représentation. Les motifs des éléments décoratifs qui ornent la salle rappellent les grands textes mythiques présentés par ce théâtre et sont autant de références au répertoire classique. Sous les projecteurs, les acteurs jouent aussi bien Dumas que Goldoni ou Molière. Le théâtre héberge également la salle Fred-Barry, dédiée quant à elle aux pièces plus contemporaines et celles de la relève.

USINE C
1345, avenue Lalonde
✆ +1 514 521 4493
www.usine-c.com
Angle Panet. Billetterie ouverte : mardi-samedi, 12h-18h. Billets aussi en vente via le Réseau Admission.
La cheminée de cette ancienne usine de confitures Raymond témoigne de l'histoire de ce quartier industriel. Dans cet univers de béton, des danseurs déambulent sur une scène où les gradins sont configurables. Tantôt les sièges se font face, tantôt ils prennent un air à l'italienne. Ce lieu de création et de diffusion pluridisciplinaire a établi sa renommée grâce à la compagnie de création Carbone 14. Théâtre, opéra, performance artistique, danse et spectacles de compagnies étrangères viennent animer la salle.

Nord

BAR LE RITZ PDB
179, rue Jean-Talon Ouest
✆ +1 438 289 9994
www.barleritzpdb.com
info@barleritzpdb.com
M° De Castelnau. Ouvert tous les jours de 16h à 3h. Sélection de bières de microbrasseries québécoises.
Occupant les locaux du défunt Il Motore, le Ritz PDB y a installé son quartier général à l'automne 2014. Entièrement revampé, ce nouveau bar poursuit la vocation de son prédécesseur en présentant divers groupes de musique indépendante dans sa salle de spectacles. Il faut dire que les nouveaux propriétaires baignent dans ce milieu : Meyer Billurcu est le cofondateur de Blue Skies Turn Black, une compagnie de promotion de concerts, et Thierry Amar et Efrim Menuck sont membres du fameux groupe de musique Godspeed You ! Black Emperor. Mention spéciale au superbe bar vieux d'un siècle et importé de Chicago.

CENTRE SEGAL DES ARTS DE LA SCÈNE
5170, chemin de la Côte-Sainte-Catherine
✆ +1 514 739 7944
www.segalcentre.org
M° Côte-Sainte-Catherine. Consultez le site Internet pour la programmation et l'achat de billets.
Depuis la fermeture de l'Institut des Jeunes et de l'École des Beaux-arts, le centre désire plus que jamais affirmer son rôle de diffuseur artistique, en offrant du théâtre, des spectacles

de musique et de danse, du cinéma, ainsi que des événements culturels et artistiques pour la communauté. De plus, le centre accueille dorénavant une académie des arts de la scène pour les enfants et les jeunes adultes, tenue par des professionnels du milieu.

■ L'ILLUSION – THÉÂTRE DE MARIONNETTES

6430, rue Saint-Denis
✆ +1 514 523 1303
www.illusiontheatre.com
info@illusiontheatre.com
M° Beaubien. Billetterie ouverte : mardi-samedi, 10h-16h.
Créé en 1979, ce théâtre de marionnettes a une longue histoire de création artistique derrière lui. En 1996, le théâtre devient studio de création. Les représentations pour petits et grands sont d'une inventivité hors du commun.

■ LE PETIT MEDLEY SIMPLE MALT

6206, rue Saint-Hubert
✆ +1 514 271 7887
www.lepetitmedley.ca
info@lepetitmedley.ca
*Angle Bellechasse. Terrasse. Pour les horaires et la programmation, consultez le site web. *A noter que Le Petit Medley venait de changer de main au moment de la mise à jour de cet article.*
Fondé en 2000 par Jamil Azzaoui, ce bar-lounge sur deux étages propose régulièrement des spectacles de grande qualité : des spectacles de type cabaret, de l'impro, des soirées culturelles, des groupes musicaux... Les mardis Swing et la ligue d'impro Les Cravates les dimanches, c'est eux ! Mais en janvier 2015, la nouvelle tomba : désirant se consacrer entièrement à la musique, Jamil met Le Petit Medley en vente. Menacé de fermeture définitive, l'endroit survivra finalement grâce au rachat par Brasseurs Illimités, une microbrasserie québécoise bien connue. Les bières Simple Malt de Brasseurs Illimités y seront d'ailleurs servies ainsi que d'autres bières invitées du Québec. A noter que les événements phares qui ont fait la réputation du Petit Medley devraient se maintenir au calendrier.

■ THÉÂTRE OUTREMONT

1248, avenue Bernard Ouest
✆ +1 514 495 9944
www.theatreoutremont.ca
M° Outremont. Billetterie ouverte : lundi-samedi, 12h-18h ; dimanche, 10h-16h. Billetterie en ligne également.
Rampe de lancement de nombreux chanteurs et haut lieu du cinéma de répertoire dans les années 1970 et 1980, le Théâtre Outremont a accueilli en ses murs des artistes de renom comme Félix Leclerc, Paul Piché, Beau Dommage et Diane Dufresne. Fermé à la fin des années 1980 et rouvert en 2001, il est entre autres dédié à la chanson, à la musique, à l'humour, au théâtre et aux représentations cinématographiques.

■ TOHU, LA CITÉ DES ARTS DU CIRQUE

2345, rue Jarry Est
✆ +1 514 376 8648 / +1 888 376 8648
www.tohu.ca – info@tohu.ca
Entre l'avenue de Lorimier et la rue d'Iberville.
Billetterie ouverte tous les jours de 9h à 17h (10h à 17h le dimanche) et jusqu'à 15 minutes après le début de la représentation. Bistro sur place.
La TOHU propose dans son pavillon, au centre de la cité, des spectacles mêlant toutes les disciplines du cirque : équilibrisme, contorsionnisme, jonglage, trapèze ainsi que des expositions, des conférences, et même des événements indépendants. Riche programme alternant spectacles de troupes venues de tous les horizons et démonstrations des élèves de l'école du cirque. La TOHU, regroupement national des arts du cirque, a été fondée par les trois principaux acteurs de ce milieu : Le Cirque du Soleil, l'École nationale de cirque et En Piste.

Musicien de rue.

Activités entre amis

CASINO DE MONTRÉAL
Île Notre-Dame – 1, avenue du Casino
✆ +1 514 392 2746 / +1 800 665 2274
www.casinosduquebec.com/montreal
mtlsacren@casino.qc.ca
M° Jean-Drapeau. Ouvert tous les jours, 24h/24. Entrée gratuite. Forfaits disponibles. Restaurants, bars et espaces lounge à votre disposition. Stationnement avec service de voiturier. Boutique sur place.
Plus de 3 000 machines à sous, des jeux de tables, du Poker, du Black Jack, du Keno… tout y est ! Quelques heureux en sortiront gagnants, mais si l'on se fie aux lois statistiques, les chances sont plutôt faibles. Cependant, le casino remplit admirablement bien sa fonction de lieu de divertissement. L'établissement est tenu avec classe, code vestimentaire à l'appui. Notez que le casino subit des travaux de modernisation et de nouveaux restaurants ont notamment ouvert leurs portes en 2012. La salle de spectacles, quant à elle, sera opérationnelle en 2015.

CINÉMA BANQUE SCOTIA MONTRÉAL
977, rue Sainte-Catherine Ouest
✆ +1 514 866 0111
www.cineplex.com
M° Peel. Adulte : 13 CAN $, aîné : 11 CAN $, enfant : 10,50 CAN $. Réductions le mardi. Supplément pour les films 3D, D-Box, UltraAVX et IMAX.
Ce cinéma correspond plus que jamais à la nouvelle version des salles de cinéma revues et corrigées. Une dizaine de salles de projection et des comptoirs restaurants sont réunis dans cet immense complexe.

CINÉMA BEAUBIEN
2396, rue Beaubien Est
✆ +1 514 721 6060
www.cinemabeaubien.com
info@cinemabeaubien.com
Angle Louis-Hébert. Adulte : 12 CAN $ (du lundi au jeudi avant 17h : 10,50 CAN $, en semaine avant midi : 9 CAN $), 14-17 ans et aîné : 10 CAN $, 13 ans et moins : 8,50 CAN $. Étudiant dès 21h du dimanche au jeudi : 9 CAN $. Supplément de 2 CAN $ pour les films en 3D. Carte cinéma : 6 films pour 54 CAN $. Programmation spéciale : ciné-conférences des Aventuriers Voyageurs, etc.
Flash back dans les années 1960, les néons clignotants de la façade de ce cinéma de quartier, et la guérite à l'entrée auprès de laquelle on achète ses billets, nous transportent instantanément dans « Happy Days ». Gagnant du prix Jutra 2004 du meilleur exploitant de salle au Québec pour son soutien au cinéma québécois, le Cinéma Beaubien met à l'affiche des films d'auteur. Pleins feux sur les réflexions intimes de réalisateurs de tous horizons. À noter : seul cinéma à accueillir à toutes les séances les familles avec bébés.

CINÉMA DU PARC
3575, avenue du Parc
✆ +1 514 281 1900
www.cinemaduparc.com
info@cinemaduparc.com

Casino de Montréal.

Angle Prince-Arthur. Adulte : 12 CAN $ (mardi 8 CAN $), 13-25 ans et aîné : 10 CAN $, enfant : 7 CAN $. Matinée en semaine (avant 17h) : 10 CAN $. Stationnement (entrée Jeanne-Mance) 2 CAN $ pour 3 heures sur présentation du coupon.

Le Cinéma du Parc est un lieu de diffusion de films étrangers sous-titrés, indépendants, de répertoire, et de rétrospectives. Il participe activement aux nombreux festivals de cinéma et de documentaires. Avec des billets à des prix très abordables, un stationnement à prix dérisoire pour les spectateurs, des coupures de presse sur tous les films projetés, la nouvelle direction donne toute satisfaction.

CINÉMA EXCENTRIS

3536, boulevard Saint-Laurent
✆ +1 514 847 2206 / +1 855 331 3303
www.cinemaexcentris.com
info@cinemaexcentris.com

Angle Milton. Ouvert tous les jours, consultez le site Internet pour l'horaire des films. Adulte : 12 CAN $, étudiant et aîné : 10 CAN $, 12 ans et moins : 7 CAN $. Semaine avant 17h : 10,50 CAN $. Ciné carte (6 séances) : 54 CAN $.

Le Cinéma Excentris mène le bal du cinéma de répertoire à Montréal sur un ton très sérieux. Sa programmation se tient même à l'écart des grands festivals cinématographiques. Des expositions se tiennent également dans le hall d'entrée. Pour casser la croute sur place, le restaurant SoupeSoup est l'idéal, offrant une belle sélection de sandwichs, de salades et des soupes de toutes sortes.

CINÉMA QUARTIER LATIN

350, rue Emery ✆ +1 514 866 0111
www.cineplex.com

M° Berri-UQÀM. Adulte : 12 CAN $, aîné : 9 CAN $, enfant : 8,50 CAN $. Réductions le mardi. Supplément pour les films en 3D. Consultez le site Internet pour l'horaire des films. Restauration sur place.

Dix-sept salles de projection de films européens, québécois et américains (version originale en français ou en VF. – certains films étrangers sont sous-titrés). Les salles sont de grandeur moyenne avec écrans incurvés, haut-parleurs de basses fréquences et sièges confortables.

CINÉMATHÈQUE QUÉBÉCOISE

335, boulevard de Maisonneuve Est
✆ +1 514 842 9763
www.cinematheque.qc.ca
info@cinematheque.qc.ca

M° Berri-UQÀM. Billetterie : lundi-vendredi, dès 10h ; samedi-dimanche, dès 13h. Expositions (gratuit) : mardi, 12h-18h ; mercredi-vendredi, 12h-21h ; samedi-dimanche, 13h-21h. Médiathèque : mercredi-vendredi, 13h-20h. Bar salon : dès 10h15 en semaine. Projections : adulte 10 CAN $, étudiant et aîné 9 CAN $, gratuit pour les 16 ans et moins. Il est préférable de consulter le site Internet pour les séances et films proposés.

La Cinémathèque québécoise abrite plus de 70 000 titres d'archives cinématographiques et télévisuelles ainsi que des nouveautés expérimentales dans le domaine du multimédia, sans compter les livres, affiches, photos, documents de production, etc. Elle projette chaque année plus de 1 500 films, émissions de télévision ou vidéos. Beaucoup d'hommages, de rétrospectives, de festivals divers (Rendez-vous du cinéma québécois, Festival du film sur l'Art, etc.) et d'expositions sont organisés dans ce lieu dédié au patrimoine cinématographique et télévisuel.

DOLLAR CINÉMA

6900, boulevard Décarie
✆ +1 514 739 0536
www.dollarcinema.ca

M° Namur. Consultez le site Internet pour l'horaire des films (représentations tardives vendredi et samedi).

Le Dollar Cinéma est la parfaite alternative lorsqu'il nous reste peu de sous dans le portefeuille. Une représentation coûte seulement 2,50 CAN $ (5 CAN $ pour les films de la série *Marquee CineSpotlight*), et boissons, bonbons, chocolats et popcorn sont au modique prix de 1 CAN $. Ça sent définitivement la bonne affaire ! Plusieurs films par semaine, pas nécessairement récents et tous en anglais ou sous-titrés en anglais, qui changent selon leur popularité. Prévoyez de l'argent liquide car aucune carte n'est acceptée.

STAR CITÉ

4825, rue Pierre-De Coubertin
✆ +1 514 899 8979
www.cineplex.com

M° Viau. Consultez le site Internet pour l'horaire des films. Adulte : 10 CAN $, aîné : 8 CAN $, enfant : 7,75 CAN $. Réductions le mardi. Supplément pour les films en 3D et UltraAVX.

Ce grand complexe de l'est de l'île comprend 17 salles de projection et a l'immense avantage de ne diffuser que des films en français. À deux pas des muséums nature de l'Espace pour la vie, du Stade olympique et de son esplanade.

À VOIR – À FAIRE

Pour vous promener à votre guise dans Montréal et sortir des sentiers battus, nous vous invitons à utiliser le descriptif des quartiers montréalais, se trouvant en ouverture de ce chapitre. Les descriptifs ont été écrits pour vous aider à vous orienter dans Montréal et vous y promener en découvrant les recoins secrets de la ville.

Visites guidées

Montréal recèle de petits trésors, d'histoires insolites et surprenantes, de bijoux architecturaux, bref, c'est une ville à découvrir ou redécouvrir. À pied, à vélo, en bus ou en bateau, ces entreprises spécialisées en guidage sauront vous faire voir la ville autrement.

AMPHIBUS

2, rue de la Commune Est
✆ +1 514 849 5181
M° Place-d'Armes. Départs tous les jours du 1er mai au 31 octobre. Toutes les heures de 11h à 20h de fin juin à début septembre ; 12h, 14h, 16h et 18h le reste du temps. Adulte : 35 CAN $, aîné : 32 CAN $, étudiant : 25 CAN $, 6-12 ans : 18 CAN $, 5 ans et moins : 10 CAN $. Lors des feux d'artifice : 47,50 CAN $.

Pourquoi choisir entre le bus et le bateau quand on peut faire les deux dans un seul véhicule ? C'est ce que propose Amphibus, avec ce véhicule hors du commun qui vous emmène d'abord faire un tour sur la terre ferme, puis plonge depuis le Vieux-Port de Montréal pour une balade sur le Saint-Laurent. Une idée originale, et un challenge technique réussi à la perfection.

LE BATEAU MOUCHE

Quai Jacques-Cartier du Vieux-Port
Rue de la Commune Est
✆ +1 514 849 9952 / +1 800 361 9952
www.bateaumouche.ca
info@bateau-mouche.com
M° Place-d'Armes. De mi-mai à mi-octobre. Croisière touristique d'une heure à 11h (fin juin à septembre), 14h30 et 16h. Adulte : 24 CAN $, aîné et étudiant : 22 CAN $, 6-14 ans : 12 CAN $, moins de 6 ans : gratuit. Croisières de 90 minutes aussi offertes (départ à 12h30).

Un classique de toute ville installée au bord de l'eau ! Le Bateau Mouche vous emmène sur le Saint-Laurent pour un tour du Vieux-Port, des îles et des canaux... Un moment d'exception avec des vues imprenables sur l'île de Montréal. La compagnie organise également des croisières-repas féeriques.

CROISIÈRES AML

Quai King-Edward du Vieux-Port
1, rue de la Commune
✆ +1 514 284 7792 / +1 866 856 6668
www.croisieresaml.com
info@croisieresaml.com
M° Place-d'Armes. De mai à mi-octobre. Croisière touristique commentée : adulte 25 CAN $ (1 heure) ou 30 CAN $ (1h30).

Pour une expérience authentique

AVEC UN QUÉBÉCOIS

✆ +1 514 594 3587
www.avecunquebecois.com
info@avecunquebecois.com

Cette compagnie vous propose de découvrir un Montréal authentique, avec une Québécoise habitant le quartier le plus « in » de la ville, le Plateau Mont-Royal. Vous êtes convié à partager un repas dans une maison victorienne et à goûter les vins et les fromages du terroir, le tout en bonne compagnie. Si le temps s'y prête, le repas sera servi dans le jardin, sur une note bucolique. Une belle occasion pour poser toutes les questions que vous voulez sur la métropole, et trouver des réponses ! Votre hôte, Sylvie, habite le Plateau depuis 25 ans. Possédant aussi une agence de voyages avec Steve Pelletier, la Boutique Aventure Voyages, elle est donc en mesure de vous conseiller sur l'ensemble de votre séjour dans la province. Vous voulez rencontrer Sylvie et ses copines ? Faire les boutiques de designers avec une styliste ? Découvrir quelques artistes et créateurs montréalais ? Vous n'avez qu'à demander, car le réseau de Sylvie n'a pas de limites.

Goûter à l'histoire de Montréal

■ VDM GLOBAL DMC
✆ +1 514 933 6674
www.montrealfoodtours.com – info@vdmglobal.com
L'agence VDM offre des tours culinaires dont « Saveurs et Arômes du Vieux-Montréal ». Votre guide en connaît long sur le sujet et vous transportera dans un circuit des plus gourmets aux quatre coins de la vieille ville. On passe littéralement des influences amérindiennes à l'explosion des saveurs de l'Expo 67. Des arrêts gourmands, des anecdotes à la tonne et plus de 400 ans d'histoire culinaire. L'autre visite offerte, « Savourez la Petite Italie », vous fera découvrir ce quartier de Montréal, avec son passé coloré, ses rues typiques, ses restaurants réputés et épiceries épicuriennes. Plusieurs autres tours culinaires sont offerts tant au grand public qu'aux groupes : « D'un bar à l'autre... dans le Vieux-Montréal », « Montréal culinaire en vélo », etc. Pour les amateurs des plaisirs de Bacchus, trois excursions vous mèneront sur les routes des vins de la Montérégie et des Cantons-de-l'Est. Consultez le site Internet pour connaître les dates, tarifs et conditions de réservation des visites.

Plusieurs autres croisières offertes (circuits à prix variables), forfaits-croisières disponibles (croisière guidée, repas, hébergement au Fairmont).
Embarquez à bord du *AML Cavalier Maxim* pour une découverte du majestueux fleuve Saint-Laurent. AML organise des croisières guidées de jour et de soir, des soupers-croisières, des brunchs, des croisières feux d'artifice en plus des nombreux forfaits adaptés aux groupes. L'entreprise opère aussi à Montmagny et ses îles (croisières assurées par Croisières Lachance), Rivière-du-Loup, Trois-Rivières, Québec, Baie-Sainte-Catherine et Tadoussac (croisières d'observation des baleines en bateau ou en Zodiac ainsi que dans le fjord du Saguenay), sans oublier les « Grandes Croisières Fluviales » de Montréal à Québec.

■ CROISIÈRES LE MONTRÉALAIS
Promenade entre les quais Alexandra et King-Edward
✆ +1 855 767 3795
www.croisieremontreal.ca
info@croisieremontreal.ca
M° Place-d'Armes. Soirée 5 à 7 : 20 CAN $, croisière de nuit : 40 CAN $, soirée feux d'artifice : à partir de 70 CAN $. Billetterie en ligne uniquement. Service de bar et de restauration à bord. Possibilité de nolisement exclusif pour les groupes.
Un superbe catamaran-lounge a fait son entrée remarquée au Vieux-Port. Il peut accueillir jusqu'à 300 personnes et est muni de deux ponts intérieurs, de trois terrasses extérieures, de trois bars, et d'un plancher de danse avec système de son et éclairage complet. Les différentes formules offertes vous feront vivre une expérience exceptionnelle, que ce soit pour un 5 à 7 électrisant ou encore pour admirer les feux d'artifice. Pour une réunion ou un événement corporatif qui épatera vos convives, vous pouvez réserver le bateau au complet et choisir ensuite si vous restez à quai ou optez pour une croisière sur le fleuve. Les tarifs incluent les membres d'équipage et l'équipe de service. Résolument tendance !

■ LES FANTÔMES DU VIEUX-MONTRÉAL
Billetterie
360, rue Saint-François-Xavier
✆ +1 514 844 4021 / +1 800 363 4021
www.fantommontreal.com
info@fantommontreal.com
M° Place-d'Armes. De début juin à fin octobre. Consultez le site Internet pour les horaires complets des circuits. Tarifs : adulte 22 CAN $, étudiant 18,50 CAN $, 12-17 ans 14,50 CAN $. Vous devez récupérer les billets entre 19h30 et 20h20 les soirs de circuits. Visites en anglais ou en français d'une durée de 90 min.
Une autre façon de découvrir Montréal où se mêlent frissons, histoire, chimères et autres fantômes. On vous propose des circuits différents qui appellent l'interaction entre les personnages et le public : La chasse aux fantômes (Crimes historiques ou Nouvelle-France), et Légendes et histoires. Ne vous étonnez donc pas si, au détour d'une rue, vous rencontrez un fantôme ou une sorcière, car une fois la nuit tombée, tous les esprits de la ville viendront à votre rencontre... Disponibilité pour groupes en dehors de l'horaire estival. Surveillez le spécial Halloween !

Montréal gratuit

Parce qu'on ne peut pas tous les soirs se payer un restaurant ou une place au théâtre, voici une liste d'activités gratuites à Montréal.

Entrée libre aux musées

- **Centre Canadien d'Architecture.** Un bel édifice dans lequel des expositions explorent une facette méconnue de l'architecture de la ville. Entrée libre le jeudi de 17h30 à 21h, entrée libre en tout temps pour les étudiants et enfants. www.cca.qc.ca
- **Cité Historia, musée du Sault-au-Récollet.** Site patrimonial d'importance situé au Parc-nature de l'Île-de-la-Visitation. Entrée libre en tout temps au musée. www.citehistoria.qc.ca
- **DHC/ART.** Entrée libre en tout temps aux expositions de cette fondation pour l'art contemporain. www.dhc-art.org
- **Maison Saint-Gabriel.** Musée et site historique qui présente les différentes facettes de la vie rurale au XVIIe siècle et l'aventure des Filles du Roy. Visite guidée gratuite le mercredi à 17h de fin juin à début septembre. www.maisonsaint-gabriel.qc.ca
- **Musée de Lachine.** Il regroupe le site patrimonial Le Ber-Le Moyne et une collection archéologique classée, des bâtiments du XVIIe siècle, ainsi qu'un jardin de sculptures contemporaines. Entrée libre en tout temps. www.museedelachine.com
- **Musée des Beaux-arts.** Entrée libre en tout temps aux collections et expositions-découvertes pour les 30 ans et moins, le jeudi pour les aînés. www.mbam.qc.ca
- **Musée McCord.** Un des plus importants musées d'histoire du Canada. Entrée libre le mercredi de 17h à 21h et en tout temps pour les 12 ans et moins. www.mccord-museum.qc.ca
- **Musée Redpath (Université McGill).** Consacré à l'histoire naturelle, il abrite plusieurs squelettes de dinosaures et des momies. Entrée libre en tout temps – contribution suggérée (fermé le samedi). www.mcgill.ca/redpath/fr

Spectacles

- **La programmation de la TOHU,** Cité des arts du cirque, comprend de nombreux spectacles gratuits de très bonne qualité. www.tohu.ca
- **En été, le Théâtre de Verdure,** dans le parc La Fontaine, diffuse des spectacles de danse, cinéma, théâtre et musique qui attirent beaucoup de monde. Pour la programmation : 311.
- **Les maisons de la culture,** présentes dans tous les quartiers, proposent régulièrement des spectacles, du cinéma, des conférences, des lectures, des expositions et événements, etc. www.ville.montreal.qc.ca/culture/lieu-culturel
- **Les quatre universités** ouvrent leurs portes pour des projections de films, des conférences, des spectacles, etc. Vous trouverez les renseignements sur leur site : www.mcgill.ca/channels/events – www.concordia.ca/events.html – www.uqam.ca/diffusion – www.umontreal.ca/grand-public/arts-culture.html
- **Les très nombreux festivals** de Montréal offrent généralement des spectacles gratuits. C'est le cas notamment du Festival Montréal en Lumière en hiver ; du Festival international de Jazz, des Francofolies et du Festival Nuits d'Afrique en été.

Sports

- **Plus de 120 piscines** (intérieures et extérieures, entrée libre ou peu onéreuse), 116 pataugeoires et 99 jeux d'eau sont ouvertes aux nageurs. www.ville.montreal.qc.ca
- **Un réseau d'une vingtaine de grands parcs** est accessible au public. Vous pouvez y passer la journée, faire du ski de fond, du vélo, vous baigner, etc. www.ville.montreal.qc.ca/grandsparcs
- **Patinoires.** En hiver, de nombreuses patinoires accueillent gratuitement les hockeyeurs et patineurs. Les deux plus grandes patinoires sont celles du mont Royal et du parc La Fontaine. Vous trouverez l'information concernant l'état des patinoires sur le site web de la ville.
- **Pistes cyclables.** Il y a plus de 600 km de pistes cyclables dans la ville de Montréal, chiffre qui devrait doubler dans les années à venir.

Lecture libre

La Bibliothèque nationale du Québec met en consultation une large sélection de journaux et de magazines. La section Actualités et Nouveautés est ouverte du mardi au dimanche de 10h à 22h. La Bibliothèque nationale permet à ses adhérents d'emprunter des livres durant trois semaines. Il suffit de s'inscrire. www.banq.qc.ca

Le réseau des bibliothèques publiques permet d'emprunter des livres et de lire des magasines sur place, près de chez soi. www.bibliomontreal.com

Les quotidiens d'informations générales, *Métro* et *24 Heures* (distribués dans les stations de métro) donnent une idée succincte de l'actualité.

***Voir*, l'hebdomadaire d'information sur l'actualité des sorties** à Montréal, est une lecture indispensable pour savoir ce qui se passe dans le domaine culturel. Le bimestriel anglophone *Cult#MTL* est également une ressource futée.

Les mensuels thématiques offrent des contenus variés selon leur spécialité : *Revue Espaces* (plein air), *Fugues* (pour la communauté LGBT : actualité, chroniques, sorties, etc.), *Nightlife* (la vie nocturne au jour le jour).

Surfer sur le web

Le réseau Île sans fil. Grâce au support de cette association, plus de 260 points d'accès comprenant cafés, bars et restaurants sont équipés d'antennes Wifi. Les détenteurs d'un ordinateur portable équipés d'une carte Wifi peuvent y surfer librement. www.ilesansfil.org

Notez que Bell Internet offre aussi plus d'une centaine de points d'accès gratuit aux quatre coins de la ville, ainsi que sur le boulevard Saint-Laurent, entre les rues Sherbrooke et Mont-Royal.

La Bibliothèque nationale du Québec et les bibliothèques municipales mettent à disposition des adhérents des postes Internet et un réseau Wifi, tout cela gratuitement.

Musique et Films

Une fois de plus, nous vous recommandons la Bibliothèque nationale du Québec et les bibliothèques municipales dont la collection de CD et DVD est empruntable.

Visionner un film à la Bibliothèque nationale du Québec. Les adhérents peuvent réserver un poste de visionnement sur place.

Des projections de films ont lieu gratuitement en été au Théâtre de Verdure au parc La Fontaine. Il faut arriver très en avance pour avoir une place. Programme : 311. Vous pouvez également visionner des films et des courts-métrages lors du Festival des Films du Monde. Les représentations ont lieu à la belle étoile à la Place des Festivals.

Médiathèque Jazz/La Presse. Située à la Maison du Festival Rio Tinto Alcan, la médiathèque est le centre de documentation du Festival de Jazz de Montréal et permet de consulter gratuitement des archives musicales, des photographies, des captations de concerts et archives vidéos, des publications et programmes, ainsi que des revues de presse (ouvert du mardi au vendredi dès 11h30). www.montrealjazzfest.com/maison-virtuelle-du-festival/mediatheque.aspx

© S.NICOLAS – ICONOTEC

Monument à sir John A. Macdonald à la Place du Canada.

FITZ & FOLLWELL CO.

115, avenue du Mont-Royal Ouest
✆ +1 514 840 0739
www.fitzandfollwell.co
reservations@fitzandfollwell.co
Angle Saint-Urbain. Boutique : lundi-mardi, fermé (visites disponibles) ; mercredi, 10h-18h ; jeudi-vendredi, 10h-19h ; samedi-dimanche, 10h-17h. Horaire prolongé en été. Excursions possibles en dehors des horaires d'ouverture. Tarifs selon l'excursion choisie. Service de location de vélos. Forfaits disponibles.
Fitz & Follwell est à la fois un magasin de vélos comme il en existe des centaines à Montréal, mais peut-être l'un des plus agréables à visiter, et un prestataire proposant des excursions thématiques à vélo, à pied et en raquettes. Renseignez-vous par téléphone ou sur le site Internet pour choisir un des parcours déjà existants ou pour personnaliser votre balade.

GUIDATOUR

360, rue Saint-Francois-Xavier
✆ +1 514 844 4021 / +1 800 363 4021
www.guidatour.qc.ca
info@guidatour.qc.ca
M° Place-d'Armes. Visites guidées à l'année. Coûts : circuits à prix variable. Forfaits sur mesure pour les groupes aussi disponibles.
La réputation de Guidatour n'est plus à faire et ses guides professionnels vous transporteront dans l'histoire de Montréal, son développement, sa vie culturelle. À pied, à vélo ou en autobus, le choix de visites est vaste et la qualité, omniprésente. Pour les groupes, des rallyes, des forfaits scolaires et des forfaits d'une journée (clé en main ou sur mesure) leur feront découvrir l'histoire, le patrimoine et la culture d'une manière plus qu'originale. Guidatour, c'est également les Fantômes du Vieux-Montréal avec des visites nocturnes qui vous feront frissonner tout au long de l'été, sans oublier le spécial Halloween.

Calèche devant l'hôtel de ville de Montréal.

KALÉIDOSCOPE

✆ +1 514 990 1872
www.tourskaleidoscope.com
tours.kaleidoscope@sympatico.ca
Visite à pied : généralement entre 15 et 20 CAN $, autres circuits à prix variable. Plus de 80 possibilités de visite.
Cette entreprise, spécialisée dans les visites guidées des quartiers de Montréal, propose des visites à pied, en vélo ou des circuits en autocar pour les particuliers et les groupes. Vous pouvez découvrir les plus beaux quartiers de la ville (Petite Italie, Quartier chinois, Plateau Mont-Royal, Mille Carré Doré, etc.), visiter les lieux de culte (mosquée, église sikh, bouddhiste, synagogue, temple hindouiste, etc.), et faire le tour de l'île selon des thèmes variés en circuit d'une durée de quatre heures à une journée.

LOCAL MONTRÉAL TOURS

✆ + 1 866 451 9158
www.localmontrealtours.com
info@localmontrealtours.com
En opération à l'année. Visites à pied : 50 à 65 CAN $. Durée : environ 3 heures. Visites de groupes et événements disponibles sur demande.
Pour une excursion plutôt éclatée et différente des visites guidées traditionnelles, Montréal Local Tours est à retenir. Deux visites sont proposées et plairont sans aucun doute à vos papilles. La première vous fera savourer les excellentes bières artisanales de la métropole dans trois brasseries réputées du Quartier latin et du centre-ville. La deuxième visite, quant à elle, vous mènera dans le quartier *hip* du Mile-End, le tout ponctué d'arrêts gourmands pour découvrir quelques spécialités culinaires du coin. Bien entendu, chacune des visites comprend également une portion historique et culturelle, saupoudrée d'anecdotes et de faits inusités. Et nul besoin de vous dire que vos guides maîtrisent fort bien le sujet. À vous de découvrir le Montréal des Montréalais !

Vieux-Montréal et Parc Jean-Drapeau

Le quartier historique concentre un grand nombre de musées et de sites intéressants à visiter. Il se parcourt aisément à pied. Le Vieux-Port, situé dans ce quartier, est devenu une place publique fort courue, été comme hiver. Différentes activités s'y tiennent : roller, vélo, patinoire, expositions, cinéma IMAX à écran géant (le plus fréquenté du pays), croisières sur le fleuve, excursions en bateau dans les rapides de Lachine (Saute-Moutons), etc. Là aussi, la vue est saisissante sur le fleuve et l'île Sainte-Hélène.
L'aménagement du site se poursuit. On a ainsi reconstruit l'une des écluses du canal de Lachine et ouvert la tour de l'Horloge qui faisait office de phare pour les navires : c'est aujourd'hui un observatoire pour qui sait gravir ses 192 marches.
Plein sud, le Vieux-Port est longé par la rue de la Commune sur laquelle donnent le Marché Bonsecours et le chevet de Notre-Dame-de-Bon-Secours. Nous vous conseillons de consacrer une journée entière de visite à ce coin de la ville.

BASILIQUE NOTRE-DAME DE MONTRÉAL

110, rue Notre-Dame Ouest
✆ +1 514 842 2925
www.basiliquenddm.org
info@basiliquenddm.org
M° Place-d'Armes. Lundi-vendredi, 8h-16h30 ; samedi, 8h-16h ; dimanche, 12h30-16h. Ouvert tous les jours dès 7h30 pour la prière. Adulte : 5 CAN $, 7-17 ans : 4 CAN $. Différentes visites guidées tarifées sont offertes.
La basilique a été construite entre 1824 et 1829 pour remplacer la précédente église Notre-Dame. Son majestueux décor intérieur ne fut rajouté qu'à la fin du XIXe siècle. Elle a été le théâtre de grands événements, des funérailles de sir Georges Etienne Cartier en 1873, l'un des pères de la Confédération et ancien Premier ministre du Canada, jusqu'à celles de Pierre-Elliot Trudeau en octobre 2000, en passant par les funérailles de Maurice Richard, un des plus grands joueurs de hockey, celles du cinéaste Gille Carle et le mariage de Céline Dion. Le grand Congrès eucharistique international de 1910 s'y est tenu et le pape Jean-Paul II y a reçu les enfants en 1984. Pour une expérience Son et Lumière hors du commun, ne ratez pas le spectacle multimédia *Et la lumière fut*. Grâce à des éclairages animés et des projections dynamiques sur d'immenses toiles suspendues à la voûte, l'histoire de Montréal et de la basilique vous est racontée. A noter toutefois que les représentations sont suspendues depuis août 2014 et ce pour une période indéterminée.

Basilique Notre-Dame de Montréal.

BIOSPHÈRE

Île Sainte-Hélène
160, chemin Tour-de-l'Isle
✆ +1 514 283 5000 / +1 855 773 8200
www.ec.gc.ca/biosphere/
info.biosphere@ec.gc.ca
M° Jean-Drapeau. De juin à fin août : lundi-dimanche, 10h-17h. Le reste de l'année : mercredi-dimanche, 10h-17h. Adulte : 12 CAN $, étudiant (18 ans et plus) : 10 CAN $, gratuit pour les de moins de 18 ans.
Inaugurée en 1995, dans l'ancien pavillon des États-Unis de l'expo 67, la Biosphère d'Environnement Canada est devenue au fil du temps le premier centre canadien d'observation environnementale. Unique musée en Amérique du Nord dédié à l'eau et plus particulièrement au fleuve Saint-Laurent et aux Grands Lacs. Nouveauté en 2015 : le renouvellement des salles d'expositions qui seront en lien avec la météorologie, le climat, l'eau et la qualité de l'air.

MONTRÉAL

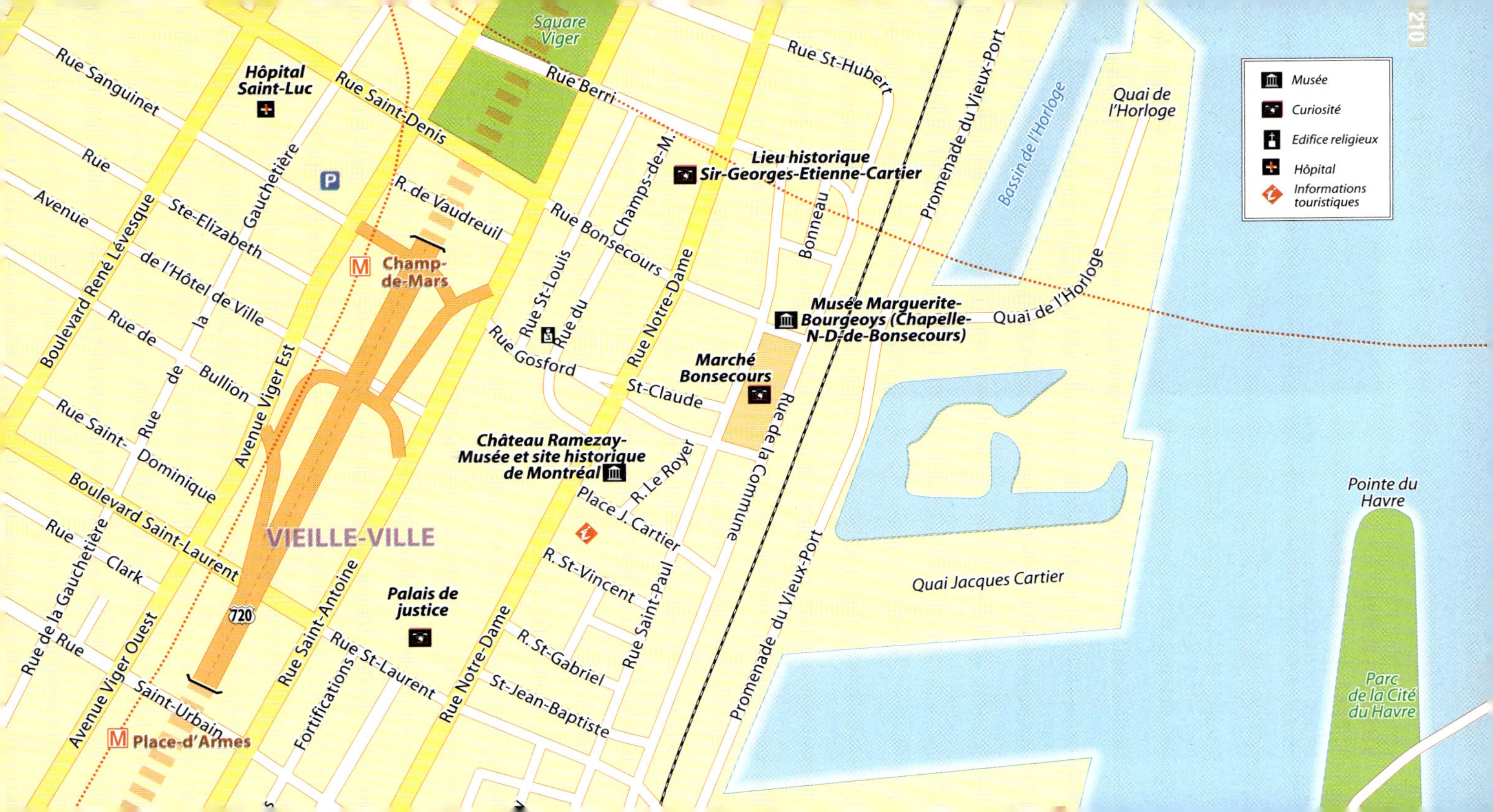

Musée
Curiosité
Edifice religieux
Hôpital
Informations touristiques
Square Viger
Hôpital Saint-Luc
Rue Sanguinet
Rue Saint-Denis
Rue Berri
Rue St-Hubert
Lieu historique Sir-Georges-Etienne-Cartier
Promenade du Vieux-Port
Bassin de l'Horloge
Quai de l'Horloge
Rue
Gauchetière
Avenue
Ste-Elizabeth
R. de Vaudreuil
Champs-de-M.
Rue Bonsecours
Bonneau
Boulevard René Lévesque
de l'Hôtel de Ville
Champ-de-Mars
Rue St-Louis
Rue du
Rue Notre-Dame
Musée Marguerite-Bourgeoys (Chapelle-N-D-de-Bonsecours)
Rue de
la
Bullion
Rue Gosford
Marché Bonsecours
St-Claude
Rue de la Commune
Avenue Viger Est
Rue Saint-
Rue
Dominique
Château Ramezay-Musée et site historique de Montréal
R. Le Royer
Boulevard Saint-Laurent
VIEILLE-VILLE
Place J. Cartier
R. St-Vincent
Rue Saint-Paul
Quai Jacques Cartier
Pointe du Havre
Rue
Clark
Rue de la Gauchetière
Rue
720
Rue Saint-Antoine
Palais de justice
R. St-Gabriel
Avenue Viger Ouest
Saint-Urbain
Rue St-Laurent
Fortifications
Rue Notre-Dame
St-Jean-Baptiste
Place-d'Armes
Parc de la Cité du Havre

Vieux-Montréal et Vieux-Port
Palais des Congrès
Basilique Notre-Dame de Montréal
Centre des sciences de Montréal
Quai des Convoyeurs
Quai Alexandra
Musée Pointe-à-Callière
Centre de commerce mondial de Montréal
Centre d'histoire de Montréal
Rue Saint-Antoines
Ruelle des Fortifications
Rue Saint-Jacques
Rue Notre-Dame
Rue Saint-François Xavier
Rue Saint-Paul
Capitale
Rue de la Commune
Promenade du Vieux-Port
Rue de l'Hôpital
Rue St-Jean
St-Eloi
R. du Sacrement
R. St-Nicholas
R. du Port
Place d'Youville
Youville
Rue Saint-Pierre
Squ. Vict.
Rue Recollets
Rue le Moyne
Rue McGill
Place d'
Rue Normand
Rue de Longueuil
Rue Saint-Maurice
Rue Saint-Henri
Rue des Soeus-Grises
Rue King
Rue Wellington
Rue Duke
Rue University
Rue William
Rue Queen
Rue Prince
Rue Nazareth
10
Bassin Windmill-Point
Bassin Bickerdike
Quai Mark Drouin
0
180 m
N

■ **CENTRE DES SCIENCES DE MONTRÉAL**
Quai King-Edward du Vieux-Port
✆ +1 514 496 4724 / +1 877 496 4724
www.centredessciencesdemontreal.com
informations@vieuxportdemontreal.com
M° Place-d'Armes. Salles d'exposition : lundi-vendredi, 9h-16h ; samedi-dimanche, 10h-17h. Pour les expositions régulières et 1 film Imax : adulte : 22,50 CAN $, 13-17 ans et aîné : 19,50 CAN $, 4-12 ans : 14 CAN $, famille : 64 CAN $. Autres tarifs pour les expositions, un film IMAX seulement ou deux films IMAX. Consultez leur site Internet pour les horaires du cinéma IMAX.
Les mordus de sciences et de technologies apprécieront l'exploration du Centre des sciences. Par des expositions interactives amusantes et étonnantes, la visite vous permettra d'en apprendre un peu plus sur la culture scientifique et technique, et l'impact de ses applications dans notre vie individuelle et collective. Cinéma IMAX, restaurants et boutiques sur place.

■ **CENTRE D'HISTOIRE DE MONTRÉAL**
335, Place d'Youville
✆ +1 514 872 3207
www.ville.montreal.qc.ca/chm
chm@ville.montreal.qc.ca
M° Square-Victoria. Mardi-dimanche, 10h-17h. Adulte : 6 CAN $, aîné : 5 CAN $, étudiant et 6-17 ans : 4 CAN $, famille : 15 CAN $, gratuit pour les moins de 6 ans.
L'exposition permanente du Centre d'histoire, « Traces. Lieux. Mémoires », nous fait revivre six époques qui ont façonné la ville, de 1641 à la modernité d'aujourd'hui. L'accent est mis sur l'histoire de Montréal et celle des gens qui ont habité la ville et qui l'habitent encore. C'est une histoire de lieux et de mémoires qui créent un présent et dessinent un avenir. Des expositions temporaires ainsi que des visites guidées sont aussi proposées.

■ **CENTRE PHI**
407, rue Saint-Pierre
✆ +1 514 225 0525 / +1 855 526 8888
www.phi-centre.com – info@phi-centre.com
M° Square-Victoria. Horaire variable en fonction des événements. Billetterie ouverte : lundi-vendredi, 10h-17h ; samedi, 12h-17h. Cet horaire peut varier selon la saison.
L'art sous toutes les formes, l'art pour tous les goûts. C'est ce qu'offre le Centre Phi qui propose des expositions d'arts visuels de toutes les sensibilités, ainsi que des projections, des spectacles et des conférences. Un centre culturel récent et en plein essor dans le Vieux-Montréal.

■ **CHÂTEAU RAMEZAY – MUSÉE ET SITE HISTORIQUE DE MONTRÉAL**
280, rue Notre-Dame Est
✆ +1 514 861 3708
www.chateauramezay.qc.ca
info@chateauramezay.qc.ca
M° Champ-de-Mars. Juin à mi-octobre : lundi-dimanche, 9h30-18h. Le reste de l'année : mardi-dimanche, 10h-16h30. Adulte : 10 CAN $, étudiant : 8 CAN $, aîné : 9 CAN $, 5-17 ans : 5 CAN $, famille : 22 CAN $, gratuit pour les moins de 5 ans.

Centre d'histoire de Montréal.

Le musée du Château Ramezay est le premier édifice classé monument historique et le plus ancien musée d'histoire privé au Québec. Depuis 120 ans, il présente des expositions à caractère historique et un parcours multimédia en six langues, et organise des activités culturelles, scientifiques et muséologiques. Ne quittez pas les lieux sans avoir visité le magnifique jardin de la Nouvelle-France.

FONDERIE DARLING

745, rue Ottawa
✆ +1 514 392 1554
www.fonderiedarling.org
info@fonderiedarling.org
M° Square-Victoria, angle Prince. Mercredi-dimanche, 12h-19h (22h le jeudi). Entrée 5 CAN $, gratuit le jeudi.
Situé dans l'ancien faubourg des Récollets, ce lieu dédié à la création contemporaine s'est installé dans une ancienne fonderie ouverte par les frères Darling en 1880. Soutenue par le ministère de la Culture québécois, Caroline Andrieux, jeune Française, déjà fondatrice de l'hôpital Ephémère à Paris, a investi cette friche industrielle en 2002 afin d'en faire un lieu avant-gardiste. La Fonderie Darling offre un soutien actif à la création et aux arts visuels, proposant des ateliers pour des artistes du monde entier, une programmation d'événements divers et surtout des expositions. Rien de plus étonnant que de découvrir ces œuvres d'art et installations dans l'immense espace de brique, offrant un cadre idéal à l'inspiration actuelle. Après une exposition, nous vous recommandons d'aller savourer un succulent repas au resto Le Serpent (257, rue Prince), un projet mis sur pied par les fondateurs des réputés restaurants Le Club Chasse et Pêche et Le Filet.

LIEU HISTORIQUE NATIONAL DU CANADA DE SIR-GEORGE-ÉTIENNE-CARTIER

458, rue Notre-Dame Est
✆ +1 514 283 2282 / +1 888 773 8888
www.pc.gc.ca/cartier
info.metropolitain@pc.gc.ca
M° Champ-de-Mars. Mi-juin à début septembre : mercredi-dimanche, 10h-17h. Début septembre à mi-décembre : vendredi-dimanche, 10h-17h. Adulte : 3,90 CAN $, jeune : 1,90 CAN $, aîné : 3,40 CAN $, famille : 9,80 CAN $.
Chacune des expositions temporaires recrée l'atmosphère de la maison familiale de Sir George-Étienne Cartier, un des pères de la Confédération canadienne. Les visiteurs revivent des scènes d'époque : leçon d'étiquette, préparatifs d'une réception mondaine ou l'art de vivre bourgeois. Une façon très amusante et divertissante de remonter le temps.

MAISON DE MÈRE D'YOUVILLE

138, rue Saint-Pierre
✆ +1 514 842 9411
www.sgm.qc.ca
asscong@sgm.ca
M° Square-Victoria. Mercredi-dimanche, 9h30-11h30 & 13h30-16h. Visite guidée sur réservation.
Les murs de 1693, les aménagements d'époque et les salles de l'exposition permanente «Marcher dans ses pas» retracent l'histoire des Frères Charon et de Marguerite d'Youville, fondatrice de la Congrégation des Sœurs Grises. La visite de cette « Maison de Charité », habitée par la Mère d'Youville et les Sœurs Grises en 1747, est assurée par les religieuses. Le mobilier de l'époque est resté intact. Toute la vie de cette « maison » a été reconstituée. Les visites sont gratuites, mais des dons sont toujours les bienvenus, d'autant que ces femmes d'exception continuent à aider les plus démunis. On leur doit également l'Accueil Bonneau.

MUSÉE MARGUERITE-BOURGEOYS ET CHAPELLE NOTRE-DAME-DE-BONSECOURS

400, rue Saint-Paul Est
✆ +1 514 282 8670
www.marguerite-bourgeoys.com
info@marguerite-bourgeoys.com
M° Champ-de-Mars. Fermé de mi-janvier à fin février hormis pour les groupes sur réservation. Toujours ouvert du mardi au dimanche. Mai à mi-octobre : 10h-18h. Mi-octobre à mi-janvier et mars-avril : 11h-16h. Entrée libre dans la chapelle. Adulte : 10 CAN $, étudiant et aîné : 7 CAN $, 6-12 ans, 5 CAN $, famille : 20 CAN $. Ces tarifs incluent aussi l'entrée au site archéologique.
Ancien lieu de campement des Amérindiens, cet emplacement est maintenant l'hôte d'une chapelle tricentenaire, d'un musée d'histoire et d'un site archéologique. C'est d'ailleurs autour de cette chapelle que s'est développé le premier faubourg de la ville. Le musée est dédié à Marguerite Bourgeoys, une femme d'exception qui joua un grand rôle dans l'administration de la colonie au XVIIe siècle.

MUSÉE POINTE-À-CALLIÈRE

350, Place Royale
✆ +1 514 872 9150
www.pacmusee.qc.ca
info@pacmusee.qc.ca
M° Place-d'Armes. De fin juin à fin août/début septembre : lundi-vendredi, 10h-18h ; samedi-dimanche, 11h-18h. Le reste de l'année : mardi-vendredi, 10h-17h ; samedi-dimanche, 11h-17h. Adulte : 20 CAN $, aîné : 16 CAN $, étudiant 18-30 ans : 12 CAN $, 13-17 ans : 9,50 CAN $, 6-12 ans : 7 CAN $, famille : 42 CAN $, gratuit pour les moins de 6 ans. Boutique et restaurant L'Arrivage sur place.

Sur les lieux mêmes de la fondation de Montréal, ce musée met en valeur d'importants vestiges architecturaux et une collection unique d'objets et d'artefacts. Le site a fait l'objet de nombreuses fouilles dans les années 1980 menant à la découverte de 1 000 ans d'activité humaine et à la fondation du musée en 1992, lors des célébrations du 350e anniversaire de Montréal. Le complexe muséal est composé de divers bâtiments, dont la place Royale et la crypte archéologique, l'Ancienne-Douane, la Station de pompage D'Youville et la nouvelle acquisition, la Maison-des-Marins. Parmi les expositions permanentes, « Ici naquit Montréal » est un must, et vous permettra de passer sous terre pour découvrir les premières fondations de la ville. Cette visite se complète à merveille avec le spectacle multimédia sur l'histoire de la ville. Le musée abrite également des expositions temporaires des plus intéressantes. A noter que le musée s'agrandira afin de mettre en valeur les vestiges du Fort Ville-Marie pour les célébrations du 375e anniversaire nde Montréal en 2017. Un immanquable !

MUSÉE STEWART

Île Sainte-Hélène
20, chemin Tour-de-l'Isle
✆ +1 514 861 6701
www.stewart-museum.org
info@stewart-museum.org
M° Jean-Drapeau. Mercredi-dimanche, 11h-17h. Adulte : 10 CAN $, aîné-étudiant-enfant : 8 CAN $, 12 ans et moins : gratuit, famille : 20 CAN $. Programmation d'activités scolaires, éducatives et d'actions culturelles.

Situé dans l'arsenal du dépôt militaire fortifié de l'Île Sainte-Hélène, ce musée accueille des expositions de qualité à caractère historique. La collection contient entre autres des pièces militaires, des artéfacts, des objets d'art et de la vie quotidienne, des documents d'archive, des livres ainsi que des objets scientifiques (navigation, astronomie, arpentage, cartographie, etc.) qui rappellent la présence et l'influence des civilisations européennes en Nouvelle-France et en Amérique du Nord, jusqu'à nos jours. L'exposition permanente, *Histoires et Mémoires,* forme une ligne du temps remontant aussi loin que l'époque amérindienne. Une nouvelle tour de verre et d'acier de quatre étages donne accès à un belvédère offrant une remarquable vue d'ensemble du dépôt militaire de l'Île Sainte-Hélène et de Montréal.

PARC JEAN-DRAPEAU

Îles Sainte-Hélène et Notre-Dame
✆ +1 514 872 6120
www.parcjeandrapeau.com
clientele@parcjeandrapeau.com
M° Jean-Drapeau. En voiture, vous y accédez par le pont Jacques-Cartier ou par l'autoroute Bonaventure. L'été, vous pouvez emprunter la navette fluviale depuis le Vieux-Port de Montréal.

L'île Sainte-Hélène est le joyau le plus complet de Montréal, accessible par vélo, bateau, bus, métro ou auto. Un peu à l'écart et épousée par le Saint-Laurent, elle offre une foule d'activités sur une surface particulièrement privilégiée. Ainsi, vous y trouverez un important belvédère pour admirer le la ville et le fleuve (il est fort à parier que même les Montréalais l'ignorent), sans oublier la piscine extérieure, la Biosphère (musée de l'Environnement), le Musée Stewart (musée d'Histoire), les lacs (lac des Cygnes, au sud, et lac des Dauphins, au nord), la marina et le parc d'attractions La Ronde. De fin juin à début août s'y déroule une des plus grandes compétitions d'art pyrotechnique du monde, l'International des feux Loto-Québec. C'est aussi le lieu du fameux rendez-vous dominical du Piknic Électronik (mi-mai à fin septembre). En hiver, plusieurs festivités s'y tiennent, dont la Fête des Neiges, un grand rassemblement festif et familial.

Sur l'île Notre-Dame, créée artificiellement à l'occasion de l'Expo 67 et accessible par le pont des Îles prolongeant le pont de la Concorde, se trouvent le bassin olympique, le circuit automobile Gilles-Villeneuve sur lequel se dispute le Grand Prix de Formule 1 en juin, les superbes jardins des Floralies, l'agréable plage pour la baignade (avec son

système de filtrage naturel totalement inédit), sans oublier le fameux casino. Le parc offre également pistes de ski de fond, patinoires, championnats d'aviron et événements extérieurs, été comme hiver.

LA RONDE

Parc Jean-Drapeau
Île Sainte-Hélène
✆ +1 514 397 2000
www.laronde.com
infolaronde@sixflags.com
M° Jean-Drapeau, autobus 167. Ouvert de mi-mai à fin octobre. Visitez laronde.com pour le calendrier complet et les tarifs. Gratuit pour les moins de 2 ans. Passeport-saison disponible. Stationnement payant en extérieur pour la journée ou la saison.

« Emmène-nous à La Ronde, La Ronde de l'expo ! » Cette phrase fera sourire plus d'un parent... mais les temps ont bien changé. Six Flags, qui détient de nombreux parcs en Amérique du Nord, a transformé La Ronde depuis plusieurs années et c'est maintenant une quarantaine de manèges et d'attractions qui plairont assurément à toute la famille. Le Pays de Ribambelle est le royaume des petits et sa mascotte en charmera plusieurs. Le Démon s'est ajouté au Goliath et au Vampire qui sont parmi les manèges qui plaisent aux amateurs de sensations (très) fortes. Pour les petits creux, une vingtaine de restaurants combleront votre estomac. Votre bambin est fatigué de marcher ? Louez une poussette sur place. Nombreux événements durant la saison (spectacles pour enfants, feux d'artifice, Halloween en octobre, etc.).

VIEUX-PORT DE MONTRÉAL

✆ +1 514 496 7678 / +1 800 971 7678
www.vieuxportdemontreal.com
informations@vieuxportdemontreal.com
M° Champ-de-Mars, Place-d'Armes ou Square-Victoria.

Converti en parc récréotouristique, le Vieux-Port s'étend sur 2,5 km et offre une vue imprenable sur le majestueux fleuve Saint-Laurent et les îles du Parc Jean-Drapeau. Les plus sportifs graviront les 192 marches de la Tour de l'Horloge pour un spectacle saisissant. Haut lieu de divertissement, c'est LA destination par excellence pour passer quelques heures ou une journée entière en famille ou entre amis, avec une quantité phénoménale d'activités proposées. L'été, on y loue des pédalos, des quadricycles et des segway ; on part en croisière sur le fleuve ou en excursion trépidante sur les rapides de Lachine ; on profite des animations de rue et des festivités... L'hiver n'est pas en reste avec le patin à glace, les Symphonies portuaires, la pêche sur glace, et encore des festivités. Les quais s'animent en toute saison, notamment lors d'Igloofest, des célébrations du Nouvel An, de la fête du Canada et du Festival International de Reggae. Et comme si ce n'était pas assez, presqu'à chaque année, le Cirque du Soleil y installe sa grande tente pour un spectacle haut en couleur.

Vieux-Port de Montréal.

Centre-ville et Westmount

Si certains se rendent au centre-ville pour le shopping et la vie nocturne, d'autres y voient plutôt un concentré de culture. En effet, de nombreux musées et galeries d'art ont un pied-à-terre dans le quartier. Vous balader dans cette partie de la ville vous permet également de voir l'aspect très nord-américain de Montréal, avec ses gratte-ciel, ses grandes avenues et ses enseignes lumineuses.

2-22

2, rue Sainte-Catherine Est
www.artactuel2-22.com
artactuel2.22@gmail.com
M° Saint-Laurent. Horaire variable selon l'organisme ou le service.
Le 2-22 est un nouveau bâtiment dans le centre-ville à vocation culturelle, entièrement consacré aux arts visuels et médiatiques. Sous un même toit, les organismes Artexte, RCAAQ et VOX offrent deux salles d'exposition, une librairie spécialisée et un centre de documentation et de recherches, tant pour le grand public que les professionnels du milieu.

CENTRE CANADIEN D'ARCHITECTURE

1920, rue Baile
✆ +1 514 939 7026
www.cca.qc.ca
info@cca.qc.ca
M° Atwater ou Guy-Concordia. Mercredi-vendredi, 11h-18h (jusqu'à 21h le jeudi) ; samedi-dimanche, 11h-17h. Adulte : 10 CAN $, aîné : 7 CAN $, étudiant et enfant : gratuit. Entrée libre le jeudi à partir de 17h30.

Ce musée a été créé avec la conviction que l'architecture fait partie du quotidien de tous. Il va sans dire que l'édifice constitue à lui seul un lieu agréable à visiter. Le bâtiment conçu par Peter Rose et Phyllis Lambert s'est vu décerner de nombreux prix depuis son inauguration en 1989. Les salles d'exposition abritent la plus large collection au monde de plans, dessins, photographies d'architecture, maquettes, livres etc. Notez que les salles de réception et le jardin du Centre canadien d'architecture (CCA) sont également accessibles au public.

GRÉVIN MONTRÉAL

Centre Eaton de Montréal, 5e niveau
705, rue Sainte-Catherine Ouest
✆ +1 514 788 5211
www.grevin-montreal.com
contact@grevin-montreal.com
M° McGill. Lundi-samedi, 10h-18h ; dimanche, 11h-17h. Fermeture à 19h tous les soirs, de fin juin à début septembre. La billetterie ferme toujours une heure plus tôt. Adulte : 18,50 CAN $, aîné : 17 CAN $, jeune et étudiant : 14,50 CAN $, 6-12 ans : 12,50 CAN $, famille : 54 CAN $, gratuit pour les moins de 6 ans. Stationnement sur place (entrée sur la rue McGill College) : 18 CAN $ en semaine (tarif réduit à 7 CAN $ après 17 h) et 7 CAN $ le week-end. Boutique et restauration sur place.
C'est en 2013 que le fameux musée de cire Grévin de Paris a ouvert au public le premier maillon de son réseau international, et c'est Montréal qui fut l'heureuse élue. Plus d'une centaine de personnalités internationales y sont représentées, dont une quarantaine d'artistes québécois tels Céline Dion, Robert Charlebois, Véronic DiCaire et Guy Lafleur. Bien entendu, les visiteurs peuvent se faire photographier en compagnie de leurs vedettes préférées. Le Grévin de Montréal invite ses visiteurs à une immersion captivante au cœur d'univers aussi singuliers que « Le temps des sports », la thématique Paris-Québec, ou encore l'histoire de la Nouvelle-France. En plus des mises en scène hyperréalistes de cet « art du vrai-semblant », la compagnie québécoise Moment Factory a collaboré au projet afin de créer un environnement multimédia interactif, immersif et évolutif. Si la faim vous gagne, sachez que le Grand Chef Relais & Châteaux, M. Jérôme Ferrer, a ouvert le Café Grévin par Europea sur place.

Les Cartes Musées Montréal

Les Cartes Musées Montréal : vos forfaits d'accessibilité inter musées afin de découvrir les musées de la métropole (plusieurs forfaits disponibles, avec ou sans titres de transport en commun). Elles sont offertes avec le Répertoire Musées Montréal.

- **Point de vente :** Centre Infotouriste de Montréal (1255, rue Peel – M° Peel, ouvert toute l'année, sauf le 25 décembre et le 1er janvier).
- **Renseignements** et autres points de vente : www.museesmontreal.org

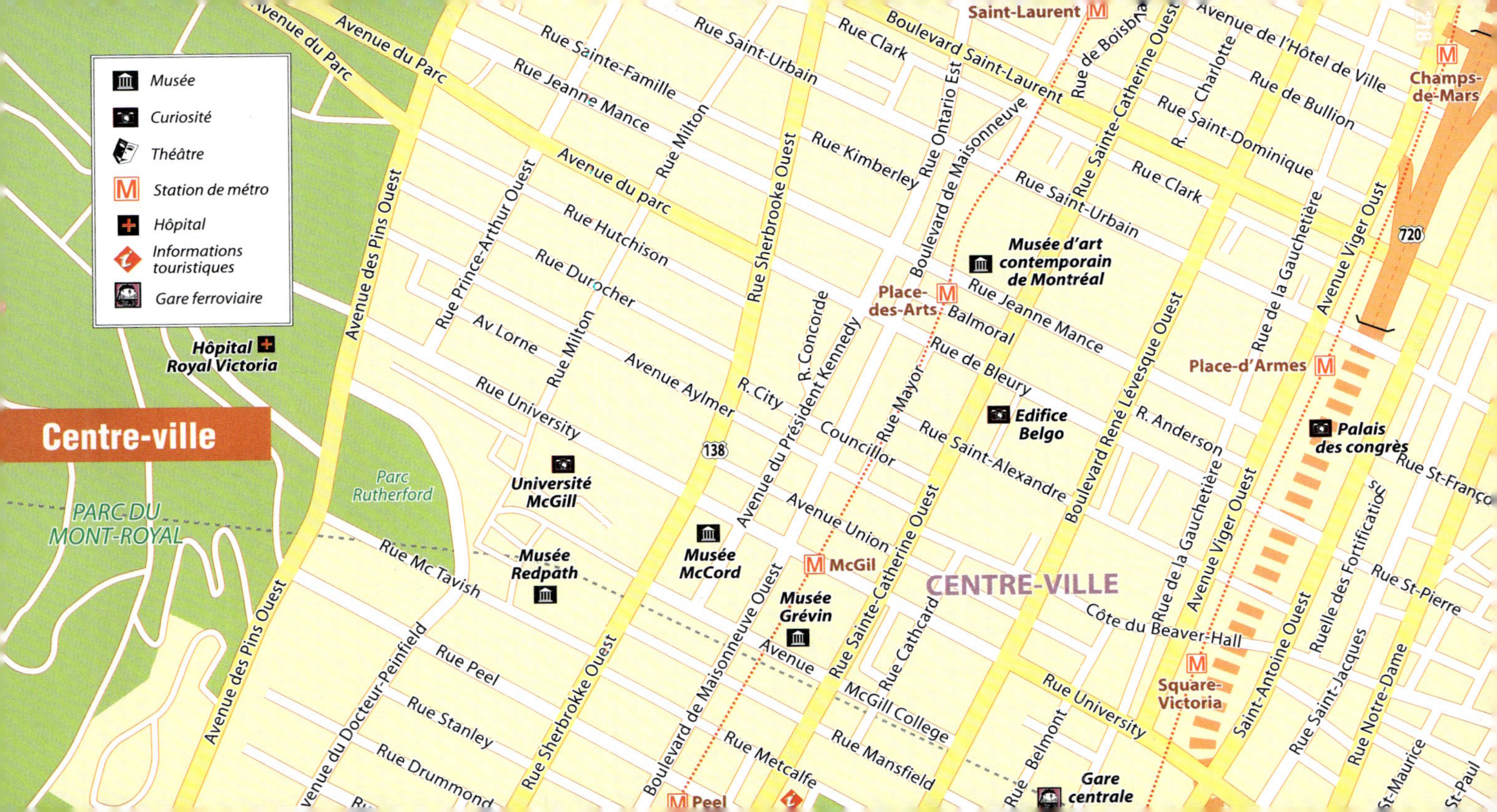

Centre-ville
Musée
Curiosité
Théâtre
Station de métro
Hôpital
Informations touristiques
Gare ferroviaire
Hôpital Royal Victoria
PARC DU MONT-ROYAL
Parc Rutherford
CENTRE-VILLE
Université McGill
Musée Redpath
Musée McCord
Musée Grévin
Musée d'art contemporain de Montréal
Edifice Belgo
Palais des congrès
Gare centrale
Saint-Laurent
Champs-de-Mars
Place-des-Arts
Place-d'Armes
McGil
Square-Victoria
Peel
Avenue du Parc
Avenue des Pins Ouest
Rue Sainte-Famille
Rue Jeanne Mance
Rue Milton
Avenue du parc
Rue Prince-Arthur Ouest
Rue Hutchison
Rue Durocher
Av Lorne
Rue University
Rue Mc Tavish
Avenue du Docteur-Peinfield
Rue Peel
Rue Stanley
Rue Drummond
Rue Sherbrooke Ouest
Boulevard de Maisonneuve Ouest
Rue Metcalfe
Rue Saint-Urbain
Rue Clark
Rue Kimberley
Rue Ontario Est
Boulevard de Maisonneuve
Boulevard Saint-Laurent
Rue de Boisbriand
Rue Sainte-Catherine Ouest
R. Charlotte
Avenue de l'Hôtel de Ville
Rue de Bullion
Rue Saint-Dominique
Rue de la Gauchetière
Avenue Viger Ouest
720
R. Concorde
Avenue du Président Kennedy
R. City
Avenue Aylmer
Councillor
Rue Mayor
Balmoral
Rue de Bleury
Rue Saint-Alexandre
Boulevard René Lévesque Ouest
R. Anderson
Rue St-François
138
Avenue Union
Rue Cathcard
Avenue McGill College
Rue Mansfield
Côte du Beaver-Hall
Rue University
Rue Belmont
Saint-Antoine Ouest
Ruelle des Fortifications
Rue Saint-Jacques
Rue Notre-Dame
St-Maurice
St-Paul
Rue St-Pierre

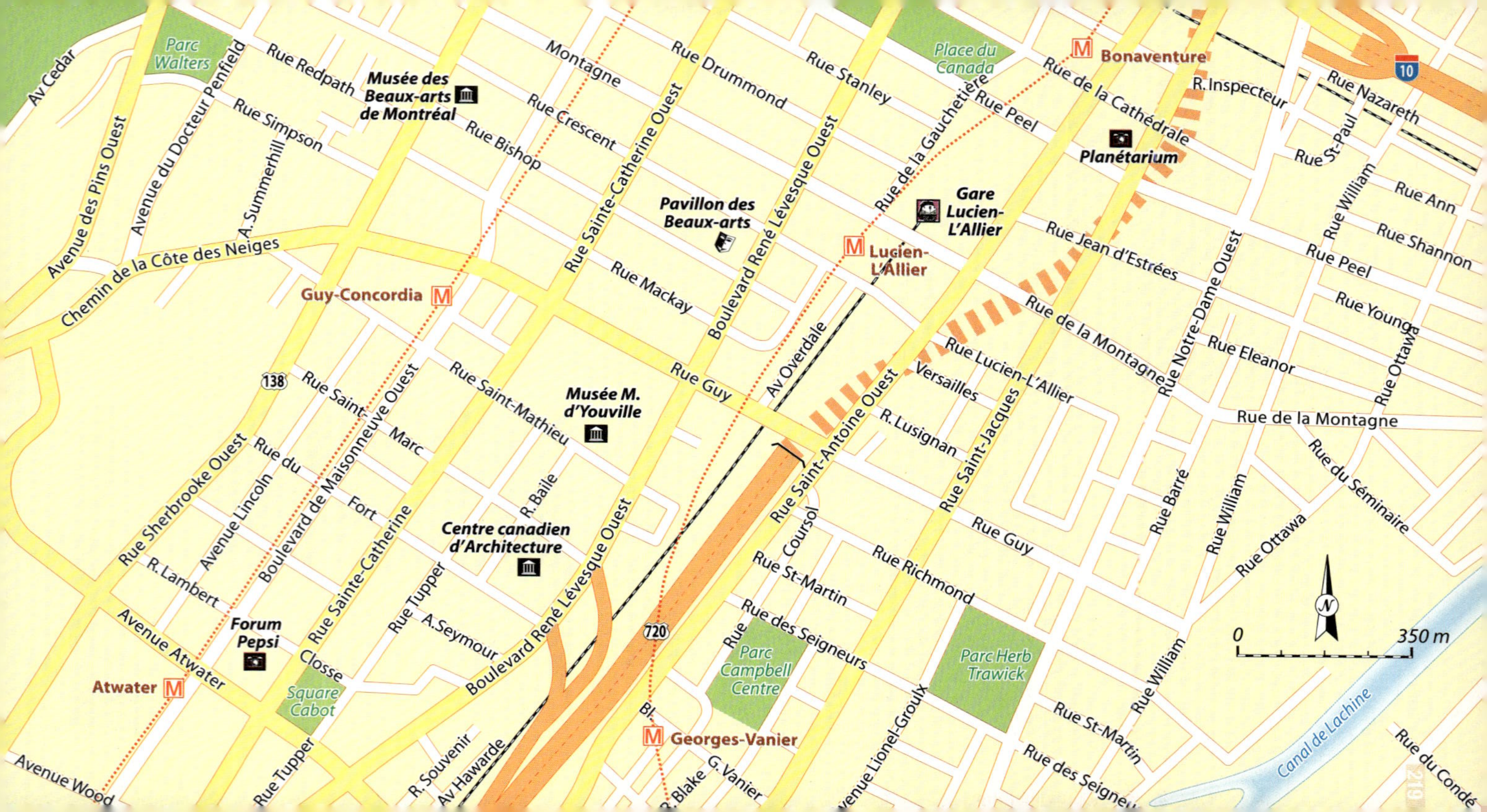
Parc Walters
Av Cedar
Avenue des Pins Ouest
Avenue du Docteur Penfield
Rue Redpath
Musée des Beaux-arts de Montréal
Rue Simpson
A. Summerhill
Chemin de la Côte des Neiges
Montagne
Rue Crescent
Rue Bishop
Rue Sainte-Catherine Ouest
Rue Drummond
Pavillon des Beaux-arts
Rue Mackay
Boulevard René Lévesque Ouest
Rue Stanley
Place du Canada
Rue de la Gauchetière
Rue Peel
Gare Lucien-L'Allier
Lucien-L'Allier
Bonaventure
Rue de la Cathédrale
Planétarium
R. Inspecteur
Rue Nazareth
10
Rue St-Paul
Rue William
Rue Ann
Rue Shannon
Rue Peel
Rue Jean d'Estrées
Rue Notre-Dame Ouest
Rue Young
Rue Ottawa
Rue de la Montagne
Rue Eleanor
Rue de la Montagne
Guy-Concordia
138
Rue Saint-Marc
Boulevard de Maisonneuve Ouest
Rue Saint-Mathieu
Musée M. d'Youville
Rue Guy
Av Overdale
Rue Lucien-L'Allier
Versailles
R. Lusignan
Rue Saint-Jacques
Rue Saint-Antoine Ouest
Rue du Séminaire
Rue Sherbrooke Ouest
Rue du Fort
Avenue Lincoln
R. Baile
Centre canadien d'Architecture
Rue Sainte-Catherine
R. Lambert
Forum Pepsi
Rue Tupper
A. Seymour
Boulevard René Lévesque Ouest
Coursol
Rue St-Martin
Rue Guy
Rue Richmond
Rue Barré
Rue William
Rue Ottawa
Avenue Atwater
Atwater
Closse
Square Cabot
720
Rue des Seigneurs
Rue Parc Campbell Centre
Parc Herb Trawick
Rue William
0
350 m
Avenue Wood
Rue Tupper
R. Souvenir
Av Hawarde
Bl. Georges-Vanier
R. Blake
G. Vanier
Avenue Lionel-Groulx
Rue St-Martin
Rue des Seigneurs
Canal de Lachine
Rue du Condé
219

ÉDIFICE BELGO

372, rue Sainte-Catherine Ouest
www.thebelgoreport.com
M° Place-des-Arts. Horaire variable selon la galerie (généralement ouvert du mercredi au samedi). Entrée libre.
Situé en plein centre-ville, cet immeuble de brique datant de 1912, abrite un véritable vivier de tout ce qui peut se faire en matière d'art contemporain à Montréal. Quand on y pénètre, ses longs couloirs blancs et ses lustres d'époque donnent une première impression assez étrange. Mais une fois monté à l'étage, et une fois franchie la porte d'un des multiples espaces investis par des galeries et autres centres d'art autogérés, on se retrouve instantanément au cœur du sujet. Voici une petite sélection (car il y en a bien d'autres !) de galeries et centres d'art qui ont élu domicile au Belgo : Centre d'exposition Circa (www.circa-art.com), Galerie B-312 (www.galerieb-312.qc.ca), Optica (www.optica.ca), Centre des arts actuels Skol (www.skol.ca), Les Territoires (www.lesterritoires.org).

GALERIE CLAUDE LAFITTE

2160, rue Crescent ✆ +1 514 842 1270
www.lafitte.com – lafitte@lafitte.com
M° Guy-Concordia. Mercredi-samedi, 11h-17h. Fermé dimanche-mardi.
Des toiles de maîtres canadiens, européens et américains tels le Groupe des Sept, Riopelle, Borduas, Chagall, Picasso, Miro, Léger, Motherwell, Suzor-Côté, Krieghoff ou encore Renoir constituent en partie le fonds prestigieux de cette galerie.

© STEPHANE SAVIGNARD
Musée d'art contemporain de Montréal.

GALERIE DE BELLEFEUILLE

1367, avenue Greene ✆ +1 514 933 4406
www.debellefeuille.com
art@debellefeuille.com
M° Atwater. Lundi-samedi, 10h-18h ; dimanche, 12h-18h. Fermé le dimanche en juillet et août.
De Bellefeuille représente plusieurs artistes canadiens et internationaux d'avant plan tels Joe Fafard et Jim Dine. Avec ses trois étages dans un superbe édifice historique, cette galerie d'art contemporain possède des espaces d'exposition très bien adaptés pour sa remarquable collection de peintures, de sculptures, de gravures et de photographies. A noter qu'une seconde galerie a ouvert à l'été 2014, juste en face, dédiée à la programmation dynamique d'expositions en solo d'artistes sélectionnés, ainsi qu'aux expositions thématiques et de groupe.

▸ **Autre adresse :** Galerie de Bellefeuille 2, 1366 avenue Greene.

GALERIE GORA

279, rue Sherbrooke Ouest
Espace 205 ✆ +1 514 879 9694
www.gallerygora.com – art@gallerygora.com
M° Place-des-Arts. Lundi-vendredi, 10h-17h, et sur rendez-vous.
Dans un bâtiment centenaire, cette spacieuse galerie d'art contemporain, toute de blanc vêtue, diffuse les œuvres d'artistes locaux et du monde entier, que ce soit des peintures, sculptures, photographies ou des installations multimédia. Avec son immense salle de 8 500 pi², sa cuisine toute équipée et ses nombreux services allant du vestiaire au service de traiteur maison, la galerie est le lieu idéal pour les événements spéciaux tels les lancements, les réceptions, les fêtes privées, etc.

MUSÉE D'ART CONTEMPORAIN DE MONTRÉAL

185, rue Sainte-Catherine Ouest
✆ +1 514 847 6226
www.macm.org – info@macm.org
M° Place-des-Arts. Mardi, 11h-18h ; mercredi-vendredi, 11h-21h ; samedi-dimanche, 10h-18h. Adulte : 14 CAN $, aîné : 12 CAN $, étudiant (18 ans et plus) : 10 CAN $, 13-17 ans : 5 CAN $, famille : 30 CAN $, gratuit pour les moins de 13 ans. Demi-tarif le mercredi de 17h à 21h. Nocturne certains soirs pendant l'année (vérifier l'horaire sur leur site web – musique live, visite-clip des expositions et bar). Bistro Le Contemporain sur place.
Le Musée d'art contemporain fait la promotion de l'art d'aujourd'hui en exposant des œuvres québécoises, canadiennes et étrangères.

La collection permanente regroupe près de 7 600 œuvres datant de 1939 à nos jours, dont la plus importante collection d'œuvres de Paul-Émile Borduas. Dans les autres salles, des artistes invités se partagent temporairement la vitrine. Vous pouvez rapporter un peu du musée avec vous en flânant à la boutique qui offre un choix intéressant d'objets dérivés.

MUSÉE DES BEAUX-ARTS DE MONTRÉAL

1380, rue Sherbrooke Ouest
✆ +1 514 285 2000 / +1 800 899 6873
www.mbam.qc.ca
M° Peel ou Guy-Concordia. Collections et expositions-découvertes : mardi-vendredi 11h-17h, samedi-dimanche 10h-17h. Grandes expositions ouvertes aux mêmes horaires avec en plus le mercredi jusqu'à 21h. Voir site Internet pour la tarification complète. Réductions le mercredi à partir de 17h aux Grandes Expositions. Boutique-Librairie M et Café des Beaux-Arts sur place. Programmation de concerts et d'activités culturelles.

Fondé en 1860 sous le nom *Art Association of Montreal* par un groupe de collectionneurs et mécènes montréalais, le Musée des Beaux-Arts de Montréal a été l'un des premiers établissements muséaux en Amérique du Nord à former une collection encyclopédique digne de ce nom. Cette dernière compte plus de 41 000 œuvres, de l'Antiquité à nos jours, ce qui la rend unique au Canada. Elle comprend des peintures, des sculptures, des œuvres graphiques, des photographies et des objets d'arts décoratifs, déployés dans quatre pavillons : Pavillon Jean-Noël Desmarais (art international), Pavillon Michal et Renata Hornstein (cultures du monde), Pavillon Liliane et David M. Stewart (arts décoratifs et design) et Pavillon Claire et Marc Bourgie (art québécois et canadien). Ce dernier est doté d'une salle de concert de 444 places – la salle Bourgie – et intègre une rare collection de vitraux Tiffany. Un cinquième pavillon consacré à l'art international et à l'éducation ouvrira ses portes fin 2016 pour le lancement du 375e anniversaire de Montréal, le Pavillon pour la Paix Michal et Renata Hornstein.

MUSÉE MCCORD

690, rue Sherbrooke Ouest
✆ +1 514 398 7100
www.musee-mccord.qc.ca
info@mccord.mcgill.ca
M° McGill. Mardi-vendredi, 10h-18h (21h le mercredi) ; samedi-dimanche, 10h-17h. Ouvert le lundi de fin juin à début septembre. Adulte : 14 CAN $, aîné : 12 CAN $, étudiant : 9 CAN $, 13-17 ans : 8 CAN $, famille, 30 CAN $. Entrée gratuite le mercredi dès 17h. Certaines expositions spéciales peuvent avoir une tarification différente.

Situé en plein cœur du centre des affaires de Montréal, ce musée abrite l'une des principales collections historiques d'Amérique du Nord composée d'objets des Premiers Peuples, de costumes et textiles, de photographies, d'arts décoratifs, de peintures et d'estampes, et d'archives textuelles, totalisant ainsi plus de 1 440 000 artefacts. L'exposition permanente *Montréal-Points de vue* présente dix facettes de l'histoire de Montréal, allant de ses premiers occupants avant l'arrivée des Européens jusqu'à la ville moderne avec son métro et ses gratte-ciel. Une autre exposition permanente a vu le jour en mai 2013 : *Porter son identité – La collection Premiers Peuples.* À l'affiche jusqu'en 2016, vous pourrez ainsi découvrir le patrimoine des Premières Nations, la richesse de leurs identités et de leurs cultures. Venez admirer de magnifiques vêtements et ornements autochtones tels que des masques, de la fine broderie, du perlage et des coiffes, sans oublier des mocassins.

SOCIÉTÉ DES ARTS TECHNOLOGIQUES (SAT)

1201, boulevard Saint-Laurent
✆ +1 514 844 2033
www.sat.qc.ca – info@sat.qc.ca
M° Saint-Laurent. Consultez le site Internet pour la programmation et les tarifs. Superbe terrasse sur le toit, été comme hiver.

Fondée en 1996, cette société unique en son genre au Canada offre un espace à la fois moteur et vitrine des tendances en informatique appliquées aux arts et au design. Oscillant entre laboratoire de création, espace d'expositions, de concerts et de projections, lieu de débats et d'échanges, la SAT joue un rôle essentiel dans leur promotion. Entre autres sur place : la Satosphère (premier théâtre immersif permanent dédié à la création artistique et aux activités de visualisation), l'Espace SAT (espace urbain d'avant-garde ouvert aux artistes, organismes et promoteurs pour la diffusion de projets novateurs et originaux en art numérique), le Labo culinaire Foodlab (laboratoire de création culinaire, où des chefs réputés apportent leur touche à la programmation de la SAT). Nombreux espaces et services pour les étudiants, les artistes et les professionnels. A découvrir : la terrasse nordique avec yourte nomade, fourrures et tables basses, sans oublier un menu élaboré par l'équipe du Labo culinaire, le tout installé sur le toit de l'immeuble pendant la saison hivernale.

Quartier latin et Village gai

BIBLIOTHÈQUE ET ARCHIVES NATIONALES DU QUÉBEC

475, boulevard de Maisonneuve Est
✆ +1 514 873 1100 / +1 800 363 9028
www.banq.qc.ca
M° Berri-UQÀM. Lundi, fermé ; mardi-jeudi, 10h-22h ; vendredi-dimanche, 10h-18h. La section « actualité et nouveautés » ouvre tous les jours jusqu'à 22h (fermée lundi). Nécessité de s'abonner (preuves d'identité et preuves de résidence demandées) pour accéder aux documents. Gratuit. Certains documents peuvent être empruntés, d'autres doivent être consultés sur place. Le site Internet est une excellente base de données qui permet de savoir, avant de se déplacer, si les documents que vous voulez consulter ou emprunter sont disponibles ou non.

Plus de 4 millions de documents, dont un million de livres, sont en accès libre. La bibliothèque réunit deux collections de premier plan : la Collection Nationale qui rassemble tout ce qui s'est publié au Québec, tout ce qui a été publié sur le Québec ailleurs dans le monde, et toutes les publications dont au moins l'un des créateurs est Québécois, et ce depuis l'époque de la Nouvelle-France. Ce patrimoine impressionnant est offert en libre consultation. La bibliothèque étant équipée d'un réseau sans fil (Wifi), il est facile de se connecter à Internet avec son portable. De plus, des ordinateurs sont à disposition du public un peu partout. L'aménagement des salles de lecture a été étudié pour que chacun puisse apprécier le calme et une luminosité optimale. Un auditorium, un centre de conférence et des salles d'exposition animent continuellement les lieux. Entre l'étude de deux ouvrages, on peut visiter une exposition, rencontrer des écrivains, assister à un débat ou encore apprendre une nouvelle langue.

VOX CENTRE DE L'IMAGERIE CONTEMPORAINE

2, rue Sainte-Catherine Est
Espace 401
✆ +1 514 390 0382
www.centrevox.ca
info@centrevox.ca
M° Saint-Laurent. Mardi-vendredi, 12h-19h ; samedi, 11h-17h. Entrée libre.

Occupant tout le quatrième étage du 2-22, d'une superficie de 800 m² dont plus de la moitié est consacrée aux expositions, VOX est un organisme à but non lucratif entièrement dédié à l'imagerie contemporaine. Souhaitant offrir un contexte propice à la diffusion, à la recherche et à l'expérimentation, le programme des expositions présente généralement une sélection d'œuvres novatrices d'artistes en multimédia, vidéastes, cinéastes et photographes émergents aussi bien que de grande renommée. Avec un réseau international bien établi, VOX a permis également à plusieurs artistes québécois d'art contemporain d'exposer en dehors du pays.

Dans le Village, la rue Sainte-Catherine est réservée aux piétons l'été.

Plateau Mont-Royal

Ce quartier, plutôt résidentiel que touristique, représente bien l'âme de Montréal. En l'arpentant, vous y découvrirez l'architecture typique montréalaise, avec ses airs victoriens, ses escaliers extérieurs, ses ruelles fleuries.
Peu d'attraits donc, mais un quartier à visiter, tout simplement, pour comprendre la joie de vivre de ses habitants.

CENTRE D'ART ET DE DIFFUSION CLARK

5455, avenue de Gaspé
Espace 114
✆ +1 514 288 4972
www.centreclark.com
info@clarkplaza.org
Angle Saint-Viateur. Mardi-samedi, 12h-17h (atelier ouvert dès 9h en semaine). Entrée libre.
Ce centre d'artistes autogéré se voue entièrement à la diffusion et à la production de l'art actuel. Les lieux disposent d'une galerie avec deux salles où sont présentées plusieurs expositions ainsi que des projets spéciaux, des postes audio et des soirées de projections et de performances. On y retrouve aussi l'Atelier CLARK, un atelier de menuiserie unique en son genre à Montréal moyennant une modique cotisation annuelle et un tarif journalier abordable.

GALERIE D'AVIGNON

88, avenue Laurier Ouest
✆ +1 514 278 4777
www.galeriedavignon.ca
Angle Saint-Urbain. Mardi-vendredi, 11h-18h ; samedi, 10h-17h. Le reste du temps : sur rendez-vous.
Une autre galerie où l'art contemporain prend la place qui lui revient, dans un espace calme permettant l'appréciation des œuvres qui s'offrent à nos yeux. Une grande place est donnée aux artistes canadiens, tant sur toile qu'en sculpture.

GALERIE D'ESTE

4396, boulevard Saint-Laurent
✆ +1 514 846 1515
www.galeriedeste.com
art@galeriedeste.com
Angle Mont-Royal. Mardi-vendredi, 10h-18h (jusqu'à 19h le jeudi) ; samedi, 10h-17h ; dimanche, 12h-17h.
Membre de l'Association des galeries d'art contemporain, la Galerie D'Este expose le travail d'artistes canadiens et internationaux d'envergure avec un répertoire incluant des artistes contemporains émergents et établis. Parmi les services offerts : visites guidées, rendez-vous personnalisés, installation d'œuvres et consultations à domicile afin d'assister les collectionneurs et les amateurs d'art dans l'acquisition d'une œuvre d'art.

PARC DU MONT-ROYAL

Maison Smith
1260, chemin Remembrance
✆ +1 514 843 8240
www.lemontroyal.qc.ca
info@lemontroyal.qc.ca
Accès en voiture ou bus (ligne 11) par la voie Camilien-Houde prenant sur l'avenue du Mont-Royal, ou accès direct à pied depuis l'avenue des Pins par une série d'escaliers assez impressionnante.
Le poumon vert de Montréal où se côtoient marcheurs et cyclistes durant la belle saison. En hiver, les sentiers se métamorphosent en pistes de ski de fond et raquette et l'étang, en patinoire, sans compter les pistes de luge. Deux belvédères offrent une vue exceptionnelle sur la ville. Location d'équipement en toute saison au Pavillon du lac aux Castors ; expositions, boutique, café et service d'accueil à la Maison Smith. Activités pour groupes scolaires, associatifs, corporatifs et grand public. Activités de conservation et événements spéciaux. Parc Jeanne-Mance adjacent avec de nombreux terrains de sports aménagés.

PARC LA FONTAINE

3933, avenue du Parc-La Fontaine
✆ 311 / +1 514 280 2525
www.ville.montreal.qc.ca/grandsparcs
M° Sherbrooke. Délimité par le quadrilatère de Sherbrooke Est, Rachel, Papineau et Parc Lafontaine. Notez que des travaux ont eu lieu pour une cure de rajeunissement sans précédent.
Ce parc est le principal espace de verdure du Plateau Mont-Royal. Des terrains de pétanque, de balle, de mini-soccer, de volleyball et de tennis sont mis à la disposition des amateurs, de même que la patinoire extérieure durant la froide saison. On y trouve également le Théâtre de Verdure où sont présentés des concerts, des pièces de théâtre, des films, etc., ainsi que le café culturel Espace La Fontaine.

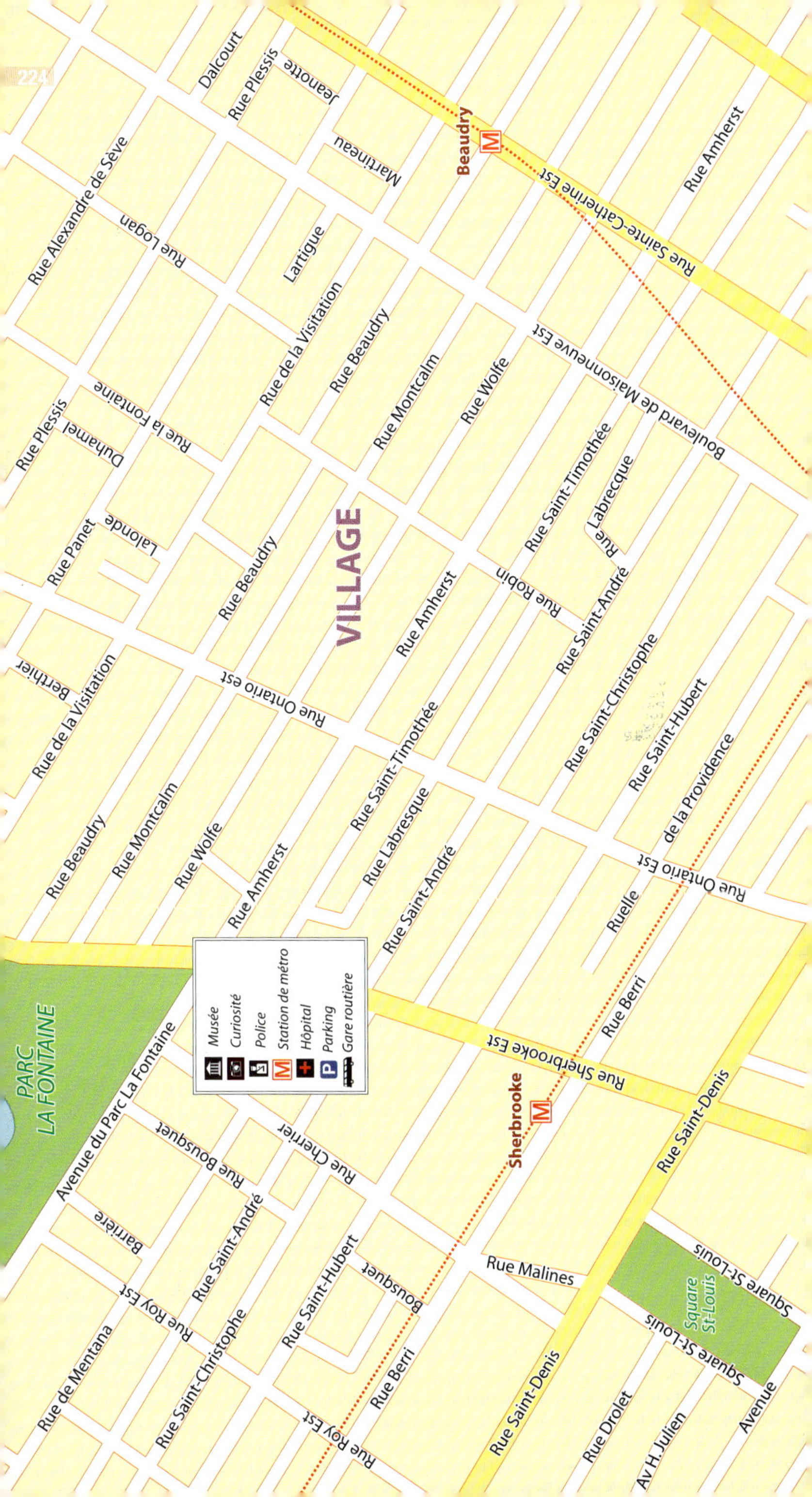
VILLAGE
PARC LA FONTAINE
Square St-Louis
Beaudry
Sherbrooke
Musée
Curiosité
Police
Station de métro
Hôpital
Parking
Gare routière
Rue Sainte-Catherine Est
Boulevard de Maisonneuve Est
Rue Ontario est
Rue Ontario Est
Rue Sherbrooke Est
Rue Cherrier
Rue Roy Est
Rue Malines
Rue Bousquet
Bousquet
Square St-Louis
Avenue du Parc La Fontaine
Rue Logan
Rue la Fontaine
Rue Robin
Rue Alexandre de Sève
Rue Plessis
Dalcourt
Jeanotte
Martineau
Lartigue
Rue de la Visitation
Rue Beaudry
Rue Montcalm
Rue Wolfe
Rue Amherst
Rue Saint-Timothée
Rue Labrecque
Rue Labresque
Rue Saint-André
Rue Saint-Christophe
Rue Saint-Hubert
Rue de la Providence
Ruelle
Rue Berri
Rue Saint-Denis
Rue Panet
Duhamel
Lalonde
Berthier
Barrière
Rue de Mentana
Rue Drolet
Av H. Julien
Avenue

Quartier latin et Village gai
QUARTIER LATIN
Berri-UQAM
Place Émilie-Gamelin
Cinémathèque Québécoise
Saint-Laurent
Champ-de-Mars
Place des Arts
Hôpital St-Luc
Police
Police
Medica
P
Rue Saint-Christophe
Rue Saint-Hubert
Ruelle de la Providence
Rue Berri
Rue Saint-Denis
Rue Sainte Catherine Est
Rue Emery
R. Brazeau
Boulevard René Lévesque Est
R. Bernadette
N-D de Sève
Rue de la Gauchetière
Rue Christin
Savignac
Rue Sanguinet
Duffault
Rue Sainte-Elizabeth
Boisbriand
Rue de
Rue Sainte-Catherine Est
Boulevard de Maisonneuve Est
Rue Saint-Dominique
Rue Ontario Est
Rue de Bullion
Rue Saint-Norbert
de Ville
Rue Sherbrooke Est
Avenue de l'Hôtel
Rue de Bullion
Avenue Coloniale
Rue Saint-Dominique
Boulevard Saint-Laurent
Rue Clark
Rue Milton
Boulevard Saint-Laurent
Rue Clark
Ruelle Evans
Rue Evans
Rue Saint-Urbain
Pl.Ste.Fam.
Rue Ste-Famille
Rue Sherbrooke Est
Rue Kimberley
Rue Jeanne Mance
Avenue du Président Kennedy
Boulevard de Maison neuve Ouest
Rue de Montigny
R. Bourque
Rue Clark
Boulevard Saint-Laurent
Rue Berger
Rue Charlotte
Rue Saint-Dominique
Rue de Bullion
Boulevard René Lévesque
Rue de la Gauchetière
Avenue Viger Est
Rue St-Antoine
0
250 m
N

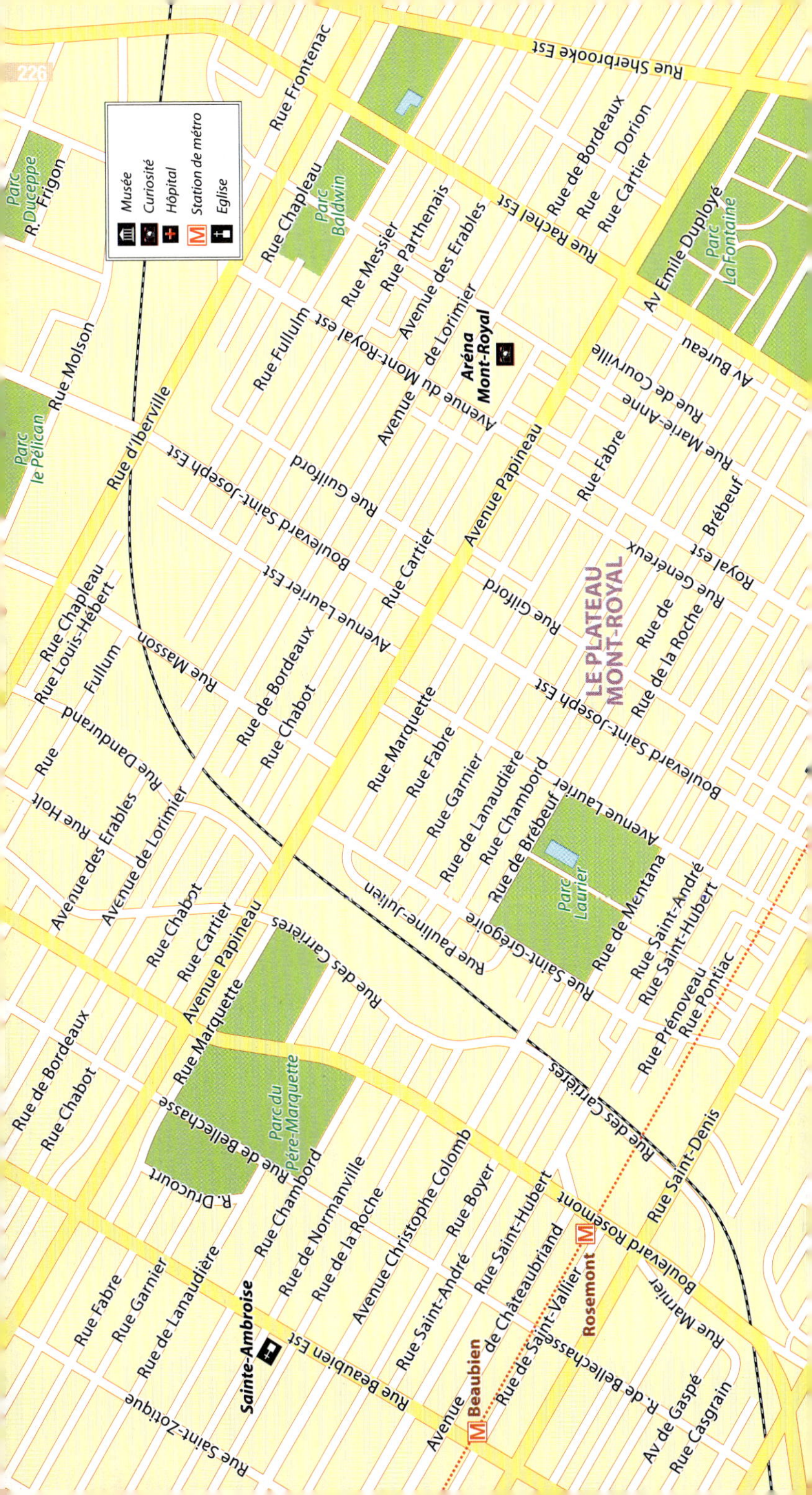

Musée
Curiosité
Hôpital
Station de métro
Eglise
LE PLATEAU MONT-ROYAL
Aréna Mont-Royal
Sainte-Ambroise
Beaubien
Rosemont
Parc Duceppe
Parc Baldwin
Parc LaFontaine
Parc le Pélican
Parc Laurier
Parc du Père-Marquette
Rue Sherbrooke Est
Rue Rachel Est
Avenue du Mont-Royal est
Boulevard Saint-Joseph Est
Avenue Laurier Est
Rue Masson
Boulevard Rosemont
Rue Beaubien Est
Rue Frontenac
Rue d'Iberville
Rue Molson
Rue Chapleau
Rue Fullum
Avenue Papineau
Rue Saint-Denis
Rue des Carrières
Rue de Bellechasse
Rue Saint-Zotique

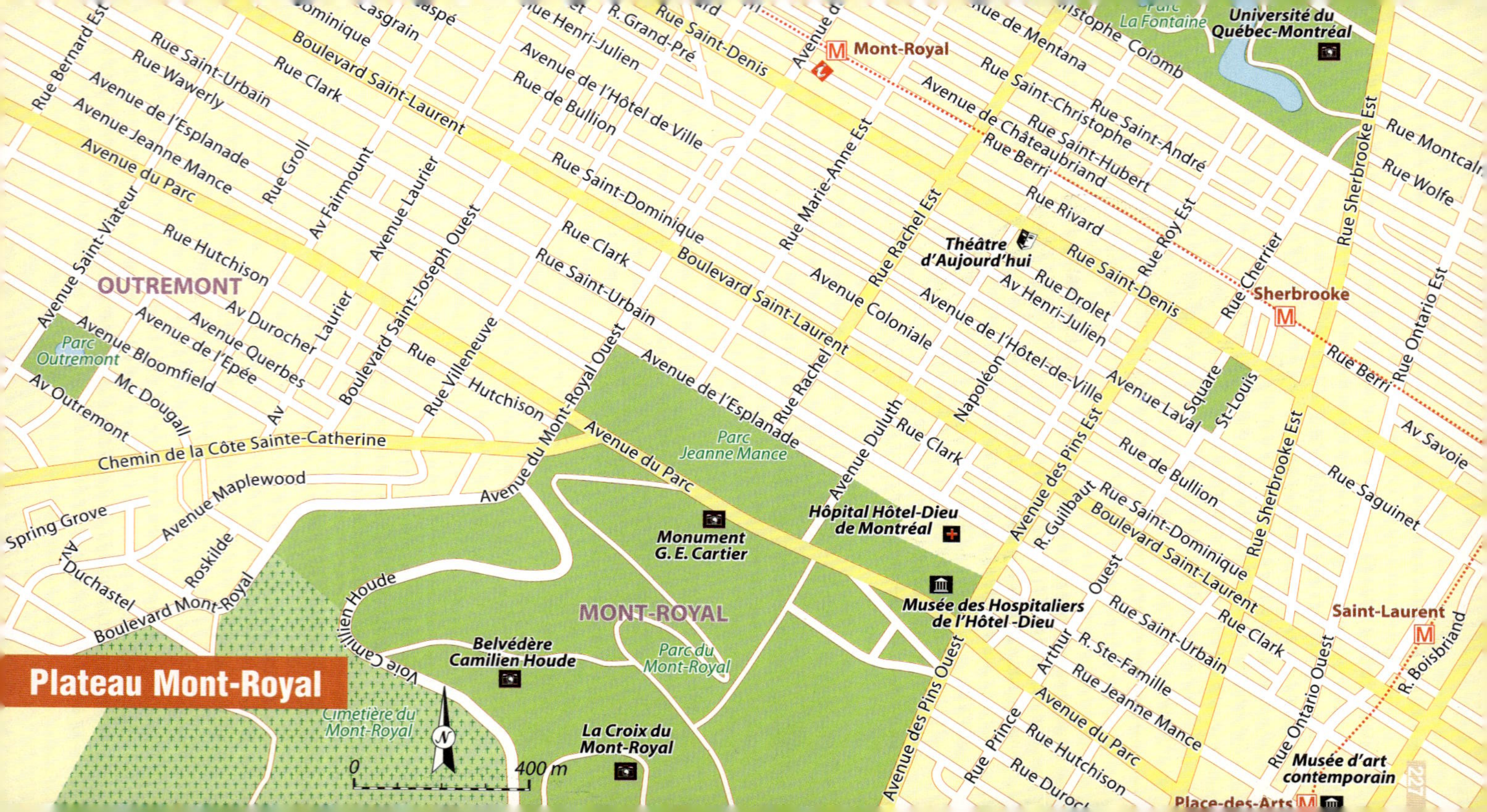

Plateau Mont-Royal
OUTREMONT
MONT-ROYAL
Parc du Mont-Royal
Parc Jeanne Mance
Parc Outremont
Parc La Fontaine
Cimetière du Mont-Royal
Université du Québec-Montréal
Théâtre d'Aujourd'hui
Hôpital Hôtel-Dieu de Montréal
Musée des Hospitaliers de l'Hôtel-Dieu
Monument G. E. Cartier
Belvédère Camilien Houde
La Croix du Mont-Royal
Musée d'art contemporain
Mont-Royal
Sherbrooke
Saint-Laurent
Place-des-Arts
Boulevard Saint-Laurent
Rue Saint-Denis
Avenue du Mont-Royal Ouest
Avenue du Parc
Chemin de la Côte Sainte-Catherine
Voie Camillien Houde
Boulevard Mont-Royal
Avenue des Pins Est
Avenue des Pins Ouest
Rue Sherbrooke Est
Rue Rachel Est
Rue Marie-Anne Est
Boulevard Saint-Joseph Ouest
Avenue Laurier
Rue Bernard Est
Avenue Saint-Viateur
Rue Ontario Est
Rue Ontario Ouest
Rue Cherrier
Rue Roy Est
Rue Clark
Rue Saint-Urbain
Rue Saint-Dominique
Avenue de l'Esplanade
Avenue Jeanne Mance
Avenue de l'Hôtel-de-Ville
Avenue Coloniale
Avenue Duluth
Napoléon
Rue Berri
Rue Rivard
Rue Drolet
Av Henri-Julien
Avenue Laval
Square St-Louis
Rue de Bullion
Rue Saint-Hubert
Rue Saint-André
Rue Saint-Christophe
Avenue de Châteaubriand
Rue de Mentana
Christophe Colomb
Rue Montcalm
Rue Wolfe
Av Savoie
Rue Saguinet
R. Boisbriand
R. Guilbault
R. Ste-Famille
Rue Prince
Rue Hutchison
Rue Durocher
Rue Villeneuve
Rue Groll
Av Fairmount
Avenue Querbes
Avenue de l'Épée
Avenue Bloomfield
Mc Dougall
Av Outremont
Avenue Maplewood
Spring Grove
Av. Duchastel
Roskilde
Rue Wawerly
R. Grand-Pré
0
400 m
227

Sud-Ouest et Ouest

Le Sud-Ouest est le berceau de l'industrialisation à Montréal. Si les différents quartiers tendent à se revitaliser, cette page de l'histoire reste bien présente, notamment le long des berges du canal de Lachine. Bref, des quartiers hors des sentiers battus qui vous montreront une autre face de l'histoire de la ville.

ARSENAL

2020, rue William ✆ +1 514 931 9978
arsenalmontreal.com
info@arsenalmontreal.com
Près des écluses Saint-Gabriel. Galeries : mardi-vendredi, 10h-18h ; samedi, 10h-17h. Pour l'horaire des événements, consultez le site web.

Un complexe d'art contemporain ouvert depuis début 2012 dans un chantier naval intégralement rénové. Un bel écrin qui abrite quelques beaux bijoux. Sur place, on retrouve la galerie Division, une collection privée (Collection Majudia), un studio d'artiste et de vastes espaces multifonctionnels servant à des expositions d'envergure et à des événements corporatifs, privés et philanthropiques. Un lieu à découvrir !

CANAL DE LACHINE

Pendant 134 ans, c'est la voie de navigation qui relie les villes des Grands Lacs au reste du monde. Elle joue un rôle de premier plan dans l'industrialisation de Montréal. Plusieurs grandes entreprises s'y installent au lendemain de son ouverture, en 1825. Les cités ouvrières suivront. Ainsi sont nées des villes qui vont devenir, par voie d'annexion, des quartiers à part entière de Montréal. Après l'avoir laissée à l'abandon, le gouvernement fédéral a commencé à réaménager cette voie navigable en parc. Une piste cyclable fort plaisante longe le canal depuis le Vieux-Port jusqu'à Lachine.

LIEU HISTORIQUE NATIONAL DU CANADA DU COMMERCE-DE-LA-FOURRURE-À-LACHINE

1255, boulevard Saint-Joseph
Secteur Lachine
✆ +1 514 637 7433 / +1 514 283 2282 / +1 888 773 8888
www.pc.gc.ca/fourrure
information@pc.gc.ca
M° Angrignon puis bus 195. Fin juin à début septembre : lundi-dimanche, 10h-17h. Adulte : 3,90 CAN $, aîné : 3,40 CAN $, jeune : 1,90 CAN $, famille : 9,80 CAN $.

Ce lieu historique vous fera revivre l'épopée de la traite de la fourrure dans ce site enchanteur au confluent du canal de Lachine et du fleuve Saint-Laurent. L'entrepôt situé sur le site date de 1803 et a été fait construire par Alexander Gordon, ex-commis et actionnaire de la Compagnie du Nord-Ouest ; bâtiment qui a d'ailleurs été racheté en 1833 par la Compagnie de la Baie d'Hudson. Le site historique est dorénavant géré par Parcs Canada.

MAISON SAINT-GABRIEL

2146, Place Dublin
✆ +1 514 935 8136
www.maisonsaint-gabriel.qc.ca
msgrcip@globetrotter.qc.ca
Angle Favard. Ouvert du mardi au dimanche de début janvier à mi-décembre. Visites guidées seulement, de 11h à 18h de fin juin à début septembre, de 13h à 17h le reste du temps. Adulte : 10 CAN $, aîné : 8 CAN $, étudiant : 5 CAN $, enfant : 3 CAN $, famille : 20 CAN $, gratuit pour les moins de 6 ans. Tarification spéciale les dimanches d'été. Entrée gratuite le mercredi pour la visite guidée de 17h en saison estivale.

En compagnie des Filles du Roy, les visiteurs remontent le temps, du XVIIe siècle à nos jours. La maison de ferme de Marguerite Bourgeoys (1668) et les moindres petites histoires qui l'ont animée y sont racontées. Tout le mobilier et les accessoires servent de prétexte à de nombreuses anecdotes. Tous les dimanches d'été, artisans, conférences musicales et horticoles, et animations sont au menu sur le site. Ne manquez pas de visiter le jardin de la Métairie ainsi que la grange en pierre datant de 1880.

PARC ANGRIGNON

3400, boulevard des Trinitaires
✆ 311 / +1 514 872 3816
www.ville.montreal.qc.ca/grandsparcs
M° Angrignon. Stationnement : gratuit sur le boulevard de la Vérendrye, 8,50 CAN $ pour la journée sur le boulevard des Trinitaires. Plusieurs services sur place.

Plusieurs activités peuvent être pratiquées sur place : une dizaine de kilomètres de petits sentiers pour la randonnée pédestre et le ski de fond, des pistes cyclables pour le vélo et le roller, des aires de jeux et de pique-nique, des terrains sportifs, du patin à glace et de la raquette, etc. À noter que

le parc est en réaménagement et un Centre animalier ouvrira en 2016, une Ferme urbaine en 2017 et l'aménagement périphérique du parc sera complété d'ici 2022.

PARC RENÉ-LÉVESQUE

1, chemin du Musée, Secteur Lachine
✆ 311
www.ville.montreal.qc.ca/grandsparcs
Angle Chemin du Canal. Stationnement : 1,50 CAN $ par heure ou 9 CAN $ pour la journée. Service de navette fluviale entre le parc et Châteauguay sur la rive sud (fin juin à début septembre). Plusieurs services sur place.
Cette petite péninsule verte offre une perspective imparable sur le majestueux lac Saint-Louis. Une langue de terre parallèle correspond à l'entrée initiale du canal, inauguré en 1825. Ce site comporte une vingtaine de sculptures contemporaines et un centre d'accueil et d'interprétation du Canal-de-Lachine. Le Musée de Lachine est rattaché au parc et propose des découvertes avec l'art et l'histoire (fermé de décembre à début avril).

VIEUX-LACHINE, BERGES ET CULTURE

✆ +1 514 364 4490
www.vieuxlachine.com
Bureau d'information touristique Pôle des Rapides à l'écluse de Lachine.
Selon la Société d'histoire de Lachine, elle «est l'une des trois premières paroisses de Montréal – la première en amont des rapides de Lachine – et la quinzième plus ancienne de la Nouvelle-France. Ce fut aussi, longtemps, la tête de pont entre Montréal, les Grands Lacs et l'intérieur du continent nord-américain. C'est donc dire le poids patrimonial que représente aujourd'hui cet arrondissement.»
Situé à l'ouest du centre-ville, au confluent du canal de Lachine et du lac Saint-Louis, cet arrondissement est en effet riche en histoire, en art et en archéologie. On y retrouve le Musée de Lachine, le Centre historique des Soeurs de Sainte-Anne, le Lieu historique national du Commerce-de-la-Fourrure-à-Lachine, et un parc de sculptures en plein air. Les berges du lac, les nombreux parcs (coup de cœur pour le parc René-Lévesque) et la piste polyvalente raviront les amoureux du plein air. D'ailleurs, lors de la belle saison, soit de fin juin à mi-octobre, les différents partenaires du Vieux-Lachine s'unissent pour vous offrir trois circuits guidés à la découverte de l'histoire et des plus beaux attraits, à pied, en vélo ou en canot.

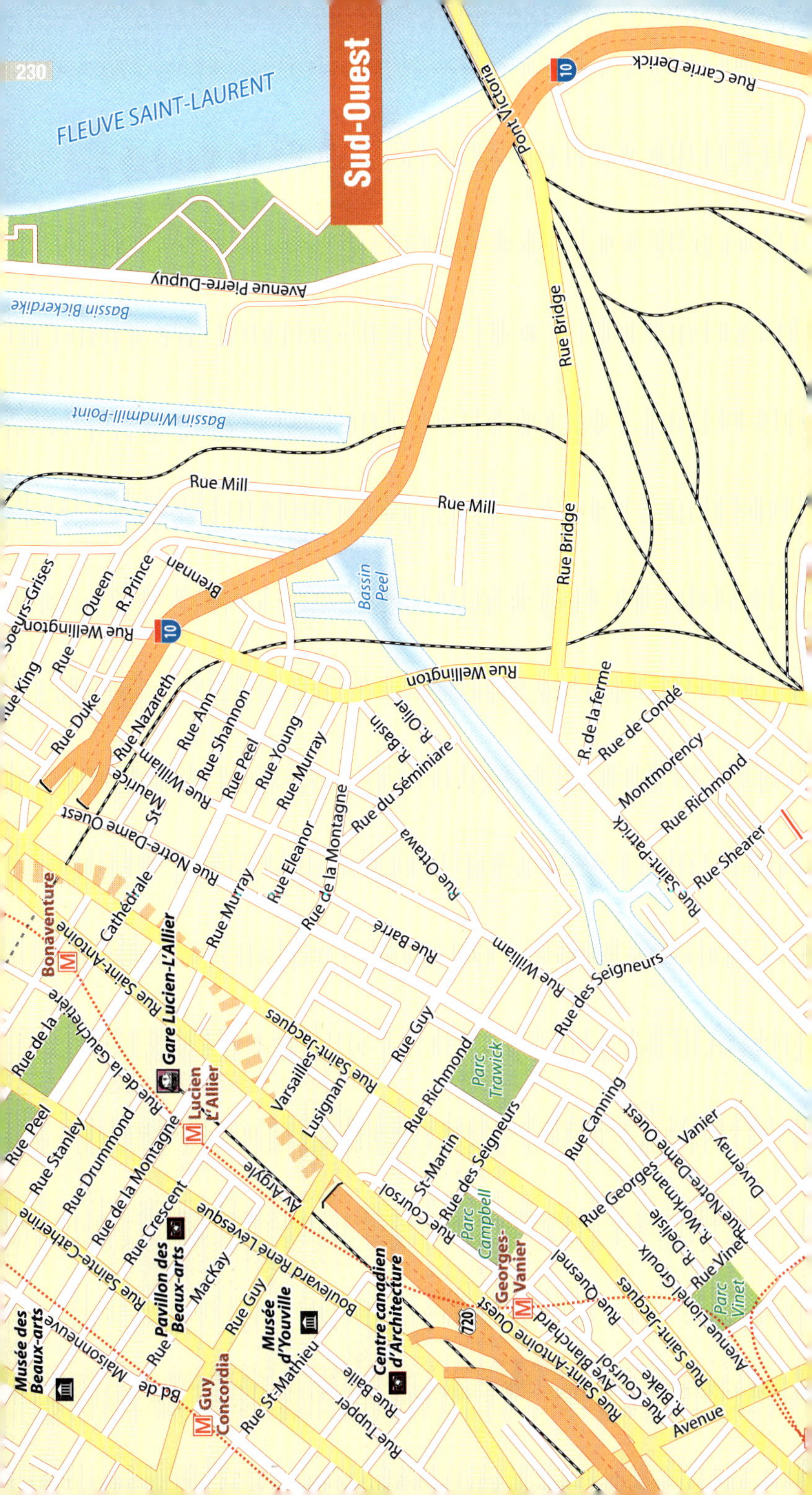
Sud-Ouest
FLEUVE SAINT-LAURENT
Avenue Pierre-Dupuy
Bassin Bickerdike
Bassin Windmill-Point
Pont Victoria
Rue Carrie Derick
Rue Bridge
Rue Mill
Bassin Peel
Brennan
R. Prince
Queen
Rue Wellington
Soeurs-Grises
Rue King
Rue Duke
Rue Nazareth
Rue Ann
Rue Shannon
Rue Peel
Rue Young
Rue Murray
Rue William
St-Maurice
Rue Notre-Dame Ouest
R. Oller
R. Basin
Rue du Séminaire
Rue de la Montagne
Rue Eleanor
Rue Ottawa
Rue Barré
R. de la ferme
Rue de Condé
Montmorency
Rue Richmond
Rue Saint-Patrick
Rue Shearer
Rue des Seigneurs
Cathédrale
Bonaventure
Rue Saint-Antoine
Gare Lucien-L'Allier
Lucien L'Allier
Rue Saint-Jacques
Varsailles
Lusignan
Rue Guy
Parc Trawick
Rue Canning
Rue de la Gauchetière
Rue Peel
Rue Stanley
Rue Drummond
Rue Crescent
Av Argyle
St-Martin
Rue Coursol
Parc Campbell
Georges-Vanier
Vanier
Duvernay
Rue Georges
R. Workman
R. Delisle
Rue Vinet
Parc Vinet
Groulx
Avenue Lionel
Rue Quesnel
Ave Blanchard
Rue Saint-Antoine Ouest
R. Blake
Avenue
Boulevard René Lévesque
Rue Sainte-Catherine
Pavillon des Beaux-arts
MacKay
Musée d'Youville
Centre canadien d'Architecture
Musée des Beaux-arts
Maisonneuve
Bd de
Guy Concordia
Rue St-Mathieu
Rue Baile
Rue Tupper
10
720

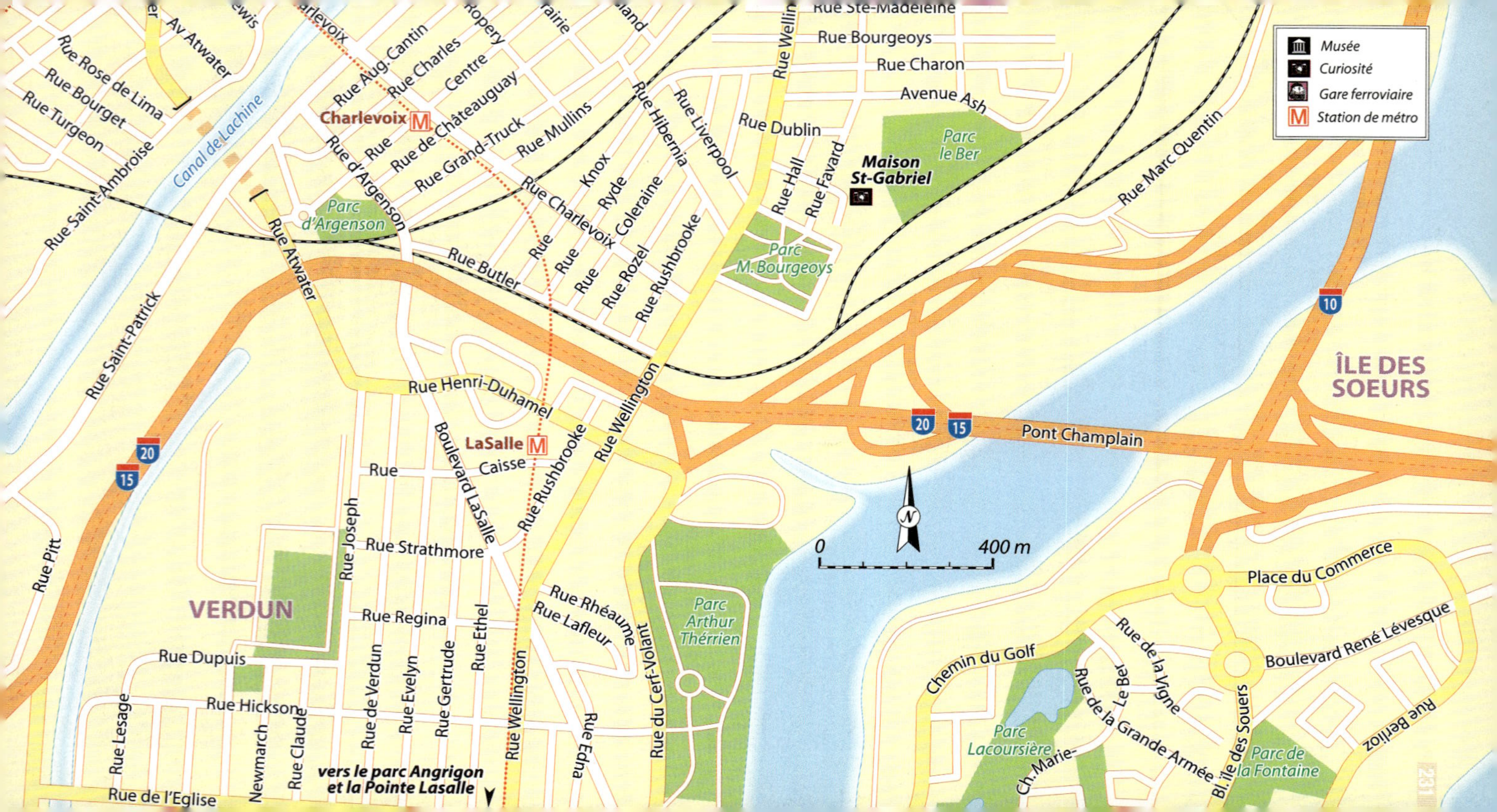
Musée
Curiosité
Gare ferroviaire
Station de métro
ÎLE DES SOEURS
VERDUN
Pont Champlain
10
20
15
0
400 m
Maison St-Gabriel
Parc le Ber
Parc M. Bourgeoys
Parc d'Argenson
Parc Arthur Thérrien
Parc Lacoursière
Parc de la Fontaine
Canal de Lachine
Charlevoix
LaSalle
Caisse
Rue Ste-Madeleine
Rue Bourgeoys
Rue Charon
Avenue Ash
Rue Dublin
Rue Hall
Rue Favard
Rue Marc Quentin
Rue Liverpool
Rue Hibernia
Rue Mullins
Rue Knox
Ryde
Coleraine
Rue Rozel
Rue Rushbrooke
Rue Charlevoix
Rue Butler
Rue Grand-Truck
Rue de Châteauguay
Rue Aug.-Cantin
Rue Charles
Centre
Rue d'Argenson
Rue Atwater
Av Atwater
Rue Rose de Lima
Rue Bourget
Rue Turgeon
Rue Saint-Ambroise
Rue Saint-Patrick
Rue Wellington
Rue Henri-Duhamel
Boulevard LaSalle
Rue Joseph
Rue Strathmore
Rue Regina
Rue Ethel
Rue Gertrude
Rue Evelyn
Rue de Verdun
Rue Dupuis
Rue Hickson
Rue Claude
Newmarch
Rue Lesage
Rue Pitt
Rue de l'Eglise
Rue Rhéaume
Rue Lafleur
Rue du Cerf-Volant
Rue Edna
vers le parc Angrigon et la Pointe Lasalle
Chemin du Golf
Place du Commerce
Boulevard René Lévesque
Rue de la Vigne
Le Ber
Rue de la Grande Armée
Ch. Marie-
Bl. île des Souers
Rue Berlioz

Est

L'est de la ville est composé essentiellement de quartiers résidentiels et industriels. Toutefois, des attractions majeures se retrouvent à coup sûr à l'agenda des touristes, car n'oublions pas que c'est ici que se sont tenues plusieurs compétitions lors des Jeux olympiques d'été en 1976. On y retrouve aussi un musée historique fort intéressant, le Musée Dufresne-Nincheri, et à quelques pas, l'Espace pour la vie qui regroupe les muséums nature.

BIODÔME DE MONTRÉAL

4777, avenue Pierre-De Coubertin
✆ +1 514 868 3000
www.espacepourlavie.ca
M° Viau. Ouvert toute l'année (horaires variables selon la saison). Adulte : 19,25 CAN $, aîné : 17,75 CAN $, étudiant 18 ans et plus : 14,25 CAN $, 5-17 ans : 9,75 CAN $, gratuit pour les moins de 5 ans, famille : 53,50 CAN $. Tarification réduite pour les résidents du Québec. Forfaits disponibles. Restauration et boutique sur place.

Dans cet «espace pour la vie», les écosystèmes les plus extraordinaires des Amériques ont été reconstitués : le golfe et l'estuaire du Saint-Laurent, l'érablière des Laurentides, la forêt tropicale humide, et même les régions subpolaires des côtes du Labrador et des îles subantarctiques. L'idée est de sensibiliser la population à la précarité de notre environnement dans une optique de préservation de la biodiversité et d'adoption de comportements responsables. Hautement apprécié en toute saison, nous vous recommandons « l'expérience » d'une visite de la forêt tropicale en plein hiver. Cet écosystème truffé d'amphibiens, de reptiles, d'oiseaux et de poissons aux couleurs paradisiaques provoque un véritable choc culturel, en plus de vous faire oublier le froid qui sévit à l'extérieur. Pour ceux et celles qui désirent voir un castor ou un pingouin, c'est aussi le meilleur (sinon le seul) endroit à Montréal.

JARDIN BOTANIQUE ET INSECTARIUM DE MONTRÉAL

4101, rue Sherbrooke Est
✆ +1 514 872 1400
www.espacepourlavie.ca
M° Pie-IX. Ouvert toute l'année (horaires variables selon la saison). Adulte : 19,25 CAN $, aîné : 17,75 CAN $, étudiant 18 ans et plus : 14,25 CAN $, 5-17 ans : 9,75 CAN $, gratuit pour les moins de 5 ans, famille : 53,50 CAN $. Tarification réduite pour les résidents du Québec. Forfaits disponibles. Service de navette gratuite sur le site. Restauration saisonnière et boutiques sur place.

▶ **Jardin botanique.** Les citadins viennent s'y ressourcer à coup d'air pur et de verdure. Grâce à ses 75 hectares, ce vaste poumon de la métropole procure un dépaysement tel que le visiteur a l'impression de flâner au cœur de la Chine, ou encore, dans un délicat jardin japonais. À la Maison de l'arbre Frédéric-Back, le grand végétal est mis à l'honneur au cœur d'un Arboretum de 40 hectares. Au Jardin des Premières-Nations, tout végétal a son importance utilitaire, alimentaire et médicinale. Prévoyez quelques heures pour

Jardin botanique de Montréal.

l'ensemble du site. Nombreuses activités et expositions proposées au fil des saisons. À faire : les 4 à 8 estivaux du jardin avec cocktails botaniques, tapas aux saveurs du terroir et musique jazz.

Insectarium. L'expérience ne serait pas complète sans une visite de l'Insectarium. Lieu d'éveil et de sensibilisation au monde des insectes, vous y verrez les plus beaux spécimens des cinq continents, dont plusieurs vivants...

Autre adresse : Insectarium, 4581 rue Sherbrooke Est (sur le même site que le Jardin botanique).

PARC MAISONNEUVE

Chalet d'accueil
4601, rue Sherbrooke Est
✆ 311 / +1 514 872 0311
www.ville.montreal.qc.ca/grandsparcs
M° Pie-IX ou Viau. Stationnement : 12 CAN $ pour la journée.

Le parc Maisonneuve loge un terrain de golf (neuf trous, normale 3), de nombreux sentiers et une patinoire en hiver. Y sillonne également un réseau de pistes de ski de fond connu de tous les sportifs montréalais. Le Jardin botanique et l'Insectarium de Montréal occupent une partie du site.

Une visite au cœur de l'héritage historique et patrimonial de l'Est de Montréal

MUSÉE DUFRESNE-NINCHERI

2929, avenue Jeanne-d'Arc ✆ +1 514 259 9201
www.chateaudufresne.com – info@chateaudufresne.com
M° Pie-IX. Mercredi-dimanche, 10h-17h. Adulte : 14 CAN $, étudiant et aîné : 13 CAN $, 5-17 ans : 7 CAN $, famille : 30 CAN $, gratuit pour 4 ans et moins. Ce tarif donne aussi accès au Studio Nincheri (mêmes heures d'ouverture). Visites guidées offertes. Forfait « visite du Musée Dufresne-Nincheri et de l'Observatoire de la Tour du Parc olympique » disponible.

Classé monument historique depuis 1976, le Château Dufresne fut construit entre 1915 et 1918, en pleine Première Guerre mondiale, par les frères Oscar et Marius Dufresne. Son architecture française de style Beaux-Arts s'inspire directement du Petit Trianon de Versailles. Il offre une toute nouvelle exposition permanente avec tablette numérique : « Le Château Dufresne, témoin d'une cité moderne : Maisonneuve ». A cette exposition s'ajoute « La Mémoire des objets, Parcours de collectionneurs », présentant près d'une cinquantaine d'objets et tableaux ayant appartenu à des personnages marquants tels Jeanne d'Arc, Louis XV, Marie-Antoinette, Napoléon 1er et Joséphine. On y retrouve également une prestigieuse collection d'objets et de tableaux royaux et impériaux des collectionneurs M. Alexandre de Bothuri et Mme Élaine Bédard. Profitez de votre visite au musée pour découvrir le studio de l'artiste d'origine florentine Guido Nincheri, l'un des plus anciens ateliers de vitrail du Canada.

Autre adresse : Studio Nincheri, 1832 boulevard Pie-IX.

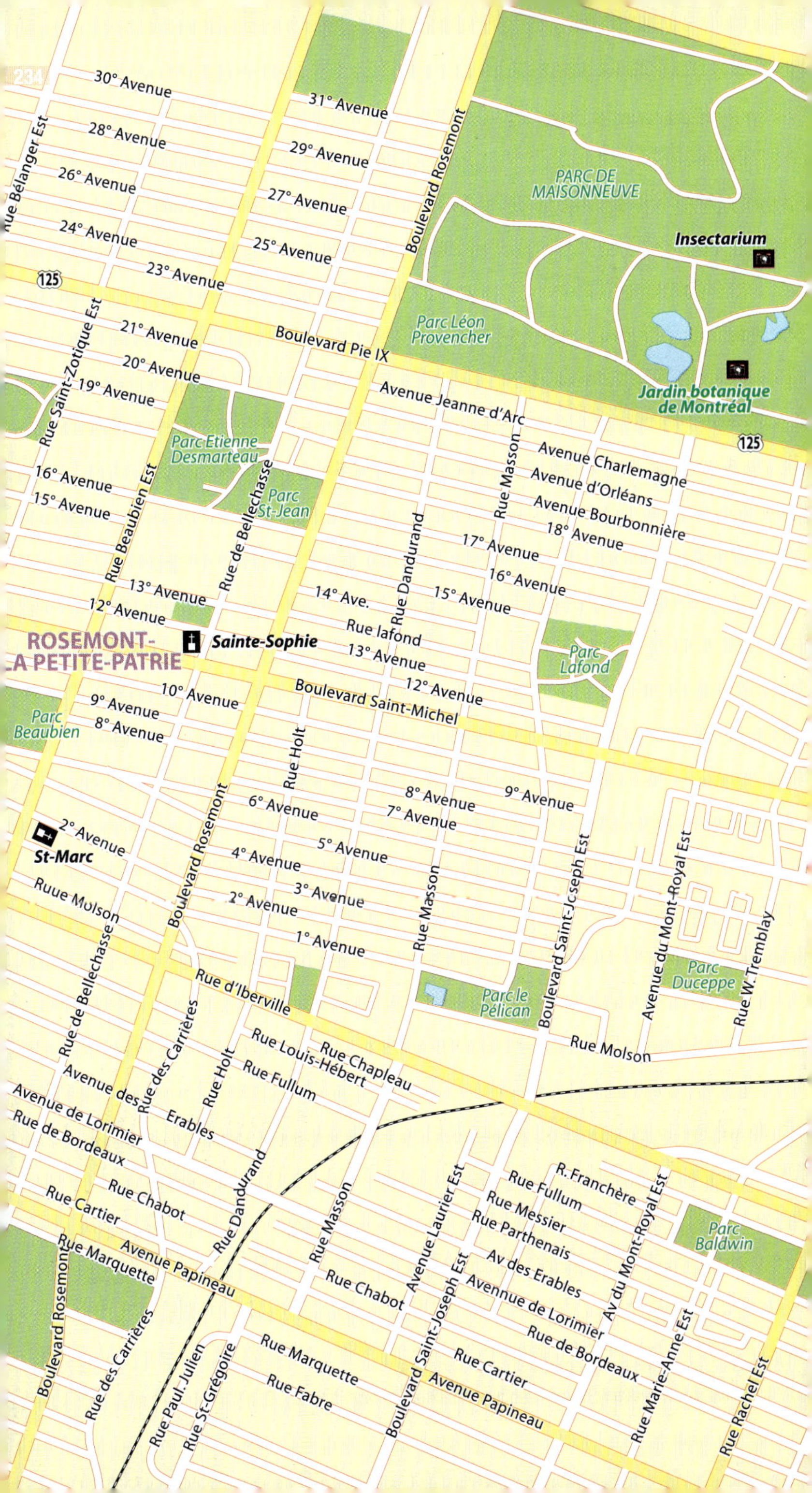

ROSEMONT-
LA PETITE-PATRIE
PARC DE
MAISONNEUVE
Insectarium
Parc Léon
Provencher
Jardin botanique
de Montréal
Parc Etienne
Desmarteau
Parc
St-Jean
Parc
Lafond
Parc
Beaubien
Parc
Duceppe
Parc le
Pélican
Parc
Baldwin
Sainte-Sophie
St-Marc
125
125
30° Avenue
31° Avenue
28° Avenue
29° Avenue
26° Avenue
27° Avenue
24° Avenue
25° Avenue
23° Avenue
21° Avenue
20° Avenue
19° Avenue
16° Avenue
15° Avenue
13° Avenue
12° Avenue
10° Avenue
9° Avenue
8° Avenue
2° Avenue
Boulevard Rosemont
Boulevard Pie IX
Avenue Jeanne d'Arc
Avenue Charlemagne
Avenue d'Orléans
Avenue Bourbonnière
18° Avenue
17° Avenue
16° Avenue
15° Avenue
14° Ave.
Rue lafond
13° Avenue
12° Avenue
Boulevard Saint-Michel
8° Avenue
9° Avenue
6° Avenue
7° Avenue
5° Avenue
4° Avenue
3° Avenue
2° Avenue
1° Avenue
Rue Bélanger Est
Rue Saint-Zotique Est
Rue Beaubien Est
Rue de Bellechasse
Rue Dandurand
Rue Masson
Rue Holt
Boulevard Rosemont
Rue Masson
Boulevard Saint-Joseph Est
Avenue du Mont-Royal Est
Rue W.-Tremblay
Rue Molson
Ruue Molson
Rue de Bellechasse
Rue d'Iberville
Rue des Carrières
Rue Holt
Rue Louis-Hébert
Rue Chapleau
Rue Fullum
Avenue des Erables
Avenue de Lorimier
Rue de Bordeaux
Rue Chabot
Rue Cartier
Rue Marquette
Avenue Papineau
Rue Dandurand
Rue Masson
Rue Chabot
Avenue Laurier Est
Boulevard Saint-Joseph Est
R. Franchère
Rue Fullum
Rue Messier
Rue Parthenais
Av des Erables
Avennue de Lorimier
Rue de Bordeaux
Av du Mont-Royal Est
Rue Cartier
Avenue Papineau
Rue Marie-Anne Est
Rue Rachel Est
Boulevard Rosemont
Rue des Carrières
Rue Paul-Julien
Rue St-Grégoire
Rue Marquette
Rue Fabre

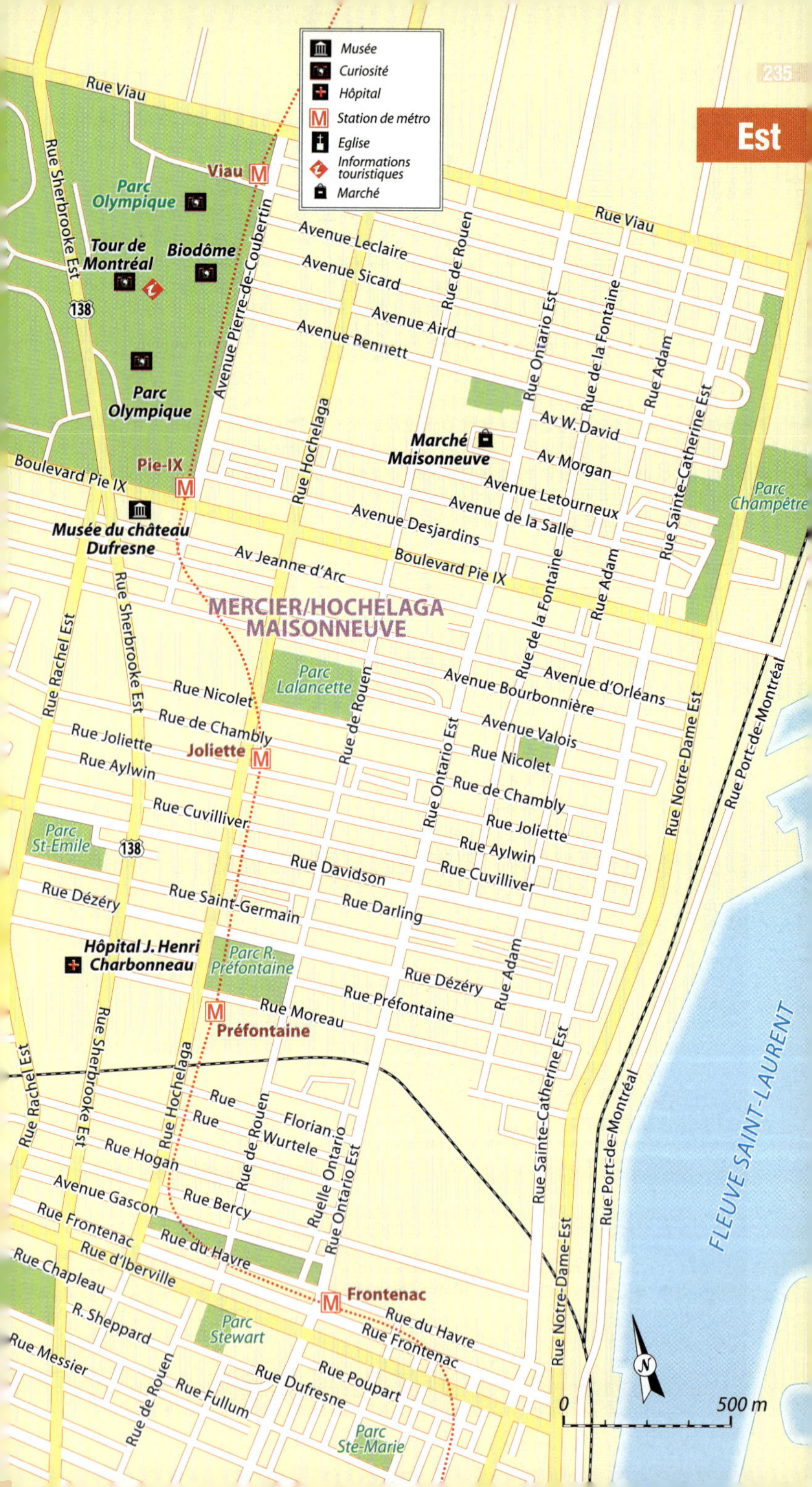
Musée
Curiosité
Hôpital
Station de métro
Eglise
Informations touristiques
Marché
Rue Viau
Viau
Parc Olympique
Tour de Montréal
Biodôme
Rue Sherbrooke Est
138
Parc Olympique
Avenue Pierre-de-Coubertin
Avenue Leclaire
Avenue Sicard
Avenue Aird
Avenue Bennett
Rue de Rouen
Rue Ontario Est
Rue de la Fontaine
Rue Adam
Rue Sainte-Catherine Est
Av W. David
Av Morgan
Marché Maisonneuve
Rue Hochelaga
Pie-IX
Boulevard Pie IX
Musée du château Dufresne
Avenue Letourneux
Avenue de la Salle
Avenue Desjardins
Boulevard Pie IX
Parc Champêtre
Av Jeanne d'Arc
MERCIER/HOCHELAGA MAISONNEUVE
Rue de la Fontaine
Rue Adam
Rue Rachel Est
Rue Sherbrooke Est
Parc Lalancette
Rue de Rouen
Avenue d'Orléans
Avenue Bourbonnière
Rue Notre-Dame Est
Rue Port-de-Montréal
Rue Nicolet
Rue de Chambly
Rue Joliette
Joliette
Rue Aylwin
Avenue Valois
Rue Nicolet
Rue Ontario Est
Rue de Chambly
Rue Cuvillier
Rue Joliette
Rue Aylwin
Parc St-Emile
138
Rue Davidson
Rue Cuvillier
Rue Dézéry
Rue Saint-Germain
Rue Darling
Hôpital J. Henri Charbonneau
Parc R. Préfontaine
Rue Dézéry
Rue Adam
Rue Préfontaine
Rue Moreau
Préfontaine
Rue Rachel Est
Rue Sherbrooke Est
Rue Hochelaga
Rue Florian
Rue Wurtele
Rue de Rouen
Ruelle Ontario
Rue Ontario Est
Rue Sainte-Catherine Est
Rue Port-de-Montréal
FLEUVE SAINT-LAURENT
Rue Hogan
Avenue Gascon
Rue Bercy
Rue Frontenac
Rue du Havre
Rue d'Iberville
Rue Chapleau
Frontenac
R. Sheppard
Parc Stewart
Rue du Havre
Rue Frontenac
Rue Notre-Dame-Est
Rue Messier
Rue de Rouen
Rue Fullum
Rue Dufresne
Rue Poupart
Parc Ste-Marie
N
0
500 m

PARC OLYMPIQUE

4141, avenue Pierre-De Coubertin
✆ +1 514 252 4141 / +1 877 997 0919
www.parcolympique.qc.ca
rio@rio.gouv.qc.ca
M° Pie-IX ou Viau. Consultez le site Internet pour connaître les horaires et coûts des différents services, activités et événements (stade, tour, centre sportif, esplanade). Plusieurs autres attraits sur le site et ses environs. Café-terrasse Station In Vivo sur place.

Le 12 mai 1970, le Comité international olympique annonce que la ville sera l'hôte des Jeux de la XXIe olympiade, soit à l'été 1976. La course contre la montre débute. C'est alors que s'érige le Parc olympique, un ensemble architectural sans pareil comprenant le Stade, le Centre de natation et le Vélodrome, le tout signé par l'architecte français Roger Taillibert. Fait cocasse : la tour du stade, la plus haute tour inclinée au monde, sera achevée bien après les Jeux, soit en 1987… De nos jours, il est possible de visiter le stade et le centre sportif (abonnement disponible pour le centre), de monter en haut de la Tour de Montréal pour un panorama exceptionnel, d'assister à une foule d'événements et de spectacles, tant dans le stade que sur l'esplanade nouvellement réaménagée.

PLANÉTARIUM RIO TINTO ALCAN

4801, avenue Pierre-De Coubertin
✆ +1 514 868 3000
www.espacepourlavie.ca
M° Viau. Ouvert toute l'année (horaires variables selon la saison). Consultez le site Internet pour les horaires des spectacles. Adulte : 19,25 CAN $, aîné : 17,75 CAN $, étudiant 18 ans et plus : 14,25 CAN $, 5-17 ans : 9,75 CAN $, gratuit pour les moins de 5 ans, famille : 53,50 CAN $. Tarification réduite pour les résidents du Québec. Forfaits disponibles. Restauration sur place.

Un tout nouveau Planétarium a vu le jour en 2013, dans un bâtiment créé spécialement à cet effet au cœur du Parc olympique, annexé au Biodôme. De ce fait, tous les Muséums nature de Montréal sont enfin réunis à quelques pas l'un de l'autre. Son concept novateur fait corps avec son approche réinventée, qui le distingue nettement des autres planétariums dans le monde. Dans le vaste hall sont situés tous les services : la billetterie, le vestiaire et l'aire de restauration. Un deuxième espace, partagé avec le Biodôme, permet d'accueillir les groupes. On y trouve aussi trois salles d'animation, deux théâtres et l'exposition permanente « EXO, sur les traces de la vie dans l'Univers ».

Stade olympique

Nord

Si le nord de la ville recèle peu de points d'intérêt, deux attraits majeurs sont à inscrire à l'agenda. L'Oratoire Saint-Joseph, situé dans le quartier Côte-des-Neiges, est un des lieux de culte les plus visités au pays, surtout depuis la canonisation du frère André. Dans la Petite-Italie, l'immense Marché Jean-Talon (voir rubrique «Shopping») est un véritable hymne aux saveurs, un endroit où il fait bon flâner et faire quelques emplettes.

ARTOTHÈQUE DE MONTRÉAL

5720, rue Saint-André
✆ +1 514 278 8181
www.artotheque.ca
Entre Des Carrières et Rosemont. Mercredi-vendredi, 12h30-19h ; samedi, 11h-17h. Service de livraison.

En devenant membre de cette association à but non lucratif (26,25 CAN $/an), vous pouvez louer des œuvres originales réalisées par quelques 1 000 artistes. Une collection qui comprend plus de 5 000 tableaux, estampes, sculptures, photographies et aquarelles est disponible. L'intérêt de ce système, c'est la possibilité de changer de décor aussi souvent que vous le voulez. Si vous tombez amoureux d'une œuvre, vous pourrez toujours l'acheter.

CENTRE COMMÉMORATIF DE L'HOLOCAUSTE

Maison Cummings
5151, chemin de la Côte-Sainte-Catherine
✆ +1 514 345 2605
www.mhmc.ca – info@mhmc.ca
Angle De Westbury. Lundi-mardi & jeudi, 10h-17h ; mercredi 10h-21h ; vendredi, 10h-14h30 ; dimanche 10h-16h ; fermé le samedi et lors des fêtes juives et congés fériés. Adulte : 8 CAN $, aîné et étudiant : 5 CAN $.

L'exposition permanente retrace la vie religieuse, culturelle et communautaire juive d'avant-guerre ainsi que la dévastation engendrée par l'Holocauste. Des objets, des photos ainsi que des documentaires témoignent du drame de la Shoah. À voir également : les témoignages de survivants de l'Holocauste sur vidéo, une dimension humaine et sensible.

ORATOIRE SAINT-JOSEPH DU MONT-ROYAL

3800, chemin Queen Mary
✆ +1 514 733 8211 / +1 877 672 8647
www.saint-joseph.org
pelerinage@osj.qc.ca

© STÉPHANE SAVIGNARD

Oratoire Saint-Joseph.

M° Côte-des-Neiges. Horaires variables selon le service. Entrée libre sur le site et aux services religieux. Musée ouvert tous les jours de 10h à 16h30 : adulte 4 CAN $, étudiant et aîné 3 CAN $, 6-17 ans 2 CAN $, famille 9,50 CAN $. Boutiques, restauration et hébergement sur place.

S'élevant sur le flanc nord-ouest du mont Royal, ce monument est, sans conteste, l'un des sites les plus visités de Montréal, en partie pour la magnifique vue qu'il offre depuis sa terrasse. Lieu de recueillement, cette impressionnante basilique de style néo-Renaissance, coiffée d'un gigantesque dôme octogonal en cuivre, accueille des pèlerins venus de tous les coins du monde faire leurs dévotions à saint Joseph.

PARC JARRY

Accueil Jean-Paul II
7920, boulevard Saint-Laurent
✆ 311 / +1 514 872 2043
www.ville.montreal.qc.ca/grandsparcs
M° de Castelnau.

Ce parc sert d'écrin au Stade Uniprix (centre de tennis), hôte de la Coupe Rogers en août. Parmi les activités et services sur place : aire de jeux, piscine et pataugeoire, circuits à obstacles aménagés pour les rollers et planches à roulettes, terrains intérieurs et extérieurs de tennis, terrains de sport, deux patinoires, etc.

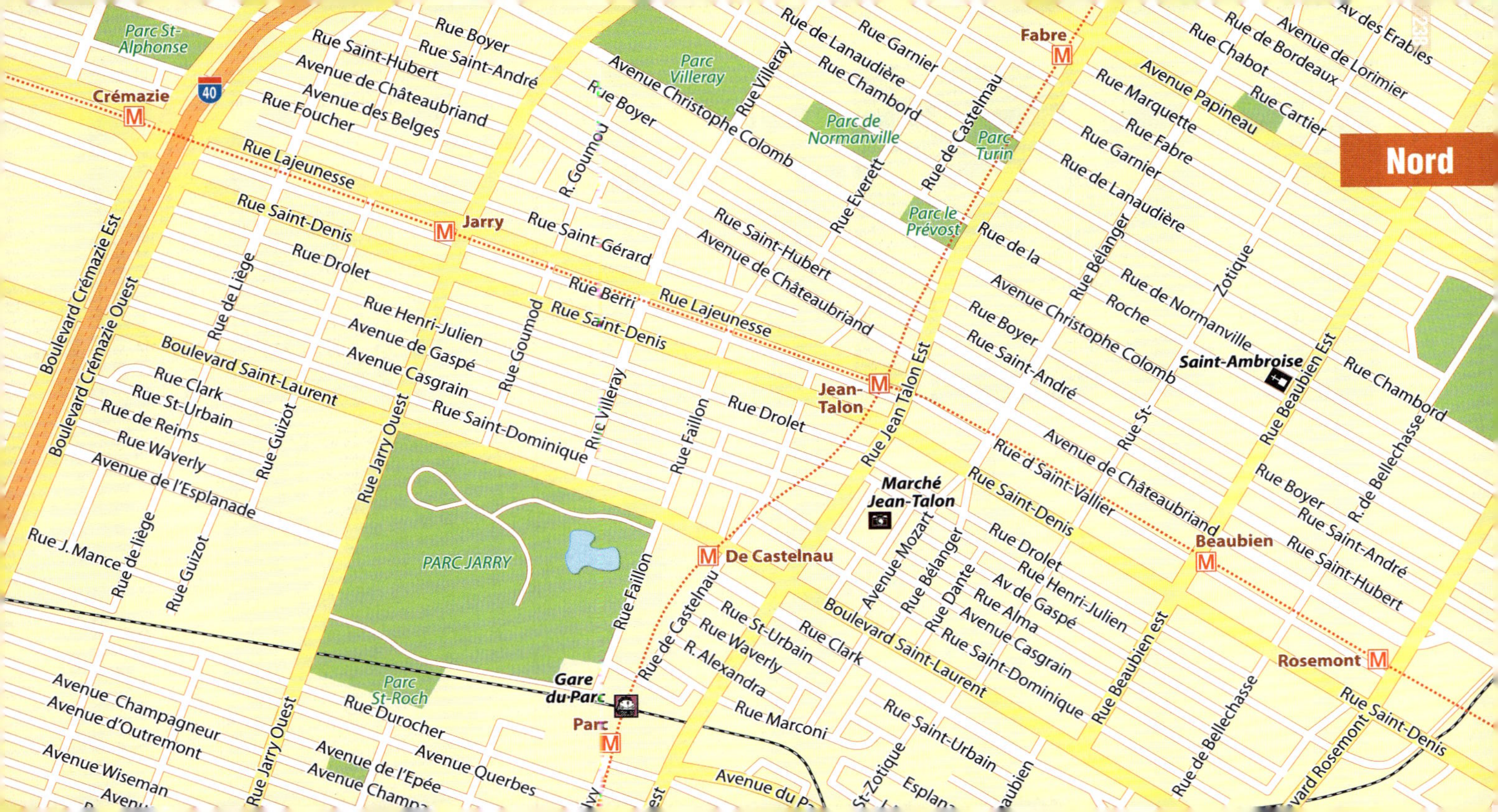
Nord
Parc St-Alphonse
Crémazie
40
Rue Boyer
Rue Saint-André
Rue Saint-Hubert
Avenue de Châteaubriand
Avenue des Belges
Rue Foucher
Rue Lajeunesse
Rue Saint-Denis
Jarry
Rue Drolet
Boulevard Crémazie Est
Boulevard Crémazie Ouest
Rue de Liège
Rue Henri-Julien
Avenue de Gaspé
Avenue Casgrain
Boulevard Saint-Laurent
Rue Clark
Rue St-Urbain
Rue de Reims
Rue Waverly
Avenue de l'Esplanade
Rue Guizot
Rue Jarry Ouest
Rue J. Mance
Rue de liège
Rue Guizot
Parc Villeray
Avenue Christophe Colomb
Rue Boyer
R. Goumou
Rue Saint-Gérard
Rue Berri
Rue Saint-Denis
Rue Goumod
Rue Saint-Dominique
Rue Villeray
Rue Villeray
Rue de Lanaudière
Rue Garnier
Rue Chambord
Parc de Normanville
Rue Everett
Rue de Castelnau
Parc Turin
Parc le Prévost
Rue Saint-Hubert
Avenue de Châteaubriand
Rue Lajeunesse
Jean-Talon
Rue Drolet
Rue Faillon
PARC JARRY
Rue Faillon
De Castelnau
Fabre
Rue Marquette
Rue Fabre
Rue Garnier
Rue de Lanaudière
Avenue Papineau
Rue Chabot
Rue de Bordeaux
Avenue de Lorimier
Av des Erables
Rue Cartier
Rue de la
Rue Bélanger
Roche
Rue de Normanville
Zotique
Avenue Christophe Colomb
Rue Boyer
Rue Saint-André
Rue St-
Saint-Ambroise
Rue Beaubien Est
Rue Chambord
R. de Bellechasse
Rue Jean Talon Est
Avenue de Châteaubriand
Rue d Saint-Vallier
Rue Saint-Denis
Marché Jean-Talon
Avenue Mozart
Rue Bélanger
Rue Dante
Rue Drolet
Rue Henri-Julien
Av de Gaspé
Rue Alma
Avenue Casgrain
Rue Saint-Dominique
Boulevard Saint-Laurent
Rue Clark
Rue St-Urbain
Rue Waverly
R. Alexandra
Rue Marconi
Rue de Castelnau
Beaubien
Rue Boyer
Rue Saint-André
Rue Saint-Hubert
Rue Beaubien est
Rosemont
Rue de Bellechasse
Rue Saint-Denis
Parc St-Roch
Rue Durocher
Gare du Parc
Parc
Avenue Champagneur
Avenue d'Outremont
Avenue Wiseman
Avenue de l'Epée
Avenue Querbes
Rue Saint-Urbain
St-Zotique

OUTREMONT
MONT-ROYAL
Musée
Curiosité
Gare ferroviaire
Station de métro
Acadie
Outremont
Édouard-Montpetit
Eglise de Saint-Viateur
Beaux-arts de l'Académie de Querbes
Pensionnat de St-Nom-de-Marie
Musée Marie-Rose-Durocher
Gare Mont-Royal
Gare de Canora
Parc Mohawk
Parc St-Viateur
Parc Outremont
Parc Beaubien
Parc Joyce
Parc Pratt
Parc de Sousa-Mendès
Parc de Récréation Mont-Royal
Cimetière du Mont-Royal
0
500 m
N
Bd Saint-Laurent
St-Dominique
Rue Clark
Rue Saint-Urbain
Rue Waverly
Avenue de l'Esplanade
Rue Jeanne Mance
Avenue du parc
Av Bernard
Rue Hutchison
Av Fairmont
Avenue Durocher
Avenue Querbes
Av de L'Epée
Avenue Bloomfield
Avenue Bernard Ouest
Av St-Viateur
Av de l'Epée
Viaduc Rosemont-Van Horne
Av Champagneur
Avenue Outremont
Avenue Wiseman
Avenue Lajoie
Av Stuart
Chemin de la Côte Sainte-Catherine
Avenue Maplewood
Spring Grove
Avenue Pagnuelo
Av Courcelettes
Boulevard Mont-Royal
Ch. d.l. Forêt
Boulevard Dollard
Avenue McEachran
Avenue Davaar
Avenue Rockland
Av Hartland
Av Dunlop
Avenue Van Horne
Avenue Ducharme
Av du Manoir
Avenue Pratt
Avenue de Vimy
Av. Lennox
Av du Boisé
Av
Glencoe
Avenue Willowdale
Boulevard du Mont-Royal
Avenue Wilderton
Av de Soissons
Av Kent
Pl. darlington
Av Barclay
Rue Goyer
Avenue Darlington
Chemin Bedford
Chemin Goyer
Avenue Ekers
Chemin Bates
Rue Jean-Talon Ouest
Av Dumbar
Avenue Brookfield
Avenue Trenton
Avenue Lockhart
Avenue Simcoe
Boulevard Graham
Avenue Beaumont
Rue Jea
Avenue Wiseman
Rue Birman
Boulevard de l'Acadie
Chemin Selwood
Chemin Markham
Avenue Rockland
Ch. Markham
Chemin Dumfries
Av Jasper
Avenue Balfour
Avenue Cornwall
Avenue Vivian
Avenue Wicksteed
Av Dobie
Avenue Dumrae
Bd Laird
Chemin Camora
Chemin Dunkirk
Chemin Churchill
Av Glencoe
Av Douglas
Av Kirkfield
Ch. Genova
Boulevard Laird
Avenue Stanstead
Avenue de Dieppe

SHOPPING

Vieux-Montréal et Parc Jean-Drapeau

Principalement regroupées sur les rues Notre-Dame et Saint-Paul, les boutiques de souvenirs saturent la vue des passants. Qui pourrait les blâmer ? Les T-shirts *I love Montréal* ou *Québec/Canada* se vendent comme des petits pains. Voici donc quelques adresses alternatives et originales.

Artisanat – Déco – Maison

COOPÉRATIVE L'EMPREINTE

88, rue Saint-Paul Est
✆ +1 514 861 4427 / +1 877 861 4427
www.lempreintecoop.com
info@lempreintecoop.com
M° Champ-de-Mars ou Place-d'Armes. Ouvert tous les jours (horaire variable selon la saison). Boutique en ligne également.

Bien installée dans ses nouveaux locaux, cette boutique-galerie est un espace coopératif en métiers d'art, l'un des plus importants de la province, avec plus de 85 artisans québécois qui y exposent et vendent leurs petits chefs-d'œuvre. Vous y trouverez de tout, allant des arts de la table aux objets déco, en passant par les vêtements, les instruments de musique et les meubles. Une adresse chaudement recommandée pour des cadeaux et souvenirs faits main au Québec.

ESPACE PEPIN

350, rue Saint-Paul Ouest
✆ +1 514 844 2512
www.thepepinshop.com
shop@thepepinshop.com
M° Square-Victoria. Lundi-mercredi et samedi, 10h-18h ; jeudi-vendredi, 10h-20h (fermeture à 18h hors saison) ; dimanche, 11h-17h. Boutique en ligne.

Deux superbes boutiques de produits exclusifs et soigneusement sélectionnés par la famille Pépin, dont de nombreuses créations signées Lysanne Pépin. L'espace situé au 350 rue Saint-Paul sert à la fois d'atelier, de boutique d'art, de vêtements griffés et chaussures, d'accessoires et bijoux, etc. Quant au nouvel Espace Pépin Home, c'est le havre déco pour la maison. Plutôt que d'exhiber les meubles et les accessoires comme dans les boutique traditionnelles, on a plutôt opté ici pour récréer des pièces et des ambiances chaleureuses et tendances. On y a même aménagé un petit comptoir végé pour prendre une pause gourmande durant notre shopping. On adore !

▶ **Autre adresse :** Espace Pépin Maison, 378 rue Saint-Paul Ouest

Galerie d'Art

MARCHÉ BONSECOURS

350, rue Saint-Paul Est
✆ +1 514 872 7730
www.marchebonsecours.qc.ca
M° Champ-de-Mars. Ouvert tous les jours dès 10h, fermeture entre 18h et 21h selon la saison.

Le magnifique édifice au dôme argenté réunit des galeries d'art et des boutiques haut de gamme permettant aux visiteurs de dénicher des objets d'art québécois, canadien et autochtone, des vêtements et des meubles de créateurs d'ici ainsi que des bijoux contemporains. Une excellente adresse pour trouver des souvenirs de qualité.

Le Marché Bonsecours et la Chapelle Notre-Dame-de-Bon-Secours au crépuscule.

Marchés de Montréal

Consultez le site Internet pour connaître la liste des marchés de quartier et aux fleurs.

■ MARCHÉ ATWATER

138, avenue Atwater
✆ +1 514 937 7754
www.marchespublics-mtl.com
info@marchespublics-mtl.com
M° Lionel-Groulx. Lundi-mercredi, 7h-18h ; jeudi, 7h-19h ; vendredi, 7h-20h ; samedi-dimanche, 7h-17h.

Situé dans le Sud-Ouest de Montréal, près du canal de Lachine, le Marché Atwater tire son nom de l'avenue qui la borde et qui perpétue la mémoire d'Edwin Atwater, homme d'affaires et conseiller municipal du XIXe siècle. Le marché existe depuis 1933 et son architecture, de style art déco, lui vaut d'être classé parmi les plus beaux édifices de la ville de Montréal. Ouvert toute l'année, le marché est célèbre pour ses nombreuses boucheries et charcuteries, sa fromagerie réputée, mais aussi pour ses fleuristes et maraîchers, qui s'installent sur le pourtour de l'édifice, l'été venu. Les boutiquiers offrent une large gamme de produits frais, raffinés et originaux. Le savoir-faire des marchands vient des générations qui se sont succédé derrière les étals et de la relève qui travaille fort pour perpétuer la réputation du Marché Atwater.

■ MARCHÉ DE LACHINE

1875, rue Notre-Dame
Secteur Lachine
✆ +1 514 937 7754
www.marchespublics-mtl.com
info@marchespublics-mtl.com
Angle 18e Avenue. Lundi-mercredi, 9h-18h ; jeudi, 9h-19h ; vendredi, 9h-20h ; samedi, 8h-17h ; dimanche, 9h-17h.

Situé à deux pas de la piste cyclable du canal de Lachine, le Marché de Lachine est riche d'une longue histoire. C'est le plus vieux marché public de Montréal. Ouvert en 1845 sur le site de l'actuelle mairie d'arrondissement, il est au cœur du centre économique de la ville. Détruit par un incendie en 1866, le marché rouvrira ses portes quarante ans plus tard sur la rue Notre-Dame. Depuis 2004, il est ouvert toute l'année. Vous y trouverez une fromagerie, une pâtisserie ainsi que des maraîchers, l'été... eh oui ! Le Marché de Lachine est aussi le plus petit marché public de Montréal !

■ MARCHÉ JEAN-TALON

7070, avenue Henri-Julien
✆ +1 514 277 1588
www.marchespublics-mtl.com
info@marchespublics-mtl.com
M° Jean-Talon. Lundi-mercredi et samedi, 7h-18h ; jeudi-vendredi, 7h-20h ; dimanche, 7h-17h. Stationnement intérieur sur place.

Situé au cœur de La Petite Italie, le Marché Jean-Talon est l'un des plus vieux marchés publics de Montréal. Il se distingue par son important rassemblement de producteurs locaux de fruits et légumes, et par l'offre diversifiée des nombreux boutiquiers. C'est l'un des plus gros marchés d'Amérique du Nord, dont l'effervescence est constante puisqu'il est ouvert été comme hiver.Pourtant, l'ambiance est celle d'un village, un endroit familial où des générations ont grandi, tant du côté des marchands que des clients. Vous trouverez sur place des fruits et légumes, bien sûr, mais aussi des fleurs, des épices, des huiles, des fromages, des viandes, des poissons, des boulangeries artisanales, sans oublier les savoureux produits du terroir québécois.

■ MARCHÉ MAISONNEUVE

4445, rue Ontario Est
✆ +1 514 937 7754
www.marchespublics-mtl.com
info@marchespublics-mtl.com
Angle Morgan. Lundi-mercredi et samedi, 7h-18h ; jeudi-vendredi, 7h-20h ; dimanche, 7h-17h.

Situé dans l'arrondissement Mercier-Hochelaga-Maisonneuve, le Marché Maisonneuve ouvre ses portes au début du 20e siècle, dans une majestueuse bâtisse en pierre. Un grand nombre d'agriculteurs, d'épiciers, de bouchers et de poissonniers s'y succèdent pendant un demi-siècle. Fermé dans les années 1960 par la municipalité, c'est grâce à la persévérance des citoyens du quartier que le Marché Maisonneuve reprend son activité maraîchère en 1980. Il faut attendre encore une quinzaine d'années pour que la vie de marché renaisse au sein d'un nouvel édifice, à quelques pas de l'ancien bâtiment. Du maraîcher au boulanger en passant par le fromager, le boucher, le poissonnier, le fleuriste, vous ne trouverez au Marché Maisonneuve que des spécialistes de leurs produits, qui ont à cœur de vous offrir des produits frais et de qualité, toute l'année.

Mode – Sport

BOUTIQUE AMIMOC
122, rue Saint-Paul Est
✆ +1 438 384 9933
M° Champ-de-Mars. Ouvert à l'année (horaire variable selon la saison). Autre boutique à Québec.
Amimoc, c'est avant tout la plus grande sélection de mocassins au Canada, rendant ainsi hommage à la tradition de la fabrication locale de mocassins depuis des générations. Et il y en a pour tous les goûts et de toutes les couleurs, avec ou sans fourrure, en bottine ou soulier. On retrouve également sur place une belle sélection de bottes pour hommes et femmes, fabriquées de cuir imperméable de première qualité et avec une doublure intérieure en Amitex toutes saisons ou encore en laine pour les grands froids. A noter que tous les mocassins et bottes sont entièrement fabriqués au Québec. Une adresse chouchou de l'équipe Petit Futé !

BOUTIQUE DENIS GAGNON
170B, rue Saint-Paul Ouest
✆ +1 514 935 6360
www.denisgagnon.ca
info@denisgagnon.ca
M° Place-d'Armes. Horaire variable selon la saison. Boutique en ligne également.
Denis Gagnon possède sa propre boutique à Montréal. Des collections de prêt-à-porter chic et choc, dont plusieurs autour du cuir, sa matière fétiche. Ce créateur, parmi les plus reconnus au pays, a développé ses talents en créant des costumes de scène. Ses collections sont également vendues dans quelques magasins de la ville.

DUBUC
417, rue Saint-Pierre ✆ +1 514 282 1465
www.dubucstyle.com
M° Square-Victoria. Lundi-mercredi, 10h30-18h ; jeudi-vendredi, 10h30-20h ; samedi, 10h30-17h ; dimanche, 12h-17h. Autre boutique à Québec.
Réputé bien au-delà des frontières du Québec, Philippe Dubuc est un passionné du métier de couturier depuis une vingtaine d'années. Ses collections pour hommes sont très prisées, offrant des finitions soignées, des tons minéraux, des matières modernes souvent gommées et texturées. Sa boutique est donc un espace privilégié pour découvrir les vêtements, sacs et accessoires qui font la réputation du designer.

Centre-ville et Westmount

Boutiques de souvenirs, de fripes, fashion, de designers, grands magasins et enseignes... Peu importent vos goûts et votre budget, le centre-ville est sans l'ombre d'un doute La Mecque du shopping. Tentez seulement de ne pas trop vous laisser emporter par cette frénésie !

Beauté – Bien être

M.A.C.
La Maison Ogilvy
1307, rue Sainte-Catherine Ouest
✆ +1 514 845 8085
www.maccosmetics.com
M° Peel. Lundi-mercredi, 10h-18h ; jeudi-vendredi, 10h-21h ; samedi, 9h30-18h30 ; dimanche, 11h-18h. Nombreuses succursales dans la grande région de Montréal.
Belle atmosphère dans les boutiques M.A.C., où l'on est surpris par tant de couleurs ainsi réunies. Des couleurs évidemment très tendance, qui plaisent aux jeunes femmes dans le vent. C'est l'endroit de prédilection de plusieurs femmes lorsqu'il est question de se procurer du maquillage de qualité supérieure, des soins pour la peau, des accessoires et des brosses. Les clientes raffolent de la gamme M.A.C. Pro, d'abord conçue pour les professionnels du milieu de la mode. On peut se faire maquiller sur place ou même prendre des cours de maquillage personnalisés. Attention, il est préférable de prendre rendez-vous pour la séance de maquillage.

Centres commerciaux

Mode – Sport

ARMANI EXCHANGE
Les Cours Mont-Royal
1241, rue Sainte-Catherine Ouest
✆ +1 514 843 4151
www.armaniexchange.com
M° Peel. Lundi-mercredi & samedi, 10h-18h ; jeudi-vendredi, 10h-21h ; dimanche, 10h-17h.
Est-il vraiment utile de vous préciser quelle marque de vêtements propose la boutique Armani Exchange ? L'une des marques les plus connues au monde de prêt-à-porter haut de gamme possède sa propre boutique dans le centre de Montréal.

▶ **Autre adresse :** Carrefour Laval, 3035 boulevard Le Carrefour, ✆ +1 450 686 6896

BROWNS SHOES

1191, rue Sainte-Catherine Ouest
✆ +1 514 987 1206
www.brownsshoes.com
M° Peel. Lundi-mercredi & samedi, 10h-18h ; jeudi-vendredi, 10h-21h ; dimanche, 12h-18h. Plusieurs succursales dans la grande région de Montréal.

Attention « fashion addict », il ne faut pas s'approcher de cette boutique. C'est le rêve de la belle chaussure, de la très belle chaussure. Pour trouver la paire de mules de cet été ou les plus belles bottes de l'hiver, vous trouverez ici des œuvres d'art pour vos pieds. Cole Haan, Gianni Chiarini et Pourchet, pour les sacs à mains, sont quelques-uns des grands noms de la mode présents sur les rayons. Pour les folies ou les gros budgets seulement, ou pour aller avec une robe merveilleuse qui ne peut être que très bien accompagnée.

EVA B. CAFÉ-BOUTIQUE

2015, boulevard Saint-Laurent
✆ +1 514 849 8246
www.eva-b.ca
boutiqueevab@hotmail.com
M° Saint-Laurent. Lundi-samedi, 11h-19h ; dimanche, 12h-18h.

La boutique Eva B. ravira les gens qui adorent trouver dans un seul lieu plusieurs services. On y retrouve des vêtements de plusieurs collections de designers québécois. Divers accessoires comme des sacs à main, des bijoux, lunettes, etc. Certains des morceaux exposés sont même fabriqués sur place. On retrouve également une gamme imposante de costumes d'époque, contemporains, modernes ou délurés. Un vrai paradis pour les costumiers ! Il est possible de louer, d'acheter ou de vendre. On trouve aussi une friperie, avec un mélange de vêtements usagés et neufs qui ravira les amateurs de petits prix ! De plus, une galerie d'art expose les artistes de la relève et pour combler le tout, un bistro-bar propose des bons petits plats sur le pouce (sandwichs, salades...) et des boissons (café équitable, thé...). Finalement, vous désirez louer un espace pour une fête, une exposition, un événement quelconque ? La boutique Eva B. vous offre aussi ce service !

LITTLE BURGUNDY

1127, rue Sainte-Catherine Ouest
✆ +1 514 286 9414
www.littleburgundyshoes.com
M° Peel. Lundi-mardi, 10h-18h ; mercredi-vendredi, 10h-21h ; samedi, 10h-17h ; dimanche, 12h-17h. Plusieurs succursales dans la grande région de Montréal.

Cette adresse est très prisée car elle sait manifestement suivre les modes. On y trouve les chaussures de grandes marques ainsi que leurs répliques faites par la marque Little Burgundy elle-même ! Vous avez donc le choix entre des souliers haut de gamme et leurs copies vendues à des prix très raisonnables. Les pieds des femmes craqueront pour les marques Michael Kors, Blowfish, Roxy, Miss Sixty et Juicy Couture, pour ne nommer que celles-ci. Et les hommes ne sont pas en reste avec un choix intéressant de chaussures Doc Marten's, Timberland, Marc Jacobs et Addidas. Un incontournable pour pêcher des modèles originaux de souliers de ville et de style « streetwear ». Ne manquez pas de jeter un œil sur les sacs et les accessoires.

LA MAISON SIMONS

977, rue Sainte-Catherine Ouest
✆ +1 514 282 1840
www.simons.ca
M° Peel. Lundi-mercredi, 10h-18h ; jeudi-vendredi, 10h-21h ; samedi, 10h-17h30 ; dimanche, 11h-17h30.

Cette grande surface de vêtements pour hommes et femmes est un fleuron québécois. Fondée dans la capitale, ce n'est qu'un siècle et demi plus tard que la Maison Simons a décidé de percer le marché montréalais. Depuis l'ouverture de son commerce, les jeunes et les moins jeunes y accourent pour découvrir les dernières tendances de l'heure. Les collections exclusives au magasin sont nombreuses : pour les filles (Twik), pour les femmes (Icône, Contemporaine, I.Fiv5), les hommes (Djab, I.Fiv5, Le 31), la lingerie féminine (Miiyu) et la mode pour la maison (Simons Maison). A ces produits plutôt abordables viennent s'ajouter des vêtements de grand renom. Que vous soyez à la recherche d'un vêtement classique ou encore d'une cravate ou d'une robe excentrique, vous êtes à la bonne adresse. Et non seulement la qualité du service à la clientèle est impeccable, mais les politiques d'échange et de remboursement le sont aussi.

Autres adresses : Carrefour Laval, 3025 boulevard Le Carrefour, Laval • Galeries d'Anjou, 7999 boulevard des Galeries d'Anjou • Promenades St-Bruno, 600 boulevard des Promenades, Saint-Bruno-de-Montarville

MARIE SAINT PIERRE

2081, rue de la Montagne
✆ +1 514 281 5547
www.mariesaintpierre.com
boutique-cv@mariesaintpierre.com
M° Peel ou Guy-Concordia. Lundi-mercredi, 10h-18h ; jeudi-vendredi, 10h-20h ; samedi, 10h-17h ; dimanche, 12h-17h.

Reconnue comme l'une des chefs de file de la mode canadienne, Marie Saint Pierre séduit par sa créativité et son goût pour les matières transparentes et froissées. Sa boutique caractérise parfaitement son état d'esprit avant-gardiste et novateur. De la simple tunique à la robe de soirée, chaque pièce a été longuement élaborée afin de donner un style unique à celle qui la portera. La plupart des morceaux de la collection sont vaporeux et fluides, et la superposition de chacun d'entre eux permet de créer un style différent. La collection d'accessoires vaut également le détour.

Autre adresse : Centre Rockland, 2305 chemin Rockland, ✆ +1 514 738 5547

URBAN OUTFITTERS

1246, rue Sainte-Catherine Ouest
✆ +1 514 874 0063
M° Peel. Lundi-vendredi, 10h-21h ; samedi, 10h-20h ; dimanche, 11h-18h.

Une boutique qui suit les dernières tendances de la mode pour les habits homme et femme plutôt décontractés. La marque américaine, qui se développe petit à petit dans le monde entier, base sa philosophie sur la conciliation entre la mode et le respect de l'environnement. Urban Outfitters utilise beaucoup de vêtements vintage, du tissu recyclé, des surplus transformés, etc. Les boutiques proposent également quelques objets pour la maison.

Autres adresses : 4301, rue Saint-Denis, ✆ +1 514 844 5944 • Quartier Dix30, 9200 boulevard Leduc, Brossard, ✆ +1 450 656 1197

VANS BY OTH SHOP

1021, rue Sainte-Catherine Ouest
✆ +1 514 499 1021
www.offthehook.ca
M° Peel. Lundi-mercredi & samedi, 11h-19h ; jeudi-vendredi, 11h-21h ; dimanche, 11h-18h. Billetterie pour divers événements à Montréal sur place. Boutique en ligne.

La marque américaine de *streetwear* a enfin installé ses pénates dans la métropole et difficile de rater la boutique. Elle diffuse sa musique à plein volume dans la rue, souvent jouée par des DJs qui mettent une ambiance de party dans les lieux en soirée. Fringues et accessoires Vans y occupent une grande partie mais aussi une multitude d'autres marques à la mode sélectionnées par l'équipe de Off the Hook (OTH).

Multimédia – Image – Son

APPLE STORE

1321, rue Sainte-Catherine Ouest
✆ +1 514 906 8400
www.apple.ca
M° Peel. Lundi-vendredi, 10h-21h ; samedi, 10h-18h ; dimanche, 11h-17h.

Montréal a sa propre boutique Apple en plein cœur du centre-ville. Les amoureux de la marque pourront y trouver tous les appareils possibles allant du iPod au iPhone, en passant par le MacBook Air, le iMac et le iPad.

Autres adresses : Carrefour Laval, 3035 boulevard Le Carrefour, Laval, ✆ +1 450 902 4400 • DIX30, 9120 boulevard Leduc, Brossard, ✆ +1 450 618 1400 • Fairview Pointe-Claire, 6801 autoroute transcanadienne, ✆ +1 514 630 8800

Musique

CHEAP THRILLS

2044, rue Metcalfe
2e étage ✆ +1 514 844 8988
www.cheapthrills.ca – info@cheapthrills.ca
M° Peel. Lundi-mercredi & samedi, 11h-18h ; jeudi-vendredi, 11h-21h ; dimanche, 12h-17h.

Créé en 1971, Cheap Thrills fut le premier magasin de disques usagés à Montréal, et depuis, les lieux sont devenus une excellente référence pour les CD et vinyles neufs ou usagés. La boutique, spécialisée dans le jazz, l'avant-garde, la musique expérimentale et le blues, offre aussi un large choix de soul, musique du monde, de rock et alternatif, etc. Ici on priorise les disques rares, moins connus, vu que la pop rock à la mode se trouve facilement ailleurs chez les grands disquaires. Le catalogue en ligne de la boutique compte plus de 10 000 CD et vinyles... De quoi perdre la tête !

Panier gourmand

FOU D'ICI

360, boulevard de Maisonneuve Ouest
✆ +1 514 600 3424
www.foudici.com – info@foudici.com
M° Place-des-Arts. Lundi-vendredi, 8h-20h ; samedi, 9h-18h ; dimanche, fermé. Bar à déjeuner et menu du jour sur place. Service de traiteur.

Située en plein cœur du Quartier des spectacles, cette boutique plaira aux fous des produits arborant fièrement le fleurdelisé. En effet, plus de 75 % des rayons de cette épicerie sont consacrés aux meilleurs produits québécois, le reste étant dédié aux produits fins, dont plusieurs certifiés biologiques. Toutes les catégories sont ici représentées : boucherie, poissonnerie, boulangerie, fromagerie, potager, sans oublier les essentiels pour le garde-manger, les thés, et les cafés de l'entreprise Toi, Moi & Café. Et pour ceux qui aimeraient avoir tout cuit dans le bec, l'équipe de la boutique concocte, selon son humeur et son inspiration, des prêt-à-manger qui séduiront vos papilles.

■ MARCHÉ ADONIS

2173, rue Sainte-Catherine Ouest
✆ +1 514 933 4747
www.groupeadonis.ca
courriel.seville@groupeadonis.ca
M° Atwater. Lundi-vendredi, 9h-22h ; samedi-dimanche, 8h30-22h. Service de livraison à domicile. Stationnement intérieur sur place. Plusieurs succursales dans la grande région de Montréal.

Ouverte depuis août 2013, occupant le rez-de-chaussée de la tour à condos Le Séville près de l'ancien forum, cette 6e succursale de la chaîne est aussi populaire que ses consœurs, voire plus. Adonis se spécialise dans les produits du Moyen-Orient, du Liban et de la région méditerranéenne, le tout à des prix fort abordables. Des allées et comptoirs remplis de saveurs et d'arômes exotiques : fruits et légumes, épices fraîches, olives et noix, fromages, viandes et charcuteries, pâtisseries… C'est simple : on a envie de tout acheter !

Quartier latin et Village gai

Définitivement plus un quartier pour sortir que pour faire du shopping. Voici toutefois quelques adresses dignes de mention. Pour les boutiques s'adressant à la communauté LGBT, référez-vous à la rubrique «Shopping» dans notre section «Gay et lesbien».

■ ATOM HEART

364, rue Sherbrooke Est
✆ +1 514 843 8484
www.atomheart.ca
M° Sherbrooke. Lundi-mercredi, 11h-18h ; jeudi-vendredi, 11h-21h ; samedi, 11h-17h ; dimanche, 12h-17h.

Une boutique qui a non seulement le mérite d'être très jolie mais une des rares à Montréal à proposer un tel éventail de musique rock, alternative et électronique produite sous label indépendant. Si vous ne trouvez pas ce que vous recherchez, on se fera un immense plaisir de vous dénicher la perle rare.

■ LA CAPOTERIE

2061, rue Saint-Denis
✆ +1 514 845 0027
www.lacapoterie.net
info@lacapoterie.net
M° Sherbrooke ou Berri-UQÀM. Lundi-vendredi, 11h-21h ; samedi-dimanche, 11h-20h.

Des capotes en tous genres, de tous les goûts, de toutes les couleurs, de toutes les grandeurs. Beaucoup de livres expliquant l'art du massage, différents jeux sexuels et érotisants, des objets humoristiques, des jeux de société, des condoms japonais, des boules chinoises, des petits jouets érotiques, des essences, de l'encens… Il fait chaud tout d'un coup !

■ EMPIRE

251, rue Sainte-Catherine Est
✆ +1 514 284 0667
www.thinkempire.com
info@thinkempire.com
M° Berri-UQÀM. Lundi-mercredi, 10h30-18h ; jeudi-vendredi, 10h30-21h ; samedi-dimanche, 10h30-17h. Nombreuses succursales dans la grande région de Montréal. Boutique en ligne.

Les amateurs de snowboard et skateboard se donnent rendez-vous ici pour faire le plein d'équipement et de *streetwear*. Tout y est, des *boards* aux fixations, les planches de *skate*, *trucks* et roues, sans oublier les accessoires de toutes sortes, et les sacs et étuis pour protéger vos nouvelles acquisitions. Et il vous en coûtera une fraction du prix que vous auriez payé en Europe !

■ AUX QUATRE POINTS CARDINAUX

551, rue Ontario Est
✆ +1 514 843 8116 / +1 888 843 8116
www.aqpc.com
M° Berri-UQÀM. Lundi-mercredi, 10h-18h ; jeudi-vendredi, 10h-21h ; samedi, 10h-17h ; dimanche, fermé.

Librairie numéro 1 en vente de cartes topographiques, marines, routières, aéronautiques mais aussi en guides de voyage et de plein air, en atlas, en CD-Roms et accessoires tels que des boussoles, loupes ou GPS. Des services de laminage et de plastification sont proposés sur place. Service de commande avec livraison à domicile aussi offert.

Plateau Mont-Royal

Les *fashionistas* viennent ici dénicher leurs plus beaux atours. Boutiques de designers, fripes, vêtements et accessoires branchés, tout y est, principalement sur les rues Saint-Denis, Mont-Royal et Saint-Laurent. Voici donc quelques bonnes adresses, certaines incontournables, d'autres plutôt originales mais, chose certaine, si vous aimez le shopping, le Plateau est votre destination.

Artisanat – Déco – Maison

FUTON D'OR
3855, rue Saint-Denis
✆ +1 514 499 0438
www.futondor.com
info@futondor.com
M° Sherbrooke. Lundi-mercredi, 10h-18h ; jeudi-vendredi, 10h-21h ; samedi, 10h-17h ; dimanche, 12h-17h.
Chez Futon d'Or, tous les futons sont fabriqués à la main au Québec. Contrairement à ce que l'on pourrait penser, les prix restent très raisonnables. Disons même plus : les propriétaires garantissent le meilleur prix en ville, à qualité égale bien sûr. Autre gage de qualité : la garantie à vie pour les futons (couture, déplacement de mousse, etc.). La large gamme de produits va du futon-divan pour étudiants au futon de très grande qualité, avec plus de 2 000 choix de tissus. Pour ceux préférant une literie plus traditionnelle, optez pour les matelas en latex. C'est ce qu'on fait de mieux dans le domaine du lit. Autre plus : le choix des housses. De très belle qualité, elles sont généralement lavables en machine et vous trouverez également les coussins assortis. N'hésitez pas à faire appel aux précieux conseils des propriétaires qui vous aideront à créer votre ensemble de rêve.

GAÏA ATELIER-BOUTIQUE DE CÉRAMIQUE
1590, avenue Laurier Est
✆ +1 514 598 5444
www.gaiaceramique.com
info@gaiaceramique.com
Angle Marquette. Lundi, fermé ; mardi-mercredi, 11h-18h ; jeudi-vendredi, 11h-19h ; samedi, 10h-17h ; dimanche, 12h-17h.
Gaïa, c'est le petit bijou de Catherine Auriol et d'artisans ayant à cœur la promotion, la diffusion et l'enseignement de l'art de la céramique. L'atelier de Catherine jouxte la boutique qui sert de showroom à ses créations. Au fil des mois, des événements et expositions mettent également en valeur le travail de plus d'une vingtaine de céramistes. Pour ceux qui aimeraient s'initier à cet art et pour les plus avancés, des cours de tournage ainsi que des sessions intensives et personnalisées enseignent la maîtrise de différentes techniques afin de créer ses propres œuvres. Des ateliers libres sont aussi offerts le week-end en après-midi pour ceux inscrits à un cours ainsi que pour les anciens étudiants. Un atelier-boutique coup de cœur, où originalité et qualité sont au rendez-vous !

Beauté – Bien être

BELLA PELLA
1201A, avenue Mont-Royal Est
✆ +1 514 904 1074
www.bellapella.com
info@bellapella.com
M° Mont-Royal. Lundi-mercredi, 11h-18h ; jeudi-vendredi, 11h-21h ; samedi, 11h-17h ; dimanche, 12h-17h.
Une petite boutique adorable pour celles qui veulent une belle peau (« bella pella » en italien). Bella Pella confectionne des produits artisanaux inspirés de recettes et de traditions d'origine italienne. On y retrouve des savons aux couleurs acidulées, coupés au poids, des masques frais, des shampoings, des produits pour le bain, des crèmes. Tout est à base de produits naturels et produit à la main au Québec. C'est mignon et on y donne de bonnes idées de cadeaux, comme par exemple les savons poire et vanille, à la canneberge ou encore au chocolat.

Cadeaux

BOUTIQUE KITSCH'N SWELL
3972, boulevard Saint-Laurent
✆ +1 514 358 6336
kitschnswell@gmail.com
Angle Duluth. Ouvert tous les jours en été, fermé mardi et mercredi hors saison.
Vous cherchez un costume, du mobilier, une idée-cadeau kitsch ? C'est chez Kitsch'n Swell que vous trouverez ce qu'il vous faut. Du fauteuil en imprimé léopard aux lunettes de soleil disco, en passant par des vêtements, des bibelots et même du mobilier, cette boutique est un véritable trésor pour les collectionneurs et les passionnés du *vintage*. Les propriétaires dénichent leurs stocks d'objets des années 1940 à 1980 dans les ventes de garage ou chez des particuliers, puis les retapent. Des objets en bon état donc, mais qui restent très kitsch !

■ DIX MILLE VILLAGES

4367, rue Saint-Denis ✆ +1 514 848 0538
www.tenthousandvillages.ca
montreal.stdenis@villages.ca
M° Mont-Royal. Lundi-mercredi, 10h-18h ; jeudi-vendredi, 10h-21h ; samedi, 10h-17h ; dimanche, 12h-17h. Boutique en ligne également.

Une enseigne équitable dont les engagements moraux et écologiques émaillent ostensiblement les murs de la boutique. Dans un local spacieux au design recherché, on vous renseignera sur les meubles, les bijoux, les jouets et les objets de décoration en provenance de pays en voie de développement. Tout ce qui est vendu chez Dix Mille Villages est le fruit du talent d'artisans des quatre coins du globe. Les objets sont produits dans des conditions respectueuses de la dignité des travailleurs et de leur milieu de vie. On vous propose également les cafés à emporter ou à consommer sur place. L'organisation est sans but lucratif et les profits sont réinvestis dans d'autres projets. Certaines vendeuses sont même des bénévoles.

Autres adresses : 290, chemin Bord du Lac, Pointe-Claire, ✆ +1 514 428 0450 • 5675, avenue Monkland, ✆ +1 514 483 6569

■ LE VALET DE CŒUR

4408, rue Saint-Denis
✆ +1 514 499 9970 / +1 888 499 5389
www.levalet.com
M° Mont-Royal. Lundi-mercredi & samedi, 10h-18h ; jeudi-vendredi, 10h-21h ; dimanche, 12h-17h.

Véritable caverne d'Ali Baba que cette grande boutique entièrement dédiée aux jeux en français et en anglais. Tout y est, allant des jeux de société aux cartes et tarots, en passant par les jeux de magie et la jonglerie. Une foule d'objets hétéroclites feront également d'excellents cadeaux : gargouilles, bijoux, chapeaux, etc. Nous vous conseillons fortement de faire un tour à leur boutique (prévoyez du temps !), mais il est également possible d'acheter en ligne.

Librairie

■ BOUQUINERIE DU PLATEAU

799, avenue Mont-Royal Est
✆ +1 514 523 5628
www.bouquinerieduplateau.com
bouquinerieduplateau@hotmail.com
M° Mont-Royal. Ouvert tous les jours de 10h à 22h. Service d'achats à domicile.

Cette librairie vend principalement des livres d'occasion, mais aussi des livres neufs à prix réduits dans toutes les catégories : arts, histoire, littérature, psychologie, sciences humaines, etc., avec une belle section de BD, de livres pour enfants, et même des CD de musique du monde, classique ou encore jazz. Une grande référence depuis 1989 !

■ LIBRAIRIE GALLIMARD

3700, boulevard Saint-Laurent
✆ +1 514 499 2012
www.gallimardmontreal.com
librairie@gallimardmontreal.com
M° Sherbrooke. Lundi-mercredi & samedi, 10h-18h ; jeudi-vendredi, 10h-21h ; dimanche, 12h-17h.

Outre les livres portant la griffe du célèbre éditeur parisien, la Librairie Gallimard est une librairie généraliste qui se démarque pour un choix d'ouvrages rares, plus pointus. Les classiques de la littérature, un large choix de poésie, l'art, les biographies d'illustres penseurs sont disponibles dans un décor qui incite à la lecture. Une très belle librairie tant par le contenu que par le contenant. Pour ceux qui ne peuvent pas se déplacer, vous pouvez acheter via le site Internet et opter pour la livraison.

LIBRAIRIE L'ÉCHANGE

713, avenue Mont-Royal Est
✆ +1 514 523 6389
www.librairielechange.com
librairie-l-echange@hotmail.com
M° Mont-Royal. Ouvert tous les jours de 10h à 22h (horaire de rachat : lundi-samedi, 10h-20h ; dimanche, 10h-18h).

Une référence du livre et du disque de seconde main. On vend une myriade de titres, classés selon le sujet, en bon état, à des fractions du prix d'origine (bien entendu). Les mélomanes ne sont pas oubliés avec un choix de musique de toutes les origines sur CD. Au gré des arrivages, les découvertes peuvent être de taille. La politique de la maison veut que tous les disques soient garantis, donc pas de mauvaise surprise de ce côté. Une section DVD et jeux est disponible.

Mode – Sport

ARTERIE BOUTIQUE & FRIPERIE

176, avenue Bernard Ouest
✆ +1 514 273 3933
www.arterieboutique.blogspot.ca
arterieboutique@gmail.com
Entre de l'Esplanade et Waverly. Lundi-vendredi, 12h-18h ; samedi-dimanche, 11h-17h.

Ce magasin est l'un des attraits du Mile-End. A l'effigie de ce quartier, à la fois très écolo et très à la mode, L'Arterie propose au public de découvrir de magnifiques petits objets fabriqués au coin de la rue ! De nombreux créateurs montréalais y déposent en consigne des sous-vêtements féminins, des bijoux inventifs, des *fanzines*, des savons bios et des accessoires faits de matières recyclées. L'originalité est au rendez-vous dans un décor résolument rétro. Pour les vêtements, la boutique est divisée en deux sections : les items neufs et la friperie. La plupart des fringues sont pour les femmes, il y a même un atelier dans cette boutique ou l'on peut trouver entre autres de jolis pulls faits à la main. L'Arterie vend aussi les populaires *vegetarian shoes*, faites avec du faux cuir.

ATELIER B

5758, boulevard Saint-Laurent
✆ +1 514 769 6094
www.atelier-b.ca
info@atelier-b.ca
Entre Bernard et Saint-Viateur. Lundi, fermé ; mardi-mercredi, 12h-18h ; jeudi-vendredi, 12h-20h ; samedi-dimanche, 12h-17h. Boutique en ligne également.

Le plaisir de l'atelier retrouvé. C'est ainsi que les deux créatrices Anne-Marie et Catherine définissent leur concept. Leurs collections, nées dans leur atelier-salle à manger, se veulent intemporelles, et mêlent des références *vintage* à des matières actuelles. L'éthique prend une part importante dans leur travail, et les productions se veulent locales. Un belle histoire, et un bien bel atelier.

BOUTIQUE BLO

169, avenue Mont-Royal Est
✆ +1 514 849 6181
www.boutiqueblo.com
M° Mont-Royal. Samedi-mercredi, 11h-18h ; jeudi-vendredi, 11h-21h.

Attention : ici, on pénètre sur le territoire des marques à la mode (French Connection, Rudsak, Vince Camuto, Yumi...), mais on pourra dénicher des modèles très bon marché (on adore leurs soldes !). Mesdames, impossible de ne pas trouver une pièce qui vous plaise. Le plus difficile sera de ne pas repartir avec tous les vêtements, accessoires et chaussures qui garnissent les étalages de cette charmante petite boutique. Achat et livraison possibles à partir du site Internet.

BOUTIQUE DUO

30, rue Prince-Arthur Ouest
✆ +1 514 848 0880
www.boutiqueduo.com
info@boutiqueduo.com
Entre Clark et Saint-Laurent. Lundi-mercredi & samedi, 10h-18h ; jeudi-vendredi, 10h-21h ; dimanche, 12h-18h.

Établie en 2003, la boutique Duo offre de nombreuses lignes européennes et américaines comme Marc Jacobs, Ralph Lauren, Naked and Famous ou Lacoste. La boutique, exclusivement pour hommes, est réputée pour son choix de vêtements élégants, ainsi que de chaussures et d'accessoires. En plus d'offrir une vaste gamme des tendances actuelles, vous trouverez un personnel très professionnel, accueillant et aussi stylé que la boutique. Située aux abords du boulevard Saint-Laurent, la boutique Duo reste très discrète, ce qui lui donne une touche encore plus select et haut de gamme.

BOUTIQUE UNICORN

5135, boulevard Saint-Laurent
✆ +1 514 544 2828 / +1 855 544 2828
www.boutiqueunicorn.com
info@boutiqueunicorn.com
Entre Fairmount et Laurier. Lundi-mercredi, 11h-18h ; jeudi-vendredi, 11h-20h ; samedi-dimanche, 11h-17h.

Unicorn est l'adresse par excellence pour bien se fringuer de la tête aux pieds, abritant une trentaine de designers québécois, canadiens et internationaux. À la fois chics et vintage, les différentes collections de prêt-à-porter ont de quoi faire rêver. Bien entendu, une panoplie d'accessoires viendra compléter votre look d'enfer. Et si vous préférez faire votre shopping dans le confort de votre maison, sachez que le site Internet est transactionnel.

GÉNÉRAL 54

5145, boulevard Saint-Laurent
✆ +1 514 271 2129
www.general54.ca
general54mtl@gmail.com
Entre Fairmount et Laurier. Lundi-mercredi, 11h-18h ; jeudi-vendredi, 11h-20h ; samedi-dimanche, 11h-17h.

Située en plein cœur du Mile-End, cette jolie boutique ne propose que des vêtements et accessoires faits au Canada, dont plusieurs sont des marques montréalaises. Les propriétaires, Jennifer Glasgow et Dan Lacroix, y vendent d'ailleurs leurs lignes de vêtements, *Glasgow* et *Lacroix*. On y trouve aussi beaucoup d'articles vintage ainsi que de l'art (des expositions y sont organisées de temps à autre). Un endroit génial pour faire de belles trouvailles !

LA GODASSE

4419, rue Saint-Denis
✆ +1 514 843 0909
www.lagodasse.ca
info@lagodasse.ca
M° Mont-Royal. Lundi-mercredi, 11h-18h ; jeudi-vendredi, 11h-21h ; samedi, 11h-17h ; dimanche, 12h-17h.

Une boutique pour les amateurs de chaussures très tendances. Les nouveaux modèles de Gravis, Vans, Converse, Adidas, sont fraîchement arrivés sur les présentoirs. La décoration de la boutique va de pair avec les modèles présentés : une ambiance aérée, des éléments visuels qui s'inscrivent dans l'air du temps. Le service est d'une précision incroyable, en moins de temps qu'il ne faut pour le dire, le personnel revient avec LA chaussure. Pas d'ampoules, pas de souffrance, ce sont des chaussures de pro que l'on vend.

M0851

3526, boulvevard Saint-Laurent
✆ +1 514 849 9759
www.m0851.com
info@m0851.com
Entre Milton et Prince-Arthur. Lundi-mercredi, 10h-18h ; jeudi-vendredi, 10h-21h ; samedi, 10h-17h ; dimanche, 11h-17h. Boutique en ligne également.

Des vêtements d'extérieur, blousons, sacs et accessoires taillés dans un cuir de très grande qualité. Les coupes sont très tendance. Les pièces sont bien plus que de simples vêtements ou accessoires : ce sont presque des œuvres d'art. On apprécie d'autant plus cette boutique que le cadre est très agréable et que la marque est canadienne. Bien sûr, ce n'est pas donné...

Autres adresses : 1190 boulevard de Maisonneuve Ouest, ✆ +1 514 845 0461 • Carrefour Laval, 3035 boulevard Le Carrefour, Laval ✆ +1 450 934 6014 • Complexe Les Ailes : 677 rue Sainte-Catherine Ouest ✆ +1 514 842 2563

MOUTAIN EQUIPMENT CO-OP

4394, rue Saint-Denis
✆ +1 514 840 4440
www.mec.ca
M° Mont-Royal. Lundi-mercredi, 10h-19h ; jeudi-vendredi, 10h-21h ; samedi, 9h-17h ; dimanche, 11h-17h.

MEC s'est implanté au Québec en 2003 dans un nouveau bâtiment entièrement écologique, question de rester fidèle à l'image de la coopérative. En effet, cette coopérative de consommateurs, dont vous devez être membres pour faire des achats (5 CAN $, carte valide à vie), propose tous les vêtements, accessoires et équipements pour la pratique de vos activités de plein air. Ses produits maison sont fabriqués dans le plus grand respect de l'environnement et des gens, et sauront satisfaire les plus exigeants. Achat et livraison possible à partir du site internet.

Autres adresses : 4869, boulevard Taschereau, Longueuil, ✆ +1 450 766 1359 • Marché Central, 8989 boulevard de l'Acadie, ✆ +1 514 788 5878

PARIS PAS CHER

4235, rue Saint-Denis
✆ +1 514 848 9478
Entre Rachel et Marie-Anne. Lundi-mercredi, 10h-18h ; jeudi-vendredi, 10h-21h ; samedi, 10h-17h ; dimanche, 12h-17h.
Paris Pas Cher est une grande boutique de vêtements pour hommes et femmes qui offre l'avantage de vendre des articles de marques françaises en soldes, et ce, tout au long de l'année. Il y a deux sections permanentes dans le magasin : celle des soldes, et celle de la liquidation (imaginez les aubaines !). Peu importe votre style vestimentaire, vous trouverez quelque chose à votre goût dans ce magasin qui propose de tout. Une vaste sélection de pantalons, chemises, jupes, vestons et T-shirt de toutes les formes et les couleurs, pour 10 à 20 % moins cher qu'ailleurs. On gagne à y aller souvent, car les nouveaux arrivages sont fréquents.

SCANDALE

3639, boulevard Saint-Laurent
✆ +1 514 842 4707
www.boutiquescandalemtl.com
boutiquescandale@hotmail.com
M° Sherbrooke. Lundi-mercredi, 11h-18h ; jeudi-vendredi, 11h-20h ; samedi, 11h-17h ; dimanche, fermé.
Vous ne pourrez louper ce magasin tellement la devanture originale vous intrigue et vous donne le goût d'entrer découvrir cette boutique aux milles trésors. Les créations très design de George Lévesque sont vendues en exclusivité dans la boutique Scandale. Pour trouver une robe de soirée qui ne soit pas guindée, pour encourager un designer 100 % québécois, c'est ici qu'il faut venir magasiner. Et si vous appréciez ce qui est fabriqué ici, vous serez ravis d'apprendre que George Lévesque confectionne ses collections dans le cœur de Montréal, au deuxième étage de sa boutique sur *La Main*. Les tissus sont de grande qualité, les coupes très originales sauront s'adapter à merveille aux corps de toutes les femmes branchées. Dernier argument pour vous convaincre de la qualité des lieux : les costumes de la comédie musicale Don Juan qui a fait la tournée des plus grandes scènes d'Europe et d'Amérique du Nord ont été dessinés par George Lévesque.

Musique

BEATNICK

3770, rue Saint-Denis
✆ +1 514 842 0664
www.beatnickmusic.com
beatnickmusic1@yahoo.com
M° Sherbrooke. Lundi-mercredi, 11h-19h ; jeudi-vendredi, 11h-21h ; samedi-dimanche, 11h-18h.
Cette petite boutique est bien connue des Montréalais passionnés de musique. On y fait l'achat et la vente de CD et de vinyles neufs et usagés ainsi que d'albums d'importation. L'endroit parfait pour dénicher des petits bijoux rares, surtout en vinyles. Certes, il faut avoir la patience de passer en revue tous les bacs, mais cela en vaut la peine.

LE FOX-TROC

819, avenue Mont-Royal Est
✆ +1 514 521 9856
M° Mont-Royal. Lundi-mercredi & samedi, 10h-18h ; jeudi-vendredi, 10h-21h ; dimanche, 10h-17h.
Cette boutique fait la vente et l'achat de CD, DVD et Blu-Ray, ce qui vous permettra de dénicher de petits bijoux à prix dérisoire ou encore, de vous défaire des vôtres. Le local étroit accueille une clientèle plutôt jeune, et les albums sont ordonnés avec un souci de bibliothécaire.

L'OBLIQUE

4333, rue Rivard
✆ +1 514 499 1323
Angle Marie-Anne. Ouvert tous les jours dès midi. Programmation d'événements spéciaux et de lancements, vente de billets pour différents spectacles à Montréal (voir page Facebook pour tous les détails).
« La plus grande sélection de musique locale à Montréal ! ». Voilà comment se définit cette petite boutique fondée en 1987 par des mordus de la scène indépendante. C'est l'endroit idéal pour dénicher des CD et vinyles de musique alternative, Indie, rock et émergente, souvent en exclusivité, le tout à des prix plus que corrects. On y trouve aussi plusieurs journaux indépendants. La meilleure référence dans le domaine !

Retrouvez l'index général en fin de guide

Panier gourmand

BOULANGER BASSIN B&B

4293, rue de Brébeuf
✆ +1 514 525 0854
www.bbassin.com
Entre Marie-Anne et Rachel. Possibilité de commande postale.
Chez Ken, tout est apprécié : de son logis douillet à ses gâteaux aux allures de star. Même les plus sceptiques s'y laisseront prendre. Osez croquer et vous verrez ! Les gâteaux aux fruits, dont l'origine remonte à l'ancienne civilisation trypillienne de l'Ukraine, avaient la réputation de soutenir les aventuriers durant de très nombreux jours... Voyageurs, cette adresse est pour vous ! Et sachez que si ces gâteaux ont été interdits au XVIIIe siècle sur tout le territoire de l'Europe continentale, considérés comme un « péché de débauche », ils ne le sont plus, alors profitez-en !

CHOCOLATS GENEVIÈVE GRANDBOIS

162, rue Saint-Viateur Ouest
✆ +1 514 394 1000
www.chocolatsgg.com
Entre de L'Esplanade et Waverly. Lundi-mercredi et samedi, 10h-18h ; jeudi-vendredi, 10h-21h ; dimanche, 10h-17h. Boutique en ligne également.
AMontréal, la passion pour le chocolat porte un nom : Chocolats Geneviève Grandbois. Tous les amoureux de ce divin produit savent que ses chocolats fins sont des créations uniques qui représentent l'excellence en la matière. De parfaits petits carrés faits à partir de chocolat provenant des meilleures producteurs européens ainsi que de sa plantation au Costa Rica. Original et exotique, chacun se décline comme une œuvre d'art qui vous fera voyager aux quatre coins de la planète. En plus des différentes collections de chocolat, l'entreprise concocte d'autres plaisirs savoureux comme la tartinade à la fleur de sel, du caramel croquant, du chocolat chaud, des brindilles de chocolats à l'érable ou à la fleur de sel, ainsi que quelques créations suivant les thématiques saisonnières.

Autres adresses : 5600 avenue Monkland, ✆ +1 514 481 2444 • Marché Atwater, 138 avenue Atwater, ✆ +1 514 933 1331 • Quartier Dix30, 9389 boulevard Leduc, Brossard, ✆ +1 450 462 7807

DÉPANNEUR PELUSO

2500, rue Rachel Est
✆ +1 514 525 1203
www.depanneurpeluso.com
contact@depanneurpeluso.com
Angle d'Iberville. Ouvert tous les jours 7h à 23h. Items reliés au monde de la bière (verres, livres, etc.) en vente sur place. Dégustations en boutique le week-end. Conseillers sur place dès 15h (13h le week-end).
Le commerce d'Antonio Peluso est bien plus qu'un simple dépanneur de quartier. C'est en fait l'une des plus grandes références en bières artisanales de la province ! Il suffit de franchir la porte et de se diriger dans la grande salle du fond pour constater l'ampleur de la collection. Plus de 400 bières provenant d'une cinquantaine de microbrasseries québécoises y trônent fièrement, bien classées sur les étalages et en frigo. Et pas besoin de vous dire que les arrivages sont constants, notamment en ce qui a trait aux éditions limitées. Le paradis nous direz-vous ! Des fromages, charcuteries et autres produits du terroir québécois viennent compléter l'offre.

LE FOUVRAC

1451, avenue Laurier Est
✆ +1 514 522 9993
www.lefouvrac.com
info@lefouvrac.com
Angle Garnier. Lundi-mercredi, 8h30-18h30 ; jeudi-vendredi, 8h30-20h30 ; samedi, 8h30-17h ; dimanche, 9h-17h.
Fondée en 1985 et reprise en 1994 par Marc Doré, un véritable passionné, cette épicerie fine est un havre pour les épicuriens. Le choix est vaste et les étalages bien garnis. Une des grandes spécialités ici, le thé, se voit consacrer une grande superficie dans chacune des boutiques avec des marques de renom, telles Betjeman & Barton (exclusivité nord-américaine), CG et Kusmi. Dans les autres rayons, on trouvera de délicieux biscuits pour accompagner notre boisson, du café, des chocolats et des confiseries, sans oublier la très grande collection d'huiles, des produits d'épicerie fine des quatre coins du monde, des articles cadeaux et art de la table (avis aux amateurs : la gamme de bols en bambou écologiques et artisanaux Bibol est en vente ici), et même des produits de soins corporels. Bref, une boutique où l'on aime flâner et de laquelle on (se) rapporte de jolis cadeaux !

Autre adresse : 1404, rue Fleury Est, ✆ +1 514 381 8871

KUSMI TEA

3875, rue Saint-Denis
✆ +1 514 840 5445
www.kusmi.ca/fr – info@kusmi.ca
M° Sherbrooke. Lundi-vendredi, 9h-21h ; samedi, 10h-21h ; dimanche, 11h-18h.
Première boutique Kusmi en Amérique, digne héritière d'une tradition qui remonte à l'installation de la marque à Paris en 1917, après 50 ans de succès en Russie. On a ici affaire à une maison de thé haut de gamme : une centaine de variétés de thés, en boîtes et en vrac, à emporter chez soi ou à déguster sur place avec des bouchées sucrées de Point G et de Mamie Clafoutis. Le design de l'endroit est recherché et rien n'a été laissé au hasard pour combler les amateurs. On y retrouve également toutes sortes d'accessoires pour le service et la consommation du thé, des coffrets-cadeaux et des livres sur le sujet.

CHEZ LATINA

185, rue Saint-Viateur Ouest
✆ +1 514 273 6561
www.chezlatina.com
info@chezlatina.com
Entre Waverly et de l'Esplanade. Lundi-vendredi, 7h-21h ; samedi, 7h-20h ; dimanche, 8h-20h. Les comptoirs boucherie, poissonnerie, fromage à la coupe, prêt à manger et charcuterie ferment à 19h tous les soirs. Service de livraison.
Plus qu'un commerce de proximité, Chez Latina est une épicerie fine comme on les aime. Sise dans le quartier hype du Mile-End depuis les années 1960, elle se renouvelle constamment avec une belle sélection de produits locaux et surtout, de produits que l'on trouve difficilement ailleurs. Tous les rayons sont ici représentés. Les propriétaires ont même fait l'acquisition d'une chambre à vieillissement, faite sur mesure, afin de proposer une viande de qualité vieillie à sec sur place. Ne ratez pas non plus les délicieux plats et produits gourmands faits maison. Nous vous garantissons que vous deviendrez accro de cette adresse !

Autre adresse : Latina Golden Square Mile, 1434 rue Sherbrooke Ouest, ✆ +1 514 507 6561

LA MAISON DU RÔTI

1969, avenue Mont-Royal Est
✆ +1 514 521 2448 / +1 800 363 9324
www.maisonduroti.com
cafe@maisonduroti.com
Entre Bordeaux et Chabot. Lundi-dimanche, 9h-21h.
Cette épicerie gourmande, ouverte depuis 1969, fait partie des incontournables du Plateau. On y vient surtout pour sa viande, mais on y trouve aussi des charcuteries, des fromages fins, des plats cuisinés, des cafés de torréfaction maison certifiés équitables, et tout un tas de petits pots aux diverses contenances qui mettent l'eau à la bouche et donnent envie de tout acheter... pour peu qu'on ait les moyens ! Le pudding chômeur, dessert traditionnel du coin, est à tomber. Ne le laissez pas passer.

PÂTISSERIE DE GASCOGNE

237, avenue Laurier Ouest
✆ +1 514 490 0235
www.degascogne.com
laurier@degascogne.com
Angle Jeanne-Mance. Lundi-vendredi, 8h-19h ; samedi, 8h-18h ; dimanche, 8h-17h30.
Cette grande pâtisserie par la taille, mais aussi et surtout par la qualité de ses mets, est fidèle à sa réputation au fil des ans. On ne fera pas l'énumération de toutes ces belles choses bien alignées dans des comptoirs réfrigérés parce qu'elles sont vraiment trop nombreuses. C'est un peu plus cher qu'ailleurs, c'est vrai. Mais de temps en temps, on peut se faire plaisir.

Autres adresses : 1950, boulevard Marcel-Laurin, ✆ +1 514 331 0550 • 4825, rue Sherbrooke Ouest, ✆ +1 514 932 3511 • 940, boulevard Saint-Jean, Pointe-Claire, ✆ +1 514 697 2622 • Marché 440, 3535 Autoroute Laval Ouest, Laval, ✆ +1 450 781 3700

LA VIEILLE EUROPE

3855, boulevard Saint-Laurent
✆ +1 514 842 5773
Angle Saint-Cuthbert. Lundi-mercredi et samedi, 7h30-18h ; jeudi-vendredi, 7h30-21h ; dimanche, 9h-17h.
On adore le côté vieillot de cette épicerie, avec ses longues allées de fromages fins, de saucissons, de pâtes, de chocolats, de cafés frais moulus, de confitures et de moutardes à n'en plus finir. Et puis toutes ces odeurs... Ça ouvre l'appétit ! Le genre de boutique qui donne envie de recevoir ses amis et de leur préparer une bonne choucroute et plein d'autres spécialités d'ici ou d'ailleurs. Cette épicerie, en plus d'offrir de bons produits, est un vrai spectacle quand on voit le personnel en action, toujours prêt à répondre promptement aux exigences des uns et des autres.

Sud-Ouest et Ouest

Loin du brouhaha du centre-ville et des grands magasins, le Sud-Ouest possède plusieurs boutiques en tous genres, notamment sur la Promenade Wellington à Verdun. Amateurs d'antiquités, la rue Notre-Dame Ouest, dans le quartier Petite Bourgogne, est LA destination de choix en ville.

Mode – Sport

■ LA GAILLARDE
4019, rue Notre-Dame Ouest
✆ +1 514 989 5134
www.lagaillarde.ca
info@lagaillarde.ca
M° Place-Saint-Henri. Lundi-vendredi, 11h-19h ; samedi-dimanche, 11h-17h.
Ici, mode et écolo s'assemblent à merveille. En effet, cette boutique à but non lucratif propose des créations recyclées et écologiques, et des vêtements et accessoires usagés. Plus d'une trentaine de créateurs de mode écolo y sont représentés. La section *vintage* vaut le détour, ne serait-ce que pour ses trouvailles rétro, et si vous avez l'âme d'un designer, vous trouverez de nombreux tissus à prix réduits au sous-sol.

■ HARRICANA PAR MARIOUCHE
3000, rue Saint-Antoine Ouest
✆ +1 514 287 6517 / +1 877 894 9919
www.harricana.qc.ca
info@harricana.qc.ca
M° Atwater. Lundi-mercredi, 10h-18h ; jeudi-vendredi, 10h-20h (jusqu'à 18h d'avril à fin août) ; samedi, 10h-17h ; dimanche, 11h-17h. Boutique en ligne.
Le concept de vêtements élaboré en 1994 par Mariouche Gagné, dont le slogan était « fait à partir du manteau de votre mère », a pris de l'ampleur. La designer a maintenant son atelier-boutique de Montréal où elle vend des créations fabriquées à partir de fourrures recyclées. Que ce soit des manteaux chics ou de sport, ses créations sont uniques et écologiques. Visiter la boutique Harricana est une occasion en or pour se gâter : les femmes seront ravies d'y trouver des chapeaux, des pantoufles, des sacs, et des corsages d'été tout légers faits à partir de soie recyclée. L'été fait place à la mode chic et durable, avec plusieurs designers québécois qui y ont vitrine. Mariouche créé également de très jolis coussins de fourrure en damier et des animaux de peluche pour les enfants. Elle offre aussi un service de création sur mesure si l'envie vous prend de transformer votre vieux manteau de fourrure.

Panier gourmand

■ LEFEBVRE ET FILLES BOUCHÉES DE BONHEUR
3539, boulevard LaSalle
✆ +1 514 766 3564
lefebvreetfilles@hotmail.com
M° LaSalle. Dimanche-lundi, fermé ; mardi-mercredi, 7h30-18h ; jeudi-vendredi, 7h30-19h ; samedi, 9h-17h. Petite terrasse.
Un petit café de quartier, combiné à une épicerie de produits gourmands québécois. L'odeur du café fraîchement moulu nous happe lorsqu'on entre dans cette boutique. On y déguste, dans un décor chaleureux et zen, un bon café, une tisane, un chocolat chaud, une viennoiserie cuite sur place, ou encore un savoureux petit plat du midi préparé avec amour. La maison fait la belle part aux produits du terroir québécois qui occupent les lieux en exclusivité. Une visite s'impose !

FROMAGERIE COPETTE+CIE

4650, rue Wellington
✆ +1 514 761 2727
www.fromageriecopette.com
info@fromageriecopette.com
M° Verdun, angle 2e Avenue. Lundi, fermé ; mardi-vendredi, 8h30-18h30 ; samedi-dimanche, 9h-17h. Service de conception de plateaux de fromages et charcuteries, paniers-cadeaux.

Localisée dans l'arrondissement Verdun, la fromagerie Copette+Cie est un réel petit bijou. Il suffit de franchir ses portes une seule fois pour tomber sous son charme. Le décor coloré de la vitrine, l'accueil, les délicieux effluves de fromages et tous les merveilleux produits qui nous entourent ne sont que quelques éléments qui rendent agréable une visite de ce lieu. Soucieux d'offrir des aliments sains et authentiques à leurs clients, les proprios portent une attention particulière à leur sélection. Sélection qui est d'ailleurs complète, variée et propice à la découverte. Le comptoir à fromages propose des fromages d'artisans québécois et internationaux. Copette+Cie offre aussi les pains et viennoiseries de la boulangerie ArHoMa, une belle sélection de charcuteries artisanales, sans oublier les fameuses gaufres belges faites sur place tous les dimanches. En plus, ici, on ne se gêne pas pour vous faire goûter ! Cette ambiance, qui encourage la découverte des saveurs, fait de la fromagerie Copette+Cie un incontournable lors de vos emplettes.

SWEET LEE'S BOULANGERIE RUSTIQUE

4150, rue Wellington
✆ +1 514 846 9318
www.sweetlees.ca
sweetleesbakery@gmail.com
M° De l'Église. Lundi, fermé ; mardi-vendredi, 7h30-20h ; samedi-dimanche, 8h-19h. Espresso bar et menu du jour sur place.

Nouvellement établie sur la Promenade Wellington, la boulangerie rustique Sweet Lee's est un parfait exemple de ce type de boutique alimentaire qui fait fureur à Montréal ces dernières années : des recettes traditionnelles remises au goût du jour avec une touche personnelle, un implication dans la communauté locale, et une boutique attrayante. Un délice sur place, et un service traiteur pour vos réceptions.

TERRINES & PÂTÉS

Marché Atwater
138, avenue Atwater
✆ +1 514 931 9559
www.terrinesetpates.com
info@terrinesetpates.com
M° Atwater. Lundi-mercredi, 8h-18h ; jeudi, 8h-19h ; vendredi, 8h-20h ; samedi, 8h-17h ; dimanche, 9h-17h. Service de traiteur.

Une boutique incontournable et bien connue des habitués que ce comptoir tenu par Marcel Sogne. Le nom, déjà évocateur, remplit fort bien sa mission car ici, on ne retrouve pas moins qu'une soixantaine de variétés de terrines et de pâtés. Rillettes d'oie et de lapin, mousse aux foies blonds de pintade, et terrines de gibier ne sont que quelques exemples des savoureux produits concoctés par le maestro des lieux lui-même. Saucisses, jambons (tel le fameux jambon de Bayonne certifié « meilleur de France »), confits, plats cuisinés maison et produits fins garnissent également les étalages. Si vous ne savez plus où donner de la tête, le personnel fort accueillant se fera un plaisir de vous conseiller.

La rue Notre-Dame Ouest

Elle est l'épine dorsale du Quartier des Antiquaires, compris entre les rues Peel et Atwater. C'est sur cette rue de Montréal que se trouve la plus grande concentration d'antiquaires au Canada. Les premières boutiques de brocante s'y sont installées dans les années 1970. Par le passé, la rue Notre-Dame a été une importante route pour le commerce de fourrures, car elle permettait de relier la Ville de Montréal à sa voie maritime : le fleuve Saint-Laurent. Entre 1880 et 1910, le développement du quartier ouvrier a transformé l'artère en rue commerciale. Banques, bureaux de poste, bibliothèque et magasins divers s'y sont installés, ainsi que le Théâtre Corona et le Marché Atwater (qui y sont toujours). Le Quartier des Antiquaires a été durement touché par le conflit syndical qui a opposé l'industrie du cinéma local au géant Hollywoodien, en 2006. Les tournages américains se faisant moins nombreux qu'avant, plusieurs boutiques d'antiquités ont fermé leurs portes. Heureusement, beaucoup d'entre elles sont encore ouvertes aujourd'hui. Prenez le temps de les visiter en faisant un détour par le canal de Lachine, juste à côté.

Est

Hormis quelques boutiques disséminées ci et là, l'essentiel du shopping gravite autour de la Promenade Hochelaga-Maisonneuve où vous pourrez d'ailleurs profiter de nombreuses aubaines.

ARHOMA

15, Place Simon-Valois
© +1 514 526 4662 – www.arhoma.ca
Angle Ontario. Lundi-mercredi & samedi, 6h-19h ; jeudi-vendredi, 6h-21h ; dimanche et jours fériés, 6h-18h. Possibilité de manger sur place. Terrasse.
ArHoMa est à la fois boulangerie, fromagerie et épicerie fine de quartier misant sur le terroir québécois. Côté boulangerie, les produits, dont plusieurs fort créatifs, sont tous faits maison, le plus demandé étant le pain (fait à partir de farine bio), ainsi que les viennoiseries telles les croissants aux pistaches et/ou sirop d'érable. Un vrai régal ! Les pâtisseries maison sont carrément décadentes, avec des découvertes variant d'une succursale à l'autre. On retrouve également près d'une centaine de variétés de fromages québécois à boutique de la Place Simon-Valois. Pour ceux qui aimeraient casser la croûte sur place, une belle sélection de sandwichs et des salades santé sont notamment proposées.

Autre adresse : La Fabrique ArHoMa, 1700 rue Ontario Est, © +1 514 598 1700

BOULANGERIE LES CO'PAINS D'ABORD

2727, rue Masson © +1 514 593 1433
www.boulangerielescopainsdabord.com
info@boulangerielescopainsdabord.com
Angle 3ème avenue. Lundi-mercredi, 7h-19h ; jeudi-vendredi, 7h-21h ; samedi, 8h-19h ; dimanche, 8h-18h.
Ce petit café/boulangerie/pâtisserie est une véritable institution. Vous apprécierez tous les produits artisanaux faits maison : pâtisseries, pains de toutes sortes, soupes réconfortantes, pizzas, quiches et pâtés, etc. Sans oublier la vaste sélection de viennoiseries qui en satisfera plus d'un, ainsi que des spécialités bretonnes telles le kouing aman et le farz. À déguster sur place avec un bon café, ou bien à emporter dans votre nid douillet. Selon les saisons, plusieurs autres produits sont offerts en rotation.

Autres adresses : 1965, avenue Mont-Royal Est, © +1 514 522 1994 • 418, rue Rachel Est, © +1 514 564 5920

LA CORDÉE

2159, rue Sainte-Catherine Est
© +1 514 524 1106 / +1 800 567 1106
www.lacordee.com – info@lacordee.com
M° Papineau. Lundi-mercredi, 9h-18h ; jeudi-vendredi, 9h-21h ; samedi, 9h-17h ; dimanche, 10h-17h. Boutique en ligne. Service de location d'équipement de plein air (Laval seulement), atelier ski et vélo, cours et formations.
L'une des références absolues lorsque vient le temps de préparer une excursion en pleine nature. Tout pour le plein air, quoi ! Vêtements, accessoires, sacs à dos et tentes, sacs de couchage et bottes ; bonne sélection de vélos, skis, raquettes et quelques canots et kayaks ; équipement complet pour l'escalade, et plus encore. On retrouve aussi les ravitaillements nécessaires pour toute expédition, soit la nourriture déshydratée, les divers carburants pour brûleur, etc. Une adresse qui ne lésine pas sur la qualité, et qui demande le gros prix pour chaque produit vendu ici, à l'exception de sa marque maison.

Autres adresses : 1595, boulevard des Promenades, Saint-Hubert • 2777, boulevard Saint-Martin Ouest (intersection autoroute 15), Laval

■ FRANCOPHONIES

1860, rue Ontario Est ✆ +1 514 843 8812
www.francophonies.ca
gilles@francophonies.com
Angle Cartier. Dimanche-lundi, fermé ; mardi-vendredi, 11h-18h ; samedi, 11h-17h. Boutique en ligne.
Ce magasin a pour vocation de promouvoir la chanson française et met en vente près de 30 000 produits (dont la plupart proviennent de France) ayant trait à la musique francophone : disques en vinyle (33 tours et 45 tours), mais aussi CD, DVD, magazines, livres et vidéos. Ici vous trouverez tous les styles de musiques pour des prix variables puisque l'on vous propose du neuf et de l'occasion. Les propriétaires étant des passionnés, ils se feront un plaisir de vous guider dans le magasin et de trouver votre bonheur. Pour les amoureux de Céline Dion, une « Célinothèque » regroupe environ 1 000 articles relatant sa carrière. Une collection impressionnante !

Nord

Pour le shopping, le Marché Jean-Talon vaut à lui seul le déplacement, à condition d'être un brin gourmand. La Plaza Saint-Hubert, située tout près, est quant à elle un centre commercial à ciel ouvert où vous ferez de belles découvertes à des prix moindres qu'au centre-ville.

Artisanat – Déco – Maison

■ ALAMBIKA

1515, avenue Van Horne
✆ +1 514 400 9212
www.alambika.ca
M° Outremont. Lundi-vendredi, 10h-19h ; samedi-dimanche, 11h-17h. Boutique en ligne également.
Cette boutique, fort élégante, se spécialise dans les ingrédients et accessoires de cocktail, whisky, vin, absinthe et bière artisanale. Ajoutez à cela une importante collection de couteaux de cuisine de forgerons japonais, européens et nord-américains, et vous comprendrez qu'il s'agit d'un véritable « magasin de jouets » pour ceux qui aiment bien boire et manger. Une des particularités d'Alambika se trouve dans ses efforts à encourager les créations locales. Vous y découvrirez des ingrédients à cocktail du terroir québécois tels que des sirops naturels, des sabres à Champagne forgés dans des anciens clous de voie ferrée de Montréal, des carafes à vin soufflées par des verriers du Québec, et autres créations à la fois authentiques, locales et contemporaines. Dégustations à toute heure, accueil des plus sympathiques, conseils avisés et produits de qualité sont au programme. Vous comprendrez rapidement pourquoi « Trinquez avec style ! » est la maxime de la maison.

Cadeaux

■ KOKOON

1061, avenue Bernard Ouest
✆ +1 514 490 1061
www.kokoon.ca
kokoonboutique@hotmail.com
Entre Durocher et Querbes. Lundi-vendredi, 10h-20h ; samedi, 10h-17h ; dimanche, 11h-17h. Cadeaux personnalisés et/ou corporatifs sur demande. Service de livraison partout au Canada.
Cette charmante boutique de cadeaux a pignon sur rue dans Outremont depuis une dizaine d'années. « Le plaisir de l'objet », telle est sa raison d'être, et les trouvailles sont en effet nombreuses, allant de l'utile au décoratif, en passant par le ludique et le technologique. La propriétaire les sélectionne d'ailleurs avec

Une rue à découvrir !

■ LA PROMENADE FLEURY

Entre les rues Saint-Hubert et Papineau
www.promenadefleury.com – info@promenadefleury.com
M° Henri-Bourassa ou Sauvé. Horaires variables selon les commerces.
Située au nord de la ville, dans le quartier Ahuntsic, la Promenade Fleury est facilement accessible en transport en commun. Les plus sportifs choisiront de s'y rendre en vélo. En effet, la piste cyclable qui traverse la ville du nord au sud emprunte un tronçon de l'avenue Christophe-Colomb, coupant ainsi la Promenade en plein centre. Si vous choisissez plutôt d'y aller en voiture, vous n'aurez pas trop de difficulté à vous garer dans une rue attenante sinon, des stationnements sont également à disposition (certains payants). La Promenade Fleury, localisée sur la rue du même nom, est jalonnée par plus de 245 établissements de qualité. Une belle escapade shopping dans un quartier loin du brouhaha du centre-ville !

soin et s'approvisionne tant au Canada qu'en Scandinavie, en France ou en Allemagne, par exemple. Une visite sur leur site web, ou mieux, en boutique, vous permettra de constater l'ampleur et la variété des différentes collections. On adore !

Librairie

L'ÉCUME DES JOURS

420, rue Villeray ✆ +1 514 278 4523
M° Jarry. Lundi-mercredi & samedi, 10h-18h ; jeudi-vendredi, 10h-21h ; dimanche, 11h-17h.
Vous tomberez sous le charme de cette librairie francophone indépendante, dorénavant installée dans le quartier Villeray. Son copropriétaire, Roger Chénier, libraire depuis plus d'une vingtaine d'années, a travaillé pour la librairie Hermès avant d'ouvrir sa propre boutique en 1999 en collaboration avec Maryse Dubois. Ce connaisseur vous transmettra sa passion des livres à coup sûr et saura vous conseiller avec justesse si besoin est. La section consacrée à la littérature jeunesse est particulièrement bien fournie.

Mode – Sport

BELLE ET REBELLE

6321, rue Saint-Hubert ✆ +1 514 315 4903
www.belleetrebelle.ca
M° Beaubien. Lundi-mercredi, 10h-18h ; jeudi-vendredi, 10h-21h ; samedi, 10h-17h ; dimanche, 11h-17h. Succursale Belle et Rebelle à Sherbrooke (Cantons-de-l'Est) et boutique-galerie à l'Isle-aux-Coudres (Charlevoix).
Une jolie boutique qui plaira aux femmes qui cherchent des vêtements originaux et colorés, mais surtout, *made in* Québec. Véritable porte ouverte sur la mode locale, plus d'une trentaine de designers se partagent la vitrine : Atelier B., Blank, Cokluch, Eve Gravel, Kollontaï, Noujica, Schwiing, etc. Quant à sa petite sœur, Petite Rebelle, elle mise sur les designers québécois mais également les produits d'importation (Mavi Jeans, Nikita, Skunkfunk...). Elle se veut différente par ses couleurs, ses imprimés et ses styles, avec des collections pour tous les âges et tous les goûts. Deux petits bijoux de boutiques !

Autre adresse : Petite Rebelle, 6583 rue Saint-Hubert, ✆ +1 514 563 1456

COCKLUCH

410 A, rue Villeray ✆ +1 514 273 5700
www.cokluch.com – info@cokluch.com
Angle Saint-Denis. Lundi-vendredi, 9h-18h ; samedi, 11h-17h ; dimanche, fermé. Boutique en ligne également.
Christine Guérin et Laurie Lemieux sont derrière cette marque qui fait craquer les femmes. Fondée en 2007, la gamme de Cockluch est jeune, urbaine et dynamique, sans oublier les items plus intemporels et confortables. Prêt-à-porter, bijoux, sacs... tout y est pour compléter votre garde-robe de saison. La boutique-atelier se fait également fière représentante des créateurs québécois avec des lignes signées Annie 50, Atelier B, Véronique Fortier, Melow Design, Missy Industry, etc. Notez que vous retrouverez la griffe Cockluch dans plus d'une trentaine de points de vente au Canada.

LA PETITE FERME DU MOUTON NOIR

2160, rue Beaubien Est
✆ +1 514 271 9760
www.creationsmoutonnoir.qc.ca
info@creationsmoutonnoir.qc.ca
Angle des Érables. Ouvert tous les jours (horaires variables selon la saison). Boutique en ligne également.
Plus qu'une simple boutique, un véritable atelier débordant de créations québécoises de qualité pour enfants et adolescents. Des coloris au goût du jour, bien sûr, mais un style un tantinet à l'écart des tendances mode qui ont l'inconvénient de mal vieillir. L'expérimentation avec les tissus pousse les créateurs à réaliser de véritables merveilles qui sauront résister à l'usure et au temps.

Panier gourmand

LA BÊTE À PAIN

114, rue Fleury Ouest ✆ +1 514 507 7109
www.labeteapain.com – info@labeteapain.com
Angle Saint-Urbain. Lundi, fermé ; mardi-mercredi & samedi, 8h-18h ; jeudi-vendredi, 8h-19h ; dimanche, 8h-16h. Service de traiteur en conjonction avec leur restaurant Le St-Urbain (chef à la maison, boîtes à lunch pour entreprises, événements corporatifs, etc.).
Une étape gourmande comme on les aime ! À la fois boulangerie, pâtisserie et charcuterie, La Bête à pain regorge de produits frais et maison : des pains frais et bio de conception artisanale, une belle sélection de pâtisserie et viennoiseries, des terrines, des cretons maison, des sandwichs, pizzas et quiches, des soupes, du saumon fumé maison... Que des délices ! Et pour ceux qui n'auraient pas envie de mettre la main à la pâte pour le repas, de succulents mets cuisinés et des plats pour emporter sont en vente sur place. Nous vous conseillons également leur resto de quartier, le St-Urbain, situé à quelques pas de là.

BOUTIQUE GOURMET DE CANARDS DU LAC BROME

Marché Jean-Talon
176, rue Jean-Talon Est
✆ +1 514 286 1286
www.canardsdulacbrome.com
boutiquemtl@canardsdulacbrome.com
M° Jean-Talon. Lundi-mercredi, 9h-18h ; jeudi-vendredi, 9h-20h ; samedi, 8h30-18h ; dimanche, 8h30-17h.

Cette entreprise fort réputée, située au cœur de la région bucolique des Cantons-de-l'Est, ravit les papilles des gourmets de la métropole avec une belle boutique au Marché Jean-Talon. Excellente source en fer et oméga-6, le canard se présente ici sous différentes formes : saucisses parfumées à la tomate séchée et à l'ail, à l'orange et aux canneberges, poitrines désossées, confits, côtelettes, cuisses, pilons d'ailes, canards entiers, rillettes, pâtés et terrines... Une référence de qualité !

▶ **Autres adresses :** 3734, rue Notre-Dame Ouest, ✆ +1 514 303 0877 • 40, chemin du Centre, Knowlton, ✆ +1 450 242 3825

LES DÉLIRES DU TERROIR

6406, rue Saint-Hubert
✆ +1 514 678 6406
www.lesdeliresduterroir.com
info@lesdeliresduterroir.com
M° Beaubien. Lundi-mercredi, 11h-18h30 ; jeudi-vendredi, 11h-21h ; samedi, 11h-18h ; dimanche, 11h-17h30.

Les Délires du terroir, comme son nom l'indique, est une boutique qui vend uniquement des produits faits au Québec. Triés sur le volet, les produits de microbrasserie ici représentés sauront satisfaire tant les amateurs en quête de découverte que les bièrophiles aguerris. Niveau délices, on trouve des chocolats, des produits à l'érable, des vinaigrettes, des tartinades, des confits, etc. La sélection d'une trentaine de fromages québécois est elle aussi inspirante. Les bières, gourmandises et fromages en font une bonne place pour acheter des cadeaux, et le proprio l'a bien compris : il vous propose des paniers-cadeaux, mêlant bières et saveurs. N'hésitez pas à vous renseignez sur les différentes combinaisons bières et fromages que l'on vous propose en boutique.

FOU DES ÎLES, ÉPICERIE FINE ET POISSONNERIE

1253, rue Beaubien Est
✆ +1 514 656 1593
www.foudesiles.ca
foudesiles@hotmail.ca
Angle de Normanville. Lundi-mercredi, 11h-18h30 ; jeudi-vendredi, 11h-19h30 ; samedi-dimanche, 10h-17h. Service traiteur sur demande. Nombreux produits certifiés Ocean Wise, et Sea Choice. Commerce certifié Fourchette bleue.

Cette charmante boutique est une brise de fraîcheur : une déco qui n'est pas sans rappeler les Iles, un accueil plus que chaleureux, de délicieux produits de qualité presque exclusivement madelinots, des conseils judicieux très souvent accompagnés de dégustations... Il ne manque que l'air salin pour se croire dans cette belle région maritime ! En plus des produits en étalage, le comptoir des produits

frais a aussi de quoi faire saliver, sans oublier la large sélection de produits de loup-marin (phoque). La Gaspésie se taille également un coin dans l'épicerie ainsi que la viande salée des Maritimes. Si cuisiner n'est pas votre tasse de thé, des plats maison sont concoctés avec amour par le chef de la boutique. Avec des nouveaux arrivages frais du jour et une conscience pour les produits de pêche durable sains pour l'environnement, nous ne pouvons que vous recommander chaudement cette boutique.

■ **LE FOURNIL ANCESTRAL**
4254, rue Beaubien Est
✆ +1 514 721 6008
www.fournil-ancestral.moonfruit.com
Entre 24e et 25e Avenue. Lundi-vendredi, 7h30-18h30 ; samedi-dimanche, 7h30-18h.
Monsieur Gidoiu prépare son pain avec une farine biologique moulue sur pierre dans la région de la Mauricie, selon un procédé traditionnel de panification sur levain intégral et levain de pâte. Une grande variété de pains bio est cuite tous les jours. Bagels à l'épeautre, pain au kamut, aux olives, à l'épeautre, quinoa, aux graines de lin, 3 ou 6 grains, multigrains, baguette de campagne (baguette au levain faite avec de la farine de seigle), croissants aux amandes… La liste est longue et les produits sains et savoureux.

■ **LA FROMAGERIE HAMEL**
Marché Jean-Talon
220, rue Jean-Talon Est
✆ +1 514 272 1161
www.fromageriehamel.com
M° Jean-Talon. Lundi-mercredi, 9h-18h ; jeudi-vendredi, 8h-20h ; samedi, 8h-18h ; dimanche, 8h30-17h. Accessoires et outils de service en vente sur place. Coin épicerie fine. Paniers cadeaux sur demande.
Installé à Montréal depuis 1961, ce maître fromager-affineur offre une sélection astronomique de fromages dans son étal. Provenant du terroir fleurdelisé et de l'Europe, les fromages fins au lait cru se comptent par centaines, histoire de plaire à tous les gourmets. Il existe cinq boutiques Hamel à Montréal ainsi qu'une autre à Repentigny. A noter que la succursale du Marché Jean-Talon a fait peau neuve en 2014 pour une expérience de magasinage renouvelée et un espace commercial plus aéré. Une excellente idée !

Autres adresses : 2117, avenue Mont-Royal Est, ✆ +1 514 521 3333 • 622, rue Notre-Dame, Repentigny, ✆ +1 450 654 3578 • 9196, rue Sherbrooke Est, ✆ +1 514 355 6657 • 975, rue Fleury Est, ✆ +1 514 383 1500 • Marché Atwater, 138 avenue Atwater, ✆ +1 514 932 5532

■ **DE FROMENT ET DE SÈVE**
2355, rue Beaubien Est
✆ +1 514 722 4301
www.chezfroment.com
contact@chezfroment.com
Angle des Écores. Lundi-samedi, 6h-19h ; dimanche, 6h-18h. Possibilité de manger sur place. Petite terrasse.
Cette boulangerie fait le délice des habitants du quartier Rosemont. Le week-end, on se déplace pour venir chercher les viennoiseries qui rendront le déjeuner plus savoureux qu'à l'habitude. Les croissants sont un *must*, le pain est délicieux, et les tartes, quiches et autres pâtisseries maison sont aussi au rendez-vous. L'ambiance est tout à fait charmante et les clients affluent dans cette étape gourmande. Un beau choix de fromages québécois, de cafés bio et équitables ainsi que des pâtés, des terrines et saucissons locaux et importés. A consommer sans modération !

LA MAISON DES DESSERTS

9878, avenue Papineau
✆ +1 514 387 0201
www.lamaisondesdesserts.com
lamaisondesdesserts@yahoo.ca
Entre Sauvé Est et Sauriol Est. Lundi, 9h-17h ; mardi, fermé ; mercredi & samedi-dimanche, 9h-18h ; jeudi-vendredi, 9h-20h. Service de livraison disponible.

Pour ceux qui seraient épris d'une nostalgie du «plat pays», ou pour tous ceux en quête de plaisirs gourmands, le commerce de Jean-François Istasse est à inscrire au carnet. Fournisseur officiel du Consulat de Belgique et du Cercle Esteler depuis 2010, c'est dire à quel point ses créations sont convoitées. À la fois pâtisserie et chocolaterie, il concocte avec amour une vaste de gamme de viennoiseries et entremets, des chocolats suivant les fêtes et thématiques des saisons, des bûches de toutes sortes pour Noël, des galettes des Rois, et bien d'autres gourmandises. Parmi les spécialités belges, notons les Spéculoos (unique place au Québec pour des Spéculoos maison), des tartes au riz ou brésiliennes, les pains briochés pur beurre Cramique et Craquelin, et les Cougnous. Un coin épicerie fine avec des produits québécois, belges et français complète la boutique.

LE MARCHÉ DES SAVEURS DU QUÉBEC

Marché Jean-Talon
280, Place du Marché-du-Nord
✆ +1 514 271 3811
www.lemarchedessaveurs.com
marchedessaveurs@gmail.com
M° Jean-Talon. Samedi-mercredi, 9h-18h ; jeudi-vendredi, 9h-20h. Emballages-cadeaux, confection de plateaux de fromages et charcuteries.

Le Marché des Saveurs est une boutique unique en son genre puisque vous n'y trouverez pas moins de 2 500 produits régionaux québécois. Tout ce que le Québec a de meilleur se trouve dans ce marché : du saucisson des Iles de la Madeleine au caviar de la Gaspésie, en passant par une belle gamme de confitures et gelées, de fines herbes, de condiments et marinades, de produits de l'érable, et quelque 225 fromages québécois. Belle sélection de produits biologiques et/ou équitables (thés, cafés, cosmétiques, etc.). En plus de la multitude de produits gourmands, vous y découvrirez une belle variété de boissons artisanales telles que le cidre, le vin, l'hydromel, les alcools de petits fruits, les boissons à l'érable et, bien entendu, la bière de microbrasserie. Un endroit dont on ne ressort jamais les mains vides !

PÂTISSERIE LESCURIER TRADITION GOURMANDE

1333, avenue Van Horne
✆ +1 514 273 8281
www.patisserielescurier.com
info@patisserielescurier.com
M° Outremont. Lundi-mercredi, 7h-18h30 ; jeudi-vendredi, 7h-19h ; samedi, 7h-17h30 ; dimanche, 8h-17h.

Une petite boutique où il fait bon entrer pour choisir un plat, des produits ou, mieux, plusieurs, selon vos envies et vos besoins. Ainsi, vous saliverez devant les différentes sortes de quiches faites à partir de recettes traditionnelles, les superbes sandwichs garnis de produits frais, les salades composées, les chocolats, viennoiseries et autres pâtisseries maison. Vous pourrez aussi y trouver une large sélection de produits fins, des charcuteries, etc. Bref, le mieux est d'aller voir sur place car ce lieu est parfait pour les gourmands, avec des prix tout doux pour couronner le tout.

VEUX-TU UNE BIÈRE ?

372, rue de Liège Est
✆ +1 514 871 2771
www.veuxtuunebiere.com
veuxtuunebiere@gmail.com
M° Crémazie. Lundi-dimanche, 9h-23h. Emballages-cadeaux sur mesure, verres à bière en vente sur place.

Ouverte depuis août 2010, cette boutique est un havre pour les amateurs de bières de microbrasseries et de produits gourmands. A la barre de cette adresse, deux amis de longue date, fins connaisseurs et bièrophiles passionnés. Cette passion se ressent partout en boutique, de la sélection des produits tous triés sur le volet au service impeccable et personnalisé. On retrouve plus de 250 sortes de bières différentes, de quoi vous permettre de faire de belles découvertes. De plus, une section gourmande propose une panoplie de bons produits tels des saucissons, des fromages du Québec, du saumon fumé, des confits, des sauces, des noix et craquelins, de la fleur de sel, des huiles, du thé du Labrador, etc. Une grande majorité est issue du terroir québécois, dans la mesure du possible. Une adresse qui mise sur la qualité, la fidélisation et des prix plus qu'alléchants.

SPORTS – DÉTENTE – LOISIRS

Que ce soit en ville ou dans les environs de Montréal, une panoplie d'activités s'offre à vous, de la détente en Spa aux sports plus extrêmes. Pour tout ce qui concerne les régions avoisinantes, référez-vous à la section « Escapades autour de Montréal ».

Les plaisirs de l'eau

Planche à voile. Vous êtes mordus de planche à voile ? Le site Internet de l'Association de Planche à Voile de Montréal est une excellente source d'information pour les cours et boutiques de location d'équipement : www.apvm.ca. Vous trouverez aussi d'autres informations sur le site www.windsurfing.qc.ca.

Surf. Avez-vous déjà rencontré des gens prenant le métro ave… leur planche de surf ? Nous si, et plus d'une fois ! Dans le fleuve, derrière les constructions d'Habitat 67, un phénomène se produit : à un endroit précis, l'eau passe au-dessus d'une roche située au fond, ce qui accélère le passage de l'eau en raison de la réduction de son volume à cet endroit. L'eau à la surface s'écoule plus rapidement que l'eau sur la roche pour pouvoir remplir le vide créé après cette dernière. L'eau en mouvement rapide frappe l'eau plus lente, en aval, ce qui la fait monter en accélérant drastiquement à un point fixe. Ce point fixe devient donc une vague « éternelle » ! Alors maintenant que vous savez qu'on peut surfer à Montréal, qu'attendez-vous pour vous inscrire à l'école de surf, SUP et kayak de rivière KSF ? www.ksf.ca

Piscines. Les nombreuses piscines municipales, couvertes ou en plein air, ouvrent leurs portes au public, gratuitement dans la plupart des cas. Des ratios d'un ou trois enfants par personne responsable sont exigés, selon l'âge des enfants, et vous devez être avec eux en tout temps. Les piscines extérieures sont généralement ouvertes de la mi-juin à la mi-août, de 11h à 19h. Gratuit la semaine et frais minimes le week-end. Pour les adresses, horaires et coûts, renseignez-vous au bureau d'arrondissement, par téléphone au 311 ou sur www.ville.montreal.qc.ca

Profiter de l'hiver

Le « cocooning » n'est pas pour vous et c'est tant mieux ! Lors de la saison froide, la métropole devient un véritable terrain de jeu, au plus grand bonheur des amateurs d'activités hivernales. Sans être exhaustive, cette liste de suggestions vous donnera amplement de quoi vous occuper en attendant le retour de l'été.

Patinoires extérieures. En hiver, de nombreuses patinoires en plein air vous offrent leur glace dans les parcs publics. On y reste aussi longtemps qu'on le souhaite et on remercie la mairie de l'entretien de ses patinoires. Pour avoir les détails : www.ville.montreal.qc.ca. Vous pouvez également appeler le 311 (à partir de Montréal seulement) ; ce numéro a été mis en place par la municipalité afin de permettre aux citoyens d'obtenir toutes les informations nécessaires sur leur arrondissement.

Trois patinoires extérieures sont toutefois dignes de mention : – *Vieux-Port (Bassin Bonsecours)* : les lieux sont tout simplement magnifiques, offrant une vue imprenable sur la vieille ville, particulièrement le soir. En plus, chaque soirée a son style musical et le samedi (mi-décembre à début janvier), place à la pyrotechnie avec les Feux sur glace Telus. Service de location de patins, de restauration et de bar sur place. Frais d'admission à la patinoire.– *Lac des Castors au mont Royal* : un autre lieu féérique en hiver, en plein cœur de la montagne. L'accès à la patinoire est gratuit et il est possible d'y louer les patins. Service de restauration et de location de raquettes sur place.– *Parc La Fontaine :* cet immense espace vert au cœur de la ville fait la joie des patineurs et hockeyeurs une fois l'hiver venu. Deux patinoires de sports d'équipe se trouvent à proximité de l'étang gelé qui sert au patin libre. Service de location de patins sur place.

Pistes de luge. N'avez-vous pas qu'une seule envie lorsqu'on reçoit une « bonne bordée de neige » … Aller glisser ! On sort alors tube, luge, toboggan, « crazy carpet » (en passant, le carton, ça ne glisse pas… cessez toute tentative), et les pistes s'improvisent un peu partout dans cette euphorie. Au mont Royal, on peut s'y donner à cœur joie sur les pistes aménagées en bordure du lac des Castors. Ouvert de la mi-décembre à la mi-mars, lundi-vendredi de 10h à 16h, samedi-dimanche de 10h à 18h (fermé 25 décembre et 1er janvier). Tarif de location des chambres à air pour la journée : 4-11 ans 5 CAN $, 12 ans et plus 9 CAN $. Les enfants de moins de 4 ans ne sont pas autorisés.

▶ **Raquette et ski de fond.** Les parcs de la ville deviennent de véritables terrains de jeu l'hiver. Pendant que plusieurs aménagent des sentiers généralement bien entretenus durant la saison, d'autres offrent en plus la location d'équipement de skis de fond et de raquettes. C'est le cas notamment des parcs-nature et du parc du Mont-Royal. Pour le ski de fond, des pistes sont aussi offertes au parc Maisonneuve et Jardin botanique, au parc Jean-Drapeau et aux abords du canal de Lachine.

▶ **Pêche blanche.** Qui aurait cru qu'on pourrait s'adonner à une telle activité sur les berges de la métropole… De la mi-janvier à la mi-mars (selon les humeurs de Dame Nature), un village de pêche blanche s'installe dans le Vieux-Port, avec son petit village d'abris chauffés (capacité max de 5 personnes pour les abris temporaires, 12 pour les abris fixes) et tout le matériel nécessaire. Pour plus d'info sur les horaires et tarifs : www.villagepecheblanche.com

Sports – Loisirs

■ ACTION 500 KARTING / PAINTBALL

5592, rue Hochelaga
✆ +1 514 254 4244 / +1 877 254 4244
www.action500.com
Mº L'Assomption. Karting : ouvert tous les jours, 24h/24. Paintball : en semaine, jours fériés et vacances scolaires, 12h-minuit ; samedi-dimanche, 9h-minuit. Boutique de sports extrêmes sur place.
Les fous de sensations fortes trouveront leur bonheur dans ce grand centre rassemblant karting et paintball. Les passionnés de vitesse et d'adrénaline apprécieront de faire des tours de piste dans ce complexe de karting bien équipé. Des tournois, des challenges et des classements y sont même organisés. Pour le paintball, il est considéré comme le plus grand centre intérieur en Amérique, rien de moins. L'équipement est bien entendu fourni. Grâce à son nouveau centre ultramoderne de Laval, c'est maintenant cinq terrains de paintball qui s'offrent à vous. Action garantie !

▶ **Autre adresse :** 2025, autoroute 440, Laval

■ ATRIUM 64

3930, rue Sainte-Catherine Est
✆ +1 438 383 6464
www.atrium64.com – info@atrium64.com
Entre Jeanne d'Arc et d'Orléans. Lundi-samedi, 13h-21h ; dimanche, fermé. Il est possible de réserver en dehors des heures régulières. Location d'un terrain : 12 CAN $ par personne pour 1 heure, 6 CAN $ par 30 minutes supplémentaires. Carte pour 10 parties, tarifs étudiant et de groupe aussi disponibles.
Belle exclusivité dans la métropole, Atrium64 est un centre de soccer intérieur 2V2 (aussi appelé Jorkyball® en Europe). Ce sport emprunte ses règles au soccer, au squash et au tennis, et se joue à deux équipes de deux, dans un espace clos et vitré. On retrouve deux terrains de ce type chez Atrium64, ainsi qu'une salle d'activité où sont dispensées des séances d'entraînement fonctionnel (boxe, zumba, fitcamp, etc.). Après l'effort, un espace détente est à votre disposition pour prendre un verre et casser la croûte.

■ ATRIUM LE 1000

1000, rue de la Gauchetière Ouest
✆ +1 514 395 0555
www.le1000.com
atrium.le1000@ivanhoecambridge.com
Mº Bonaventure. Ouvert tous les jours à l'année (voir site Internet pour les horaires selon la saison). Tarifs entrée : adulte 7,50 CAN $, étudiant et aîné 6,50 CAN $, 12 ans et moins 5 CAN $, famille 20 CAN $. Location de patins 7 CAN $. Livret de 10 coupons et carte de membre 3 mois disponibles. Stationnement : 6 CAN $.
Cette patinoire intérieure, ouverte tout au long de l'année, accueille petits et grands, débutants ou confirmés. On note les promotions pour les familles et les étudiants, mais également les soirées « samedis en folie » (premier samedi du mois), les cours de patinage et les matinées Bout D'chou de 11h à 12h30 le week-end, afin d'initier les plus petits au plaisir du patinage, en toute sécurité. Location d'équipement sur place.

■ AVENTURES H2O – CENTRE NAUTIQUE DU CANAL-DE-LACHINE

2985B, rue Saint-Patrick
✆ +1 514 842 1306
www.h2oadventures.com
info@h2oadventures.com
Mº Atwater, en face du Marché Atwater. Ouvert tous les jours en été de 9h à 21h. Horaire restreint en début et fin de saison. Tarifs : cours de kayak 50-55 CAN $; location 12-60 CAN $/1h selon le type d'embarcation (tarifs dégressifs si plus d'une heure). Abonnement saisonnier disponible. Sortie guidée en kayak le samedi (voir site Internet pour les tarifs et dates).
En quête d'une excursion estivale sans quitter l'île ? L'endroit tout indiqué est indéniablement chez H2O. Comme son nom l'indique, cette

compagnie se spécialise dans les embarcations nautiques : location de bateaux (kayaks, pédalos, bateaux électriques, canots rabaska), cours d'initiation au kayak de mer, club de kayak du canal offrant l'accès illimité à la location. Bref, une belle initiative qui nous permet de découvrir le Sud-Ouest et le canal de Lachine sous un nouvel angle. Un indispensable : la crème solaire !

■ ÉCORÉCRÉO

Parc Jean-Drapeau, Île Notre-Dame
350, circuit Gilles-Villeneuve
✆ +1 844 465 0594
www.ecorecreo.ca – info@ecorecreo.ca
En opération à l'année. Tarifs selon l'activité choisie. Autres centres de location à Magog et Québec.

ÉcoRécréo se spécialise dans la location de produits récréatifs haut de gamme d'extérieur : kayaks Hobie, SUP, bateaux à pédales, quadricycles, vélos de montagne électriques, vélos Vanmoof, Segways, patins à glace, luges, skis de fond (cours disponibles), raquettes, etc. Des activités guidées sont également au programme dont des tours de traîneau à chiens et des randonnées en raquettes. Pour connaître la liste d'équipement disponible selon le centre de location, visitez le site Internet de l'entreprise.

▸ **Autre adresse :** Vieux-Port, quai Jacques-Cartier, kiosque des quadricycles, pédalos et tours guidés en Segway

■ HORIZON ROC

2350, rue Dickson
✆ +1 514 899 5000
www.horizonroc.com
infos@horizonroc.com
M° L'Assomption. Lundi-vendredi, 17h-23h ; samedi, 9h-18h ; dimanche, 9h-17h. Également ouvert lundi-vendredi de 10h à 17h pour l'escalade libre (sauf si réservation de groupe). Horaire spécial pendant les Fêtes. Différents plans pour l'admission et forfaits offerts. Carte de membre annuelle : 30 CAN $. Parc aérien intérieur sur place (ouvert le week-end de 13h à 16h et sur réservation le reste du temps).

Quelle belle initiative ! Un vieil entrepôt désaffecté transformé en parois d'escalade (plus de 300 voies), ce qui en fait un des plus grands centres d'escalade au monde, avec des blocs aux profils uniques. Dans un milieu complètement sécuritaire, sous constante supervision de moniteurs qualifiés, il est possible de s'initier ou de pratiquer cette activité sportive dans des structures de plus de 2 600 m². Une réservation est recommandée pour la première visite afin de passer un test avec un moniteur et il existe des cours de transition pour pouvoir pratiquer à l'extérieur. On peut y louer ou acheter l'équipement nécessaire, des pass mensuels avec accès illimité ou même des abonnements annuels. Des activités particulières pour les groupes sont aussi disponibles. Pour ceux qui hésitent avant de s'aventurer trop haut, un essai sous supervision d'un instructeur est possible.

■ PLAGE DE L'HORLOGE

Quai de l'Horloge du Vieux-Port
✆ +1 514 496 7678 / +1 800 971 7678
www.vieuxportdemontreal.com
informations@vieuxportdemontreal.com
M° Champ-de-Mars. Au pied de la Tour de l'horloge. Fin mai à mi-juin : ouvert les week-ends. Mi-juin à début septembre : ouvert tous les jours. Admission gratuite entre 11h et 17h. En soirée : tarif variable selon le spectacle/événement. Buvette sur place.

Dans la même optique que Paris-Plages, le Vieux-Port de Montréal a enfin sa plage, ouverte depuis l'été 2012, sur laquelle se prélassent touristes et locaux en quête d'un bain de soleil, d'un transat et d'un peu de sable fin. Bien évidemment, il n'y a pas de baignade dans le fleuve. Si l'ambiance est plutôt relax et bon enfant de jour, elle devient carrément festive en soirée grâce à une belle programmation de spectacles à la buvette. Cette dernière, sous la direction du réputé chef Giovanni Apollo, offre de quoi casser la croûte et prendre un verre sur ce beau site urbain.

© MIGUEL LEGAULT

Plage de l'Horloge.

PLAGE DU PARC JEAN-DRAPEAU

Ile Notre-Dame
✆ +1 514 872 2323
www.parcjeandrapeau.com
plage@parcjeandrapeau.com
M° Jean-Drapeau, autobus 167. Stationnement P-4. Ouvert tous les jours de 10h à 19h, de mi-juin à fin août. 14 ans et plus : 9 CAN $, 3-13 ans : 4,50 CAN $, gratuit pour les moins de 3 ans, famille : 22,50 CAN $. Réductions après 16h. Passeport-saison disponible.

Imaginez pouvoir profiter d'une plage et d'un point d'eau à quelques minutes à peine du centre-ville ! En plus de la baignade, dont un parcours en eau libre, des terrains de volley-ball plage y sont aménagés. Services sur place : location d'embarcations nautiques, planche nautique par télétraction, cours de yoga et de mise en forme sur planche SUP, sauveteurs en fonction toute la journée, vestiaires, casiers et casse-croûte. Beach party annuel en fin de saison.

RAFTING MONTRÉAL

8912, boulevard LaSalle
Ville LaSalle
✆ +1 514 767 2230 / +1 800 324 7238
www.raftingmontreal.com
M° Angrignon puis bus 110. Ouvert tous les jours de mai à fin septembre. Tarifs rafting : adulte 45 CAN $, 13-18 ans 39 CAN $, 6-12 ans 28 CAN $. Jet boating : adulte 55 CAN $, 13-18 ans 45 CAN $, 6-12 ans 35 CAN $. Luge sur les rapides (juin à fin août, pour les 15 ans et plus) : 69 CAN $ par personne. Tandem kayak rafting (juin à fin août) : adulte 55 CAN $, 13-18 ans 50 CAN $. Réservation obligatoire. Stationnement gratuit sur place.

La descente des rapides de Lachine à bord d'un raft ou d'un jet boat est une excellente activité d'adrénaline. Rafraîchissante et amusante, l'aventure en rafting dure 2h15 (1h15 pour le jet boating), le temps nécessaire pour se faire asperger en toute sécurité par les gros bouillons. A essayer : la luge sur les rapides où vous goûterez aux joies du surf en rivière. Équipé d'une luge et de palmes, vous plongerez tête première dans ces rapides pour une aventure franchement unique. Nouveauté : la descente des rapides à bord d'un tandem kayak rafting, seul ou en duo. Peu importe l'activité choisie, sachez que tout l'équipement nécessaire est fourni sur place.

SAUTE-MOUTONS

Bureau
47, rue de la Commune Ouest
✆ +1 514 284 9607
www.sautemoutons.com
info@sautemoutons.com
M° Champ-de-Mars. Ouvert de mai à mi-octobre (début septembre pour le Jet St-Laurent). Jet St-Laurent (sur réservation de groupe seulement) : adulte 26 CAN $, 13-18 ans 21 CAN $, 6-12 ans 19 CAN $. Saute-moutons (départs de 10h à 18h) : adulte 67 CAN $, 13-18 ans 57 CAN $, 6-12 ans 47 CAN $. Forfaits avec repas disponibles. Embarquement au Quai de l'Horloge pour Saute-Moutons et Quai Jacques-Cartier pour le Jet St-Laurent.

Jet St-Laurent : la balade consiste en une poursuite riche en émotions dans de petits bateaux à haute vitesse capables d'effectuer des virages à 360°. Saute-moutons : pour ceux qui veulent encore plus se mouiller avec un tour dans les rapides turbulents de Lachine. Les combinaisons étanches (fournies) ne sont pas un luxe superflu.

SHARX

1606, rue Sainte-Catherine Ouest
✆ +1 514 934 3105
www.sharx.ca – reserve@sharx.ca
M° Guy-Concordia. Billard : tous les jours de 11h à 3h. Bowling : tous les jours de 12h à 3h. Golf : lundi-vendredi, 11h-1h ; samedi-dimanche, dès 8h sur réservation. Promotions tous les jours de 11h à 19h.

Une immense complexe à l'intérieur du faubourg Sainte-Catherine qui abrite tables de billard et de *snooker*, des écrans géants pour le sport seulement, une section bar, un service de restauration, un grand bowling avec allées automatiques Brunswick et éclairage ultraviolet, et 7 simulateurs AboutGolf. Une salle VIP est disponible pour les groupes (avec service traiteur disponible pour un minimum de 20 personnes). La clientèle envahit les lieux à la fermeture des bureaux et l'on s'y amuse ferme.

LE SPOT – CENTRE DE PARKOUR ET DE MOUVEMENT

5140, rue Saint-Patrick
✆ +1 514 416 7768
www.thespotmontreal.com
info@thespotmontreal.com
Entre Eadie et Gilmore. Mardi-dimanche, 12h-22h. Cours d'introduction (1h) :

40 CAN $ (tarif dégressif selon le nombre de personnes). Cours régulier (1h) : 20 CAN $, 6 cours pour 100 CAN $. Autres tarifs pour le gym libre, le gym libre prépayé et le gym libre illimité.
Vous rêvez de devenir un acrobate urbain ? Le Spot est pour vous ! Situé à deux pas du canal de Lachine, c'est le premier centre d'entraînement entièrement axé sur le mouvement dans la métropole. Il s'adresse aux adeptes de parkour, aux trickers, aux danseurs, aux gymnastes, ainsi qu'à tous ceux recherchant un endroit pour s'entraîner. Les cours sont dispensés pour tous les groupes d'âge (enfant, pré-ado, ado et adulte) et peuvent être donnés en dehors des heures d'ouverture du gym.

LE TAZ
8931, avenue Papineau
✆ +1 514 284 0051
www.taz.ca
taz@taz.ca
Angle Émile-Journault (Complexe environnemental de Saint-Michel).
Angle Legendre Est. Skatepark : mardi-vendredi, 15h-21h (jusqu'à minuit le vendredi) ; samedi-dimanche, 10h-13h (pour les 13 ans et moins) & 13h-21h (ouverture à 15h le dimanche). Certaines plages horaires sont réservées qu'au skate ou BMX en dehors des heures régulières. Roulodôme ouvert le week-end seulement. Droits d'entrée, location d'équipement sur place, cours de groupes, semi-privés et privés, camps d'été.
Les adeptes de skateboard, de patin à roues alignées et de BMX ont leur centre bien à eux dans le quartier Ahuntsic : Le Taz. On y retrouve un skatepark meublé de modules acrobatiques, et un roulodôme dédié au patin libre et roller hockey. De plus, un espace de pratique extérieur (Skate Plaza) est à disposition gratuitement.

Détente – Bien-être

BOTA BOTA
Vieux-Port de Montréal
Angle McGill et de la Commune Ouest
✆ +1 514 284 0333 / +1 855 284 0333
www.botabota.ca
M° Square-Victoria. Lundi-jeudi, 10h-22h ; vendredi-dimanche, 9h-22h. 3h et moins : 45-60 CAN $, plus de 3h : 55-70 CAN $. Matinée avant 11h (non offert le week-end) : 35-45 CAN $. En soirée après 18h : 35-50 CAN $. Rabais de 15 CAN $ sur le circuit d'eaux si jumelé à un soin (sauf les soins du Bota Chic). Forfaits disponibles. Restaurant gourmand, terrasses.
Inauguré au début décembre 2010, ce spa propose une expérience hors du commun. En effet, les installations occupent les locaux d'un ancien traversier qui fut également un bateau théâtre. Afin de donner un look plus contemporain et tendance, la nouvelle entreprise a fait appel aux services de l'architecte Jean Pelland, et le résultat est franchement réussi, malgré quelques complexités mécaniques et architecturales. Avec ses 678 hublots et ses 5 ponts, c'est le plus gros bateau-spa au monde. A noter que le Bota Bota vient de subir des travaux d'agrandissement avec l'ajout d'un immense terrain au bord de l'eau. Le nouveau jardin propose une piscine, un bain chaud et froid, un sauna, un bain vapeur et des salles de détente construites à l'aide de conteneurs. Une adresse qui vaut vraiment le détour !

SPA EASTMAN
666, rue Sherbrooke Ouest
16e étage
✆ +1 514 845 8455
www.spamontreal.com
M° McGill. Lundi-vendredi, 8h-21h ; samedi, 8h-20h ; dimanche, 9h-18h. Tarifs selon le(s) soin(s) ou forfait(s) choisi(s).
Depuis son ouverture en 1977 dans le petit village d'Eastman dans les Cantons-de-l'Est, le spa Eastman jouit d'une réputation exemplaire. L'entreprise a aussi installé ses bons soins à Montréal, alors profitez-en pour dire halte à la vie urbaine et au stress de la vie quotidienne. Le Spa Eastman propose toute une gamme de formules qui s'adapte à vos besoins. Massothérapie, soins corporels et esthétiques doux sont dispensés par une équipe de professionnels. Que vous ne disposiez que d'une heure ou de toute une journée, cet institut de beauté saura trouver la formule adaptée à vos moyens. La proximité du centre-ville vous permet de planifier vos cures sur une base régulière, que vous recherchiez d'abord la détente, la gestion du stress ou la remise en forme. L'environnement est harmonieux et paisible, avec une vue sur la montagne et un espace pour se détendre entre les soins. Une pause vivifiante tout indiquée !

Autre adresse : 895, chemin des Diligences, Eastman, ✆ +1 450 297 3009 ou +1 800 665 5272

SPA ESPACE NOMAD

4650, boulevard Saint-Laurent
✆ +1 514 842 7279
www.espacenomad.ca
info@espacenomad.ca
Entre Mont-Royal et Villeneuve. Lundi, 10h-18h ; mardi-samedi, 10h-22h ; dimanche, 11h-21h. Plusieurs forfaits disponibles de 175 CAN $ à 248 CAN $. Massothérapie (traditionnelle, holistique, prénatale), soins du corps et du visage, soins pour lui. Massothérapie en entreprise et lors d'événements aussi disponible.

Un spa comme on les aime et on comprend aisément pourquoi la clientèle se précipite ici : la décoration est super agréable et les soins des plus divins. La liste en fera d'ailleurs craquer plus d'une, et même les messieurs peuvent être ici bichonnés avec un « facial du bûcheron » ou encore les « soins chasse et pêche ». Et pour vous mesdames, impossible de résister à l'appel du « Bali boreh », un soin de beauté et de détente du corps inspiré d'une ancienne tradition balinaise. On applique sur la peau une pâte, aux huiles et aux herbes à base de cannelle et d'épices balinaises, qui provoque un réchauffement de la peau. Un gommage suivra. Résultat : une peau douce et un corps détoxifié. Pour la liste complète des soins et massages, faites un saut sur leur site Internet.

SCANDINAVE LES BAINS

71, rue de la Commune Ouest
✆ +1 514 288 2009
www.scandinavemontreal.com
info.montreal@scandinave.com
M° Place-d'Armes. Ouvert tous les jours de 8h30 à 21h. Accès aux bains : 54 CAN $. Expérience bains et massage : à partir de 130 CAN $.

Dans le Vieux-Montréal, dans un décor des plus zen et contemporains, le *Scandinave Les Bains* risque fort de devenir votre adresse « chouchou » de dorlotage. A quelques pas du Quartier des affaires, quoi de mieux pour venir se détendre après une longue journée de boulot ! Sur place vous y trouverez un sauna sec finlandais, un bain à vapeur à l'eucalyptus, un bain à hydrojets, une chute thermale, une douche nordique, un bassin d'eau froide, et différents types de massages. Pour permettre à votre système cardio-vasculaire de se régulariser, profitez des aires de repos. Un bar à jus vous est également offert avec au menu smoothies, infusions et collations. Tout a été pensé pour votre bien-être !

STROM SPA NORDIQUE

1001, boulevard de la Forêt
Île-des-Sœurs
✆ +1 514 761 2772 / +1 877 761 2772
www.stromspa.com – infoids@stromspa.com
Ouvert tous les jours de 10h à 22h. Massages et soins dès 9h (réservation requise). Accès aux bains : lundi-jeudi 34 CAN $, vendredi-dimanche 49 CAN $, les soirs dès 18h 29-34 CAN $. Massage 60 min : à partir de 89 CAN $, 90 min : à partir de 129 CAN $. Informez-vous sur les « jeudis cozy » et le brunch familial. Forfaits disponibles. Boutique et bistro sur place.

En bordure du lac des Battures dans un environnement naturel, ce spa nordique se trouve à quelques minutes à peine du centre-ville. Pourtant, on se croirait si loin de toute l'activité urbaine. Vous retrouverez sur place toutes les installations de détente pour quelques heures de relaxation bien méritées : bains à remous en plein air, bains tempérés et glacés, saunas finlandais, bain de vapeur à l'eucalyptus, chutes thermale et nordique, aires de détente intérieures et extérieures avec foyers... Un bistro est aménagé sur les lieux et offre un menu santé, frais de saison. Une belle adresse pour « déconnecter ».

▶ **Autre adresse :** 641, chemin de la Montagne, Mont-Saint-Hilaire, ✆ +1 514 666 6772 ou +1 877 666 6772

Hobbies – Activités artistiques

ATELIERS & SAVEURS

444, rue Saint-François-Xavier
✆ +1 514 849 2866
www.ateliersetsaveurs.com
M° Place-d'Armes. Tarif selon le cours choisi. Aussi présent à Québec dans le quartier Nouvo St-Roch.

Cette école œuvre autour de trois thèmes rassemblant les plaisirs de la table, du bon vin et des cocktails. Bien entendu, exit la théorie et bonjour la pratique, sous la supervision du chef qui vous accompagnera tout au long du cours pour vous livrer conseils et astuces. À vous de choisir parmi la grande quantité de cours offerts : cuisine (gourmet pressé, tapas chic, pâtisserie, etc.), cocktails (tendance mixologie, barman d'un jour, etc.), et vin et sommelerie (tout sur un cépage, accord mets & vins, etc.). Pour les groupes privés et les entreprises, plusieurs ateliers participatifs sont proposés : combat des chefs, démonstration gastronomique, dégustation de vin, etc., sans oublier les ateliers combinés. Consultez le site Internet afin d'avoir la liste des cours et les horaires. Une belle expérience gourmande !

GAY ET LESBIEN

Ville de métissage et de tolérance, Montréal accueille une des communautés gay et lesbienne les plus dynamiques d'Amérique du Nord. Le Village gai, dans la partie francophone de Montréal, figure parmi les Villages les plus animés du monde. En 2006, la métropole a même accueilli les Outgames (jeux olympiques gays) où 12 000 athlètes de 35 disciplines se sont donné rendez-vous. Une animation d'autant plus importante que depuis maintenant quelques années, la rue Sainte-Catherine, une des artères principales de la zone, est piétonne durant la belle saison. Cela rend les terrasses et les balades dans ce quartier encore plus agréables. Pour vous tenir au courant de l'actu et de la vie nocturne gay et lesbienne, procurez-vous le mensuel gratuit *Fugues* disponible en kiosque aux quatre coins de la ville.

© STÉPHANE SAVIGNARD

Le Village, quartier gay de Montréal.

Pratique

Surfer le web

- **Être magazine.** Ce site vous informe au quotidien sur l'actualité GLBT québécoise et internationale. On y retrouve aussi des chroniques sur la culture, les modes de vie, les sorties, les voyages, etc. www.etre.net (www.entreelles.net – site pour les femmes)
- **Guide Gai du Québec.** Guide en ligne de la vie LGBT avec des chroniques et des carnets d'adresses pour plusieurs régions du Québec ainsi que de l'Acadie. www.guidegaiduquebec.com

Lire

On les trouve dans les établissements gay-friendly, et partout dans le Village.

- **Fugues.** L'incontournable magazine LGBT du Québec ! Prenez note qu'une fois l'an, Fugues publie le Guide Arc-en-ciel qui constitue le guide touristique gay-friendly du Québec. www.fugues.com

Écouter

- **Gayradiobec.com.** Programme continu de diffusion radio sur le net.
- **CKUT 90,3 FM.** « Queer Corps » programmée les lundis à 18h. « Lesbo-Sons » et « Dykes on Mykes » : émissions programmées en alternance les lundis à 19h. Diffusion à Montréal et en périphérie.
- **Radio Fierté 980 AM.** La radio arc-en-ciel de Montréal avec une programmation unique, des propos différents, une musique variée, l'actualité, des idées de sorties, les bonnes adresses LGBT, etc. Diffusion à Montréal et en périphérie.

Se loger

De nombreux établissements hôteliers de la métropole sont gay-friendly. Nous avons plutôt choisi ici de vous donner quelques bonnes adresses bien connues du Village.

Un monde, un village

Le site Internet de la Société de Développement Commercial du Village permet de se tenir au courant des activités et événements ayant lieu dans le Village. En plus d'être très facile d'utilisation, il regorge de bonnes adresses et d'informations intéressantes sur ce quartier de Montréal.

- **Pour info :** www.unmondeunvillage.com

AUBERGE L'UN ET L'AUTRE

1641, rue Amherst ✆ +1 514 597 0878
www.aubergell.com – info@aubergell.com
M° Berri-UQÀM ou Beaudry. Occupation double : à partir de 135 CAN $. Tarifs basse saison disponibles. Petit-déjeuner inclus. Deux chambres, une suite et un loft. Terrasse, service de limousine pour le retour à l'aéroport (supplément). Stationnement privé : 20 CAN $ par jour.

Une auberge élégante et chaleureuse, fièrement tenue par Dominic et Mario, des hôtes aux petits soins. Les chambres offrent un design contemporain et un confort impeccable, et toutes sont munies de la climatisation et d'une bonne insonorisation. Le tout en plein cœur de l'action du Village !

BED & BREAKFAST DU VILLAGE

1279, rue Montcalm
✆ +1 514 522 4771 / +1 888 228 8455
www.bbv.qc.ca – info@bbv.qc.ca
M° Beaudry. Occupation double : à partir de 100 CAN $, petit déjeuner inclus. Un nombre minimum de nuitées peut être exigé selon la période. Stationnement intérieur sécuritaire : 10 CAN $ par jour. Deux terrasses.

Dans un immeuble traditionnel au cœur du Village, Philippe et Nicolas vous accueillent dans ce charmant couette & café tenu avec beaucoup de goût. Il faut dire que chaque pièce de la maison offre un superbe cachet, sans oublier une touche de modernité. Le petit déjeuner continental est bien entendu inclus, et l'établissement bénéficie d'un stationnement privé et de l'Internet sans fil. En plus des chambres, un cottage privé est disponible en location (trois nuits minimum, petit déjeuner non-inclus).

LA CONCIERGERIE

1019, rue Saint-Hubert
✆ +1 514 289 9297
www.laconciergerie.ca
M° Berri-UQÀM. Chambre à partir de 104 CAN $, petit déjeuner continental inclus et servi à volonté. Une suite et seize chambres dont plusieurs avec salle de bain privée. Salle de séjour, salle d'exercices, bain à remous. Pour hommes seulement.

Une grande et élégante maison offrant de très belles chambres, une grande terrasse sur le toit et un joli jardin. Les lieux sont tout simplement magnifiques et décorés avec goût et beaucoup de soin. Et que dire de la suite avec ses portes françaises et son cachet très européen ! Luc et Michael, vos hôtes, y accueillent les gais du monde entier depuis plus de 25 ans.

MAISON DESJARDINS

1365, rue Logan
✆ +1 514 598 7359 / +1 800 975 1365
www.maison-desjardins.ca
M° Beaudry ou Papineau. Occupation double : à partir de 115 CAN $. Tarifs basse saison disponibles. Cinq chambres dont deux équipées d'une cuisinette, et deux avec salle de bain partagée. Petit-déjeuner inclus. Gîte gay et hétéro-friendly.

Luc et Robert ont tenu un gîte en région avant d'ouvrir cette maison à Montréal en 2006. Les chambres, simples et agréables, suivent la thématique de la nature (chêne, bouleau, cèdre, verger et vignoble). Vous pourrez bénéficier des talents de massothérapeute de Luc, qui pratique cette discipline depuis une vingtaine d'années. Son cabinet de massage est installé à même le gîte. Une bonne façon de se détendre après une nuit de fête dans le Village. Et si ça ne suffit pas, un spa quatre saisons est installé dans le jardin.

NUZONE

1729, rue Saint-Hubert
✆ +1 514 524 5292
www.nuzone.ca – info@nuzone.ca
M° Berri-UQÀM. Chambre à partir de 85 CAN $. Quatre chambres avec salles de bain partagées. Petit déjeuner inclus. Pour hommes seulement.

Le tout premier gîte gay-naturiste a ouvert ses portes à Montréal en 2007. Pierre et son conjoint, Trevor, se feront un plaisir de vous accueillir dans leur propre maison. La décoration y est soignée (canapés de cuir, chambres douillettes, salles de bain très bien équipées) et tout est prévu pour agrémenter le séjour : un salon, une petite salle de sport et un sauna sec 3 places. Faites comme chez vous !

SIR MONTCALM

1453, rue Montcalm ✆ +1 514 522 7747
www.sirmontcalm.com
info@sirmontcalm.com
M° Beaudry. Occupation double : à partir de 149 CAN $. Tarifs basse saison disponibles. Petit déjeuner inclus. Trois chambres, une suite et un loft. Terrasse-jardin, BBQ, service de limousine pour le retour à l'aéroport, service de massothérapie sur demande. Stationnement privé : 20 CAN $ par jour.

Ce gîte 4-soleils est un must ! Les chambres et les espaces communs réussissent l'exploit d'allier design et chaleur. Les murs de pierre et les draps d'un blanc immaculé sont rehaussés de tons chauds, aussi discrets qu'élégants, et servis par des éclairages intimistes. Des

meubles en bois sombre aux lignes épurées donnent à l'ensemble une touche chaleureuse. C'est chic, sobre et on s'y sent comme chez soi. Chaque objet, chaque meuble révèle un grand souci du beau et du confort. En été, savourer son petit déjeuner sur la terrasse est une excellente façon de commencer sa journée ! Pour ceux qui prévoient un long séjour à Montréal, le loft s'avère un choix judicieux et les tarifs sont très intéressants si vous voyagez à plusieurs.

TURQUOISE
1576, rue Alexandre de Sève
✆ +1 514 523 9943 / +1 877 707 1576
www.turquoisebb.com – turquoise@b2b2c.ca
M° Beaudry ou Papineau. Occupation double : à partir de 80 CAN $. Cinq chambres avec salles de bain partagées. Petit-déjeuner continental inclus. Deux salons communs, grand jardin.
Ce couette & café fort coloré et situé dans une maison centenaire allie à merveille tradition et modernité. Résultat : des chambres colorées qui ont gardé leurs plafonds en stuc et leurs portes en bois sculpté. Le point fort de cette adresse est son grand jardin paysager où, lors des beaux jours, le petit déjeuner est servi sous forme de buffet. Dans un souci d'offrir la plus grande tranquillité possible à ses hôtes, le Turquoise n'a pas la télévision. Une adresse à conseiller à tous ceux qui veulent certes profiter de la vie du Village, mais aussi privilégier leur repos.

Se restaurer

Tout comme l'hébergement, nous avons voulu privilégier ici les bonnes tables du Village. Pour d'autres adresses dans les différents quartiers de Montréal, consultez la rubrique « Se restaurer ».

1000 GRAMMES BISTRO GLOUTON
1495, rue Sainte-Catherine Est
✆ +1 514 596 3933
www.1000grammes.com
M° Beaudry ou Papineau. Lundi-mardi, 9h-22h ; mercredi-jeudi, 9h-23h30 ; vendredi, 9h-0h30 ; samedi, 10h30-0h30 ; dimanche, 10h30-22h. Menu à la carte : moins de 15 CAN $, table d'hôte : ajouter 3,45 CAN $ au prix du plat. Commandes pour emporter, service de traiteur. Terrasse.
Le long comptoir qui traverse la salle annonce la couleur : de gros gâteaux réconfortants à déguster à n'importe quelle heure de la journée. Mais le roi des lieux, c'est le sandwich. À étages, dans un bagel, en version roulé ou panini, au poulet, au fromage, au poisson, le sandwich est préparé sur commande, il est donc « on ne peut plus » frais. Le Kilo propose aussi ces sandwichs à emporter. La carte comprend également de copieuses salades. La déco, l'atmosphère et la gentillesse des serveurs font de ce petit resto une sympathique adresse pour manger sur le pouce avant d'aller se déhancher au Sky, juste en face.

AUTOUR D'UN PAIN
1219, rue Sainte-Catherine Est
✆ +1 514 509 7676
M° Beaudry. Ouvert tous les jours dès 7h.
La plupart des pains de cette boulangerie artisanale sont confectionnés à base de farine biologique, mis à part ceux faits de farine blanche. Pour satisfaire votre curiosité, en voici quelques-uns : pains de campagne, 9 grains, blé concassé, noix, olives, tomate, raisin, choco-datte, choco-raisin, levain, épeautre, tournesol, seigle. Les gourmands se procureront un petit bout de plaisir en extra parmi la belle sélection de charcuteries et fromages québécois. Les viennoiseries, qui sont fabriquées selon des méthodes artisanales, avec des produits naturels mais non bios, sont vivement recommandées ! Légère restauration sur place également offerte.

Autres adresses : 100, avenue du Mont-Royal Ouest, ✆ +1 514 843 0728 • 1301, rue Beaubien Est, ✆ +1 514 276 0880

CARTE BLANCHE
1159, rue Ontario Est ✆ +1 514 313 8019
www.restaurant-carteblanche.com
info@restaurant-carteblanche.com
M° Beaudry. Mardi-jeudi, 17h30-22h ; vendredi-samedi, 17h30-23h. Peut ouvrir certains midis selon la période de l'année. Menu midi : moins de 20 CAN $. Plats principaux à la carte : 25-40 CAN $, table d'hôte : moins de 45 CAN $. Service traiteur.
Un service tout en sourire dans ce restaurant ou prédominent le noir et le blanc. Une peinture murale aux couleurs très vives ainsi que des lampes de verre soufflé viennent égayer la salle. Niveau cuisine, on retrouve cette base classique et sobre, saupoudrée d'une bonne dose de créativité. En entrée, par exemple, on peut goûter les ravioles de champignons sauvages, parmesan et huile de truffe. En plat, les ris de veau poêlés déglacés au vinaigre de xérès avec petites olives farcies et croustillants de chorizo, ou encore le loup marin des îles de la Madeleine mariné érable et moutarde de Dijon plairont aux amateurs de saveurs relevées. Le chef-propriétaire, André Loiseau, a été nommé chef régional de l'année 2010.

CHIPOTLE & JALAPENO

1481, rue Amherst ✆ +1 514 504 9015
www.chipotleetjalapeno.ca
chipotleetjalapeno@hotmail.com
M° Beaudry. Dimanche-mardi, 10h-16h ; mercredi-samedi, 10h-22h. Terrasse. Service de traiteur.
Gros coup de cœur pour cette adresse : de la vraie *comida mexicana* en plein cœur du Village ! Jouant à la fois la carte de l'épicerie, du comptoir pour emporter et du petit resto de quartier, le Chipotle & Jalapeno offre une cuisine réconfortante misant sur l'authenticité, car ici, pas de tex-mex ! La carte est courte, certes, mais vous mettra l'eau à la bouche : soupe de *tortillas*, *fajitas*, *cazuelas*, *quesos fundidos*... à accompagner d'une bonne bière mexicaine. Et la section boulangerie/pâtisserie est un must, sans oublier le brunch du week-end.

COO ROUGE

1844, rue Amherst
✆ +1 514 522 4114
www.coorouge.com – info@coorouge.com
M° Beaudry. Lundi & samedi, dès 17h ; mardi-vendredi, 11h30-14h & dès 17h ; dimanche, 10h-14h (brunch à volonté) & dès 15h. À la carte : moins de 20 CAN $, table d'hôte : 15-30 CAN $. Terrasse. Service de traiteur.
La déco rétro-moderne, complètement baroque, dégage une atmosphère unique, à la fois conviviale et intemporelle, baignée par une musique toujours excellente (blues introuvables, vieux sons latins qui grésillent). Le chef propriétaire propose une cuisine maison d'inspiration italienne, française et cajun. Cette sympathique adresse sert également de copieux et savoureux burgers, des sandwichs, des salades repas, etc. Le pantagruélique brunch dominical vaut bien un réveil avant midi !

MEZCLA

1251, rue Champlain
✆ +1 514 525 9934
www.restaurantmezcla.com
info@restaurantmezcla.com
M° Papineau. Mardi-vendredi, 11h30-14h et dès 18h ; samedi-dimanche, dès 18h. Menu midi : moins de 20 CAN $. Plats principaux le soir : 25-40 CAN $, menu dégustation 5 services : 39 CAN $, 7 services : 59 CAN $.
La table du chef exécutif Marcel Olivier Larrea propose une cuisine de type « nuevo latino », un hybride entre les cuisines sud-américaines et les techniques de cuisines françaises et européennes. L'ardoise affiche des plats typiques péruviens, ainsi que des versions revisitées, dont le fameux ceviche (soupe de poisson mariné dans le jus de citron et épices bien relevées), le pulpo al olivo (pieuvre d'Espagne avec émulsion à l'olive noire de Botija, coriandre et huile d'olive), ou encore le cordero braseado (agneau braisé avec purée Mezcla et salsa criolla). Si vous hésitez, optez pour le menu dégustation. À noter que le restaurant s'approvisionne auprès de producteurs québécois dans la mesure du possible et que ses poissons proviennent de pêches responsables. Ajoutez à cela des vins d'importation privée provenant de plusieurs pays latino-américains et d'Espagne.

LA PIAZZETTA

1101, rue Sainte-Catherine Est
✆ +1 514 526 2244
Voir page 146.

REBEL BRASSERIE URBAINE

1470, rue Sainte-Catherine Est
✆ +1 514 529 9624
www.rebelbrasserie.com
info@rebelbrasserie.com
M° Beaudry ou Papineau. Ouvert tous les jours dès 11h en été. Le reste de l'année : mercredi-vendredi, 11h-14h et dès 17h ; samedi, dès 17h. Menu midi : moins de 25 CAN $. Plats à la carte : 10-35 CAN $. Terrasse.
Bien installé au rez-de-chaussée du Complexe Sky, le Rebel est l'un des derniers-nés en matière de bons restos au Village. On y sert une cuisine qui n'est pas sans rappeler les bistros français avec une touche résolument québécoise. Planche à partager de charcuteries ou fromages (ou les deux), tartares de toutes sortes (dont celui au bison avec une mayonnaise au Jack Daniel's, un délice !), salades de saison, burgers décadents, poissons et fruits de mer, grillades tendres et juteuses... et la liste est encore longue. On aime bien le concept du grill qui vous permet de choisir votre pièce de viande (bavette, entrecôte, filet mignon, etc.), votre sauce et vos accompagnements pour une assiette vraiment à votre goût. Pour clore le repas, nous vous conseillons la planche chômeur à partager avec pudding chômeur, glace à la vanille, crème et sirop d'érable.

LE RESTO DU VILLAGE

1310, rue Wolfe
✆ +1 514 524 5404
M° Beaudry. Ouvert tous les jours, 24h/24. Commandes pour emporter également.

Il est des lieux sur lesquels le temps ne semble pas avoir de prise. Ce resto de quartier joue la carte de la simplicité : des déjeuners vraiment pas chers disponibles en tout temps, et une mutitude de plats variés pour tous les goûts (sandwichs froids ou chauds, pâtes et pizzas, burgers, grande sélection de poutines, etc.). Pour environ 15 CAN $, la table d'hôte comprend une soupe, un plat à choisir dans une longue liste, un dessert et un café. Une formule imbattable dans le quartier. Vous y croiserez des noctambules venus se rassasier avant de se lancer dans la nuit du Village, de vieux habitués, des étudiants désargentés… Le service est adorable, les plats sont copieux, et les desserts inoubliables !

■ SALOON

1333, rue Sainte-Catherine Est
✆ +1 514 522 1333
www.lesaloon.ca
info@lesaloon.ca
M° Beaudry. Ouvert tous les jours dès 11h30, 10h le week-end (les heures de fermeture dépendent de la fréquentation). Menu midi en semaine et table d'hôte tous les soirs, brunch le week-end jusqu'à 15h. Terrasse.
Le Saloon est un des hauts lieux du Village depuis plus d'une vingtaine d'années. Restaurant branché très fréquenté, on y vient avant tout pour sa cuisine créative, aux portions généreuses, mêlant accents asiatiques et latins, une cuisine fusion western tel que décrite par le resto. Le service est toujours courtois et efficace. Question de satisfaire tous vos sens, des DJ s'emparent des platines en soirée et vous promettent de vous faire veiller tard !

Sortir

■ AIGLE NOIR

1315, rue Sainte-Catherine Est
✆ +1 514 529 0040
www.aiglenoirmontreal.com
info@aiglenoirmontreal.com
M° Beaudry. Ouvert tous les jours de 8h à 3h. DJ live tous les soirs. Terrasse.
Rien à voir avec la chanson de Barbara ! L'Aigle Noir est un des repères de la communauté cuir à Montréal. Trois bars avec trois atmosphères distinctes sont à disposition. Celui du fond, plus intime, est propice aux rencontres. De nombreuses soirées sont organisées, parfois avec des cadeaux à gagner. N'hésitez pas à demander le programme des activités aux serveurs. Un bar très chaud donc, où la prise de contact est rapide et où l'on drague comme on respire. Une excellente adresse dans sa catégorie, à déconseiller aux plus effarouchés d'entre vous.

■ APOLLON CLUB + BAR

1450, rue Sainte-Catherine Est
www.apollonmtl.com
info@apollonmtl.com
M° Beaudry ou Papineau. Consultez le site Internet pour l'horaire des soirées et événements spéciaux.
Occupant les locaux de l'ancien K.O.X. – certains se souviendront de ce lieu mythique –, l'Apollon est à la fois un bar et un club où se déroulent une multitude d'événements et de soirées à thème (mercredi karaoké, vendredi show, dimanche alternatif, etc.). Avec ses installations à la fine pointe de la technologie, c'est aussi l'endroit idéal pour organiser un événement privé.

■ BAR LE COCKTAIL

1669, rue Sainte-Catherine Est
✆ +1 514 597 0814
www.barlecocktail.com
info@barlecocktail.com
M° Papineau. Ouvert tous les jours de 11h à 3h. Mezzanine disponible pour événement privé. Terrasse.
Avec ses fauteuils en cuir clair et son ambiance lounge et feutrée, le Cocktail joue la carte de la détente et c'est vrai qu'on s'y sent très bien. Les conversations s'y nouent rapidement. La clientèle est variée et un peu plus âgée que la moyenne des établissements misant sur les rythmes endiablés de la techno. Performances de drag-queens et soirées de karaoké enflammées sont au programme, sans oublier les 5 à 8 whiskys & martinis.

Le Village sans voitures

Quel bonheur ! Quel bol d'air frais ! Depuis l'été 2008, la portion de la rue Sainte-Catherine dans le Village (entre les rues Berri et Papineau) est entièrement réservée aux piétons en saison estivale. Les restaurants et bars du quartier peuvent dorénavant installer de belles terrasses où siroter un verre ou prendre un repas entre amis. Une ambiance de fête permanente y règne. Des beaux projets comme cela, on en redemande !

© STÉPHANE SAVIGNARD

Mado dans son Cabaret Mado, sur Sainte-Catherine dans le Village.

BAR RELAXE

1309, rue Sainte-Catherine Est
✆ +1 514 523 0578
M° Beaudry. Ouvert tous les jours de 12h à 3h. Terrasse.
Ce petit bar qui ne paie pas de mine est un Q.G. pour nombre d'habitants du quartier. L'ambiance y est décontractée et la clientèle variée, mais plus âgée que la moyenne du Village. Bref, l'idéal pour rencontrer des gens du coin et se déhancher lors des spectacles musicaux et des soirées avec DJ.

CABARET MADO

1115, rue Sainte-Catherine Est
✆ +1 514 525 7566
www.mado.qc.ca
M° Beaudry. Ouvert tous les jours dès 16h (fermé lundi). Droits d'entrée certains soirs. Spéciaux pour étudiants le vendredi.
On ne la présente plus, ses spectacles de personnificateurs féminins font courir tout le Village (et pas seulement). Bref, Mado est une reine et son cabaret un QG. On y vient pour boire un verre en fin d'après-midi, et on reste toute la soirée, pour un spectacle de drags, une soirée karaoké et pour profiter de l'humour irrésistible de la maîtresse des lieux. Travestis, gays, lesbiennes... La population est variée et toujours de bonne humeur. La programmation se renouvelant constamment, un petit coup d'œil sur le site vous permettra de vous tenir au courant des horaires des shows. Vous avez rendez-vous avec Madeleine, elle viendra parée de ses plus belles toilettes.

CAMPUS

1111, rue Sainte-Catherine Est
✆ +1 514 526 3616
www.campusmtl.com
info@campusmtl.com
M° Beaudry. Lundi-vendredi, 15h-3h ; samedi-dimanche, 13h-3h. Soirée des dames le dimanche dès 21h.
Le Campus a célébré son 30e anniversaire en 2014. C'est en effet un incontournable du Village. En après-midi, les danseurs sont plus jeunes, simples et amicaux tandis qu'en soirée, la scène fait place à la virilité avec des hommes très musclés.

CLUB BOLO

2093, rue de la Visitation
✆ +1 514 849 4777
www.clubbolo.com
info@clubbolo.com
M° Beaudry, angle Ontario. Cours de danse et soirée : 10-12 CAN $, soirée seulement : 5-7 CAN $. Forfaits disponibles. Carte de membre annuelle : 35 CAN $.
Le seul et unique club gay country de Montréal, ouvert à tous et à toutes. Il est possible de prendre un cours de danse plus la soirée, ou alors de venir à la soirée de danse sans prendre le cours. Le Bolo est un club dont vous pouvez devenir adhérent et ainsi bénéficier des tarifs réduits. Le planning de toutes les activités est disponible sur le site Internet ainsi que dans le *Bolo Hebdo*. L'endroit rêvé pour tous ceux qui ont vu 18 fois le *Secret de Brokeback Mountain* et qui ont pleuré à chaque fois. Allez hop, tous en ligne !

CLUB DATE

1218, rue Sainte-Catherine Est
✆ +1 514 521 1242
M° Beaudry. Ouvert tous les jours de 8h à 3h.
Le Club Date est « LE » bar karaoké du Village. C'est un endroit à l'ambiance décontractée où gays, lesbiennes, travestis, drags et hétéros viennent pousser la chansonnette le soir venu. Le grand bar central réunit toute cette faune bien sympathique lors des 5 à 7. Même si vous n'êtes pas un fan de karaoké ou si vous chantez comme une casserole, n'hésitez pas à pousser la porte du Club Date. L'ambiance y est sans prétention et on y croise foule de personnages dont certains chantent fort bien.

COMPLEXE SKY
1474, rue Sainte-Catherine Est
✆ +1 514 529 6969
www.complexesky.com
M° Beaudry ou Papineau. Ouvert tous les jours. Restaurants, Sky Pub, Sky Bars, Blue Sky Club et terrasses. Consultez le site Internet pour connaître toute la programmation.
Ce gigantesque complexe est tout simplement délirant. Réparti sur trois étages aux ambiances distinctes, c'est le lieu incontournable de sorties pour la communauté gay et ses amis. Des restaurants, des bars aux quatres coins de la place, des pistes de danse… Il comprend même une terrasse avec bars sur le toit, dotée aussi d'une piscine et d'un spa. Parfait pour profiter des chaudes journées d'été ! Au programme, des soirées DJ, des spectacles de drag-queens, des spéciaux alléchants, et du beau monde. Un grand classique de la nuit gay à Montréal, et dans tout le Québec !

G.I. JOE
1166, rue Sainte-Catherine Est
✆ +1 514 528 3326
www.saunagijoe.com
saunagijoe@gmail.com
M° Beaudry. Ouvert tous les jours, 24h/24. Douches communes, bain à remous, sauna sec et sauna vapeur, glory hole, écran géant et vidéo en circuit fermé, chambres et casiers, terrasse chauffée, casse-croûte. Nouvelle administration depuis décembre 2012.
Le nom de ce sauna, en opération depuis plus d'une quinzaine d'années, dit déjà tout : c'est le sauna préféré des hommes qui aiment les hommes… qui aiment le cuir et le fétichisme. Des spéciaux sont offerts chaque jour. Un incontournable pour les mordus du style !

SAUNA CENTRE-VILLE
1465, rue Sainte-Catherine Est
✆ +1 514 524 3486
www.saunacentreville.com
saunacentreville@gmail.com
M° Beaudry ou Papineau. Ouvert tous les jours, 24h/24. Spéciaux tous les jours et réductions pour les étudiants de moins de 30 ans.
Ouvert depuis 25 ans, ce sauna fait partie des adresses très fréquentées du Village, en particulier le week-end. Les installations sont réparties sur deux étages avec une soixantaine de chambres, dont des suites de luxe, et autant de casiers, un sauna sec, un bain vapeur, un bain à remous, une salle vidéo et plusieurs autres services. Pour les passionnés de beaux gars !

SAUNA OASIS
1390, rue Sainte-Catherine Est
✆ +1 514 521 0785
www.saunaoasis.net
saunaoasis@videotron.ca
M° Beaudry. Ouvert tous les jours, 24h/24. Nombreux spéciaux pour tous et rabais pour les étudiants.
Un gigantesque sauna de 1 000 mètres carrés avec toutes les commodités habituelles. La clientèle est variée et toujours nombreuse, surtout à la fermeture des bars. Les lundis sont réservés aux naturistes et les jeudis, la mousse envahit les lieux. Une adresse très réputée !

Sauna du quartier gay de Montréal.

STOCK BAR

1171, rue Sainte-Catherine Est
✆ +1 514 842 1336
www.stockbar.ca
M° Beaudry. Ouvert du mardi au dimanche, de 20h à 3h.
Ouvert depuis 1991, le Stock bar fait salle comble tous les week-ends. Il faut dire que le danseurs sont très virils et surtout, très musclés. Mesdames, vous êtes conviées au spectacle tous les mercredis soirs.

STUD BAR

1812, rue Sainte-Catherine Est
✆ +1 514 598 8243
www.studbar.com
info@studbar.com
M° Papineau. Ouvert tous les jours de 10h à 3h. Nombreuses promos. Programmation d'événements et de soirées à thème. Pour hommes seulement.
Ce bar viril, assidûment fréquenté par les amateurs de cuir et les bears, organise de nombreux événements à thème. Les DJs piochent dans tous les styles musicaux (rock, disco, électro...). L'ambiance est bouillante et il est impossible de rester seul. L'étroitesse du plancher de danse y est pour beaucoup...

UNITY

1171, Sainte-Catherine Est
✆ +1 514 523 2777
www.clubunitymontreal.com
M° Beaudry. Vendredi-samedi, 22h-3h. Ouverture possible d'autres soirs selon les événements. Admission gratuite avant 23h (sauf les soirs d'événements spéciaux).
Le Club Unity semble ne jamais désemplir. Cette discothèque comporte trois étages, deux salles, un salon V.I.P. et une terrasse sur le toit offrant une vue magnifique. La musique va du hip-hop à la house en passant par tous les rythmes susceptibles de vous faire danser jusqu'à plus soif. Surtout fréquenté par les 18-35 ans, le *Main Room* du Unity a des airs de fête perpétuelle. Ce club est une valeur sûre du Village.

Shopping

EVOLUTION HOMME

1381, rue Sainte-Catherine Est
✆ +1 514 597 2310
www.evolutionhomme.com
boutiqueevolution@hotmail.com
M° Beaudry. Lundi-mercredi, 10h-18h ; jeudi-vendredi, 10h-21h ; samedi-dimanche 10h-17h.
Bien installée au cœur du Village depuis 1993, cette boutique propose de superbes collections «casual chic» pour hommes provenant des grandes capitales de la mode ainsi que des créations maison des plus branchées. Du prêt-à-porter à l'accessoire de mode et aux chaussures, vous trouverez le cadeau parfait pour votre homme !

FÉTICHE ARMADA / STROKEGEAR

1201, rue Sainte-Catherine Est
✆ +1 514 419 1089
www.strokegear.com/fr
info@fetichearmada.com
M° Beaudry. Lundi-mardi, 10h30-18h ; mercredi, 10h30-21h ; jeudi-samedi, 10h30-22h ; dimanche, 12h-20h. Site web transactionnel.
Votre vie sexuelle est un véritable terrain de jeu ? Fétiche Armada / StrokeGear vous comblera ! Des sous-vêtements aux articles de cuir (grande spécialité de la maison), en passant par les jocks, tops et bottoms sport, sans oublier les maillots de lutte, tout y est ! Si le fétiche vous branche, vous trouverez également des accessoires fort utiles et très kinky. Une section sex-shop permettra de compléter sa gamme d'accessoires pour des soirées très, très chaudes. Belle collection également de *streetwear* dont plusieurs exclusivités venues d'Europe et d'Amérique du Nord. Une adresse à mettre au carnet pour les inconditionnels (et les curieux) du style !

PRIAPE

1311, rue Sainte-Catherine Est
✆ +1 514 521 8451 / +1 800 461 6969
www.priape.com
info@priape.com
M° Beaudry. Lundi-mardi, 11h-20h ; mercredi, 11h-21h ; jeudi-samedi, 11h-22h ; dimanche, 12h-19h. Site web transactionnel.
Cette boutique est une référence pour tous les gays québécois notamment grâce à son service de vente par correspondance. Priape possède une sélection impressionnante de DVD pornos, d'accessoires BDSM et de *sex toys*. Vous trouverez forcément de quoi assouvir vos fantasmes dans ce temple du sexe. La boutique vend aussi des vêtements, des plus classiques (T-shirts, boxer shorts, pantalons...) aux plus délirants (kilts, cuir...). Petite section pour femmes également.

ESCAPADES AUTOUR DE MONTRÉAL

Station de ski dans les Laurentides.

Escapades autour de Montréal

LAVAL

Troisième ville la plus peuplée de la province, Laval bénéficie d'une situation privilégiée à quelques minutes du centre-ville de Montréal, sur la rive nord de la rivière des Prairies. Centre urbain important, c'est une région dynamique et touristique qui allie avec succès le charme ancien de ses quartiers historiques à la modernité de ses entreprises de haute technologie qui y sont présentes. Laval est rapidement devenue une cité autonome où il fait bon vivre. Elle est composée de 14 anciennes municipalités (aujourd'hui des quartiers) fusionnées en une seule ville qui compte de nos jours plus de 400 000 habitants. A noter que la ville célèbre ses 50 ans en 2015 et une foule d'activités et d'événements spéciaux s'y tiendront toute l'année (www.50ans.laval.ca).

En plus de ses nombreux attraits touristiques et espaces verts, Laval abrite une panoplie de productions horticoles et maraîchères à un point tel qu'elle est considérée comme la « capitale horticole du Québec ». Serres de détail, kiosques fermiers, vergers et vignobles, fromageries, chocolateries, boutiques gourmandes… Sans oublier ses centres commerciaux et espaces shopping comme le Centropolis. Vous trouverez ici amplement de quoi occuper votre journée ou week-end et gageons que vous ne repartirez pas les mains vides !

Histoire

Fréquentée depuis des siècles par les Amérindiens, preuve à l'appui résultant des fouilles archéologiques dans la pointe est de l'île, cette dernière prendra différents noms suite à l'arrivée des premiers Européens. En 1636, elle est concédée aux pères Jésuites qui lui donnent son nom actuel : l'île Jésus. Après quelques changements de propriétaires, elle passe entre les mains du Séminaire de Québec en 1680 et ce, jusqu'en 1854, année de l'abolition du régime seigneurial.

Dans les années 1800, les « cageux » fréquentent les eaux des rivières des Mille-Îles et des Prairies. Ces hommes acheminent par flottaison d'énormes quantités de bois servant, entre autres, à la construction de navires. Ces immenses radeaux prennent le nom de « cages », d'où le surnom des travail-

Les circuits agrotouristiques et hortitouristiques de Laval

Trois circuits vous sont proposés : *La Route des fleurs*, *Les chemins de la nature* et *La venue des récoltes*. Tous étant situés dans des régions différentes de Laval, les circuits vous proposent une multitude de découvertes. Malgré leur thématique, il est possible d'explorer divers secteurs agroalimentaires dans chaque circuit. Par exemple, *La Route des fleurs* vous propose de visiter des serres, des jardins et des pépinières, mais elle est aussi ponctuée d'adresses comme des fermes fruitières et des ruchers. Quelques découvertes sur ces circuits et à la grandeur de l'île : les plantes, fleurs et fines herbes des Serres Sylvain Cléroux, la production biologique du Paradis des Orchidées, les vins et cidres du Château Taillefer Lafon, les jus frais pressés d'Orange Deluxe, les bouchées d'amour de la Fromagerie du Vieux Saint-François, les fèves au lard l'Héritage, ou encore les truffes à la pâte de noix de Tessier dit Lavigne. Pour compléter l'expérience, événements, activités saisonnières, repas champêtres et autres suggestions sont proposés sur le site Internet.

www.saveursdelaval.com

leurs accompagnant ces convois maritimes. Un des plus connus d'entre eux n'est nul autre que l'homme fort Jos Montferrand.

En 1837, l'île subit l'invasion de l'armée anglaise liée aux événements de la rébellion des Patriotes. L'Auberge Tassé, toujours en place sur la rue des Patriotes dans le quartier Sainte-Rose, est le théâtre de quelques rencontres stratégiques des dirigeants patriotes. Même amputée de sa moitié et de ses lucarnes, elle reste un des seuls témoins de cet épisode mouvementé sur l'île Jésus.

À la fin du XIXe siècle, les premiers touristes débarquent sur l'île grâce à l'arrivée du train et la construction de la gare de Sainte-Rose. Pour la plupart issus de milieux cossus, médecins, avocats, notaires, industriels, députés et autres installent leurs pénates dans ce coin de l'île pour profiter pleinement de l'été. Club nautique, régates, activités sportives, mondaines et sociales font alors partie des loisirs de ces estivants. Vers les années 1925-30, de superbes plages sont aménagées le long de la rivière des Mille-Îles. Une bien belle époque !

Les immanquables de la région de Laval

- **Le Cosmodôme,** le Centre des sciences de l'espace.
- **Deux grands parcs** aux nombreuses activités en toute saison : Centre de la nature et parc de la Rivière-des-Mille-Îles.
- **Le shopping :** la ville compte quatre grands centres commerciaux dont le Carrefour Laval, le plus grand au Québec, et le Centropolis, un concept « lifestyle » unique et divertissant, sans oublier ses deux marchés publics d'importance.
- **Des activités d'avant-garde uniques :** SkyVenture (simulateur de chute libre intérieur), Maeva Surf (surf intérieur), et iSaute (centre de trampoline).

Transports

Comment y accéder et en partir

Depuis 2007, la ligne orange de métro de la STM a été prolongée jusqu'à Laval avec trois stations : Cartier, De la Concorde, et Montmorency. Les tarifs – comptant, droits de passage et STL mensuel – sont pour les autobus STL seulement et sont non valides dans le métro. Il faut donc soit payer comptant (3,25 CAN $) ou soit se procurer la carte TRAM Zone 3 de l'AMT (utile seulement si vous restez au moins un mois à Laval).

Il existe également un traversier entre Laval et l'Île Bizard (Montréal) et on retrouve plusieurs gares de train de banlieue à Laval sur les lignes Montréal – Deux-Montagnes et Montréal – Saint-Jérôme. Consultez le site Internet de l'AMT pour les tarifs selon les zones et les horaires : www.amt.qc.ca

Si vous souhaitez vous rendre dans la région des Laurentides en bus, sachez qu'Autobus Galland fait un arrêt au Terminus Cartier sur son trajet Montréal – Mont-Laurier. Plus d'info au : www.galland-bus.com

Se déplacer

■ COOP TAXI LAVAL
✆ +1 450 688 8700
www.taxilaval.com – info@taxilaval.com
Compagnie de taxis.

■ SOCIÉTÉ DE TRANSPORT DE LAVAL (STL)
✆ +1 450 688 6520 – www.stl.laval.qc.ca
Renseignements sur les trajets et les lignes de bus.

La STL offre des services de bus (dessert toute la ville). Il n'existe pas de bus de nuit mais plusieurs lignes offrent un service prolongé en soirée. Pour utiliser le bus, il faut se procurer la carte à puce rechargeable Opus (6 CAN $) ou payer comptant (montant exact). Le coût : 89 CAN $ pour le mois. Le coût d'un passage à l'unité est fixé à 3,25 CAN $ (idem pour prendre le métro depuis Laval) et il est également possible de se procurer 8 billets pour 21,50 CAN $. Il existe un droit à la correspondance valable 90 minutes à compter de l'heure de votre passage initial.

- **Autre adresse :** billetteries métropolitaines : Terminus AMT/Montmorency, 535 rue Lucien-Paiement ; Terminus AMT/Cartier, 44 boulevard des Laurentides.

Pratique

■ HÔPITAL DE LA CITÉ-DE-LA-SANTÉ
1755, boulevard René-Laennec
✆ +1 450 668 1010
www.cssslaval.qc.ca

■ TOURISME LAVAL
489, Promenade du Centropolis
✆ +1 450 682 5522 / +1 877 465 2825
www.tourismelaval.com
info@tourismelaval.com
Ouvert toute l'année.

ESCAPADES AUTOUR DE MONTRÉAL

Se restaurer

Pause gourmande

MARIUS ET FANNY
239, boulevard Samson
✆ +1 450 689 0655
www.mariusetfanny.com
mariusetfanny@bellnet.ca
Lundi-vendredi, 7h-19h ; samedi, 8h-18h ; dimanche, 8h-17h30. Salon de thé sur place. Service de traiteur et pour occasions spéciales.
Une adresse gourmande comme on les aime, avec un éventail de produits plus savoureux les uns que les autres. Le rayon pâtisserie a de quoi faire rêver, avec ses tartelettes, mille-feuille, éclairs, croustillants et autres délices. Le comptoir chocolaterie est tout aussi divin, sans oublier la bonne odeur de pain frais de la boulangerie, les viennoiseries pur beurre, et la douzaine de sortes de macarons. Un petit coin est aménagé pour déguster un café, thé ou chocolat chaud, que l'on accompagne volontiers d'une viennoiserie maison.

Autres adresses : 1895, rue Piché, Montréal (secteur Lachine), ✆ +1 514 639 4258 • 3119, rue Victoria, Montréal (secteur Lachine), ✆ +1 514 637 2222 • 4439, rue Saint-Denis, Montréal, ✆ +1 514 844 0841

Bien et pas cher

KITCHEN73
1661, boulevard de l'Avenir
✆ +1 450 667 3373 – www.kitchen73.com
Ouvert tous les jours de 7h à 15h. Menu à la carte : moins de 25 CAN $. Service de traiteur, camion de bouffe de rue pour événements.
Si l'envie irrésistible d'un petit déjeuner gourmand ou d'un brunch se fait sentir, Kitchen73 est définitivement l'adresse par excellence. Un simple coup d'oeil au menu et l'estomac revendique déjà sa part : omelettes, assiettes bien garnies, oeufs bénédictines, crêpes au babeurre à l'américaine, gauffres belges, plats santé... De tout pour tous les goûts, à accompagner d'un de leurs cocktails de fruits. Le midi fait place à des plats aux parfums d'Italie, un clin d'oeil aux proprios des lieux. Ces derniers encouragent d'ailleurs les producteurs locaux pour la conception du menu et chaque matin, le pain, les saucisses et les sauces sont fraîchement faits sur place. Super rapport qualité-prix et une bonne cuisine de style maison. On aime !

Autre adresse : 45, boulevard Brunswick, Dollard-des-Ormeaux, ✆ +1 514 685 5773

Bonnes tables

LE BOATING CLUB
30, boulevard Curé-Labelle
✆ +1 450 937 3353
www.leboatingclub.com
info@leboatingclub.com
Ouvert du mardi au samedi dès 17h (16h le jeudi). Service de valet gratuit. Menu à la carte : moins de 40 CAN $. Menu bar dès 23h30. Menus pour groupes de 3 à 5 services : 40 à 80 CAN $.
125 ans plus tard, le Boating Club du Vieux-Sainte-Rose revit ! Autrefois un club nautique haut de gamme fréquenté par les riches anglophones de la métropole, la belle maison ancestral a su conservé son cachet d'époque avec une touche à la fois *vintage* et nautique dans un décor signé Zébulon Perron. Le nouveau slogan de la place : « Alcool et casserole », et il va sans dire que c'est le cas ! Présentées sous forme de plats à partager, les créations gourmandes du Boating Club sont un régal : huîtres cuites au four à bois, pieuvre grillée, filet de bison du Québec, macreuse de bœuf braisée... Le tout est appuyé par une superbe carte des vins. Pas surprenant alors que cette nouvelle adresse fut classée dans le palmarès des 30 meilleurs restos de 2014 par Thierry Daraize.

TABLE 51
Carrefour Laval
3035, boulevard Le Carrefour
✆ +1 450 781 8851
www.table51.com
info@table51.com
Dimanche-lundi, 11h-22h ; mardi-jeudi, 11h-23h ; vendredi-samedi, 11h-minuit. Menu midi « Superlunch 51 » : à partir de 12 CAN $. Plats principaux le soir : 15-40 CAN $. Jeudi champagne de 16h à 20h. Service de valet, terrasse, cellier à vins.
Difficile de rater l'enseigne de ce resto branché ! Une fois à l'intérieur, on est subjugé par son design, son magnifique bar, ses miroirs qui rendent les lieux encore plus grands, et son cellier qui surplombe la salle à manger. Au menu, une cuisine urbaine qui intègre la passion et la précision des bons plats maison. Le chef et sa brigade concoctent le tout à partir de produits locaux et frais, un élément important aux yeux de l'équipe du 51. Tartares, salades gourmandes, sandwichs et burgers, succulentes grillades, poissons et fruits de mer, plats végé... De quoi combler tout type d'appétit !

Les environs de Montréal
Montréal
Laval
Longueuil
Repentigny
Terrebonne
Boucherville
St-Hubert
Brossard
Chateauguay
Beauharnois
Pierrefonds
Dorion
St-Thimothée
St-Eustache
Oka
Rigaud
Mirabel
St-Jérôme
Lachute
Brownsburg
Ste-Adèle
Ste-Agathe-des-Monts
St-Jovite
Huberdeau
St-Adolphe-d'Howard
Morin-Heights
Duhamel
St-Rémi-d'Amherst
Cheneville
Namur
Notre-Dame-du Laus
Buckingham
Masson
Thurso
Papineauville
Montebello
Notre-Dame-de-la-Merci
St-Esprit
St-Félix-de-Valois
Notre-Dame-des-Prairies
Joliette
St-Gabriel
St-Didace
Lavaltrie
Berthierville
Maskinonge
Louiseville
Trois-Rivières
St-Louis-de-France
Cap de la Madeleine
Bécancour
St-Grégoire
St-Célestin
Pierreville
St-Léonard-d'Aston
Notre-Dame-du Bon-Conseil
St-Valère
Sorel
Yamaska
Contrecœur
Massueville
Drummondville
Beloeil
St-Hyacinthe
Upton
Acton Vale
Richmond
Windsor
St-Dominique
Roxton Falls
Roxton Sud
Ste-Pie
St-Césaire
Marieville
Iberville
St-Jean-sur-Richelieu
Granby
Lawrenceville
Waterloo
Eastman
Sherbrooke
Farnham
Bromont
Cowansville
Lac-Brome
Magog
Ayer's Cliff
Compton
Coaticook
Sutton
Bedford
Lacolle
Hemmingford
St-Rémi
Ste-Martine
Ormstown
Huntingdon
St-Anicet
Lac Memphremagog
Saint-Laurent
R. Richelieu
Rivière L'Assomption
Rivière Rouge
Rivière des Outaouais
Rivière Lièvre
ONTARIO
ETATS-UNIS
Environs de Montreal

Luxe

RESTAURANT LE MITOYEN

652, rue de la Place Publique
✆ +1 450 689 2977
www.restaurantlemitoyen.com
Mardi-dimanche, dès 18h. Plats principaux à la carte : 30-50 CAN $. Table d'hôte : 48 CAN $, menu dégustation : 90 CAN $ (127 CAN $ avec l'accord des vins). Terrasse.

Le Mitoyen est reconnu comme étant l'une des meilleures tables du Québec depuis plus de 35 ans. Situé au cœur du Vieux-Sainte-Dorothée, il accueille les convives dans le décor élégant et l'ambiance chaleureuse des salons de sa magnifique maison de campagne. Le chef Richard Bastien, dont la réputation n'est plus à faire, concocte des plats raffinés avec, notamment, l'agneau des Cantons, le porcelet des Basses-Laurentides, le cerf de Boileau et les fromages québécois. L'impressionnante carte des vins, composée de nombreux crus en importation privée, en fera sourire plus d'un. Une grande table qui sait rester humble.

RESTAURANT LE SAINT-CHRISTOPHE

94, boulevard Sainte-Rose
✆ +1 450 622 7963
www.restosaintchristophe.ca
restosaintchristophe@videotron.ca
Ouvert le soir du mardi au samedi, en tout temps sur réservation de groupes. Table d'hôte : à partir de 55 CAN $, menu dégustation : 85 CAN $ (ajoutez 45 CAN $ pour l'accord mets-vins). Belle carte des vins avec sélection en importation privée. Terrasse.

Trésor de gastronomie française, le restaurant est situé dans une magnifique maison d'époque du début du XXe siècle. Il est reconnu pour la qualité de sa cuisine gastronomique française et l'élégance de son décor. Propriétaire de cet établissement depuis des années, la famille Jalby offre des plats raffinés et une excellente sélection de vins. Le Saint-Christophe est un incontournable pour découvrir tout le charme du Vieux-Sainte-Rose.

Centropolis : LA place pour un happy hour !

Si on y retrouve boutiques, restos, divertissements et services, le Centropolis compte également d'excellentes adresses pour prendre un verre entre amis ou collègues. Nos recommandations : *Le Balthazar* pour sa superbe sélection de bières de microbrasseries québécoises et son menu gastropub ; *Les 3 Brasseurs* pour ses bières maison et ses savoureuses flammekueches ; *La Belle et le Boeuf* pour ses burgers décadents et ses cocktails servis dans des pots Masson ; et le *Jack Astor's* pour son ambiance décontractée et la diffusion d'événements sportifs sur grand écran.

▶ **www.centropolis.ca**

Sortir

Cafés – Bars

LES 3 BRASSEURS

Centropolis
2900, avenue Pierre-Péladeau
✆ +1 450 988 4848
www.les3brasseurs.ca
Dimanche-mercredi, 11h30-minuit ; jeudi, 11h30-1h ; vendredi-samedi, 11h30-2h. Terrasse chauffée. Consultez le site Internet pour la liste de toutes les succursales de la grande région de Montréal.

Au menu des bières, choisissez parmi la blonde, l'ambrée, la brune, la blanche ou la IPA, sans oublier les éditions limitées, toutes brassées devant vos yeux ; et si vous hésitez, optez pour l'Etcetera : une palette de saveurs parmi lesquelles vous trouverez votre préférée ! En groupe, vous préférerez le spectaculaire « mètre de bières » vous offrant dix verres de bières variées, accompagnés d'une Flamme, spécialité culinaire des 3 Brasseurs. La diversité est au menu, avec des plats comme les moules et les hamburgers à la bière maison, la choucroute, des salades et grillades, mais surtout les flammekueches. On les apprécie en plat principal, nappées d'une variété de garnitures : lardons, poulet, légumes variés et fromages du Québec, ou en dessert, garnies de pommes, bananes et chocolat.Comme vous l'aurez compris, le concept fonctionne fort bien, et la grande région de Montréal compte maintenant huit établissements plus trois à Québec, trois dans la région de Toronto et deux à Ottawa.

LE BALTHAZAR BIÈRES QUÉBÉCOISES

Centropolis
195, Promenade du Centropolis
✆ +1 450 682 2007 – www.lebalthazar.com
lebalthazar.centropolis@gmail.com

Lundi-vendredi, 11h30-3h ; samedi-dimanche, 16h30-3h. Menu midi, à la carte, table d'hôte du soir et fin de soirée disponibles. Programmation culturelle et musicale. Terrasse.
Fière représentante de l'industrie brassicole québécoise, chacune des succursales séduira tant les amateurs que les néophytes. Une large sélection de bières triées sur le volet, en fût ou en bouteille, figure à l'ardoise alors il se pourrait que vous mettiez un certain temps à vous décider. Mais n'ayez crainte car l'équipe saura vous conseiller afin de vous faire découvrir ce que le Québec a de meilleur à offrir, y compris des grands crus pour papilles averties. Pour accompagner le tout, chaque bar propose un menu composé de produits locaux, avec une belle sélection de plats à la bière. Des adresses à découvrir sans modération !

▶ **Autres adresses :** autres bars Le Balthazar dans les environs de Montréal : 67, Place Bourget Sud à Joliette ; 9180, boulevard Leduc à Brossard (quartier DIX30). • Épicerie Le Balthazar Saveurs Québécoises : 60, Place Bourget Nord à Joliette.

Spectacles

■ HOUSE OF JAZZ / MAISON DU JAZZ

1639, boulevard de l'Avenir
✆ +1 450 669 3000 – www.houseofjazz.ca
Lundi, fermé ; mardi-jeudi, 16h-1h ; vendredi-samedi, 16h-2h ; dimanche, 18h-minuit. Des frais de 10 CAN $ sont applicables les soirs de spectacles et le vestiaire (2 CAN $) est obligatoire le soir.
Fondée en 1968 par Georges Durst et connue sous d'autres noms à l'époque, la House of Jazz est depuis plus de 45 ans La Mecque du jazz à Montréal. Les Oliver Jones, Oscar Peterson, Billy Georgette, Bernard Primeau, Johnny Scott et Skip Bey ont foulé les planches de cette adresse mythique. Avec un concept qui fonctionne à plein régime, pas étonnant de voir une deuxième adresse ouvrir ses portes, cette fois à Laval. Des spectacles y sont présentés pratiquement tous les soirs avec des artistes de haut calibre mais également ceux de la relève. Les lieux servent également de restaurant en soirée, avec une belle carte des vins qui ravira les amateurs. On adore !

▶ **Autre adresse :** 2060, rue Aylmer, Montréal, ✆ +1 514 842 8656

■ ORCHESTRE SYMPHONIQUE DE LAVAL

✆ +1 450 978 3666
✆ +1 450 667 2040
www.osl.qc.ca
osl@osl.qc.ca
Billets à l'unité et abonnements disponibles. Représentations à la Salle André-Mathieu et à La Maison des Arts.
L'OSL est, depuis 2006, sous la gouverne du chef et directeur artistique Alain Trudel. Chef parmi les plus en vue, il est également le premier chef des concerts jeunesse et famille à l'Orchestre du Centre National des Arts à Ottawa. De 2011 à 2014, il occupe les fonctions de directeur artistique de l'Orchestre symphonique de London Canada, et depuis septembre 2012, ill est aussi professeur titulaire des classes d'orchestre et d'opéra à l'Université Western Ontario. La programmation annuelle de l'OSL propose un véritable voyage au cœur de la musique tout en respectant son devoir d'éveil et de diffusion avec, notamment, une série de concerts pour jeune public.

■ SALLE ANDRÉ-MATHIEU

475 boulevard de l'Avenir
✆ +1 450 667 2040
✆ +1 877 677 2040
www.salleandremathieu.com
info@salleandremathieu.com
M° Montmorency. Billetterie ouverte : lundi-vendredi, 9h-20h ; samedi, 12h-20h ; dimanche, fermé.
La Corporation de la salle André-Mathieu est un diffuseur majeur des arts sur le territoire lavallois, principalement des arts de la scène. Artistes professionnels et de la relève y présentent des spectacles d'humour, de musique et de théâtre pour tous les âges. La programmation comprend également de la danse, les concerts de l'OSL, des expositions d'art visuel, les documentaires des Grands Explorateurs, des activités et spectacles pour jeune public, etc. Notez que La Maison des Arts et la Salle André-Mathieu ont récemment subi une cure de rajeunissement et le résultat est superbe.

▶ **Autres adresses :** autres salles de la corpotation : Maison des Arts, 1395 boulevard de la Concorde Ouest ; Théâtre Marcellin-Champagnat, 1275 avenue du Collège ; Église Sainte-Rose, 219 boulevard Sainte-Rose ; Chapelle du Mont-De-La Salle, 125 boulevard des Prairies

Sortie de gars extrême à Laval

Spécialement conçus pour vous messieurs, deux forfaits vous pemettront d'aller tester vos habiletés au paintball, en kart, sur les vagues de Maeva Surf ou encore dans les airs du simulateur de chute libre de Skyventure. Un bon repas et une nuitée en hôtel vous feront relaxer après cette journée riche en émotions fortes.

Pour plus d'information ou pour réserver un forfait, contactez l'agence Vacances Michel Demers ✆ +1 450 967 6627 – www.vacancesmicheldemers.com

À voir – À faire

CENTRE DE LA NATURE DE LAVAL

901, avenue du Parc
✆ +1 450 662 4942
www.centredelanature.laval.ca
centrenature@ville.laval.qc.ca

Ouvert tous les jours à l'année de 8h à 22h (horaire variable des services et activités, consultez le site Internet). Certaines activités gratuites, d'autres payantes. Service de restauration et de location d'équipements de plein air sur place. Stationnement : 7 CAN $.

Dans ce grand parc, les choix d'activités ne manquent pas pour les sportifs : ski de fond, glissade sur tube, vélo, escalade, rabaska, canot, kayak, etc. L'hiver, le lac artificiel se transforme en patinoire (location sur place) et les 5 à 8 ans peuvent même s'initier au ski alpin (équipement fourni gratuitement). L'été, les visiteurs peuvent se dégourdir les jambes sur 5 km de sentiers piétonniers. Les amoureux des animaux aussi seront servis puisque le Centre de la nature abrite une ferme. Autres activités : un carrousel de poneys et des balades en train pour les tout-petits, un observatoire d'astronomie, un skatepark, des jardins et une serre tropicale, et plus encore.

COSMODÔME

2150, autoroute des Laurentides
✆ +1 450 978 3600 / +1 800 565 2267
www.cosmodome.org
info@cosmodome.org

Fin juin à fin août : lundi-dimanche, 9h-17h. Le reste de l'année : ouverture à 10h. Tarifs pour une mission (60 minutes) : adulte 15 CAN $, 7 ans et plus 12 CAN $, aîné 10 CAN $, famille 40 CAN $. Autres tarifs pour 2 ou 3 missions, les groupes, les fêtes d'enfants, le camp spatial et le camp de jour. Stationnement gratuit et accès pour personnes à mobilité réduite. Restaurant et boutique sur le site.

Le Cosmodôme s'est récemment refait une beauté pour le plus grand bonheur des petits et des grands. C'est la seule institution muséale de haut niveau entièrement dédiée à l'astronautique et à l'exploration spatiale au pays. On y retrouve près d'une vingtaine de modules futuristes avec des scénarios d'animation représentant trois missions spatiales interactives (durée de 60 minutes chacune). Une exposition permanente relate les exploits et les découvertes des voyageurs de l'espace grâce à la collection d'artefacts de la conquête spatiale. Pour les jeunes âgés de 9 à 15 ans, le camp spatial s'avère une expérience mémorable. D'une durée de 3 ou 6 jours selon la mission, ils vivront un authentique entraînement d'apprenti astronaute (hébergement sur place).

FERME L'AUTEUILLOISE

830, boulevard des Mille-Îles
✆ +1 450 625 8826
www.fermelauteuilloise.com

En opération à l'année. Tarifs selon l'activité choisie. Réservation nécessaire.

En plein cœur de la campagne lavalloise se trouve un site agrotouristique et de plein air qui plaira à toute la famille. Cette ferme propose une foule d'activités en toute saison, allant des randonnées à cheval aux cours d'initiation et d'équitation, en passant par les randonnées en carriole, le poney luge (traîneau tiré par un poney) et le ski joëring (skieur tiré par un cavalier meneur). De quoi bien remplir sa journée !

PARC DE LA RIVIÈRE-DES-MILLE-ÎLES

Site d'accueil des activités d'été
345, boulevard Sainte-Rose
✆ +1 450 622 1020
www.parc-mille-iles.qc.ca
info@parc-mille-iles.qc.ca

Ouvert toute l'année. Postes d'accueil : mi-mai à mi-octobre de 9h à 18h, et janvier à début mars de 9h à 22h. Certaines activités gratuites, d'autres payantes.

Ce beau parc, avec sa vingtaine d'îles accessibles, est situé à peine à 20 min au nord de Montréal. Il regroupe un ensemble de milieux naturels, des plans d'eau, des îles, des

marécages et des berges, qui sont animés et gérés par l'organisme Éco-Nature. Son décor offre un véritable paysage de bayous, avec sa rivière calme, peu profonde et sécuritaire, ses marais en fleurs, ses forêts marécageuses et la végétation luxuriante de ses îles, le tout formant un véritable labyrinthe de verdure. Afin d'apprécier le tout, de nombreuses activités sont proposées en toute saison : pêche (sur glace en hiver), location d'embarcations (canot, kayak, rabaska...), circuits autoguidés, randonnées thématiques en soirée, ski de fond, patin à glace, raquette, glissade sur tube, etc. Ne ratez pas une visite au centre d'interprétation qui vous aidera à mieux comprendre les écosystèmes, la faune et la flore de la rivière des Mille Îles. Aussi offerts : camps de jour d'été et d'hiver, activités pour les scolaires.

▸ **Autre adresse :** site d'accueil des activités d'hiver : 13, rue Hotte.

Sports – Détente – Loisirs

■ AÉROSIM EXPÉRIENCE

1177, Desserte Nord Autoroute 440
✆ +1 450 490 1316
www.aerosimexperience.com
Lundi-vendredi, 10h-19h ; samedi-dimanche, 9h-19h. Envol : à partir de 99 CAN $. Réservation obligatoire. Stage aéronautique, activités d'entreprise et thérapie aéronautique aussi offerts.

Fondé par deux pilotes français passionnés, ce centre de simulation de vol s'adresse tant aux pilotes professionnels qu'au grand public. En compagnie d'un instructeur pilote professionnel, vous prendre les commandes d'un Boeing 737 Nouvelle Génération. Afin de faire profiter amis et famille de cette expérience immersive et surtout de la vue, jusqu'à quatre personnes peuvent vous accompagner dans le cockpit. Bienvenue à bord !

■ MAEVA SURF

Centropolis
2005, boulevard Daniel-Johnson
✆ +1 450 934 6238
www.maevasurf.com
FlowRider : lundi-mercredi, 14h-21h ; jeudi-vendredi, 14h-22h ; samedi, 10h-22h ; dimanche, 10h-19h. Boutique : lundi-mercredi, 10h-18h ; jeudi-vendredi, 10h-21h ; samedi-dimanche, 10h-17h. Cours d'introduction : 50 CAN $, session de 30 minutes (cours d'introduction en prérequis) : 30 CAN $. Autres tarifs pour les sessions libres et l'académie du flow.

Franchement unique, Maeva Surf est un centre de glisse intérieur. Ici on pratique le « flowboarding », un mélange de différents sports comme le skateboard, le wakeboard, le surf et le snowboard, le tout sur une vague artificielle. Aucune expérience en glisse n'est nécessaire mais un cours d'introduction est obligatoire. Il vous permettra d'apprendre toutes les règles de sécurité, le comportement de la vague et les techniques de bodyboard et de FlowBoard. Alors, êtes-vous prêt à dompter la vague ?

■ SKYVENTURE

Centropolis
2700, avenue du Cosmodôme
✆ +1 514 524 4000
www.skyventuremontreal.com
info@skyventuremontreal.com
Horaire des vols : lundi-jeudi, 13h-22h ; vendredi-dimanche, 9h-22h. Le service à la clientèle ouvre à 9h du lundi au jeudi et à 8h du vendredi au dimanche. Informez-vous sur les critères d'envol. Forfait initiation 2 envolées : 62 CAN $. Forfait initiation 4 envolées aussi disponible. Académie de formations sur place pour les parachutistes et tunnelistes.

Envie de vous envoyer en l'air ? SkyVenture est votre destination, beau temps, mauvais temps ! Ce centre intérieur propose de vivre l'expérience d'un vol en chute libre dans sa soufflerie dernier cri. À l'intérieur d'un tube cylindrique installé à la verticale se déplace une colonne d'air à 175 km/h. Vous vivrez donc les mêmes sensations que les parachutistes durant la portion chute libre de leur saut qui s'effectue généralement de 13 500 à 3 500 pieds d'altitude, à une vitesse de 200 km/h. L'environnement est très sécuritaire et les formateurs de véritables pros. Assurez-vous toutefois de porter des vêtements confortables (t-shirt à col, pantalon ou short de sport, chaussettes et espadrilles avec lacets). Une combinaison de vol est fournie sur place et mesdames aux cheveux longs, pensez à les nouer.

Retrouvez l'index général en fin de guide

Kiosques fermiers

Lors de la belle saison, des kiosques fermiers vendent leurs produits à même les lieux de production. Répartis aux quatre coins de l'île, ces kiosques vous proposent des fruits et légumes frais, parfois certifiés biologiques, ainsi qu'une sélection de produits du terroir. La plupart offrent également l'activité d'autocueillette. Pour obtenir les coordonnées des producteurs :

www.saveursdelaval.com

Shopping

BOUTIQUE SHARKS

313, boulevard Cartier Ouest
✆ +1 450 663 5543 / +1 800 473 5543
www.boutiquesharks.com
info@sharksco.com
Lundi-mercredi, 10h-18h ; jeudi-vendredi, 10h-21h ; samedi, 9h30-17h ; dimanche, 11h-17h. Boutique en ligne également.
Sharks, c'est LA boutique pour les adeptes de sports de glisse depuis plus de 25 ans. Vous y trouverez tous les équipements et accessoires nécessaires à la pratique du kite, du surf, du wakeboard, du ski nautique, du wakeskate et du wakesurf, sans oublier les wetsuits et autres vêtements de plage et streetwear. Une sélection de skateboards et snowboards est également en vente sur place. Une adresse chaudement recommandée, tant pour son service impeccable que sa grande variété de modèles.

Autre adresse : boutique Sharks Sport Marine Mirabel, 13 805 rue de la Chapelle, Mirabel, ✆ +1 450 256 1605

CARREFOUR LAVAL

3035, boulevard Le Carrefour
✆ +1 450 687 1360
www.carrefourlaval.ca
service.laval@cadillacfairview.com
Lundi-vendredi, 10h-21h ; samedi, 9h-17h ; dimanche, 10h-17h.
Cet immense centre commercial regroupe plus de 300 magasins, restaurants et services. On y retrouve les grandes bannières telles La Maison Simons, La Baie et Sears mais également le tout premier Victoria's Secret de la province, Armani Exchange, American Apparel, Bench, Browns (chaussures), Crate & Barrel (art de la table), Godiva Chocolatier, H&M, MAC (cosmétiques), Michael Kors (designer), Montblanc, Nespresso, Quiksilver, Swatch, Zara, et bien plus encore.

FROMAGERIE DU VIEUX ST-FRANÇOIS

4740, boulevard des Mille-Îles
✆ +1 450 666 6810
www.fromagerieduvieuxstfrancois.com
info@fromagerieduvieuxstfrancois.com
Lundi, fermé ; mardi-mercredi, 10h-18h ; jeudi-vendredi, 10h-19h ; samedi-dimanche, 10h-17h. Visite (libre ou commentée) avec dégustation offerte à faible coût. Aire de pique-nique sur place.
Suzanne Latour, diplômée de l'Institut Technologique et Agroalimentaire de Saint-Hyacinthe, œuvre dans la production laitière depuis 1982. Possédant son propre troupeau de chèvres, c'est en 1996 qu'elle décide de transformer leur lait en fromage. Afin d'assurer la fraîcheur du lait qui sera utilisé pour la fabrication de son fromage, elle fait alors construire une fromagerie à deux pas de sa ferme. Aujourd'hui, l'entreprise fabrique une belle variété de fromages de chèvre à pâte ferme fraîche ou vieillie, comme le fromage à tartiner ou les succulentes bouchées d'amour (bouchées de fromage frais non-affiné à pâte molle, marinées dans l'huile de pépin de raisin aromatisée et enrobées d'épices comme les herbes de Provence, la ciboulette, l'ail et le persil). La fromagerie vous propose également du lait et du yogourt de chèvre.

MARCHÉ PUBLIC 440

3535, autoroute Laval Ouest
✆ +1 450 682 1440
www.marche-public440.com
Lundi-mercredi et samedi-dimanche, 9h-18h ; jeudi-vendredi, 9h-21h.
Des couleurs, des odeurs et des mets savoureux... Et oui, vous êtes bien au marché public 440 ! Existant depuis 1983, il permet aux habitants de la région de profiter des produits de la ferme, du terroir et d'ailleurs. Situé à proximité des grands axes routiers, il est donc facile d'accès. Poissons frais, viandes et charcuteries, fruits et légumes, fromages et desserts variés, tout y est. Un véritable festival de la gastronomie ! De plus, des fêtes maraîchères ont lieu les week-ends en saison estivale. Et si tous ces étalages gourmands vous ont ouvert l'appétit, vous trouverez des restaurants sur place pour combler votre faim.

TESSIER DIT LAVIGNE

3137, boulevard Industriel
✆ +1 450 663 9361
www.tessierditlavigne.com
info@tessierditlavigne.com

Boutique ouverte : lundi-samedi, 10h-17h. Boutique en ligne également.
Il y a un peu plus d'une dizaine d'années, à même leur résidence, Marcel et Maria Tessier se sont lancé dans la confection de truffes fondantes à la pâte de noix « Noix d'or «, un produit unique au monde en raison des enrobages variés. Voulant occuper leur retraite, ce dessert unique en son genre leur a donné envie de créer une entreprise afin de rechercher et de développer de nouvelles saveurs. Maria, mexicaine d'origine et cuisinière de formation, confectionne la pâte de noix, un produit développé par ses ancêtres. Que vous vouliez accompagner les truffes de porto et fromages, de café ou thé, de champagne ou cidre, vous trouverez d'excellentes suggestions sur leur site Internet.

■ **VICTORIA'S SECRET**
Carrefour Laval
3035, boulevard Le Carrefour
✆ +1 450 682 2375
Lundi-vendredi, 10h-21h ; samedi, 9h-17h ; dimanche, 10h-17h.
Inaugurée en grandes pompe à la fin août 2012, l'immense boutique du label a enfin installé ses pénates dans la Belle Province. Mesdames, vous serez comblées par la superficie des lieux qui occupe 1 022 m² (11 000 pieds carrés), rien de moins. Sous-vêtements, maillots de bain, vêtements de sport et produits de beauté sont bien regroupés par section. Du glam au gros confort, du rose bonbon au noir profond, Victoria's Secret est LA destination pour trouver le ou les morceaux qui vont mettront vraiment en valeur.

LAURENTIDES

Paradis des skieurs et des mordus de la nature, les Laurentides désignent le massif montagneux de la rive nord du fleuve Saint-Laurent. La région des Laurentides fait partie des Basses-terres du Saint-Laurent et du Bouclier canadien. On y trouve les plus vieilles roches du monde (datant d'un milliard d'années). Cette région, qui couvre près de 22 000 km², s'étend du sud au nord, de la rivière des Mille-Îles aux grands territoires au nord de Mont-Laurier et, d'est en ouest, des limites de la région de Lanaudière à celles de l'Outaouais. Elle est l'une des principales destinations touristiques internationales du Québec, appelée plus communément « le Nord ». Vous y viendrez d'abord pour les activités sportives saisonnières qu'elle offre en abondance, et pour la quiétude de ses innombrables lacs et montagnes couvertes de forêts. Les citadins y font leur pèlerinage hebdomadaire en allant respirer cette campagne qui n'est qu'à quelque trente minutes du centre-ville de Montréal. Les mordus, et ils sont légion, « montent dans le Nord » comme ils disent, pour le week-end au chalet, leur résidence secondaire. Les touristes qui en ont fait l'expérience savent, quant à eux, qu'elle recèle des trésors d'activités pour tous et ce, en toute saison. La nature y est d'une grande et généreuse beauté, et la population toujours croissante des Laurentides se préoccupe de la protéger en en faisant une des régions les plus vertes de la province.
Des Laurentides, on se plaît à dire qu'elles sont la Terre promise du fameux Roi du Nord (et grand défricheur devant l'Éternel), le curé Antoine Labelle. Et il est vrai que le Québec lui doit l'exploitation de la région des Pays-d'en-Haut. Labelle (sous-ministre de la Colonisation au gouvernement provincial dans les années 1850) sut convaincre le gouvernement de l'époque d'investir dans la colonisation, comme en avaient rêvé les premiers propriétaires terriens, les seigneurs de France du XVIIe siècle. Toutefois, la grande responsable de l'exceptionnel développement touristique de cette région est la pratique du ski et de la villégiature.

Les immanquables de la région des Laurentides

- **Le parc linéaire** le P'tit Train du Nord.
- **Oka,** renommée pour sa plage très populaire et pour son délicieux fromage.
- **Le parc national du Mont-Tremblant** et la station de montagne haut de gamme très bien équipée.
- **L'animation nocturne** et les restaurants de Saint-Sauveur.
- **Un séjour en pourvoirie** dans les Hautes-Laurentides.

Géographie

La région des Laurentides est divisée en trois territoires : les Basses-Laurentides ou Portes des Laurentides, du nord de l'île Jésus (Laval) jusqu'à Saint-Jérôme, en sont la porte d'entrée ; le Cœur des Laurentides, comprenant aussi les Pays d'en Haut, s'étend de Saint-Jérôme à Labelle ; les Hautes-Laurentides délimitent une zone de L'Annonciation (maintenant Ville de Rivière-Rouge) jusqu'au nord de Mont-Laurier. Les Laurentides ont été habitées 4 000 ans av. J.-C. par des nomades. Des Indiens d'Amérique (Amérindiens) de la tribu des Algonquins (aujourd'hui disparue) sillonnaient ces bois au XVIIe siècle. Vers 1840, arriveront les premiers colons dans ce qu'on appelle désormais les Pays-d'en-Haut. Le réseau routier qui parcourt les Laurentides s'élabore à partir du début du XXe siècle, époque de l'exploitation forestière et agricole. Le P'tit train du Nord (construit entre 1891 et 1909), reliant Saint-Jérôme à Mont-Laurier et longeant la rivière du Nord, inaugure l'ère industrielle. L'infrastructure économique qui en découle a permis, entre autres, de développer la vocation touristique de la région. Aujourd'hui, le train n'est plus. Ce dernier corridor est aménagé en parc linéaire le P'tit train du Nord. En empruntant un parcours (plus de 230 km, l'un des plus grands d'Amérique du Nord) ponctué de villages et de gares patrimoniales le long de l'ancienne voie ferrée, vous pouvez vous adonner à une pléiade d'activités : vélo, ski de fond, motoneige, randonnée pédestre...

Le Chemin du Terroir

Le Chemin du Terroir des Laurentides, inauguré en octobre 2010, est un chemin balisé de plus de 226 km sillonnant un territoire rural aux mille trésors et ce, sur quatre saisons. Plus d'une trentaine de « vedettes » se partagent le circuit dans les Basses-Laurentides et Argenteuil, allant de microbrasseries aux cabanes à sucre, en passant par des vignobles, des fermes et vergers, des fromageries et des boutiques gourmandes. L'art et l'histoire ont aussi leur place sur le Chemin du Terroir. Le dépliant du circuit est disponible dans les offices du tourisme et toute l'information se trouve également sur leur site Internet.

▶ **www.chemindu terroir.com**

Transports

▶ **Avion.** La région de Mont-Tremblant est desservie par un aéroport international situé à La Macaza. Il y accueille des vols provenant entre autres de New York (Porter Airlines) et Toronto (Air Canada et Porter Airlines). www.mtia.ca

▶ **Bus.** La compagnie Galland dessert de nombreuses municipalités des Laurentides au départ de Montréal, dont Laval, Saint-Jérôme, Saint-Sauveur, Sainte-Adèle, Sainte-Agathe, Saint-Donat (Lanaudière), Mont-Tremblant (secteur Saint-Jovite), station Tremblant, Labelle, Rivière-Rouge et Mont-Laurier. www.galland-bus.com

▶ **Trains de banlieue.** Deux lignes desservent les Laurentides, soit Montréal – Deux-Montagnes et Montréal – Saint-Jérôme. www.amt.qc.ca

▶ **Traversiers et ponts de glace.** Il y a un traversier entre Pointe-Fortune (Montérégie) et Carillon ainsi qu'entre Hudson (Montérégie) et Oka. Les deux sont en opération d'avril à novembre ou décembre. En hiver, la traverse Hudson-Oka se fait sur un pont de glace (janvier à mars, selon les conditions climatiques).

▶ **Voiture.** Plusieurs routes desservent la région des Laurentides. Voici les principaux accès routiers en fonction des régions de départ. Pour Lanaudière : à partir de Saint-Donat, prendre la route 329 Sud qui mène à Sainte-Agathe-des-Monts. À partir de Joliette, prenez la route 158 Ouest menant à Saint-Jérôme. À partir du sud de la région, prenez l'autoroute 40 Ouest puis l'autoroute 640 Ouest traversant les Basses-Laurentides. Pour la Montérégie : prenez le traversier Hudson/Oka (pont de glace de janvier à mars) ou Pointe-Fortune/Carillon. En passant par Montréal, plusieurs autoroutes mènent aux Laurentides (autoroutes 13, 15 et 25 Nord). Toutefois seule l'autoroute 15 Nord (qui devient la route 117 à Sainte-Agathe-des-Monts) traverse toute la région du sud au nord.
Pour l'Outaouais : à partir de Masson, prenez la route 309 Nord qui mène à Mont-Laurier. À partir de Montebello, prenez la route 323 Nord qui mène à Saint-Jovite. À partir du sud de la région, prendre la route 148 Est.

■ **TOURISME LAURENTIDES**
Aire de services «La Porte du Nord»
Sortie 51 de l'autoroute des Laurentides (15 Nord)
SAINT-JEROME ✆ +1 450 224 7007
✆ +1 800 561 6673 – www.laurentides.com
info-tourisme@laurentides.com
Tous les jours, 8h30-17h (jusqu'à 19h en été).

OKA

La municipalité d'Oka est géographiquement bien située, sur la rive nord du lac des Deux-Montagnes, à environ une cinquantaine de kilomètres au nord-ouest de Montréal.

Pratique

■ **BUREAU TOURISTIQUE SAISONNIER D'OKA**
Quai municipal
183, rue des Anges ✆ +1 450 479 8389
www.municipalite.oka.qc.ca
info@municipalite.oka.qc.ca
Ouvert de mi-mai à mi-octobre.

À voir – À faire

■ **PARC NATIONAL D'OKA**
2020, chemin d'Oka
✆ +1 450 479 8365 / +1 800 665 6527
www.sepaq.com/pq/oka/
parc.oka@sepaq.com
Ouvert à l'année. Postes d'accueil : entrée principale sur la route 344, deuxième porte d'entrée à l'extrémité ouest de l'autoroute 640 (fermée en hiver). Accès quotidien adulte : 7,50 CAN $, enfant : 3,25 CAN $, gratuit pour les enfants de 5 ans et moins. Tarifs groupes et familles disponibles. Location d'équipement (activités nautiques, vélo, raquettes, etc.), boutique et école de ski de fond.
En sillonnant le parc national d'Oka (23,7 km²), situé à proximité de la région métropolitaine, vous découvrirez une mosaïque de milieux naturels. Les espèces animales et végétales sont diversifiées. La présence historique du calvaire d'Oka constitue également une importante richesse patrimoniale (projet de mise en valeur du site et des bâtiments effectué). En effet, le sentier historique met en valeur un chemin de croix ponctué de quatre oratoires et trois chapelles datant de 1742. Le sommet du calvaire offre une vue saisissante sur la région. Vous pourrez choisir parmi un large éventail d'activités en toutes saisons. Le sentier de la Grande-Baie traverse quatre écosystèmes différents : le champ, l'érablière à caryer, l'érablière argentée et le marais. Une passerelle flottante de dimensions impressionnantes facilite l'accès au marais. Une tour de 10 m de haut a été érigée pour observer les habitants du marais.

▸ **Hébergement :** camping aménagé, tentes-roulottes, tentes Huttopia, tente Huttopia nordique, chalets Compact, gîte, forfait camping d'hiver.

Une escapade mémorable !

PARC OMÉGA
399, route 323 Nord
MONTEBELLO
✆ +1 819 423 5487
www.parcomega.ca
info@parcomega.ca
Ouvert toute l'année avec un horaire variable selon la saison : ouverture le matin entre 9h et 10h, fermeture de l'admission entre 16h et 17h (fermeture du parc une à deux heures après la dernière admission). Tarifs variables selon la saison : adulte 23-27 CAN $, aîné 22-26 CAN $, 6 à 15 ans 13-19 CAN $, 2 à 5 ans 9-10 CAN $. Voir site Internet pour tous les détails sur les horaires et tarifs. Forfaits et hébergement sur place disponibles. Casse-croûte avec terrasse, magnifiques aires de pique-nique dans les sentiers avec aires de jeux originaux en bois, boutique de souvenirs.
Attention, coup de cœur garanti ! Le Parc Oméga vous propose, dans une réserve privée parfaitement entretenue, de partir à la rencontre des animaux d'Amérique du Nord dans votre voiture. Des centaines de bêtes plus magnifiques les unes que les autres évoluent librement dans le parc et s'empressent de venir déguster les carottes que vous leur tendez (sachets disponibles à la boutique pour quelques dollars seulement). Autant vous dire qu'il s'agit là d'une expérience inoubliable pour les petits et les grands. Seuls les loups, les coyotes et les ours sont dans de larges enclos, mais c'est davantage pour vous assurer de meilleures conditions d'observation que pour des raisons de sécurité car ici, les lois de la nature sont respectées. En été, des spectacles d'animation avec de petits mammifères sont proposés plusieurs fois par jour. Il est possible de louer une voiturette de golf ou de laisser sa voiture au milieu du parcours pour se rendre à la ferme du parc où vous attendent d'autres espèces. Récents ajouts : le sentier des Premières Nations, d'environ 1 km, parsemé de sculptures représentant les onze nations autochtones du Québec ; la reproduction, dans les bâtiments, de la maison de l'artiste local Georges Racicot, dont les objets et meubles ont été rachetés afin de continuer à faire «vivre» l'artiste ; une ancienne cabane à sucre déjà sur place reprend du service ; un poste de traite de l'époque de Champlain comme centre historique ; et surtout, l'arrivée en 2013 de boeufs musqués dans un nouvel espace aménagé pour eux. Un incontournable !

Activités : observation de la faune, randonnée pédestre, baignade (plage d'Oka avec nombreuses installations, service de restauration, bar, animation), sports nautiques au lac des Deux-Montagnes, vélo, Fat Bike, glissade, raquettes, sentiers de randonnée pédestre sur neige, ski de fond (en soirée, sur le sentier la Pinède, illuminé), et une multitude d'activités découverte en toute saison.

Sports – Détente – Loisirs

AÉROSPORT OKA
Boutique Aérosport Oka
55, rue Notre-Dame
✆ +1 450 415 0582 / +1 866 986 6677
www.aerosport.ca – info@aerosport.ca
Boutique ouverte à l'année. Activités et cours sur réservation.
Vivez l'aventure avec des professionnels du kitesurf. Aérosport a été la première école de kite à ouvrir au pays (aux îles de la Madeleine) et jouit d'une grande réputation pour la pratique des sports de vent. Muni de quatre cordes, le cerf-volant de traction développe une puissance suffisante pour tirer une personne en ski ou planche de surf. Activités offertes à Oka : snowkite, kitesurf, stand up paddle (SUP), SUP-Yoga, location de kayak et SUP. Autres bases d'activités/boutiques : îles de la Madeleine et Mont-Saint-Pierre au Québec, et Shediac au Nouveau-Brunswick.

Shopping

MAGASIN DE L'ABBAYE D'OKA
1500, chemin d'Oka
✆ +1 450 415 0651
www.magasinabbayeoka.com
magasin.abbaye.oka@videotron.ca
Lundi-vendredi, 10h-18h ; samedi-dimanche, 9h-18h.

L'abbaye cistercienne d'Oka, fondée par des moines français à la fin du XIXe siècle, se niche dans les boisés sur les hauteurs du lac des Deux-Montagnes. Ce monastère fut un haut lieu de recueillement. Appartenant à de nouveaux propriétaires désireux de développer l'aspect touristique des lieux, les religieux habitent dorénavant un nouveau monastère situé dans la région de Lanaudière. L'ancien magasin reste ouvert à l'adresse indiquée ci-dessus, et continue à vendre, entre autres, le célèbre fromage Oka. De cette abbaye provient une partie de la tradition fromagère du Québec, cela depuis 1893. Autres produits à la boutique : chocolats, truffes, pâtes d'amande, confiseries, produits de boulangerie, de pâtisserie et de charcuterie, produits du terroir et d'artisans, articles religieux, etc.

POINTE-CALUMET

Pointe-Calumet est depuis fort longtemps une destination de villégiature pour les citadins. Il y a une cinquantaine d'années, 15 000 à 20 000 personnes venaient y passer le week-end, au chalet ou sur la plage. De nos jours, quand on va à Pointe-Calumet, c'est encore pour profiter des joies de l'eau avec notamment deux centres d'importance : Le Beach Club et le Super Aqua Club.

■ BEACH CLUB

701, 38e Rue ✆ +1 450 473 1000
www.beachclub.com
info@beachclub.com

En opération de début mai à mi-septembre selon les conditions météo. Lundi-vendredi, 10h-18h ; samedi-dimanche, 10h-21h. Le Cable Park ferme à 18h tous les jours. Horaire restreint en début et fin de saison. Droits d'accès quotidien au site (incluant les activités de plage), passe de saison. Tarifs pour le Cable Park (demi-journée, journée, saison). Location d'équipement et boutique sur place.

Que vous préfériez vous prélasser sur la plage ou pratiquer le « wakeboard », tout y est : volley-ball de plage, piscine, pédalos et kayaks, trampoline aquatique, jeux gonflables géants... C'est aussi un des seuls endroits au Québec équipé d'un « Cable Park » pour le wakeboard, le kneeboard et le ski nautique (système de cordes qui tire le skieur sur l'eau). DJs et week-ends Beach Party, bar terrasse et restauration sur place. N'oublions pas de mentionner qu'ils sont situés à quelques pas du Super Aqua Club (glissades d'eau) et de la plage d'Oka.

■ **SUPER AQUA CLUB**
322, montée de la Baie
✆ +1 450 473 1013 / +1 877 473 1013
www.superaquaclub.com
info@superaquaclub.com
Début juin à fin août/début septembre : lundi-dimanche : 10h-19h (jusqu'à 17h en début de saison, et jusqu'à 18h en fin de saison). Tarifs variables selon la taille. Tarifs réduits après 15h et 17h.
Cet immense parc aquatique en nature vous fera oublier les grandes chaleurs de l'été. Au programme, une trentaine de glissades, cascades et attractions, une piscine à vagues, une immense plage (plus certaines privées sur réservation)... De quoi passer une journée mémorable ! Aussi sur place : boutique, aires de pique-nique, service de restauration et de bar.

SAINT-SAUVEUR

Le village de Saint-Sauveur se niche dans une vallée. Il est l'avant-poste de la région des lieux de villégiature, le lieu de rencontre des skieurs en hiver (capitale du ski alpin nocturne, avec un grand nombre de pistes éclairées ; à visiter : le Musée du ski des Laurentides) et le plus animé des villages laurentiens. L'animation de la rue Principale séduit et bouillonne d'activités (festivals, théâtre et bars) la nuit tombée. Plusieurs galeries d'art et de jolies maisons d'époque attireront votre attention le long de vos promenades dans les rues Principale et de la Gare.

Pratique

■ **VALLÉE SAINT-SAUVEUR**
Chambre de commerce et de tourisme
30, rue Filion
✆ +1 450 227 2564
✆ +1 877 528 2553
www.valleesaintsauveur.com
info@valleesaintsauveur.com
Le site Internet de la chambre de commerce de Saint-Sauveur vous permet en quelques clics de planifier votre séjour dans la région. Hébergement, restaurants, attraits et activités, shopping, événements, services pratiques, actualités... tout y est ! Un guide touristique est également produit chaque année et il est possible de télécharger la version électronique directement sur le site web.

Se loger

■ **AUBERGE SOUS L'EDREDON**
777, rue Principale
✆ +1 450 227 3131
www.aubergesousledredon.com
infos@aubergesousledredon.com

Le plus long parc linéaire du Canada !

■ **LE P'TIT TRAIN DU NORD**
Entre Bois-des-Filion et Mont-Laurier (232 km)
✆ +1 450 224 7007 / +1 800 561 6673
www.laurentides.com/parclineaire/
info-tourisme@laurentides.com
Carte détaillée dans le guide touristique de Tourisme Laurentides. Ouvert suivant les secteurs de mai à octobre et de décembre à avril. Droits d'accès pour le ski de fond et la motoneige. Praticable en vélo, en rollers (certains secteurs), en ski de fond, en motoneige (sur certains tronçons autorisés) et bien sûr à pied, suivant la saison.
Le sentier, tout en longueur sur un peu plus de 230 km, suit le tracé de l'ancien train du Nord. Celui-ci, en service de 1891 à 1981, permit le développement du tourisme et de l'industrie dans les Laurentides. Depuis, les gares ont été rénovées et transformées en points de services divers et variés pour les cyclistes, patineurs, skieurs de fond et motoneigistes. La traversée du parc linéaire du P'tit train du Nord dans son intégralité vous fera découvrir plusieurs municipalités, logées entre rivières, montagnes et lacs. Plusieurs services sont proposés : il est possible de faire transporter son vélo de Montréal à Saint-Jérôme et Mont-Laurier avec arrêt aux gares selon la demande, de planifier son itinéraire sur plusieurs jours en réservant l'hébergement pour profiter pleinement du parcours, ou encore d'utiliser le service de transport de bagages d'auberge en auberge qui vous permettra de prendre la route à vélo sans avoir à emporter vos affaires avec vous (www.autobuslepetittraindunord.com). Inoubliable !

Occupation double : à partir de 139 CAN $. Quatre chambres et deux suites. Petit déjeuner 3 services, accès inclus à la piscine en été et au jacuzzi en toute saison. Forfaits disponibles.
Sise dans un cadre naturel verdoyant, cette superbe maison ancestrale fait office d'auberge depuis près de 25 ans. Les aires communes et les chambres allient parfaitement la modernité au cachet d'antan fort bien conservé des lieux. Côté confort, on ne pourrait demander mieux : tout a été pensé pour vous sentir comme à la maison ! Lors de la belle saison, profitez de la piscine extérieure et des nombreuses activités de plein air dans les environs, et en hiver, sachez que vous êtes à deux pas de la station de ski Mont-Habitant, et à quelques minutes à peine de celles de Saint-Sauveur et d'Avila.

■ HÔTEL MANOIR SAINT-SAUVEUR

246, chemin du Lac-Millette
✆ +1 450 227 1811 / +1 800 361 0505
www.manoir-saint-sauveur.com
info@manoir-saint-sauveur.com
Occupation double : à partir de 99 CAN $ par personne, petit déjeuner inclus. Ensemble de 250 chambres, suites et condos. Forfaits disponibles. Restaurant L'Ambiance certifié « Terroir et Saveurs du Québec », carte des vins reconnue « Carte d'Or SAQ ».
Cet hôtel de villégiature invite à la détente dans un cadre des plus élégants et luxueux. Boiseries, décor d'antan et raffinement. Nombreux services sur place : table gastronomique, bar-lounge, resto-terrasse, piscines intérieure et extérieure, bain vapeur, sauna finlandais, Jacuzzi, salle d'exercices, terrain multisports (tennis, soccer, volleyball, hockey cosom), centre de santé Spa... Tout est réuni pour un séjour des plus mémorables !

■ HÔTEL ST-SAUVEUR

500, chemin des Frênes
Secteur Piedmont
✆ +1 450 227 1800 / +1 855 297 1800
www.hotelstsauveur.ca
info@hotelstsauveur.ca
Hébergement en loft, studio, suite et suite supérieure (tarifs sur demande). Forfaits disponibles.
Cet hôtel est une destination vacances par excellence, à quelques pas seulement de la station de ski. Ses lofts, studios et suites sont décorés avec goût et ont tous un foyer et la climatisation. Le tout est pratique et fonctionnel. Les studios et suites ont en plus une cuisine entièrement équipée. Une excellente adresse pour ceux qui prévoient de passer quelques jours dans la région !

Se restaurer

Vous découvrirez plusieurs restaurants sympathiques sur les rues Principale et de la Gare.

■ CABANE À SUCRE ARTHUR RAYMOND

444, chemin Avila
Secteur Piedmont
✆ +1 450 224 2569
www.cabanearthurraymond.com
Ouvert de début mars à fin avril, tous les jours de 11h à 20h (dès 10h le dimanche). Adulte : 17-20 CAN $, 6-12 ans : 9-11,50 CAN $, moins de 6 ans : 5 CAN $.
La cabane à sucre Arthur Raymond est située en plein bois, sur la colline. Repas avec animation, musique folklorique, vente de produits issus de l'érable, sentier pédestre. Mets à emporter aussi disponibles.

■ CRÊPERIE À LA GOURMANDISE BRETONNE

396, rue Principale ✆ +1 450 227 5434
www.creperiesaintsauveur.com
Lundi-samedi, 11h30-21h ; dimanche, 10h-21h. Fermeture annuelle de 10 jours en avril.
Située en plein cœur du vieux village, avec son immense terrasse couverte, cette magnifique maison vous accueille dans un décor chaleureux qui fleure bon la Bretagne. Au menu, une très vaste sélection de crêpes au froment ou au sarrasin, la spécialité, garnies de sucré ou de salé ainsi que des raclettes, des fondues au fromage ou chinoises... Vous risquez fort de mettre un certain temps à vous décider tellement vous voudrez goûter à tout !

■ RESTAURANT LE MARABOU

358, rue Principale ✆ +1 450 744 1207
www.lemarabou.com
info@lemarabou.com
Ouvert tous les jours dès 17h. Plats principaux : 15-50 CAN $. Belle carte des vins. Spectacles musicaux, soirées à thème, nombreux spéciaux.
Ce repaire de la gastronomie et du chic urbain à Saint-Sauveur fait beaucoup jaser depuis son ouverture en juin 2009. Une cuisine créative aux accents internationaux avec à la barre le chef Gaétan Poitras. Que ce soit pour un verre en terrasse entre amis ou un succulent repas, cette adresse est un must lors de votre passage dans « l'Nord » !

LE SAINT-SAU PUB GOURMAND

236, rue Principale ✆ +1 450 227 0218
www.lesaintsau.com
info@lesaintsau.com
Lundi-vendredi, 7h-minuit ; samedi-dimanche, 8h-minuit. Plats principaux à la carte le midi : moins de 25 CAN $, le soir : moins de 40 CAN $. Terrasse. Programmation culturelle et musicale.
Une adresse gourmande, à la fois tendance et décontractée, parfaite pour casser la croûte ou prendre l'apéro entre amis. Les entrées sont plus que tentantes (mini tartiflette et sa charcuterie, foie gras au torchon, gravlax du jour...), les plats, consistants et succulents (burger de bison, *fish'n chips*, filet mignon de boeuf...), et les desserts, décadents (moelleux au chocolat, profiteroles...). Hugues Néron et Hugo Laliberté, nos deux acolytes propriétaires, ont réussi leur pari : le Saint-Sau a une âme chaleureuse qui a su gagner le cœur tant des locaux que des touristes.

Sortir

CAROL À GOGO

16, rue de la Gare ✆ +1 450 227 8660
www.carolagogo.com
info@carolagogo.com
Ouvert tous les jours de 11h à 3h (fermé le mardi). Musique live du jeudi au samedi et lundi, et sur la terrasse les dimanches d'été.
Bien installé dans ses nouveaux quartiers, ce resto-bar est un incontournable de la région, et on s'y plaît franchement. Que ce soit pour l'apéro sur la superbe terrasse lounge, un bon repas gourmand midi ou soir, ou encore pour assister à un de leurs spectacles musicaux, l'arrêt en vaut définitivement la peine. Une adresse chouchou !

LE LOUNGE PUB URBAIN

193, rue de la Gare ✆ +1 450 227 0166
www.publelounge.com
Ouvert tous les jours.
Le Lounge est un bar-terrasse très populaire dans la vallée de Saint-Sauveur, l'endroit idéal pour un 5 à 7. Belle sélection de cocktails et de vins au verre. Groupes de musique live le mercredi et DJ le vendredi.

THÉÂTRE DES PAYS D'EN HAUT

442, chemin Avila
Secteur Piedmont
✆ +1 450 224 5757 / +1 855 551 5757
www.tpdh.ca
Consultez le site Internet pour connaître la programmation et les tarifs.
Anciennement connu sous le nom de «Chapiteau Saint-Sauveur», ce théâtre offre une belle programmation variée, allant de l'humour à la musique, en passant bien entendu par les pièces de théâtre. On y retrouve une section cabaret VIP et gradins, et des fauteuils de cinéma fort confortables.

Sports – Détente – Loisirs

GLISSADES DES PAYS D'EN HAUT

440, chemin Avila
Secteur Piedmont
✆ +1 450 224 4014 / +1 800 668 7951
www.glissades.ca – info@glissades.ca
Ouvert de décembre à mi/fin mars. Lundi-jeudi : 9h-17h ; vendredi-samedi : 9h-22h ; dimanche : 9h-20h. Horaire spécial pendant la période des Fêtes et la semaine de relâche. Tarifs variables selon la durée de la visite et le forfait choisi (tube seulement, tube-rafting-tornade).
Ce centre d'activités hivernales offre une multitude de pistes de glissade sur tube, en rafting des neiges et en tornade sur deux versants. Des heures de plaisir garanti, de jour comme de soir, pour petits et grands ! Services sur place : chalet spacieux avec foyer, restauration (possibilité d'apporter son lunch), casiers de rangement (payant).

MONTAGNE RUSSE ALPINE LE VIKING

Au Mont Saint-Sauveur
350, avenue Saint-Denis
✆ +1 450 227 4671 / +1 514 871 0101
www.montsaintsauveur.com
Ouvert toute l'année (horaire variable selon la saison). Une descente : 10 CAN $. Tarif régressif selon le nombre de descentes achetées. Interdit aux enfants de moins de 96 cm. Les enfants mesurant entre 96 et 140 cm doivent descendre avec une personne de 16 ans et plus.
La montagne russe alpine est une attraction hybride mélangeant montagnes russes et luge d'été en milieu montagnard. Ces tobbogans individuels, pouvant accueillir deux personnes, suivent un circuit incliné sur rails et les utilisateurs ont le plein contrôle sur la vitesse de descente. Grâce à ce système de rails, le tobbogan ne peut pas dérailler et la vitesse est légèrement plus élevée que sur une luge d'été. Imaginez-vous maintenant faire cette descente en forêt sur environ 1,5 km avec une vitesse moyenne maximale de 35 km/h... Gageons que vous ne vous contenterez pas d'une seule descente ! À essayer également : Le Dragon, une tyrolienne double.

PARC AQUATIQUE DU MONT-SAINT-SAUVEUR

Au Mont Saint-Sauveur
350, avenue Saint-Denis
✆ +1 450 227 4671 / +1 514 871 0101
www.parcaquatique.com
Juin à début septembre : lundi-dimanche, 10h-17h (jusqu'à 19h de fin juin à mi-août). Droits d'entrée et forfaits disponibles. Plusieurs autres activités sur place.
En été, les pistes de ski laissent la place aux activités aquatiques. Les enfants et les adultes apprécieront les glissades d'eau (toboggans). Piscines à vagues et circuits d'eau en tous genres sur 4 km en montagne. Manèges, animations pour enfants. Bar-terrasse, restaurants et tables de pique-nique. Boutique de maillots de bain, t-shirts, lunettes de soleil, etc.

STATION DE SKI MONT SAINT-SAUVEUR

350, avenue Saint-Denis
✆ +1 450 227 4671 / +1 514 871 0101
www.montsaintsauveur.com
Lundi-jeudi : 9h-22h ; vendredi : 9h-22h30 ; samedi : 8h30-22h30 ; dimanche : 8h30-22h. Horaire spécial pendant la période des Fêtes. Tarifs pour bloc de 4 heures, la journée et la soirée.
38 pistes, 213 m de dénivellation, ski de soirée (27 pistes éclairées), 8 remontées mécaniques, snowpark. Achat, location et réparation d'équipement de glisse. Restaurant-bar. Événements spéciaux.

Shopping

Le Québec vit à l'heure des Factory Outlets, ce concept américain de boutiques-entrepôts de grandes marques à prix réduits. Vous trouverez les « factoreries » à l'entrée du village de Saint-Sauveur. Les produits (vêtements, chaussures, accessoires, cosmétiques, etc.) sont en principe moins chers mais moins variés que dans les commerces de la grande ville (les Cantons-de-l'Est et la région de Québec ont aussi leurs « factoreries »).

CHEZ BERNARD

407, rue Principale ✆ +1 450 240 0000
www.chezbernard.com
info@chezbernard.com
Lundi-jeudi, 10h-18h ; vendredi, 10h-20h ; samedi, 9h-18h ; dimanche : 10h-17h.
Fondée par Bernard Minguy, cette épicerie-traiteur vous mettra l'eau à la bouche ! Produits du terroir et fromages fins du Québec et d'ailleurs, plats cuisinés et produits maison, foie gras, charcuteries, huiles et vinaigres, chocolats, desserts maison... La liste est longue ! Leurs produits maisons (confit d'oignons, vinaigrette framboise et érable, gelée de cidre de glace, etc.) sont disponibles à plusieurs endroits au Québec et en Ontario. Services de traiteur offerts : chef à domicile, BBQ avec service clé en main, traiteur corporatif (cocktail dînatoire, boîtes à lunch, etc.).

SAINTE-ADÈLE

Située sur la montagne, plus au nord sur l'autoroute des Laurentides, Sainte-Adèle s'étale au pied d'un lac, en haut de la côte Morin. Ici est né Claude-Henri Grignon, à la fois écrivain, polémiste et journaliste, dont le roman *Un homme et son péché* a fait l'objet d'une série TV diffusée pendant un nombre record d'années. La ville abrite également l'un des complexes hôteliers les plus réputés au cœur des Laurentides : l'hôtel Le Chantecler. Ce complexe bénéficie d'un domaine skiable, Ski Chantecler.

Pratique

BUREAU D'ACCUEIL DES PAYS-D'EN-HAUT

1490, rue Saint-Joseph
✆ +1 450 229 3729 / +1 800 898 2127
www.lespaysdenhaut.com – infot@cldpdh.org
Ouvert tous les jours à l'année de 9h à 17h (8h30-19h en été).

Se loger

AUBERGE & SPA BEAUX RÊVES

2310, boulevard Sainte-Adèle
✆ +1 450 229 9226 / +1 800 279 7679
www.beauxreves.com
info@beauxreves.com
Occupation double : à partir de 109 CAN $, petit déjeuner et accès deux jours au Spa nordique inclus. Nombreux forfaits disponibles. Centre de santé et spa nordique, ainsi qu'une multitude d'activités disponibles sur demande.
L'auberge est l'endroit idéal pour se relaxer en pleine nature. Ses chambres, en plus d'être douillettes à souhait et extrêmement confortables, offrent presque toutes une vue apaisante sur la rivière aux Mulets. Vous profiterez aussi du Spa nordique, des soins esthétiques, des massages et d'une table conviviale proposant un succulent et copieux petit déjeuner. Pour les autres repas, l'équipe de l'auberge se fera un plaisir de vous conseiller une bonne table dans les environs.

B&B À L'ORÉE DU BOIS
4400, rue des Engoulevents
✆ +1 450 229 5455
www.aloreedubois.com
info@aloreedubois.com
Occupation double : à partir de 114 CAN $, petit déjeuner gourmet inclus. Quatre chambres et une suite. Forfaits disponibles. Terrasse avec vue sur la rivière et la forêt, jardins.
L'Orée du Bois vous accueille chaleureusement dans un environnement en pleine nature, à 5 min du village de Sainte-Adèle. Décor rustique et raffiné, chambres spacieuses et joliment décorées. Sur la propriété, magnifiques plans d'eaux (cascades et piscine naturelle) où les activités de baignade et canoë peuvent être pratiquées (embarcation à disposition). En hiver, vous pouvez chausser raquettes et skis de fond directement depuis l'auberge.

HÔTEL SPA CHÂTEAU SAINTE-ADÈLE
3080, boulevard Sainte-Adèle
✆ +1 450 229 9192 / +1 855 881 4888
www.chateausainteadele.com
info@chateausainteadele.com
Occupation double : à partir de 119 CAN $. Forfaits disponibles.
Bel hôtel coté 4 étoiles, idéalement situé à proximité de tous les attraits de la région des Pays-d'en-Haut. Une trentaine de chambres de différentes catégories s'offrent à vous, dont certaines avec un bain thérapeutique double ou encore un foyer. Vous désirez le meilleur des deux mondes ? Optez pour la suite mezzanine sur deux étages avec bain thérapeutique, foyer et cuisinette. Pour relaxer le corps et l'esprit, profitez des soins offerts au centre de santé spa ou encore des installations de l'oasis de détente extérieure (six bains à remous, deux saunas et aire de repos avec foyer). Parmi les autres services offerts, notons une piscine intérieure, un bar lounge, et deux terrasses avec une superbe vue. On aime !

HÔTEL & SPA MONT GABRIEL
1699, chemin du Mont-Gabriel
✆ +1 450 229 3547 / +1800 668 5253
www.montgabriel.com – info@montgabriel.com
Occupation simple ou double : à partir de 99 CAN $. Nombreux forfaits disponibles. Hébergement en chambres, suites, pavillons ou condos.
L'Hôtel Mont Gabriel fut construit au sommet du mont Gabriel en 1936 dans un cadre enchanteur. Décor chaleureux, chambres spacieuses, confortables et équipées. Fine cuisine, bar avec table de billard, centre de santé Spa Relaxia, piscines et bains à remous intérieurs et extérieurs, sauna, salle d'exercices. Accès direct aux pistes de ski alpin, randonnée pédestre et en raquettes, terrain de golf (glissades l'hiver), patinoire extérieure ; à proximité de la plage du lac Rond (accès gratuit pour les clients), des pistes de motoneige, raquettes, ski de fond et traîneau à chiens. À noter : les rénovations majeures seront complétées pour 2015 (chambres et terrain de golf).

Se restaurer

Quelques petits restaurants sympathiques sur la rue Valiquette (parallèle à la 117, à l'ouest) et la rue Morin offrent surtout l'avantage d'être beaucoup moins chers que les restaurants gastronomiques.

BISTRO LOUNGE GARÇONS
1049, rue Valiquette ✆ +1 450 745 1566
www.auxgarcons.com
info@auxgarcons.com
Horaire variable selon la saison. Menu midi : moins de 20 CAN $. Plats principaux et table d'hôte le soir : moins de 40 CAN $. Terrasse.
Belle adresse pour les fans de la cuisine bistrotière, Garçons affiche une ardoise axée sur la cusine du marché et les classiques français (pintade farçie au sanglier, boudin noir braisé, noix de ris de veau normande, tartare de cheval...). Belle carte des vins, surtout dans le rouge. Un lieu gourmand et convivial, où l'art occupe une belle place, le tout à un excellent rapport qualité-prix.

Sports – Détente – Loisirs

CENTRE DE PÊCHE MARTIN LE PÊCHEUR
265, avenue de la Canadienne
✆ +1 450 229 7020
www.pechealatruite.com
info@pechealatruite.com
En opération à l'année (voir site Internet pour les dates en fonction des activités). Tarifs selon l'activité ou le forfait choisi.
Dans un site sauvage et magnifique, l'étang de pêche à la truite du centre de pêche Martin le Pêcheur met à votre disposition différents bassins qui permettent aux débutants, aux experts, adultes comme enfants, de pratiquer dans de bonnes conditions. Vous pouvez pêcher la truite mouchetée (omble de fontaine), la truite arc-en-ciel et la grosse truite arc-en-ciel dans trois étangs. Vous dégusterez votre poisson sur des aires de pique-nique aménagées dans le respect de l'environnement. En hiver, Martin le Pêcheur vous accueille pour pêcher sous la glace (pêche blanche). Matériel, appâts, éviscération et glace fournis sur place. Autres activités offertes : balade en quad, excursion en motoneige, traîneau à chiens, forfait hiver multi-activités.

■ **STATION DE SKI MONT GABRIEL**
1501, chemin du Mont-Gabriel
✆ +1 450 227 1100
www.skimontgabriel.com
Lundi-jeudi : 9h-16h ; vendredi : 9h-22h ; samedi : 8h30-22h ; dimanche : 8h30-17h. Horaire spécial pendant la période des fêtes et la relâche scolaire. Tarifs pour bloc de 4 heures, la journée et la soirée.
18 pistes, 200 m de dénivellation, ski de soirée (9 pistes éclairées), 5 remontées mécaniques, snowpark. Achat, location et réparation d'équipement de glisse. Aires de restauration et bar.

ESTÉREL

C'est en 1957 que débute le rêve de deux hommes d'affaires pour l'Estérel dans le but d'en faire une « ville de vacances », une ville modèle. En 1959, la ville est créée et Fridolin Simard en devient le premier Maire. L'Estérel, située autour des lacs Masson, du Nord, Dupuis, Grenier et Castor, est fort réputée pour son centre de villégiature qui a subi, au cours des dernières années, une véritable cure de jouvence.

Se loger

■ **ESTÉREL RESORT**
39, boulevard Fridolin-Simard
✆ +1 450 228 2571 / +1 888 378 3735
www.esterel.com – info@esterel.com
Occupation double : à partir de 165 CAN $ par personne, repas du soir (sélection de trois restaurants), petit-déjeuner et accès au spa nordique inclus. Autres forfaits disponibles. Trois restaurants (possibilité de manger à la table du chef), centre de santé-beauté Amerispa, spa nordique quatre saisons, terrain de golf 18-trous, lac avec plages, club nautique avec location d'embarcations, location de vélo, sentiers de randonnée, ski de fond et raquette, patinoire, location de motoneige, etc.
Emblème de villégiature depuis des décennies, l'Estérel a rouvert en grande pompe grâce à un projet de transformation majeure s'étalant sur cinq phases en cinq ans, avec un investissement de 150 millions de dollars. Les deux nouveaux hôtels, Évolution et Émotion, proposent des suites absolument incroyables, à la fois luxueuses et ultra modernes. Des installations haut de gamme à un prix fort raisonnable ! Côté repas, la salle à manger propose une fine cuisine, le ROK se spécialise dans la cuisson de grillades sur pierre vive, et le 260° est un bistro bar des plus tendances. Il ne reste après qu'à profiter des activités pour se détendre un peu ou, encore, déguster un excellent vin parmi les meilleures appellations.

Plaisirs d'hiver

■ **ARCTIC AVENTURE**
3160, boulevard d'Entrelacs
ENTRELACS ✆ +1 450 228 3181
www.arcticaventure.com – tla@citenet.net
Grand spécialiste des séjours en motoneige et en traîneau à chiens depuis 1997, Arctic Aventure base ses services sur la sécurité, la convivialité, et le plaisir de vacances réussies. Il propose des séjours guidés pour petits groupes en motoneige et en traîneau à chiens (combos disponibles) dans les belles régions de Lanaudière, de la Mauricie et des Laurentides, par exemple, et même aussi loin que la Baie-James. Différents types de séjours en motoneige sont offerts, allant de la demi-journée aux raids d'une semaine et plus. Des transferts depuis Montréal peuvent également être organisés sur demande ainsi que des séjours sur mesure (minimum 4 participants). Autres service : location de motoneiges (avec ou sans guide) et de quads, séjours motoneige/traîneau à chiens pour personnes à mobilité réduite.

VAL-DAVID

Paisible et pittoresque, ce village abrite un regroupement d'artistes et d'artisans de la région dont le plus célèbre est probablement M. Bernard Chaudron. Dans son atelier, situé sur le chemin de l'Île, vous pourrez choisir entre des poteries d'étain sans plomb faites à la main, des lampes à l'huile, des verres et autres cadeaux. Val-David est le théâtre de nombreuses activités culturelles. Prenez également le temps de faire un arrêt à son marché agroalimentaire sur la rue de l'Académie (face à l'église). En opération tous les samedis de 9h à 13h de juin à début octobre.

Pratique

BUREAU D'ACCUEIL TOURISTIQUE DE VAL-DAVID

La petite gare
2525, rue de l'Eglise
✆ +1 819 324 5678
✆ +1 888 322 7030
www.valdavid.com
tourisme@valdavid.com
Ouvert tous les jours de 9h à 17h de mi-mai à mi-octobre et de mi-décembre à mi-mars). Horaire variable le reste du temps. Nous vous suggérons d'appeler avant de vous déplacer (toujours composer le poste 4235 lors de votre appel).

Se loger

AUBERGE DU VIEUX FOYER

3167, 1er Rang Doncaster
✆ +1 819 322 2686 / +1 800 567 8327
www.aubergeduvieuxfoyer.com
info@aubergeduvieuxfoyer.com
Occupation double : à partir de 105 CAN $ par personne (incluant la table d'hôte du soir et le petit déjeuner). Autres forfaits disponibles. Hébergement en chambres, chalets ou studios.
L'Auberge du Vieux Foyer saura vous charmer avec son site enchanteur et son décor chaleureux avec boiseries. Services sur place : cuisine raffinée avec belle carte des vins (brunch le dimanche), centre de santé Spa, terrasse, piscine chauffée extérieure (devient un bain nordique en hiver), grand Spa à l'eau salée, sauna Pekka sec. Activités : pédalo, canot, terrains de jeux, vélo de montagne, accès aux pistes de ski de fond et de raquettes, patinoire, etc. Plusieurs animations ponctuent les saisons. Une adresse à retenir !

AUBERGE LE CREUX DU VENT

1430, rue de l'Académie
✆ +1 819 322 2280
✆ +1 888 522 2280
www.lecreuxduvent.com
info@lecreuxduvent.com
Occupation double : à partir de 99 CAN $ en basse saison et de 109 CAN $ en haute saison, petit déjeuner inclus. Six chambres standards avec salle de bain privée, une suite avec bain à remous, et un chalet tout équipé. Forfaits disponibles. Restaurant Z-Pasta sur place (terrasse, vin au prix de la SAQ + 7 CAN $).
Une adresse tout à fait délicieuse pour quiconque aime le confort douillet, la sérénité et la gastronomie. Des chambres confortables, portant le nom des vents du monde, et décorées dans le style des pays où ils soufflent. Une véritable petite oasis de paix en nature ! Il est également possible d'y faire un arrêt pour le repas, à son tout nouveau restaurant italien proposant des antipasti, une gamme de pâtes fraiches et de savoureux desserts maison. Autres services offerts : massage à la chambre, accès à une plage privée (à 1,6 km) et au Parc linéaire Le P'tit Train du Nord.

CHALETS CHANTECLAIR

2325, route 117
✆ +1 819 326 5922
✆ +1 888 880 8848
www.chalets.ca
Prix variant selon le type de chalet, le nombre de nuits réservées, la saison, le nombre de personnes, etc. Plusieurs promotions proposées régulièrement : par exemple 3 nuits pour le prix de 2. Forfaits disponibles. Restaurant de cuisine fine libanaise sur place (Ô Cèdre).
Le charme des grands espaces du Québec combiné à la belle architecture d'un chalet suisse, c'est ça qui fait la qualité des chalets Chanteclair ! Certains chalets sont dans la montagne alors que d'autres ont une belle vue sur le lac à la Truite. D'ailleurs, vous pourrez profiter pleinement de ce plan d'eau grâce à sa plage privée et aux pédalos, canots et kayaks en location sur place. Également sur le site : plage privée, court de tennis, centre de pratique de golf et minigolf. Des soins de santé sont également offerts tel le massage aux pierres chaudes ou l'enveloppement à l'argile. En ce qui concerne les chalets, ils vont du studio au modèle 3 chambres. Certains ont un Jacuzzi, barbecue, cheminée, sauna. Un chalet familial dispose même d'une piscine privée !

■ **DOMAINE DES MERVEILLES**
3914, 2e Rang Doncaster
✆ +1 819 322 7613 / +1 819 323 2339
www.domainedesmerveilles.com
contact@domainedesmerveilles.com
Occupation double : à partir de 137 CAN $, petit déjeuner inclus. Forfaits disponibles. Piscine intérieure, Jacuzzi extérieur, accès au lac.
Situé en pleine nature, à quelque 10 min de route du cœur du village de Val-David, ce magnifique gîte en bois rond est l'adresse tout indiquée pour ceux en quête de calme et de sérénité. Les deux chambres et la suite sont douillettes à souhait et vous procureront tout le repos nécessaire après une longue journée d'activités. Une belle adresse en retrait du brouhaha des touristes ! **Notez qu'au moment de la rédaction, le gîte était en vente mais toujours en opération. Veuillez donc vous informer auprès d'eux avant de vous rendre sur place.*

Se restaurer

■ **AU PETIT POUCET**
1030, route 117
✆ +1 819 322 2246
✆ +1 888 334 2246
www.aupetitpoucet.com
info@aupetitpoucet.com
Salle à manger et comptoir de charcuterie : lundi-dimanche : 6h30-16h. Emballages cadeaux offerts.
Ce grand classique de la cuisine québécoise a rouvert ses portes en 2008, et le bâtiment entièrement revu a su garder son cachet rustique. Au centre, un énorme foyer de bois trône et nous réchauffe pendant la saison froide. À goûter : l'incontournable jambon fumé au bois d'érable et les petits déjeuners très copieux. Comme vous risquez fort d'en vouloir plus, faites un tour au comptoir de vente où tourtière, soupe aux pois, jambon fumé au bois d'érable, cretons, tarte au sirop d'érable, sucre à la crème et autres gourmandises « bien de chez nous » vous attendent.

■ **BOULANGERIE LA VAGABONDE**
1262, chemin de la Rivière
✆ +1 819 322 3953
www.boulangerielavagabonde.com
info@boulangerielavagabonde.com
Ouvert tous les jours de 8h à 18h. Café-terrasse. Vente de produits sur place (prêt-à-manger, vrac, produits fins, accessoires, etc.). Plusieurs produits sont certifiés biologiques par Québec Vrai.
Geneviève et Patrice, les heureux propriétaires, sans oublier l'artiste boulanger, Francis, vous font partager leur amour du pain artisanal. Pains choco-canneberge, aramé et sarrasin, noix de Grenoble, olives et romarin, fougasses, brioches, croissants, amandines au chocolat, fondants au caramel, macarons… Ça ouvre l'appétit ! Le midi, une variété de menus santé (pad thaï, sandwichs, salades...) accompagnera volontiers votre café ou thé bio équitable. Une halte gourmande et relaxante.

▸ **Autre adresse :** 955, boulevard Labelle, Saint-Jérôme, ✆ +1 450 432 8000

■ **CLÉMENTINE**
2459, rue de l'Église ✆ +1 819 322 2111
www.clementineresto.com
info@clementineresto.com
Mardi-dimanche, dès 17h30. Fermé le dimanche hors saison. Plats principaux à la carte : 20-45 CAN $. Apportez votre vin. Terrasse couverte.
Aussi incontournable que ses fondateurs, la table de Clémentine ravit les épicuriens depuis près de 40 ans. Fondé à Oka en 1976, le restaurant s'établira à Hudson avant d'installer définitivement ses pénates à Val-David. Et quel bonheur en bouche ! Il faut dire que nos hôtes, Louise et Michel Beaulne, sont les pionniers de la cuisine régionale au Québec, et les nombreux prix et reconnaissances accumulés au fil des ans en témoignent. Le mot d'ordre : « une cuisine fraîche, spontanée, honnête et colorée ». Et c'est plus que réussi ! Une table à la hauteur de sa réputation, qui vaut absolument le détour.

■ **LES ZÈBRES**
2347, rue de l'Église ✆ +1 819 322 3196
www.restaurantleszebres.com
leszebres@cgocable.ca
Jeudi-dimanche, dès 17h. Plats principaux : à partir de 20 CAN $, menu 4 services : 55 CAN $. Menu tapas et plats pour emporter aussi disponibles.
Situé sur la rue principale du village, ce restaurant éco responsable se démarque de ses confrères : d'abord, par sa décoration épurée très contemporaine, où le beige se mélange délicatement au brun ; ensuite, par la philosophie de l'équipe, toujours ouverte à l'inventivité culinaire. Ici on aime les bonnes choses et on vous le prouve avec des menus originaux constamment renouvelés, aux saveurs délicates et aux portions généreuses. Une très bonne table à découvrir, dotée d'une belle terrasse.

Sortir

LE BARIL ROULANT

2434, rue de l'Église
✆ +1 819 320 0069
www.barilroulant.wordpress.com
barilroulant@gmail.com
Dimanche-jeudi, 12h-1h ; vendredi-samedi, 12h-3h. Ouverture à 15h en semaine hors saison. Programmation culturelle et musicale. Terrasse.

Fondé sous la forme d'une coopérative de travail, englobant une brasserie artisanale et un bistro, ce charmant établissement aux airs bohèmes possède une quinzaine de lignes de fûts dédiées aux bières maison et celles d'autres microbrasseries québécoises. Une sélection toujours fort intéressante et en rotation selon les saisons et les arrivages. Côté boustifaille, les savoureux produits laurentiens et du reste de la province sont à l'honneur, avec un bel apport de produits biologiques, dans le mesure du possible. Au niveau culturel, les lieux accueillent toutes sortes d'événements allant des spectacles musicaux aux expositions d'art visuel, en passant par des formations populaires et les soirées de contes et poésie. Un endroit hyper chaleureux, tout à fait à l'image du petit village de Val-David.

À voir – À faire

CENTRE D'EXPOSITION DE VAL-DAVID

2495, rue de l'Église
✆ +1 819 322 7474
www.culture.val-david.qc.ca
info@culture.val-david.qc.ca
Du 24 juin à la fête du Travail : lundi-dimanche : 11h-17h. Le reste de l'année : mercredi-dimanche : 11h-17h. Entrée libre. Visite commentée sur demande.

Ce centre d'exposition est un centre culturel où organismes, artistes et artisans multidisciplinaires présentent des projets éducatifs, culturels et artistiques. Expositions, rencontres avec les artistes dans leur atelier, servant aussi de galerie d'art.

LES JARDINS DU PRÉCAMBRIEN DE LA FONDATION DEROUIN

1301, Montée Gagnon
✆ +1 819 322 7167
✆ +1 877 858 1222
www.jardinsduprecambrien.com
info@fondationderouin.com
Début juillet à mi-août : lundi-dimanche, 10h-18h. Mi-août à mi-octobre : samedi-dimanche, 10h-17h. Adulte : 15 CAN $, aîné : 12 CAN $, étudiant : 10 CAN $, 6-17 ans : 5 CAN $, famille : 30 CAN $.

Très connue pour ses sentiers qui nous dévoilent les œuvres intégrées à la nature de nombreux artistes, la fondation créée en 1995 est également le lieu de résidence et de travail de l'artiste René Derouin. À l'été 2008, le site a fait peau neuve avec l'ajout de 2 km de sentiers, cinq nouvelles agoras dédiées aux rencontres entre visiteurs et artistes, et un réaménagement des sites de création. Chaque année (sauf rares exceptions) se tient un symposium international d'art-nature multidisciplinaire. En 2014, par exemple, il avait pour thème « Trajectoires – Détours – Résistance ».

LAC-SUPÉRIEUR

En passant par Saint-Faustin-Lac-Carré à l'est de la route, on parvient à l'un des plus beaux lacs du Nord, le lac Supérieur, particulièrement majestueux, surtout en automne lorsqu'il est enclavé entre des montagnes colorées.

Se loger

AVALANCHE B&B

111, chemin de l'Avalanche
✆ +1 819 688 5222
www.avalanchebb.ca
info@avalanchebb.ca
Occupation double : à partir de 125 CAN $. Quatre chambres et une suite. Petit déjeuner gastronomique inclus. Forfaits disponibles.

Nancy et Philippe vous ouvrent les portes de leur gîte idéalement situé à 2 km du versant nord du Mont-Tremblant, et surplombant la rivière du Diable. Les chambres sont spacieuses et très lumineuses, et que dire de la suite équipée d'un bain à deux places et d'un plancher chauffant dans la salle de bain... Le grand confort ! Une bonne adresse pour un week-end en amoureux.

RÉSERVATIONS CÔTÉ NORD TREMBLANT

1247, rue Saint-Faustin
✆ +1 450 327 6130
✆ +1 888 268 3667
www.rcntchalets.com
Tarifs variables selon le type de chalet choisi et la saison. Promotions et forfaits disponibles. Informez-vous sur les nombreux services offerts et les activités à faire dans les environs.

Construits sur des terrains boisés, de magnifiques et luxueux chalets en rondins tout confort offrent de trois à cinq chambres à coucher. Réservations Côté Nord Tremblant offre aux inconditionnels de la nature et aux visiteurs en quête d'authenticité une expérience et des services variés haut de gamme. À même le site, vous avez accès au lac Supérieur et à la rivière Boulée, et vous êtes à quelques minutes à peine du parc national du Mont-Tremblant, de la station de ski et de nombreuses activités. Réservations Coté Nord Tremblant, votre choix pour un concept villégiature alliant nouvel art de vivre et environnement exceptionnel !

■ TREMBLANT MOUNTAIN CHALETS

210, chemin des Écorces
✆ +1 888 624 6097
www.tremblantmountainchalets.com
relax@tremblantmountainchalets.com
Chalets deux chambres : à partir de 253 CAN $. Tarifs week-end et à la semaine également disponibles. Location à la semaine uniquement pendant la période des fêtes. Chalet avec Jacuzzi extérieur : supplément de 35 CAN $ par nuit. Plusieurs forfaits proposés.
A quelques kilomètres à peine de la station Tremblant, sur un site boisé privé, vivez des vacances inoubliables dans l'un des chalets, bungalows ou cabines en bois rond de ce superbe centre de villégiature. Offrant un charme typiquement boréal, ces unités luxueuses sont entièrement équipées pour un séjour grand confort, vue panoramique sur la montagne ou la forêt en prime. La plupart offrent également un foyer au bois, un bain bouillonnant et un BBQ au gaz, sans oublier l'accès à la piscine, à la plage et à la rivière. De nombreux services haut de gamme y sont offerts pour le transport terrestre, les repas, le divertissement et le corporatif. Chaudement recommandé !

Se restaurer

■ RESTAURANT BAR LE RUSTIQUE

1993, chemin du Lac-Supérieur
✆ +1 819 713 0445
www.resto-rustique.com
info@resto-rustique.com
Ouvert tous les jours dès 15h (peut être fermé certains jours hors saison). Bar, coin salon avec foyer, table de billard, terrasse. Réservation recommandée.
Ce chalet en rondins, situé au bord du majestueux lac Supérieur, offre une belle communion avec la nature, empreinte de calme et de sérénité, dans un intérieur rustique et chaleureux. Au menu, une cuisine réconfortante et inventive, le tout complété par une belle sélection de vins et de cocktails. Pour ceux désirant prendre leur repas dans le confort de leur chalet, des plats pour emporter sont disponibles. Service de traiteur aussi disponible.

À voir – À faire

■ PARC NATIONAL DU MONT-TREMBLANT

3824, chemin du Lac-Supérieur
✆ +1 819 688 2281 / +1800 665 6527
www.sepaq.com/pq/mot/
parc.mont-tremblant@sepaq.com
Ouvert à l'année. Postes d'accueil : secteur de la Diable (poste d'accueil de la Diable et centre de services du Lac-Monroe de mi-mai à mi-octobre, nouveau centre de découverte dans ce secteur ouvert à l'année), secteur de la Pimbina (poste d'accueil de Saint-Donat dans Lanaudière, de mi-mai à mi-octobre et de mi-décembre à fin mars), secteur de l'Assomption (poste d'accueil de Saint-Côme dans Lanaudière, de mi-mai à mi-octobre), territoire de la Cachée (poste d'accueil de la Cachée de mi-juin à début septembre). Accès quotidien adulte : 7,50 CAN $, enfant : 3,25 CAN $, gratuit pour les enfants de 5 ans et moins. Tarifs groupes et familles disponibles. Location d'équipement sur place.
Le parc national du Mont-Tremblant est le plus grand parc du Québec (1 510 km²) et le premier à avoir été créé. Vous y découvrirez un immense univers de lacs (400), rivières (6), chutes, cascades et montagnes où la faune vit en toute liberté. Un large choix d'activités en toutes saisons, une plongée dans l'intimité de la nature des Laurentides. Les paysages sont majestueux. Une beauté sauvage qu'on ne se lasse pas d'admirer.

- **Hébergement :** chalets de villégiature (capacité de 2 à 10 personnes), chalets Nature, chalets EXP, chalets Compact, yourtes, refuges, camping aménagé, camping d'hiver, tentes-roulottes et tentes Huttopia.
- **Activités :** observation de la faune, via ferrata, baignade, activités nautiques, canot-camping, pêche à la journée ou avec hébergement, randonnée pédestre, longue randonnée avec nuit en refuge, vélo, raquette, ski de fond, ski nordique, ski alpin à la station Tremblant.

Randonnée en raquettes au Mont Tremblant.

MONT-TREMBLANT

Les Amérindiens de la tribu des Algonquins l'appelaient *Manitou Ewitchi Saga*, soit la montagne du redoutable Manitou. C'était leur dieu de la nature, celui qui faisait trembler les montagnes lorsque les humains perturbaient l'ordre naturel : d'où le nom de montagne tremblante. Mont-Tremblant – la municipalité du Mont-Tremblant a été fondée en 1894 – est un parc national, le premier jamais créé au Québec et qui possède un riche patrimoine naturel (400 lacs, 6 rivières et des dizaines de cascades répertoriées sur son territoire). C'est le paradis des amoureux de la nature. Mont-Tremblant abrite aujourd'hui la station de sports d'hiver la plus haute et la plus importante des Laurentides (968 m, dénivelé de la station de ski : 645 m). Sur la gigantesque montagne se déroulent des compétitions de ski de très haut niveau. Les pentes du Mont-Tremblant étaient une des destinations sportives préférées de l'ex-Premier ministre du Canada, Pierre-Elliott Trudeau. La station Tremblant, comme on l'appelle, propose une multitude d'activités quatre saisons. Elle a subi des transformations importantes. Plusieurs centaines de millions de dollars ont été investis dans un village à vocation entièrement touristique. Mont-Tremblant est appelé à devenir une station internationale digne de celle d'Aspen au Colorado ou encore de Tignes en France. D'ailleurs, un casino haut de gamme a ouvert ses portes à l'été 2009. Le Vieux-Tremblant est un village pittoresque et plein de charme qui regorge d'auberges, maisons et chalets en rondins. En été ne manquez pas de faire une halte au marché agroalimentaire situé à côté du lac Mercier (les samedis, de fin juin à début septembre). La rivière du Diable qui coule à proximité du mont est régulièrement descendue par les amateurs de rafting : elle ne porte pas son nom sans raison. Aujourd'hui, Mont-Tremblant est devenue une seule grande ville qui regroupe les municipalités de Saint-Jovite, Mont-Tremblant et Lac Tremblant-Nord.

Pratique

■ BUREAU TOURISTIQUE DE MONT-TREMBLANT
5080, montée Ryan
✆ +1 819 425 2434 / +1 877 425 2434
www.tourismemonttremblant.com
bat@tourismemonttremblant.com
Ouvert à l'année.

▶ **Autre adresse :** 48, chemin de Brébeuf, ✆ +1 819 425 3300.

Se loger

De nombreux hôtels vous accueillent au bas de la montagne : Les Suites Tremblant par Intrawest, Marriott Residence Inn, Homewood Suites par Hilton, Fairmont Tremblant, Westin Resort & Spa... Pour y effectuer une réservation, il suffit de contacter les chaînes concernées. Fidèles à nos habitudes, nous vous proposons plutôt des adresses non franchisées, plus ou moins éloignées de la station.

Locations

■ SUNSTAR TREMBLANT
✆ +1 819 425 8681 / +1888 221 1411
www.tremblantsunstar.com
info@tremblantsunstar.com
Tarifs variables selon le type d'hébergement choisi et la saison. Nombreux forfaits saisonniers disponibles.
Sunstar vous permet d'organiser au mieux vos vacances sans perdre de temps. En fonction

du nombre de personnes, du lieu où vous souhaitez séjourner (village ou montagne) et du type d'hébergement voulu (condo, maison de ville, maison de luxe et chalet privés), l'équipe de Sunstar trouvera ce qui vous convient parmi un choix de plus de 200 propriétés en location, chacune entièrement équipée. Plusieurs complexes offrent également une piscine ou un bain à remous, d'autres sont en bordure des pistes de ski ou d'un terrain de golf. Un service de concierges mobiles est disponible pour assurer un séjour mémorable à Tremblant à chacun des invités. Une expérience unique et un rapport qualité-prix sans pareil !

TREMBLANT PLATINUM
✆ +1 819 421 4411 / +1 800 909 3171
www.tremblantplatinum.com
info@tremblantplatinum.com
Tarifs selon le type d'hébergement choisi et la saison. Service de conciergerie.
Tremblant Platinum loue des propriétés de prestige dans le domaine de la villégiature haut de gamme (condos, maisons de ville et chalets). Les unités possèdent d'une à six chambres et sont entièrement équipées pour un séjour en tout confort. Certaines ont même leur propre Jacuzzi ou piscine extérieure. La localisation, à quelques minutes à peine du village piétonnier, permet d'être au cœur de l'action de Tremblant et d'une foule d'activités.

Bien et pas cher

AUBERGE INTERNATIONALE DE MONT-TREMBLANT HI
2213, chemin du Village
✆ +1 819 425 6008 / +1 866 425 6008
www.hostellingtremblant.com
info@hostellingtremblant.com
Ouvert à l'année. Chambre partagée : à partir de 24,75 CAN $. Chambre privée : à partir de 65,75 CAN $. Forfaits disponibles. Supplément pour le petit déjeuner. Salles de bain partagées. Cuisine équipée, café-bar avec foyer, billard et babyfoot, salon avec télévision, grande cour arrière avec BBQ et feu de camp, accès au lac et prêt de canoë, location de vélo et raquettes, stationnement, Internet sans fil gratuit, buanderie payante. Membre du réseau Hostelling International.
Située au cœur du vieux village et à proximité de la piste du P'tit train du Nord, cette chaleureuse auberge de montagne propose de nombreuses activités en toute saison ainsi qu'une programmation d'activités et de sorties en plein air guidées à l'année. Navette toutes les heures vers la station Tremblant avec les lignes de bus A et B. N'oubliez votre carte membre HI (FUAJ) ou ISIC pour bénéficier du tarif réduit. Une adresse hautement recommandée pour les plus petits budgets et ceux qui adorent socialiser et rencontrer d'autres voyageurs !

Confort ou charme

AUBERGE LE LUPIN B&B
127, rue Pinoteau
✆ +1 819 425 5474 / +1 877 425 5474
www.lelupin.com – info@lelupin.com
Occupation double : à partir de 112 CAN $, petit déjeuner gourmand inclus. Wifi et stationnement gratuits. Plusieurs forfaits disponibles. Service de réservation pour les restaurants et activités.
L'auberge Le Lupin, fière propriété de Pierre et Sylvie, est une belle auberge en rondins située à 1 km de la station de ski Tremblant. Elle comporte neuf chambres douillettes et confortables avec salle de bain privée. L'endroit est par ailleurs joliment décoré d'objets antiques. Accès à la plage et aux sentiers pédestres et cyclistes en été, billets de ski à prix réduit en hiver.

B&B Tremblant

REGROUPEMENT DES GÎTES ET PETITES AUBERGES DE LA RÉGION DE MONT-TREMBLANT
www.bbtremblant.com – info@bbtremblant.com
Cette association regroupe près d'une vingtaine d'établissements, des gîtes et des petites auberges de dix chambres et moins, répartis dans les municipalités de la région de Mont-Tremblant. Ce regroupement vous propose de vivre la différence afin de vous faire découvrir au cours d'un même séjour le cachet de plusieurs établissements. Les hôtes, dignes ambassadeurs de la région, seront en mesure de vous guider sur les incontournables activités à faire, à voir et à déguster. N'hésitez surtout pas à les contacter pour la planification d'un séjour inoubliable dans cette belle région.

ESCALE DU NORD

1505, montée Kavanagh
✆ +1 819 717 3020
www.escaledunord.com
info@escaledunord.com
Occupation double : à partir de 129 CAN $, copieux petit déjeuner inclus. Forfaits disponibles. Stationnement et wi-fi gratuits.
Lieu de retraite paisible à proximité de tous les attraits de Mont-Tremblant, le merveilleux gîte de Véronique et Denis Roussel est une invitation au charme et au confort douillet. La belle grande maison de bois, s'élevant dans la forêt, propose cinq coquettes chambres portant chacune le nom d'une ville de France. Des aires communes sont à disposition (salons, petite cuisine, salles de cinéma et de jeux, bureau avec ordinateur, balcon-terrasse, emplacement de feu de camp), ainsi qu'un bain bouillonnant et piscine extérieurs, un sauna et une salle de massage pour vous permettre de vous relaxer pleinement. On aime !

HÔTEL DU LAC

121, rue Cuttle
✆ +1 819 425 2731 / +1 800 567 8341
www.hoteldulac.ca – info@hoteldulac.ca
Occupation double : à partir de 119 CAN $. Promotions saisonnières et forfaits disponibles. Hébergement en studio, condo ou suite. Multitudes d'infrastructures, d'activités et de services sur place. Restaurant de fine cuisine, bar, bistro estival, centre de santé Spa, école de ski.
L'Hôtel du Lac, coté 4-étoiles, offre à ses visiteurs une expérience authentique depuis plus de cent ans. Accueil de qualité, équipements sportifs, piscines extérieure et intérieure, bain bouillonnant et sauna, nombreuses activités et services sur place : l'hôtel respire le bien-être. Les studios disposent d'une cuisinette et d'une cheminée. Les condos qui surplombent l'hôtel sont spacieux et confortables. Pour les épicuriens, le restaurant de l'hôtel, Le Rosanbo, est à essayer, avec vue magnifique sur la station touristique Tremblant. Enfin, ne manquez pas d'aller faire une pause au Spa-sur-le-Lac de l'hôtel : demandez le massage aux pierres chaudes, vous ne le regretterez pas !

HÔTEL VACANCES TREMBLANT

330, route 117
Secteur Saint-Jovite
✆ +1 819 425 8677 / +1 800 667 8936
www.hotelvacancestremblant.com
info@hotelvacancestremblant.com
Occupation double : studio à partir de 89 CAN $, mezzanine à partir de 99 CAN $. Autres hébergements offerts : suites et chambres d'hôtel. Forfaits disponibles. Piscine intérieure, spa et saunas, casiers à ski avec clé, buanderie, restaurant adjacent. Wifi et stationnement gratuits.
Vous prévoyez des vacances dans la belle région de Tremblant tout en étant autonome ? Les studios et mezzanines de cet hôtel feront certainement votre bonheur ! Les deux types d'unités peuvent accueillir entre 4 et 6 personnes maximum et sont équipés d'une cuisinette, d'un foyer au bois, d'une télévision par câble, en plus d'avoir Internet sans fil. Sa proximité avec le centre touristique Tremblant en fait une destination de choix quatre saisons.

Luxe

CHÂTEAU BEAUVALLON

6385, montée Ryan
✆ +1 819 681 6611 / +1888 681 6611
www.chateaubeauvallon.com
info@chateaubeauvallon.com
Occupation double : à partir de 149 CAN $ en basse saison et 189 CAN $ en haute saison. Forfaits disponibles. Ensemble de 70 suites luxueuses et tout confort comprenant de 1 à 4 chambres. Piscines intérieure et extérieure, bain à remous quatre saisons, massothérapie, centre de conditionnement physique, vert de pratique privé, cour privée aménagée et jardins floraux, restaurant, resto-bar et terrasses.
Le nom et le style architectural restent fidèles à l'auberge d'origine, construite il y a plus de soixante-dix ans. Mais la décoration intérieure ainsi que les installations témoignent d'une nouvelle époque. La rusticité de l'auberge originale de dix-sept petites chambres a fait place au raffinement. Aujourd'hui, ce magnifique hôtel comporte exclusivement des suites avec un coin cuisine très bien équipé. Chaque suite dispose de sa propre terrasse avec vue sur la piscine extérieure et le lac. Le soir, vous pouvez prendre le repas dans votre suite ou opter pour le restaurant, dont le rapport qualité/prix est excellent. Une gamme complète de services et la piscine extérieure adossée à une chute d'eau en pierres complètent l'expérience. Un gros coup de cœur !

LE GRAND LODGE MONT-TREMBLANT

2396, rue Labelle
✆ +1 819 425 2734 / +1 800 567 6763
www.legrandlodge.com
info@legrandlodge.com

Occupation double : à partir de 164 CAN $ par personne, petit déjeuner et souper gastronomique 4 services inclus. Autres forfaits disponibles.

Le Grand Lodge, centre de villégiature et de congrès, s'impose sur les rives du lac Ouimet à 5 min de la station Tremblant. Il s'agit d'une grande et chaleureuse auberge en bois qui offre un très bon service et de multiples activités. Services et activités sur place : restaurant de fine cuisine, bar, terrasse, piscine intérieure, Jacuzzi et saunas, 4 terrains de tennis, salle d'exercices, centre de santé Spa, plage privée et activités nautiques, club des jeunes (activités supervisées pour les 4 à 12 ans), boutique de vente, location et entretien d'équipement, patinoire, etc.

■ HÔTEL QUINTESSENCE

3004, chemin de la Chapelle
✆ +1 819 425 3400 / +1 866 425 3400
www.hotelquintessence.com
info@hotelquintessence.com

Occupation double : à partir de 337 CAN $. 30 suites luxueuses. Refuge aussi en location. Forfaits disponibles.

En plein cœur du centre de villégiature Tremblant. Toutes les suites bénéficient d'une vue sur le lac Tremblant et sont équipées d'un foyer. Sur ces lieux d'un luxe indiscutable, plusieurs services vous sont offerts, du restaurant de l'hôtel, classé 4-diamants, en passant par la bibliothèque et le centre de santé Spa.

Se restaurer

■ BISTROT LES COPAINS D'ABORD

804, rue de Saint-Jovite
Secteur Saint-Jovite ✆ +1 819 681 7869
www.copainsdabordtremblant.com
lescopainsdabordtremblant@gmail.com

Horaire variable selon la saison. Menu à la carte, menu 5 à 7 et table d'hôte disponibles. Sélection de vins au prix de la SAQ + 10 CAN $. Service traiteur, cours de cuisine.

Ce bistro, récipiendaire de nombreux prix et reconnaissances, mise sur une fine cuisine régionale d'inspiration française. Lors de la belle saison, les lieux vous accueillent sur leur belle terrasse pour le repas du midi ou encore le rituel du 5 à 7. Bon rapport qualité-prix.

■ LA FORGE BISTRO-BAR & GRILL

3041, chemin de la Chapelle
✆ +1 819 681 4900
www.laforgetremblant.com
info@laforgetremblant.com

Ouvert tous les jours à partir de 11h. Plats à la carte au bistro-bar : moins de 35 CAN $, au grill : 30-85 CAN $.

Situé au pied des pistes de ski, ce restaurant présente une ambiance résolument tendance. Le grill au 2e étage, avec cuisine à aire ouverte, propose notamment des grillades sur bois d'érable avec une belle sélection de scotchs, cognacs et eau-de-vie, et une carte des vins étoffée. Le bistro-bar, situé au 1er étage, propose un menu plus simple, des groupes de musique live et des animations en saison. Grande terrasse.

■ SEB L'ARTISAN CULINAIRE

444, rue Saint-Georges
Secteur Saint-Jovite
✆ +1 819 429 6991
www.seblartisanculinaire.com
info@resto-seb.com

Lundi-dimanche, dès 18h. Ouvert le midi en semaine en saison estivale. Terrasse. Ateliers culinaires et conférences pour les groupes d'au moins 12 personnes.

Sébastien Houle, l'artiste aux commandes de ce resto, est fort réputé dans le domaine. Il suffit de jeter un regard aux prix et mentions qu'il a reçus au cours des dernières années ! Au menu, une cuisine inventive, un équilibre des saveurs et une grande authenticité régionale. Ici les fruits marins de la côte Atlantique sont associés aux produits du terroir québécois pour un mariage des plus réussis. La carte des vins est un petit bijou et le sommelier, Guy Bourbonnière, fait également des importations privées. Bref, une adresse gastronomique toute en saveurs qui mérite franchement le détour !

■ LE SHACK RESTO-BAR

3035, chemin de la Chapelle
✆ +1 819 681 4700
www.leshack.com
info@leshack.com

Ouvert tous les jours. Plats à la carte : moins de 35 CAN $. Menu rôtisserie pour emporter.

Lieu d'après-ski festif, le Shack peut accueillir plus de 200 personnes. Cuisine américaine familiale avec burgers, sandwichs de toutes sortes, salades repas, pâtes, *fish n'chips* et grillades dans un cadre rustique. En hiver, les barbecues extérieurs ont la cote. Pour bien débuter la journée de ski, on y sert un déjeuner buffet. En été, depuis la terrasse, vous aurez un point de vue privilégié sur les concerts de la Place St-Bernard.

Sortir

Parce que sortir n'est pas seulement synonyme de bars et discothèques, la station Tremblant accueille un bon nombre de festivals et événements à l'année : le Festival international du blues, Tremblant Gourmand, Les Rythmes Tremblant, Le 24h de Tremblant, Iron Man et bien d'autres encore. Des activités parallèles et *partys* sont souvent organisées en marge de ces événements. Pour connaître la liste complète : www.tremblant.ca

■ CASINO DE MONT-TREMBLANT

Versant Soleil
300, chemin des Pléiades
✆ +1 819 429 4150 / +1 877 574 2177
www.casinosduquebec.com/mont-tremblant
cmtservc@casino.qc.ca
Ouvert tous les jours (horaire variable selon la saison). Accès réservé aux 18 ans et plus. Accès par voiture, par télécabine Casino Express ou par navette depuis le Chalet des Voyageurs à l'entrée de la station touristique. À noter que la navette fait également des arrêts à certains hôtels du village.
16 tables de jeu avec croupiers, 3 tables de poker Texas Hold'Em, et 500 machines à sous. Une importante section est réservée aux clients « haute mise ». Restaurant Altitude (fruits de mer et grillades, 92 places + 30 en terrasse) avec programmation de spectacles, bar avec terrasse en saison, bar-lounge avec spectacles, deux salons privés, forfaits disponibles.

■ MICROBRASSERIE LA DIABLE

117, chemin Kandahar
✆ +1 819 681 4546
www.microladiable.com
Lundi-dimanche, 11h30-2h (la cuisine ferme à 22h). Grande terrasse (140 places).
La Diable est l'une des brasseries artisanales les plus achalandées de la province. Les habitués de la station Tremblant ainsi que les nombreux passants jubilent, car les bières originales, diversifiées et de très bonne qualité, savent assouvir les papilles autant internationales que locales. Les brassins spéciaux suivent les saisons comme la bière au miel ou aux framboises, la Cream Ale, la Pilsener du printemps, ou encore la Lager bohémienne, par exemple. Ne reste qu'à accompagner votre pinte d'un des excellents repas préparés sur place (les grillades sont un must !) et le tout devient alors une sublime expérience gustative.

Sports – Détente – Loisirs

Mont-Tremblant est une destination golf par excellence avec plusieurs terrains réputés. Les amateurs n'auront que l'embarras du choix mais, nous vous recommandons particulièrement Le Diable et Le Géant. Sachez que le Centre d'activités Tremblant proposent une multitude d'activités selon la saison : équitation, tour d'avion, d'hélicoptère ou de Dune Buggy, excursion de pêche, survie en forêt, motoneige, escalade de glace, traîneau à chiens, etc. Des activités de groupes, de teambuilding et pour les familles sont également au programme.

▶ **Pour plus d'information :** www.tremblant.ca et www.tremblantactivities.com

Sports – Loisirs

■ CENTRE DE SKI DE FOND MONT-TREMBLANT

539, chemin Saint-Bernard
✆ +1 819 425 5588
www.skidefondmont-tremblant.com
info@skidefondmont-tremblant.com
Ouvert tous les jours en saison de 9h à 16h. 19 CAN $ par jour (ski de fond), 9 CAN $ (raquette), 4 CAN $ (marche hivernale). Tarifs enfants et familles aussi disponibles. Location d'équipements sur place.
Le centre de ski de fond Mont-Tremblant qui abrite le Domaine Saint-Bernard (principal accès au réseau de pistes) est en passe de devenir l'un des plus grands au Canada. En effet, son territoire de plus de 25 km² offre un parcours de plus de 70 km de sentiers de pas classiques et de pas de patin, 16 km de sentiers nordiques, 40 km de sentiers de raquette, et 38 km de sentiers de marche. École de ski, randonnées guidées, souper en refuge sur réservation, resto-café. Forfaits disponibles. Divers événements sont organisés pendant la saison (voir site Internet pour la programmation).

■ CENTRE NAUTIQUE PIERRE PLOUFFE

2900, chemin du Village
✆ +1 819 681 5634 / +1 888 681 5634
www.tremblantnautique.com
cnpp@sympatico.ca
Ouvert de mai à octobre. Tarifs selon l'activité ou la location choisie.
Le champion canadien de ski nautique Pierre Plouffe et son équipe vous y attendent pour profiter des joies des eaux du lac Tremblant. On y loue des embarcations motorisées ou non, et des cours sont offerts pour les adultes et les enfants. Que ce soit en pédalo, en canot,

en kayak, en chaloupe, en planche à voile, en catamaran ou en bateau à moteur, profitez des paysages enchanteurs qui bordent la rive. Pour ceux qui aiment les sensations fortes, essayez le ski nautique, le wakeboard ou même le surf !

■ STATION DE SKI TREMBLANT

1000, chemin des Voyageurs
✆ +1 866 356 2233 www.tremblant.ca
isac@tremblant.ca

De fin novembre à mi-avril. Ouvert tous les jours de 8h30 à 15h30/16h15 (selon le mois). Tarifs pour demi-journée (dès midi) ou la journée.

95 pistes sur 4 versants, 645 m de dénivellation, 14 remontées mécaniques, 3 snowparks. Achat, location et réparation d'équipement de glisse. Une multitude de boutiques, bars et restaurants dans la station.

■ ZIPTREK ECOTOURS TREMBLANT

Centre d'aventure au Sommet des Neiges
150, chemin du Pied de la Montagne
✆ +1 819 681 4448 / +1 888 947 8735
www.ziptrek.com

Mi-juin à mi-octobre : tous les jours de 9h à 17h. Adulte : 119 CAN $, 7-14 ans et aîné : 99 CAN $. Activité réservée aux 7 ans et plus.

Fondée à Whistler en Colombie-Britannique, cette entreprise d'éco-aventure aérienne vous propose de vous «envoyer en l'air» en survolant la cime des arbres sur un circuit de cinq tyroliennes, dont deux d'une longueur de plus de 1 km, offrant ainsi des vues spectaculaires sur les Laurentides. Accès au sommet en télécabine panoramique.

Détente – Bien-être

■ SCANDINAVE SPA MONT-TREMBLANT

4280, montée Ryan
✆ +1 819 425 5524 / +1888 537 2263
www.scandinave.com
info@scandinave.com

Ouvert à l'année, tous les jours de 10h à 21h (massage dès 9h). Bains scandinaves : 48 CAN $, bains et massages : à partir de 128 CAN $ (60 ou 90 minutes). Forfaits disponibles.

Une douce aventure dans un cadre enchanteur où se mêlent l'eau, l'air pur et le bois. Sauna finlandais, bain vapeur à l'eucalyptus, bains chauds et froids, chute et cascade, baignade en rivière, massages suédois, thaïlandais, tissus profonds et aux pierres volcaniques (réservation recommandée). Également sur place : aires de détente (solariums, pavillon Zéro Gravité, hamacs, terrasses et foyer extérieur), bar santé offrant des collations saines et des jus frais. L'ultime relaxation !

Visites guidées

■ HÉLI-TREMBLANT

72, route 117
✆ +1 819 425 5662
✆ +1 866 425 5662
www.heli-tremblant.com
info@heli-tremblant.com

En opération à l'année. Vols également offerts depuis le Musée de l'aviation du Canada à Ottawa.

La compagnie vous propose des tours d'hélicoptère de 10, 20, 30 et 60 minutes pour admirer le paysage d'une tout autre perspective. Des forfaits sont disponibles, dont le forfait romantique avec atterrissage directement à un restaurant de fine cuisine italienne, repas inclus, à 229 CAN $ par personne. Renseignez-vous aussi sur le forfait « Taïga Héli Extrême » d'une durée de 2 jours. Le personnel se fera également une joie de créer un vol personnalisé en fonction de vos besoins, question de rendre cette expérience inoubliable.

MONTÉRÉGIE

La Montérégie est un vaste territoire de plus de 10 000 km² où dominent collines et vallées. Le nom Montérégie trouve son origine dans les collines appelées montérégiennes qui émergent de la plaine. Les monts Rigaud, Saint-Bruno, Saint-Hilaire, Rougemont, Yamaska et Saint-Grégoire forment une ligne imaginaire entre l'île de Montréal et les Appalaches. Bordée de lacs et de rivières, la Montérégie possède un réseau hydrographique important qui fut le témoin privilégié de plusieurs batailles historiques. La rivière Richelieu, qui traverse la Montérégie du nord au sud, servait autrefois de voie navigable pour le commerce avant de voir construire, sur ses berges, des fortifications qui servirent à défendre la population des attaques militaires. La vallée du Richelieu constitue un axe majeur reliant Montréal à New York. Prenant sa source dans l'État de New York, la rivière se jette dans le Saint-Laurent au niveau de Sorel. Baptisée rivière des Iroquois par Champlain et colonisée dès le début du XVIIIe siècle, la vallée du Richelieu est aussi, du point de vue agricole, l'une des régions les plus riches du Québec. En raison de la situation stratégique de la vallée, de nombreux forts y ont été construits aux premiers temps de la présence française : fort Chambly, fort Saint-Jean, fort Lennox (sur l'île aux Noix) et le Blockhaus de la rivière Lacolle. À l'origine destinés à protéger Montréal des incursions des Iroquois, ils ont ensuite pour mission de contenir les attaques des troupes anglaises en 1759, puis américaines de 1775 à 1776. Au XIXe siècle, la vallée développe ses échanges commerciaux avec les États-Unis, facilités par un système de canaux. Elle joue aussi un rôle majeur dans la rébellion des Patriotes (1837-1838), conduite par Louis-Joseph Papineau, contre le gouvernement britannique afin d'obtenir l'autodétermination. Après une victoire à Saint-Denis, les insurgés seront battus à Saint-Charles avant d'être écrasés définitivement à Saint-Eustache. Le chemin des Patriotes (route 133) rappelle cet épisode douloureux de l'histoire du Québec. Profitez d'une des nombreuses croisières pour apprécier le calme des cours d'eau et découvrir la faune et la flore des marais du secteur du lac Saint-Pierre et des nombreuses îles de la région. La Montérégie est la troisième région en importance au Québec en ce qui concerne le nombre de sites historiques, de musées et de centres d'interprétation. Venez visiter les différents sites patrimoniaux de la région et découvrir l'essentiel de l'histoire du patrimoine historique canadien : de la présence autochtone aux guerres de conquête de la Nouvelle-France, de la récente histoire industrielle du Québec à la Bataille des Patriotes.

Transports

- **Bus.** L'AMT gère de nombreux organismes de transport joignant les régions en périphérie de Montréal. Vous pourrez consulter le site Internet pour connaître la liste des municipalités desservies. www.amt.qc.ca
- **Trains de banlieue et grandes lignes.** Trois lignes de train de banlieue de l'AMT desservent la Rive-Sud : Montréal – Vaudreuil/Hudson, Montréal – Mont-Saint-Hilaire, et Montréal – Candiac. www.amt.qc.ca
Les lignes Montréal-Québec et Montréal-Halifax de Via Rail effectuent des arrêts à Saint-Lambert et Saint-Hyacinthe en Montérégie. www.viarail.ca
- **Traversiers.** De nombreux traversiers et bacs desservent la Montérégie. Ils sont tous en service de la mi-avril à la mi-novembre, à l'exception de la ligne Sorel – Saint-Ignace-de-Loyola qui fonctionne à l'année. Pour connaître la liste de tous les traversiers, consultez le site Internet de l'office du tourisme régional. La compagnie Navark effectue également

Les immanquables de la région de la Montérégie

- **Les sites historiques nationaux** qui vous raconteront l'histoire de la région.
- **Le Parc Safari** à Hemmingford, surtout si vous voyagez avec des enfants.
- **Les nombreux vergers,** pour l'autocueillette de pommes et la dégustation de cidres.
- **La Toile Cyclable,** un réseau de plus de 1 000 km au cœur des régions urbaines et champêtres.
- **La Vallée du Richelieu,** à découvrir pour son histoire et ses magnifiques villages.

Les circuits gourmands de la Montérégie

Le Circuit du Paysan

Le Circuit du Paysan, c'est l'occasion de sortir des sentiers battus et de découvrir les produits du terroir montérégien sur près de 200 km. Il explore des avenues aussi diverses que celles des fromages, des alcools du terroir, des vergers, des fermes d'élevage, des boutiques gourmandes ou encore des bonnes tables, par exemple. Il suffit de suivre les panneaux « Circuit du Paysan », première route touristique signalisée au Québec. Ceux-ci vous dévoileront de réels petits bijoux : des villages pittoresques, des champs remplis de bonnes choses, et des artisans-producteurs et restaurateurs absolument merveilleux.

▸ **Pour plus d'information :** www.lecircuitdupaysan.com – Vous pouvez commander la carte en ligne ou vous la procurer dans l'un des bureaux touristiques de la région.

La route des Cidres

Il s'agit d'un parcours à la découverte des producteurs artisanaux spécialisés dans le cidre et toutes ses déclinaisons. Vous voyagerez à travers des milliers de pommiers, des champs fleuris, enveloppé par ces odeurs et ces couleurs particulières, et pourrez rencontrer des producteurs devenus maîtres dans l'art de traiter la pomme sous ses plus savoureuses formes. Une exploration de choix en une quinzaine d'étapes inoubliables.

▸ **Pour plus d'information :** www.maroutedescidres.com – La carte du parcours y est disponible mais vous vous la procurerez aussi dans un des bureaux touristiques de la région.

La route des Vins

Cette route agrotouristique regroupe plus d'une vingtaine de vignobles de la région. Au menu : visite des domaines, dégustation de produits, échange avec les viticulteurs, etc. Une belle manière de découvrir le savoir-faire et la passion de ces gens dévoués au terroir régional.

▸ **Pour plus d'information :** www.maroutedesvins.com – La carte du parcours y est disponible mais vous vous la procurerez aussi dans un des bureaux touristiques de la région.

des liaisons maritimes entre Valleyfield/Les Côteaux/Saint-Stanislas, Varennes/Pointe-aux-Trembles/Repentigny, Montréal/Longueuil/Boucherville – parc national des Îles-de-Boucherville, et Lachine – Châteauguay (www.navark.ca).

▸ **Voiture.** Plusieurs routes desservent la région de la Montérégie. Voici les principaux accès routiers en fonction des régions de départ.
Cantons-de-l'Est : à partir de Sherbrooke, Magog, Orford et Bromont, prenez l'autoroute 10 Ouest. À partir de Waterloo ou Granby, prenez la route 112 Ouest.
Centre-du-Québec : à partir de Drummondville, prenez l'autoroute 20 Ouest ou la route 122 Ouest. À partir du fleuve, prenez la route 132 Ouest.
Lanaudière : prenez le traversier de Saint-Ignace-de-Loyola à Sorel.
Laurentides : prenez le traversier Oka-Hudson ou passez par la région de Montréal.
Montréal : de nombreux ponts et tunnels relient la métropole à la Montérégie : pont de l'Ile-aux-Tourtes, pont Galipeau, pont Honoré-Mercier, pont Champlain, pont Victoria, pont Jacques-Cartier et le pont-tunnel Louis-Hippolyte-Lafontaine.
Outaouais : prenez le traversier Carillon-Pointe-Fortune.

■ **TOURISME MONTÉRÉGIE**
Quartier Dix30
8940, boulevard Leduc
BROSSARD
✆ +1 450 466 4666 / +1 866 469 0069
www.tourisme-monteregie.qc.ca
info@tourisme-monteregie.qc.ca
La Maison du tourisme est équipée à la fine pointe de la technologie : zones « expériences – produits », bornes interactives, écrans multimédias et bornes télévisuelles, service de réservations/forfaits, section de produits régionaux et cave à cidres, coin lounge avec foyer... L'endroit parfait pour planifier votre séjour en Montérégie !

LONGUEUIL

L'agglomération de Longueuil comprend les anciennes villes de Greenfield Park et Saint-Hubert et est la 4e ville en importance au Québec. Fondée en 1657, elle fait également partie des dix plus vieilles municipalités de la province. En effet, c'est ici que l'on retrouve la première route carrossable au pays, œuvre des troupes du régiment de Carignan-Salières, devenue maintenant le chemin Chambly. Le Vieux-Longueuil a su garder son charme d'antan et on y retrouve de bons bistrots, des boutiques gourmandes, etc. Cette partie de la ville prend des airs de fête notamment lors de son marché de Noël en décembre, de son Festival Métiers et Traditions en juin, ou encore de son Festival international des percussions en juillet.

Transports

Comment y accéder et en partir

À partir de Montréal, il est possible de se rendre à Longueuil avec la ligne de métro jaune, en opération tous les jours de 5h30 à 1h (1h30 le samedi). Notez toutefois que si vous êtes en possession d'un titre de transport de la Société de transport de Montréal (par exemple les lisières de 10 billets, la passe hebdomadaire ou mensuelle), il n'est pas valide à la station de métro Longueuil pour un retour à Montréal.
Il est également possible de prendre une navette fluviale de la mi-mai à mi-octobre. La navette maritime du Saint-Laurent relie Montréal (Vieux-Port) à Longueuil (Port de Plaisance), via le Parc Jean-Drapeau (Île Sainte-Hélène).

Se déplacer

Depuis avril 2012, le réseau de vélos en libre-service BIXI est disponible à Longueuil. Ainsi, 70 vélos sont répartis en 6 stations dont le métro Longueuil et le Collège Édouard-Montpetit. Pour plus d'informations sur ce système et les coûts, référez-vous à l'article dans la section « Montréal » – « Se déplacer » – « En ville » – « Vélo », ou visitez le montreal.bixi.com / www.longueuil.ca/fr/bixi

▶ **À noter que le service** n'est pas encore assurée pour la saison 2015.

■ **ALLO TAXI**
✆ +1 450 646 6060
www.allo-taxi.ca
Dessert la Rive-Sud et ses environs.

■ **RADIO TAXI UNION**
✆ +1 450 679 6262
www.radiotaxiunion.ca
Dessert la Rive-Sud et ses environs.

■ **RÉSEAU DE TRANSPORT DE LONGUEUIL (RTL)**
✆ +1 450 463 0131
www.rtl-longueuil.qc.ca
Renseignements sur les trajets et les lignes de bus.
Le RTL offre des services de bus (dessert toute l'agglomération) mais il n'y a aucun service la nuit. Les autobus du Réseau de transport de Longueuil desservent cinq terminus qui sont sous l'autorité de l'Agence métropolitaine de transport (AMT). Ils sont situés sur le territoire de l'agglomération de Longueuil, mais aussi à Montréal : terminus Longueuil, terminus Brossard-Panama (Brossard), terminus Centre-ville (Montréal), terminus De Montarville (Boucherville), terminus Radisson (Montréal).
Pour utiliser le bus, il faut se procurer la carte à puce rechargeable Opus (6 CAN $) ou payer comptant (montant exact). Le coût : 92,50 CAN $ pour le mois. Le coût d'un passage à l'unité est fixé à 3,25 CAN $ sans aucun droit à la correspondance (idem pour prendre le métro depuis Longueuil) et il est également possible de se procurer 6 billets pour 18,50 CAN $, un billet valable 24h sur tout le réseau pour 9,25 CAN $ ou encore pour la soirée à 4,50 CAN $. Il existe un droit à la correspondance valable 90 minutes à compter de l'heure de votre passage initial.

Pratique

■ **HÔPITAL PIERRE-BOUCHER**
1333, boulevard Jacques-Cartier Est
✆ +1 450 468 8111
www.santemonteregie.qc.ca

■ **VILLE DE LONGUEUIL**
Relais d'information touristique (aucun personnel sur place)
150, place Charles-Lemoyne
www.longueuil.ca/fr/visiter

Se restaurer

■ **COPAINS GOURMANDS**
352, rue Guillaume
✆ +1 450 928 1433
www.copainsgourmands.com
info@copainsgourmands.com

Lundi-vendredi, 11h30-15h ; lundi-dimanche, 17h-22h. Menu midi : 15-30 CAN $, table d'hôte le soir : 20-35 CAN $ (ajoutez 14,95 CAN $ pour un menu dégustation gourmande). Terrasse.

Quand deux copains gourmands se lancent en affaires, l'un chef et l'autre en salle, on obtient un sympathique bistro où l'on aime venir et revenir. La déco, contemporaine avec une petite note de rustique, s'harmonise parfaitement avec l'esprit des lieux. Au menu, une cuisine d'inspiration française alliant le terroir québécois aux parfums du monde. Midi et soir, l'ardoise vous séduira : crème brûlée au foie gras de Marieville & cidre de glace de La Pommeraie du Suroît, mignon de bœuf au fromage québécois fondant, pavé de saumon rôti et son enrobé de saumon fumé, ravioli de canard avec sauce tomates & fromage de chèvre... Les desserts sont tout aussi gourmands. Une adresse à découvrir !

■ L'INCRÉDULE, BISTRO CONTEMPORAIN

288, rue Saint-Charles Ouest
✆ +1 450 674 0946
www.lincredule.ca
info@lincredule.ca

Service en semaine dès 11h30, 9h le week-end. Brunch le samedi de 9h à 15h, le dimanche : 1er service entre 9h et 10h30 et 2e service à partir de 12h30. Menu midi et brunch : moins de 20 CAN $. Plats principaux le soir : à partir de 20 CAN $. Quatre salons privés (groupes de 8 à 50 personnes), deux terrasses. Belle carte des vins choisis par la sommelière.

Toujours une adresse très convoitée, tant le midi (clientèle d'affaires) que le soir, avec bien entendu, bon nombre d'habitués qui prennent plaisir à s'y retrouver pour un excellent repas. L'Incrédule Bistro conjugue raffinement et simplicitié tant dans ses plats que son atmosphère. Au programme, un menu de saison s'inspirant des classiques du monde, avec une belle touche évolutive et une créativité sans faille. Les produits locaux ont définitivement la cote auprès de la brigade en cuisine et en résulte des plats de bistronomie tout à fait délicieux. Le cachet historique, la cuisine impeccable, le service attentionné et l'ambiance chaleureuse font de ce restaurant un endroit abordable où, non seulement on y mange bien, mais l'on s'y sent bien accueilli. En été, raisons supplémentaires pour s'y attarder : deux terrasses coquettes.

Visites guidées

■ NAVARK

Marina de Longueuil
81, chemin de la Rive
✆ +1 514 871 8356
www.navark.ca
info@navark.ca

Croisières publiques : 25-75 CAN $. Croisières feux d'artifice : 45 CAN $. Consultez le site Internet pour connaître tous les lieux de départ. Croisières privées, navettes fluviales, ile privée (à la carte ou formule clé en main), et services corporatifs aussi offerts.

La compagnie Navark propose différentes croisières sur le fleuve avec des thématiques variées telles vins et fromages, feux d'artifice, patrimoine, etc. Des services de navette sont aussi offerts, notamment pour rejoindre le parc national des Îles-de-Boucherville (départs de Longueuil, Boucherville ou Montréal). En plus des croisières, Navark se spécialise dans les activités de consolidation d'équipe et l'organisation d'événements privés, en forfait ou sur mesure. Un coup d'oeil à son site Internet vous permettra de constater l'ampleur de l'offre.

Quartier DIX30

Plus qu'un simple quartier de la ville de Brossard, le DIX30, situé à l'angle des autoroutes 10 et 30 (d'où le nom), est l'endroit de prédilection pour le shopping et le divertissement. On retrouve sur place plus de 200 commerces, incluant les boutiques mode, électronique et maison, des grandes surfaces, des produits gourmands, des restos, des bars et discothèques, des salles de spectacles, un cinéma, des centres de santé Spa, un centre de surf intérieur, un hôtel, Tourisme Montérégie, et beaucoup plus encore. Prévoyez une bonne journée pour en faire le tour !

www.quartierdix30.com

Shopping

FLAVEURS D'ICI
6075, chemin Chambly
SAINT-HUBERT ✆ +1 450 812 4445
www.flaveursdici.com
Lundi, fermé ; mardi-mercredi et dimanche, 11h-19h ; jeudi-samedi, 11h-21h. Items reliés au monde la bière en vente sur place (verres, livres, etc.), emballages-cadeaux sur demande. Dégustations en boutique (voir page Facebook pour les dates).
Superbe boutique spécialisée en bières de microbrasseries et produits du terroir québécois. On y dénombre pas moins de 260 bières différentes provenant de plus d'une trentaine de microbrasseries québécoises, nombre qui devrait encore croître au fil des mois. À cela s'ajoutent des produits gourmands tels les saucisses congelées de la Boutique des Becs-Fins, les produits dérivés du canard de la Ferme Les Canardises, les marinades à BBQ de Simple Malt, le vinaigre à l'érable du Pic-Bois, les tartes de Al Dente, etc. La fine équipe vous fera découvrir ses coups de cœur et vous aidera à faire un choix éclairé pour vos dégustations et accords mets-bières.

BOUCHERVILLE

Fondée en 1667 par Pierre Boucher, Boucherville est l'une des dix plus vieilles villes du Québec. Elle est dorénavant une des banlieues aisées de Montréal mais elle a su garder sa partie historique, le Vieux-Boucherville. Une visite de ce quartier vous fera découvrir de très belles maisons ancestrales bordant des rues étroites, ainsi qu'une église classée monument historique.

PARC NATIONAL DES ÎLES-DE-BOUCHERVILLE
55, île Sainte-Marguerite
✆ +1 450 928 5088 / +1 800 665 6527
www.sepaq.com/pq/bou/
parc.boucherville@sepaq.com
Ouvert à l'année, de 8h au coucher du soleil (de novembre à fin mars, le parc ferme à 16h30). Poste d'accueil : centre de découverte et de services de l'île Sainte-Marguerite (autoroute 25, sortie 1 au tunnel Louis-H-Lafontaine). Service de navette fluviale. Accès quotidien adulte : 7,50 CAN $, enfant : 3,25 CAN $, gratuit pour les enfants de 5 ans et moins. Tarifs groupes et familles disponibles.
En plein cœur du fleuve et à proximité de Montréal, cet îlot de verdure couvre une superficie de 8,14 km². Les cinq îles sont reliées par une piste cyclable de 21 km et des sentiers qui permettent de les arpenter. Marais, chenaux, forêts… un vrai havre de paix à quelques minutes de la ville. Il reste que le meilleur moyen de les découvrir est en kayak de mer.

- **Hébergement :** Espace VR.
- **Activités :** canot, kayak de mer, rabaska, randonnée pédestre et à vélo, pêche, volleyball sur sable, terrain de golf à proximité, raquette, ski nordique et randonnée pédestre sur neige. Location d'embarcations nautiques, de vélos et de raquettes.

SAINT-BRUNO-DE-MONTARVILLE

La seigneurie de Montarville a célébré son 300e anniversaire en 2010. Saint-Bruno est une ville résidentielle mais sa montagne et sa station de ski, où se trouve d'ailleurs une des meilleures écoles de snowboard de la province, attirent visiteurs et citadins en quête d'un peu de calme et de nature.

PARC NATIONAL DU MONT-SAINT-BRUNO
330, Rang des Vingt-Cinq Est
✆ +1 450 653 7544
✆ +1 800 665 6527
www.sepaq.com/pq/msb/
parc.st-bruno@sepaq.com

À 20 km de Montréal. Autoroute 20, sorties 98 et 102 ou autoroute 30, sortie 121. Ouvert à l'année. Horaire variable selon la saison. Accès quotidien adulte : 7,50 CAN $, enfant : 3,25 CAN $, gratuit pour les enfants de 5 ans et moins. Tarifs groupes et familles disponibles. Boutique nature, location d'équipement, école de ski de fond, salon de thé dans le vieux moulin et casse-croûte sur place.

Le parc national du Mont-Saint-Bruno (8,9 km²) fait partie de la région naturelle des collines montérégiennes. Véritable havre de paix à quelques kilomètres de la ville, il abrite une faune riche et diversifiée ainsi que 5 lacs, un verger de plus de 850 pommiers et un moulin historique. Vous viendrez pour vous ressourcer aussi bien en été qu'en hiver. Aucun hébergement sur place.

- **Activités :** autocueillette de pommes (septembre à mi-octobre), observation de la faune, randonnée pédestre, activités de découverte guidées, ski de fond, raquette, randonnée pédestre sur neige, sports de glisse à la station Ski Saint-Bruno au nord-ouest du parc.

SKI SAINT-BRUNO
550, Rang des Vingt-Cinq Est
✆ +1 450 653 3441
www.skisaintbruno.ca
En opération de mi ou fin novembre à avril. Lundi-dimanche, 8h30-22h (dès 8h le week-end). Tarifs à la journée (1h, 2h, 3h, 4h, 5h, 6h) et à la soirée (2h ou la soirée complète). Promotions le jeudi et dimanche soir. Livrets de 10 billets aussi disponibles. Accès au Snöpark pour la journée : ajouter 7,39 CAN $ au prix du billet.

15 pistes, 2 versants, ski de soirée (15 pistes éclairées), 134 m de dénivelé, 8 remontées mécaniques, snowpark (un des meilleurs du Québec). Location et réparation d'équipement de glisse, boutique d'accessoires, restaurant, pub.

MONT-SAINT-HILAIRE

Patrie des célèbres peintres Ozias Leduc et Paul-Emile Borduas, Mont-Saint-Hilaire est un centre artistique réputé. Nous vous recommandons d'ailleurs une visite au Musée des Beaux-Arts (rue du Centre-Civique) ou encore à l'Economusée de la poterie (chemin de la Montagne). Au-dessus de la localité se dresse le mont Saint-Hilaire, qui fait partie des collines montérégiennes et dont les versants sont couverts de pommiers (c'est un haut lieu de la pomme).

- **www.regiongourmande.com**

Se restaurer

Pour les petits creux, faites un tour du côté du Vieux-Beloeil, de l'autre côté de la rivière Richelieu, par le pont de la route 116 Ouest. Les rues Laurier et Richelieu, à quelques pas de l'église, recèlent de bons petits bistros, de tables gourmandes et terrasses avec vue sur la rivière et la montagne. Nos coups de cœur : brunch à la Crêperie du Vieux-Beloeil, repas du midi sur la terrasse chez Janick, apéro au Septembre ou à la microbrasserie Brasseurs du Moulin (ouverture à l'été 2015), souper au Bleu Moutarde, chez Jozéphil ou chez Et Caetera !

La Vallée du Richelieu

En longeant la vallée du Richelieu, riche en histoire et en architecture patrimoniale, vous découvrirez de magnifiques villages pittoresques : Saint-Charles, Saint-Denis, Saint-Marc, Saint-Antoine, Saint-Ours et Calixa-Lavallée. Le Vieux-Belœil et le Vieux-Saint-Hilaire sont aussi à découvrir.

La route du Richelieu

D'une longueur de plus de 265 km, elle emprunte les deux rives et s'étend de Lacolle, à la frontière américaine, jusqu'à Sorel-Tracy, à l'embouchure du fleuve Saint-Laurent. La route se poursuit aussi du côté américain dans l'état de New York afin de mettre en évidence les hauts faits de l'histoire qui ont jalonné le développement entre les États-Unis et le Canada. Pour plus d'information : www.routedurichelieu.caPour découvrir la rivière sous un autre angle, des croisières sont offertes lors de la belle saison, dont la nouvelle excursion à bord de l'Aventure 1 au départ de Beloeil. Plus au sud, près de la frontière, des croisières sont aussi offertes sur la baie Missisquoi, la partie québécoise du lac Champlain. Pour plus d'information et pour réserver : www.venisesurlelac.com

MANOIR ROUVILLE-CAMPBELL
125, chemin des Patriotes Sud
✆ +1 450 446 6060 / +1 866 250 6060
www.manoirrouvillecampbell.com
Ouvert tous les jours à l'année. Table d'hôte du midi : à partir de 20 CAN $, le soir : à partir de 45 CAN $. Menu à la carte aussi offert midi et soir, plus un menu BBQ en été. Brunch gourmand du dimanche : 38 CAN $. Superbe carte des vins (cellier de plus de 5 000 bouteilles). Pub-terrasse (moins de 25 CAN $ le plat). Certifié Terroir & Saveurs du Québec. Hébergement et forfaits disponibles sur place.
Ce superbe manoir, situé en bordure de la rivière Richelieu, est un véritable temple gourmand où se côtoient grands classiques et nouvelles tendances culinaires. Sa table est très réputée, quoique beaucoup plus accessible qu'auparavant, et sa carte des vins en fera sourire plus d'un. Le chef Samuel Sirois et sa brigade font des merveilles avec les produits du terroir pour concevoir des plats parfumés et créatifs. Les saisons et les arrivages guident l'équipe dans la conception des savoureux menus constamment renouvelés. Pour une expérience un peu plus décontractée, le pub est l'endroit idéal.

À voir – À faire

CENTRE DE LA NATURE DU MONT SAINT-HILAIRE
422, chemin des Moulins
✆ +1 450 467 1755
www.centrenature.qc.ca
info@centrenature.qc.ca
Site et accueil ouverts à l'année (horaire variable selon la saison). Adulte : 6 CAN $, aîné : 5 CAN $, 6-17 ans : 2,50 CAN $. Location d'équipement à l'accueil. Activités spéciales organisées au fil des saisons.
Le mont Saint-Hilaire fut désigné Réserve de biosphère en 1978 par l'Unesco, une première au Canada. Son propriétaire, l'université McGill, s'est engagé à préserver la montagne et effectue des recherches sur place en offrant, par ailleurs, des activités d'éducation et de loisirs. Des sentiers de randonnée permettent de gagner certains sommets du mont d'où se découvre une vue étendue sur la vallée du Richelieu, le Saint-Laurent et Montréal. C'est aussi un lieu idéal pour la pratique du ski de fond et de la raquette en hiver. Par curiosité, si vous rencontrez quelqu'un venant de la région, demandez-lui quelques légendes sur le mont, certaines vous feront frissonner !

LA MAISON AMÉRINDIENNE
510, Montée des Trente
✆ + 1 450 464 2500
www.maisonamerindienne.com
info@maisonamerindienne.com
Horaire du musée : lundi-vendredi, 9h-17h ; samedi-dimanche, 13h-17h. Adulte : 5 CAN $, étudiant et aîné : 4 CAN $, 6-11 ans : 3 CAN $, famille : 12 CAN $. Visites guidées, animations et ateliers sur réservation. Forfaits disponibles. Boutique de métiers d'art autochtone et Café amérindien sur place.
L'artiste peinte André Michel a créé, en partenariat avec la Fondation Ushket-André Michel, ce lieu d'échanges et de partage visant à faire connaître davantage les Premières Nations. Toute une gamme d'activités s'organise au fil des mois : exposition d'œuvres d'artistes contemporains autochtones et métis, atelier de fabrication de capteurs de rêves, causerie, dégustation de mets amérindiens (sur réservation), cabane à sucre au printemps, etc.

Sports – Détente – Loisirs

STROM SPA NORDIQUE
641, chemin de la Montagne
✆ +1 514 666 6772 / +1 877 666 6772
www.stromspa.com
infomsh@stromspa.com
Ouvert tous les jours de 10h à 21h. Massages et soins dès 9h (réservation requise). Accès aux bains : lundi-jeudi 34 CAN $, vendredi-dimanche 49 CAN $, les soirs dès 18h 29-34 CAN $. Massage 60 min : à partir de 89 CAN $, 90 min : à partir de 129 CAN $. Informez-vous sur le brunch familial. Forfaits disponibles. Bistro-boutique sur place.
Nous mettons plusieurs adresses de Spa dans ce guide, mais celui-ci mérite une mention particulière. Tout d'abord, sa localisation : un site au pied de la montagne, avec jardins, zones de détente en forêt ou en jardin, et tranquillité assurée. Les lieux, qui nous feraient presque croire que nous sommes invités dans une belle villa, ont de quoi séduire. Ensuite, l'accueil : plutôt que de nous expliquer brièvement les lieux et services, on nous offre une visite guidée personnalisée. Finalement, contrairement à d'autres Spa, on propose ici les peignoirs gratuitement, ainsi que le thé à volonté, ce qui n'est pas à négliger. Un bel endroit pour se dorloter et profiter de la nature environnante !

Autre adresse : 1001, boulevard de la Forêt, Île-des-Sœurs, ✆ +1 514 761 2772 ou +1 877 761 2772

Shopping

■ LA CABOSSE D'OR

973, chemin Ozias-Leduc
Otterburn Park
✆ +1 450 464 6937
www.lacabossedor.com
info@lacabossedor.com
Début mai à fin août : lundi-mercredi, 9h-18h ; jeudi-samedi, 9h-22h ; dimanche, 9h-21h. Le reste de l'année : samedi-mercredi, 9h-18h ; jeudi-vendredi, 9h-21h. Présentation sur l'histoire et la fabrication du chocolat : les week-ends à 14h, 15h et 16h (sujet à changement) et en semaine sur réservation.
L'équipe de la Cabosse d'Or confectionne la praline et le chocolat à partir d'anciennes méthodes de fabrication. En plus des nombreuses gâteries proposées à la boutique, un musée avec vitrine sur l'atelier, un mini-golf chocolaté, un chic salon de thé, un comptoir de crèmes glacées et sorbets maison, ainsi qu'une terrasse sont à votre disposition sur place.

CHAMBLY

L'histoire de cette jolie ville est intimement liée à celle de son fort, dorénavant lieu historique national. Son canal, creusé en 1843 pour la navigation commerciale, est également devenu un lieu historique et sert à la navigation de plaisance, débouchant sur le bassin de Chambly. Si le désir de prendre le large se fait sentir, Splash et Chambly Motomarines viendront combler vos envies d'activités nautiques. Si vous êtes plus du type culture et histoire ludique, un circuit patrimonial avec audioguide se fait tant à vélo qu'à pied. La location des audioguides est disponible au bureau touristique.
Amoureux des produits houblonnés, Chambly est également un haut lieu de la bière avec en son territoire une microbrasserie, une brasserie artisanale, un restaurant apprêtant des mets à la bière, et un festival annuel en plein air.

■ BEDONDAINE & BEDONS RONDS

255, rue Ostiguy
✆ +1 450 447 5165 / +1 866 447 5165
www.bedondaine.com
info@bedondaine.com
Lundi, fermé ; mardi-mercredi, 15h-minuit ; jeudi-samedi, 11h30-1h ; dimanche, 11h30-23h. Programmation culturelle et musicale. Terrasse.
L'intérieur est un véritable petit musée, avec les horloges de compagnie de bières d'une autre époque, la collection de bouteilles et barils de bois, les plateaux, et les panneaux de réclames qui ornent les murs. Au total, plus de 26 000 items anciens et actuels, composent la collection du musée dont environ 1/5 décore le salon de dégustation. Côté houblon, plus de soixante bières sont brassées annuellement ou encore en édition limitée, avec une constance de près d'une vingtaine aux pompes. Les amateurs de produits plus corsés seront ravis par la sélection de Scotchs Single Malt qui compte plus de 180 références. Pour les petits creux, sandwichs sur pain baguette artisanal, pizzas, nachos de luxe, croques-en-bouche et assiettes de terrines viendront assouvir votre faim.

■ LIEU HISTORIQUE NATIONAL DU CANADA DU CANAL-DE-CHAMBLY

1751, avenue Bourgogne
✆ +1 450 658 4381 / +1888 773 8888
www.pc.gc.ca/canalchambly
info.canal@pc.gc.ca
Ouvert tous les jours à l'année du lever du soleil à 23h. Gratuit. Pour les horaires de navigation aux écluses, consultez le site Internet.
Maintenant utilisé par les bateaux de plaisance, ce canal fut ouvert à la navigation commerciale en 1843. Sa particularité : les écluses sont en escaliers et fonctionnent encore manuellement. Une piste cyclable longe le canal sur 20 km.

ESCAPADES AUTOUR DE MONTRÉAL

Maison en bordure du Lieu historique national du Fort-Chambly.

FOURQUET FOURCHETTE
1887, avenue Bourgogne
✆ +1 450 447 6370 / +1 888 447 6370
www.fourquet-fourchette.com
chambly@fourquet-fourchette.com
Mi-mai à mi-septembre : lundi-samedi, 11h30-fermeture ; dimanche, 10h (brunch) -fermeture. Le reste de l'année : jeudi-samedi, 11h30-fermeture ; dimanche, 10h (brunch) -fermeture. Ouvert en tout temps pour les groupes de 20 personnes et plus. Terrasse. Certifié Terroir & Saveurs du Québec.
L'appendice culinaire du Fourquet Fourchette est une halte incontournable, que l'on soit ou non amateur de bières. Dans un bâtiment donnant sur le bassin Chambly de la rivière Richelieu, à l'atmosphère évoquant le XVIIe siècle, vous allez vivre quelques beaux moments de gastronomie et d'histoire. Dans la salle de l'Abbaye, qui rend hommage au travail des moines dans l'évolution de la bière, ou encore dans la salle Jean Talon, intendant de la Nouvelle-France et un des premiers brasseurs en Amérique du Nord, vous dégusterez des plats cuisinés où l'harmonie des saveurs et des goûts vous fera vivre une expérience unique. En pleine saison, vous pourrez déguster votre repas en compagnie de leur chansonnier (du jeudi au dimanche). Pour votre plaisir, faites un saut à leur boutique où vous trouverez des produits dérivés de la bière ainsi que des produits du terroir.

LIEU HISTORIQUE NATIONAL DU CANADA DU FORT-CHAMBLY
2, rue de Richelieu
✆ +1 450 658 1585 / +1888 773 8888
www.pc.gc.ca/fortchambly
information@pc.gc.ca
Mi-mai au mi-juin & début septembre à mi-octobre : mercredi-dimanche, 10h-17h. Mi-juin à début septembre : lundi-dimanche, 10h-18h. Adulte : 5,65 CAN $, aîné : 4,90 CAN $, jeune : 2,90 CAN $, famille : 14,20 CAN $.
Restauré par le gouvernement canadien, le fort Chambly a été construit par les Français en 1711, au pied des rapides de la rivière Richelieu, voie d'eau reliant Montréal à New York. Inspiré des principes de fortifications à la Vauban, il attendait de pied ferme les attaquants des colonies anglaises. Franchissez ses murailles et découvrez la vie des soldats et des habitants de la seigneurie de Chambly, vers 1750. Les week-ends, assistez à des tirs de mousquet, et les dimanches de juillet et août, revivez l'époque de la Nouvelle-France en compagnie d'artisans et de personnages costumés. Le fort Chambly, un véritable témoin de la présence française en Amérique !

SAINT-JEAN-SUR-RICHELIEU

Son histoire remonte au XVIIe siècle, à l'époque des guerres iroquoises, au cours desquelles les Français ont bâti une série de fortins (dont le fort Saint-Jean, datant de 1666) le long de la rivière Richelieu. Après la guerre d'Indépendance américaine, de nombreux loyalistes se sont établis dans la région et plus particulièrement dans cette localité, appelée un temps Dorchester, qui a constitué un nœud d'échanges important avec New York et le lac Champlain dans l'État du Vermont. Saint-Jean a été, au XIXe siècle, la capitale de la vaisselle de table en faïence et en grès (pièces de collection Farrar). Aujourd'hui cette production industrielle survit grâce à la poterie sanitaire.
Côté touristique, cette destination mérite une visite grâce à sa vitalité culturelle, ses nombreuses activités nautiques, ses circuits cyclables et pédestres, sans oublier que la ville prend des airs de fête en août lors du festival des Montgolfières, un incontournable.

LAGABIÈRE
167, rue Richelieu ✆ +1 450 376 6343
www.lagabiere.com
info@lagabiere.com
Lundi-mardi, 15h-minuit ; mercredi & dimanche, 11h30-minuit ; jeudi-samedi, 11h30-1h30. Programmation culturelle et musicale. Billard à bouchon, babyfoot, écran géant, TV avec Nintendo 64. Terrasse.
Situé en plein coeur du Vieux-Saint-Jean, la brasserie artisanale Lagabière est le rejeton des frères Francis et Sébastien Laganière (d'où le nom !). Elle bien révolue l'époque du brassage maison et c'est tant mieux pour nous ! Au programme, de savoureux nectars d'inspiration britannique, américaine et belge avec une trentaine de recettes en rotation aux pompes pour plaire à tous les palais. On accompagne volontier le tout de fromages et charcuteries du terroir, ou encore d'un bon sandwich au porc effiloché BBQ ou celui aux pomme et fromage de chèvre. L'endroit est fort sympathique, flanqué d'une belle terrasse avec vue sur la rivière Richelieu.

MUSÉE DU HAUT-RICHELIEU
Place du Marché
182, rue Jacques-Cartier Nord
✆ +1 450 347 0649

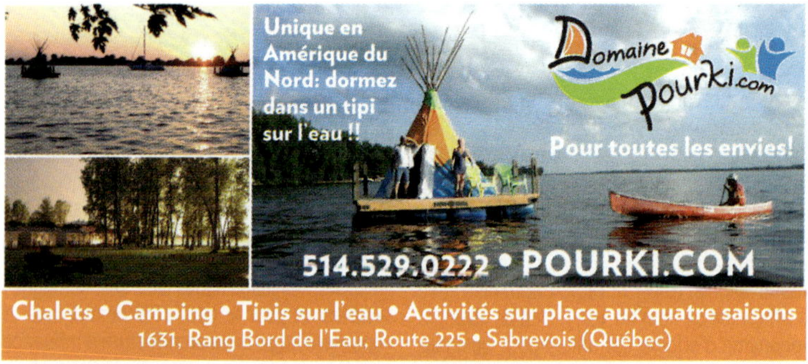

www.museeduhaut-richelieu.com
info@museeduhaut-richelieu.com
En été : dimanche-vendredi, 11h-17h ; samedi, 9h-17h. Le reste de l'année : mardi-vendredi, 11h-16h30 ; samedi, 11h-17h ; dimanche, 13h-17h. Adulte : 5 CAN $, étudiant et aîné : 4 CAN $, 6-12 ans : 2,50 CAN $, famille : 12 CAN $.
Ce musée rappelle l'histoire militaire, sociale, économique et politique de cette vallée des forts et présente également une collection unique de céramique (cette région en fut jadis la capitale canadienne). Possibilité de visite guidée. Boutique sur place.

■ **OFFICE DU TOURISME ET DES CONGRÈS DU HAUT-RICHELIEU**
31, rue Frontenac
✆ +1 450 542 9090
✆ +1 888 781 9999
www.a20minutes.com
Ouvert toute l'année. Boutique Le Terroir, location de vélos, visites guidées.

SAINTE-ANNE-DE SABREVOIS

Sainte-Anne-de-Sabrevois, appelée couramment Sabrevois, fait partie de la MRC du Haut-Richelieu. Peu prisée par les colons au début de son histoire, elle accueillera de nombreuses familles loyalistes du New Hampshire lors du déclenchement de la Guerre d'indépendance américaine. Durant la Seconde Guerre mondiale, ce sera au tour des immigrants provenant de France, Belgique, Suisse et Hollande de s'y installer. De nos jours, elle compte quelque 2 000 habitants et est reconnue pour sa maison hantée LHOTEL54, la plus grande du genre au Québec, et son centre de villégiature Domaine Pourki.

Se loger

■ **DOMAINE POURKI**
1631, rang du Bord-de-l'Eau
✆ +1 514 529 0222
www.pourki.com – info@pourki.com
Camping : 22,50 CAN $ par personne, Tipieau : 85 CAN $ par personne, dortoir : à partir de 40 CAN $ par personne (minimum 6 personnes), chalet : à partir de 135 CAN $ en occupation double. Tarifs dégressifs selon le nombre de nuitées, moitié prix pour les 5-12 ans. Tarifs à la semaine et au mois aussi disponibles. Plusieurs activités incluses dans le tarif, nombreux services sur place.
Le Domaine Pourki est un lieu de villégiature incomparable, à seulement 35 minutes de Montréal, au cœur de la belle région de la vallée du Richelieu. Entre amis, en famille ou en groupe, vous trouverez ici chaussure à votre pied parmi le vaste choix d'hébergement et d'activités. Ceux qui préfèrent se rapprocher des nuits étoilées opteront pour le camping ou encore le Tipieau, un tipi sur plate-forme au beau milieu de l'eau et accessible uniquement par voie navigable. Une expérience unique en Amérique du Nord ! Des dortoirs et chalets, tous bien équipés, sont également à votre disposition. Pour vous dégourdir les jambes et profiter de la nature environnante, de nombreuses activités sont offertes telles que la baignade (piscine ou superbe plage), le canoë, le tir à l'arc, des sports d'équipe (volleyball, soccer, etc.), la visite de la ferme (alpagas, lamas, moutons et autres mignonnes bêtes), des croisières sur le Richelieu, des excursions en traîneau à chiens, des balades et randonnées de nuit en raquettes, etc. A noter que vous pouvez bénéficier des activités et installations sans prendre d'hébergement (tarif à la journée). Autres services : activités organisées, sorties scolaires et immersions linguistiques. A découvrir sans hésitation !

CANTONS-DE-L'EST

C'est la Nouvelle-Angleterre du Québec et c'est la route des loyalistes. Vers 1862, avec l'arrivée massive des Canadiens français, il a fallu trouver un équivalent français à *Eastern Townships*, la traduction « Cantons de l'Est » a été adoptée, par analogie avec les circonscriptions électorales suisses. Rebaptisée Estrie depuis 1946, la région administrative a officialisé ce nom en 1981. Depuis 1996, le toponyme d'origine est utilisé pour désigner la région touristique qui couvre un territoire plus large que la région administrative. Ses premiers habitants ont été les Abénaquis auxquels on doit bon nombre de toponymes tels Coaticook, Memphrémagog, Massawippi... Cette terre reste leur territoire de chasse et de pêche pendant tout le régime français et jusqu'à la déclaration d'Indépendance américaine en 1776. À cette période, les loyalistes, demeurés fidèles à la Couronne britannique, ont dû s'exiler des États-Unis. Une bonne partie d'entre eux s'installe au Canada, sur ces terres que le gouvernement britannique leur concède. L'arrivée massive de réfugiés irlandais, fuyant le rattachement britannique, contribue à faire des Cantons-de-l'Est une terre anglophone. Puis, au fil des années, les employés, majoritairement des francophones qui travaillent à l'exploitation des industries de la région, se sont établis à leur tour. C'est ainsi que, à partir du début du XXe siècle, le français s'est imposé dans les Cantons-de-l'Est. Situés au sud-est de Montréal, les Cantons-de-l'Est longent la frontière des États-Unis. Ils commencent dans les plaines et montent jusqu'aux Appalaches. De vallons en vallées, de collines en montagnes, les forêts de feuillus et de conifères se succèdent ou se côtoient. Vous vous rendrez dans les Cantons-de-l'Est pour ses paysages bucoliques, sa température légèrement au-dessus de la moyenne, ses magnifiques lacs, ses montagnes skiables, et pour le petit côté nostalgique et dépaysant de sa belle architecture d'influence anglo-saxonne. Royaume du silence et de grande paix, les Cantons-de-l'Est ne sont pas seulement très écologiques, ils offrent en prime tous les attraits d'une région vinicole et gastronomique.

Les immanquables de la région des Cantons-de-l'Est

- **Les belles auberges de North Hatley** (allez voir le Manoir Hovey).
- **La Route des vins** de la région Brome-Missisquoi.
- **L'observatoire du mont Mégantic.**
- **Le zoo de Granby.**
- **Les chants grégoriens et les fromages** de l'abbaye de Saint-Benoît-du-Lac.
- **Les activités de plein air :** les sports nautiques en été et le ski en hiver.

Transports

- **Bus.** Limocar dessert plusieurs municipalités de la région sur sa ligne Montréal-Sherbrooke dont Granby, Bromont, Waterloo, Eastman, Magog et Rock Forest (www.limocar.ca). Attention : la ligne Express ne dessert pas toutes ces villes.
- **Voiture.** Plusieurs routes desservent la région des Cantons-de-l'Est. Voici les principaux accès routiers en fonction des régions de départ.

Centre-du-Québec : à partir de Drummondville, prenez l'autoroute 55 ou la route 143 Sud en direction de Sherbrooke, ou la route 139 Sud en direction de Granby et Sutton. À partir de Victoriaville, prenez la route 166 Ouest en direction de Richmond ou la route 161 Sud en direction de Lac-Mégantic.

Chaudière-Appalaches : à partir de Thetford Mines, la route 112 Ouest en direction de Sherbrooke. À partir de Beauceville, empruntez la route 108 Ouest en direction du parc de Frontenac et les régions de Sherbrooke et Magog.

Montréal et Montérégie : autoroute 10 Est qui traverse les Cantons jusqu'à Sherbrooke. La route 116 Est traverse aussi les Cantons. À partir de Chambly, la route 112 Est en direction de Granby, Magog et Sherbrooke.

TOURISME CANTONS-DE-L'EST
20, rue Don-Bosco Sud
SHERBROOKE
✆ +1 819 820 2020
✆ +1 800 355 5755
www.cantonsdelest.com
info@atrce.com

BROMONT

La ville de Bromont, nichée au pied du mont Brome, a été fondée par une famille d'entrepreneurs en 1964. Dans ce site d'activités de plein air, vous pouvez marcher en montagne, jouer au golf, vous baigner, pratiquer l'équitation (plusieurs compétitions d'envergure en été, dont l'International Bromont) et faire du vélo de descente. Bromont est aussi, en hiver, une station de ski réputée et fort courue. À voir : la rue Shefford et ses commerces sympas dans le Vieux-Bromont.

Pratique

BUREAU TOURISTIQUE DE BROMONT

15, boulevard de Bromont
✆ +1 450 534 2006 / +1 877 276 6668
www.tourismebromont.com
info@tourismebromont.com
Ouvert toute l'année.

Se loger

AUBERGE SPA LE MADRIGAL

46, boulevard de Bromont
✆ +1 450 534 3588 / +1 877 534 3588
www.lemadrigal.ca
info@lemadrigal.ca
Occupation double : à partir de 120 CAN $, petit déjeuner 3 services inclus. Forfaits disponibles. Restaurant avec terrasse, jacuzzi extérieur, centre de santé spa.
Charmante auberge de campagne située dans un paisible sous-bois, dont la cuisine raffinée du chef et sa brigade se savoure pleinement. Des forfaits permettent de combiner le séjour avec des soins dans le très agréable centre de santé Spa. Soins à la carte aussi disponibles.

DOMAINE CHÂTEAU-BROMONT

90, rue de Stanstead
✆ +1 450 534 3433 / +1 888 276 6668
www.chateaubromont.com
info@chateaubromont.com
Occupation double : à partir de 169 CAN $ en hôtel et 99 CAN $ en auberge. Promotions et forfaits disponibles. Piscines et Jacuzzi intérieurs et extérieurs, salle d'exercices, centre de santé Amérispa et hammam oriental, terrain de golf, atrium central avec foyer, deux restaurants, bistro-lounge, terrasses panoramiques, activités sur place, et encore plus.
Situé en face du mont Brome, le domaine est composé d'une auberge 4 étoiles, d'un hôtel 4 étoiles et d'un superbe terrain de golf 18 trous. Un passage au restaurant Les Quatre Canards ainsi qu'au centre de santé Amérispa (hammam oriental, sauna, massothérapie, soins du corps) s'impose si vous souhaitez conclure votre séjour en beauté ! Concernant ce restaurant, il propose une cuisine du terroir avec comme spécialités le rôti de lapin de Stanstead farci style chorizo, ou encore la cuisse de canard du Lac Brome farcie aux petits fruits. Ajoutée à cela, une très belle sélection internationale de plus de 500 vins, avec une collection d'importations privées et de vins régionaux.

Se restaurer

BROUEMONT

107, boulevard Bromont
✆ +1 450 534 0001
Ouvert tous les jours de 11h30 à 1h. Menu à la carte : moins de 20 CAN $.
Patrick Dunningan et sa conjointe, Diane Moreau, ont d'abord ouvert le Tabby's à Bedford qui fut entièrement ravagé par un incendie en 2002. L'entreprise renaît alors sous le nom de Brouemont, dans ses nouveaux locaux à Bromont, et verse sa première pinte de bière le 25 mars 2004.Ici chacun a son rôle. Patrick, le maître-brasseur, s'occupe du brassage des savoureuses bières maison et Diane gère le restaurant réputé pour ses steaks, sandwichs et burgers, le tout dans un décor chaleureux avec des foyers et une mezzanine. En saison estivale, profitez de l'accueillante terrasse de 80 places, enveloppée de vignes, de feuillus et de cèdres.

À voir – À faire

MUSÉE DU CHOCOLAT DE LA CONFISERIE BROMONT

679, rue Shefford
✆ +1 450 534 3893
www.museeduchocolatdebromont.ca
museeduchocolat@videotron.ca
Lundi-vendredi, 8h30-18h ; samedi-dimanche, 8h-17h30. Entrée libre. Visite guidée (45-60 min) : 1,50 CAN $ par personne (min 15 personnes).
Attenant à la Confiserie Bromont, le Musée du chocolat démystifie la fabrication de ce produit délicieux. La boutique vend bon nombre de produits maison pour tous les goûts et occasions, ainsi qu'une belle sélection européenne et des articles cadeaux. Un restaurant et une halte dessert vous permettront de casser la croûte à des prix très raisonnables. Une visite gourmande pour petits et grands !

Sports – Détente – Loisirs

BALNEA SPA, RÉSERVE THERMALE
319, chemin du Lac Gale
✆ +1 450 534 0604 / +1 866 734 2110
www.balnea.ca – info@balnea.ca
Lundi-mercredi, 11h-21h ; jeudi-dimanche, 10h-22h. Accès aux bains : 60-70 CAN $ selon la période, 40 CAN $ en soirée à partir de 17h. Tarifs d'accès réduits si combinés à un soin. Soirées gourmandes : 60 CAN $ (expérience thermale + entrée + plat principal + vin dessert – non-offert le samedi). Forfaits disponibles.
Plusieurs forfaits très originaux sont proposés à ce Spa : vous pouvez combiner l'expérience thermale à un massage californien, un cours de SUP yoga et un smoothie, ou une session sportive en nature avec coach personnel à un massage et un repas, pour ne citer que quelques exemples. Sur place : saunas panoramiques, chute thermale, bains à remous, bain turc, bassin naturel, sweat lodge, club de plage, lac privé et sentiers, lounges, salles de repos, terrasses et café-bistro santé.

SKI BROMONT
150, rue Champlain
✆ +1 450 534 2200
✆ +1 866 276 6668
www.skibromont.com
parlez@skibromont.com
Ouvert de 8h30 à 22h, dès 8h le week-end (horaire variable pendant la période des Fêtes, la semaine de relâche et la fin de saison). Tarifs à la journée, à la soirée, et par bloc de 4 heures. Nuits Blanches organisées pendant la saison (ski de 19h à 2h, après-ski au bar jusqu'à 3h).
Ski Bromont est un parc multiactivités qui s'adapte aux quatre saisons. En hiver, vous profiterez des plaisirs de la glisse dans des conditions exceptionnelles d'enneigement avec 450 acres skiables, 156 pistes et sous-bois répartis sur 7 versants, 102 pistes éclairées en soirée, un dénivelé de 385 m, 9 remontées mécaniques et un tapis roulant, et les fameux snowparks avec sauts, box et rails. Ski Bromont est le plus grand domaine skiable éclairé en Amérique du Nord. En été, parc aquatique, vélo de montagne avec 19 pistes de descente (nouvelle piste pour débutants et deux pistes faciles pour s'initier), parc de vélo et parcours de 4 cross.

L'ouest des Cantons-de-l'Est à vélo

Découvrir l'ouest des Cantons-de-l'Est en vélo est un bon moyen de profiter du paysage grâce à l'excellent réseau de pistes cyclables. La piste de « l'Estriade » et son réseau de 97 km, menant de Granby à Waterloo, est très prisée des familles.

▶ **Pour télécharger la carte et avoir plus d'infos sur le circuit :** www.estriade.net

GRANBY

Carrefour industriel, culturel et touristique d'importance, connue pour son zoo et son Festival international de la chanson, la ville doit son nom au marquis de Granby (ville d'Angleterre), duc de Rutland et baron de Belvoir, propriétaire d'un vaste territoire que lui avait offert le roi George III. C'est la deuxième ville la plus peuplée, après Sherbrooke.

Pratique

BUREAU TOURISTIQUE DE GRANBY
Place de la Gare
111, rue Denison Est
✆ +1 450 372 7056
✆ +1 800 567 7273
www.tourismegranby.com
info@cdctgranbyregion.com
Ouvert de mai à octobre.

Se loger

ST-CHRISTOPHE HÔTEL-BOUTIQUE & SPA
255, rue Denison Est
✆ +1 450 405 4782
✆ +1 877 405 4782
www.hotelstchristophe.com
info@hotelstchristophe.com
Occupation double : à partir de 257 CAN $, table d'hôte du soir 4 services, petit déjeuner et accès à la piscine/jacuzzi inclus. Autres forfaits disponibles. Accès direct à la piste cyclable.
Situé sur les bords du lac Boivin, le St-Christophe vous héberge dans des chambres à la décoration raffinée et au confort étudié (demandez la chambre Neurospa pour une expérience multisensorielle ultra relaxante). Architecture et décoration sont de type Renaissance française. Une fois sur place, n'hésitez pas à profiter de leur centre de santé Spa, de la piscine intérieure à l'eau salée, du bain à remous et du restaurant, Le Picollo, qui vous propose une cuisine aux saveurs méditerranéennes. Un très bel établissement, idéalement situé à l'entrée de Granby.

Se restaurer

L'IMPÉRIAL

320, boulevard Leclerc ✆ +1 450 994 1922
www.restaurantimperial.ca
info@restaurantimperial.ca
Mercredi-vendredi, 11h30-13h30 ; mardi-samedi, 17h30-22h30. Menu midi : moins de 20 CAN $ (28 CAN $ pour la TH), table d'hôte du soir : moins de 35 CAN $, à la carte : à partir de 15 CAN $ le plat. Belle carte des vins.
Au menu, une cuisine du marché et de saison qui met en vedettes nombeux producteurs agroalimentaires québécois. Sans chichis et constamment renouvelée, la table de ce resto est un hymne aux saveurs : huîtres fraîches, cochonaille du jour, confit de canard 12h avec gnocchi au gorgonzola et sauce aux cerises, bœuf braisé en raclette avec purée et persillade... Belle ambiance bistro, déco efficace et plats préparés avec amour font le succès de cette adresse gourmande !

LA MAISON CHEZ NOUS

847, rue Mountain ✆ +1 450 372 2991
www.lamaisoncheznous.com
info@lamaisoncheznous.com
Mercredi-dimanche, dès 17h. Table d'hôte 5 services : à partir de 40 CAN $. Apportez votre vin. Certifié Terroir & Saveurs du Québec.
Propriété de deux passionnés et gourmands jusqu'au bout des ongles, ce restaurant gastronomique mise sur le gibier et la cuisine régionale. Cette superbe table vous propose une découverte du terroir haute en saveurs qui reflète les récoltes et les saisons. Au menu, pourquoi ne pas débuter avec le canard de Marieville fumé et sa gelée d'érable au brandy, ou encore les bourgots de l'estuaire du Saint-Laurent à la poire. Suivent ensuite les plats de résistance où figurent, entre autres, le canard, le cerf rouge des Appalaches et les arrivages de la mer. Il ne reste plus alors qu'à sombrer dans la gourmandise avec l'un des succulents desserts que l'on peut accompagner d'une assiette de fromages fins québécois. Une adresse champêtre qui ne déçoit jamais et qui mérite amplement ses trois étoiles au guide Debeur.

À voir – À faire

PARC NATIONAL DE LA YAMASKA

1780, boulevard David-Bouchard
Roxton Pond
✆ +1 450 776 7182 / +1 800 665 6527
www.sepaq.com/pq/yam/
parc.yamaska@sepaq.com
Ouvert à l'année. Accès quotidien adulte : 7,50 CAN $, enfant : 3,25 CAN $, gratuit pour les enfants de 5 ans et moins. Tarifs groupes et familles disponibles. Location d'équipement sur place.
Le parc national de la Yamaska (12,9 km²) est connu des vacanciers pour sa beauté. Les innombrables activités d'observation de la nature, organisées par le parc, rythment leurs journées et leurs soirées. Témoin de l'histoire du territoire du parc, le réservoir Choinière est bordé de forêts et de prairies qui donnent refuge à plusieurs espèces animales, dont des libellules. Le lac s'anime avec kayaks et canots par beau temps. Les amateurs d'activités hivernales apprécieront les paysages au relief doux et vallonné du parc situé dans la chaîne des Appalaches. Ajout récent d'un Centre de découverte et de services avec comptoir d'accueil, boutique nature, aire de découverte, et dépanneur, ainsi qu'aménagement d'un amphithéâtre.

Hébergement : chalets Nature, camping et tentes Huttopia (prêt-à-camper).

Activités : observation de la faune, baignade, activités nautiques, pêche (permis de pêche du Québec et droits d'accès obligatoires), randonnée pédestre et à vélo, randonnée en raquettes et ski nordique.

ZOO DE GRANBY

525, rue Saint-Hubert
✆ +1 450 372 9113 / +1877 472 6299
www.zoodegranby.com
info@zoodegranby.com
Horaire variable selon les saisons (parc aquatique et manèges fermés en hiver). Tarifs selon la saison et l'activité choisie.
Près de 1 000 animaux de 225 espèces attendent votre visite : des lions, des flamants roses, des crocodiles, des éléphants, des singes et d'autres encore. De plus, le zoo possède une miniferme avec tous les animaux de la basse-cour (lapins, chèvres, cochons, poneys). La savane africaine quant à elle vous promet un safari inoubliable, sans oublier le pavillon Odyssée Pacifique Sud, un véritable périple en mer du Sud, et la toute nouvelle traversée australienne. Pour finir la journée en beauté, passez par le parc aquatique Amazoo et profitez de sa piscine à vagues et de ses bassins de jeux. La température de l'eau y est en permanence à 26 °C. Aires de pique-nique et de restauration, boutiques, location de poussettes, aires de jeux et manèges.

Autre adresse : 1050, boulevard David-Bouchard Nord (arrivée des visiteurs en été).

KNOWLTON (LAC-BROME)

Knowlton, principale localité de l'agglomération du lac Brome, est connue pour son héritage loyaliste avec son architecture victorienne et son atmosphère anglo-saxonne. Sa renommée tient également au fameux canard du Lac Brome que l'on célèbre en grande pompe en septembre. Le village s'anime et des festivités ont lieu un peu partout. Au cœur du village de Knowlton, vous aimerez aussi musarder dans les rues bordées de galeries d'art, de boutiques d'artisanat, d'antiquités et d'articles déco. Pour les repas, nous vous conseillons les bonnes tables des auberges, mais également Café Guidos et Le Knowlton Pub. Les gourmands marqueront un arrêt à la boutique Domenica ou à la boulangerie Panissimo.

AUBERGE KNOWLTON

286, chemin Knowlton
✆ +1 450 242 6886
www.aubergeknowlton.ca
info@aubergeknowlton.ca
Occupation double : à partir de 142 CAN $. Douze chambres dont une suite de deux pièces. Petit déjeuner inclus. Forfaits disponibles.
Construite en 1849 en plein cœur du village, l'Auberge Knowlton est le plus ancien établissement hôtelier des Cantons-de-l'Est. De plus, elle est située à 20 minutes des pistes de ski du mont Orford et à proximité de la Route des vins. Le restaurant Le Relais propose des spécialités régionales dont le fameux canard du lac Brome. Notez que lors de la réservation d'une chambre, vous obtenez 10 % de rabais sur la table d'hôte ou le plat principal du soir au restaurant de l'auberge.

AUBERGE LAC-BROME

572, chemin Lakeside
✆ +1 888 922 0404
www.aubergelacbrome.com
info@aubergelacbrome.com
Occupation double : à partir de 83 CAN $ par personne, petit déjeuner inclus. Forfaits disponibles.
Cette hôtellerie de charme se situe dans un lieu privilégié, entre le lac Brome et la réserve faunique Quilliams. Ses chambres et suites vous charmeront par leur grand confort et leur décoration très soignée. Elles ont toutes un balcon privé et les grandes suites ont une mezzanine. Le restaurant de l'auberge vous propose une table très raffinée où fine cuisine française et cuisine du terroir se marient à la perfection. Grande cave à vins. Plusieurs activités et services sont offerts sur place : piscines intérieure et extérieure, plage privée et accès au lac, canots et kayaks, ponton, accès privé à la réserve faunique, exploration des marais, dégustation de vins.

AUBERGE & SPA WEST BROME

128, route 139
West Brome
✆ +1 450 266 7552 / +1 888 902 7663
www.awb.ca
Occupation double : à partir de 188 CAN $, petit déjeuner inclus. Forfaits disponibles. Bar, piscine intérieure, sauna finlandais, Jacuzzi extérieur et salle d'exercices sur place. Centre de santé Spa et bistro ouvert à tous.
Un séjour dans une belle auberge champêtre, ça ne se refuse pas ! De la chambre classique à la suite entièrement équipée comme à la maison, toutes sont spacieuses avec une touche de luxe et un confort inégalable. En ce qui concerne le restaurant sur place, le Bistro West Brome, le chef Ugo-Vincent Mariotti et sa brigade concoctent un menu qui varie au fil des saisons et des arrivages. Une superbe carte des vins accompagne le tout. Une belle adresse pour un week-end en amoureux ou pour déconnecter de la routine.

BUREAU TOURISTIQUE DE LAC-BROME

696, rue Lakeside
✆ +1 450 243 1221
www.ville.lac-brome.qc.ca
Ouvert en saison estivale uniquement.

DUNHAM

Constituée en 1867, la municipalité de Dunham (le canton du même nom a été proclamé en 1796) possède un patrimoine typique de l'époque loyaliste. Les nombreuses maisons de pierre et de brique qui bordent la rue principale ainsi que les églises datent de plus de 150 ans. Dunham est le berceau de la viticulture au Québec et la Route des vins offre une découverte intéressante des vignobles et du savoir-faire des vignerons qui élaborent des vins de qualité.

Pratique

BUREAU TOURISTIQUE DE DUNHAM

3638, rue Principale
✆ +1 450 295 2273
www.ville.dunham.qc.ca
Ouvert en saison estivale uniquement.

Les routes à découvrir

Afin de tirer pleinement avantage de tout ce que la région des Cantons-de-l'Est a à vous offrir, différentes routes touristiques et gourmandes vous permettront d'explorer de magnifiques villages et de sortir parfois des sentiers battus. Procurez-vous les cartes routières auprès des bureaux touristiques.

Le Chemin des Cantons. Avec ce circuit de 27 étapes plus 8 hors route, totalisant 418 km, vous verrez défiler sous vos yeux les patrimoines américains et britanniques. Les villages incontournables : Lac-Brome, Stanstead, Way's Mills, Lennoxville, Dudswell, Danville et Richmond. www.chemindescantons.qc.ca

La Route des vins. Elle sillonne la région de Brome-Missisquoi, de Farnham à Lac-Brome (Knowlton) et relie une dizaine de municipalités sur un circuit de 140 km. Des tours guidés sont offerts en partenariat avec la compagnie Kava Tours (www.routedesvins.com).La région possède d'autres vignobles qui ne sont pas sur ce circuit mais qui n'en valent pas moins le détour, comme ceux sur la Route des vins de l'Estrie regroupant, pour l'instant, sept vignobles de l'est de la région (www.routedesvinsdelestrie.com).

Cafés de Village, Créateurs de Saveurs & Chefs Créateurs. Le réseau Cafés de Village, qui compte une quinzaine d'établissements, regroupe des cafés surtout fréquentés par les gens du coin. Le but avoué est de permettre aux visiteurs de prendre le pouls de la vie quotidienne du village visité tout en offrant une restauration santé, des produits locaux et saisonniers, sans oublier les bières et vins des Cantons (dans le cas où l'établissement détient un permis d'alcool). De plus, chaque café a un étalage de produits du terroir, dont plusieurs arborant la bannière « Créateurs de Saveurs » (entreprises agroalimentaires des Cantons), question de faire découvrir les bons produits de la région.
Ces « Créateurs de Saveurs », et ils sont plus de soixante-dix, comprennent des fromagers, des boulangers, des vignerons et brasseurs, des chocolatiers, des producteurs maraîchers, des éleveurs et bien d'autres encore. Leurs savoureux produits sont disponibles en épiceries, dans les marchés publics, dans les Cafés de Village, sur les bonnes tables et dans plusieurs bureaux touristiques de la région. Repérez le logo et le tour est joué ! Pour ajouter à la découverte gourmande, une vingtaine de restaurants, regroupés sous la bannière « Chefs Créateurs », mettent en avant les produits régionaux, notamment ceux des Créateurs de Saveurs, ainsi que les vins des Cantons.www.createursdesaveurs.com & www.cantonsdelest.com

La Route des Sommets. L'est de la région compte plusieurs sommets dont certains de plus de 1 000 m. Cette route vous conduira à des panoramas exceptionnels où les beautés de la nature et les activités de plein air vous attendent. www.routedessommets.com

La Véloroute des Cantons. La Route Verte #1, qui mène de Montréal à Québec, traverse une bonne partie de la région et vous fera découvrir des paysages bucoliques. Profitez-en pour faire une halte dans les nombreux gîtes, auberges et centres de villégiature. www.routeverte.com

© VALÉRIE FORTIER

St Paul's Anglican Church à Lac-Brome (Knowlton) sur le Chemin des Cantons.

Se loger

AUBERGE DES VIGNOBLES

110, chemin du Collège
✆ +1 450 295 2476 / +1 877 295 2476
Occupation double : à partir de 115 CAN $. Huit chambres. Petit déjeuner inclus. Forfaits disponibles. Terrasse, grand parc privé, remise pour vélos.
Situé au cœur des vergers et des vignobles, ce gîte, désormais sous la gouverne de Chantal et Guy, propose de belles chambres très ensoleillées dans une résidence victorienne de toute beauté. Chaque pièce offre un magnifique cachet d'antan, tant dans la décoration que l'ameublement.

Se restaurer

LE TIRE-BOUCHON DE L'ORPAILLEUR

1086, route 202
✆ +1 450 295 3335
www.tire-bouchon-orpailleur.ca
Ouvert tous les jours de mi/fin juin à mi-octobre de 11h30 à 16h. Plats principaux à la carte : 25 CAN $ et moins. Superbe terrasse, boutique gourmet sur place. Service de traiteur.
Le vignoble de l'Orpailleur propose plusieurs vins, tels le blanc élevé en fût de chêne, le vin de glace, la mistelle ou le rosé. Le vignoble fait partie du réseau Économusée et vous pourrez en apprendre davantage sur le monde de Bacchus. Des dégustations et des visites guidées du vignoble y sont également offertes. Question d'apprécier leurs produits à leur juste valeur, le restaurant du vignoble sert des mets appropriés qui créent des mariages judicieux, tous apprêtés avec un vin de l'Orpailleur. Lors des chaudes journées d'été, vous pouvez aussi profiter de la terrasse simplement pour prendre un verre.

Sortir

BRASSERIE DUNHAM

3809, rue Principale
✆ +1 450 295 1500
www.brasseriedunham.com
info@brasseriedunham.com
Lundi-mercredi, fermé ; jeudi, 16h-minuit ; vendredi-samedi, 12h-minuit ; dimanche, 12h-22h. Items à l'effigie de la microbrasserie en vente sur place et en ligne. Programmation culturelle et musicale. Terrasse.
Située en plein cœur de ce charmant village, sur la Route des vins, la Brasserie Dunham a vu le jour en mars 2010, alors que la microbrasserie Brasseurs & Frères fut rachetée. Au moins une dizaine de bières figurent à l'ardoise, telles la Pale Ale Américaine, brassée avec des houblons américains, la Lapatt Porter Robuste, un porter d'inspiration américaine à la longue finale torréfiée et chocolatée, ou encore la Saison du Pinacle, une saison de type belge avec un assemblage de houblons australiens et américains. Une magnifique terrasse, située dans une cour intérieure, peut accueillir jusqu'à 60 personnes lors de la belle saison. Le pub est aussi devenu une vitrine de la culture locale en proposant vernissages et expositions d'art visuel, spectacles musicaux et bien plus encore.

À voir – À faire

UNION LIBRE CIDRE & VIN

1047, route 202
✆ +1 450 295 2223
www.unionlibre.com
info@unionlibre.com
Mai à fin décembre : lundi-dimanche, 10h-17h. Le reste de l'année : sur rendez-vous. Différents forfaits de dégustations et de visites offerts. Boutique sur place. Certifié Terroir & Saveurs du Québec.
Anciennement connue sous le nom « Cidrerie Fleurs de Pommiers «, cette cidrerie-vignoble produit entre autres le fameux cidre de feu, maintenant reconnu par le gouvernement du Québec. Contrairement au cidre de glace, issu du gel, ce produit naît de la chaleur. Franchement différent et à découvrir absolument ! L'entreprise produit également des cidres de glace, des cidres effervescents, ainsi que des versions *Réserve*. Avec l'acquisition du domaine en 2010 par deux jeunes couples, les lieux ne font pas que du cidre mais également du vin. Ils ont d'ailleurs planté un peu plus d'un hectare de cépages blancs et les premières cuvées seront prêtes dans le courant de l'année 2015. On a hâte !

SUTTON

Constituée en 1802, la municipalité du canton de Sutton est appréciée pour ses paysages de campagne paisible. Les randonneurs apprécieront les quelque 50 kilomètres de sentiers du Parc d'environnement naturel de Sutton. Vous avez aussi accès à la Réserve naturelle des Montagnes-Vertes qui s'étend sur 460 hectares dans les monts Sutton. En hiver, raquettes et ski de fond sont bienvenus. Le mont Sutton est très renommé pour la

qualité de ses pistes de ski et l'aménagement de ses sous-bois.

Le cœur du village, sur la rue Principale, est quant à lui propice à la balade et aux découvertes : boutiques gourmandes, petits cafés, bonnes tables, boutiques déco, chocolaterie et confiserie, etc. Vous remarquerez également que plusieurs drapeaux de la Suisse trônent au cœur du village. En effet, nombreux expatriés vivent à Sutton et la fête nationale du 1er août y est célébrée en grande pompe.

Pour découvrir l'histoire et l'architecture de Sutton, procurez-vous les dépliants des circuits patrimoniaux au bureau touristique.

Pratique

BUREAU TOURISTIQUE DE SUTTON

24-A, rue Principale Sud
✆ +1 450 538 8455
✆ +1800 565 8455
www.infosutton.com
Ouvert toute l'année.

Se loger

L'entreprise française Huttopia ouvrira son premier Village Huttopia au pays sur l'ancien site de l'Hôtel Horizon. Une partie du bâtiment abritant l'ancien hôtel sera démolie et une trentaine de chambres sera rénovée. Le site comprendra également 40 cabanes en bois, 50 tentes Huttopia (prêt-à-camper) et 20 cahutes (des chalets dont l'étage est une tente). À cela s'ajouteront une piscine et un centre de vie abritant les sanitaires, une aire commune et un petit dépanneur. La date d'ouverture n'étant toutefois pas encore connue, c'est donc une histoire à suivre...

AUBERGE DES APPALACHES

234, chemin Maple
✆ +1 450 538 5799
✆ +1 877 533 5799
www.auberge-appalaches.com
info@auberge-appalaches.com
Occupation double : à partir de 115 CAN $, petit déjeuner inclus. Forfaits disponibles. Coin foyer, verrière, bar, terrasse, piscine extérieure, site de feu de camp, terrains de jeux, accès direct aux sentiers pédestres. Restaurant : ouvert du vendredi au mardi dès 18h (17h le lundi).

Charmante auberge champêtre à l'architecture montagnarde située dans les contreforts des monts Sutton. Les propriétaires vous réservent un accueil chaleureux et se feront un plaisir de vous faire découvrir les montagnes environnantes, qu'ils connaissent si bien. Côté restauration, l'auberge propose une cuisine bistro à tendance française mettant en vedette les produits régionaux (les vendredis, ne manquez pas l'incontournable fish'n'chips à la britannique). La carte des vins est en grande partie composée des crus de la région Brome-Missisquoi. Plusieurs événements se déroulent à cette auberge, dont des spectacles musicaux lors de Sutton en Blues (mi-octobre à mi-novembre). Une très belle adresse !

AU DIABLE VERT

169, chemin Staines
Secteur Glen Sutton
✆ +1 450 538 5639
www.audiablevert.ca
Hébergement en appartements de montagne tous équipés, en refuges de bois rond, en refuges rustiques, en refuges dans les arbres, en refuges perchés, en treegloo, en tentes prospecteur et en camping (été comme hiver). Nombreux forfaits et choix d'activités disponibles. Ferme sur place.

Le Diable Vert est bien plus qu'une auberge. C'est une station de montagne spécialisée dans le tourisme durable d'où partent des sentiers de randonnée pédestre, de vélo, de ski de fond ou de raquette. Vous pouvez aussi faire du kayak et en automne, assister à des cours sur les champignons avant d'aller les cueillir, par exemple. Plusieurs autres activités sont également disponibles. À essayer : le VéloVolant qui permet de pédaler dans les airs dans un vélo modifié suspendu à un câble. Un lieu assez unique en son genre !

DOMAINE TOMALI-MANIATYN

377, chemin Maple
✆ +1 450 538 6605
www.maniatyn.com
info@maniatyn.com
Occupation double : à partir de 130 CAN $ en basse saison et de 155 CAN $ en haute saison. Cinq suites dont quatre équipées d'un coin cuisine. Petit déjeuner santé inclus. Notez qu'un séjour de 2 nuits est exigé les week-ends en haute saison. Forfaits disponibles.

Une magnifique demeure dans laquelle, alliés au rouge de la décoration, la brique et le bois se marient à merveille, le tout dans un très beau site naturel propice aux balades. Sur place, vous pourrez profiter de la piscine (une partie à l'intérieur et l'autre à l'extérieur) et dans les environs, d'une foule d'activités de plein air en toute saison.

Une nouvelle enseigne pour les randonneurs

Nouvelle certification offerte aux établissements hôteliers, « Bienvenue randonneurs » a été mise sur pied par l'office du tourisme régional. Cette enseigne qui s'affiche pour l'instant dans une vingtaine de lieux d'hébergement, informe les randonneurs que l'établissement fournit des services spécialisés à leur égard : cartes des réseaux de randonnée dans les environs, repas et collations équilibrés tenant compte des besoins nutritionnels, personnel formé pour répondre aux questions techniques, prêt ou location d'équipement, etc. Pour plus d'information sur cette certification et les établissements participants : www.cantonsdelest.com

Se restaurer

BISTRO BEAUX LIEUX
19, rue Principale Nord
✆ +1 450 538 1444
www.bistrobeauxlieux.com
info@bistrobeauxlieux.com
Ouvert du jeudi au dimanche dès 17h, et le week-end de 11h à 15h pour le brunch. Horaire sujet à changement. Plats principaux à la carte : moins de 30 CAN $. Table d'hôte : ajouter 4 CAN $ au prix du plat principal. Terrasse arrière.
Le chef Christian Beaulieu et sa brigade concoctent une cuisine créative et inspirée, à l'image du terroir québécois. Chaque plat est une harmonie de saveurs et la carte des vins qui accompagne le tout est merveilleuse. Une adresse gourmande, toute en simplicité.

À voir – À faire

PARC D'ENVIRONNEMENT NATUREL SUTTON
900, chemin Réal
✆ +1 450 538 4085
www.parcsutton.com
info@parcsutton.com
Ouvert à l'année. Droits d'accès quotidien : adulte 6 CAN $, étudiant 4 CAN $, 6-17 ans 3 CAN $, famille 15 CAN $.
Pas moins de 52 kilomètres de sentiers aménagés dans les monts Sutton pour une foule d'activités de plein air. Plusieurs activités et événements y sont organisés tout au long de l'année. Possibilité d'hébergement sur place en camping (11 sites), abris rustiques (2) ou chalet (20 places en dortoir).

Sports – Détente – Loisirs

MONT SUTTON
671, chemin Maple
✆ +1 450 538 2545 / +1 866 538 2545
www.montsutton.com
sutton@montsutton.com
Lundi-vendredi, 9h-16h ; samedi-dimanche, 8h30-16h. Tarifs à la matinée, l'après-midi et la journée. Service de location et réparation d'équipement de glisse, 4 chalets en montagne dont 3 avec foyer, boutique-concept Rossignol, navettes, service de restauration et bar, et garderie. Festival des couleurs à l'automne, plus de 80 km de randonnée pédestre, programmation d'activités et d'événements à l'année. Hébergement en camping ou chalet (20 places en dortoir) en saison estivale.
Le mont Sutton est une belle station de ski, très complète et bénéficiant d'un enneigement exceptionnel, où petits et grands trouveront ce qu'ils recherchent. Elle possède un snowpark, 60 pistes d'une grande variété dont 45 % dans les sous-bois très bien entretenus et 204 jonctions. Les débutants s'entraîneront sur 15 pistes faciles, les habitués progresseront sur 18 pistes difficiles alors que les experts montreront leur talent sur 11 pistes très difficiles et 16 autres extrêmes. Le mont Sutton propose également plusieurs sentiers de ski de fond et de raquette.

PENSE FUTÉ

Lever de soleil au mont Royal.

Pense futé

ARGENT

Monnaie

La monnaie s'exprime en dollars canadiens (CAD, $ CA, CAN $ – à ne pas confondre avec le dollar US). Pièces de 1 et 2 CAN $, et 5, 10 et 25 ¢ (cents) ; billets de 5, 10, 20, 50, 100 CAN $ (ces derniers sont parfois refusés dans certains magasins). On prononce « cenne » pour cent (« je n'ai plus une cenne » veut dire « je suis fauché »). Piastre, prononcé « piasse », est synonyme de dollar. La pièce de 25 ¢ se dit aussi « un trente sous ».

Taux de change

- **En février 2015 :** 1 CAN $ = 0,70 € ; 1 € = 1,43 CAN $.

Budget

Voici quelques estimations de prix afin de mieux vous aider à établir un budget. Une nuit en auberge de jeunesse pour une personne revient à un minimum de 20 CAN $, une nuit en camping pour deux personnes entre 18 et 30 CAN $ (un peu plus pour le camping 2 ou 3 services). Il faut compter au moins 75 CAN $ la nuit pour deux dans une chambre d'hôte. Pour un motel, compter de 75 à 90 CAN $ la nuit pour deux. Dans les hôtels plus chics, compter à partir de 99 CAN $ la chambre double. Attention, les prix sont généralement hors taxes : il faut ajouter 14,5 %.

Midi et soir, la table d'hôte désigne le menu accompagné généralement d'une entrée et parfois d'un dessert et du café. Il faut compter au minimum entre 6 et 10 CAN $ pour un snack, de 8 à 15 CAN $ en moyenne pour une assiette chaude garnie accompagnée d'une salade, et les tables d'hôtes de 10 à 40 CAN $. Attention, pour les repas, il faut ajouter aux 14,5 % de taxes le service de 15 %. Pour bien compter, il faut donc majorer les prix de près de 30 % !

Banques et change

Les banques ouvrent généralement à 9h ou 10h et ferment à 16h ou 17h (la plupart restent ouvertes jusqu'à 20h le jeudi soir). Certaines sont même ouvertes le week-end depuis quelques années. Elles offrent généralement un service de change dans la plupart des succursales. Vous pouvez aussi vous rendre dans un bureau de change. Cependant, notez que les frais de change peuvent être multipliés par cinq d'un bureau de change à un autre (ces frais sont souvent déjà inclus dans le taux de change affiché). On constate la même pratique en France. Vous pouvez aussi opter pour la carte bancaire. Pour les paiements comme les retraits par carte, le taux de change utilisé pour les opérations s'avère généralement plus intéressant que les taux pratiqués dans les bureaux de change. (A ce taux s'ajoutent des frais bancaires.)

Carte bancaire

Si vous disposez d'une carte bancaire (Visa, MasterCard, etc.), inutile d'emporter des sommes importantes en espèces. Dans les cas où la carte n'est pas acceptée par le commerçant, rendez-vous simplement à un distributeur automatique de billets.

En cas de perte ou de vol de votre carte à l'étranger, votre banque vous proposera des solutions adéquates pour que vous poursuiviez votre séjour en toute quiétude. Pour cela, pensez à noter avant de partir le numéro d'assistance indiqué au dos de votre carte bancaire ou disponible sur internet. Ce service est accessible 7j/7 et 24h/24. En cas d'opposition, celle-ci est immédiate et confirmée dès lors que vous pouvez fournir votre numéro de carte bancaire. Sinon, l'opposition est enregistrée mais vous devez confirmer l'annulation à votre banque par fax ou lettre recommandée.

- **Conseils avant départ.** Pensez à prévenir votre conseiller bancaire de votre voyage. Il pourra vérifier avec vous la limitation de votre

Visa Premier, la carte à privilégier pour vos voyages !

La carte Visa Premier est indispensable pour vos séjours à l'étranger puisqu'à de nombreuses occasions elle facilitera votre voyage et vous permettra de faire des économies.

Lors de la planification de votre séjour par exemple, payer vos billets avec une carte Visa Premier vous permet de bénéficier automatiquement d'une garantie modification/annulation de voyage. De même, pour votre location de voiture, inutile de prendre l'assurance vol et dommages proposée par le loueur. Si vous avez utilisé une carte Visa Premier, vous êtes couverts.

Sur place, c'est la carte qui vous rendra service. En cas de perte ou de vol par exemple le Service Premier vous permettra de disposer d'une carte de secours ou d'argent de dépannage en moins de 48h à l'étranger. Pour cela, pensez à noter avant de partir le numéro de téléphone qui se trouve au dos de la carte. Pour vos dépenses sur place, vous bénéficierez de plafonds de paiement plus élevés qu'avec une carte Visa Classic. Enfin, en cas de problème de santé, votre carte pourra prendre en charge vos frais médicaux jusqu'à 155 000 €, en plus du service de rapatriement proposé par toutes les cartes Visa pour vous et votre famille.

Toutes les conditions ainsi que l'intégralité des services proposés sont bien sûr disponibles dans les notices assurances-assistance qui vous sont remises avec votre carte Visa ou disponibles dans votre agence bancaire.

plafond de paiement et de retrait. Si besoin, demandez une autorisation exceptionnelle de relèvement de ce plafond.

Retrait

Pour les petites dépenses, mieux vaut se prévaloir d'argent liquide. Il faut alors posséder une carte de paiement internationale (Visa, MasterCard, etc.). Les cartes de paiement européennes permettent de retirer de l'argent dans les distributeurs si les banques émettrices sont affiliées au réseau Cirrus ou Plus.

Trouver un distributeur. Vous trouverez des distributeurs automatiques un peu partout. Privilégiez les distributeurs appartenant à une banque ou une caisse populaire locale plutôt que ceux dits « indépendants ». Sachez que contrairement à l'Europe, certaines banques acceptent uniquement la carte Visa (Banque Royale, Banque Laurentienne...) alors que d'autres, seulement la MasterCard (Banque Nationale, Banque de Montréal...). Pensez donc à repérer le logo figurant sur le distributeur. Pour connaître le distributeur le plus proche, des outils de géolocalisation de distributeurs sont à votre disposition. Rendez-vous sur visa.fr/services-en-ligne/trouver-un-distributeur ou sur mastercard.com/fr/particuliers/trouver-distributeur-banque.html.

Utilisation d'un distributeur anglophone. De manière générale, le mode d'utilisation des distributeurs automatiques de billets (« ATM » en anglais) est identique à la France. Si la langue française n'est pas disponible, sélectionnez l'anglais. « Retrait » se dit alors « withdrawal ». Si l'on vous demande de choisir entre retirer d'un « checking account » (compte courant), d'un « credit account » (compte crédit) ou d'un « saving account » (compte épargne), optez pour « checking account ». Entre une opération de débit ou de crédit, sélectionnez « débit ». (Si toutefois vous vous trompez dans ces différentes options, pas d'inquiétude, le seul risque est que la transaction soit refusée). Indiquez le montant (« amount ») souhaité et validez (« enter »). A la question « Would you like a receipt ? », répondez « Yes » et conservez soigneusement votre reçu.

Frais de retrait. L'euro n'étant pas la monnaie du pays, une commission est retenue à chaque retrait. Les frais de retrait varient selon les banques et se composent en général d'un frais fixe d'en moyenne 3 euros et d'une commission entre 2 et 3% du montant retiré. Certaines banques ont des partenariats avec des banques étrangères ou vous font bénéficier de leur réseau et vous proposent des frais avantageux ou même la gratuité des retraits. Renseignez-vous auprès de votre conseiller bancaire. Notez également que certains distributeurs peuvent appliquer une commission, dans quel cas celle-ci sera mentionnée lors du retrait.

▶ ***Cash advance.*** Si vous avez atteint votre plafond de retrait ou que votre carte connaît un disfonctionnement, vous pouvez bénéficier d'un cash advance. Proposé dans la plupart des grandes banques, ce service permet de retirer du liquide sur simple présentation de votre carte au guichet d'un établissement bancaire, que ce soit le vôtre ou non. On vous demandera souvent une pièce d'identité. En général, le plafond du cash advance est identique à celui des retraits, et les deux se cumulent (si votre plafond est fixé à 500 €, vous pouvez retirer 1 000 € : 500 € au distributeur, 500 € en cash advance). Quant au coût de l'opération, c'est celui d'un retrait à l'étranger.

Paiement par carte

De façon générale, évitez d'avoir trop d'espèces sur vous. Celles-ci pourraient être perdues ou volées sans recours possible. Préférez payer avec votre carte bancaire quand cela est possible. Les frais sont moindres que pour un retrait à un distributeur et la limite des dépenses permises est souvent plus élevée.

Notez que lors d'un paiement par carte bancaire, il est possible que vous n'ayez pas à indiquer votre code pin. Une signature et éventuellement votre pièce d'identité vous seront néanmoins demandées.

▶ **Acceptation de la carte bancaire.** La grande majorité des établissements liés au tourisme (hôtels, restaurants, etc.) acceptent la carte bancaire (Visa, MasterCard, etc.) Certaines pensions, petits commerçants ou restaurants peuvent la refuser mais vous trouverez alors souvent des distributeurs à proximité.

▶ **Frais de paiement par carte.** Hors zone Euro, les paiements par carte bancaire sont soumis à des frais bancaires. En fonction des banques, s'appliquent par transaction : un frais fixe entre 0 et 1,20 € par paiement, auquel s'ajoutent de 2 à 3 % du montant payé par carte bancaire. Le coût de l'opération est donc globalement moins élevé que les retraits à l'étranger. Renseignez-vous auprès de votre conseiller bancaire

Transfert d'argent

Avec ce système, on peut envoyer et recevoir de l'argent de n'importe où dans le monde en quelques minutes. Le principe est simple : un de vos proches se rend dans un point MoneyGram® ou Western Union® (poste, banque, station-service, épicerie...), il donne votre nom et verse une somme à son interlocuteur. De votre côté de la planète, vous vous rendez dans un point de la même filiale. Sur simple présentation d'une pièce d'identité avec photo et la référence du transfert, on vous remettra aussitôt l'argent.

Pourboires, marchandage et taxes

▶ **Pourboire.** Il est habituellement de 15 %, non inclus dans l'addition. Dans les restaurants, comptez 15 % de la somme totale due, en fonction du service fourni (pour éviter ces calculs, laissez un peu plus que l'équivalent des taxes indiquées sur la facture). Donner des « sous noirs » (1 cent) revient à dire que l'on n'a vraiment pas apprécié le service. Le pourboire aux chauffeurs de taxi, aux chasseurs d'hôtel et aux coiffeurs est donné au gré du client. Pas de pourboires dans les cinémas et les théâtres.

▶ **Taxe.** Les prix de la plupart des biens de consommation et des services sont majorés d'une taxe provinciale (TVQ) de 9,975 % et d'une taxe nationale (TPS) de 5 %. N'oubliez donc pas de rajouter la TPS et la TVQ au prix de vos achats.

Duty Free

Puisque votre destination finale est hors de l'Union européenne, vous pouvez bénéficier du Duty Free (achats exonérés de taxes). Attention, si vous faites escale au sein de l'Union européenne, vous en profiterez dans tous les aéroports à l'aller, mais pas au retour. Par exemple, pour un vol aller avec une escale, vous pourrez faire du shopping en Duty Free dans les trois aéroports, mais seulement dans celui de votre lieu de séjour au retour.

BAGAGES

Que mettre dans ses bagages ?

▶ **Les étés sont chauds.** Cependant, la climatisation et les soirées fraîches à la campagne nécessitent des lainages et un coupe-vent. N'oubliez pas le maillot de bain, un sac à dos pour les randonnées pédestres et une lotion anti-moustique.

▶ **Au printemps et à l'automne,** il faut un imperméable doublé.

En hiver, munissez-vous d'un bonnet, de moufles et d'une écharpe ainsi que d'un anorak, de vêtements chauds et de bottes fourrées.

Matériel de voyage

INUKA
www.inuka.com
Ce site vous permet de commander en ligne tous les produits nécessaires à votre voyage, du matériel de survie à celui d'observation en passant par les gourdes ou la nourriture lyophilisée.

TREKKING
www.trekking.fr
Trekking propose dans son catalogue tout ce dont le voyageur a besoin : trousses de voyage, ceintures multipoche, sacs à dos, sacoches, étuis... Une mine d'objets de qualité pour voyager futé et dans les meilleures conditions.

DÉCALAGE HORAIRE

Le Canada compte plusieurs fuseaux horaires dont deux au Québec. Le décalage entre Montréal et la France est de -6h. Quand il est midi en France, il est 6h du matin à Montréal.

ÉLECTRICITÉ, POIDS ET MESURES

Courant alternatif de 110 volts avec une fréquence de 60 Hz. Les fiches sont plates à l'américaine (pas rondes comme en Europe). Munissez-vous d'un adaptateur, afin de pouvoir utiliser les appareils européens tels que rasoir ou séchoir à cheveux, et vérifiez qu'ils acceptent ce voltage. Le cas échéant, munissez-vous également d'un convertisseur de courant.
Bien que le Québec ait adopté le système métrique depuis plus d'une trentaine d'années, on utilise également les anciennes mesures.

- **1 pied** = 30,48 cm (3 pieds font une verge = 0,914 cm). Il existe aussi les pieds carrés, verges carrées et acres.
- **1 mètre** = 3,28 pieds.
- **1 pouce** = 2,54 cm (il y a 12 pouces dans 1 pied).
- **10 cm** = 3,937 pouces.
- **1 livre** = 454 g (il y a 16 onces dans 1 livre). Je pèse 140 livres (63,5 kg) et je mesure 5 pieds 8 pouces (1,73 m).
- **1 kg** = 2,20 livres.
- **1 once** = 28,349 g.
- **1 kg** = 35,27 onces.
- **1 pinte** = environ 1 demi-litre.
- **1 gallon canadien** = 4,5 litres.
- **1 gallon américain** = 3,785 litres.
- **1 acre** = 0,4 hectare.
- **Quant aux pointures de chaussures,** le 38 femme correspond au 7 (qui équivaut au 39,5 pour l'homme).
- **Pour les tailles des vêtements,** le 40 femme correspond au 12 ; le 44 homme devient le 34.

FORMALITÉS, VISA ET DOUANES

Obtention du passeport

Les passeports délivrés en France sont désormais biométriques. Ils comportent votre photo, vos empreintes digitales et une puce sécurisée. Pour l'obtenir, rendez-vous en mairie muni d'un timbre fiscal, d'un justificatif de domicile, d'une pièce d'identité et de deux photos d'identité. Le passeport est délivré sous trois semaines environ. Il est valable dix ans. Les enfants doivent disposer d'un passeport personnel (valable cinq ans).

- **Conseil futé.** Avant de partir, pensez à photocopier tous les documents que vous emportez avec vous. Vous emporterez un exemplaire de chaque document et laisserez l'autre à quelqu'un en France. En cas de perte ou de vol, les démarches de renouvellement seront ainsi beaucoup plus simples auprès des autorités consulaires. Vous pouvez également conserver des copies sur le site Internet officiel mon.service-public.fr – Il vous suffit de créer un compte et de scanner toutes vos pièces d'identité et autres documents importants dans l'espace confidentiel.

Formalités et visa

Les voyageurs français, belges et suisses sont acceptés pour trois mois sans visa. Ils doivent être en possession d'un passeport valide, d'un billet de retour (idéalement) et disposer d'une somme suffisante en argent pour assurer leur séjour.

Nouveauté pour les visiteurs au Canada : Dès avril 2015, les visiteurs n'ayant pas besoin de visa devront remplir une AVE (Autorisation de voyage électronique) avant leur voyage. L'AVE coûtera 7 CAN $ par personne (moins de 5 euros), et sera valable cinq ans. Cette demande en ligne permettra de recueillir les renseignements personnels de base, tout comme cela est fait actuellement aux douanes à l'arrivée au Canada, et aura comme résultat de passer plus rapidement à la frontière. Plus de renseignements seront disponibles en janvier 2015 sur le site de l'Ambassade du Canada.

Si vous prévoyez de passer la frontière américaine, il vous faut désormais un passeport biométrique (ou un passeport à lecture optique en cours de validité et émis avant le 26 octobre 2005). Ce passeport permet de bénéficier du programme d'exemption de visa pour les séjours de moins de 90 jours. Car la France fait toujours partie du programme Visa Waiver Pilot (VWP), qui autorise tous les ressortissants français à entrer sur le sol américain sans visa, et ce pour un séjour d'une durée maximale de 90 jours. Depuis janvier 2009, pour bénéficier de cette exemption de visa, il est nécessaire de faire une déclaration en ligne pour les séjours touristiques aux Etats-Unis, dans le cadre du programme d'exemption de Visa (VWP). Pour cela, il vous faudra remplir le formulaire ESTA en ligne sur le site https://esta.cbp.dhs.gov et vous acquitter des frais administratifs, payants depuis septembre 2010, à hauteur de 14 US$.

Attention aux conditions d'entrée pour vos animaux de compagnie. Renseignez-vous avant votre départ pour savoir comment ils pourront vous accompagner. Les animaux domestiques sont admis à condition qu'un permis d'importation canadien (délivré à la douane canadienne) ait été obtenu. Le certificat antirabique de moins d'un an et le certificat de santé (délivré dix jours avant le départ) sont obligatoires. La loi canadienne interdit de posséder plus de deux animaux domestiques (chiens, chats) par logis. En ville, les chiens sont obligatoirement tenus en laisse tout le temps. Dans les transports publics, il faut prendre l'ami fidèle dans ses bras. Tous (pour les résidents) doivent être enregistrés à l'hôtel de ville sous peine de voir la police frapper à leur porte pour s'en assurer. Pour en savoir plus, vous pouvez consulter le site : www.anivoyage.fr

VSI
19-21, avenue Joffre
Epinay-sur-Seine ✆ 0 826 46 79 19
www.vsi-visa.com
contact@vsi-visa.com
Spécialiste des visas d'affaires, touristiques et de groupe, VSI se charge des vos formalités à votre place, y compris dans l'urgence. VSI facilite ainsi le voyage de chacun et garantit de partir dans le pays indiqué.

Douanes

Autorisés

Alcool. 4 litres de vin, plus 1 litre d'alcool de plus de 22°, ou 2 litres de moins de 22° (le voyageur doit être âgé de 17 ans au moins).

Tabac. 200 cigarettes ou 50 cigares ou 250 g de tabac à rouler.

Marchandises dans bagages personnels. Le montant total ne doit pas dépasser 430 US$ (aérien et maritime), 300 € (autres moyens de transports). Pour les moins de 15 ans ; 150 €.

Nourriture. Tout aliment industriellement sous vide est autorisé (donc les boites de conserves industrielles).

Gels et aréosols. Depuis le 26 septembre 2006, les liquides, gels et aérosols sont de nouveau autorisés dans les bagages cabine. Ces articles doivent être rangés dans un sac plastique transparent refermable, sans dépasser pour chacun 100ml. Le volume total du sac ne devra pas dépasser 1 litre. Les articles achetés en duty free sont, eux, autorisés quelle que soit leur contenance.

Interdits

Certaines denrées alimentaires (viandes, fruits et légumes frais, fromages autres qu'à pâte dure).

Les articles dangereux (couteaux, limes, ciseaux, objets tranchants, allumettes...) sont interdits dans les bagages à main mais autorisés dans les bagages en soute. Depuis 2005, les briquets sont interdits en cabine et en soute.

- **Certains produits pharmaceutiques** sans une ordonnance traduite en anglais.

Chiens et chats

- **Le certificat sanitaire** et le certificat de vaccination à jour sont nécessaires.
- **La vaccination antirabique** doit remonter à plus d'un mois et à moins d'un an.
- **Identification.** L'animal doit être muni d'une marque d'identification claire. Cette identification doit être inscrite dans les certificats. Il n'y a pas de quarantaine (sauf pour les îles).

DOUANES FRANÇAISES – INFO DOUANE SERVICES
✆ 0 811 20 44 44 / +33 1 72 40 78 50
www.douane.gouv.fr
Le service de renseignement des douanes françaises à la disposition des particuliers est ouvert du lundi au vendredi de 8h30 à 18h. Les téléconseillers sont des douaniers qui répondent aux questions générales, qu'il s'agisse des formalités à accomplir à l'occasion d'un voyage, des marchandises que vous pouvez ramener dans vos bagages ou des informations utiles pour monter votre société d'import-export. A noter qu'une application mobile est également disponible sur le site de la douane.

HORAIRES D'OUVERTURE

Les bureaux sont généralement ouverts du lundi au vendredi de 9h à 17h. Les commerces, quant à eux, servent habituellement du lundi au vendredi de 9h à 18h (jusqu'à 21h le jeudi et le vendredi), le samedi de 9h à 17h, et le dimanche de 10h ou midi à 17h. Notez que ces horaires peuvent varier d'une ville à l'autre.

INTERNET

La grande majorité des établissements hôteliers ont des ordinateurs avec accès à Internet disponibles pour leurs clients et/ou offrent une connexion wi-fi. La plupart des restos, cafés, bars, lieux culturels, etc., sont également équipés en wi-fi. Si ce type de connexion est souvent gratuit, il faut toutefois débourser quelques dollars pour l'utilisation d'une borne Internet.

JOURS FÉRIÉS

La plupart des banques, écoles et services administratifs et gouvernementaux sont fermés :

- **Le 1er janvier :** jour de l'an.
- **Le vendredi saint :** le vendredi précédant le dimanche de Pâques.
- **Le lundi de Pâques :** le lundi suivant le dimanche de Pâques.
- **Le 24 juin :** fête nationale du Québec, Saint-Jean-Baptiste.
- **Le lundi précédant le 25 mai :** fête de la Reine – et sa concurrente québécoise, la journée nationale des Patriotes.
- **Le 1er juillet :** fête de la Confédération canadienne (anniversaire de la fondation du Canada).
- **Le 1er lundi de septembre :** fête du Travail.
- **Le 2e lundi d'octobre :** Action de grâces.
- **Le 11 novembre :** jour du Souvenir.
- **Les 25 et 26 décembre :** Noël.

LANGUES PARLÉES

Au Québec, le français est parlé partout, que ce soit dans les commerces, les institutions publiques, etc. Dans certains restaurants « ethniques », vous devrez parfois parler anglais.

- **Apprendre la langue.** Il existe différents moyens d'apprendre quelques bases de la langue et l'offre pour l'auto-apprentissage peut se faire sur différents supports : CD/DVD, cahiers d'exercices ou même directement sur Internet.

Les cartes postales futées !

Pour les amoureux de carte postale, en envoyer peut être parfois compliqué voire mission impossible. Trouver la bonne carte, un timbre, mais aussi une boite aux lettres pour éviter de traverser tout l'aéroport en fin de séjour, relève parfois de la gageure. L'astuce c'est d'utiliser l'Application OKIWI depuis votre smartphone. Vous sélectionnez l'une de vos photos sur votre téléphone, vous écrivez votre message puis l'adresse de votre destinataire, seule une connexion wifi est nécessaire. L'avantage, OKIWI imprime votre carte et s'occupe de l'envoyer directement par la Poste à votre correspondant. Voilà au moins vous êtes sur d'envoyer une photo qui vous plaît, et puis surtout qu'elle n'arrive pas deux mois après votre retour. Sur internet www.okiwi-app.com et disponible sur *Appstore* et *Android Market*.

■ POLYGLOT
www.polyglot-learn-language.com
Ce site propose à des personnes désireuses d'apprendre une langue d'entrer en contact avec d'autres dont c'est la langue maternelle. Une manière conviviale de s'initier à la langue et d'échanger.

■ ASSIMIL
11, rue des Pyramides (1er)
Paris
✆ 01 42 60 40 66 / 01 45 76 87 37
www.assimil.com
marketing@assimil.com
Métro Pyramides (lignes 7 et 14).
Précurseur des méthodes d'auto-apprentissage des langues en France, Assimil reste la référence lorsqu'il s'agit d'apprendre à parler ou écrire une langue étrangère avec une méthodologie qui a fait ses preuves : l'assimilation intuitive.

■ TELL ME MORE ONLINE
www.tellmemore-online.com
Sur ce site Internet, votre niveau est d'abord évalué et des objectifs sont fixés en conséquence. Ensuite, vous vous plongez parmi les 10 000 exercices et 2 000 heures de cours proposés. Enfin, votre niveau final est certifié selon les principaux tests de langues.

POSTE

Le service de la poste restante est assuré dans la majorité des bureaux de poste (le courrier y est conservé 15 jours). En 2014, affranchir une lettre normale coûte 85 ¢ à l'intérieur du Canada, 1,20 CAN $ pour les Etats-Unis et 2,50 CAN $ pour l'international (comptez 5 à 7 jours ouvrables pour la France). Notez que les tarifs augmenteront drastiquement en mars 2014. Les bureaux de poste ouvrent habituellement en semaine de 9h à 17h. Certains magasins, telles les pharmacies, disposent de centres postaux ouverts généralement plus tard ainsi que le week-end.

QUAND PARTIR ?

Climat

Le Québec est magnifique en toute saison, mais selon vos intérêts, certains moments de l'année sont à privilégier.

Amoureux de la nature : les amants de la nature et du plein air trouveront assurément leur bonheur en tout temps, mais l'été et l'hiver se prêtent davantage aux activités extérieures. Toutefois, la magie des couleurs à l'automne (septembre et octobre) vaut le détour.

Esprits festifs : l'été, le Québec vit au rythme des festivals en tous genres, particulièrement en juin et en juillet à Montréal et Québec. Même si de nombreux grands festivals offrent une programmation à l'année, l'été devient un prétexte pour transformer les rues, esplanades et parcs en de véritables lieux de fêtes populaires à ciel ouvert.

Avides de traditions québécoises : pour vivre une expérience totale au cœur des plus pures traditions québécoises, l'hiver est tout indiqué. Randonnées en raquette, en traîneau à chiens ou en motoneige, pêche blanche, hockey, carnaval d'hiver de Québec... De belles activités en perspective.
C'est également la saison idéale pour goûter aux mets traditionnels comme la tourtière, le cipaille, le ragoût de boulettes et autres plats consistants qui vous aideront à tenir le coup pendant les grands froids. Dès le mois de mars, une sortie à la cabane à sucre s'impose.

MÉTÉO CONSULT
www.meteoconsult.fr
Sur ce site français, vous trouverez les prévisions météorologiques pour le monde entier.

Haute et basse saisons touristiques

Haute saison touristique : mi-mai à mi-octobre, mi-décembre à janvier, et février.

Basse saison touristique : mi-octobre à mi-décembre, janvier, mars et avril à mi-mai.

Manifestations spéciales

Voir la rubrique « Festivités » dans la partie « Découverte ».

SANTÉ

Rien à craindre au Québec. Vérifiez seulement que vos vaccins classiques sont à jour.

Conseils

Des pharmacies, hôpitaux et cliniques privées sont présents dans toutes les grandes villes traversées.

En cas de maladie, vous pouvez consulter le site du consulat français afin d'accéder à la liste des médecins francophones. Le consulat se chargera de vous aider et de vous accompagner lors de problèmes graves.

Avant de partir, pensez à la souscription d'une assurance Monde, après avoir vérifié qu'aucune n'était comprise avec votre cotisation de carte bancaire, voire certains de vos contrats d'assurance.

Centres de vaccination

Pour plus d'informations, vous pouvez consulter le site Internet du ministère de la Santé (www.sante.gouv.fr) pour connaître les centres de vaccination proches de chez vous.

CENTRE DE VACCINATION AIR FRANCE
148, rue de l'Université (7e)
Paris
✆ 01 43 17 22 00 / 0 892 68 63 64
✆ 01 48 64 98 03

Moustiques et anti-moustiques

Les moustiques, appelés maringouins, et les mouches noires (brûlots) constituent un vrai fléau en pleine nature, surtout dans les zones humides (et elles sont légion !). Les maringouins vous harcèlent, passant à l'attaque au coucher du soleil, tandis que les cruelles et minuscules mouches noires, actives le jour, vous dévorent littéralement, allant jusqu'à vous prélever des lambeaux de chair sur la nuque, sous les cheveux, leur endroit de prédilection. Ces charmantes bébêtes sont particulièrement virulentes du début du printemps jusqu'à fin juin.Si l'on envisage de faire du camping, il est donc impératif, même l'été, de se munir d'un anti-moustique puissant, que l'on achètera sur place dans n'importe quelle pharmacie ou supermarché et qui, pour être efficace, doit contenir du DEET à 50 % comme Deep Woods®, Régions sauvages® ou Watkins®, réputé comme étant le meilleur sur le marché. Attention, ces produits sont corrosifs pour les yeux et ne conviennent pas aux enfants ! En revanche, des produits de type OFF ! , d'efficacité moindre, peuvent être employés par tous.Pour ceux et celles qui se sentent concernés par la sauvegarde de l'environnement, les produits de la marque Druide® sont efficaces et écologiquement responsables. S'enduire les parties découvertes du corps toutes les 4 heures au maximum. Comme les moustiques sont attirés par les couleurs foncées, le port de vêtements clairs aide grandement à les éloigner.

Ouvert du lundi au vendredi de 8h45 à 18h – nocturne le jeudi jusqu'à 20h – le samedi de 8h45 à 16h. Fermeture les dimanches et jours fériés uniquement.

Autre adresse : 3, place Londres Bâtiment Uranus 95703 Roissy Charles de Gaulle.

INSTITUT PASTEUR

209, rue de Vaugirard (15e)
Paris
✆ 0 890 710 811 / 03 20 87 78 00
www.pasteur.fr

Sur le site Internet, vous pouvez consulter la liste des vaccins obligatoires pays par pays.
L'Institut Pasteur, créé en 1888 par Louis Pasteur, est une fondation privée à but non lucratif dont la mission est de contribuer à la prévention et au traitement des maladies, en priorité infectieuses, par la recherche, l'enseignement, et des actions de santé publique. Tout en restant fidèle à l'esprit humaniste de son fondateur Louis Pasteur, le centre de recherche biomédicale s'est toujours situé à l'avant garde de la science, et a été la source de plusieurs disciplines majeures : berceau de la microbiologie, il a aussi contribué à poser les bases de l'immunologie et de la biologie moléculaire. Le réseau des Instituts Pasteur, situé sur les 5 continents et fort de 8 500 collaborateurs fait de cette institution une structure unique au monde.

Autre adresse : 1, rue du Professeur Calmette 59019 Lille.

En cas de maladie

Un réflexe : contacter le Consulat de France. Il se chargera de vous aider, de vous accompagner et vous fournira la liste des médecins francophones. En cas de problème grave, c'est aussi lui qui prévient la famille et qui décide du rapatriement. Pour connaître les urgences et établissements aux standards internationaux : consulter les sites www.cimed.org – www.diplomatie.gouv.fr et www.pasteur.fr

Assistance rapatriement – Assistance médicale

Assurance – Assistance médicale. Sachez tout d'abord qu'il est possible de bénéficier des avantages de la Sécurité sociale, même à l'étranger. A l'international, des garanties de sécurité sociale s'appliquent et sont mises en œuvre par le Centre des liaisons européennes et internationales de sécurité sociale (www.cleiss.fr) chargé d'aiguiller les ressortissants dans leurs démarches. Mais cette prise en charge a ses limites. C'est pourquoi souscrire à une assurance maladie peut s'avérer très utile. Les prestations comprennent la plupart du temps le rapatriement, les frais médicaux et d'hospitalisation, le paiement des examens de recherche ou le transport du corps en cas de décès.

Rapatriement sanitaire par les opérateurs de cartes bancaires. Si vous possédez une carte bancaire Visa® et MasterCard®, vous bénéficiez automatiquement d'une assurance médicale et d'une assistance rapatriement sanitaire valables pour tout déplacement à l'étranger de moins de 90 jours (le paiement de votre voyage avec la carte n'est pas nécessaire pour être couvert, la simple détention d'une carte valide vous assure une couverture). Renseignez-vous auprès de votre banque et vérifiez attentivement le montant global de la couverture et des franchises ainsi que les conditions de prise en charge et les clauses d'exclusion. Si vous n'êtes pas couvert par l'une de ces cartes, n'oubliez surtout pas de souscrire une assistance médicale avant de partir.

SÉCURITÉ SOCIALE

11, rue de la Tour des Dames Cedex 09 75436
Paris ✆ 01 45 26 33 41
www.cleiss.fr
Plus d'informations sur l'assistance médicale à l'étranger au Centre des Liaisons Européennes et Internationales de la Sécurité sociale (Cleiss).

Médecins parlant français

CABINET ABIKHZER

5950, chemin de la Côte-des-Neiges
Bureau 350 ✆ +1 514 733 9192
staff5950@live.ca

Hôpitaux – Cliniques – Pharmacies

Hôpitaux et cliniques. Toutes les régions du Québec ont des hôpitaux, des cliniques, des CLSC (centre local de services communautaires). Les centres spécialisés se trouvent dans les grandes villes. Vous trouverez la liste des hôpitaux dans la section « pratique » de chaque moyenne et grande ville de ce guide, ainsi que sur le site Internet du ministère de la Santé et des Services sociaux du Québec (www.msss.gouv.qc.ca).

Pharmacies. Les médicaments ne sont pas vendus prêts à l'emploi, dans des flacons étiquetés par les laboratoires comme en Europe. Ici, c'est le pharmacien qui se charge de la préparation du flacon, en le remplissant du nombre exact de comprimés prescrits par le médecin, et qui reporte la posologie de l'ordonnance (prescription) sur l'étiquette, ce qui évite le gaspillage et l'abus de médicaments. Si on pense avoir besoin de médicaments délivrés sur ordonnance, mieux vaut donc emporter l'ordonnance avec soi. Les pharmacies se présentent comme des supermarchés de parapharmacie avec un comptoir « Prescriptions » tenu par un pharmacien. Quelques grandes chaînes au Québec : Jean Coutu, Familiprix, Pharmaprix, Uniprix. Les magasins à grande surface offrent également, dans la plupart des cas, un service de pharmacie sur place.

Urgences

Partout au Canada, le 911 est le numéro d'appel d'urgence pour contacter une ambulance, les pompiers ou la police. Ce numéro est gratuit, qu'il soit composé sur un téléphone fixe, un portable ou depuis une cabine téléphonique. Le 911 est accessible 24h/24.

SÉCURITÉ ET ACCESSIBILITÉ

Dangers potentiels et conseils

L'indice de criminalité du Québec est considéré comme étant l'un des plus bas de toutes les provinces du Canada, voire d'Amérique du Nord. Le métro est sûr, d'une façon générale, même le soir.
Pour connaître les dernières informations sur la sécurité sur place, consultez la rubrique « Conseils aux voyageurs » du site du ministère des Affaires étrangères : www.diplomatie.gouv.fr/voyageurs. Sachez cependant que le site dresse une liste exhaustive des dangers potentiels et que cela donne parfois une image un peu alarmiste de la situation réelle du pays.

Femme seule en voyage

De façon générale, les femmes voyageant seules ne rencontreront pas de problèmes particuliers.

Voyager avec des enfants

Vos marmots sont les bienvenus en voyage et tout est fait pour bien les accueillir. La plupart des chambres d'hôtels ont deux lits doubles et proposent même des lits pour bébés. Plusieurs établissements hôteliers ont également des chambres et tarifs familiaux. Pour vos repas, vous trouverez des chaises d'appoint dans la majorité des restaurants, même les chaînes de restauration rapide, et ils proposent très souvent des menus enfants. Côté réductions, les compagnies aériennes, ferroviaires et lignes de bus offrent toutes des tarifs réduits pour vos petits, voire même des gratuités s'ils sont en bas âge. Les attractions offrent également des tarifs familiaux et, le cas échéant, des réductions aux enfants.

Pour planifier vos prochaines vacances familiales au Québec : www.bonjourquebec.com/qc-fr/famille.html

Voyageur handicapé

Si vous présentez un handicap physique ou mental ou que vous partez en vacances avec une personne dans cette situation, différents organismes et associations s'adressent à vous.

ACTIS VOYAGES
www.actis-voyages.com
actis-voyages@orange.fr
Voyages adaptés pour le public sourd et malentendant.

ADAPTOURS
www.adaptours.fr
info@adaptours.fr

AILLEURS ET AUTREMENT
www.ailleursetautrement.fr
contact@ailleursetautrement.fr
Pour des personnes souffrant de handicap physique et/ou mental.

ÉVÉNEMENTS ET VOYAGES – ADAPTOUR
www.evenements-et-voyages.com
contact@evenements-et-voyages.com
Sports mécaniques, sports collectifs, festivals et concerts, Événements et Voyages propose à ses voyageurs d'assister à la manifestation de leur choix tout en visitant la ville et la région. Grâce à son département dédié aux personnes handicapées, Événements et Voyages permet à ces derniers de voyager dans des conditions confortables.

ASSOCIATION DES PARALYSÉS DE FRANCE
www.apf.asso.fr
Informations, conseils et propositions de séjours, en partenariat avec Événements et Voyages.

HANDI VOYAGES
12, rue du Singe
Nevers
✆ 03 86 57 25 41 / 09 52 32 90 91
✆ 06 80 41 45 00
handivoyages.free.fr
handivoyages@free.fr
L'Association Handi Voyages est une association d'entraide entre voyageurs, de mise en relation entre handivoyageurs pour partage d'expériences, d'aide à l'organisation de voyages pour les PMR, de mise en relation entre des handivoyageurs et les professionnels du tourisme qui correspondent au mieux à leurs attentes. C'est aussi une association de recrutements de volontaires accompagnateurs, de mise en relation de partenaires de voyages qui se conviennent au mieux... D'autres services inédits sont actuellement en cours d'élaboration.

KÉROUL
4545, avenue Pierre-De Coubertin
✆ +1 514 252 3104
www.keroul.qc.ca
infos@keroul.qc.ca
Au Québec, l'organisme Kéroul a pour mission de rendre le tourisme et la culture accessibles aux personnes à capacité physique restreinte. Il travaille en concertation avec les gouvernements et les entreprises privées au niveau de l'évaluation et de la certification. Les cotes d'accessibilité sont : accessible, partiellement accessible, non accessible, services aux personnes ayant une déficience visuelle, et services aux personnes ayant une déficience auditive.

La Route Accessible est une route touristique qui oriente la clientèle vers des établissements qui sont accessibles et qui offrent un meilleur service d'accueil aux personnes en situation de handicap. Leur personnel est d'ailleurs formé et certifié *Service Complice*. Pour info : www.larouteaccessible.com.
Pour en savoir plus sur Kéroul et ses services aux voyageurs, consultez le site Internet de l'organisme.

OLÉ VACANCES
www.olevacances.org
info@olevacances.org
Olé Vacances propose d'accompagner des personnes adultes handicapées mentales.

Voyageur gay ou lesbien

Le Québec, et plus particulièrement Montréal, est une destination de choix pour les touristes gays. La ville de Montréal possède son propre village gay qui est l'hôte de nombreux événements festifs et communautaires tout au long de l'année. En 2006, la métropole a même accueilli les Outgames (jeux olympiques gays) où 12 000 athlètes de 35 disciplines se sont donné rendez-vous. Pour ceux qui craignent de ne pas retrouver cette tolérance à l'extérieur des grands centres, sachez que de nombreux établissements à travers la province sont tenus par des gays ou alors sont « gay friendly ». Quoique moins nombreux et visibles, vous retrouvez le drapeau arc-en-ciel à plusieurs endroits en région : établissements hôteliers, restaurants, bars, boutiques, etc. Voici quelques sites Internet dignes d'intérêt :

- **www.mygaytrip.com/guide-gay/canada**
- **www.bonjourquebec.com/qc-fr/voyagergai.html**
- **www.fugues.com/nos-magazines.html (guide Arc-en-ciel)**
- **www.guidegaiduquebec.com**

TÉLÉPHONE

Comment téléphoner ?

- **De la France vers le Canada :** 00 + 1 + code régional + les 7 chiffres du numéro local.
- **Du Canada vers la France :** 011 + 33 + le numéro du correspondant sans le 0.
- **D'une région à l'autre au Québec ou depuis/vers le Canada et les États-Unis :** 1 + code régional + les 7 chiffres du numéro local.
- **En local au Québec :** les 10 chiffres du numéro local.
- **Les numéros de téléphone** débutant par 1 800, 1 844, 1 855, 1 866, 1 877 et 1 888 sont l'équivalent des numéros verts en France, donc gratuits.

Téléphone mobile

Sur place, les compagnies de téléphone comme Rogers et Telus vendent des puces prépayées ou en forfait mensuel et vous obtiendrez alors un numéro de téléphone local. Par contre, si vous n'avez pas de mobile ou alors qu'il n'est pas compatible avec le réseau nord-américain, vous pouvez toujours acheter un téléphone avec une puce ou un abonnement si vous prévoyez de séjourner au Québec quelques mois.

- **Utiliser son téléphone mobile :** Si vous souhaitez garder votre forfait français, il faudra avant de partir, activer l'option internationale (généralement gratuite) en appelant le service clients de votre opérateur.

- **Qui paie quoi ?** La règle est la même chez tous les opérateurs. Lorsque vous utilisez votre téléphone français à l'étranger, vous payez la communication, que vous émettiez l'appel ou que vous le receviez. Dans le cas d'un appel reçu, votre correspondant paie lui aussi, mais seulement le prix d'une communication locale. Tous les appels passés depuis ou vers l'étranger sont hors forfait, y compris ceux vers la boîte vocale.

Cabines et cartes prépayées

Pour les appels interurbains et outre-mer, optez pour une carte d'appel prépayée. Vous les trouverez partout, même dans les dépanneurs, au coût de 5, 10 ou 20 CAN $. Pour les appels locaux, sachez qu'ils sont gratuits à partir d'un poste fixe. Toutefois, il en coûte 50 ¢ par appel dans une cabine téléphonique. Pour évitez de trimbaler des tonnes de pièces de monnaie, il existe des cartes prépayées à puce que l'on trouve également dans de nombreux points de vente. Sinon, vous pouvez toujours utiliser votre carte bancaire pour un appel, mais les frais sont faramineux. À éviter autant que possible ! Pour ce qui est des téléphones publics, vous les trouverez dans la rue, les centres commerciaux, les hôtels, les restaurants et bars, etc.

S'informer

À VOIR – À LIRE

Cartographie et bibliographie

Beaux livres

- ***Le Québec, 50 sites incontournables,*** d'Henri Dorion, Yves Laframboise et Pierre Lahoud, Éditions de l'Homme, 2008.
- ***Québec vu du ciel,*** d'Henri Dorion et Pierre Lahoud, Éditions de l'Homme, 2001.

Contes

- ***Mille ans de contes,*** Québec, Éditions Milan, 2008.
- ***Comme une odeur de muscles,*** contes du village, de Fred Pellerin, Éditions Planète Rebelle, 2003.

Histoire

- ***Québec, un détroit dans le fleuve,*** Collectif, Casterman, 2008 (bande dessinée).
- ***Le Roman du Québec,*** de Daniel Vernet, Éditions du Rocher, 2008.
- ***Tout savoir sur le Québec,*** Éditions Ulysse, 2008.

Cartographie

On peut aisément trouver des cartes routières et des plans aux offices du tourisme, aux comptoirs d'informations touristiques, dans les librairies, les pharmacies et les stations-service. Les cartes Cartotek Géo sont claires et détaillées.

Guides Petit Futé et Immigrant Québec

- ***Québec,*** guide Country, Nouvelles Éditions de l'Université
- ***Montréal,*** guide City, Nouvelles Éditions de l'Université
- ***City Trip Montréal,*** spécial week-end et court séjour, Nouvelles Éditions de l'Université
- ***Ville de Québec,*** guide City, Nouvelles Éditions de l'Université
- ***Bières et produits gourmands du Québec,*** guide thématique, Les Éditions Néopol.
- ***Motoneige au Québec,*** guide thématique, Les Éditions Néopol.
- ***Partir au Québec,*** guide Immigrant Québec, Les Éditions Néopol.
- ***Immigrer au Québec,*** guide Immigrant Québec, Les Éditions Néopol.
- ***Travailler au Québec,*** guide Immigrant Québec, Les Éditions Néopol.
- ***Étudier au Québec,*** guide Immigrant Québec, Les Éditions Néopol.
- ***Entreprendre au Québec,*** guide Immigrant Québec, Les Éditions Néopol.
- ***Vivre à Montréal,*** guide Immigrant Québec, Les Éditions Néopol.

AVANT SON DÉPART

Ambassades et consulats

AMBASSADE DU CANADA À PARIS
35, avenue Montaigne (8e)
Paris
✆ 01 44 43 29 16
www.canadainternational.gc.ca/france/

- **Autre adresse :** Centre de réception des demandes de visa canadien : 82 rue d'Hauteville 75010 Paris, ✆ 01 80 14 19 51 – www.vfsglobal.ca/canada/france

DÉLÉGATION GÉNÉRALE DU QUÉBEC
66, rue Pergolèse (16e)
Paris
✆ 01 40 67 85 00
www.international.gouv.qc.ca/fr/paris
qc.paris@mri.gouv.qc.ca
Cette délégation représente le Québec sur le territoire français en ce qui a trait aux affaires politiques, économiques et commerciales, l'investissement, la presse et les affaires culturelles, etc.

Office du tourisme

■ **BONJOUR QUÉBEC – MINISTÈRE DU TOURISME**
Case postale 979 – QC, H3C 2W3
Canada
✆ +1 514 873 2015 / +1 877 266 5687
www.quebecoriginal.com
C'est votre sésame pour le Québec ! Un site idéal pour vous aider à préparer votre séjour. Que voir, que faire, où dormir ? Vous pouvez obtenir des conseils personnalisés, recevoir des brochures touristiques et communiquer avec des conseillers avant de partir. On vous informe, sept jours sur sept. Sur place, les centres Infotouriste sont situés au cœur des centres-villes de Montréal et de Québec. Ils vous offrent de nombreux services dont visites commentées, location de voitures, bureau de change, réservation de vos hébergements...

Autre adresse : Numéro vert en France : 0 800 90 77 77 ; Numéro vert en Belgique : 0 800 78 532.

Associations et institutions culturelles

■ **ASSOCIATION FRANCE-QUÉBEC**
Siège national (fermé au public)
94, rue de Courcelles (8e)
Paris
✆ 01 45 54 35 37
www.francequebec.fr
accueil@francequebec.fr
Créée en 1968, France-Québec regroupe une soixantaine d'associations en régions et approche les 4 000 membres « tombés en amour » avec le Québec. Son mandat est de faire connaître et aimer le Québec en France ainsi que de développer l'amitié et les liens entre les deux pays. L'association peut vous aider pour la recherche d'un stage ou d'un emploi au Québec et propose aussi divers programmes (jobs d'été, programme intermunicipalités, stages personnalisés, etc.).

■ **OFFICE FRANCO-QUÉBÉCOIS POUR LA JEUNESSE**
11, passage de l'Aqueduc
Saint-Denis
✆ 01 49 33 28 50
www.ofqj.org
info@ofqj.org
L'OFQJ accompagne et oriente les jeunes âgés de 18 à 35 ans dans leurs démarches de mobilité au Québec (stages liés aux études, séjours de formation pour les jeunes professionnels, missions de prospection commerciale pour les jeunes entrepreneurs, etc.).

SUR PLACE

Ambassades et consulats

■ **CONSULAT DE FRANCE À MONTRÉAL**
1501, avenue McGill College
10e étage, bureau 1000
✆ +1 514 878 4385
Voir page 109.

■ **CONSULAT GÉNÉRAL DE BELGIQUE À MONTRÉAL**
999, boulevard de Maisonneuve Ouest
Suite 1600
✆ +1 514 849 7394
Voir page 109.

■ **CONSULAT GÉNÉRAL DE SUISSE À MONTRÉAL**
1572, avenue Docteur-Penfield
✆ +1 514 932 7181
Voir page 109.

Associations et institutions culturelles

■ **UNION FRANÇAISE**
429, avenue Viger Est ✆ +1 514 845 5195
www.unionfrancaisedemontreal.org
info@unionfrancaisedemontreal.org
L'Union Française a pour mission principale d'accompagner les immigrants francophones au Québec, et offre également un support aux entreprises désireuses de s'installer dans la Belle Province. Une belle programmation culturelle complète le tout.

Tourisme

■ **CENTRE INFOTOURISTE DE MONTRÉAL**
1255, rue Peel
✆ +1 514 873 2015
Voir page 109.

MAGAZINES ET ÉMISSIONS

Radio

ICI RADIO-CANADA

Canada
ici.radio-canada.ca
Le site de Ici Radio-Canada, radio et télévision francophones, est très complet et permet notamment d'écouter les différentes chaînes en direct. Son pendant anglophone est la CBC (Canadian Broadcasting Corporation).
Pour ceux qui aimeraient voir en différé les émissions et documentaires de Ici Radio-Canada : ici.tou.tv

RADIO FRANCE INTERNATIONALE

www.rfi.fr
89 FM à Paris. Pour vous tenir au courant de l'actualité du monde partout sur la planète.

Télévision

ESCALES

✆ 01 49 22 20 01
www.escalestv.fr
contact@abweb.com
Chaîne thématique.
Depuis avril 1996, Escales est une des chaînes dédiées à l'évasion et de la découverte par le voyage. Rattachée au groupe AB, la programmation est constituée de séries documentaires et de rediffusions d'émissions axées aussi bien sur le national et ses régions, que des destinations lointaines à travers de nombreux thèmes (agenda, bons plans, art de vivre, bien-être, aventure, croisière mais aussi gastronomie, loisirs, nature, patrimoine, culture, etc.). Escales s'est entre autres donné pour objectif de servir de guide aux touristes voyageurs ; objectif largement atteint.

FRANCE 24

www.france24.com
Chaîne d'information en continu, France 24 apporte 24h/24 et 7j/7, un regard nouveau à l'actualité internationale. Diffusée en 3 langues (français, anglais, arabe) dans plus de 160 pays, la chaîne est également disponible sur internet (www.france24.com) et les mobiles, pour vous accompagner tout au long de vos voyages.

RMC DECOUVERTE

12, rue d'Oradour-sur-Glane (15e)
Paris ✆ 01 71 19 11 91
www.rmc-decouverte.fr
RMC Découverte s'est imposée comme une chaîne originale, novatrice et incontournable dans l'univers du documentaire. Avec des programmes d'un genre nouveau, axés sur le divertissement et la connaissance et incarnés par des personnalités expertes, RMC Découverte est la seule chaîne de la TNT qui réunit sciences et histoire, aventure et investigation, technologie, voyage, exploration du monde animal jusqu'aux métiers de l'extrême... RMC Découverte, plus fort que la fiction ! Sur le canal 24 de la TNT.

TV5 MONDE

www.tv5.org
La chaîne de télévision internationale francophone diffuse des émissions de ses partenaires nationaux (France Télévisions, RTBF, TSR et CTQC) et ses propres programmes.

Sites Internet

AVENTURE ÉCOTOURISME QUÉBEC

www.aventure-ecotourisme.qc.ca
info@aventure-ecotourisme.qc.ca
Cette association regroupe les entreprises qui offrent des activités d'écotourisme et de tourisme d'aventure au Québec. Ces dernières sont accréditées selon des critères rigoureux, assurant qualité et sécurité.

GOUVERNEMENT DU QUÉBEC

www.gouv.qc.ca
Site officiel du gouvernement du Québec.

MINISTÈRE DES RELATIONS INTERNATIONALES ET DE LA FRANCOPHONIE

www.mrifce.gouv.qc.ca
Site officiel du ministère des Relations internationales et de la Francophonie.

MONTRÉAL INFO

www.montrealinfo.com
Guide web ultrapratique sur Montréal, avec toutes les infos pour organiser votre séjour dans la métropole. Il est aussi possible de s'inscrire gratuitement à l'infolettre hebdomadaire pour être au parfum des nouveautés et de l'actualité touristique de la ville.

MTL BLOG
www.mtlblog.com
Si vous maîtrisez la langue de Shakespeare, ce site d'info sur la métropole est un must ! Des articles et photos très cool, des suggestions de sorties, des «best of», etc. Tout ce qu'il y a à savoir sur Montréal !

PETIT FUTÉ CANADA
www.petitfute.ca
info@petitfute.ca
Site de notre filiale au Canada.

LA TOILE DU QUÉBEC
www.toile.com
Répertoire des sites web québécois. Fort utile !

TOURISME AUTOCHTONE QUÉBEC
www.tourismeautochtone.com
info@tourismeautochtone.com
Un site fort utile pour ceux désirant découvrir la culture autochtone du Québec. Nations, histoire et culture, légendes et traditions, tout y est ! Question de planifier votre séjour ou votre expérience, vous y trouverez une foule d'excellentes adresses (chasse et pêche, hébergement et restauration, art et culture, nature et aventure), le tout classé par nation ou région. À lire : *Origin(e)*, le magazine touristique autochtone (disponible en ligne ou par commande via le site Bonjour Québec). Votre porte d'entrée sur les communautés autochtones !

TOURISME MONTRÉAL
www.tourisme-montreal.org
info@tourisme-montreal.org
Site officiel de l'office du tourisme de la ville de Montréal.

URBANIA
www.urbania.ca
info@urbania.ca
«Anticonformiste, provoquant, graphiquement audacieux, décalé, déjanté, délirant...», ainsi se décrit ce magazine web et papier. Il s'attarde aux gens et à leurs histoires, tourne et retourne les sujets, sort des sentiers battus pour ceux qui ont soif d'un média intelligent et fougueux. Le magazine papier est disponible dans de nombreux points de vente à travers la province.

YELP
www.yelp.ca
Des critiques écrites par les lecteurs, avec un mode de recherches un peu équivalent à un annuaire électronique.

CIDJ
www.cidj.com
La rubrique « Europe et International » sur le serveur du C.I.D.J. fournit des informations pratiques aux étudiants qui ont pour projet d'aller étudier à l'étranger.

CONSEIL FRANCO-QUÉBÉCOIS DE COOPÉRATION UNIVERSITAIRE
www.cfqcu.org
Jean-paul.pradere@diplomatie.gouv.fr
Le CFQCU s'occupe de la coordination institutionnelle entre les organismes et ministères français et québécois concernés par la coopération universitaire. Sa mission est de soutenir cette coopération, notamment en établissant un dialogue permanent entre la France et le Québec dans ce secteur.

ÉDUCATION NATIONALE
www.education.gouv.fr
Sur le serveur du ministère de l'Éducation nationale, une rubrique « International » regroupe les informations essentielles sur la dimension européenne et internationale de l'éducation.

MINISTÈRE DES AFFAIRES ÉTRANGÈRES
www.diplomatie.gouv.fr
Les informations mises à disposition dans l'espace culturel du serveur du ministère des Affaires étrangères sont fort utiles.

INVESTIR

Vous désirez créer une entreprise au Québec ? Vous êtes déjà propriétaire d'une entreprise qui désire prendre de l'expansion ? Petites, moyennes, grandes entreprises ou gens d'affaires immigrants, sachez que les gouvernements du Canada et du Québec vous soutiennent dans vos démarches. Accords commerciaux, fiscalité, finances, structures juridiques, permis de travail, découvrez toutes les possibilités d'affaires au pays.

CHAMBRE DE COMMERCE FRANÇAISE AU CANADA
1819, boulevard René-Lévesque Ouest
Bureau 202
Montréal
✆ +1 514 281 1246
www.ccfcmtl.ca
info@ccfcmtl.ca

INVESTISSEMENT QUÉBEC
✆ +1 866 870 0437
www.investquebec.com
Plusieurs bureaux en Amérique du Nord ainsi qu'en Europe et en Asie.
Site d'investissement au Québec, institution financière et agence de développement économique.

MISSION ÉCONOMIQUE – UBIFRANCE
1501, avenue McGill College
Bureau 1120
Montréal
✆ +1 514 670 4000
www.ubifrance.fr
canada@ubifrance.fr
Forte d'une équipe biculturelle d'une trentaine de professionnels de l'export répartis sur trois sites (Toronto, Montréal et Vancouver), la Mission économique – UBIFRANCE Canada accompagne les entreprises françaises dans leurs projets de développement sur le marché canadien.

TRAVAILLER – TROUVER UN STAGE

ASSOCIATION FRANCE-QUÉBEC
Siège national (fermé au public)
94, rue de Courcelles (8e)
Paris ✆ 01 45 54 35 37
Voir page 342.

ASSOCIATION TELI
27, route de la Fruitière
Chavanod
✆ 04 50 52 26 58
www.teli.asso.fr
Le Club TELI est une association loi 1901 sans but lucratif d'aide à la mobilité internationale créée il y a 20 ans. Elle compte 4 000 adhérents en France et dans 65 pays. Si vous souhaitez vous rendre à l'étranger, quel que soit votre projet, vous découvrirez avec le Club TELI des infos et des offres de stages, de jobs d'été et de travail pour francophones.

■ **BUREAU INTERNATIONAL JEUNESSE**
18, rue du Commerce
1000 Bruxelles
BRUXELLES
✆ +32 2 219 09 06 / +0800 25 180
www.lebij.be
bij@cfwb.be
Trois programmes avec le Québec : cursus, curriculum et contacts.

■ **CAPCAMPUS**
www.capcampus.com
Capcampus est le premier portail étudiant sur le Net en France et possède une rubrique spécialement dédiée aux stages, dans laquelle vous trouverez aussi des offres pour l'étranger. Mais le site propose également toutes les informations pratiques pour bien préparer votre départ et votre séjour à l'étranger.

■ **MAISON DES FRANÇAIS DE L'ÉTRANGER**
48, rue de Javel (15e)
Paris
✆ 01 43 17 60 79
www.mfe.org
mfe@mfe.org
M°/RER Javel.
Ouvert de 14h à 17h du lundi au vendredi.
La Maison des Français de l'étranger (MFE) est un service du ministère des Affaires étrangères qui a pour mission d'informer tous les Français envisageant de partir vivre ou travailler à l'étranger et propose le *Livret du Français à l'étranger* et 80 dossiers qui présentent le pays dans sa généralité et abordent tous les thèmes importants de l'expatriation (protection sociale, emploi, fiscalité, enseignement, etc.). Également consultables : des guides, revues et listes d'entreprises et, dans l'espace multimédia, tous les sites Internet ayant trait à la mobilité internationale.

■ **OFFICE FRANCO-QUÉBÉCOIS POUR LA JEUNESSE**
11, passage de l'Aqueduc
Saint-Denis
✆ 01 49 33 28 50
Voir page 342.

■ **VOLONTARIAT INTERNATIONAL**
www.civiweb.com
Si vous avez entre 18 et 28 ans et êtes ressortissant de l'Espace économique européen, vous pouvez partir en volontariat international en entreprise (VIE) ou en administration (VIA). Il s'agit d'un contrat de 6 à 24 mois rémunéré et placé sous la tutelle de l'ambassade de France. Tous les métiers sont concernés et vous bénéficiez d'un statut public protecteur. Offres sur le site Internet.

■ **WEP FRANCE**
81, rue de la République (2e)
Lyon
✆ 04 72 40 40 04
www.wep-france.org
info@wep.fr
Wep propose plus de 50 projets éducatifs originaux dans plus de 30 pays, de 1 semaine à 18 mois. Année scolaire à l'étranger, programmes combinés (1 semestre scolaire avec 1 projet humanitaire ou 1 chantier nature ou 1 vacances travail), projets humanitaires mais également stages en entreprise en Europe, Australie, Nouvelle-Zélande, Canada et États-Unis, et Jobs & Travel (visa vacances travail) en Australie et Nouvelle-Zélande : voici un petit aperçu des nombreuses possibilités disponibles.

Index

© AUTHOR'S IMAGE

Patinoire du Vieux-Port au Bassin Bonsecours.

D

E

F

© ANNE MOY

Parc La Fontaine en été.

G

H

I

J

K – L

M – N

O – P

Q – R

S – T

U – V

W – Z

Collaborez à la prochaine édition
Montréal

Collaborez à la prochaine édition

Montréal

Collaborez à la prochaine édition
Montréal

Collaborez à la prochaine édition

Montréal

Collaborez à la prochaine édition

Montréal

Collabororez à la prochaine édition

Montréal